MENSCHEN
DIE DIE WELT BEWEGTEN

MENSCHEN
DIE DIE WELT BEWEGTEN

Reader's Digest

DEUTSCHLAND · SCHWEIZ · ÖSTERREICH

Erster Nachdruck 2001

214

Printed in Germany

3 87070 678 3

INHALT

LUDWIG XIV.
DER SONNENKÖNIG

Eine Kurzfassung des Buches von

W. H. LEWIS

Mit zahlreichen historischen Abbildungen

Nichts könnte das politische Selbstverständnis König Ludwigs XIV. besser beschreiben als sein knappes Leitwort L'État – c'est moi, der Staat bin ich. *Während der zweiundsiebzig Jahre, in denen er den Titel König trug, wurde die Person des Herrschers immer mehr zum Inbegriff des Staates, das Zeitalter des Absolutismus erreichte seinen Höhepunkt. Dies spiegelte sich auch in glanzvollen Prachtbauten, deren wichtigster und bekanntester das Versailler Schloß ist. Doch nicht nur der Politiker – der „Sonnenkönig" – führte ein pralles Leben, auch der Privatmann sprühte nur so vor Tatendrang und Abenteuerlust.*

Kenntnisreich und mit einer guten Portion Humor erzählt W. H. Lewis vom Leben dieses außergewöhnlichen französischen Monarchen mit all seinen schillernden Facetten.

1

Am 4. September 1638, um Mitternacht, stöhnte Königin Anna von Frankreich in den sich hinziehenden Wehen vor der Geburt ihres ersten Kindes. Am 5. September um zwei Uhr morgens gebar sie den Knaben, der als Ludwig XIV. sein Jahrhundert beherrschte; der, bevor der Tag zu Ende ging, *Dieudonné,* von Gott Gegebener, genannt wurde und über den schon nach einer Woche Gerüchte umgingen, denen zufolge er etwas Übermenschliches an sich haben sollte – so sei er beispielsweise mit sämtlichen Zähnen zur Welt gekommen.

Für die liebeshungrige Königin war ihr kleiner Dauphin* ein Schatz, von dem sie sich nicht trennen konnte; ein Wunder, das sie stolz dem Hof vorstellte, und ihr einziger Gesprächsstoff; mit dem Ergebnis, daß die Höflinge, noch ehe das Kind ein Jahr alt war, einen Kult mit ihm trieben, der nicht ohne Einfluß auf den Charakter des künftigen Königs blieb.

Das erste Porträt zeigt ihn auf dem Schoß seiner Amme; Kopf, Arme und das Band des St-Esprit-Ordens sehen aus dem Leinenbündel hervor, in dem er seine Tage verbrachte. Unablässig wurden Legenden über den wunderbaren Dauphin verbreitet. Doch man tuschelte über Annas dreiundzwanzig kinderlose Ehejahre, über des Königs mangelnde Manneskraft und äußerte Zweifel, ob der *Dieudonné* wirklich sein Sohn sei. Derartige Verdächtigungen hielten sich noch bis zum Jahre 1702, in dem ein Pamphlet erschien, demzufolge der Günstling Ludwigs XIII., Cinq-Mars, der Vater Ludwigs XIV. sein sollte. Doch ist nie etwas Stichhaltiges gegen die Legitimität Ludwigs XIV. vorgebracht worden.

Der königliche Astrologe war an Annas Wochenbett zugegen; da aber das Horoskop verlorengegangen ist, müssen wir versuchen, es selbst zu stellen, indem wir Ludwigs Eltern näher

* Titel der französischen Thronfolger 1349–1830

betrachten. Doch Ludwig XIII. starb, ehe er irgendwelchen Einfluß auf den Dauphin während dessen Entwicklungsjahren ausüben konnte. Als Kind von seiner italienischen Mutter und ihrem Günstling Concini tyrannisiert, war Ludwig XIII. ein verschlossener, scheuer Knabe und wurde ein unbeholfener, eifersüchtiger und mißtrauischer Mann von kalter Grausamkeit, der seine Langeweile am Hof verbreitete; seine spanische Gemahlin, die ihn ihrerseits verachtete, haßte er. Als er 1643 starb, freute sich der ganze Hof, allen voran seine Witwe.

Annas Mitgift für ihren Sohn war in erster Linie die gesunde körperliche Veranlagung, die jedem Mißbrauch von seiner Seite und selbst den Bemühungen der Ärzte fast achtzig Jahre standhielt. Seiner Mutter dankte er auch viel von seinem Charakter, besonders die tiefe, aber engherzige spanische Frömmigkeit, die den Grundzug seines Wesens bildete. Denn obwohl Ludwig sich für einen typischen Franzosen hielt, war er eigentlich nicht französisch, sondern eher ein Spanier – feierlich, schweigsam, von großer natürlicher Würde, mit einem ausgeprägten Sinn für die göttliche Sendung seines Herrschertums.

Bis 1643 hatte sich Annas Leben zumeist im Hintergrund abgespielt; mit fünfzehn Jahren verheiratet, fühlte sie sich in ihrem Stolz als schönes Mädchen und Habsburgerin durch die Kälte ihres Gemahls grausam verletzt, der zwar nicht ausgesprochen impotent war, aber auffallend wenig Manneskraft zeigte; und als Anna sich nach spanischer Manier mit „erlaubter Galanterie" tröstete, verwandelte sich Ludwigs Abneigung gegen sie in Haß. Ein Haß, den Kardinal Richelieu aus politischen Gründen schürte, mit dem Ergebnis, daß Anna nahezu in Ungnade fiel. Bis 1643 war sie am Hof nicht mehr als eine Ziffer, doch als Regentin Frankreichs erheischte sie Achtung; sie war zwar träge, besaß aber den hartnäckigen Stolz und die Ausdauer ihres Hauses sowie eine scharfsinnige Kenntnis der Menschen und der Triebfedern ihres Handelns; wenn es darauf ankam, bewies sie Energie und Entschlußkraft. Sie war manchmal eine unvernünftige, doch stets eine liebevolle Mutter und vergaß nie ihre Pflicht, ihrem Sohn das Königreich mit den unangetasteten Vorrechten der Krone zu übergeben.

Ludwig war seiner Mutter nicht nur dankbar, er liebte sie „auf

Die Eltern des Dauphins, Ludwig XIII. (1601–43) und seine Gemahlin Anna (1601–66)

eine bei Personen seines Standes seltene Weise“, und bis zu seinem Lebensende beging er den Jahrestag ihres Todes in Trauer. Und vielleicht ist das Beste, was man auch von Annas zweitem, am 21. September 1640 geborenen Sohn Philipp sagen kann, daß er ein liebevoller und dankbarer Sohn war.

Wäre sein Vater am Leben geblieben, so hätte Ludwig wahrscheinlich eine traurige Kindheit gehabt, denn schon 1641 bekundete Ludwig XIII. Eifersucht auf seinen Erben; die diesem erwiesenen Schmeicheleien verdrossen ihn, er beschuldigte Anna, sie lehre den Knaben, seinen Vater zu hassen, und drohte, ihr die Obhut über die Kinder zu nehmen. Aber der Hof erkannte schon 1641 erleichtert, daß Ludwig XIII. nicht mehr lange zu leben hatte. Madame de Senécé, die Gouvernante Ludwigs XIV., berichtete 1642, das Betragen ihres Zöglings sei zufriedenstellend, für seinen Rang aber sei er zu „bescheiden und unterwürfig“. Vielleicht geschah es, um seinen Stolz zu wecken, daß die Senécé dem Knaben eines Tages ein Bild Richelieus zeigte mit den Worten: „Das ist er, der Halunke!“ – „Geben Sie mir meine Büchse“, sagte der Dauphin, „ich will ihn totschießen.“ Vielleicht legte dieses Erlebnis in Ludwig den Keim zur Abneigung gegen Premierminister, zur Verachtung für müßige Könige, eine für ihn charakteristische Haltung.

Ludwigs Verstand entwickelte sich schnell. Schon mit fünf Jahren begann er sich in der Kunst zu üben, der jeweiligen Situation angemessen das Richtige zu sagen und zu tun, was ihm später zur zweiten Natur wurde. „Möchten Sie regieren?“ fragte ihn am 13. Mai 1643 ein Höfling. „Nein“, antwortete Ludwig unter Tränen, „ich möchte nicht, daß mein guter Papa stirbt.“ Doch sein guter Papa starb bereits am nächsten Tag, und am 18. zeigte sich Ludwig zum erstenmal als König bei einem *Lit de Justice**, wo der Kronanwalt ihm versicherte, er sei „eine sichtbare Gottheit“, ja „das Sinnbild Gottes“.

Am folgenden Tag gewann Ludwig von Bourbon, Duc d'Enghien, gemeinhin bekannt unter seinem späteren Titel als Prince de Condé, die Schlacht von Rocroi; es war der vollständigste Sieg Frankreichs über Spanien im Dreißigjährigen Krieg. Schmeichler erzählten dem kleinen König, sein Vater sei durch eine Vision des Ruhmes, der ihm, Ludwig XIV., bestimmt wäre, von Gott inspiriert worden, den einundzwanzigjährigen Enghien zum „Werkzeug zu machen, seine Wiege mit Lorbeer zu kränzen“.

Solche Absurditäten taten natürlich ihre Wirkung auf Ludwig; er entwickelte schon bald jene „achtungsgebietende Majestät“, die sein vorherrschendster Zug werden sollte. Eine Majestät, die schon 1644 dem kritischen Auge eines ausländischen Botschafters auffiel – „Der König“, so berichtete er seinem Hof, „ist eine edle Erscheinung und atmet Größe; er ist kräftig und hat einen strengen Blick, aber die Strenge hat Charme. Er lacht selten bei seinen kindlichen Spielen und steht oft längere Zeit, ohne sich zu regen. Er weiß, daß er König ist, und wünscht auch, daß es jedermann wisse.“

Hinter den Kulissen jedoch war das Auftreten Ludwigs weniger eindrucksvoll; sein Erzieher beklagte sich, daß er ihm nichts beibringen könne, der König verstehe geschickt, bei seiner Mutter, die ihn verwöhne, Schutz zu suchen; er deutete an, daß Annas Vertraulichkeit mit ihren Dienstboten dem Kind ein schlechtes

* Feierliche Sitzung des Pariser Parlaments, des höchsten Gerichts, das damals über erheblichen politischen Einfluß verfügte, in Gegenwart des Königs

Beispiel gäbe. Doch die Warnung des Erziehers kam zu spät, denn Ludwig hatte schon die Gewohnheit angenommen, mit seinen Bedienten Freundschaft zu schließen, und behielt sie sein Leben lang bei.

KARDINAL Mazarin war nun als Premierminister fest etabliert und verkörperte in den Augen der Königin die Vollkommenheit. Selbst ein Kind erkannte, daß Mazarin der Herr war, und ohne sie zu verstehen, mißfielen Ludwig die Beziehungen zwischen seiner Mutter und diesem Fremden, der sich so anders betrug als alle übrigen bei Hofe. Von Mazarins Spionen umgeben, gewöhnte das Kind sich eine Schweigsamkeit an, die man in der Gesellschaft für Dummheit hielt. Aber in Wirklichkeit handelte ein intelligenter kleiner Junge nach dem spanischen Sprichwort, das er von seiner Mutter gelernt hatte: „In einen geschlossenen Mund kommt keine Fliege." Statt zu reden, hörte er zu und wartete seine Zeit ab.

In Ludwig reifte der Entschluß, keinesfalls Ludwig XIII., sondern Heinrich IV. nachzueifern. Von diesem hatte er oft sprechen hören, von jenem nie, denn Anna verabscheute die Erinnerung an Ludwig XIII. so sehr, daß sein Name in ihrer Gegenwart nicht erwähnt werden durfte. 1645, als Ludwig sieben Jahre alt war, übernahm Mazarin selbst das Amt seines obersten Erziehers, beschränkte seine Tätigkeit jedoch darauf, den König von jenen Kreisen fernzuhalten, die ihm, Mazarin, feindlich gesinnt waren; Mazarin ließ keinen Zweifel bestehen, daß niemand Gnade zu erwarten habe, der Ludwig darüber aufzuklären wagte, daß der Kardinal nur insoweit Herrscher sei, als er sich selbst diese Würde zuerkenne. Gute Bücher galten in den königlichen Gemächern als ebenso verdächtig wie menschlich wertvolle Besucher, und Ludwig verabscheute die Herrschaft des Kardinals immer mehr.

Doch in einer Beziehung hatte der kleine König Glück: Mazarin legte keinen Wert auf seine religiöse Erziehung. Diese blieb in den Händen der Königin, und diese, eine aufrichtig fromme Frau, verstand in Dingen der Religion keinen Spaß; 1646 erhielt Ludwig zum Beispiel achtundvierzig Stunden Stubenarrest, weil er geflucht hatte. Auch war es eine glückliche Fügung, daß zu seinem Kammerdiener der freundliche La Porte bestimmt wurde, der in Ludwigs Entwicklungsjahren nach seiner Mutter den stärksten Einfluß auf ihn ausübte.

Wir haben gesehen, wie Mazarin seine Verantwortung gegenüber dem jungen König auffaßte; noch schlimmer als der Erziehungsleiter war jedoch der Gouverneur. Dieses Amt hatte 1645 der Maréchal-Duc de Villeroi erhalten, ein Mann von siebenundvierzig Jahren, ein Streber bis in die Fingerspitzen, noch heute bekannt durch seine Formulierung der Pflichten eines Hofmannes: „Halte einem großen Manne den Nachttopf, solange er fest steht, und in dem Augenblick, wo er ins Rutschen kommt, entleere ihn über seinem Kopf." Villeroi sah das einzige Problem seiner neuen Stellung darin, sich beim König beliebt zu machen, ohne bei Mazarin anzuecken; er löste es, indem er den König und den Kardinal tun ließ, was sie wollten.

1646 machte Ludwig seinen Erziehern Sorge, „stumpf und teilnahmslos" sei er, hieß es in seinem Schulzeugnis. Mehr denn je hielt er sich in den Gemächern der Königin auf, wo jeder ihn lobte und niemand ihm widersprach; oder er badete in der Seine, ermüdete seine Gefährten beim Reit- und Fechtunterricht, machte Besuche und ritt zum Entzücken seiner Untertanen auf einem weißen Pony in goldbestickter Kleidung frei durch Paris.

Aber wenn Ludwig sich auch vom Unterricht drückte, so nahm er doch eifrig die Lehren seiner Mutter an. Und hätten Annas Unterweisungen sich auf die Religion beschränkt, so wäre alles gut gewesen, denn Ludwig vergaß ihre Ermahnungen nie, nicht einmal bei seinen späteren Ausschweifungen. Leider übernahm er von der Königin jedoch neben der Religion vieles andere: einen tiefen Haß gegen liberale Ideen, den sie ihm durch ständige Mahnungen einpflanzte, daß der geringste Widerstand gegen den königlichen Willen eine Sünde gegen Gott wie auch gegen den König sei; ferner einen fast krankhaften Abscheu vor Ketzerei – „Er sog ihn mit der Muttermilch ein", sagte sein Beichtvater.

Mit neun Jahren war Ludwig für sein Alter recht kindlich; noch immer spielte er gern „Kammerdiener" – mit Vorliebe den Kammerdiener eines kleinen Bauernmädchens. Denn Gespielen seines Ranges hatte er nicht, weil Mazarin, um ihn in Unwissenheit über seine wahre Stellung zu lassen, ihm einen Hofstaat von adeligen Kindern verweigerte.

Eine Reise, die der König in diesem Sommer unternahm, um sein Reich kennenzulernen, begann mit einem Besuch in Dieppe; ein erregendes Abenteuer, in dessen Verlauf ihm zu Ehren eine künstliche Seeschlacht veranstaltet und sogar einige Feuerschiffe verbrannt wurden. Aber Ludwig zeigte nur flüchtiges Interesse für seine Marine; vermutlich war ihm schon damals klar, daß das Meer nicht das Element war, in dem er als König den persönlichen Ruhm ernten konnte, nach dem er dürstete. „Ich empfinde stets", bekannte er in späteren Jahren, „daß ein französischer Sieg, bei dem ich nicht anwesend bin, den Ruhm meiner Regierung eher mindert als mehrt."

Von Dieppe begab sich der Hof nach Fontainebleau, wo Ludwig den Prinzen von Wales, den künftigen Karl II., empfing. Doch was konnte ein siebzehnjähriger Jüngling einem neunjährigen Kind zu sagen haben? Besonders einem Kind, das „vorsichtig genug war, nichts zu sagen, aus Furcht, sich nicht gut auszudrücken". Von dem vollendeten Gastgeber, der er später werden sollte, ließ Ludwig noch nichts erkennen. Bald darauf bewies er während einer Krankheit allerdings schon mannhafte Eigenschaften. Am 10. November bekam er die Pocken; und auch in der schlimmsten Leidenszeit sprach er freundlich mit denen, die ihn pflegten, und fügte sich den Anordnungen seiner Ärzte.

DER AUSBRUCH des Bürgerkriegs, der Fronde, am 13. Mai 1648 beendete in Wahrheit Ludwigs Erziehung, wenn auch versucht wurde, sie nach der endgültigen Unterdrückung des Aufstands 1653 fortzuführen. Dieser Krieg war ein Versuch des Parlaments, die von Richelieu zerstörte Verfassung wiederherzustellen, und wurde von den Personen unterstützt, die Mazarin durch Manipulation der Staatsanleihen zu seinem eigenen Vorteil betrogen hatte. Dieser Kampf flößte Ludwig für sein ganzes Leben einen Haß gegen diese „Rentner" ein, die er als neue Gattung von Rebellen bezeichnete. Nach der Thronbesteigung sah er sich deshalb verpflichtet, die Staatseinnahmen durch Erhebung direkter Steuern und nicht durch Anleihen zu vermehren; eine Politik, die in künftigen Jahren verhängnisvolle Folgen haben sollte.

Frankreich war jetzt am Dreißigjährigen Krieg beteiligt und hatte im Innern des Landes den Bürgerkrieg. Solange die Armee in Flandern gebunden war, konnte an der Heimatfront nicht viel unternommen werden. Aber am 20. August schlug Enghien, jetzt Prince de Condé, den Feind bei Lens in die Flucht, und Mazarin konnte ihn und seine Truppen zu Offensivmaßnahmen gegen die Hauptstadt zurückrufen.

1649 bereitete Condé drastische Maßnahmen gegen Paris vor, und sein erster Schritt war, für die Evakuierung der königlichen Familie nach Saint-Germain zu sorgen, um sich dadurch freie Hand für die Blockade der Stadt zu schaffen. Am 6. Januar wurden der König und sein Bruder um drei Uhr morgens geweckt, am Gartentor des Palais Royal in eine einfache Kutsche gepackt und nach Saint-Germain gefahren. Ein aufregendes Abenteuer für jeden gewöhnlichen zehnjährigen Jungen, Ludwig aber empfand nichts als Zorn darüber, daß er Paris unter Zwang verlassen mußte; als er dann noch erfuhr, daß der Pöbel sein Gepäck nicht hatte passieren lassen, nahm er sich vor, eines Tages mit den Parisern abzurechnen.

In der Hauptstadt verursachte die Nachricht von der königlichen Flucht Bestürzung und Ärger; die Miliz wurde bewaffnet, die Tore bewacht und ernsthafte Vorbereitungen zum Bürgerkrieg eingeleitet. Aber keine Seite war stark genug, um eine Entscheidung herbeizuführen, und nach langem Verhandeln, dem man durch Bestechungen nachhalf, wurde am 1. April der Friede unterzeichnet.

Am 18. August kehrte der Hof unter stürmischen Beifallskundgebungen nach Paris zurück; während der langsamen Fahrt zum Palast zeigte der König vollendete Selbstbeherrschung. Als der königliche Wagen im Schritt durch die belebten Straßen fuhr, drängten sich Arbeiter heran, die darauf bestanden, dem König die Hand zu schütteln und ihn ihrer Zuneigung zu versichern.

Der Hof stellte fest, daß ein verwandelter Ludwig in Paris Einzug gehalten hatte. Die erste Fronde hatte seine Kindheit beendet. Sein Großkämmerer erhielt wegen Unpünktlichkeit eine scharfe Rüge; seine Kusine, die Duchesse de Montpensier, bei Hofe als „Mademoiselle" bekannt, mußte sich eine Strafpredigt über den dem König geschuldeten Respekt anhören, weil sie ihm den Zutritt zu ihren Gemächern verweigert hatte; und zu Mazarin sprach er über den Zustand seiner abgenutzten Karosse in einem solchen Ton, daß der Premierminister auf der Stelle fünf neue Wagen für ihn bestellte.

Nur in einer Beziehung ähnelte der neue Ludwig dem alten, nämlich in der Unfähigkeit, seine Abneigung gegen Mazarin zu verbergen; er gab ihm den Spitznamen „der Großtürke“. Als er eines Abends hörte, der Kardinal warte im Vorraum, weigerte er sich, sein Ankleidezimmer zu verlassen, bis Mazarin, des Wartens müde, in seine eigenen Gemächer zurückgekehrt war – ein Vorfall, der Mazarin sehr nachdenklich stimmte.

Im Januar 1650 wurde Condé, dessen Anmaßung und Habgier unerträglich geworden waren, verhaftet und in Vincennes eingekerkert. Dies war ein Schritt, der zwar vorübergehend das Ansehen Annas und ihres Premierministers hob, aber zum Ausbruch der zweiten Fronde führen sollte und sofortige Bemühungen der Anhänger Condés zur Folge hatte, die Provinzen gegen die Regierung aufzuwiegeln. Um dem zu begegnen, sandte Mazarin Ludwig und die Königin auf eine längere Reise in die unzufriedenen Gebiete, die glänzenden Erfolg hatte. Die „Unschuld und Schönheit“ des Königs entzückten die Bürger von Rouen, die ihn mit großem Jubel aufnahmen; im April empfing er bei der Belagerung von Bellegarde die Feuertaufe: Seinen unbesoldeten Truppen flößte er Mut ein durch die Ruhe, die er zeigte, als einem Mitglied seines Gefolges von einer Kanonenkugel ein Arm weggerissen wurde. Aber auf Ludwig wirkte sich das Erlebnis ungünstig aus; er kehrte zurück mit der Überzeugung, daß Belagerungen die „königliche“ Form der Kriegsführung seien, und als er später Armeen befehligte, mußte seinetwegen stets eine Belagerung arrangiert werden, oft zum schweren Schaden für die generelle Linie der französischen Strategie.

Der Oktober fand Ludwig, seine Mutter und seinen Bruder in Bordeaux, einem Frondeur-Bollwerk, das sich zu Beginn des Monats der Krone ergeben hatte. Aber der Geist des Aufruhrs lag noch in der Luft, und die Bürger zeigten sich durch die Gegenwart des Königs nicht bezaubert wie in Rouen; die Behörden ließen ihm „eine sehr schlechte Mahlzeit verabreichen und veranstalteten ein dürftiges Feuerwerk“.

IM JAHR 1651 begann Ludwig, keine dreizehn Jahre alt, undeutlich zu empfinden, daß Mädchen noch zu etwas anderem als zu Spielgefährten bestimmt seien; auf einem Ball im Januar erwies er

Elisabeth Tarneau, der Tochter eines Pariser Anwalts, so auffällig und lebhaft seine Aufmerksamkeit, daß ihr Vater sie nach Hause bringen mußte, zum heftigen Ärger Ludwigs, der nur mit Mühe davon abgehalten werden konnte, sich seine Büchse geben zu lassen, um die Fenster in Tarneaus Haus unter Feuer zu nehmen. Im Sommer ritt er häufig mit „Mademoiselle", seiner Kusine, aus, wobei er sich besonders von einer ihrer Damen, Madame de Frontenac, angezogen fühlte; auch für sie zeigte er eine so heftige Knabenschwärmerei, daß Anna die Ausritte verbot. „Wenn ich Herr bin", sagte der König wütend, „werde ich gehen, wohin ich will; und ich werde sehr bald Herr sein." Aber solche Ausbrüche waren selten; meistens spielte Ludwig die Rolle des Marionettenkönigs mit Anmut.

Das Jahr 1651 markiert einen Tiefpunkt in Ludwigs Schicksal; in Paris triumphierte die wiedererstandene Fronde, die königliche Familie wurde im Palais Royal gefangengehalten und streng bewacht. Eines Nachts im Februar hatte „Monsieur", des Königs Onkel, die Frechheit, einen Bedienten zum Palast zu senden mit dem Auftrag, sich persönlich davon zu überzeugen, daß der König nicht erneut geflüchtet sei, sondern wirklich im Bett liege. Schlimmer noch, der Pöbel gab sich mit der Versicherung des Mannes nicht zufrieden und stürmte ins königliche Schlafzimmer, um selbst nachzusehen. Zwar zogen die Leute sich, nachdem Anna ihnen Ludwig gezeigt hatte, auf Zehenspitzen zurück und „wünschten flüsternd allen nur erdenklichen Segen auf sein Haupt herab", aber dieser Ausgang trug nichts dazu bei, Ludwigs flammenden Zorn zu dämpfen, er sollte sein ganzes Leben lang lodern.

Die Lehren jener Nacht sind aus der ganzen künftigen Politik Ludwigs abzulesen; er schloß seine eigene Familie von jeder Teilhabe an der Regierung aus; er erniedrigte die Adligen zu einer Art von Lieblingshaustieren und ersetzte sie in Vertrauensstellungen durch Vertreter des Bürgertums; er beseitigte den obersten Gerichtshof – das Parlament – und verlegte den Hof nach Versailles, um für alle Zeit zu verhindern, daß ein König von Frankreich in Paris wie in einer Falle gefangen werden konnte. Als Ludwig 1664 den Schatzmeister Fouquet mit erbarmungsloser Strenge behandelte, geschah es nicht in erster Linie, weil dieser ihn bestohlen hatte, sondern weil er sein Inselschloß auf Belle-Ile befestigt und bemannt hatte und der König dort das Hauptquartier einer neuen Fronde vermutete. Sein Mißtrauen gegen Edelleute, die das Landleben dem Prunk von Versailles vorzogen, seine ständige Wachsamkeit, um Cliquenbildungen zu verhindern, die betonte Ungnade gegen diejenigen, die auch nur über Politik zu sprechen versuchten, all das rührt von der Fronde her.

Doch Ludwig besaß schon in frühen Jahren die nützliche Gabe, ein Problem, das noch nicht zur Lösung reif war, einstweilen beiseite zu legen, ohne es zu vergessen; so scheint er 1651 einen angenehmen Sommer verbracht zu haben; er erprobte neue Methoden des Angriffs und der Verteidigung an seinem Festungsmodell im Palastgarten, er ging auf dem Lande spazieren, jagte, tanzte und durchschwamm die Marne. „Und schon", schreibt der Maréchal de Clérembault, „hätten seine Geistesgaben einem Manne von fünfundzwanzig Jahren nicht zur Unehre gereicht."

Am 7. September erschien Ludwig feierlich vor dem Parlament, um seine eigene Volljährigkeit zu verkünden; in dieser Sitzung legte Anna in aller Form die Regentschaft nieder, aber in Wahrheit blieb alles wie bisher, und Mazarin führte Ludwig zehn weitere Jahre am Zügel. Dennoch waren die politischen Folgen dieser Formalität von beträchtlicher Bedeutung.

Am 13. Februar 1651 hatte Mazarin, äußerem Zwang folgend, sich nach Le Havre begeben und dort Condé freigelassen; darauf flüchtete der Kardinal in die Nähe von Köln, weil er in Frankreich um sein Leben fürchten mußte: Das Parlament hatte einen Preis auf seinen Kopf gesetzt. Aber von seinem Exil aus unterhielt er ständige Verbindung mit der Königin und regierte Frankreich ebenso absolut, wie wenn er in Paris lebte. Condé, ein unfähiger Politiker, hatte die Zeit seit seiner Entlassung nutzlos verstreichen lassen und sich Feinde gemacht, indem er die Partei wechselte; am 15. September ging er schließlich zu offener Rebellion über und stellte sich unter den Schutz des Königs von Spanien. Doch war der Zeitpunkt für den Aufstand in verhängnisvoller Weise falsch gewählt. Ludwigs Volljährigkeitserklärung hatte „Monsieur" automatisch die Statthalterschaft des Königreichs entzogen, den schwachen Regentschaftsrat aufgelöst und Mazarin im Vollbesitz der königlichen Macht belassen. Schlimmer noch, viele große Edelleute und erfahrene Offiziere, die nichts

Ludwig XIV. nach seiner Volljährigkeitserklärung im Parlament, neben ihm sein Bruder Philipp

Tadelnswertes darin gesehen hätten, gegen einen Regenten Krieg zu führen, weigerten sich strikt, gegen den König zu kämpfen.

Dennoch hatte Condés erster Schritt Erfolg dank der Kühnheit seiner Gemahlin, die mit ihrem kleinen Sohn von Montrond, wo man sie in Hausarrest hielt, entkam, sich nach Bordeaux begab – achtundvierzig Stunden vor dem Versuch des Königs, das gleiche zu tun – und die Stadt überredete, ihre Tore vor dem König zu schließen. Selten war Ludwig wütender; unter Tränen des Zorns sagte er zu seiner Umgebung: „Ich werde nicht immer ein Kind bleiben; dieses Gesindel von Bordeaux soll mir nicht mehr lange Vorschriften machen."

DAS FOLGENDE Jahr 1652 war für Ludwig ein Jahr des Wanderns, kreuz und quer durch Frankreich; er zeigte sich, wo immer der aus dem Exil zurückgekehrte Mazarin glaubte, daß Ludwigs Gegenwart von Nutzen sein könne; mit sich führte er eine armselige Hofhaltung, oft unter sehr harten Umständen. Aber Bequemlichkeit war Ludwig sein ganzes Leben gleichgültig, und der Wert dieses Jahres erwies sich später für ihn als geradezu unschätzbar. Denn der König lernte sein eigenes Volk kennen; bei zufälligen Begegnungen unterhielt er sich mit Gastwirten, Stallknechten, Händlern und Leuten aller Art, die auf den Landstraßen verkehrten. Dem Jahr 1652 verdankte er es, daß er seine Untertanen verstand wie kein anderer europäischer Monarch, mit Ausnahme Karls II. von England. Rasch entwickelte sich seine Persönlichkeit; schon hatte er seine Temperamentsausbrüche überwinden gelernt und wurde jetzt wegen seiner außerordentlichen Selbstbeherrschung bewundert. Schon wußte er Eifer, Intelligenz und Witz zu schätzen und Klatschsucht, Verunglimpfung, Eifersucht und Skepsis zu verabscheuen. „Der lauterste und aufrichtigste Mensch in Frankreich", berichtet sein Beichtvater, „voll Respekt gegen die Königin, die er innig liebt, wie auch seinen Bruder, den kleinen ‚Monsieur'. Verständig, tapfer, wahrheitsliebend, heiter, angenehm, gescheit und fromm." Mag die Aussage des Beichtvaters auch allzu enthusiastisch sein, jedenfalls besaß Ludwig schon den Charme, dem wenige Männer und keine Frau widerstehen konnten.

Aber noch immer konnte Ludwig gelegentlich ein sehr ungezogenes Kind sein. 1652 war der Hof in Corbeil so erbärmlich untergebracht, daß der König und sein Bruder ein Zimmer teilen mußten, in dem gerade zwei Betten stehen konnten. Beim Aufwachen spuckte Ludwig aus Versehen auf Philipps Bett; Philipp rächte sich, indem er absichtlich auf das Bett des Königs spuckte, worauf Ludwig Philipp ins Gesicht spuckte. Philipp wollte sich das nicht gefallen lassen, sprang auf und urinierte über das königliche Bett, ein Kompliment, das der König erwiderte, und es kam zu einer Prügelei. „Monsieur", so wird uns erzählt, war viel zorniger als der König, aber der war weitaus schwerer zu versöhnen. Das ist ein typisches Beispiel für eine Paradoxie jener Zeit, nämlich die erstaunliche Verbindung äußerster Höflichkeit und gewähltester Manieren mit einer Roheit, die man kaum glauben könnte, wäre sie nicht so gut bezeugt. Dreißig Jahre später sehen wir „Madame", des Königs Schwägerin, und „Monseigneur", den Erben der Krone, in aller Öffentlichkeit wetteifern, wer innerhalb einer bestimmten Zeit die meisten unziemlichen Geräusche hervorbrächte.

Ludwigs Odyssee ging weiter. Im Februar war er in Saumur, wo die Einwohner glaubten, durch eine Schmähschrift gegen Condé des Königs Wohlgefallen zu erregen, aber sie hatten nicht mit dem Familienstolz der Bourbonen gerechnet; Ludwig machte der Sache sofort ein Ende, denn Condé trug des Königs Namen. Der Mai fand ihn in Etampes; gewiß nicht ohne Bitterkeit im Herzen mußte er eine neue ihm von Mazarin angetane Demütigung hinunterschlucken: Der Schatzmeister hatte Ludwig hundert Pfund gegeben, die er als Gnadengeschenke unter verwundete Soldaten verteilen sollte. Aber Mazarin, dem dies zu Ohren gekommen war, bestand darauf, daß Ludwig das Geld ihm aushändigte, so daß er seiner zerlumpten Armee nur ein Lächeln und Komplimente bieten konnte. Damals besaß er, wie es heißt, nicht Einfluß genug, um ohne Mazarins Erlaubnis über eine Leutnantsstelle zu verfügen.

Am 2. Juli hatte Marschall Turenne Condé und seine Truppen unter den Wällen von Paris bei der Porte Saint-Antoine in der Falle. Sein Widersacher stellte sich zu einem Kampf auf Leben und Tod; es war wie auf dem Turnierplatz, denn die Stadtwälle waren schwarz von Zuschauern. Es wäre für Condé schlecht ausgegangen, wenn nicht „Mademoiselle" die Wache durch Einschüchterung dazu gebracht hätte, den geschlagenen Frondeurs das Tor zu öffnen, und ihnen für ihren Rückzug Feuerschutz aus dem Geschütz der Bastille gewährt hätte.

Während des Sommers und Frühherbstes herrschte in Paris Anarchie. Am 14. Oktober schlich sich Condé aus der Stadt, um sich mit der spanischen Armee in den Niederlanden zu vereinigen, und eine Woche später zog der König in seine Hauptstadt ein, wo ihm ein stürmisches Willkommen bereitet wurde. Ludwig benahm sich mit gewohnter feierlicher Anmut, aber er vergaß nicht, daß dasselbe Gesindel, das jetzt vor ihm kroch, vor kaum zwei Jahren in sein Schlafzimmer gestürmt war. Zum Louvre kehrte er zurück, nicht zum Palais Royal; denn letzteres war ein unbefestigtes Haus, während der Louvre durch einen Graben und eine Zugbrücke geschützt war.

In Paris verlor Ludwig keine Zeit, um wieder Ordnung herzustellen; die führenden Frondeurs wurden am 21. Oktober verbannt, die kleinen Mitläufer flohen oder ergaben sich, und am 22. richtete der König eine Ansprache an das Parlament, in der er aus seiner Verbitterung keinen Hehl machte. „Jedermann weiß", sagte er, „wie gefährlich Ihre Sitzungen für mein Reich waren. Ich höre, daß Sie die Stirn haben, die Fortsetzung der Sitzungen vorzuschlagen. Und, Herr Präsident" – dabei wies er mit seiner Reitgerte auf ihn –, „ich bin hier, um das zu verbieten"; und bevor der erschrockene Beamte ein Wort stammeln konnte, drehte sich Ludwig um und verließ das Gebäude. Das Parlament hatte seine politische und finanzielle Rolle ausgespielt.

1653 entließ Mazarin den Kammerdiener La Porte, dessen feindliche Einstellung gegen den Kardinal stets unverkennbar

Die Schlacht zwischen Turenne und Condé am 2. Juli 1652

gewesen war, und nahm Ludwigs politische Erziehung selbst in die Hand; von nun an saßen der König und der Kardinal im allgemeinen täglich zwei Stunden allein zusammen, Mazarin redete, der König hörte zu. – Lassen Sie Ihre Familie nicht mächtig werden, riet Mazarin; vermeiden Sie Vertraulichkeiten mit Ihren Höflingen; nehmen Sie gegenüber Bittstellern eine strenge Haltung an; mißtrauen Sie jedem, besonders Ministern, denn sie werden Sie betrügen, wenn sie können; hüllen Sie Ihre Angelegenheiten in ein undurchdringliches Geheimnis; nehmen Sie das Geld Ihrer Untertanen, aber schonen Sie ihr Leben. – Zynische Grundsätze vielleicht, aber nicht ohne Wert.

Im Jahr 1654 begann Ludwig, an den Sitzungen des Staatsrats teilzunehmen, bei denen er auch schon nach seiner Meinung zu den auf der Tagesordnung stehenden Problemen gefragt wurde. Mazarin ließ sich durch den Bericht des königlichen Erziehers, daß der König träge und allem Lernen abhold sei, nicht beirren. „Seien Sie unbesorgt“, sagte der Kardinal, „er nimmt nie an einer Ratssitzung teil, ohne hundert Fragen zu stellen.“ Sofern Ludwig überhaupt arbeitete, geschah es morgens im Bett, und er entwickelte ein beachtliches Geschick darin, die Arbeitsstunden in Unterhaltungen zu verwandeln; seine Abneigung gegen Bücher war nicht auszurotten.

Allerdings verbrachte Ludwig seine Tage nicht müßig. Das Beten und Ankleiden folgte auf seinen Unterricht im Bett, darauf ein Ritt, dann Fechten und Tanzen, anschließend eine Unterredung mit Mazarin. Als nächstes ein Besuch bei seiner Mutter, mit der er regelmäßig speiste; dann eine Ausfahrt und zurück zum Staatsrat, womit das offizielle Tagesprogramm abgeschlossen war. Schon zeigte er die Vorliebe für den Aufenthalt im Freien, die er bis zu seinem Ende beibehielt, eine Eigenschaft, die er von seinem Großvater geerbt hatte. Vermutlich fühlte er sich zu dieser Zeit am glücklichsten beim Frontdienst. Als er den Vorbereitungen für die Schlacht von Arras 1654 beiwohnte, marschierte er den ganzen Tag mit den Truppen, ritt dann, sobald er ins Lager kam, aus, um die Vorposten zu inspizieren, und kehrte nach fünfzehn Stunden im Sattel unermüdet zurück.

Bei einem Fest in Chantilly 1655 staunten die Damen über die Selbstsicherheit des bisher so scheuen und im Umgang mit Frauen schüchternen Jünglings; es zeigte sich, daß Ludwig ein Mann geworden war und als Heiratskandidat zählte. Aber für wen? Zunächst schien er interessiert an der siebzehnjährigen Olympe, der zweiten Nichte Mazarins, der „Nymphe Mancini", wie ihre Schmeichler sie nannten. Nach ihren Porträts zu urteilen, ist es schwer vorstellbar, daß Olympe irgendwelche körperlichen Reize besaß. „Mademoiselle" fand sie linkisch und schlecht erzogen und wunderte sich, daß der König sie lieben sollte. Madame de Lafayette sagte, gutaussehend könne sie niemand nennen, doch habe sie die Gabe zu gefallen; ihr Verstand sei natürlich und angenehm. Des Königs Liebe ging denn auch nicht über einen bloßen Flirt hinaus.

2

Im Jahr 1656 hatte Mazarin seine Schwester, Madame Mancini, und ihre fünf Töchter nach Frankreich kommen lassen, in der klugen Absicht, die Mädchen auf Ludwigs XIV. Kosten statt auf seine eigenen mit Aussteuern zu versehen. Laure, die älteste und einzig tugendhafte des Quintetts, hatte er 1651 mit dem Duc de Mercœur, einem illegitimen Enkel Heinrichs IV., verheiratet; neben Olympe, der zweiten, gab es noch Marie, Hortense und Marianne, jetzt sechzehn, zwölf und elf Jahre alt, die alle drei bei ihrer verwitweten Mutter lebten.

Als Madame Mancini 1656 erkrankte, mußte Ludwig sie täglich besuchen, und es dauerte nicht lange, bis Marie seine Aufmerksamkeit erregte; er begann, sich auf seine täglichen Besuche bei der Witwe zu freuen, denn in ihrem Vorzimmer traf er mit Sicherheit Marie, die er seltsam erregend und entzückend fand.

Aber zu Beginn des Jahres 1657 faßte Ludwig plötzlich eine heftige Neigung zu einer der Ehrendamen seiner Mutter, Mademoiselle de La Motte-Argencourt, einer blauäugigen Blondine. Sie war weder auffallend schön noch sehr klug, aber angenehm als Gesprächspartnerin, dazu eine reizende Tänzerin. Mazarin war besorgt und Anna auch; sie schalt Ludwig, was er über sich ergehen ließ, ohne sein Betragen zu ändern; im Gegenteil, er benahm sich gegenüber dem Mädchen wie ein Mann, der jede Selbstbeherrschung verloren hat. Aber die La Motte erwies sich als schwierig, und obwohl ihre Mutter sich alle Mühe gab, ihre Tochter mit Ludwig zu verkuppeln, wies sie seine Anträge zurück. Mazarin deutete Ludwig roh darauf hin, daß die La Motte eine erwachsene Frau sei, die einen Mann wolle, nicht aber einen Knaben, dessen Hände zitterten, sobald er sie berühre. Die La Motte und ihre Freunde, versicherte er, fänden das Werben des Königs lächerlich. Nun war Lächerlichkeit das einzige, was Ludwig zeit seines Lebens scheute, und diese Eröffnung kränkte und entsetzte ihn; die La-Motte-Episode endete so plötzlich, wie sie begonnen hatte, und wieder wandte Ludwig sich Marie Mancini zu. Olympe hatte am 20. Februar den Comte de Soissons, am Hof „Monsieur le Comte" genannt, geheiratet; am 19. Dezember 1656 war Madame Mancini gestorben, wodurch Marie ihre Freiheit erlangte.

Während des Februars 1657 traf sich das Paar täglich, und als sich der Hof im Frühjahr nach Fontainebleau begab, war jedem klar, daß die beiden sich innig liebten. Ludwig sah Marie verständlicherweise als vollkommen an – ein leidenschaftsloser Betrachter konnte dieser Einschätzung jedoch kaum zustimmen.

Sie war sehr mager, hatte einen bräunlichgelben Teint, harte Augen und in ihrer gesamten Erscheinung nichts von einer vornehmen Dame. Nach Ansicht Mazarins, der seine Nichte besser kannte als Ludwig, war sie eine Phantastin, ehrgeizig und mit einer Neigung zu überspanntem Benehmen. Im allgemeinen jedoch galt sie als geistreich, heiter und anziehend. Kurz, eins von den Mädchen, die aus allen Gaben das Beste zu machen wissen.

Trotz seiner Verliebtheit fand sich der König nicht leicht in die Rolle eines Liebhabers. Marianne, die jüngste Schwester, berichtet uns, daß er zwar sehr freundlich mit ihnen verkehrte, aber etwas Ernstes und Gediegenes, ja Majestätisches an sich hatte, womit er, ohne es zu beabsichtigen, Respekt einflößte. Erfüllt von seiner Liebe, begann Ludwig, seine Pflichten zu vernachlässigen; bei Staatsratssitzungen war er zerstreut und gewöhnte sich an, mitten in der Sitzung aus dem Saal zu schleichen, bis Mazarin begann, ihm ernste Vorhaltungen zu machen. Am 7. Mai begab sich der König an die Front, um Montmédy zu belagern. Während der Belagerung suchte er um Maries willen zu glänzen, und als die Festung sich ergab, befand Ludwig sich in den vordersten Reihen, so daß er die Übergabe persönlich entgegennehmen konnte.

Er kam in glänzender Stimmung wieder nach Paris; er hatte sich persönliches Ansehen erworben und glaubte, daß Anna und Mazarin eine freundliche Haltung zu seiner Werbung annähmen. Doch weder der Königin noch dem Kardinal kam es in den Sinn, daß Ludwig es diesmal ernster meinen könnte als bei Olympe oder der La Motte-Argencourt; sie begünstigten diese neue Intimität nur, weil sie glaubten, der König werde daraus den Vorteil ziehen, sich aufgeschlossener und in weiblicher Gesellschaft unbefangener zu geben.

Im Mai 1658, bei der Belagerung von Dünkirchen, trat bei Ludwig jene Ruhmgier zutage, die ihn zum Schrecken Europas machen sollte; doch bewies er daneben eine lobenswerte Fähigkeit, intensiv zu arbeiten; tagsüber plagte er sich auf den heißen Dünen, nachts fror er im Marschnebel eines Landes, dessen Luft noch verpestet war von den unbeerdigten Toten des letzten Jahres. Prompt erkrankte er am 29. Juni an Typhus und mußte am 1. August nach Calais gebracht werden, wo sich sein Zustand so verschlechterte, daß man am 7. an seinem Überleben zweifelte.

Mazarin befiel panischer Schrecken, denn wenn Ludwig starb und „Monsieur“ ihm auf den Thron folgte, so wäre das ein Unglück für Frankreich und der Ruin Mazarins gewesen. Philipp mit seinem Schminktopf und seiner weibischen Kleidung war nicht aus dem Stoff, aus dem Könige gemacht werden; und die Homosexuellen seiner Umgebung hätten für die Verbannung des Kardinals gesorgt und seinen enormen Reichtum unter sich verteilt. Aber Mitte des Monats begann Ludwig zu genesen, und am 22. konnte er sich in einem Krankenwagen nach Compiègne begeben.

Bei Hof konzentrierte sich die Aufmerksamkeit, soweit sie nicht den Ereignissen von Calais galt, auf den heftigen und unverhohlenen Kummer, den die impulsive Marie während Ludwigs Krankheit gezeigt hatte; und konnte Ludwig bei seiner Rückkehr ein wohltätigeres Mittel zur Genesung finden als diese Nachricht? Maries Freundlichkeit überzeugte ihn, daß er in ihr die Frau gefunden hatte, die ihn vor der Einsamkeit bewahren würde, die während seines ganzen Lebens auf ihm lastete.

Von Compiègne begab sich der Hof nach Fontainebleau, dem lieblichsten aller Königsschlösser, und dort begann für Ludwig und Marie eine bezaubernde Zeit; sie glitten in kissenbelegten Barken zum Klang von Geigen dahin, kletterten auf Felsen oder wanderten zusammen im Wald, feierten Feste, liebten sich und tanzten bis zwei Uhr morgens. Als obendrein die Höflinge anfingen, Marie die einer Königin geschuldeten Ehren zu bezeigen, war ihr Glücksbecher voll bis zum Rand.

Im Herbst hatte Anna erkannt, daß die Sache ernst war, und sie drängte Mazarin, die Heirat ihres Sohnes zu beschleunigen. Annas Traum war, Ludwig mit ihrer Nichte, Maria Theresia von Spanien, zu verheiraten und dadurch den französisch-spanischen Krieg zu beenden, der seit vierundzwanzig Jahren andauerte. Ludwig war der einzige, der als Heiratskandidat für die Infantin in Betracht kam, überdies mußte Spanien offensichtlich bald um Frieden bitten. Mazarin ging an die Lösung des Problems, indem er sich ostentativ an anderer Stelle nach einer Königin von Frankreich umsah. Die Tante Ludwigs XIV., die verwitwete Herzogin von Savoyen, erhielt eine Einladung, ihre Tochter Marguérite zu einem Besuch ihrer französischen Verwandten in Lyon mitzubringen. Ursprünglich war beabsichtigt, daß nur

Ludwig und die Herren seines Gefolges die Savoyarden in Lyon treffen sollten, aber Marie instruierte den König, seiner Mutter zu sagen, er fühle sich zu unerfahren, um sich auf so delikate Verhandlungen ohne ihren Rat einzulassen, und Anna biß auf den Köder an; Mazarin widersprach nicht, da er glaubte, Maries Anwesenheit in Lyon würde Ludwig daran hindern, eine bedenkliche Neigung zu Marguérite zu fassen.

Ludwig und Marie ritten Seite an Seite durch das herbstliche Land. Am 28. November erreichten sie Lyon. Am 2. Dezember trafen die Savoyarden ein, vierundzwanzig Stunden nachdem ein spanischer Diplomat in der Stadt erschienen war, um Ludwig die Hand der Infantin anzubieten. Mazarins List war geglückt, und die Verhandlungen mit Savoyen wurden zur Komödie auf Kosten der armen Marguérite. Ludwig begab sich im Galopp aus der Stadt zu Marguérite und dann zurück zu seiner Mutter. „Nun, mein Sohn?“ fragte Anna. „Sie gefällt mir und ist ganz nach meinem Geschmack“, antwortete Ludwig. Die Höflinge wußten, daß sie eine der reizlosesten Prinzessinnen in Europa war, und verhehlten nur mit Mühe ihre Heiterkeit über Ludwigs Eifer, eine Frau zu besitzen.

Als das französische Gefolge mit der savoyischen Kutsche zusammentraf, stieg der König ein „und begann sofort, sich so vertraut mit Marguérite zu unterhalten, als hätte er sie sein Leben lang gekannt“. Marie verstand nicht, daß Ludwig sich wirklich von diesem Geschöpf angezogen fühlte. Abends packte sie ihn geschickt bei seiner schwachen Seite, seiner Eitelkeit und Furcht vor Lächerlichkeit. „Schämen Sie sich nicht, sich eine so scheußliche Braut aufzwingen zu lassen?“ fragte sie.

Das machte Eindruck. Am nächsten Tag nahm man wahr, daß Ludwigs Haltung gegenüber Marguérite erheblich kühler geworden war. Mazarin wählte diesen Augenblick, um Ludwig das spanische Heiratsangebot zu unterbreiten. Der König, der Marguérite nur begehrt hatte, weil der Gedanke, ein Weib zu besitzen, ihn erregte, war erfreut, und nun mußte man nur noch das savoyische Heiratsprojekt aufgeben, ohne daß es zu einem diplomatischen Bruch kam. Auch dies wurde irgendwie bewerkstelligt, aber die beiden Höfe schieden sehr kalt voneinander.

Nachdem Ludwig Marguérite losgeworden war, dachte er nicht

weiter an die spanische Heirat. Er zog den Aufenthalt in Lyon hin, war ständig mit Marie zusammen und trennte sich erst spät in der Nacht von ihr.

IM JANUAR 1659 verließ der Hof Lyon. Marie glaubte zuversichtlich, die Herzen der Königin und Mazarins erobert zu haben. Aber in Wahrheit hatte sie sich durch ihre Arroganz und ein Auftreten, das den Schluß nahelegte, daß der König ihr gehöre, Anna zur Feindin gemacht – „sie lief dem König überall nach und flüsterte ihm ständig ins Ohr, selbst in Gegenwart der Königin, ohne Rücksicht auf Respekt und gute Manieren". Mazarin war entschlossen, der Komödie ein Ende zu bereiten, da sie seit Marguérites Abreise aus Lyon keinen Sinn mehr hatte. Einen Augenblick lang hatte der Kardinal vielleicht mit dem Gedanken gespielt, seine Nichte zur Königin von Frankreich zu machen, doch als er dies Anna gegenüber andeutete, nahm sie es mit solchem Widerwillen auf, daß er die Absicht aufgab und nun ernstlich bedacht war, die Liebenden zu trennen. Als Ludwig seinem Premierminister seine Aufwartung machte mit der förmlichen Bitte um Maries Hand, fand Mazarin, die Zeit zu drastischem Handeln sei gekommen. Er schickte Marie mit ihren Schwestern Hortense und Marianne unter der Obhut von Madame Venel nach La Rochelle. Ludwig geriet über diese Nachricht so maßlos in Wut, daß seine Mutter drei volle Tage nicht wagte, ihn zu sehen. Aber Ludwigs Ärger gegen seine Mutter dauerte nur kurz, denn er liebte sie und ertrug die Entfremdung nicht. Anna redete ihrem Sohn ein, seine Liebe zu Marie sei ein Unglück, „und der König fing an zu jammern, jedoch nicht über seine Mutter, sondern mit ihr zusammen".

Am 22. Juni reisten die Mancini-Töchter nach La Rochelle ab; auf dem ersten Teil der Reise begleitete sie Mazarin, der sich zur Grenze begab, um Frankreich in den Friedensverhandlungen mit Spanien zu vertreten. Er ließ einen König zurück, der nichts sehnlicher wünschte, als die Verhandlungen scheitern zu sehen; und Anna konnte vielleicht, Mazarins Führung beraubt, in bezug auf Maries Verbannung schwach werden. Die Lage verschlechterte sich, als die jungen Mädchen ihren Verbannungsort erreichten; Mazarin war wider Willen bewogen worden, einen Briefwechsel zwischen Ludwig und seiner Nichte zu erlauben, um den

König davon abzuhalten, plötzlich nach La Rochelle zu eilen. Aber er hatte angenommen, daß der Briefwechsel sich auf wöchentlich einen, durch die Post übersandten Brief beschränken würde, den er je nach Inhalt weiterbefördern oder vernichten lassen könnte. Doch Ludwig ging nicht in diese offenkundige Falle. Er richtete seinen eigenen Kurierdienst mit Leibgardisten ein, die, wie Mazarin klagte, „ganze Bände statt Briefen" beförderten. Der Premierminister stellte seinen Herrn zur Rede:

> Ich beschwöre Sie bei Ihrem Ruhm und Ihrer Ehre, bei Ihrer Pflicht gegen Gott, bei dem Wohl Ihres Reichs, bei allem, was Sie bewegen kann, sich zu einer Geistesverfassung zu zwingen, in der Ihre Reise nach Bayonne zu Ihrer Eheschließung nicht mit Unwillen unternommen wird.

Als einzige Antwort erhielt er eine kurze Empfangsbestätigung mit der Bemerkung, wenn Seine Majestät des Rats des Kardinals bedürfe, werde er nicht verfehlen, darum zu bitten.

Als die Mancinis am 11. Juli La Rochelle erreichten, setzte dort ein wahrer Kampf zwischen Marie und ihrer Gouvernante ein; Madame Venel tat ihr Äußerstes, um die Briefe des jungen Mädchens zu sehen, während Marie mit Ludwigs Hilfe, der ihr Mazarins Briefe an ihn schickte, Gegenspionage bei der Gouvernante betrieb. Den ärgsten Verdruß bereitete Mazarin ein Schreiben Annas, sie habe sich aus Besorgnis um die Gesundheit des Königs bereit erklärt, Marie einzuladen, nach Saint-Jean-d'Angély zum Hof zu kommen. Gleich darauf folgte ein verzweifelter Brief der Venel, der Marie von der Einladung erzählt hatte – „um Gottes willen, sagen Sie mir, Eminenz, was ich tun soll". Kein Wunder, daß Mazarin seine Verärgerung nicht länger verbergen konnte. Er schrieb an den König:

> Sie erweisen mir die Ehre zu sagen, Sie seien mehr denn je entschlossen, meinem Rat zu folgen, und zugleich tun Sie das genaue Gegenteil . . . Ich muß daraus wirklich schließen, daß Sie die Güte haben werden, meinem Rat zu folgen, sofern er Ihren Neigungen entspricht . . . Sie sind der Herr, aber Sie können mich nicht zwingen, ein Verhalten zu billigen, das Ihrem Ansehen schadet, und wenn ich kein Zeichen von Selbstbeherrschung bei Ihnen bemerke, so bleibt mir nichts übrig, als um Entlassung aus Ihren Diensten zu bitten und die Person mit mir zu nehmen, die Ursache all diesen Unglücks ist.

Am 13. August kamen die Venel und ihre Pflegebefohlenen in Saint-Jean-d'Angély an und wurden vom König allein begrüßt. Er war seinem Hof vorausgeritten, zweifellos nach vorheriger Verabredung mit Marie, und begab sich nach der ersten Begrüßung in den Salon, wo er und Marie im Tête-à-tête blieben, bis die Königin kam. Natürlich erneuerten sie ihre Schwüre, und Ludwig gab Marie viele kluge Ratschläge, wie sie Mazarin beschwichtigen solle. Mazarin schrieb an den König:

> Seit jener letzten Zusammenkunft, von der ich voraussah, daß sie verhängnisvoll sein würde, haben Sie wieder angefangen, täglich zu schreiben . . ., unverständlicherweise benutzen Sie jede Möglichkeit, Ihre Leidenschaft anzufachen, wo Sie doch im Begriff stehen zu heiraten. Sie machen sich wirklich zum unglücklichsten der Menschen . . ., und welche Rolle gedenkt dies junge Mädchen nach Ihrer Verheiratung zu spielen? Glaubt sie, ich sei so schamlos und könne mich damit einverstanden erklären, daß sie sich in eine entehrende Lage begibt?

Schließlich sah der König der Wirklichkeit ins Auge. In einem verzweifelten Brief setzte er Marie auseinander, das Schicksal sei zu stark für sie gewesen und es sei sein Los, die Infantin zu heiraten. Das war für Marie ein vernichtender Schlag, aber ihr beleidigter Stolz half ihr; in ihrer Antwort verbot sie Ludwig, ihr wieder zu schreiben; dann teilte sie Mazarin mit, sie stelle sich ihm zur Verfügung und bitte nur, daß sie sich vor dem König verheirate. Der Sturm war vorüber, aber der König machte einen kranken und teilnahmslosen Eindruck; er weigerte sich, an Festlichkeiten teilzunehmen, und als sein gerade von Madrid zurückgekehrter Gesandter ihm die Reize der Infantin in glühenden Farben schilderte, starrte ihn Ludwig mit glanzlosen Augen an und entließ ihn ohne eine einzige Frage.

Aber die spanische Langsamkeit brachte Ludwig einen Aufschub; die Diplomaten kamen überein, daß die Hochzeit nicht vor dem Frühling stattfinden sollte. Der französische Hof beschloß, den Winter in der Provence zu verbringen, und am 7. Oktober begab man sich nach Toulouse, wo Ludwig Gelegenheit zur Jagd hatte, was in Bayonne unmöglich war.

Mazarin hatte einen Sieg über den König errungen, aber nun mußte etwas für Marie geschehen. Im November wurde der

Der junge König und
seine Gemahlin Maria Theresia

Bischof von Fréjus entsandt, um dem jungen Mädchen klarzumachen, daß eine glänzende Zukunft seiner warte, wenn es den General Colonna, den Vizekönig von Aragon, heirate. Diesen Vorschlag lehnte Marie energisch ab, und zwar aus demselben Grund, aus dem Mazarin ihn mit Leidenschaft befürwortete, weil sie nämlich dadurch aus Frankreich verbannt worden wäre. Wenn sie heiraten müsse, erklärte sie, warum nicht den Prinzen Karl von Lothringen?

Ludwig schleppte seinen Gram von Stadt zu Stadt, teilnahmslos beobachtete er die Vorbereitungen zu seiner eigenen Hochzeit und bemühte sich, Gleichmut vorzutäuschen. Für ihn war der Winter ebenso traurig wie für Marie. Zudem empfand er es als demütigend, vor den Toren Spaniens warten zu müssen, bis es Philipp IV. beliebte, ihm seine Braut zuzuführen.

Am 4. Juni 1660 sah Ludwig seine Braut inkognito; er wurde in Gegenwart Annas und der Infantin Philipp IV. als ein französischer Edelmann vorgestellt, der um die Ehre bitte, Seiner Katholischen Majestät die Hand zu küssen. Am 6. schworen sich die beiden Könige Frieden, am 7. überschritt Maria Theresia die Grenze, um die Nacht bei der Königinmutter von Frankreich zu verbringen. Abends speisten Anna und das Brautpaar allein; „sie fühlten sich so zu Hause, als ob sie ihr ganzes Leben zusammen verbracht hätten".

Die Hochzeit wurde am 9. Juni mit allem erdenklichen Prunk gefeiert. Die kleine Braut war unter der Last des Geschmeides und Brokats einer Ohnmacht nahe. Doch der König mit seinem Sinn für theatralische Wirkungen lenkte alle Blicke auf sich: Er war von Kopf bis Fuß schwarz gekleidet, ohne jeden Schmuck. Abends wurde Maria Theresia aus Annas Gemächern in die des Königs geleitet, wo die königliche Familie zusammen speiste. Kaum war das Mahl zu Ende, als Ludwig erklärte, er gehe zu Bett. „Es ist zu früh", flüsterte Maria Theresia ihrer Schwiegermutter zu. Als aber gemeldet wurde, der König sei im Bett, entkleidete sie sich und sagte: „Schnell, schnell, der König wartet auf mich!" Dann wurden die beiden zusammen gebettet „mit dem Segen der Königin, ihrer beider Mutter". Am folgenden Morgen bemerkte der lebhaft interessierte Hof „die große Zärtlichkeit, die der König der Königin und sie ihm erwies". Maria Theresia zeigte unverhohlen, daß sie leidenschaftlich in ihren Gatten verliebt war; und das sollte so bleiben trotz der Demütigungen, die Ludwig ihr durch häufige Untreue zufügte. Er war zwar nicht gerade in seine Frau verliebt, aber von ihrer Leidenschaft gerührt und behandelte sie besser, als seine Mutter und der Kardinal erwartet hatten. Ihre Ehe war so glücklich wie die Durchschnittsehe der damaligen Zeit; Maria Theresia spielte ihre schwierige Rolle ohne Tadel, gab Ludwig keinen Anlaß zur Klage, wohl aber manchen Grund zu Gewissensbissen.

ANNA hatte die Flitterwochen vielversprechend gefunden, ihr Schreck und ihre Enttäuschung waren um so größer, als Ludwig sich am 28. Juni vom Hof fort nach Brouage begab, wo Marie Mancini die letzten Tage ihres Exils verbracht hatte. Mazarin war entsetzt. Marie befand sich wieder in Paris, dort mußte Ludwig ihr begegnen, und in welcher Verfassung würde der König nach seiner Reise sein? Mazarin beschloß, daß seine Nichte sofort außerhalb Frankreichs verheiratet werden müsse; er organisierte skrupellos einen Verleumdungsfeldzug gegen Marie. In sarkastischen Briefen erklärte er Ludwig, wie lächerlich seine Untertanen das Schauspiel fänden, daß ihr König an der Küste über ein Mädchen weine, dessen Beziehungen zum Prinzen Karl von Lothringen das Tagesgespräch von Paris bildeten. Anna schrieb in ähnlichem Sinn, desgleichen käufliche Höflinge und auch Olympe, deren schwesterliche Animosität ihre Briefe am überzeugendsten machte. Das Ergebnis war, daß Ludwig am 13. Juli wütend vor verletzter Eitelkeit in Fontainebleau eintraf; und als Marie zehn Tage später kam, begrüßte der König sie mit eisiger Höflichkeit, die sie wie einen Schlag ins Gesicht empfand. Marie kehrte unvermittelt nach Paris zurück und wurde dort am 26. August mit ihrem Einverständnis mit General Colonna verlobt.

Erst nach Mazarins Tod entdeckte Ludwig, daß er und Marie einer List zum Opfer gefallen waren; es gab eine zärtliche Versöhnung, und Ludwig bestürmte Marie leidenschaftlich, sie solle mit Colonna brechen. Aber sie blieb fest, hielt sich in ihrer Ehre an den General gebunden und wurde ihm am 11. April 1661 angetraut. Kurz darauf reiste sie nach Italien; Ludwig war bis zuletzt bei ihr. Als er ihr in den Wagen half, seufzte er tief, ohne ein Wort zu sprechen. Marie brach in Tränen aus, und der Wagen fuhr ab. Es war ihre letzte Begegnung, aber die Erinnerung an Marie bewahrte Ludwig wie an kaum eine andere Frau; als sie 1672 Frankreich besuchte, traute er sich nicht genug Selbstbeherrschung zu, um sie wiederzusehen. Nie sollte er wieder so lieben. Seine anderen Lieben waren vielleicht besser oder schlechter, edler oder niedriger, aber in jedem Fall wohl weniger menschlich.

IM JAHR 1660 gab Mazarin Ludwigs politischer Erziehung den letzten Schliff; die zwei Stunden täglich, die anfangs hierfür vorgesehen waren, dehnten sich unmerklich aus, bis Mazarins freie Zeit fast ausschließlich geheimen Gesprächen mit Ludwig gewidmet war. Der venezianische Gesandte berichtete damals seiner Regierung, es müsse eine tiefe geheime Sympathie zwischen König und Kardinal bestehen, um die Unterordnung des Verstandes und Willens eines großen Fürsten unter einen Privatmann zu erklären. Dann schilderte er seine Eindrücke von Ludwig, der, wie er sagte, ein sehr religiöser Mann sei, von großer Reinheit der Sitten und ehrenhafter Gesinnung, verschwiegen wie das Grab und geschickt zur Verstellung. Niemand habe ihn je schlecht von anderen sprechen hören oder könne sich rühmen, daß der König ihm seine Zuneigung oder sein Vertrauen geschenkt habe.

Im Februar 1661 erkannte Mazarin, daß er dem Tode nahe war. Doch bis zum Ende wurden die Unterredungen mit Ludwig fortgesetzt. Mazarin empfahl zweifellos Colbert, der der größte Minister des Königs werden sollte, und sicher warnte er Ludwig in diesen letzten Tagen vor der Unehrlichkeit und dem maßlosen Ehrgeiz des Schatzmeisters Fouquet.

Am 7. März sagte Mazarin dem König, der Königinmutter, „Monsieur" und der königlichen Familie Lebewohl. Das Ende kam am 9. Er wurde im Palast nicht sehr betrauert, denn mit zunehmenden Jahren war er so habgierig, übellaunig und herrisch geworden, daß sein Tod selbst für Anna eine Erlösung bedeutete und sicher erst recht für Ludwig, obwohl er Mazarin einen feierlichen Abgang von der Bühne gewährte. Von seinen Besuchen bei dem sterbenden Minister kam er stets mit Tränen in den Augen heraus und gebärdete sich vor seinen Höflingen, als sei er überwältigt von dem Gedanken an die Last, die sich so bald auf seine eigenen Schultern senken würde. Wer aber konnte glauben, daß Ludwig nicht schon damals Pläne für die Zeit nach dem Tod des Kardinals fix und fertig bereitliegen hatte?

AM 10. MÄRZ verkündete Ludwig seine Absicht, sein eigener Premierminister zu sein; damit begann das persönliche Regime. Er brachte für diese gewaltige Aufgabe vieles mit: unbändige Tatkraft und Selbstvertrauen ohne irgendwelche Skrupel. Frankreich teilte freudig Ludwigs Auffassung von seinem Amt. Alle Volksklassen waren angewidert von den Leiden, die die Fronde mit sich gebracht hatte, und von den langen Regierungszeiten Richelieus und Mazarins. Alle verlangten einmütig, von einem jungen Herrscher absolutistisch regiert zu werden. Der junge König ging beinahe unter in der Flutwelle von Schmeichelei, die über ihn hereinbrach; es wurde allgemein versichert, wenn er nicht selbst Gott sei, sei er zum mindesten übermenschlich. Die Kirche führte den Chor an; als Maria Theresia am 1. November einen Erben gebar, beteuerte Pater Sénault, der berühmte Prediger, in seiner an Ludwig gerichteten Glückwunschpredigt, er habe keine Bedenken, Seiner Majestät seinen Sohn ebenso darzubringen, wie er täglich am Altar den Sohn dem Vater darbringe.

Kein Wunder, daß Ludwig anfing, sich zu fragen, ob er nicht der Verantwortung ausgewichen sei, als er nach erlangter gesetzlicher Mündigkeit im Alter von vierzehn Jahren die königlichen Pflichten nicht sofort übernahm. Aber er erinnerte sich, wie unerfahren er 1652 war, wie schwierig es gewesen wäre, sich von

Mazarin zu befreien, und kam zu dem Schluß, richtig gehandelt zu haben. Denn an gesundem Menschenverstand mangelte es Ludwig nie, auch wußte er ihn selbst zu schätzen. „Die Hauptaufgabe eines Königs", erklärte er, „ist es, seinen gesunden Menschenverstand frei walten zu lassen."

Ludwig ließ sich durch die Schmeicheleien, mit denen man ihn überschüttete, nicht irremachen. Die Hauptschwierigkeiten seines Amtes erkannte er schnell, besonders die schreckliche Einsamkeit auf dem Thron; „die harte und strenge Lage der Könige", nannte er es, „die für jede Handlung der gesamten Mitwelt und der Nachwelt eine öffentliche Erklärung schulden und sie doch keinem einzigen Zeitgenossen geben können, ohne die geheimen Beweggründe für ihre Handlungen zu verraten und dadurch den wichtigsten Entscheidungen ihre Wirkung zu nehmen".

Am ersten Tag seiner Regierung zeichnete Ludwig Mazarins Ratschläge auf, soweit er sich ihrer erinnerte, insbesondere seine Mahnung, die Geistlichkeit, das Militär und den Adel vom Staatsrat auszuschließen; Geistliche, weil sie mit einem Auge auf ihren Souverän und mit dem andern auf den Papst sähen; Offiziere, weil ihre Lösung für jedes diplomatische Problem eine Kriegserklärung sei, und Edelleute, weil der König mit Ministern aus dem Adel ein *primus inter pares* werde, während er mit bürgerlichen Ratgebern öffentlich als der für die nationale Politik allein Verantwortliche anerkannt werde.

Ludwig traf gleich in den ersten Wochen seines Regiments eine Reihe gescheiter Maßnahmen und zeigte sich entschlossen, diejenigen zu enttäuschen, die seine Absicht, allein zu herrschen, für eine vorübergehende Laune hielten. Denn, meinte er, ein König, der nicht regieren könne, sei unfähig zu herrschen. Wenn aber die endgültige Entscheidung auch stets beim König liegen müsse, so sei es absurd anzunehmen, daß er ohne Hilfe regieren könne; wenn er die Staatsgeschäfte mit anderen bespreche, sagte er, so lerne er nicht nur von ihnen, sondern werde selbst zu neuen Gedanken angeregt. Und weil seine Würde ihm unmittelbare Verbindung mit seinen Untertanen nicht gestatte, so müsse er mit denen sprechen, die ihnen näherstünden und deshalb tausend Dinge wahrnähmen, die dem König entgingen.

Es ist viel geschrieben worden über Ludwigs Gleichgültigkeit gegenüber dem Wohlergehen seines Volks; doch äußerte er selbst hierüber, daß Gehorsam und Respekt der Untertanen vor dem König nicht Geschenke seien, sondern im Austausch gegen die Gerechtigkeit und den Schutz geboten würden, die sie von ihm empfingen. Sie müßten den König ehren, er müsse sie schützen und verteidigen, und die Verpflichtungen eines Königs gegenüber seinem Volk seien größer als dessen Pflichten ihm gegenüber. Ludwigs Bestreben, das Los seiner Untertanen zu verbessern, läßt sich durch seine ganze Regierungszeit wahrnehmen; wenn er damit keinen Erfolg hatte, so lag es daran, weil er, als ein Mensch seiner Zeit, nicht erfaßte, daß weder seine eigene Lage noch die seiner Untertanen in einem von Grund auf schlechten Wirtschaftssystem verbessert werden konnte.

Auch meinte er es aufrichtig, wenn er sagte, Krieg sei nicht zu rechtfertigen, sofern das Kriegsziel auf dem Verhandlungsweg erreicht werden könne. Er beging nur den Fehler, guten Glaubens anzunehmen, die friedlichen Mittel seien erschöpft, während er mit etwas mehr Geduld sein Ziel oft ohne Krieg hätte erreichen können; wobei ihn vielleicht im Unterbewußtsein seine Ruhmsucht verleitete, ein Zögern des Gegners für eine Herausforderung zu halten. Denn Krieg faszinierte ihn, und er brannte auf persönlichen militärischen Ruhm.

Brachte Ludwig seine Minister schon durch seinen Tatendrang aus der Fassung, so nicht weniger durch die Art, wie er sich über hergebrachte Formen hinwegsetzte; unerwartet erschien er zu jeder beliebigen Zeit in einem Ministerium und verlangte Einblick in jedes Detail. „Meine Kenntnis dieser Kleinigkeiten“, sagte er, „offenbarte mir tausend Dinge, die nicht ohne Wert waren, wenn ich große Entschlüsse zu fassen hatte.“ In Colberts Ministerium wurde er von einer neuen Begeisterung gepackt: Frankreich sollte nicht nur die größte militärische Macht sein, sondern auch wirtschaftlich an der Spitze stehen. Neue Werkstätten wurden errichtet, neue Gewerbe unterstützt, und bevor das Jahr zu Ende ging, merkten die Höflinge, daß nichts geeigneter war, Ludwigs Gunst zu gewinnen, als wenn man einen ausländischen Handwerker zur Niederlassung in Frankreich bewegte.

Außer der Wirtschaftspolitik befaßte er sich mit Erlassen, die Fluchen, Gotteslästerung und Zweikampf unter Strafe stellten. Und da ihm um Lustbarkeiten nicht weniger zu tun war als um Reformen, wandte er sich von der großen Politik dem Zustand seines Theaters zu. Er fand sogar Zeit, dem damals hoch in Gunst stehenden Dichter Molière nahezulegen, Soyecourt, den bekannten Erzähler langweiliger Jagdgeschichten, auf der Bühne zu verspotten.

Offenkundig wurde auch die gewinnende Großmut, derentwegen man ihn nachmals so bewunderte. Er erfuhr, daß ein Edelmann den Adelstitel eines *Chevalier d'Honneur* bei der Königin gekauft, aber Schwierigkeiten hatte, den Kaufpreis aufzubringen. Darauf sandte ihm Ludwig 5000 Pfund mit einer Note, er habe gehört, daß der Herr die Geldbeutel seiner Freunde in Anspruch nehme, und sei gekränkt, daß der König nicht zu den Freunden gerechnet werde.

3

Am 31. März 1661 heiratete Ludwigs Bruder, „Monsieur", seine Kusine Henriette von England, die Tochter König Karls I. Als einzige scheint Anna diese Verbindung wirklich gewünscht zu haben, die Mazarin vor seinem Tode empfohlen hatte; doch sollte ihre Zufriedenheit von kurzer Dauer sein, während Ludwig nur mit merklicher Zurückhaltung zustimmte. „Monsieur" hingegen war für den Augenblick begeistert; Ludwig hatte ihm als Hochzeitsgeschenk die Einkünfte von Orléans übertragen, die früher ihrem verstorbenen Onkel zugestanden hatten. „Monsieur", jetzt zwanzig Jahre alt, glich Ludwig in nichts. Von je der Liebling seiner Mutter, ihr und ihrer Damen Spielzeug, hatte er ein weibisches Wesen angenommen. Er schätzte weibliche Gesellschaft, liebte es, jungen Mädchen beim Ankleiden als Kammerzofe zu dienen, und war nie glücklicher, als wenn er mit einem halben Dutzend gleichaltriger Mädchen schwatzen konnte. Das war seine Erholung. Aber die Hauptleidenschaft dieses unglücklichen Geschöpfes, das, wie seine Zeitgenossen sagten, eine entzückende Prinzessin abgegeben hätte, bestand darin, mit seiner ausgezeichneten Figur, seinem makellosen Teint schmachtend die Männer anzulocken.

Im übrigen war Philipp ein gehässiger, eifersüchtiger junger

Mann, übertrieben elegant und stark geschminkt; bei oberflächlicher Bekanntschaft reizend, beging er dauernd die gröbsten Verstöße gegen die Etikette. Es fehlte ihm keineswegs an Verstand, aber er war unfähig, von seinen Gaben Gebrauch zu machen, und nicht in der Lage, ein Geheimnis für sich zu behalten. Dennoch liebten ihn seine Mutter und sein Bruder, was bei Ludwig einigermaßen überrascht, da er von allen Lastern keines so verabscheute wie das Philipps. Ludwig behandelte „Monsieur" nicht nur mit Duldsamkeit, sondern brachte ihm echte Freundschaft entgegen. Waren sie unter sich, durfte Philipp auf einem Armstuhl sitzen, jeder Standesunterschied war aufgehoben, und die Brüder blieben sich immer zugeneigt. Indes schenkte Ludwig Philipp nie sein Vertrauen, und „Monsieur" war oft der letzte am Hofe, der eine wichtige Nachricht erfuhr.

Die Braut war so anders als ihr Gemahl aufgewachsen, daß sie fast einer anderen Gesellschaftsklasse angehörte, nämlich dem verarmten Adel. Während der Fronde, als der französische Hof für arme Verwandte nichts erübrigte, hatten sie und ihre Mutter Not gelitten. Henriette wußte, was es heißt, hungrig vom Tisch aufzustehen, sie hatte erfahren, daß Strümpfe sich nicht von selbst stopfen, und hatte unter dem Bewußtsein gelitten, daß nicht einmal ihre besten Kleider einer Kammerzofe in einem guten Haus gut genug sein würden. Man konnte es ihr nicht verdenken, daß sie darauf brannte zu heiraten, und sei es „Monsieur". Sie liebte ihn nicht, aber dieser Nachteil wurde mehr als aufgewogen durch die Aussicht auf Reichtum und die Gewißheit, daß sie nicht mehr an eine Rückkehr nach England zu denken brauchte.

Seit ihrer Ankunft bei Hofe vor sechs Jahren hatte sich das junge Mädchen in eine strahlende Frau verwandelt, die von allen Männern umschwärmt wurde. Offenbar war sie groß, durchaus keine Schönheit, aber liebenswert durch ihren Charme. Das hübscheste an ihr waren der Teint wie Milch und Blut, schöne Zähne, leuchtende Augen und rote Lippen. Sie frisierte ihr kastanienbraunes Haar wundervoll, kleidete sich mit Geschmack und brachte es fertig, jedem außer Ludwig XIV. zu verheimlichen, daß sie fast ebensoviel Verstand besaß wie ihr Bruder Karl II. Kurz, sie war keine große Schönheit, aber ein kluges und lebhaftes junges Mädchen mit viel weiblicher Anziehungskraft, die sie bis zum

Ludwigs jüngerer Bruder Philipp, der Herzog von Orléans

äußersten zu nützen gewillt war, um sich zum Abgott des Hofes zu machen.

Es kann kaum überraschen, daß ihre Ehe unglücklich wurde. Philipp bekannte schon nach vierzehn Tagen, daß es ihn langweile, den Gatten zu spielen; und bald mußte er zu seinem Entsetzen feststellen, daß Henriette für ihn eine Rivalin, nicht eine Verehrerin war und die jungen Männer des Hofes ihre Schönheit höher priesen als seine eigene.

Als dann noch der König sich nicht unempfindlich gegen ihre Reize zeigte, stand „Madames“ Triumph fest. Ludwig sah in ihr die entzückendste Dame seines Hofes und vermißte es, wenn er nicht täglich mehrere Stunden mit ihr zubringen konnte. Schließlich war er ja nicht nur das Haupt der Familie, sondern auch „Madames“ Wirt, und die Höflichkeit verlangte, daß er seinem Gast das Leben angenehm machte; er gebrauchte seinen ganzen Charme, um „Madames“ Zuneigung zu gewinnen.

Als der Hof nach Fontainebleau hinauszog, war klar, daß „Madame“ Ludwig erobert hatte. Zum erstenmal in seinem Leben verfügte er über viel Geld, er war auf der Höhe seiner jungen Manneskraft, und das lustige, formlose Picknickleben von Fontainebleau bot Gelegenheiten zum Lieben, die es in dem überfüllten Louvre nicht gab. Ludwig schickte sich an, Henriette zu erobern; täglich gingen sie zusammen zum Baden und kamen zurück, um ein Ballett einzustudieren oder in den Wäldern spazierenzugehen; dann folgte das Abendessen auf dem Kanal, während am Ufer ein Orchester aufreizende Weisen von Lully spielte;

danach ein Ball im Freien und schließlich eine Fahrt durch die dämmerigen Wege des Forstes im unerleuchteten Wagen, von der die beiden oft nicht vor drei Uhr morgens zurückkehrten.

Ludwig benahm sich mit solcher Sorglosigkeit, daß alle von seinem Verhalten wußten, und freundliche Gemüter beeilten sich, Maria Theresia und „Monsieur" ihr Mitgefühl über die Unbesonnenheit des Königs auszudrücken. Die kleine Königin war wütend. Sie hatte von den Habsburgern eine Mischung von Frömmigkeit und Leidenschaft geerbt, verabscheute die französische Lebensführung und war außer sich über die Schamlosigkeit der französischen Frauen. Von Anfang an übertrieben eifersüchtig, hatte sie das törichterweise gezeigt.

Liebe und Galanterie waren der Lebensatem dieses jugendlichen Hofs, aber bisher hatte sich alles sehr harmlos abgespielt; doch brauchte Ludwig nur einer Dame ein Kompliment zu machen, um ihr den Haß der Königin zuzuziehen. Auch „Monsieur" war eifersüchtig. Er fing an, den gekränkten Ehemann zu spielen, zunächst, weil das etwas Neues war, aber auch, um seinem Bruder zu zeigen, daß Philipp ein Gatte sei, der seine eigenen Rechte geltend zu machen wisse.

Anna hätte diese Situation, deren Existenz sie nicht zugeben wollte, gern ignoriert. Doch ihre Nichte sprach den ganzen Tag von nichts anderem als von der Untreue des Königs; und wenn es Anna für einen Augenblick gelang, Maria Theresia aus dem Wege zu gehen, so stieß sie dafür auf Philipp, dessen einziger Gesprächsgegenstand das empörende Verhalten seines Bruders war. Die junge Königin drohte, eine Szene zu machen, obwohl Anna ihr eindringlich zu bedenken gab, daß sie sich dadurch mit Sicherheit Ludwig entfremden würde, der Szenen verabscheute und denen, die sie veranlaßten, nie verzieh.

Im Juli entschloß sich Anna zu handeln. Sie machte Ludwig ernste Vorhaltungen über die Folgen, die sein schlechtes Benehmen für die Königin haben könne: Ihr Kummer werde vielleicht zu einer Fehlgeburt führen. Sie schrieb aus Colombes an die Königin von England, sie möge herüberkommen und Henriette den Kopf zurechtsetzen. Die beiden Schuldigen scheinen durch diese Vorhaltungen ernüchtert worden zu sein; beide beteuerten die Reinheit ihrer Freundschaft und beklagten die Torheit der

Familie; aber was war zu tun? Da hatte Henriette einen Einfall. Warum sollte Ludwig nicht so tun, als sei er in eine ihrer Ehrendamen verliebt? Hinfort würde niemand über Ludwigs häufige Besuche in „Madames" Gemächern erstaunt sein; sobald er kam, hatte die vorgeschobene Geliebte sich zurückzuziehen. Ludwig fand den Plan vortrefflich, und es blieb nur noch übrig, die Scheingeliebte auszuwählen. Henriette schlug die kleine La Vallière vor, die sie von ihrem Hofstaat am wenigsten anziehend fand. Es sei, sagte Ludwig und begann ihr den Hof zu machen.

La Vallière – Louise Le Blanc La Baume, Demoiselle de La Vallière – stand jetzt im siebzehnten Lebensjahr; sie war die typische Vertreterin des armen Provinzadels. Ihr Vater, ein früherer Kavallerist, war gestorben, ohne einen Pfennig zu hinterlassen, als sie sieben war; ihre Mutter hatte wieder geheiratet, und zwar unter ihrem Stande, einen gewissen Saint-Rémi, Haushofmeister des alten „Monsieur", des Onkels Ludwigs XIV., bei dessen Frau Louise Ehrendame gewesen war. Als „Monsieur" 1660 starb, zogen Louise und ihre Mutter nach Paris, wo sich Madame de Choisy, eine geschäftige Person, des jungen Mädchens annahm und ihr in dem Hofstaat der neuen „Madame" dieselbe Stellung verschaffte, die sie zuvor innegehabt hatte.

Louise war das genaue Gegenteil von Henriette: eine reizende Platinblonde mit wundervollem Teint, einer leisen und sanften Stimme, deren Zauber niemand, der sie einmal gehört hatte, wieder vergaß. Sie hinkte etwas, tanzte aber gut, und ihr Hinken entstellte sie nicht. Nicht so klug wie Henriette, besaß sie doch eine gute Portion gesunden Menschenverstands, war zudem gebildeter als ihre Rivalin und im Gegensatz zu ihrer Herrin offen, treu und ohne jede Koketterie.

Ludwig besuchte „Madame" jetzt täglich in ihren Gemächern; dabei sah er regelmäßig die La Vallière im Vorzimmer, und sie zog ihn mehr und mehr an. Der Reiz der Neuheit und der Charme der La Vallière nahmen Ludwig gefangen. Erst nach einiger Zeit wurde „Madame" klar, daß Louise nicht der Vorwand für die Besuche des Königs bei ihr war, sondern sie selbst die Rechtfertigung für seine Besuche bei Louise. Henriette wurde rasend, als sie schließlich ihre Demütigung erkennen mußte. Aber sie goß den Kelch ihres Zorns auf die unglückliche La Vallière aus und nicht auf den treulosen Ludwig.

Die Geschichte ist mit der La Vallière milder umgegangen als mit fast jeder andern königlichen Geliebten. Mit gutem Grund. Denn einmal war sie von echter Leidenschaft ergriffen, sodann weigerte sie sich, auch als sie auf dem Höhepunkt ihrer Gunst stand, Ludwig für sich selbst oder andere um etwas zu bitten, und wies mit Abscheu jedes Ansinnen von sich, ihren Einfluß zu benutzen. Aber sie als das widerstrebende Opfer der Lust des Königs darzustellen heißt das Bild verzeichnen. Nach allen Berichten liebte sie Ludwig, noch ehe er sich in sie verliebte, gab seinem Drängen alsbald nach und ging freudig in das kleine Gemach, das ein gefälliger Höfling seinem Herrn zur Verfügung gestellt hatte. Im Juli war sie Ludwigs Geliebte geworden, und das Fest, das er am 20. für Louise gab, machte dieses Faktum stillschweigend publik.

Ludwig verfügte über die Gabe, alle Gedanken aus seinem Kopf zu verbannen, die sich nicht auf das bezogen, was er gerade zu tun hatte. Sobald er sich an seinen Schreibtisch setzte, hörte die La Vallière für ihn auf zu existieren; und wenn er zu seiner Geliebten zurückkehrte, schwanden die Dinge, die ihn eben noch beschäftigt hatten, aus seinem Bewußtsein. Ja, er widmete sich während dieser Liebesaffäre eifriger denn je seinen Amtsgeschäften, dem *métier du roi.*

Das Finanzwesen nahm jetzt seine Aufmerksamkeit in Anspruch. Er hatte durchgesetzt, daß ihm eine Wochenübersicht der staatlichen Einkünfte und Ausgaben vorgelegt wurde; je mehr er sich darin vertiefte, desto deutlicher wurde ihm, daß es auch nach Mazarins Tod noch zwei Könige Frankreichs gab und daß er der weniger mächtige war.

DER MÄCHTIGERE war Nicolas Fouquet, der glatte, liebenswürdige Don Juan, der den Posten des Finanzministers innehatte. Der König konnte kaum ein Schriftstück zur Hand nehmen, das nicht deutlich zeigte, wie vollkommen Fouquet die staatliche Wirtschaft beherrschte; es fiel schwer herauszufinden, welche Unternehmen er nicht kontrollierte. Fouquet war das typische Produkt einer korrupten Zeit. Klug, wie er war, gelang es ihm zunächst, seinen mittlerweile Bedenken tragenden König zu überlisten;

wenn Ludwig Erklärungen verlangte, gab sie ihm Fouquet bereitwillig; bei nachträglichem genauerem Hinsehen schien er indes nicht allzuviel erklärt zu haben. Als erste Maßnahme, um seinen genialen Finanzmann matt zu setzen, gab Ludwig ihm Colbert als Mitarbeiter. Dieser brachte bald unangreifbare Beweise für Fouquets Unredlichkeit bei, doch wollte Ludwig seinem Schatzmeister noch eine Chance gewähren. Er ließ ihn kommen, zeigte ihm die Beweise seiner Schuld und versprach, das Vergangene zu vergessen, wenn Fouquet sich in Zukunft ihm gegenüber ehrlich verhielte. Aber, wie Ludwig uns selbst berichtet, „der Finanzmann, weit davon entfernt, sich zu bessern, versuchte nur, bei seinen Betrügereien geschickter vorzugehen". Jeden Abend offenbarte Colbert Ludwig neue Schurkereien.

Die Versammlung der Stände der Bretagne gab Ludwig schließlich die Gelegenheit, Fouquet zu isolieren. Der König ließ verkünden, daß er persönlich an der Versammlung in Nantes teilnehmen wolle, und befahl auch das Erscheinen des Schatzmeisters wegen seines großen Einflusses in der Provinz. Vielleicht lag darin auch eine Ironie Ludwigs, denn mehr als die Betrügereien ärgerte ihn, daß Fouquet die Insel Belle-Ile vor der bretonischen Küste gekauft und befestigt hatte. Am 29. August reiste Ludwig von Paris ab nach Nantes. Vorher hatte er herzlichen Abschied von seiner Gemahlin genommen, an der er trotz allem zärtlich hing. „Seine neue Leidenschaft", wird berichtet, „hatte nicht die legitime für die Königin ausgelöscht." Es war offenkundig, daß die Trennung ihn aufrichtig schmerzte, und seine Tränen trugen dazu bei, Maria Theresia über ihre vielen Kümmernisse hinwegzutrösten. Ludwig lebte nach wie vor mit der Königin, und das blieb so für den Rest ihres Lebens. Aber er lehnte die konventionelle Ansicht ab, daß ein Mann nur eine Frau auf einmal lieben könne.

Am 5. September wurde Fouquet in Nantes verhaftet; sein Sturz gab das Signal zu einer finanziellen Hexenjagd. „Anfangs freute sich jeder über die Maßregelung der Steuerpächter, aber sie wurden so streng behandelt, daß man sie schließlich bedauerte." 1664 wurde Fouquet zur Verbannung verurteilt, doch änderte der König das Urteil in lebenslängliches Gefängnis ab. Man hat ihn deswegen schwer getadelt, aber er fürchtete Fouquet wirklich und mit gewissem Recht; denn wenn der Schatzmeister nicht die

Möglichkeit ins Auge gefaßt hatte, einen Bürgerkrieg zu entfachen, warum ließ er dann Belle-Ile in eine private Festung verwandeln? Ferner wußte Ludwig, daß es in Frankreich zahllose Leute gab, die in Fouquets Sold gestanden hatten, und dem gefallenen Mann die Freiheit zu lassen hieße, ihm die Möglichkeit zu geben, eine Umsturzpartei in Frankreich von jenseits der Grenze am Leben zu erhalten.

Aber Größeres als eine finanzielle Umwälzung war vonnöten, damit Ludwig mit Genugtuung auf seine eigenen Taten blicken konnte. Er brannte darauf, sich auf der europäischen Bühne auszuzeichnen, wünschte leidenschaftlich, der Welt zu zeigen, daß es noch einen König der Christenheit gebe. Im Oktober ereignete sich der Vatteville-Vorfall, der der Welt den ersten Einblick in Ludwigs XIV. diplomatischen Stil gewährte.

VATTEVILLE, der aus der Franche-Comté stammte, war Ludwig während der Fronde ein Dorn im Auge gewesen. 1661 wurde er zum spanischen Gesandten am englischen Hof bestellt; im September desselben Jahres wechselte Schweden seinen englischen Gesandten; einem Brauch entsprechend hatten die Wagen aller anderen Gesandten dem des ankommenden Schweden entgegenzufahren und ihm dann in der traditionellen Rangordnung ihrer Souveräne nach Whitehall zu folgen. Vatteville beschloß, diese Gelegenheit zu benutzen, um den Vorrang des Königs von Spanien vor dem König von Frankreich durchzusetzen, notfalls mit Gewalt. Um dem zu begegnen, brachte d'Estrades, der Vertreter Frankreichs, eine ausgesuchte Abteilung seines eigenen Regiments von Dünkirchen herüber und bereitete sich zum Gefecht, doch nicht ohne Besorgnis, denn Frankreich war im Augenblick in England sehr unbeliebt: Es stand zu erwarten, daß der Pöbel für Spanien Partei ergreifen würde. D'Estrades' Befürchtungen erwiesen sich als gerechtfertigt, der Pöbel schloß sich den Spaniern an, es kam zu einer richtigen Straßenschlacht, bei der die Franzosen unterlagen und sechs Tote und dreiunddreißig Verwundete zu beklagen hatten.

Die Nachricht erreichte Ludwig, als er sich gerade zum Abendessen setzen wollte; er stieß seinen Stuhl heftig zurück und verließ das Zimmer. Der spanische außerordentliche Gesandte hatte

Unten: Nicolas Fouquet (1615–60)

Links: Jean Baptiste Colbert (1619–83)

Frankreich unverzüglich zu verlassen, der neue residierende Gesandte wurde an der Grenze zurückgewiesen und Ludwigs eigener Gesandter aus Madrid abberufen. Die Sache wurde schließlich beigelegt durch eine schriftliche Entschuldigung Philipps IV. und sein Einverständnis, Frankreichs Gesandten bei jedem Hof den Vorrang vor denen Spaniens zu lassen.

Es war ein Sturm im Wasserglas, doch das spanische Nachgeben brachte Ludwig um einen Krieg.

IM FOLGENDEN Jahr kam der Papst an die Reihe. Ludwig und Alexander VII. lagen seit Alexanders Wahl im Jahr 1655 unablässig im Streit. 1662 sandte Ludwig den arroganten Duc de Créqui mit dem geheimen Auftrag nach Rom, sich unbeliebt zu machen; das gelang Créqui, einem ungehobelten, überheblichen Mann, mit Leichtigkeit. Der unvermeidliche Zusammenstoß ereignete sich am 20. August; die korsische Leibwache des Papstes feuerte auf Créquis Wagen, tötete einen Pagen und verwundete mehrere Diener. Créqui verließ sofort das päpstliche Gebiet und berichtete Ludwig, der sogleich Truppen für eine Strafexpedition gegen Rom mobilisierte. Aber wieder kam der König um seinen Krieg; Alexander ergab sich bedingungslos und erlangte Verzeihung; er mußte Avignon abtreten, die korsische Leibwache auflösen und in Rom eine Säule errichten lassen, auf der die Geschichte des Frevels und der Sühne eingemeißelt werden sollte. Schließlich mußte Kardinal Chigi, der Neffe des Papstes, in Fontainebleau erscheinen und dort vor dem versammelten Hof eine Entschuldigung für das Verbrechen des Papstes verlesen. Das eröffnete allen europäischen Kabinetten einen düsteren Ausblick auf die Zukunft.

DER FRÜHE Morgen des 1. November 1661 fand Ludwig am Bett der Königin, die seit Mitternacht in den Wehen lag; die ganze Nacht hatte Ludwig ihre Hand gehalten, „er litt mit ihr und erwies ihr jeden Augenblick seine Zärtlichkeit". Um 11.53 Uhr wurde die Königin entbunden. Ludwig öffnete das Fenster und rief zu der wartenden Menge hinab: „Die Königin hat mir soeben einen Sohn geschenkt!" Ende des Monats unternahm er eine Pilgerfahrt nach Chartres, um für die Genesung seiner Gemahlin zu danken. Doch als er am 10. Dezember nach Paris zurückkam, eilte er zur La Vallière und nicht zur Königin, denn er hatte Louise seit zwei Wochen nicht gesehen.

Im Januar 1662 stand Ludwig mit Karl II. von England auf gespanntem Fuß. Ludwig war noch verärgert über Karls Weigerung, diejenigen seiner Untertanen zu bestrafen, die Vatteville in der Londoner Schlacht des vorigen Jahres unterstützt hatten; diese Verärgerung wurde in keiner Weise behoben durch Karls freundliche Erklärung, das Hängen von rund 6000 Londoner Bürgern, die bei d'Estrades' Schlappe zugegen gewesen seien, stieße auf verwaltungstechnische Schwierigkeiten. Und neuerdings hatte Karl es kurzerhand abgelehnt, auf den Salut zu verzichten, den französische Schiffe den englischen im Kanal schuldeten; denn wenn Karl auch bereit war, fast alles zu verkaufen, so doch nicht die Ehre der englischen Marine:

> Meine Schiffe müssen ihre Pflicht tun, komme, was da wolle, und ich würde höchst unwürdig handeln, wenn ich ein Recht aufgäbe und mich mit einem niedrigeren Range zufriedengäbe als irgendeiner meiner Vorfahren. Das ist alles, was ich zu sagen habe.

Darauf schrieb der empörte Ludwig an d'Estrades:

> Wie ich bemerkt habe, nimmt der König, mein Bruder, eine Haltung ein, die an Drohung grenzt. Ich kenne keine Macht unter der Sonne, die mich auf diese Weise zu einem Entgegenkommen veranlassen könnte. Ich glaubte, die Welt hätte eine etwas bessere Meinung von mir. Ich wünsche, daß er als einzige Antwort auf seine hochmütige Erklärung von Ihnen erfährt, daß ich eine Beilegung dieser Angelegenheit weder verlange noch erbitte, da ich sehr wohl meine Rechte zu wahren weiß.

Keiner der beiden Könige gab nach, keiner wünschte Krieg; das Problem wurde gelöst, indem jeder insgeheim seinen Schiffen den Befehl gab, der Rivalenflotte auszuweichen.

Zur Zeit dieser Auseinandersetzung mit Karl hatte Ludwig einen heftigen Streit mit der La Vallière. Als Louise Ehrendame bei „Madame" geworden war, hatte eine frühere Kollegin aus Blois eine ähnliche Anstellung erhalten, ein intrigantes, schlaues junges Mädchen namens Montalais, das bei Hof die Vermittlerin in anderer Leute Liebessachen spielte. Ludwig konnte sie nicht leiden und hatte der La Vallière den Umgang mit ihr verboten, die sich indes nicht danach richtete. Ludwig entdeckte bald, daß Louise ihm etwas verschwieg, und machte ihr deshalb Vorwürfe. Louise gab törichterweise zu, daß man ihr gewisse Dinge über ein Mitglied der königlichen Familie erzählt habe, die sie dem König nicht mitteilen könne. Ludwig redete auf sie ein, raste und drohte, aber vergebens; schließlich verließ er wütend das Zimmer.

Die beiden hatten in der ersten Zeit ihrer Liebschaft einander geschworen, wenn sie sich je streiten sollten, würden sie sich nicht zur Ruhe begeben, ohne sich versöhnt zu haben; in dieser Nacht aber wartete Louise vergeblich auf die Verzeihung ihres Liebhabers. Als der Morgen graute, ohne daß die ersehnte Nachricht gekommen war, dachte sie, es sei alles zu Ende. In ihrer Angst und Verzweiflung floh sie zu Fuß nach Chaillot, wo sie um Aufnahme in das Kloster bat. Aber die Nonnen waren nicht so weltfremd, die Geliebte des Königs ohne sein Einverständnis aufzunehmen.

Es war der 24. Februar, Ludwig hatte gerade dem spanischen Botschafter eine Abschiedsaudienz gewährt, als ein Höfling eintrat und ihm etwas ins Ohr flüsterte. Man bemerkte, daß der

König sehr erregt war; er verließ sofort das Gemach, und wenige Minuten später sah man ihn aus den Toren des Palastes galoppieren. Er ritt natürlich nach Chaillot, wo er Louise in Tränen auf dem Fußboden des Sprechzimmers fand; nach einer Szene, die wir uns vorstellen können, kehrten die beiden nach den Tuilerien, „Monsieurs" offizieller Residenz, zurück. Hier ergab sich eine neue Schwierigkeit: Jeder kannte die Stellung der La Vallière bei Hof, aber im Verzeichnis des Hofstaates wurde sie nur als eine von „Madames" Ehrendamen geführt, und „Madame" hatte noch mit Ludwig abzurechnen. Sie spielte die tugendhafte Hausfrau; nein, unmöglich könne sie eine Dame wieder zum Dienst zulassen, die sich so schlecht benommen habe. Erst als sie Ludwig so weit gebracht hatte, daß er den Tränen nahe war, erlaubte sie der armen La Vallière, sich in ihre Dachstube zurückzuschleichen.

Aber Ludwig stand erst am Anfang seiner Nöte, die ihm zeigen sollten, daß Polygamie den Menschen teuer zu stehen kommen kann. Am 26. Februar predigte Bossuet, und der König mußte in seiner eigenen Kapelle eine unmittelbar an ihn gerichtete Predigt über sich ergehen lassen, in der er ermahnt wurde, seinem Gewissen zu folgen und auf „jene zarten Freuden, die man bei gewöhnlichen Leuten Laster nennen würde", zu verzichten.

Etwa eine Woche danach spielte sich die Intrige mit den spanischen Briefen ab. Die Anstifterin war „Madame la Comtesse". Als Ludwigs gesellschaftliche Beraterin hatte sie sich in den fünfziger Jahren einer hervorragenden Stellung erfreut und verwand es immer noch nicht, in den Hintergrund gedrängt zu sein. Sie verabscheute die La Vallière; zwar fürchtete sie ihre Redlichkeit, doch hielt sie es für unwahrscheinlich, daß die Favoritin nicht schlau und habgierig genug sei, um Ludwig auszubeuten. Wenn man Louise durch ein Werkzeug des Grafengeschlechts der Soissons ersetzte, erwog sie, so ließe sich über die neue Geliebte der Reichtum Frankreichs ins Säckel der Soissons lenken. Ein Brief wurde fabriziert, der den Anschein erweckte, vom König von Spanien an seine Tochter Maria Theresia gerichtet zu sein; er klärte die Königin darüber auf, daß die La Vallière die Geliebte ihres Gemahls sei. Durch diesen Brief, der in den Palast geschmuggelt wurde, hofften die Verschwörer einen solchen Skandal zu erregen, daß Ludwig gezwungen sein würde, sich von Louise zu trennen; worauf sie ihn dann für eine Geliebte aus ihrer Clique einzufangen gedachten.

Zu ihrem Unglück wurde der Brief jedoch Ludwig und nicht Maria Theresia ausgehändigt. Das Komplott führte lediglich dazu, daß Ludwig beschloß, die Kandidatin der Verschwörer dem königlichen Harem hinzuzufügen. Dies war Mademoiselle de La Motte-Houdancourt, ein hübsches junges Mädchen, dem Charakter nach aber eine Kurtisane. Sie machte sich nichts aus dem König, war kalt und habgierig und lehnte es ab, sich Ludwig zu verkaufen, wenn sie ihn mit der La Vallière teilen müsse, weil sie die vermeintlichen Einkünfte der La Vallière ganz für sich haben wollte.

Ob sie schließlich doch nachgegeben hätte, können wir nicht sagen. Denn fast sofort stieß Ludwig – wörtlich und im übertragenen Sinne – gegen eine Wand. Die La Motte-Houdancourt gehörte zu den Ehrendamen der Königin, und Madame de Navailles, die für diese jungen Mädchen verantwortlich war, hegte die sonderbare Ansicht, daß Ehrenjungfern nicht nur so heißen, sondern es auch wirklich sein sollten. Mit seltenem Freimut erklärte sie Ludwig, es gehe sie nichts an, wie er sich amüsiere, solange er nicht die Jungfern der Königin zu verführen trachte. Versuche er dies, so würde sie die Tugend der Mädchen mit allen ihr zu Gebote stehenden Mitteln verteidigen.

Ludwig machte Madame de Navailles Komplimente wegen ihrer Gesinnung und faßte ihre Warnung als einen Appell an seine Erfindungsgabe auf. Er ließ eine Geheimtür zu einem der Schlafzimmer der Jungfern einbauen, die am Tag von den Bettvorhängen verdeckt war. Aber Madame de Navailles' Augen waren so scharf wie ihre Gesinnung redlich; sie entdeckte die Tür und ließ sie während Ludwigs nächster Abwesenheit vom Hof zumauern. Dieser ging nun dazu über, am Dach entlang zu den Fenstern der jungen Mädchen zu klettern; als er aber wieder einmal Paris verlassen mußte, fand er bei seiner Rückkehr alle Fenster mit eisernen Gittern versperrt.

In diesem Stadium mischte sich Anna ein. Sie entdeckte, daß die Houdancourt das Werkzeug von „Madame la Comtesse" war und daß die zärtlichen Billette an den König ihr im Hause Soissons diktiert wurden. Anna war so gut informiert, daß sie Ludwig den Inhalt des nächsten Briefes der Houdancourt mitteilen konnte, bevor er ihn empfing. Ludwig war wütend; beinahe wäre es dem Mädchen gelungen, ihn lächerlich zu machen – von dem Augenblick an hörte es auf, für ihn zu existieren.

Und die La Vallière? Sie wußte genau, was sich zugetragen hatte, und als Ludwig zu ihr zurückkehrte, sprach sie mit ihm, wie noch keine Frau es je getan hatte. Ludwig war wie vom Donner gerührt, aber das „schüchterne kleine Veilchen" meinte es ernst; erst als der König sich demütig entschuldigt hatte, vergab sie ihm.

VERGEGENWÄRTIGT man sich, daß Ludwig, der sich um seine Gemahlin und um Louise zu kümmern hatte und selten vor zwei Uhr morgens ins Bett kam, zugleich der Mann war, der Frankreich regierte, so überrascht es nicht, daß seine Gesundheit in diesem Jahr Anlaß zu Besorgnis gab. Er litt an Magenbeschwerden, die von übermäßigem Essen und schlechten Zähnen herrührten. Die Intensität, mit der er lebte, führte zu Kopfschmerzen, Schwindel, Herzklopfen und Depressionen. Trotzdem setzte er seine Tagesarbeit unentwegt fort – Finanzrat von zehn bis halb ein Uhr, Mittagessen, dann eine Nachmittagssitzung des Staatsrats; danach übte er zwei Stunden Lateinisch. Staatsrat um zehn Uhr abends, dann Abendessen und wieder Louise.

Daneben gewann Ludwig immer neue Einsichten: „Wie kann ein König herrschen, statt beherrscht zu werden, wenn er seine eigene Finanzlage nicht kennt? Er ist völlig auf den Schatzmeister oder gar auf einen unteren Beamten angewiesen, den er befragen muß . . . und kann nur mit ihrer Erlaubnis handeln."

Er wurde sich darüber klar, daß es unmöglich ist, Arbeit ohne die gleichzeitige Übertragung von Befugnissen abzugeben: „Überlasse nie jemand anderem etwas, was du selbst tun kannst."

Eine gefährliche Maxime, und in dem Maß, in dem Ludwig sie befolgte, offenbarte er seine Grenzen; denn die enorme Menge von Arbeit, die er sich aufbürdete, brachte es mit sich, daß seine Entscheidungen oft auf oberflächlicher Kenntnis der Materie beruhten. Hätte er es nicht so eifersüchtig vermieden, Befugnisse zu übertragen, so hätte die Regierungsmaschine erfolgreicher gearbeitet. Er hatte schon festgestellt, daß jeder, der sich an einen

König wandte, eine Gunst erbitten wollte, und so verfiel er auf eine geniale Methode, lästigen Bittstellern eine Gunst zu erweisen, die den Staat nichts kostete. Er schuf die Einrichtung des *habit-à-brevet.* Das war ein goldbestickter Mantel aus Moiréseide, den nur Höflinge tragen durften, denen der König ein *brevet* – ein Privileg – erteilte. Die Verleihungsurkunde kostete nur ein paar Sous, die Empfänger mußten den Mantel selbst kaufen, und Ludwig wurde mit Anträgen auf Verleihung überschwemmt.

1662 war ein schweres Jahr für Frankreich: Getreideknappheit verursachte weitverbreitete Not. Ludwig ließ ausländisches Korn in großen Mengen kaufen, mit Verlust an diejenigen verkaufen, die in der Lage waren, es zu bezahlen, und umsonst an die Armen verteilen. Hier haben wir eine Widerlegung der üblichen Darstellung, daß Ludwig XIV. das Wohl seiner Untertanen gleichgültig gewesen sei. „Nie habe ich Geld für einen besseren Zweck ausgegeben", schrieb er, „denn meine Untertanen sind mein wahrer Reichtum und der einzige Schatz, der wert ist, erhalten zu werden."

Aber daß er in demselben Jahr „die Schultern seiner Untertanen von einer Last von vier Millionen befreite", war ein sehr viel weniger populärer Schritt. In Wahrheit kürzte er die Staatsanleihen um diesen Betrag. Damals hatte man für solche Manipulationen nicht soviel Verständnis wie heutzutage; die Anleihegläubiger betrachteten als Diebstahl ihrer Ersparnisse, was wir heute als Abwertung zu akzeptieren bereit sind.

WENN ein voller Staatssäckel, eine starke Armee, eine liebende Mätresse und die Anbetung von zwanzig Millionen Menschen vereint glücklich machen könnten, so hätte Ludwig im Jahr 1663 ein glücklicher Mensch sein müssen. Und doch war er es nicht, weil er in den Grenzen seiner Einsicht Christ war; sein Gewissen verwehrte ihm stets den vollen Genuß seines unsittlichen Lebens. Während der folgenden zwanzig Jahre quälte ihn unablässig das Bewußtsein, daß er in Todsünde lebe. Es ist bezeichnend für seine Gemütsverfassung, daß er sich an Pfingsten 1664 weigerte, zu Beichte und Abendmahl zu gehen.

Obwohl das spanische Briefkomplott fehlgeschlagen war, kann Ludwig kaum so optimistisch gewesen sein anzunehmen, daß seiner Gemahlin seine Liaison mit der La Vallière auf die Dauer unbekannt bliebe. Während des Jahres 1663 drang die Nachricht zu ihr. Mißtrauen hatte die Königin schon vor Ende des Jahres 1662 gehegt. Schließlich hinterbrachte „Madame la Comtesse" Maria Theresia alles, was sie von der La Vallière wußte; in ihrer Falschheit erbat sie darauf eine Privataudienz bei Ludwig und berichtete ihm, er sei von Madame de Navailles verraten worden. Der König scheint das kritiklos geglaubt zu haben.

Als Madame de Navailles ihrerseits diesen unglücklichen Augenblick wählte, um Ludwig zu bitten, er möge doch mehr Rücksicht auf die Königin nehmen, kochte sein Zorn über. Die Navailles quälten sich noch in halber Ungnade hin bis 1664, dann befahl der König den Eheleuten, ihre Stellungen zu verkaufen und den Hof zu verlassen. Es war eine der niedrigsten Handlungen in Ludwigs Leben, und selbst die herrschende Verehrung für den König hinderte keine anständige Person bei Hofe, die wärmste Sympathie für die Opfer auszudrücken.

Alles Heucheln Maria Theresia gegenüber hörte nun auf, der König gab unumwunden zu, daß die La Vallière seine Geliebte sei, und kehrte jene Brutalität heraus, die des Mannes einzige Verteidigung ist, wenn er sich ganz und gar im Unrecht weiß.

Ganz anders verhielt er sich gegenüber seiner Mutter, als sie im April mit schwerem Fieber darniederlag; er saß mehrere Nächte bei ihr und hatte eine Matratze ans Ende ihres Bettes schaffen lassen, auf der er gelegentlich voll angezogen schlummerte; er pflegte sie mit rührender Sorgfalt und bediente sie geschickter und zartfühlender als irgendeine ihrer Frauen.

Kaum war Anna wiederhergestellt, da erkrankte Maria Theresia an Masern, und nun erwies Ludwig seiner Gemahlin mitfühlende Aufmerksamkeit. „Er wich nicht von ihrem Bett, sondern war ständig um sie." Die Folge war, daß er selbst die Krankheit bekam, und zwar so schwer, daß er vierundzwanzig Stunden in Lebensgefahr schwebte. Während dieser Zeit flehte er bald, die La Vallière möge kommen, bald verbot er ihr wegen der Ansteckungsgefahr, sich ihm zu nähern.

Vielleicht waren es die Erzählungen der La Vallière vom Landleben, die Ludwig in diesem Jahr veranlaßten, Erkundigungen nach den Verhältnissen des Provinzadels einzuholen. Er sandte

Schon am frühen Morgen war Ludwig XIV. von Höflingen umgeben. Diese Farblithografie zeigt das *Lever,* die Morgenaudienz, die der König im Schlafzimmer erteilte.

Zum alltäglichen Arbeitspensum gehörten auch Audienzen für Diplomaten. Hier empfängt Ludwig eine Genueser Gesandtschaft.

einen langen Fragebogen an alle höheren Verwaltungsbeamten. Sie sollten über die Eheschließungen und Verbindungen in allen Familien ihres Bezirks berichten, auch über ihre Moral und ihren Besitz. Wie behandelten sie ihre Bauern? Bewirtschafteten sie ihr Land selbst? Waren sie kriegstüchtig? Zogen sie das Leben in der Provinz dem Hofleben vor?

Als nächstes wandte er sich dem Problem der Rentiersklasse zu, deren Auflösung er ernstlich ins Auge faßte; in einem Schreiben vom 24. Oktober sagte Condé, der König habe die Hoffnung geäußert, die gesamten Pariser Kommunalanleihen aufkaufen zu können. Condé fügte hinzu, das sei ein gewaltiges Unternehmen und der König werde voraussichtlich auf ernste Schwierigkeiten stoßen. In der Tat erwiesen sie sich als unüberwindlich, und der König mußte sich mit halben Maßnahmen begnügen. Am 10. Dezember kaufte er acht Millionen Livres der neuen Anleihe zu einem niedrigen und willkürlichen Preis auf; die Inhaber der alten Anleihe wurden vor die Wahl gestellt: Entweder würden ihre Obligationen um zwanzig Prozent abgewertet oder vollständig aufgekauft werden – und zwar zu Ludwigs Preis. Ludwig und seine Berater übersahen, daß die Existenz einer Rentiersklasse eine Bürgschaft für die Stabilität des Throns darstellte und ihn gegen eine neue Fronde sicherte. Denn die Majorität der Anleihen war im Besitz von Parisern, und zwar jener Schicht, die einen Volksaufstand veranlassen wie verhindern konnte.

Gleichzeitig mit diesem Eingriff in den Wertpapiermarkt versuchte Ludwig auf jede Weise, Kapital in Colberts verstaatlichte Betriebe zu leiten und Maßnahmen zur Enteignung der kolonialen Grundbesitzer zu ergreifen. Denn Colbert, dessen wirtschaftspolitischen Ansichten fast so naiv waren wie Ludwigs, hatte ihm eingeredet, daß das staatliche Eigentum an den Produktionsmitteln erhöhte Leistungen bei geringeren Produktionskosten erbringen würde. Diese Versuche führten zu erheblicher Unzufriedenheit in den Pariser kapitalistischen Kreisen.

Im August brachte Ludwig es endlich fertig, einen Krieg herbeizuführen; so jedenfalls bezeichneten seine Schmeichler den Einfall in Lothringen, bei dem er die Feste Marsal nahm. Dies ist nur insoweit interessant, als sich dabei herausstellte, daß Colbert jetzt Ludwigs Vertrauter in seiner Liaison mit der La Vallière war.

Sooft der König ihr aus Lothringen schrieb, bediente er sich Colberts Hilfe: „Die Briefe in unadressierten Umschlägen wollen Sie an die Person befördern, die ich Ihnen beim Abschied nannte. Sie verstehen."

Ludwig kehrte im Triumph nach Paris zurück, und am 19. Oktober wurde die Wintersaison mit der Premiere eines Stückes von Molière eröffnet, das der König selbst für diese Gelegenheit in Auftrag gegeben hatte. Am 19. Dezember gebar die La Vallière dem König ihr erstes Kind. „Ein sehr kräftiger Knabe", schrieb der Geburtshelfer an Ludwig, „kam heute früh um drei Uhr dreißig zur Welt. Mutter und Kind geht es, Gott sei Dank, gut." Dies begab sich heimlich im Palais Brion, wo Ludwig bei seiner Rückkehr aus Lothringen Louise untergebracht hatte. Colbert, der große Staatsminister, leitete alles Erforderliche in die Wege, beschaffte sogar die Babywäsche und besorgte eine zuverlässige Dienerin; und es war Madame Colbert, der man das Kind anvertraute.

4

Zu Beginn des Jahres 1664 trat, ernster denn je, eine Entfremdung zwischen Anna und Ludwig zutage. Die Wurzel des Übels lag darin, daß Ludwig ein Mann von fünfundzwanzig Jahren war und Anna dem nicht Rechnung trug. Es kam häufig zu Szenen zwischen den beiden. Als der Zwist am heftigsten war, erschien der König eines Tages in Annas Privatgemach, wo sie mit „Monsieur" und „Mademoiselle" plauderte. Beide verließen das Zimmer in der Hoffnung, daß Mutter und Sohn, wenn sie allein seien, sich versöhnen würden. Aber Ludwig blieb eine Weile gegen das Fenster gelehnt stehen, dann verbeugte er sich tief vor der Königinmutter und ging ohne ein Wort. Doch liebte er seine Mutter zu sehr, um es zu einem dauernden Bruch kommen zu lassen; am nächsten Tag suchte er sie in ihrer Privatkapelle auf, fiel weinend auf die Knie und bat sie um Verzeihung.

Anna kam ihm auf halbem Weg entgegen, war aber so wenig großzügig, daß sie sein Nachgeben zum Anlaß nahm, ihm ernste Vorhaltungen über sein Benehmen im allgemeinen zu machen. Er sei, sagte sie, berauscht von seiner eigenen Größe, lege sich in der Befriedigung seiner Wünsche keinerlei Schranken auf und bringe täglich sein Seelenheil in Gefahr. Ludwig entgegnete, er habe Zeiten der Reue und Beschämung, aber seine Leidenschaften seien zu stark für seine Vernunft, er könne nicht ehrlich behaupten, daß er ihnen auch nur zu widerstehen wünsche. Darauf erwiderte Anna traurig, die Erkenntnis seiner Sünden zeige, daß er noch nicht ganz von Gott verlassen sei. Ludwig war von der Unterredung so ergriffen, daß er seiner Gemahlin versprach, mit dreißig werde er die Rolle des Liebhabers aufgeben und ein guter Ehemann werden. Als Maria Theresia im Winter ein Kind gebar, das nur einen Monat lebte, blieb er mehrere Nächte bei ihr und weinte häufig. Innerhalb weniger Monate mußte er wieder Tränen vergießen, und zwar bei einer ähnlichen Gelegenheit, als nämlich sein zweites Kind von der La Vallière geboren wurde.

Für Ludwig war es ein Jahr intensiver Tätigkeit. Der Kaiser kämpfte gegen die Türken, und Ludwig, der jetzt als Kreuzfahrer posierte, drängte ihm im April ein französisches Kontingent von 6000 Mann auf, das, zwar widerwillig angenommen, am 1. August den Sieg bei Sankt Gotthard a. d. Raab errang.

Karl II. hatte Tanger erworben, also mußte Frankreich auch eine afrikanische Kolonie haben; deshalb wurde im Juli Beaufort, der frühere Frondeur, der seit 1658 Admiral von Frankreich war, nach Algerien gesandt, wo er und Vivonne, ein Bruder der Madame de Montespan, bei Gigeri einen Brückenkopf errichteten.

Am 5. Mai gab Ludwig eines seiner großartigen Feste, *Les Plaisirs de l'Ile Enchantée,* aber das war nur eine Oase in der Öde ununterbrochener Arbeit, womit Ludwig die Höflinge verdroß. So beklagte sich einer von ihnen, als der Hof in Fontainebleau war, in einem Brief vom 27. Juni bei einem Freund über Langeweile; der König, schrieb er, arbeite tatsächlich vom Diner an hinter verschlossenen Türen, die Königinnen spielten Karten und der Hofstaat wisse nicht, wie er die Zeit totschlagen solle.

Die La Vallière hatte ihre Stellung in „Madames" Hofstaat aufgegeben, alle Welt wußte, was sie jetzt war, und doch lebte sie vom Hof getrennt, als ob ihre Liaison mit dem König noch ein Geheimnis sei. Dieser Zustand wurde dem König unbequem, weil er nicht mehr die Zeit für Besuche im Hôtel de Brion erübrigen konnte. Daher beschloß er, Louise als seine Mätresse anzuerkennen und sie seiner Gemahlin und seiner Mutter aufzuzwingen. Ohne vorherige Ankündigung nahm er sie eines Abends mit in Annas Zimmer und setzte sie als vierte zu „Madame", „Monsieur" und sich selbst an den Kartentisch. Anna war wütend und Maria Theresia noch mehr. Aber dagegen ließ sich nichts tun. Der König hatte sie mitgebracht, das galt als Vorstellung, und ihre Herkunft berechtigte sie, bei Hof zu erscheinen.

Ludwig überanstrengte seinen Hof bis zur Erschöpfung. Je höherer Gunst man sich erfreute, desto zermürbender war der Tagesablauf. Am 28. Mai zum Beispiel jagten Ludwig und seine Freunde vor dem Diner, spielten den ganzen Nachmittag Tennis und besuchten abends den üblichen Ball. Eine erstaunliche Leistung für einen Mann, der außerdem sechs Stunden oder mehr am Schreibtisch arbeitete. Für die Frauen waren die „Vergnügungen" des Hofes kaum weniger aufreibend als für die Männer. Am 14. Juni etwa, als Ludwig ein Fest in Versailles gab, bedeutete das für die Damen, daß sie um sechs Uhr abends in voller Hoftoilette von Paris wegfahren mußten. Bei ihrer Ankunft stand ein Imbiß für sie bereit; dann folgten eine Komödie, ein Ballett, der unvermeidliche Ball und ein lang ausgedehntes Souper; und die ersten Festteilnehmer kamen am nächsten Morgen gegen acht Uhr nach Paris zurück.

Während diese Tretmühle von Vergnügungen weiterging, hatte Ludwig im August seine tägliche Arbeitszeit von sechs auf acht Stunden gesteigert; kein Wunder, daß er sich elend fühlte und unter Schwindelanfällen litt.

IN DIESER Zeit sollte ihn einer der schwersten Schläge seines Lebens treffen. Schon im Februar begannen die Sorgen. Anna litt unter heftigen Schmerzen in der Brust; als sie untersucht wurde, stellten die Ärzte ein Krebsgeschwür fest, das nicht mehr operabel war. Abgesehen von der Operation, kannte man nur ein Mittel, nämlich die infizierte Stelle in Schierlingwasser zu baden; kein Wunder, daß es Anna im November nicht besserging, sondern schlechter. Im Sommer 1665 hatte man alle Hoffnung aufgegeben, setzte aber zum Schein die Behandlung fort, auf Anordnung des Arztes Vallot anstelle des Schierlings mit Kohlwasser. Die Patientin wurde beim Zunehmen der Schmerzen unter starke

Opiumwirkung gesetzt. Ludwig war von Gram überwältigt, blieb bis zum Ende ständig bei seiner Mutter und erwies ihr all die kleinen Aufmerksamkeiten, auf die er sich so gut verstand.

Aber selbst unter der Last dieses Kummers „mußte das Spiel seinen Lauf nehmen". Ludwig verführte Madame de Monaco, die vergnügungssüchtige Tochter des Duc de Gramont, ließ Lauzun, ihren Liebhaber, hinter Schloß und Riegel setzen, weil er versuchte einzugreifen, und jagte mit Louise, die er mehr denn je bewunderte, seit er entdeckt hatte, daß sie auf der Jagd eine gute Reiterin war. Im September setzte er Molière eine Pension aus und versprach, bei seinem ersten Kind Pate zu stehen. Am 24. Dezember senkte er zur Feier des Weihnachtsfestes den Zinsfuß der Regierungsanleihe von sechs auf fünf Prozent.

Während des Januar 1666 waren Annas Leiden schrecklich. Aber sie beklagte sich nicht. Am Vorabend ihres Todes richtete sie letzte Ermahnungen an Ludwig, der neben ihrem Bett weinte. Sie starb am Morgen des 20. Januar, und Ludwig verbrachte die ganze folgende Nacht unter Schluchzen und Stöhnen. Er vergaß seine Mutter nie, noch was er ihr für ihren Beistand während seiner Minderjährigkeit schuldete. Nach mehr als zehn Jahren schrieb er über ihren Tod:

> Nach diesem Schlag konnte ich den Anblick der Stätte, wo er gefallen war, nicht länger ertragen und verließ daher sofort Paris ... Die Pflicht, allen Fürsten Europas meinen Verlust anzuzeigen, kostete mich mehr, als Sie sich vielleicht vorstellen; besonders die Briefe an den Kaiser, den König von Spanien und den König von England, die die Etikette mich zwang, eigenhändig zu schreiben ... Es ist schwer, solange der Kummer noch frisch ist, anderen darüber zu berichten, ohne ihn durch die Erinnerung an bisher unbemerkte Begleitumstände zu vergrößern.

An der Tiefe und Aufrichtigkeit von Ludwigs Gram ist nicht zu zweifeln; Mutter und Sohn hatten einander geliebt und so vertraut miteinander gelebt, wie es damals weder in königlichen noch in anderen Familien üblich war. Und doch muß Annas Tod für Ludwig eine Erleichterung bedeutet haben, ein Gefühl, das er zweifellos mit Schrecken zurückzudrängen suchte und das dennoch an Stärke zunahm. Solange Anna lebte, gab es jemanden, dessen Kritik Ludwig fürchtete und in dessen Gegenwart er aufhörte, der König zu sein; mit ihrem Tod entfiel die letzte Hemmung für sein Verhalten. Am 20. Januar 1666 wurde der „Grand Monarque" geboren.

Mit Anna schwand etwas Unwiederbringliches dahin; Maria Theresia fehlten der Charme ihrer Tante und ihr Talent hofzuhalten. Der Rang büßte die Bedeutung ein, die ihm die Königinmutter beigelegt hatte, und zwar aus zwei Gründen: Erstens fürchtete Ludwig eine abermalige Fronde, und zweitens wies sein Charakter einen sonderbar orientalischen Zug auf; aus Furcht vor dem Bürgerkrieg und aus der Sucht, den wohlwollenden asiatischen Despoten zu spielen, beseitigte er alle Rangunterschiede soweit wie möglich. Er machte wenig Unterschied zwischen einem Herzog und einem Bürgerlichen; beide waren nur Untertanen in dem neuen Frankreich, wo sich nur Marschälle und bürgerliche Minister gegen die Kolossalfigur des „Großen Königs" abhoben. Aus den gleichen Gründen änderte sich die Stellung der Frauen; es sollte keine weiblichen Politiker mehr geben, die die Männer flüsternd berieten, denn Ludwig hatte erfahren, was daraus entstand; in sittlicher Beziehung durften sie ihr Privatleben einrichten, wie sie wollten, wenn sie nur in der Öffentlichkeit die Regeln der Schicklichkeit einhielten.

NACH Annas Tod überkam Ludwig wieder jene überschäumende Lebenskraft, die seiner Befreiung von Mazarins Herrschaft gefolgt war; allerhand Pläne, Theorien über die Regierung und Reformen flossen ihm aus der Feder. Die beste Reform war wohl die Abschaffung des absurden Systems, wonach die Provinzen, in denen Truppen einquartiert waren, die gesamten Kosten ihres Unterhalts zu tragen hatten. Diese Last wurde jetzt von der Zentralregierung übernommen, außerdem zogen den Truppen, wenn sie die Garnison wechseln sollten, Proviantbeamte voraus, die in den Städten und Dörfern zu Marktpreisen für sie einkauften. Das war eine große Verbesserung gegenüber dem alten System, unter welchem die Obersten bei den verarmten Bauern gegen Quittung requirieren durften, die vielleicht eingelöst wurde, vielleicht aber auch nicht.

Dies war nur ein Teil eines ernstlichen Versuchs, der Armee

etwas Disziplin beizubringen; wie Ludwig selbst sagte, werden mehr Schlachten durch Disziplin gewonnen als durch Degen und Flinte – „das Vorrücken gut geschulter Truppen zeigt ein Selbstvertrauen, das den Feind erschreckt; und im allgemeinen genügt es, daß Truppen den Eindruck der Tapferkeit machen, weil der Feind seine Überzeugung, daß sie wirklich tapfer sind, nicht erst auf die Probe stellen wird".

Es ist aufschlußreich zu sehen, welchen Rang Ludwig damals seinen einzelnen Herrscherpflichten einräumte: Es galt in erster Linie, seinen eigenen Ruhm zu mehren, zweitens, die Grenzen zu erweitern, und drittens, das Los seiner Untertanen zu verbessern. Doch wußte er sehr wohl, daß kein König, regiere er noch so absolut, es sich leisten kann, die öffentliche Meinung zu mißachten. Und in der Praxis vermied er Dekrete mit Unfehlbarkeitsanspruch so sorgfältig wie die Päpste eine *Ex-cathedra*-Entscheidung.

Die ihm durch die Stellung als König auferlegte Selbstbeherrschung war Ludwig noch nicht zur zweiten Natur geworden; in seinen Memoiren klagt er mehr als einmal darüber, wie lästig er die Disziplin empfinde, die er von sich selbst verlangte; besonders daß er ständig seine Zunge im Zaum halten müsse, nicht nur bei Staatsgeschäften, sondern auch in vertrauter Unterhaltung. „Wie seltsam ist es doch", schrieb er, „daß einem Souverän, der sonst tun kann, was er will, das Recht der freien Rede versagt und er auf das Zuhören beschränkt ist, statt selbst sprechen zu können. Aber zweifellos ist Geschwätzigkeit eine der gefährlichsten Angewohnheiten für einen Fürsten."

1662 hatte Ludwig ein Defensivbündnis mit Holland geschlossen, um den begründeten holländischen Verdacht zu entkräften, daß er in nächster Zeit einen Angriff auf die Republik vorhabe. Zu seinem größten Verdruß geriet er 1666 als Bundesgenosse Hollands wider seinen Willen in einen Krieg mit England; eine höchst unerwünschte Unterbrechung seiner Pläne in bezug auf die spanischen Niederlande und gefährlich für sein Vorhaben, England zu einem Vasallenstaat Frankreichs zu machen. Aber Ludwig meisterte die Situation mit erstaunlichem Geschick. Er verhielt sich gegenüber Karl II. als ein freundlich gesinnter Feind und gegen Holland als ein wenig hilfreicher Bundesgenosse, ohne daß ein unheilbarer Bruch mit einem der beiden Staaten entstand. Ein kleines Kontingent wurde zur Unterstützung der Holländer entsandt. Außerdem massierte Ludwig an seiner nordöstlichen Grenze Truppen, scheinbar um den Holländern zu helfen, in Wahrheit für einen überraschenden Angriff auf die spanischen Niederlande im Jahre 1667.

Es war eine arbeitsreiche Zeit für Ludwig. Die Vormittagsstunden, so berichtet er uns, waren für Angelegenheiten der Justiz, des Handels, der Finanzen und für die Abfassung von Depeschen bestimmt, die Nachmittage für laufende Geschäfte. Abends zog er sich wieder in sein Arbeitszimmer zurück zur Beratung mit seinem Kriegsminister Louvois, einem genialen Mann, der das Werkzeug schmiedete, mit dem Ludwig fast ganz Europa erobern sollte; der Mann wird beschrieben als „der größte Staatsdiener und das größte Scheusal, das je gelebt hat". „Und wenn ich danach", so schließt der König, „noch etwas Zeit hatte, arbeitete ich an diesen Memoiren, die Sie jetzt lesen."

Doch hatte er damit keineswegs alle seine Betätigungen aufgezählt, denn von seiner kargen Muße verwandte er noch Zeit, um seine vernachlässigte Bildung zu verbessern. Nicht zu vergessen, daß viele der sogenannten Mußestunden darauf verwendet wurden, die gesellschaftliche Maschinerie eines der empfindlichsten und zänkischsten Höfe, von denen die Geschichte weiß, in Gang zu halten. In erster Linie gelang ihm dies durch die Wirkung seiner eigenen Persönlichkeit. Voltaire, der Ludwig XIV. in dessen letzten Jahren kannte, versichert, daß der König durch seine würdige und gewinnende Stimme wie auch durch seine bekannte Abneigung, irgend jemandes Gefühle zu verletzen, die Herzen der Menschen gewann, die er ohne diese Eigenschaften durch seine Gegenwart eingeschüchtert hätte; und wenn Ludwigs Art, sich zu geben, bei jedem andern lächerlich gewesen wäre, so habe sie dem Mann und seinem Rang wohl angestanden.

1666 war für Ludwig ein unerfreuliches Jahr. Nach Annas Tod hatte er versprochen, liebevoll für „Monsieur" zu sorgen, und er hatte sein Wort auch gehalten. Aber Philipp fand die rein dekorative Rolle eines „Sohnes Frankreichs" zu langweilig. Mit Neid betrachtete er die zunehmende Machtstellung seines Bruders, und im März kam es zu einer Entladung seiner Gefühle: „Monsieur" verlangte für „Madame", wenn sie die Königin besuchte, einen Armsessel statt eines gewöhnlichen Stuhls, auf den sie nach der Etikette nur Anspruch hatte. Das bedeutete einen Angriff auf Ludwigs empfindlichste Stelle, aber er antwortete freundlich, er könne einer Bitte nicht stattgeben, die „Monsieur“ oder „Madame“ auf gleichen Fuß mit ihm selbst stellen würde. „Monsieur“ ging wie ein verwöhntes Kind von Bitten zu Beschwerden, von Beschwerden zu Tränen und von Tränen zu Wutausbrüchen über. Aber Ludwig blieb fest.

Ebensowenig Erfolg hatte „Monsieur“ bei dem Versuch, sich den frei gewordenen Posten des Gouverneurs von Languedoc zu sichern. „Eine Provinz einem ‚Sohn Frankreichs‘ zu geben“, erklärte Ludwig barsch, „würde einen gänzlichen Mangel an Voraussicht und gesundem Menschenverstand beweisen.“ Und als Philipp mit seiner üblichen Taktlosigkeit sich darauf berief, daß ihr Onkel Gaston Gouverneur einer Provinz gewesen sei, antwortete der König trocken, gerade die Erinnerung hieran habe ihn zu seiner Bemerkung veranlaßt.

1666 war die La Vallière nicht mehr das schüchterne Veilchen, das Ludwigs Herz gewonnen hatte; nach ihrer völligen Hingabe bot sie ihm kein Geheimnis und keinen Anreiz mehr. Ihr wunderschöner Teint war dahin, ihr Gesicht zeigte Spuren von Traurigkeit und Sorge. Aber es war nicht in erster Linie das Welken ihrer Schönheit, das Louise ihres einzigen Liebhabers beraubte. Sie gehörte zu jenen Frauen, die geschaffen sind, für sich zu leben und im geheimen geliebt zu werden, und eben die gemeinsamen Heimlichkeiten, die gefährlichen Freuden einer Liebesaffäre, die er unter den Augen seiner nichtsahnenden Gemahlin und Mutter unterhielt, hatten Ludwigs Leidenschaft angefacht und wachgehalten. Jetzt aber war Louise, die heimliche Geliebte, eine verblühende Schönheit in der Position der offiziellen Mätresse des Königs von Frankreich, jetzt sah Ludwig sie im vollen Sonnenlicht des Hofs, und seine Leidenschaft erkaltete schnell.

Obwohl von vielen beneidet, erfreute Louise sich keines wirklichen Glücks; sie war sehr einsam, war die Sterbliche, die der angebetete Gott nur bei Dunkelheit besuchte und bei Tagesanbruch verließ. Dann blieb ihr nichts, als die langen Stunden mit Träumen von seiner Rückkehr zu füllen. Selbst wenn sie von Natur gesellig gewesen wäre, hätte sie ihrem Geschmack nicht folgen dürfen, denn Ludwig mißbilligte Freundschaften zwischen den Mitgliedern seines intimen Kreises und der großen Masse; er hatte das Louise angedeutet, und eine Andeutung des Königs war für sie ein Befehl.

EINE geschickte Frau hatte es jedoch verstanden, sich Zugang zu Louises Gemächern zu verschaffen und, nachdem sie einmal dort gewesen war, rasch die Vertraute und innigste Freundin Louises zu werden. Sie hieß Athénaïs de Rochechouart-Mortemart, ehemals Mademoiselle de Tonnay-Charente und seit 1662 Marquise de Montespan. Athénaïs war schön, geistreich und, wenn sie es darauf anlegte, unwiderstehlich; die arme La Vallière, das junge Mädchen aus einem Gutshaus auf dem Lande, war zuerst verwirrt und dann entzückt von den Aufmerksamkeiten und der feinen Schmeichelei, womit diese schöne Tochter eines der größten Häuser Frankreichs sie überschüttete – ohne zu ahnen, daß Athénaïs sie verachtete und nur benutzte, um Ludwig für sich zu erobern.

Das Leben hatte Athénaïs, wenn auch auf andere Art, ebenso hart behandelt wie Louise. Trotz ihrer Schönheit und obwohl sie, eines Herzogs Tochter, sich eines sechshundertjährigen Stammbaums rühmen durfte, wurde sie von Schulden fast erdrückt, war unglücklich verheiratet, und wenn es ihr nicht gelang, den König zu umgarnen, und zwar bald, dann sah sie den Tag kommen, an dem ihr nichts mehr übrigblieb, als vor ihren Gläubigern in ein ödes Schloß in der Provinz zu fliehen. Aber sie war kühn, skrupellos und entschlossen, Himmel und Hölle in Bewegung zu setzen, um die La Vallière zu verdrängen. Sie wußte, wenn sie nur des Königs Aufmerksamkeit erregen konnte, würde es ihr gelingen, ihn zu amüsieren – was Louise nicht konnte –, und war sie einmal so weit gekommen, dann verließ sie sich auf „den schönsten Körper in ganz Frankreich“ und die Hilfe des Teufels, um Ludwig für sich zu vereinnahmen. Mußte nicht, da sie regelmäßig die schwarze Messe besuchte, ihre Hingabe an die Mächte der Finsternis ihr früher oder später deren Beistand gewinnen?

Sie hatte Erfolg. Als Ludwig zum erstenmal Athénaïs in den Gemächern seiner Geliebten überraschte, geriet er in Verlegenheit und verließ wortlos das Zimmer; bei der zweiten Begegnung bemerkte er, daß sie eine ungewöhnlich hübsche Frau sei, und bei der dritten brachte sie den König durch ihre originelle und pikante Unterhaltung mehrfach zum Lachen, was bei ihm selten war. Dann vermied sie es mehrere Tage sorgfältig, Ludwig zu begegnen. Ihre Taktik führte zu einem vollen Erfolg, und man kann sich ihre Genugtuung vorstellen, als die arme, naive Louise ihrer Freundin Vorwürfe wegen ihres Ausbleibens machte und nicht verschwieg, wie enttäuscht der König darüber gewesen sei. Die gemütlichen kleinen Unterhaltungen *à trois* wurden wiederaufgenommen, und es dauerte nicht lange, bis selbst der La Vallière aufging, was Ludwigs unverhohlener Kummer bedeutete, wenn er zufällig Madame de Montespan nicht in ihren Gemächern antraf. Es konnte nur noch eine Frage der Zeit sein, daß Louise ihren Abschied erhielt.

Ludwig, der feurige Liebhaber, blieb, was man nicht vergessen sollte, dennoch der Gatte Maria Theresias; er war viel zu korrekt, um seine Pflichten ihr gegenüber zu vernachlässigen; am 2. Januar 1667 schenkte sie ihm eine Tochter. Er empfand für die Königin echte Zuneigung. Und Ludwigs gewinnendster Charakterzug war seine Liebe und Freundlichkeit zu Kindern. Auch jetzt zögerte er noch, seiner Neigung für die Montespan nachzugeben, sobald er an die Kinder dachte, die ihm die La Vallière geboren hatte.

IM JAHR 1667 war Ludwig fieberhaft tätig, um die Vorbereitungen für den ersten der Angriffskriege zu beenden, die ihn zum bestgehaßten Mann Europas machen sollten. Paris, so berichtet man, überstrahlte am 15. Mai die Herrlichkeit Salomos und verdunkelte den Glanz des Kaisers von China. In jeder Straße wogte es von Federn, goldbetreßten Uniformen, Karossen, prächtig aufgezäumten Mauleseln, Paradepferden, goldbestickten Sätteln und aufgeregten Offizieren. Neun Tage danach fiel Ludwig in die Niederlande ein unter dem Vorwand, er habe Anspruch auf territoriale Entschädigung wegen der nicht ausgezahlten Mitgift seiner Gemahlin, aber in Wahrheit, um seine Ostgrenze weiter von Paris vorzuschieben; der Verfall des spanischen Reichs bot ihm die Möglichkeit, dies ohne jede Gefahr und mit geringem Kostenaufwand zu wagen. Ludwig setzte Europa auseinander, er befinde sich nicht im Krieg mit Spanien, sondern überschreite nur mit seinem Gefolge – 35 000 Mann – die Grenze, um das Eigentum der Königin aus den Händen der spanischen Verwalter in Empfang zu nehmen. Um diese dreiste Behauptung zu stützen, erhielten Maria Theresia und ihre Damen einschließlich der Montespan Befehl, die Armee zu begleiten.

Der Krieg war eine Farce; außer bei Lille wurde nirgends ernstlicher Widerstand geleistet, und in weniger als zwei Monaten hatte Ludwig die spanischen Niederlande erobert. Bei diesem sogenannten „Devolutionskrieg" hatte Ludwig zum erstenmal den Oberbefehl. Als bloßer Soldat benahm er sich untadelig; er setzte sich oft dem Feuer aus, um sich selbst zu beweisen, daß er das ohne zu zittern tun könne; seine Gegenwart flößte den Truppen Mut ein. Die Soldaten sahen mit Genugtuung, daß ihr König auf Stroh schlief wie sie selbst, den größten Teil des Tages im Sattel war und die Nächte in den Schützengräben zubrachte. „Er sieht hochmütig aus", sagte der Gesandte Savoyens, der sich in Ludwigs Hauptquartier aufhielt, „aber er erteilt seine Befehle in freundlichem Ton. Er hat noch nicht einmal unter einem Dach geschlafen, obwohl er seit zwei Wochen an Zahnschmerzen leidet."

Doch alle Beobachter schweigen über Ludwigs Fähigkeiten als General, und zwar aus gutem Grund, denn ein General war er nur in seiner Einbildung. Wie er sich im Jahr 1667 zeigte, sollte er während seiner ganzen militärischen Laufbahn bleiben – mutig, energisch, tüchtig in Kleinigkeiten, aber ohne wirkliches taktisches oder strategisches Verständnis, eine große Belastung für seine nominellen Untergebenen, denen die eigentlichen Führungsaufgaben oblagen.

Über sein Ansehen als General blieb Ludwig in hoheitsvoller Unkenntnis. Wer würde beim Lesen seiner Memoiren vermuten, daß der Erfolg des Feldzuges einzig Turennes Fähigkeiten und dem Takt zu verdanken war, mit dem er diese vor seinem König verbarg? „Ich überredete M. de Turenne, mir zu folgen . . . und marschierte direkt auf Lille zu, dank jenem glücklichen Genius, der mich noch nie im Stich gelassen hat."

Nur eine der Pflichten eines Oberkommandierenden erfüllte Ludwig vortrefflich. Er benahm sich im eroberten Gebiet sehr menschlich. Er bezahlte alles, was er den Flamen nahm, ließ Soldaten, die sich der Notzucht schuldig machten, hängen und ließ einen Gardeoffizier festnehmen, weil er einen Bauern geschlagen hatte.

Als Staatsmann bewies Ludwig bei den Vorbereitungen zum Friedensschluß von 1668 Mut und Weitblick; in klarer Erkenntnis, daß er dabei an Ansehen und Beliebtheit verlieren würde, war er dennoch bereit, Frieden zu schließen, ja sogar die meisten seiner Eroberungen, abgesehen von den Grenzfestungen, zurückzugeben. Anders als seine Untertanen erkannte er, daß die Klugheit es gebot, Europas Argwohn gegen seine Zukunftspläne einzuschläfern.

Am 13. Mai 1667 hatte das Parlament eine Urkunde bestätigt, deren Inhalt für allgemeinen Gesprächsstoff sorgte: „Unsere teure, vielgeliebte und sehr getreue Louise de La Vallière“ erhielt den Besitz Vaujours, der zu ihren Gunsten zum Herzogtum gemacht wurde und nach ihrem Tode „Marie Anne, Unserer natürlichen Tochter“ zufallen sollte. Daß Ludwig der La Vallière diese Gunst bezeigte, legte die Gesellschaft mit Recht als eine höfliche Entlassung aus, während Louise immer noch verzweifelt an dem Glauben festhielt, der Mann, der sie so innig liebte und von dem sie wieder ein Kind erwartete, könne sie nicht so grausam behandeln.

Aber nach einigen Tagen traf sie ein vernichtender Schlag; die Liste der Damen, die für die Reise nach den Niederlanden „kommandiert“ waren, kam heraus: Ihr Name fehlte, der der Montespan stand darauf. Mitte Juni fand Louise die Einsamkeit von Versailles unerträglich und tat etwas Beispielloses: Sie verließ Versailles, um sich unaufgefordert beim Hofstaat der Königin einzufinden. Am 20. erschien sie zur Wut Maria Theresias in La Fère, wo die Damen Station gemacht hatten.

In Avesnes holten die Damen den König ein, und Louise, außer sich vor Kummer und Ungewißheit, beging einen weiteren Fehler: Sie ließ ihren Wagen aus der Reihe heraus querfeldein dahin fahren, wo sie Ludwig sah. Als sie bei ihm eintraf, erlosch jede Hoffnung, denn der König begrüßte sie mit der eisigen Höflichkeit, die er sich für aufdringliche Fremde vorbehielt. Trotzdem war er sehr aufgebracht, daß die Königin seine entlassene Mätresse schlecht behandelt hatte; er bestand darauf, daß sie Louise einen Platz in ihrem eigenen Wagen gab, und lud diese ein, mit der königlichen Familie zu speisen. Seine Gemahlin mußte darüber belehrt werden, was man einer Herzogin von Frankreich schuldete, die die hohe Ehre genossen hatte, ihrem König Kinder zu schenken.

Aber all dies half Louise nichts. Sie wurde am nächsten Tag nach Paris zurückgeschickt, und in einer der Nächte zwischen dem 9. und 14. Juli verkaufte sich die Montespan in Avesnes dem König. „Mademoiselle" berichtet darüber: Die Montespan wurde in dem Zimmer neben dem des Königs einquartiert; der Posten zwischen den beiden Zimmern wurde plötzlich zurückgezogen. Danach verbrachte der König viel Zeit in seinem eigenen Gemach, und zwar immer, wenn die Montespan nicht im Gefolge der Königin erschien.

Ludwig hatte nun eine große Dame erobert, deren Geist und Schönheit unbestreitbar waren. Bei all ihrem sprühenden Geist und ihrer Heiterkeit war Athénaïs jedoch ein niedriges Geschöpf. Uns wird übel bei ihren schwarzen Messen, ihren Gifttränken, ihren ekelhaften Kumpanen aus der Pariser Unterwelt. Ludwig ahnte lange nichts von ihrem grausigen geheimen Treiben. Fast von Beginn ihrer Liaison an war er das Opfer ihrer abscheulichen Machenschaften; denn es besteht kaum ein Zweifel, daß die Kopfschmerzen, der Schwindel und die Anfälle von Depression, an denen er während der nächsten zehn Jahre litt, auf die giftigen Liebestränke zurückzuführen waren, die ihm Athénaïs seit 1667 verabreichte.

Ludwig und die La Vallière waren jugendliche Liebhaber gewesen, die sich unter dem Zwang einer überwältigenden Leidenschaft zusammenfanden. Dagegen erinnert die Montespan-Affäre trotz ihrer Dauer nicht entfernt an Liebe, sondern vielmehr an das zufällige Beisammensein eines Lebemannes und einer Straßendirne. Ludwig wurde von Begierde und Langeweile getrieben, Athénaïs von Habgier.

Ihr Appetit auf Geld, Schmuck, Kleider, teures Essen und Wein war unersättlich, und wenn ihr irgend etwas versagt wurde, konnte sie so schrill keifen wie eine geprellte Prostituierte. Sie verstand zwar, sich großartig zurechtzumachen, wenn die Gelegenheit es erforderte, für gewöhnlich aber war sie schlampig.

In diesem Jahr erwog Ludwig eine innenpolitische Reform, die er sicher zu Annas Lebzeiten nicht vorgeschlagen hätte – eine späte Frucht der Lehren Mazarins. Er erwog ernstlich, die Anzahl der Geistlichen im Königreich zu vermindern. Viele von ihnen, schrieb er, seien überflüssig für die Kirche und eine Last für den Staat. Aber er hatte immer ein feines Gefühl für die öffentliche Meinung und begnügte sich schließlich damit, das Lebensalter heraufzusetzen, in dem man frühestens die Gelübde ablegen konnte, verbot die Errichtung neuer Klöster und löste die auf, die ungesetzlich gegründet worden waren.

Nach den kirchlichen Angelegenheiten ging Ludwig in seinen Aufzeichnungen dazu über, seinem Nachfolger einige Ratschläge zu dem stets faszinierenden Thema „Frauen“ zu geben. Da er für sich in Anspruch nahm, auf diesem Gebiet sachverständig zu sein, zitieren wir ihn wörtlich:

> Sobald Sie einer Frau erlauben, mit Ihnen über Staatsgeschäfte zu sprechen, sind Sie verloren. Die zarten Gefühle, die wir für sie hegen, lassen uns unbewußt ihre Ansicht teilen ... die fast immer falsch ist. Sie sind beredt, aufdringlich, eigensinnig, und dies im allgemeinen nur, weil sie einen Mann nicht leiden können oder wünschen, daß ein anderer bevorzugt wird. Sie können kein Geheimnis für sich behalten ... Ihre einzige Sicherheitsgarantie besteht darin, ihnen zu verbieten, über irgend etwas anderes als Vergnügungen zu sprechen.

Am 23. Januar 1668 schlossen England, Holland und Schweden den Dreibund, um Ludwigs Angriffen Einhalt zu gebieten. Ludwig betrachtete das als persönliche Beleidigung, andererseits wußte er wohl, daß er zur Zeit nicht in der Lage war, sich auf einen größeren Krieg einzulassen. Er tröstete sich durch die leichtere Eroberung der Franche-Comté; bei der Rückkehr von dieser Unternehmung war er mehr denn je von seinem militärischen Genie überzeugt. Einen Monat später zeigte er Europa wieder, daß „es noch einen König auf der Welt gebe“, indem er Truppen nach Candia sandte, um Venedig gegen die Türken zu unterstützen.

Ludwig hatte bei seiner Mäßigung in den Niederlanden mit einer gewissen Einbuße an Beliebtheit gerechnet, aber er war doch bestürzt, als er entdeckte, wie unwillig ganz Frankreich sich über die Friedensbedingungen zeigte. Selbst der Pöbel ließ „die Achtung und Neigung“ vermissen, „auf deren Erhaltung ein Fürst alle seine Handlungen und Gedanken lenken sollte“. Im Juni erklärte die Witwe eines Arbeiters Ludwig in seinem eigenen Palast unverblümt, er sei ein Tyrann und ein Hurenjäger.

Auch die Edelleute waren außer sich, daß man sie um einen langen Krieg gebracht hatte, und flüsterten, der König sei ein bloßer Paradesoldat, der sich nach Frieden sehne, sobald er eine Kanonenkugel pfeifen höre. Die großen Bürgerfamilien fingen an, über das zuchtlose Leben des Königs und seine Verachtung der allgemeinen Anstandsregeln zu murren.

Da sein Ansehen solchen Schaden gelitten hatte, fand Ludwig, er müsse alles daransetzen, um vor seinen Untertanen geheimzuhalten, daß er jetzt die Sünde des doppelten Ehebruchs beging; denn die Montespan hatte immer noch einen Gatten, einen unbequemen Mann, „der sich schrecklich über die Zuneigung des Königs zu seiner Gattin aufregte“. Ludwig beschloß, seinen Hof in das vergleichsweise einsame Chambord zu verlegen.

Und nun begann für die unglückliche La Vallière ein sechsjähriges Martyrium. Sie machte Ludwig sanfte Vorhaltungen, worauf er erwiderte, es sei wahr, daß er Madame de Montespan liebe, aber er hege für sie selbst immer noch eine aufrichtige Zuneigung; sie könne gewiß sein, daß er alles tun werde, um sie zufriedenzustellen, aber es sei sein Wunsch, daß ihre Beziehungen zu Madame de Montespan sich auch in Zukunft nicht änderten.

Ludwig wußte, daß Louise ihn immer noch liebte, bestand aber darauf, daß sie nominell seine Mätresse und die nächste Freundin der Montespan blieb. Die beiden Frauen mußten eine Zimmerflucht teilen, und wenn Ludwig sie besuchte, sollte Louise nach seinem Befehl im Vorzimmer sitzen, während er an ihr vorbei in das anschließende Schlafzimmer der Athénaïs ging.

Ludwig widmete sich intensiver denn je seinen Staatsgeschäften. Von Sonnabend bis Montag mittag arbeitete er mit Lyonne, seinem hervorragenden Außenminister; am Montagnachmittag trat der Staatsrat zusammen und hielt Sitzungen ab bis Mittwoch; dann erschien Colbert und blieb bis Freitag vormittag. Den Rest des Freitagvormittags verbrachte der König mit seinem Beichtvater, und am Nachmittag gönnte er sich eine Arbeitspause; gewöhnlich spielte er Tennis, jagte oder überzeugte sich von dem Fortschritt der Bauten in Versailles. Wenn er auch an Beliebtheit bei Adel und Volk verloren hatte, so stand sein Ruf in den offiziellen Kreisen doch so hoch wie eh und je. Pomponne, der 1671 Lyonnes Nachfolger werden sollte, bemerkte im Jahr 1668 „mit einer gewissen Begeisterung", die Leute, die den König nicht kennen würden, könnten sich keine Vorstellung machen von seiner Größe, seinem Scharfsinn, seinem klaren Verstand, der Richtigkeit seiner Bemerkungen und der Anmut seines Wesens, wenn er die stolze Miene ablege, die er in der Öffentlichkeit zeige. Dieses Urteil hat besonderes Gewicht, da zu dem Zeitpunkt, als Pomponne es abgab, keinerlei Aussicht bestand, daß es Ludwig jemals zu Ohren kommen würde.

5

Das Jahr 1669 war für Ludwig ein Jahr angespannter diplomatischer Tätigkeit, die darauf gerichtet war, einen Angriff auf Holland vorzubereiten; mit seinem gewohnten Geschick erreichte er es, sein Opfer zu isolieren. Innenpolitisch verlief das Jahr weniger erfolgreich. Lauzun war 1666 aus der Bastille entlassen worden und genoß jetzt höhere Gunst denn je; er drängte sich nach dem frei gewordenen Posten des Oberkommandierenden der Artillerie. Ludwig bestimmte ihn gegen sein besseres Urteil und trotz der Einwendungen Louvois' für die Stellung, setzte jedoch als Bedingung fest, daß Lauzun seine Beförderung bis zur offiziellen Bekanntgabe geheimhalten sollte. Aber Lauzun konnte es sich nicht versagen zu renommieren, und Ludwig war äußerst verärgert. Das Kommando blieb unbesetzt, und als Lauzun Ludwig an sein Versprechen erinnerte, antwortete der König trocken, er habe es nur unter einer bestimmten Bedingung gegeben.

Darauf wandte sich Lauzun an Madame de Montespan, die versprach, ihr Bestes zu tun, um den Widerstand des Königs zu überwinden. Einige Zeit verging, ohne daß etwas geschah. Schließlich war Lauzun mit seiner Geduld am Ende und faßte einen Entschluß, der unglaubhaft scheint, jedoch von seinen Zeitgenossen bezeugt ist. Er stand mit Madame de Montespans Kammerzofe auf vertrautem Fuß und überredete sie, ihn unter dem Bett in dem Zimmer zu verstecken, wo sich Ludwig und die Montespan nachmittags trafen. Wir können heute schwerlich ermessen, welches Risiko er damit einging; ein Niesen, ja nur eine unvorsichtige Bewegung, und Lauzun wäre für immer von der Bildfläche verschwunden und lebendig in der Bastille begraben worden. Aber er hatte Glück und hörte das ganze Gespräch des Liebespaars, was ihn darüber unterrichtete, daß die Montespan, weit davon entfernt, ihm zu helfen, alles tat, um ihm beim König zu schaden.

Sobald Lauzun, von Wut und Staub fast erstickt, sich davonmachen konnte, stellte er sich vor Athénaïs' Tür auf; als sie kam, bot er ihr seine Begleitung zu dem anstehenden Abendempfang an und fragte sie „mit sanfter, ehrerbietiger Stimme“, ob sie an ihr Versprechen gedacht habe, seinetwegen mit dem König zu sprechen. Die Montespan versicherte ihm, sie habe ihr Äußerstes getan. Sie betraten den großen Salon, Lauzun mit dem unterwürfigen Lächeln eines Mannes, der die Mätresse Frankreichs am Arm führte, flüsterte ihr etwas ins Ohr. Jedermann glaubte, es seien Komplimente, in Wahrheit wiederholte er Wort für Wort, was sie dem König gesagt hatte, und als sie sich dem Personenkreis um den König näherten, ergoß er einen Schwall unflätiger Schimpfworte im Bordelljargon über sie – immer mit dem gleichen ergebenen Lächeln. Die Montespan fiel neben Ludwig ohnmächtig zu Boden. Schreck, nicht Wut hatte sie überwältigt; sie war äußerst abergläubisch und nahm an, Lauzun habe seine Kenntnis durch übernatürliche Mittel erlangt und ihr Herr und Meister, der Teufel, habe sie verraten.

Athénaïs kann damals kaum glücklicher gewesen sein als die La Vallière, denn die Pariser Polizei hatte bereits die Untersuchungen eingeleitet, die sie schließlich zu Fall bringen sollten. Schon saßen zwei der übelsten Halunken, die sie zu verbrecherischen Zwecken gebraucht hatte, im Gefängnis und konnten jeden Augenblick Geständnisse machen, die sie in Ludwigs Augen verdammen würden. Ihre Tortur wurde noch dadurch verschärft, daß sie nicht wagte, die geringste Unruhe zu verraten;

wenn Ludwig in ihren Armen lag, mußte sie die verzückte Geliebte spielen und sich im übrigen als die lustige und geistreiche Marquise geben, die keine Sorgen kannte, sich jeder Laune des Königs anpassen und bis zur Erschöpfung die sprühende Unterhaltung in Fluß halten, die allein Ludwig vor der Langeweile bewahrte. Und dies alles zu einer Zeit, als sie, die Kinder nicht leiden konnte, das erste ihrer unehelichen Kinder erwartete. Es wurde ein Knabe, den sie am 6. November zur Welt brachte.

Ludwig hatte Kinder gern, aber als er erfuhr, daß Athénaïs in anderen Umständen war, überschattete die Peinlichkeit seiner Lage seine Freude über den Gedanken, wieder Vater zu werden. Was sollte mit dem Kind geschehen? Die Frucht seiner jüngsten Ausschweifung mußte den neugierigen Blicken seiner Untertanen verborgen bleiben. Da fiel Athénaïs eine bedürftige *Protégée* ein, die dankbar sein würde, das Kind zu nehmen, eine gewisse Madame Scarron, die Witwe eines Lustspieldichters, der 1660 gestorben war.

Nur ungern willigte Ludwig ein, die Witwe zu engagieren, denn ihm lag daran, seine Kinder häufig zu sehen, wobei sich aber ein Zusammentreffen mit der Erzieherin nicht vermeiden ließ. Doch die Montespan eröffnete Madame Scarron die Lage und schlug ihr vor, ein Kind in ihre Obhut zu nehmen, das einen König zum Vater habe. Aber die junge Witwe, stolz auf ihre adlige Herkunft, lehnte es ab, die Erziehung eines Kindes der Madame de Montespan zu übernehmen. Sie erwiderte schließlich, sie würde eine solche Bürde nur auf sich nehmen, wenn der König sie persönlich darum bäte. Ludwig hörte mit Erstaunen, daß Madame Scarron sich durchaus nicht um die Stellung riß, die selbst Madame Colbert nicht für unter ihrer Würde gehalten hatte. Aber es half nichts, er mußte die Witwe empfangen, und schließlich willigte sie ein, lediglich, um Seiner Majestät gefällig zu sein. So wurde das Problem der dritten königlichen Kinderstube gelöst.

IM WINTER 1669/70 entstand der „Große Plan". Um Holland vollständig zu isolieren, brauchte man die Unterstützung oder wenigstens die Neutralität Englands. Der „Große Plan" war nicht mehr als eine zwischen Karl und Ludwig hinter dem Rücken ihrer Minister ausgeheckte Verschwörung, erstens England in den Krieg hineinzuziehen und zweitens Karl in die Lage zu versetzen, mit Ludwigs Unterstützung seine Untertanen für die römische Kirche zu gewinnen, wenn nötig, mit Gewalt.

Für Ludwig war dieser Teil der Verhandlungen am schwierigsten, denn Karl, klüger als sein Vetter, erkannte, daß es hier um ein Geschäft ging, welches ihm, richtig gehandhabt, endlich zu einem ausreichenden Einkommen verhelfen würde. Karl spielte bewußt mit dem Feuer.

Ludwig drängte, Karl zauderte. Er sprach gegenüber dem französischen Gesandten von seiner Zuneigung zu Ludwig, von *gentlemen's agreements* und seiner Pflicht gegenüber dem wahren Glauben, aber er brauchte Zeit und Geld – viel Zeit und viel Geld. Und als man ihn schließlich so weit hatte, daß er konkrete Vorschläge machte, war Ludwig über seine Bedingungen wie vom Donner gerührt – 200 000 Pfund für Karls Bekanntgabe seines Religionswechsels bar im voraus, während der Zeitpunkt der Bekanntgabe in Karls Belieben stehen sollte; 800 000 Pfund jährliche Hilfsgelder während des Krieges; ferner erheblicher Gebietszuwachs in Übersee und auf dem Kontinent.

Von seiner allgemeinen Meinung über Frauen machte Ludwig eine Ausnahme zugunsten seiner Schwägerin. „Madame" gehörte zu den wenigen Menschen, die in alle Einzelheiten des „Großen Planes" eingeweiht wurden. Im Jahr 1670 hatte sie tatsächlich so etwas wie die Funktion einer Staatssekretärin inne. Durch ihre Hände ging die gesamte Korrespondenz zwischen den beiden Königen, und dieses Vertrauens zeigte sie sich würdig.

„Madame" hatte seit ihrer flüchtigen Beziehung zu Ludwig im Jahr 1661 viel erlebt und oft genug Grund gehabt, ihre Ehe mit „Monsieur" zu bereuen. Erst kürzlich war er in eine Gemütskrise geraten, die auf „Madames" Wohlbefinden rückwirkte. Der schändlichste von „Monsieurs" Günstlingen war der Chevalier de Lorraine, jetzt Ende Zwanzig, „schön wie ein Engel" und berüchtigt als der verderbteste Mann in Frankreich. Ein gewinnender Mensch, der sich, obgleich nicht entsprechend geneigt, zur Homosexualität hergab, um seinen Einfluß auf „Monsieur" zu behalten. 1669 entdeckte „Monsieur" zu seinem Entsetzen, daß der Chevalier ein Liebesverhältnis mit einer von „Madames" Ehrendamen unterhielt; statt den Chevalier fortzuschicken, entließ „Monsieur" zur großen Empörung Henriettes die Ehrendame. Darauf ließ Ludwig Lorraine wegen ungehörigen Betragens verhaften, und nun kannte „Monsieurs" Wut keine Grenzen. Er schleppte „Madame" nach Villers-Cotteret und verkündete feierlich, er werde nicht mit ihr schlafen, ehe nicht der Chevalier auf freiem Fuß sei. Es gab einen Riesenskandal, denn im 17. Jahrhundert war „Monsieurs" Handlungsweise gleichbedeutend mit einer gesetzlichen Trennung.

Aber „Madames" Anwesenheit bei Hofe war wesentlich, und der König bestand darauf. Henriette bekam ein Arbeitszimmer, das sich auf demselben Stockwerk wie das des Königs befand, und dort wurden die letzten Einzelheiten des „Großen Plans" ausgearbeitet.

Dann gab es weiteren Ärger. Karl hatte sein Herz daran gehängt, daß Henriette nach Dover käme, um den Vertrag abzuschließen; „Monsieur" sah eine Gelegenheit, seiner Gemahlin eine Enttäuschung zu bereiten; er lehnte es ab, sein Einverständnis zu ihrer Reise zu geben. Dann änderte er plötzlich seine Einstellung und erklärte, er werde selbst „Madame" nach England geleiten. Diese Kehrtwendung war Ludwig unbequem, denn er hatte „Monsieur" schon auseinandergesetzt, die Reise sei nur eine Familienzusammenkunft ohne jede politische Bedeutung; wie konnte er dann aber Philipp verbieten, „Madame" zu begleiten, um ihren Bruder zu besuchen, der zugleich „Monsieurs" Vetter war? In seiner Verlegenheit wandte er sich an Karl, und dieser fand einen Ausweg. In einem offiziellen Brief an Ludwig erwiderte er, wie sehr er sich freuen würde, „Monsieur" willkommen zu heißen, aber es wäre äußerst unschicklich, wenn er Ludwigs Bruder empfinge, ohne daß gleichzeitig der Duke of York den König von Frankreich besuche, und unglücklicherweise sei der Duke of York nicht abkömmlich. Daher, zu seinem unendlichen Bedauern . . . Es muß Karl Vergnügen bereitet haben, diesen Brief zu schreiben.

Mit dem Brief in der Hand sprach Ludwig mit „Monsieur" als sein König: „Madame" werde allein nach England reisen, und Philipp könne wählen, ob er schmollend in Saint-Cloud bleiben oder Henriette bis zur Küste begleiten wolle. „Monsieur“ gab nach und schloß sich am 28. April der Reisegesellschaft an, die sich auf den Weg nach Dünkirchen machte. Er hätte besser daran getan, in Saint-Cloud zu bleiben. Täglich und meistens bei schauderhaftem Wetter war der Hof gegen sieben Uhr schon auf der Landstraße. In Saint-Quentin, wo sie an einem Fastentag eintrafen, gab es weder Fisch noch Butter, noch Eier; das Brot war nicht durchgebacken. Am nächsten Tag schleppte sich der Wagenzug über Straßen voller Morast, toter Pferde, Maultiere und im Schlamm steckengebliebener Gefährte. Bei Landrecies war alles überschwemmt, die Furt durch den Fluß unpassierbar, erst um zehn Uhr nachts fand der König in einem elenden Haus Unterkunft. Dann stellte sich heraus, daß es in dem Haus nichts zu essen gab, die Gesellschaft stolperte also noch einmal in die Nacht hinaus und hatte diesmal das Glück, auf eine andere Behausung zu stoßen, wo ein einfaches Mahl bereitet wurde. Nach dem Essen mußte die ganze königliche Familie in einem Zimmer auf dem Fußboden schlafen; um vier Uhr morgens machte man sich wieder auf den Weg.

Es war kein Wunder, daß, als sie in Dünkirchen eintrafen, selbst Ludwig sich schlecht fühlte und Henriette erschöpft war. Tatsächlich war sie schon todkrank und hatte nur noch sechs Wochen zu leben. Aber diese letzten Tage waren für sie eine Zeit ungetrübten Glücks. Am 16. Mai erreichte sie Dover, traf dort ihren geliebten Bruder Karl und blieb bis zum 2. Juni mit ihm zusammen. Dann kehrte Henriette nach Frankreich zurück mit dem Geheimvertrag, der tags zuvor unterzeichnet worden war. Am 30. Juni um zwei Uhr dreißig morgens starb sie an einer Bauchfellentzündung, ihr Kruzifix an den Lippen.

Ludwigs Kummer war aufrichtig, aber von kurzer Dauer. Er vergaß Henriette bald über seinen Plänen, seinen Bruder wieder zu verheiraten, und zwar in eine Familie, die seine Expansionspolitik unterstützen würde.

Des Königs Ansehen war offensichtlich immer noch gering, und die Unzufriedenheit der Franzosen war nicht unbegründet. Ludwig verausgabte zehn- bis zwanzigmal soviel wie irgendeiner seiner Vorgänger für die Leibgarde, die Ställe, die Musik, die Theateraufführungen, die Tafel, Kleider, Möbel und Gebäude.

Das Gerücht, daß Ludwig den Krieg nicht liebe, hielt sich hartnäckig. „Le Roi des ballets“ war sein Spitzname in der Armee, und das kam vielleicht dem König selbst zu Ohren, denn in diesem Jahr gab er das Tanzen in der Öffentlichkeit auf. Im September bereitete er seinen Offizieren eine kleine Genugtuung: Er fiel in Lothringen ein.

EIN JAHR war jetzt vergangen, seit Madame Scarron die Sorge für die natürlichen Kinder Ludwigs übernommen hatte. Der König hatte sich mittlerweile an sie gewöhnt und sie als Gesprächspartnerin schätzengelernt.

Die fünfunddreißigjährige Madame Scarron bedeutete tatsächlich eine neue Erfahrung für Ludwig; er fand in ihrer Gesellschaft eine ihm ungewohnte Ruhe und genoß die leichte, unbefangene Konversation, die er sich nirgends sonst erlauben konnte. Ihre Kühle, Zurückhaltung und Vorsicht gaben ihm vielleicht schon 1670 den vagen Gedanken ein, daß die Eroberung einer solchen Frau reizvoll sein würde. Gerade die Eigenschaften, die sie davon abgehalten hatten, je einen Liebhaber zu haben, waren für Ludwig, den Unwiderstehlichen, verlockend.

Madame Scarron hatte allen Grund, gegenüber Männern auf der Hut zu sein. Als sie anfing, Gesellschaften zu besuchen, war sie die bettelarme Tochter eines abgewirtschafteten Adligen – schön, schutzlos und eine leichte Beute für jeden Lebemann; und stets hatte sie ihre Tugend bewahrt. Der Stammbaum ihrer Familie, der d’Aubignés, reichte bis ins 11. Jahrhundert zurück. Madame Scarrons Großvater war ein Kamerad Heinrichs IV. gewesen. Ihr Vater hingegen, ein unverbesserlicher Verbrecher, beendete sein Dasein 1647 als Strandräuber in Westindien. Die Hälfte seines Lebens verbrachte er im Gefängnis; und im Kerker von Niort wurde Françoise 1635 geboren. 1647 konnte ihre Mutter, die sich nichts aus ihr machte, ihre Schwägerin – eine Madame de Villette – überreden, die Sorge für das Kind zu übernehmen. Da Madame de Villette Hugenottin war, wurde Françoise in die reformierte Kirche aufgenommen. Darauf bewarb sich eine andere Tante, Madame de Neuillant, bei Königin Anna um ihre Obhut und brachte sie in ein Pariser Kloster, wo sie wieder zum Katholizismus bekehrt wurde.

Später verschafften ihr ihre Anmut, Bescheidenheit und Schönheit Zutritt zu den Häusern von Rambouillet und d'Albert; dort nahm sie den „preziösen" Stil an, der damals das Kennzeichen der besten Gesellschaft war. 1652 schloß sie eine Ehe, die aber nie vollzogen wurde, mit dem hilflosen Krüppel Paul Scarron, dessen ergebene Krankenpflegerin sie bis zu seinem Tode 1660 blieb. Die nächsten neun Jahre fristete sie ein unsicheres Dasein durch Unterstützungen, die einflußreiche Freunde für sie zusammenbettelten. Ein seltsamer Hintergrund für die Frau, die bestimmt war, den stolzesten König der Christenheit zu heiraten.

Der schweigsame Ludwig ist ein offenes Buch, verglichen mit Madame de Scarron, der rätselhaftesten Persönlichkeit des Hofs. Sie sei voll Anmut gewesen, versichern die Zeitgenossen. Ihre Korrespondenz ist großenteils erhalten, aber auch wenn man alles liest, was sie hinterlassen hat, kommt man ihr kaum näher. Madame Scarrons Prosa ist klar, immer verständlich, manchmal geistreich, aber nie durchdringen wir den Panzer ihrer Zurückhaltung, und nach einer Weile ermüdet uns ihre ständige Reserve. Letztlich erfährt man nur, daß sie eine fromme Christin war mit einer kühlen, nüchternen Liebe zu Kindern, ausgesprochen begabt für die Rolle einer Lehrerin. Bemühte sie sich, auf Ludwig anziehend zu wirken? Zweifellos angelte sie nach seiner „Bewunderung und Hochachtung", denn diese zu erwerben war, wie sie sagte, ihr „Ideal". Aber ich finde nirgends ein Anzeichen, daß sie je in ihn verliebt war. Im Gegenteil spricht vieles dafür, daß sie Ludwig als den schwierigsten und eigensinnigsten ihrer Zöglinge betrachtete. Doch die angeblich intrigante Frau, die Ludwig einfing und den Rest ihres Lebens damit verbrachte, die Ausschweifungen ihrer Jugend mit geheuchelter Frömmigkeit zu übertünchen, existiert nur in den Köpfen ihrer fanatischen Feinde, dem des Memoirenschreibers Saint-Simon und dem von „Madame Palatine", „Monsieurs" zweiter Gemahlin. Ihr politischer Einfluß war in Wahrheit gering.

Das Jahr 1670 schloß mit der Komödie von „Mademoiselles" Heirat. Sie hatte ganz Europa nach einem ihrer würdigen Gatten durchforscht; und jetzt, mit dreiundvierzig Jahren, war sie von heftiger Leidenschaft zu Lauzun erfaßt. Er spielte seine Karten mit Geschick, und „Mademoiselle“ mußte Ludwigs Erlaubnis zu der Heirat selbst einholen; denn Lauzun beabsichtigte nicht, seine Position dadurch aufs Spiel zu setzen, daß er Ludwig um die Hand der reichsten Prinzessin in Europa bat. „Mademoiselle“ erbat Ludwigs Einwilligung schriftlich; der König war zwar etwas überrascht, antwortete aber höflich, er überlasse es ihr, nach ihrem Befinden zu handeln.

An Lauzuns Eitelkeit scheiterte eine schnelle Heirat und damit die Verbindung insgesamt. Er wollte nicht heiraten, bevor er nicht in dem Ehevertrag als Duc de Montpensier und Prince de Dombes erscheinen konnte. Inzwischen wurde Ludwig unter starken Druck gesetzt; die Condés waren empört, „Monsieur“, der gehofft hatte, das Vermögen seiner Kusine selbst zu erheiraten, beklagte sich lärmend; sogar die Königin protestierte. Minister beeilten sich, darauf hinzuweisen, daß die Verbindung Ludwigs Ansehen im Ausland schaden würde. Also bat der König „Mademoiselle“ zu sich.

> Ludwig: Kusine, ich bin verzweifelt über das, was ich Ihnen zu eröffnen habe, aber alle Welt sagt, ich opferte Sie, damit Lauzun sein Glück mache, und das brächte mir im Ausland viel Schaden. Ich kann die Hochzeit nicht zulassen. Sie haben allen Grund, sich über mich zu beklagen. Schlagen Sie mich, wenn Sie wollen . . .
>
> „Mademoiselle“: Ach, Sire, wer hätte glauben können, daß Eure Majestät Ihr Wort brechen würden?
>
> Ludwig: Könige müssen das Volk zufriedenstellen.

Die Unterredung endete damit, daß Vetter und Kusine miteinander knieten – „wir lagen uns drei viertel Stunden in den Armen, Wange an Wange, und er weinte ebensosehr wie ich“. Eine absurde, aber rührende Szene.

Am 11. Februar 1671 genoß die elegante Welt eine weitere Sensation. Die La Vallière schlich sich wieder beim Morgengrauen fort und suchte Zuflucht im Kloster Chaillot; aber diesmal wurde sie nicht von einem verzweifelten Liebhaber verfolgt. Ludwig hatte weiterhin Verdruß wegen Madame de Montespan und fand, daß seine Beziehungen zu Athénaïs nach wie vor verschleiert werden müßten, und dazu sollte die La Vallière auch ferner dienen. Colbert wurde nach Chaillot geschickt, um Louise zur

Vernunft zu bringen, und in einem Anfall von Schwäche kehrte die La Vallière zum Hof zurück. Ludwig umarmte sie mit Tränen der Freude und unterhielt sich eine Stunde mit ihr allein. Madame de Montespan weinte über den zurückgekehrten Frühling, und bald darauf machten sich alle drei auf den Weg nach Flandern, scheinbar eine Vergnügungsreise, in Wirklichkeit eine letzte Besichtigung der Truppen, die im Frühling 1672 in Holland einfallen sollten.

LUDWIGS anstrengende Tätigkeit im Jahr 1671 war im wesentlichen diplomatischer Art; trotz seiner Inanspruchnahme vernachlässigte er nicht die Höflichkeitsbeweise, die dazu dienten, die Staatsmaschinerie reibungslos laufen zu lassen.

Im September schrieb er an Pomponne, den französischen Gesandten in Schweden, als er ihn von diesem Posten abberief und zum Staatssekretär beförderte:

> Da Lyonne gestorben ist, möchte ich, daß Sie seine Stellung übernehmen, aber wir müssen dem Sohn eine Entschädigung geben, denn ihm steht die *survivance** zu, die 65 000 Pfund wert ist. Ich will 25 000 Pfund aufbringen, für den Rest müssen Sie sorgen. Aber damit Sie dabei keine Schwierigkeiten haben, gebe ich Ihnen ein *brevet de retenue*** für 40 000 Pfund.

Ferner lud er, obwohl er den Jansenismus*** verabscheute, Pomponnes Vater, d'Andilly, der ebenjener Richtung anhing, zu einem Besuch bei Hofe ein, damit dieser die Nachricht aus seinem eigenen Mund erführe. Ludwig unterhielt sich eine Stunde sehr freundlich mit dem alten Mann (er war einundachtzig). Er versicherte ihm, er sei mit Pomponne zufrieden und erwarte seine Ankunft mit Ungeduld, und fügte hinzu, da er wisse, daß Pomponne nicht sehr wohlhabend sei, werde er ihm helfen. Dann ließ er ihm ein Diner servieren und nahm ihn auf eine Ausfahrt in seinem Wagen mit.

---

* Das Recht auf Nachfolge in das väterliche Amt

** Beleihbare Urkunde über das Recht, ein gekauftes Amt wieder zu verkaufen

*** Eine nach dem Niederländer Cornelius Jansen (1585–1638) benannte katholisch-theologische Richtung, die sich kritisch mit Rom auseinandersetzte und im 17. Jahrhundert besonders in Frankreich über großen Einfluß verfügte

Cornelius Jansen (1585–1638), der Begründer des Jansenismus

Es wird sogar angenommen, daß Ludwig dem Jansenismus für kurze Zeit etwas toleranter gegenüberstand; dafür spricht neben seiner Güte gegen d'Andilly die Tatsache, daß er Pascals „Pensées sur la religion"* erwarb, ja vielleicht sogar darin las. Jedenfalls machte er es zum Buch des Jahres – „der ganze Hof, Madame Montespan, Vallière, der Marschall Turenne, alle kaufen es".

Im Winter 1671 kam es zum Sturz Lauzuns; er wurde am 25. November verhaftet und nach Pignerol gebracht. Wahrscheinlich fiel er in Ungnade, weil er heimlich, gegen den ausdrücklichen Befehl des Königs, „Mademoiselle" geheiratet hatte. Im Anschluß gab es die übliche Jagd nach den Ämtern eines in Ungnade Gefallenen.

Am 27. November lernte Ludwig seine neue Schwägerin Liselotte, „Madame Palatine", kennen, die am 16. „Monsieur" geheiratet hatte, und faßte alsbald eine Zuneigung zu ihr. Keineswegs die Art Zuneigung, die er für Henriette empfunden hatte, denn „Madame Palatine" war nicht eine Frau, die Liebe erweckte. Sie war vielleicht die merkwürdigste Erscheinung am französischen Hof, dessen Mitgliedern sie wie ein Gast von einem anderen Planeten vorkam. Was sollten sie von diesem unschönen deutschen Mädchen halten, das Koketterie verabscheute und keine zweideutigen Geschichten in seiner Gegenwart duldete, aber selbst mit größtem Behagen derbe Witze erzählte? Ihr Vergnügen bestand darin, beim Morgengrauen aufzustehen, eine lange Wanderung zu machen und dann trockenes Brot und Kirschen zum

* Schrift des den Jansenisten nahestehenden Mathematikers und Religionsphilosophen Blaise Pascal zur Verteidigung des Christentums, die erstmals 1670, acht Jahre nach dem Tod des Autors, in erheblich veränderter Form veröffentlicht wurde

Frühstück zu essen; sie hielt ihren Körper sauber und schlief bei offenem Fenster. Wollte ihr Beichtvater mit ihr über die Heiligen sprechen, so bat sie ihn, „er solle sie mit diesem Unsinn in Ruhe lassen“. Sofern sie überhaupt einem Glauben anhing, war sie Protestantin und verachtete den römischen Katholizismus ganz offen, den sie angenommen hatte, um „Monsieur“ zu heiraten. Ihre gänzliche Gleichgültigkeit gegen Kleider brachte ihre Zofen zur Verzweiflung und auch ihren Gemahl, mit dem sie besser auskam, als man erwarten konnte; denn solange er sie in Ruhe ließ, hatte sie nicht das geringste gegen seine seltsame Moral einzuwenden.

Für Ludwig stellte Liselotte etwas erfreulich Neues dar; einem Menschen wie ihr war er nie zuvor begegnet, zudem trafen sie sich in ihren Neigungen. Auch Ludwig war ein Freund des Wanderns, wie sie liebte er frische Luft im Zimmer und im Freien, und beide gingen gern auf die Jagd. Ludwig amüsierten ihre ungeschminkten Bemerkungen über Küche, Höflinge, Ärzte und überhaupt alles Französische mit Ausnahme des Königs von Frankreich. Denn die untersetzte und unansehnliche Liselotte verliebte sich in Ludwig, nur daß sie als einzige am Hof nicht begriff, was ihr geschehen war; sie wußte nur, daß sie sich in Gesellschaft des Königs glücklich und ohne ihn unruhig und unzufrieden fühlte.

Ludwig gelang alles, und er trachtete danach, an seinem Glück auch andere teilhaben zu lassen. Im Januar 1672 bat der Maréchal de Bellefonds um die Erlaubnis, den Abschied zu nehmen:

> Ludwig: Marschall, ich möchte wissen, warum Sie mich verlassen wollen; geschieht es aus religiösen Gründen? Oder ist es nur der Wunsch, sich zur Ruhe zu setzen? Oder haben Sie Schulden? Wenn letzteres der Fall ist, werde ich die Sache in Ordnung bringen.
> Bellefonds: Sire, es sind meine Schulden; ich bin ruiniert; ich kann denen, die mir geholfen haben, nicht mehr in die Augen sehen, denn ich kann sie nicht bezahlen.
> Ludwig: Ich will Ihnen 5000 Pfund für Ihr Haus in Versailles geben und ein *brevet de retenue* auf Ihre Posten für 20 000 Pfund, das bei Ihrem Tode als Sicherheit dienen kann; und Sie bleiben in meinen Diensten.

Am 17. März 1672 erklärte England Holland den Krieg, und am 6. April folgte Ludwig seinem Beispiel.

Historiker verurteilen diese Kriegserklärung als Mißbrauch der absoluten Macht, aber wenn Ludwig einen Volksentscheid herbeigeführt hätte, wäre die überwiegende Mehrheit für einen Krieg gewesen; dieser Schritt stellte seine frühere Beliebtheit beinahe über Nacht wieder her.

Am 23. April übernahm der König den Befehl über die französische Armee, 80 000 Mann; bei Sedan stand Condé mit der Ardennenarmee, das heißt weiteren 40 000 Mann; 120 000 Mann im ganzen, die besten Truppen, die Europa je gesehen hatte. Und auf der Gegenseite? 25 000 schlecht organisierte, schlecht ausgerüstete und schlecht ausgebildete Holländer, die von zweitklassigen Glücksrittern geführt wurden. Ludwig befürchtete nur, der Feind könne ihn durch allzu schwachen Widerstand um seinen Ruhm bringen, aber der Krieg erwies sich schließlich durchaus nicht als ein bloßer Spaziergang, wie man angenommen hatte.

Zuerst ging alles gut. Binnen einer Woche standen die Holländer östlich des Rheins, und vier Tage später setzten die Franzosen bei Tolhuis über den Fluß. Der Rhein hatte wenig Wasser, der Widerstand war jämmerlich, aber Ludwigs Frankreich hielt in einem Taumel hysterischen Nationalgefühls daran fest, daß die Garde unter Ludwigs persönlicher Führung eine schiffbare Meeresbucht durchschwommen und dann eine von der ganzen holländischen Armee besetzte Stellung gestürmt habe.

Für Ludwig persönlich war dieser Krieg eine Wiederholung des Jahres 1667 in größerem Stil; die gleiche Tatkraft, die gleiche Sorgfalt in Einzelheiten und der gleiche Mangel an Übersicht über die Gesamtlage. Er schlief in seinem Wagen, war im allgemeinen um drei Uhr, stets aber vor fünf Uhr auf und plagte sich unaufhörlich mit Aufgaben, die er einem jüngeren Stabsoffizier hätte übertragen können; wenn er keine Befehle schrieb, setzte er sich mit seinen Truppen dem Feuer aus. Kurz, er lernte nie zu unterscheiden zwischen jenen strategischen und taktischen Konzeptionen, die die Kriegskunst ausmachen, und der rein mechanischen Arbeit, deren es zu ihrer Ausführung bedarf.

Und selbst wenn er sich um einen größeren Überblick bemühte, kam er mit seinen Plänen nicht weiter, als daß er eine

Ankunft Ludwigs XIV. im Lager vor Maastricht im Juni 1673

Liste mit den Namen derer aufstellte, die zu Gouverneuren noch uneroberter Plätze ernannt werden sollten, von denen er jedoch viele niemals eroberte.

Am 20. Juni brachten die Holländer den französischen Vormarsch zum Stehen, indem sie das Meer hereinließen und ihr Land überschwemmten. Neun Tage später boten sie unterwürfige Friedensbedingungen an, die Ludwig verächtlich zurückwies. Am 10. Juli kehrte er zum Hof zurück und überließ Luxembourg den Oberbefehl in Holland. Er hatte in drei Monaten drei holländische Provinzen erobert und teilte durchaus die Bewunderung seiner Untertanen für seinen Heldenmut.

Aber auf seinen Charakter wirkte sich dies verhängnisvoll aus; seine Überzeugung festigte sich, daß er in der Strategie wie in der geschickten Lösung kleiner Verwaltungsprobleme gleich sachverständig sei. Hatte er nicht in den Pausen zwischen der Einnahme von dreißig Städten Zeit gefunden, den Sitz der Patronentaschenkoppel zu ändern und einen Platz für eine Latrine zu bestimmen? In Ludwigs Kopf entstand das Bild einer Armee, in der es keine Turennes oder Condés geben würde, sondern nur Offiziere zur Ausführung der Befehle des Königs. Ludwig meinte sogar, daß, abgesehen vom Erwerb persönlichen Ruhms, kein

Grund bestünde, warum er nicht von seinem Schreibtisch in Versailles aus einen Feldzug leiten sollte. So wurde die gefährliche Tendenz zur Überzentralisation gestärkt, die den Befehlshabern im Feld jede Initiative nahm und die beinahe zum Zusammenbruch der ganzen französischen Armeeorganisation führte.

1673 stand Ludwig vor der Aufgabe, das Tempo eines Kriegs zu beschleunigen, der schon seine anfängliche Stoßkraft eingebüßt hatte, und zwar unter Bedingungen, die sich, von seinem Standpunkt aus gesehen, verschlechterten. Der Widerstand der Holländer versteifte sich unter Wilhelm von Oranien, der sich selbst zum Statthalter gemacht hatte; Wien und Madrid erkannten, wie gefährlich es sei, Frankreich die Annexion der Republik Holland zu gestatten; und selbst Ludwigs deutsche Vasallen schienen in ihrer Ergebenheit wankend zu werden. Mochten Ludwigs militärische Fähigkeiten ihre Grenzen haben, seinem politischen Scharfblick entging es nicht, daß, wenn er die Holländer nicht bald besiegte, er gegen ganz Europa würde kämpfen müssen.

Das erste, was er tat, um die Entscheidung zu beschleunigen, war die Belagerung Maastrichts, der stärksten Festung in Holland. Sie fiel gegen Ende des Monats, aber angesichts der überwältigenden zahlenmäßigen Überlegenheit der Franzosen hatte Ludwig keinen Anlaß, sich zu diesem Sieg zu beglückwünschen. Maastricht war nicht Holland, und selbst in Maastricht konnte er vor lauter Bäumen den Wald nicht sehen; es gab in der Befestigungsanlage eine bestimmte Bastion, für die der König sich persönlich interessierte; ihre Erstürmung und Einnahme spielen in seinen Memoiren eine größere Rolle als die „Hilfe“ der Generäle Condé, Turenne und Vauban während des Feldzugs.

In Paris löste die Nachricht vom Fall Maastrichts stürmischen Jubel aus, und selbst die Generäle stimmten in den Chor ein, sie mußten schließlich an ihre Karriere denken. Im August machte Colbert Ludwig darauf aufmerksam, daß die Ausgaben für 1675 auf 7 250 000 Pfund geschätzt würden, während die gesamten Einnahmen etwa 5 436 000 Pfund betragen würden; und er fragte, was Seine Majestät hiergegen zu tun gedenke. „Die Ausgaben erschrecken mich“, erwiderte Ludwig, „aber Sie müssen das Geld irgendwie aufbringen.“

Bei der Rückkehr von der Front gab Ludwig Paris keine Gelegenheit, seinen Helden willkommen zu heißen. Vor mehr als zwanzig Jahren hatten die Pariser Ludwig in seinem eigenen Palast gefangengehalten, doch Ludwigs Verärgerung über die damalige Demütigung wurde mit der Zeit stärker, nicht schwächer; auf seinen Reisen machte er große Umwege, um nicht die Hauptstadt passieren zu müssen. Nur einmal in diesem Jahr erschien er in Paris, aber das geschah, um eine alte Rechnung zu begleichen: Er beleidigte sein Volk, indem er zwischen einer Eskorte mit blanken Säbeln durch die Stadt fuhr. Als er das Gerichtsgebäude erreicht hatte, entzog er dem Parlament den Rang der obersten Instanz; in Zukunft, erklärte er, werde er selbst Verordnungen erlassen.

Damit war das letzte Hindernis für den Absolutismus gefallen.

6

Von 1673 an nahm Ludwig die Zügel der Regierung immer fester in die Hand; er war überzeugt, daß er alles selbst verstehe, und tatsächlich entging seiner Aufmerksamkeit wenig von dem, was sich in Frankreich oder im Ausland ereignete. Nach Ansicht eines klugen Beobachters war Ludwig jetzt der beste Minister Frankreichs, und auch Lyonne bezeugt, daß er durch intensive Arbeit und den ständigen Vorsitz im Staatsrat dessen fähigstes Mitglied geworden war. Seine Minister gaben im Privatgespräch zu, daß er politische Probleme häufig richtiger erfasse als seine Berater. Er ließ sich nicht an der Nase herumführen, im Gegenteil konnte man beobachten, daß seine Sekretäre sich stets zitternd zu einer Staatsratssitzung begaben. „Kein Fürst wurde je weniger beherrscht", hieß es, „und Müßiggang hatte nie einen gefährlicheren Feind."

Er beherrschte seine Rolle als „Grand Monarque" jetzt vollständig, und Günstlinge bei Hof bemerkten, wie bewußt er sie spielte. Einer von ihnen, der Zutritt zu Ludwigs Privatgemächern hatte, berichtet uns: Wenn sich die Tür öffnete oder wenn der König hinausging, nahm er eine feierliche Miene und Haltung an, gerade wie ein Schauspieler vor seinem Auftreten auf der Bühne.

Ludwig XIV. als Krieger

1673 war sein Tagesablauf genau geregelt. Um acht stand er auf, von zehn bis halb eins empfing er seine Minister, dann begleitete er die Königin zur Messe; von eins bis zwei besuchte er „die Damen", das heißt Madame de Montespan und Madame La Vallière, anschließend speiste er mit seiner Gemahlin. Nachmittags arbeitete er entweder mit einem Minister oder ging spazieren, jagte oder besichtigte seine Bauten. Abends spielte er bis zehn Uhr den Gastgeber seines Hofs. Dann kam das Abendessen, noch ein Besuch bei „den Damen", danach ging er zu Bett. Der Adel war vollkommen gezähmt, und die Höflinge hatten keinen andern Ehrgeiz, als durch außerordentliche Ergebenheit und sklavische Nachahmung seiner Gewohnheiten Ludwigs Aufmerksamkeit auf sich zu lenken.

Zum Beispiel entdeckte Ludwig im August, daß er kahl wurde, und fing an, eine Perücke zu tragen; jeder Höfling stellte nun fest, daß auch er kahl würde, ließ sich den Kopf rasieren und kaufte eine Perücke; in wenigen Wochen war die Perücke bei Hof unerläßlich geworden. Wenn der König beim Diner einen Moment seine Augen auf jemandem ruhen ließ, war der Glückliche der Gegenstand allgemeinen Neides; Ludwig war ein enormer Esser, und natürlich folgten alle Höflinge seinem Beispiel; und wenn Ludwig Magenbeschwerden bekam, litt jeder Höfling an dem gleichen Übel.

Ludwig hätte übermenschlich sein müssen, wenn sich dieses Verhalten nicht ungünstig auf sein Wesen auswirken sollte. Das Überraschende an ihm war nicht, daß er von sich selbst überzeugt und egoistisch war, sondern daß er geistig normal blieb; dies hatte er in erster Linie seinem gesunden Menschenverstand zu verdanken, der ihn nie ganz im Stich ließ, und zweitens dem Umstand, daß es auch jetzt noch ein paar Leute bei Hofe gab, die nicht durch seinen Glanz geblendet waren. Einer davon war der bekannte Chevalier de Gramont, der es verstanden hatte, sich eine solche Stellung zu schaffen, daß er dem König alles sagen konnte, selbst über seine Minister. Eines Abends kam er in Versailles in das Billardzimmer und fand Ludwig und seinen Spielpartner, umgeben von einer Reihe stummer Hofleute, über einen Stoß streitend:

> Ludwig: Hier, Gramont, entscheiden Sie; ich behaupte, daß ich im Recht bin, weil –
> Gramont: Euer Majestät haben unrecht.
> Ludwig: Zum Teufel, wie können Sie das sagen, wenn Sie noch gar nicht gehört haben, worum der Streit geht?
> Gramont: Wenn auch nur die leiseste Möglichkeit bestünde, daß Euer Majestät recht hätten, so würden alle diese Herren hier Sie laut unterstützen.

Die Königin behandelte Ludwig nach wie vor mit der ihrem Rang gebührenden Achtung, aß, schlief und plauderte mit ihr, als wenn es gar keine Mätressen gäbe, und überließ sie im übrigen fast ganz sich selbst. Die Hälfte ihrer freien Zeit widmete sie ihren religiösen Übungen, die andere Hälfte verbrachte sie mit ihren Zwergen und Hunden. Von acht Uhr abends bis zehn – dann kam Ludwig, um sie zum Abendessen zu begleiten – spielte die Königin Karten mit denen, die diesen begehrten Vorzug genossen; begehrt deswegen, weil sie so töricht war, daß sie ständig verlor, und es einem Spieler ein sicheres Einkommen bei Hofe garantierte, mit der Königin zu spielen. Und offenbar ein hohes. Selbst Ludwig, so großzügig er war, erhob bestürzt Protest, als er erfuhr, daß seine Gemahlin vor Mittag 5000 Pfund am Kartentisch verloren hatte.

Seit einiger Zeit empfand Ludwig die Heimlichtuerei um seine Kinder, die er mit der Montespan hatte, als lästig; er stand stets im Rampenlicht und konnte die geheime Kinderstube in der Rue Vaugirard nur schwer unbemerkt aufsuchen; und nur gelegentlich konnten die Scarron und die Kinder nach Saint-Germain kommen. Ludwig ertrug nicht leicht irgendwelchen Zwang, und sein Eigensinn nahm mit den Jahren zu; nach langem Zögern beschloß er, die Existenz weiterer unehelicher Kinder zuzugeben. Am 18. Dezember ließ er den dreijährigen künftigen Duc du Maine und das kleine Mädchen, das später „Madame la Duchesse" werden sollte, legitimieren.

Infolge dieser Maßnahmen Ludwigs wurde Madame Scarron eine bekannte Figur bei Hofe, auch schlossen sie und der König sich in ihrer gemeinsamen Liebe zu den Kindern enger aneinander. Selbst ein unbeteiligter Beobachter mußte den Gegensatz zwischen Madame Scarrons Hingebung für ihre Pflegebefohlenen und der oberflächlichen Aufmerksamkeit, die ihre Mutter ihnen schenkte, bemerken; Ludwig kränkte die Nachlässigkeit der Montespan, mehr noch der verächtliche Ton, mit dem sie sich über seine Liebe zu den Kleinen amüsierte. Mit jedem Tag wuchs seine Achtung vor der Scarron; im März erhöhte er ihr Gehalt von 270 Pfund auf 500 Pfund jährlich; gegen Ende des Jahres 1673 fand er sie so liebenswert und eine so gute Gesellschafterin, daß er ihre Abwesenheit fast nicht ertragen konnte. Deshalb wurden sie und ihre Zöglinge im Januar 1674 offiziell bei Hofe untergebracht und der Haushalt in der Rue Vaugirard aufgelöst.

Nachdem die Kinder einmal anerkannt waren, erübrigte sich die traurige Rolle der La Vallière; im April endete ihr Martyrium. Sie liebte den König noch immer; jetzt erhielt sie die Erlaubnis, bei den Karmeliterinnen einzutreten. Darauf machte sie eine Reihe von Abschiedsbesuchen „mit vollendeter Würde, wie eine Prinzessin, die sich von einem gastfreien Hof verabschiedet". Aber vor Maria Theresia kniete sie nieder und bat sie in Gegenwart des Hofes um Verzeihung für das Unrecht, das sie ihr angetan habe. Die Königin war, wenn sie ihren Habsburger Stolz vergaß, ein gutmütiges Geschöpf; sie hob die La Vallière auf und küßte sie. Ludwigs Tränen flossen leicht, als er ihr Lebewohl sagte, aber Louises Augen blieben bei der Unterredung trocken. Am 19. April bestieg sie, prächtig gekleidet und vom Hof umringt, ihren Wagen und fuhr zum Karmeliterinnenkloster in der Rue d'Enfer, wo sie als Schwester Louise de la Miséricorde die restlichen sechsundzwanzig Jahre ihres Lebens verbrachte.

Am nächsten Tag verließ Ludwig Versailles, um die Franche-Comté wiederzuerobern; sechs Wochen später kehrte er zurück, um die Glückwünsche des Hofs entgegenzunehmen, überzeugter denn je, daß Sieg und Königtum Hand in Hand gingen. Viele kostspielige Feldzüge sollten noch geführt werden, ehe Ludwig einsah, daß ein König, der kein General ist, eine Belastung im Feld darstellt; denn wenn er das Kommando hatte, mußten taktische Erwägungen zurücktreten vor der Notwendigkeit, eine Unternehmung für ihn ausfindig zu machen, deren Erfolg sicher war. Nur ein wirklicher Soldatenkönig kann sich den Luxus einer Niederlage leisten.

Solange die Scarron im Hintergrund in der Rue Vaugirard lebte und die Montespan bei Hof eine königliche Rolle spielte, hatte Athénaïs die Gouvernante mit herablassendem Wohlwollen betrachtet. Offenbar wußte sie nichts von Ludwigs Besuchen in der Kinderstube und seiner zunehmenden Bewunderung für die Scarron. Als aber diese „ausgezeichnete höhere Bediente", wie sie sie nannte, in Saint-Germain untergebracht wurde, dämmerte der Montespan, daß ihr Gefahr drohte – indes ein Jahr zu spät. Die Stellung der Scarron war schon gefestigt, und da sie das wußte, betonte sie mit einer Höflichkeit, deren Kälte Athénaïs wild machte, daß sie nicht ihre Dienerin sei, sondern die des Königs.

Die Montespan verlor in diesem Kampf eine Runde nach der andern. Aus zwei Gründen: Erstens beging sie den verhängnisvollen Fehler, Ludwig Szenen zu machen, wodurch sie ihn mehr abstieß als anzog; und zweitens beurteilte sie die Gouvernante ganz falsch; sie sah in ihr eine Abenteurerin, die Ränke schmiedete, um ihr den König abspenstig zu machen. In Wahrheit wünschte die Scarron damals nur, eine hinreichende Abfindung für ihre Dienste zu erhalten, um sich in ein Kloster einzukaufen; ein Wunsch, der durch das Zusammenwirken mehrerer hochrangiger Geistlicher, darunter ihr Beichtvater, vereitelt wurde; denn diese waren überzeugt, sie sei von Gott ausersehen, Ludwig zu bessern.

Das war eine Aufgabe, die sie nur widerstrebend auf sich nahm, denn sie sah ganz richtig voraus, daß sie Zusammenstöße mit Madame de Montespan haben würde. Fast täglich gab es Szenen zwischen den beiden Frauen, und Madame Scarron klagte ihrem

Beichtvater mehrfach, sie verstehe nicht, wie es Gottes Wille sein könne, daß sie, die nur wünsche, ihm als Nonne zu dienen, unter Madame de Montespan leiden müsse.

Im September übertrug Ludwig der Scarron zu ihrer unendlichen Erleichterung und Freude einen Betrag von 10 000 Pfund. Wie sie ihrem Beichtvater schrieb, war sie nun unabhängig und ganz und gar zufriedengestellt. Nach einigem Überlegen beschloß sie, das Geld in Land anzulegen, kaufte am 27. Dezember für 12 500 Pfund das Marquisat von Maintenon und erwarb auf diese Weise den Titel, unter dem sie der Nachwelt am besten bekannt ist; ein gutes Geschäft, denn Maintenon brachte ihr 750 Pfund jährlich ein.

Die Verwandlung der Witwe Scarron in eine Marquise mit Landbesitz erhellte selbst dem Stumpfesten ihre wachsende Bedeutung. Das brachte Madame de Maintenon neue Sorgen: Ein Schwarm von Freunden, die eifrig bedacht waren, sie ihrer Ergebenheit zu versichern, belagerte ihre Tür. Doch diese edlen Damen, die plötzlich Madame de Maintenons Charme entdeckt hatten, sahen sich wider Erwarten vor eine schwierige Aufgabe gestellt. Sie hatte eine harte Lehrzeit durchgemacht und wies überschwengliche Schmeichelei mit kühler Höflichkeit zurück; es war nicht leicht, sie mit „Hofweihwasser zu besprengen", wie der Tagesjargon es nannte.

ABER die Hofschmeichler wirkten auf die Maintenon nur wie Flohstiche, verglichen mit den zermürbenden, unvermeidlichen Zusammenstößen mit der Montespan; denn Athénaïs griff jetzt mit Zähnen und Klauen an. Im Februar konnte Ludwig den Sachverhalt nicht länger ignorieren. Er überraschte die beiden Frauen, als ihre Wut gerade wieder einmal einen Höhepunkt erreicht hatte, und fragte natürlich, um was es sich handle. Bevor die Montespan sprechen konnte, hatte die Maintenon Ludwig gebeten, mit ihr ins nächste Zimmer zu gehen und dort ihre Erklärungen anzuhören; das tat der König und überließ die wütende Montespan ihren eigenen Betrachtungen. Man kann sich denken, daß die Maintenon, nachdem es ihr gelungen war, beim König Gehör zu finden, „Madame de Montespans Benehmen in lebhaften Farben schilderte".

Ludwig versuchte, seine Mätresse zu verteidigen, aber er tat dies nur halbherzig; er hatte jenen Zustand erreicht, in dem ein Mann in einer wenig glücklichen Verbindung erkennt, daß die Frau seiner Wahl, außer als Bettgenossin, unerträglich geworden ist. Zwar hielt ihn die sinnliche Leidenschaft für Athénaïs noch immer gefangen, aber er begann, sich seiner Fessel zu schämen, und dachte daran, sich aus einer Verbindung zu lösen, die ihn in kühleren Augenblicken jetzt anwiderte. Wie wir aus den Aufzeichnungen der vertrauten Kammerzofe der Montespan erfahren, saß der König, wenn man ihn bei ihrer Herrin glaubte, in Wahrheit oft allein im Vorzimmer am Feuer, „stundenlang in Gedanken versunken, und seufzte von Zeit zu Zeit tief".

Aber die größte Gefahr für die Stellung der Montespan waren nicht ihre Launen und ihre Anmaßung, sondern der Aufruhr in Ludwigs Gewissen, an das jene, die auf seine Besserung bedacht waren, appellierten. Er hatte der Königin versprochen, daß er mit dreißig ein guter Ehemann werden würde, und nun, nahe an vierzig, führte er ein noch anstößigeres Leben als zu der Zeit, da er das Versprechen abgab. Jetzt machte Madame de Maintenon ihm offen Vorwürfe.

Der mit der Erziehung des Dauphins beauftragte Kanzelredner und Bischof Bossuet, dessen Mut in dieser Sache nie Anerkennung gefunden hat, ließ Ludwig wissen, er würde ihn Ostern nicht zum Abendmahl zulassen, wenn er dann noch in Todsünde lebe. Uns erscheint Bossuets Warnung als ein Akt bloßer Pflichterfüllung eines Priesters. Aber wir vergessen die Umgebung, in der Bossuet lebte, und das schlechte Beispiel, das ihm viele gaben, die in erster Linie Höflinge und nur in zweiter Linie Bischöfe waren; auch, daß Bossuet sein ganzes Leben ein provinzieller Bürger blieb, der gelernt hatte, den König anzubeten. Dreißig Jahre ständiger Fühlung mit dem Herrscher änderten nichts daran, daß er mit naivem und freudigem Erstaunen genoß, auf vertrautem Fuß mit seinem Helden zu stehen. Es muß Bossuet Überwindung gekostet haben, Ludwig zu sagen, daß er auf tönernen Füßen stehe. Er wurde belohnt. Ludwig, durch seine Unerschrockenheit gewonnen, sandte kurz vor Ostern der Montespan eine Mitteilung, er könne nicht länger in Sünde mit ihr leben. König und Exmätresse nahmen am Ostersonntag das Abendmahl.

Am 10. Mai machte sich Ludwig zur Armee auf. Bezeichnenderweise schrieb er in diesem Jahr von der Front zuerst an die Maintenon und nicht an die Montespan. Die Gouvernante, die mit dem verkrüppelten Duc du Maine auf dem Weg nach Barèges war, schrieb ihrem Beichtvater, sie erhalte jetzt nur von einem Mann Briefe, aber dieses Mannes Freundschaft für sie sei vielleicht wärmer, als ein Beichtvater billigen könne.

Bossuet und die Maintenon glaubten beide, daß die unerfreuliche Montespan-Affäre zu Ende sei; Bossuet, weil er sich durch die scheinbare Reue der Montespan hatte hinters Licht führen lassen, und die Maintenon, da sie, so kühl wie phantasielos, sich keinen Begriff von den physischen Qualen machen konnte, die die Enthaltsamkeit einem Mann wie Ludwig bereitete.

Tatsächlich empfand Ludwig für Athénaïs nach fünf Jahren noch immer eine glühende Leidenschaft und bedauerte jetzt, daß er sich so überstürzt von ihr getrennt hatte. Und ihr lag nichts ferner, als zu bereuen und zu vergessen, vielmehr kämpfte sie verzweifelt mit Hilfe mächtiger Bundesgenossen – menschlicher und dämonischer – darum, ihre Stellung wiederzugewinnen. Ein Glücksfall kam ihr zu Hilfe. Bossuet wurde immer kühner; gerade hatte er Ludwig einen strengen Brief über seine Verschwendungssucht und die jämmerliche Lage seiner überbesteuerten Untertanen geschrieben. Er hätte Ludwig besser kennen sollen.

Erinnerungen an die Fronde erwachten im König, und der Bischof verlor bedenklich an Ansehen. Im Juli gab Ludwig Weisungen nach Versailles, die Montespan solle ihn bei seiner Rückkehr empfangen, und als er dann eintraf, begrüßte er Athénaïs in einer Weise, die bei den Frommen trübe Vorahnungen erweckte. Aber noch kämpfte Ludwig gegen das Unvermeidliche; er erklärte, die Montespan kehre lediglich als seine alte Freundin zum Hofe zurück und er werde sie nur in großer Gesellschaft sehen. Bald fand die erste dieser angekündigten öffentlichen Begegnungen statt; Ludwig zog Athénaïs in eine Fensternische, wo sie sich flüsternd unterhielten, und dabei rannen ihnen die Tränen über die Wangen; dann wandten sie sich um, verneigten sich vor der Gesellschaft und verließen den Saal. Das Ergebnis war, daß Ludwigs dritte Familie im Jahr 1677 durch Mademoiselle de Blois und 1678 durch den Comte de Toulouse vermehrt wurde.

Für den flüchtigen Beobachter schien die alte Verbindung wiederhergestellt und die Montespan zu triumphieren. Aber Bossuets Vorwürfe vergaßen beide nicht. Sie stritten sich häufiger und bitterer und versöhnten sich nur vorübergehend und oberflächlich. Und während Ludwig gegen sein Gewissen kämpfte, wurde er kälter und seine Geliebte zänkischer.

IM JAHR 1676 untergrub Ludwig das militärische Ansehen, das er sich erworben hatte. Zuerst ging alles gut; am 21. April hatte er den Befehl bei der Belagerung Condés, und die Festung ergab sich am 26. – ein kümmerlicher Triumph.

Am Morgen des 10. Mai belagerte „Monsieur" Bouchain, während Ludwig, der bei Heurtebise die Belagerungsarmee deckte, sich den zum Entsatz von Bouchain anrückenden Truppen unter Wilhelm von Oranien gegenübersah. Um elf Uhr waren beide Armeen in Schlachtlinie aufmarschiert; Ludwig stand mit 48 000 Mann Wilhelms 35 000 gegenüber und hatte dazu den Vorteil, daß seine Truppen dem Feind an Kampfgeist überlegen waren. Wenn Ludwig einen allgemeinen Vormarsch befohlen hätte, wäre der Sieg mit Sicherheit sein gewesen. Aber Ludwig wich aus.

Er rief seine Marschälle zusammen und fragte sie um Rat, ob er angreifen solle; allein der Umstand, daß er die Frage stellte, zeigte ihnen, welche Antwort er zu erhalten hoffte. Louvois kam seinem Herrn als erster zu Hilfe; es sei des Königs Aufgabe, sagte er, die Belagerung von Bouchain zu decken, und Sache des Feindes, ihn anzugreifen, wenn er das wolle; daher wiesen taktische Überlegungen dem König eine defensive und nicht eine offensive Haltung zu. Darauf stand die Entscheidung des Kriegsrats von vornherein fest – vier Stimmen gegen eine gegen einen Angriff. „Da Sie mehr Erfahrung haben als ich", sagte Ludwig, „beuge ich mich, wenn auch mit Bedauern."

Er hatte die Gelegenheit verpaßt und wußte das. Niemals vergab er Louvois seinen Rat, noch sich selbst dessen Befolgung. Zum erstenmal klangen ihm die Schmeicheleien seiner Höflinge über sein taktisches Genie falsch in den Ohren; er war hellhörig geworden. Sein Fehler verursachte ihm Gewissensbisse, von denen ihn kein späterer Erfolg befreien konnte. Im Jahr 1680 äußerte er, die Fehler, die er begangen habe und die ihm unendlichen Kummer bereitet hätten, seien darauf zurückzuführen, daß er aus Nachgiebigkeit den Rat anderer zu kritiklos befolgt habe.

Man hat ihm vorgeworfen, bei Heurtebise eine Unfähigkeit bewiesen zu haben, die lediglich von persönlicher Feigheit diktiert worden sei. Aber niemand, der seinen Charakter mit einiger Sorgfalt studiert hat, kann die häufigen Beweise von Ludwigs moralischem und körperlichem Mut übersehen; was ihn auch am 10. Mai bewogen haben mag, Angst um sein Leben war es nicht.

Am 4. Juli gab Ludwig das Kommando ab und kehrte nach Versailles zurück, wo er sich bemühte, mit einer kräftigen Portion Eigenlob sein Vertrauen zu sich selbst wiederherzustellen; aber obwohl er schrieb: „ich habe bewiesen, daß meine bloße Gegenwart genügt, um den Feind in Unruhe zu versetzen", wurmte es ihn offenbar, daß er so töricht gewesen war, die Deckungsarmee zu kommandieren mit all den unberechenbaren Risiken, statt Bouchain zu belagern.

WÄHREND des ganzen Jahres ging der Kampf zwischen der Montespan und der Maintenon mit einer Wildheit weiter, die sich gewöhnlich hinter Lächeln und Komplimenten verbarg. Scharfe Augen beobachteten das Duell mit atemloser Spannung. Im Mai schien die Maintenon zu gewinnen; die Zofen der Montespan standen ihr zur Verfügung, die eine hielt ihren Schminktopf, die andere reichte ihr ihre Handschuhe, und eine dritte brachte sie zu Bett. Aber als Ludwig im Juli nach Hause kam, begrüßte er die Montespan so herzlich, daß nun weniger auf die Maintenon gesetzt wurde. Dagegen stand diese um die Mitte des Monats höher in Gunst denn je, wenn auch Ludwig ihre Rivalin auffallend auszeichnete.

Es wäre für die Höflinge schon spannend genug gewesen, wenn es sich um einen offenen Kampf zwischen den beiden gehandelt hätte, aber tatsächlich wuchsen die Zweifel daran, ob Ludwigs endgültige Wahl auf eine von beiden fallen würde. Denn der König war in jener Stimmung des *carpe diem**, mit der ein Lebemann auf die unangenehme Erkenntnis zu reagieren pflegt, daß er sich den Vierzig nähert, und legte sich keinerlei Zwang

* Lat.: „Nutze den Tag!" oder „Genieße den Augenblick!"

Rechts: Bälle wie dieser gehörten zu den regelmäßigen Zerstreuungen am französischen Hof.

Links: Der König beim Billardspiel

Rechts: Der „Sonnenkönig“ tanzt selbst als „Aufgehende Sonne“ in einem Ballett.

Links: Der König inmitten seiner Höflinge bei einer Spazierfahrt

mehr auf. Madame de Louvigny, die zu heiraten der zweite Sohn des Duc de Gramont acht Jahre zuvor mit blankem Schwert gezwungen worden war, Madame de Soubise, eine anmutige rothaarige Rohan – deren Sohn, der Kardinal de Rohan, nach allgemeiner Annahme Ludwig XIV. zum Vater hatte –, Madame de Ludres, eine Stiftsdame von Pussay, und Mademoiselle de Théobon, alle erfreuten sich in diesem hektischen Sommer der Gunst Ludwigs. Der Kampf wogte bis zum September auf und ab. Da kam Madame de Sévigné zu der Überzeugung, wenn die Maintenon nicht gewonnen, so habe jedenfalls die Montespan verloren; ihr Stern sei im Untergehen, schrieb sie, und es habe Tränen, Kummer, Schmollen und unnatürliche Lustigkeit gegeben.

Die Maintenon selbst verlangte danach, sich zurückzuziehen; sie war nur am Hof geblieben, um den König zu bessern, mit dem Ergebnis, daß das letzte Stadium des Sünders schlimmer war als das erste. Ludwigs Ausschweifungen wurden jetzt insgeheim sogar von seinen Höflingen mißbilligt. Wenn Ludwig von diesem Getuschel wußte, ließ er es sich jedenfalls nicht anmerken, sondern führte sein gewohntes Leben fort, heiter, undurchdringlich, der Beherrscher seiner Welt; niemand, berichtet ein Höfling, sah ihn je zornig, nur einmal habe man ihn fluchen hören, und stets sei er darauf bedacht, die Gefühle anderer nicht zu verletzen.

Obwohl Ludwig durch die Arbeit und seinen Umgang mit Frauen überbeschäftigt war, ließ er die Maschinerie des heiteren Hoflebens auf vollen Touren laufen. „Madame Palatine" hat uns in einem Brief an eine Freundin einen typischen Tag im Leben einer Hofdame der damaligen Zeit geschildert. Vom frühen Morgen bis drei Uhr jagte sie, dann kam sie nach Hause, legte Hofkleidung an und setzte sich bis sieben an den Spieltisch. Bis halb elf war sie im Theater, danach kam das Abendessen und dann ein Ball, der nicht vor drei Uhr morgens endete – ein Achtzehnstundentag, wenn man annimmt, daß die Jagd durchschnittlich sechs Stunden dauerte.

AM 4. MÄRZ traf Ludwig vor Valenciennes ein und übernahm den Befehl über die 50 000 Mann starke Belagerungsarmee. Es folgte der bei Ludwig übliche Sieg, der von vornherein feststand, die Stadt fiel am 17. Bemerkenswert ist immerhin, daß Valenciennes durch die Bemühungen des Königs vor der Plünderung bewahrt wurde. Er eilte durch die Straßen und überzeugte sich persönlich, daß seine Befehle, die Einwohner und ihre Habe zu schonen, befolgt wurden, mit dem Ergebnis, daß um zwei Uhr nachmittags alle Läden offen und die Straßen voll Passanten waren, als wenn nichts Außerordentliches geschehen wäre.

Am 21. März entsandte Ludwig „Monsieur“ mit 20 000 Mann, um Saint-Omer zu belagern, damit die feindliche Aufmerksamkeit von Ludwigs eigener Belagerung der Stadt Cambrai abgelenkt werde; letztere sollte das Glanzstück des Feldzuges sein. Aber es kam anders, als Ludwig beabsichtigt hatte. Am 4. Mai erfuhr „Monsieur“, daß Wilhelm von Oranien im Vormarsch von Ypern sei, um seine Nachhut anzugreifen und Saint-Omer zu entsetzen. „Monsieur“ handelte rasch und klug; er berief nicht einen Kriegsrat, wie Ludwig es bei Heurtebise getan hatte, sondern ließ eine Abteilung zurück, um eine Fortsetzung der Belagerung Saint-Omers vorzutäuschen, und marschierte nach Cassel; dort griff er am 11. Wilhelms Armee an, die am Abend vorher eingetroffen war. Das Schicksal bot „Monsieur“ eine Gelegenheit zu beweisen, was er wert war, und er ließ sie nicht vorübergehen. Tapferkeit setzte man bei ihm voraus, nicht aber Führungstalent und taktisches Geschick, doch die wurden nun von jenen Männern gelobt, auf deren Anerkennung es ankam. „Monsieur“, sagte ein Augenzeuge, kämpfte wie ein Grenadier, ein Pferd wurde ihm unter dem Leib weggeschossen, sein Panzer von vielen Kugeln getroffen, und beim letzten Angriff fielen zwanzig Angehörige seines Stabes neben ihm. Es war ein entscheidender französischer Sieg, 54 Fahnen wurden erbeutet, 2500 Gefangene gemacht, und die ganze feindliche Artillerie samt Wilhelms Troß mit seinen privaten Papieren fiel in französische Hände.

Als Ludwig die Nachricht hörte, rief er aus: „Bei meiner Ehre, ich freue mich mehr über einen Erfolg meines Bruders als über meinen eigenen!“ Trotzdem gab er „Monsieur“ nie wieder ein Kommando, und auf den ersten Blick scheint dieses Verfahren kleinlich. Aber es als Eifersucht deuten heißt nicht bedenken, daß das sorgsam gehütete Ansehen des Königs einen wesentlichen Faktor für die Aufrechterhaltung der Gesellschaftsstruktur bildete; der König durfte keinen Nebenbuhler haben, am allerwenigsten einen, der ihm so nahestand wie Philipp. Ludwigs wirklicher Fehler war nicht, daß er „Monsieur“ aus der Armee ausschloß, sondern daß er ihn in sie aufgenommen hatte.

Am 18. April ergab sich Cambrai, aber zum erstenmal blieb ein königlicher Sieg fast unbemerkt. Paris, wo „Monsieur“ äußerst beliebt war, war zu sehr damit beschäftigt, den Sieger von Cassel hochleben zu lassen, als daß es für den üblichen Jahressieg des Königs Zeit gehabt hätte. Am 31. Mai kehrte Ludwig nach Versailles zurück.

WÄHREND seiner Abwesenheit hatte die Montespan ihn mit amüsanten Briefen überschüttet, die in dem leichten Ton einer Frau gehalten waren, die keine Sorge in der Welt hat. Ludwig, gekränkt wegen ihrer anscheinenden Gleichgültigkeit, war entschlossen, sie wiederzuerobern. Unnötig zu sagen, daß es ihm glückte. Ihre gegenseitige Zuneigung war stärker denn je, berichtet Madame de Sévigné. Die Maintenon war verzweifelt, und offenbar hatte sie im Herbst jede Hoffnung aufgegeben, den König zu bessern; sie könne unmöglich, beteuerte sie, ihr ganzes Leben, ihre Freiheit, ihre Gesundheit und ihr Seelenheil einer so hoffnungslosen Sache opfern.

Wie es auch um Ludwigs Moral stehen mochte, seine Persönlichkeit wurde im Laufe der Jahre immer eindrucksvoller. Er sprach Italienisch wie seine Muttersprache, dazu Spanisch und etwas Lateinisch. Er hatte ein gutes natürliches Urteilsvermögen und eine oberflächliche Kenntnis von allen möglichen Dingen wie Kriegskunst, Architektur, Malerei und Musik; für die Musik allein gab er jährlich 2500 Pfund aus. Aber der bloße Anblick eines Buchs langweilte ihn, wenn er sich auch stets freute, eins geschenkt zu bekommen; andererseits schrieb er viel und oft, führte seine eigenen Rechnungsbücher, und sein Mangel an Buchwissen wurde ausgeglichen durch sein hervorragendes Gedächtnis, das fast alles Wissen bewahrte, das er je erworben hatte.

„Alle fürchten ihn“, versicherte ein ausländischer Besucher. Aber das war nicht ganz zutreffend; denn in diesem Jahr hören wir zu unserem Erstaunen, daß der „Große König“ gegenüber einem Streik geradezu machtlos war. Mansart, der Erbauer von Versailles, der als Steinmetz angefangen hatte, berichtete Colbert im November, alle seine Steinhauer streikten und behaupteten – vielleicht zu Recht –, daß ihre Bezahlung seit vier Wochen ausstehe; sie lehnten es strikt ab, die Arbeit wiederaufzunehmen, bevor ihre Forderungen nicht befriedigt seien. Die Streikenden siegten, nicht Ludwig.

Am 7. Februar 1678 machte sich der König, begleitet von der Königin und ihren Damen, nach Flandern auf und traf am 4. März vor Gent ein. Die Stadt ergab sich Ludwig am 13., und am 27. tat Ypern das gleiche. Darauf gab der König den Oberbefehl ab und kehrte nach Saint-Germain zurück, wo er am 7. April anlangte. Sehr zur Zufriedenheit der Frauen, denn sie hatten abscheuliches Wetter gehabt, von schlechter Unterbringung und Verpflegung und ungeheurer Langeweile ganz zu schweigen. Von den Männern war niemand froher, wieder zu Hause zu sein, als die Schriftsteller Racine und Boileau-Despréaux, die mitgeschleppt worden waren, um die Siege von 1678 unsterblich zu machen. Sie waren dem Hauptquartier gefolgt, manchmal zu Pferd, manchmal zu Fuß, aber immer „im Schlamm bis an die Ohren".

Der Krieg endete am 17. September mit dem Frieden von Nijmegen, durch den Ludwig einen von der Meuse bis Dünkirchen reichenden Festungsgürtel erhielt. La Fare, ein pensionierter Gardeoffizier und scharfer Kritiker des ganzen Regimes, sagte, alles, was Ludwig wirklich erreicht habe, sei, eine friedliche Republik in einen gefährlichen Feind zu verwandeln; wenn er in den siebziger Jahren Europa in den Schlaf gewiegt hätte, wäre er unwiderstehlich gewesen, als am Ende des Jahrhunderts die wirkliche Kraftprobe stattfand.

Aber war es wirklich so falsch, daß Ludwig seine kontinentale Überlegenheit in den siebziger Jahren dazu benutzte, sich für den Fall eines Kampfs um die spanische Erbfolge einen möglichst weit von Paris entfernten nordöstlichen Festungsgürtel zu sichern? Mir scheint, Ludwigs verhängnisvoller Fehler war, daß er sich nicht nach dem Frieden von Nijmegen zurückhielt, ruhig seine Armee verstärkte, seine Finanzen wiederherstellte und geduldig auf den Tod Karls II. von Spanien wartete. Hätte er das getan, so hätte die Möglichkeit, ja die Wahrscheinlichkeit bestanden, daß er im Jahre 1700 die spanische Erbfolge hätte antreten können, ohne darum zu kämpfen. Aber wenn er so gehandelt hätte, wäre er eben nicht Ludwig XIV. gewesen; Anbetung und leichte Siege hatten ihn überzeugt, daß er unbesiegbar sei, und seine Außenpolitik in den nächsten zehn Jahren verbündete ganz Europa gegen ihn.

Zum Unglück dachten seine Minister nicht mehr daran, ihm die Wahrheit zu sagen, sondern wollten ihm nur noch schmeicheln und gefallen. Sein Sohn wurde in sklavischer Abhängigkeit erzogen und nicht auf seine künftigen Aufgaben vorbereitet. Ludwig verließ sich nicht auf seine Generäle, und wenn seine fähigen Leute starben, ersetzte er sie durch ihre jungen, schlechterzogenen Söhne. Das ist ein übertriebenes Bild, entworfen von einem Mann, der den König haßte; aber sicher traf er den Nagel auf den Kopf, wenn er von „‚Monseigneurs‘ sklavischer Abhängigkeit“ sprach. Der Thronerbe hatte mit siebzehn jetzt ein Alter erreicht, in welchem viele seiner Zeitgenossen verheiratet waren und Regimenter kommandierten; aber dieser unglückliche Prinz mußte sich immer noch über seinen Erzieher an seinen Vater wenden, um die Erlaubnis zu erhalten, eine Opernvorstellung zu besuchen.

Ludwig war 1677 vollständig von der Wiedereroberung der Montespan in Anspruch genommen, 1678 wandte er sich wieder Madame de Soubise zu. Beide waren ehrgeizig, die eine für sich selbst, die andere für ihre Familie. Madame de Soubise wünschte, das Haus Rohan mächtiger und reicher zu sehen – sie war eine Rohan von Geburt und durch Heirat –, während Madame de Montespan herrschen wollte.

Aber die Zeit der beiden Frauen war fast vorüber, denn im September erschien ein neuer Stern, Mademoiselle de Fontanges, auf der Bühne von Versailles; sie sollte Ludwigs letzte Mätresse werden.

7

Marie Angélique Scoraille de Roussilles, Demoiselle de Fontanges, „schön wie ein Engel und dumm wie Bohnenstroh“, war mit Hilfe einer Geldsammlung unter den Mitgliedern ihrer Familie ausgestattet und zum Hof geschickt worden; man hoffte,

Unten: Louise de la Vallière (1644–1710)

Oben:
Marie Mancini
(1639–1715)

Die Marquise de
Montespan (1641–1707)

Die Duchesse de Fontanges
(1661–81)

daß sie durch ihre bemerkenswerte Ähnlichkeit mit der La Vallière dem König auffiele, und dieser Plan hatte Erfolg. Ihre Vorzüge waren eine ausgezeichnete Figur, schöne Augen, ein „entzückendes Mündchen", ein wunderbarer Teint und ein „gewisses sanftes und sittsames Wesen"; letzteres war irreführend, denn dieses siebzehnjährige Mädchen war durchaus nicht sittsam, sondern darauf erpicht, des Königs Mätresse zu werden. Sobald nun ein Höfling für Ludwig die Lage sondierte, erwiderte sie, sie freue sich über diese Mitteilung, der König sei ein ruhmvoller Fürst, aber sie könne ihm nicht voll vertrauen, solange die Montespan seine Gunst genieße, denn sie sei äußerst eifersüchtig. Wenn dieser große Fürst sie wirklich liebe, könne er das beweisen, indem er nur sie liebe, wie sie ihrerseits bereit sei, ihn zu lieben.

Die Fontanges war Ehrenjungfer bei „Madame", wohnte also nicht im Louvre, sondern im Palais Royal, „Monsieurs" Stadtschloß. Ludwig verführte sie, nicht besonders zartfühlend, unter dem Dach seiner Schwägerin. Er begab sich nachts, nur von ein paar Leibgardisten begleitet, nach Paris und zum Palais Royal. Eine Mademoiselle des Andrets öffnete ihm die Tür zu den Räumen der Ehrenjungfern, und hier wurde die Fontanges seine Geliebte. Als sein Bruder und „Madame" in Saint-Germain Wohnung nahmen, hatte er das Mißgeschick, daß spähende Augen sahen, wie er sich nachts durch den Park zu den Räumen der Fontanges begab. Später erhielt das junge Mädchen ein Zimmer neben dem Kabinett des Königs, vor den Leuten aber tat Ludwig stets, als ob er sie nicht kenne.

Die erste Folge von Ludwigs neuem Abenteuer war ein heftiger Zusammenstoß mit der Montespan; sie warf ihm Undankbarkeit vor, Ludwig erwiderte, er habe ihretwegen seinen guten Ruf eingebüßt. Vom Allgemeinen kamen sie aufs Persönliche, und die Montespan hatte das letzte Wort: „Ich mag meine Fehler haben, aber jedenfalls rieche ich nicht so schlecht wie Sie."

Das ist die Schlußszene von Ludwigs langer Intimität mit der Montespan, die von da an die Rolle spielte, die sie früher der La Vallière zudiktiert hatte. Der König benutzte sie, um die Aufmerksamkeit davon abzulenken, daß die Fontanges seine Mätresse war.

Der Hof machte in diesem letzten von Ludwigs ausschweifenden

Jahren einen merkwürdigen Eindruck. Der König lebte mit seiner Gemahlin, seinen Mätressen, seinen ehelichen und unehelichen Kindern wie mit einer zusammengehörigen Familie. Maria Theresia empfing die Besuche der Nebenköniginnen und ihrer Abkömmlinge, als gehöre dies zu den üblichen Pflichten einer Königin von Frankreich. Alle besuchten die Messe gemeinsam. In Saint-Germain saßen die Montespan und ihre Kinder mit der Fontanges dem König gegenüber, aber in Versailles hatte erstere ihren Platz an der Evangelienseite des Altars, letztere an der Epistelseite. Ludwig sah ruhelos aus, berichtet man, und blickte mit mehr Hingabe zu der Fontanges als zum Altar; neben ihm saß die Königin. Die Höflinge kicherten während der Messe beim Anblick der rivalisierenden Mätressen, „Rosenkranz oder Meßbuch in der Hand, die Augen verzückt zum Himmel aufgeschlagen wie die Heiligen". Und doch fährt derselbe Höfling, dem wir diese Beschreibung verdanken, fort, es sei unmöglich, einen Mann zu finden, der ein geregelteres und vorbildlicheres Leben führe als der König; ein Beweis für die faszinierende Wirkung, die Ludwig auf alle ausübte, die mit ihm in Berührung kamen.

So wenig erbaulich Ludwigs Verhalten bei der Messe sein mochte, so war er doch nach wie vor ein Eiferer für die orthodoxe Lehre und haßte die Jansenisten; allerdings war diese Abneigung offensichtlich mehr politischer denn religiöser Natur:

> Seine Majestät mißbilligt eine allzu große Intimität zwischen Personen derselben Denkungsart . . ., insbesondere wünscht der König, daß keine Verbindung, Sekte oder Gruppe Aufsehen errege.

Das stammt aus Pomponnes Feder, aber der Stil ist äußerst charakteristisch für Ludwig. Im Jahr 1679 bemerken wir eine Starre, eine stille, weihevolle, drückende Atmosphäre am Hof, der zum bloßen Hintergrund für Ludwigs überragende Gestalt geworden war. Die Schuld daran trug der König. Er erntete die Früchte der Unterwürfigkeit, die er selbst gesät hatte. Die großen Edelleute, so sagte einer von ihnen, fürchteten sich vor ihrem König wie Schulknaben vor ihrem Lehrer oder Novizen vor ihrem Abt.

Außer dem Krieg war das Bauen Ludwigs Lieblingsbeschäftigung, und in diesem Jahr vollendete er Marly. Es war die Erfüllung seines langgehegten Traums von einem Landhaus, wo er als privater Edelmann seine intimen Freunde bei sich sehen konnte. Wenn es sich ums Bauen handelte, kannte Ludwig keine Schranken, und das kleine Landhäuschen kostete seine Untertanen schließlich 600 000 Pfund. Aber es erfreute sich immer besonderer Beliebtheit bei den Hofleuten, und wie sehr Ludwig persönlich für alles sorgte, zeigte sich an der Bedienung und Ausstattung. Es war wahrscheinlich das einzige Haus in Frankreich, zu dem Damen nicht ihre eigenen Toilettengegenstände mitzubringen brauchten, und sicher die einzige königliche Residenz, wo ein Höfling Mahlzeiten von des Königs Tafel in seinem eigenen Zimmer zu sich nehmen konnte.

Im Januar 1680 brach der große Vergiftungsskandal, an dem die Polizei schon seit 1673 arbeitete, über das erschrockene Frankreich herein und ruinierte die Montespan. Eine schreckliche Geschichte von gewerbsmäßigen Mördern, abtrünnigen Priestern, schwarzen Messen und Ritualopfern; aber diese Scheußlichkeiten gehören nicht in dieses Buch, und die Sache wird nur erwähnt wegen der Folgen, die sich für Ludwig und seine Exmätresse daraus ergaben.

Als der König von diesen Greueln unterrichtet wurde, ordnete er an, daß mit den Verdächtigen ohne Rücksicht auf Rang oder Geschlecht verfahren werde; aber als er diese Anordnung erließ, ahnte er nicht, wie tief die Montespan darin verstrickt war. Jetzt stellte sich heraus, daß sie schon 1667 versucht hatte, Ludwig durch „Beschwörungen" an sich zu fesseln, die ein abtrünniger Priester vornahm; 1668 hatte sie auf dieselbe Art den Tod der La Vallière herbeizuführen gesucht; bei mindestens sechs Gelegenheiten zwischen 1673 und 1680 hatte sie selbst an schwarzen Messen teilgenommen, um Ludwigs Tod zu bewirken, falls er sie verlassen sollte. Kann man Ludwig tadeln, wenn er vor dem Riesenskandal zurückschreckte, den er heraufbeschworen hätte, wenn er ein Verfahren gegen die Mutter seiner Kinder wegen versuchten Mordes an deren Vater zuließ? Alles Beweismaterial gegen die Montespan wurde unterdrückt, und daß Louvois und Colbert mit der Vernichtung des Materials einverstanden waren, erbringt den schlüssigen Beweis, daß auch sie von ihrer Schuld überzeugt waren. Sie blieb bei Hofe, nominell als Mätresse des

Königs, aber in Wirklichkeit jeder Stellung und Einflußnahme beraubt.

Die Furcht vor Vergiftung, die den Franzosen des 17. Jahrhunderts nie verließ, erreichte 1680 panische Ausmaße, und selbst Ludwig teilte die Angst seiner Untertanen. Mit der Gefahr, vergiftet zu werden, mußte ein Mann seines Ranges immer rechnen.

Die allgemeine Ängstlichkeit hatte die seltsame Folge, Ludwig unerwartete Einnahmen zu bescheren; Glas konnte nach der damals herrschenden Theorie nicht so wie Metalle mit Gift „getränkt" werden, infolgedessen wurden die Gläser aus Colberts Staatsmanufakturen stürmisch begehrt. Daß der silberne Becher durch das Weinglas ersetzt wurde, war auf die Vergiftungspsychose von 1680 zurückzuführen.

Am 17. März befreite endlich eine Heirat „Monseigneur" aus der Schulstube. Die Braut des Thronerben, Marie Anne Christine Victoire, war die zwanzigjährige Schwester der Kurfürsten von Bayern und Köln; die Verbindung hatte natürlich einen rein politischen Charakter und diente dazu, das östliche Operationsgelände der französischen Armee im nächsten Krieg zu vergrößern.

1680 erklomm Madame de Maintenon rasch den Gipfel ihrer phantastischen Laufbahn; im März hören wir von endlosen Gesprächen zwischen ihr und Ludwig, und im April gehörte es zu seinem Tagesprogramm, nach dem Diner zwei Stunden mit ihr in freundschaftlichem Geplauder zu verbringen. Im Juni „waren die Unterhaltungen so ausgedehnt, daß es jedermann zu denken gab", und im Hochsommer verbrachte der König jeden Abend von sechs bis zehn Uhr mit der Maintenon, „beide in Armstühlen", während die Fontanges offen über ihre Vernachlässigung durch Ludwig weinte.

Die Stellung der Maintenon war nun gesichert; sie war Oberaufseherin der Garderobe der Dauphine, Vertraute des Königs; sie konnte es sich leisten, großmütig gegen die Montespan zu sein. Wenn die beiden Frauen sich begegneten, plauderten sie so lebhaft und scheinbar herzlich, daß ein Außenstehender sie für die besten Freundinnen gehalten hätte.

Nichts zeigte deutlicher, wieviel Einfluß die Maintenon auf Ludwig erlangt hatte, als daß es ihr gelang, im Herbst eine Verständigung zwischen ihm und der Königin herbeizuführen; und nichts spricht deutlicher gegen die Annahme, daß die Maintenon 1680 an die Stelle der Fontanges als Mätresse des Königs getreten wäre. Man bemerkte, daß Ludwig Maria Theresia eine Aufmerksamkeit und Zärtlichkeit widmete, an die sie seit langem nicht mehr gewöhnt war und die sie glücklich machte. Sie war zu Tränen gerührt und sagte wiederholt: „Gott hat Madame de Maintenon ausersehen, mir das Herz des Königs wiederzuschenken."

Ludwig hatte sich Madame de Maintenon wirklich ganz und gar ergeben; ihre Anmut, verbunden mit einer kompromißlosen Offenherzigkeit, war das Geheimnis eines Triumphs, in dem das Geschlecht noch keine Rolle spielte. Sie öffnete Ludwig die Augen über sein unwürdiges Dasein und ängstigte ihn mit Vorstellungen über sein Schicksal im Jenseits. Ludwig wurde bekehrt, und dieser Gesinnungswechsel zog bald einen auffallenden Umschwung in den Sitten des Hofes nach sich. Jeder lebte jetzt still in beschaulicher religiöser Zurückgezogenheit, gab wenig Geld aus und befleißigte sich eines ehrbaren Benehmens, während Ausschweifung, Trunkenheit, unsittliche Kleidung und selbst obszöne Reden Männer und Frauen beim König unmöglich machten.

In dieses Jahr gehört Ludwigs Abhandlung über die Aufgaben eines Königs, „Le Métier du Roi", die seinem gesunden Menschenverstand alle Ehre macht. Er gestattete seinen Untertanen zwar im September stillschweigend, ihn „Louis le Grand" zu nennen, aber der ihm angeborene Sinn für das Angemessene ließ ihn Schmeicheleien ablehnen.

Am 28. Juni 1681 starb die Duchesse de Fontanges „zum maßvollen Kummer Seiner Majestät, der immer noch eine gewisse Zärtlichkeit für sie empfand". Von dem letzten Abenteuer des Königs blieb nur der finanzielle Katzenjammer. In drei Jahren soll sie den Staat etwas über 120 000 Pfund gekostet haben.

Ludwigs Läuterung war eine unangenehme Überraschung für viele, die nicht die leiseste Neigung hatten, sich selbst zu bessern. Der Hof wurde jetzt eine mit Spionen durchsetzte Flüstergalerie. Alle Briefe, sagte „Madame", wurden auf der Post geöffnet, wenn sie auch zugab, daß in ihrem eigenen Fall die Beamten ihr die Ehre erwiesen, sie sehr geschickt wieder zu versiegeln. Man nehme an allen Vergnügungen unter unbeschreiblichem Zwang teil. Die Wände und die Lauscher von Versailles hätten Zungen, und es sei sehr gefährlich, etwas zu flüstern, was dem König mißfallen könne. Die Prinzessinnen lebten, außer wenn sie unter sich seien, in schlimmerer Sklaverei als die Frauen des Serails.

Im Herbst besichtigte Ludwig Straßburg; er hatte die Stadt eben annektiert, gleichzeitig mit Casale, dem Einfallstor zur italienischen Ebene. Bei seiner Rückkehr schloß er ein Geschäft ab, das dem Mann ebenso zur Unehre gereichte wie seine jüngste realpolitische Unternehmung dem König. Er ließ Lauzun frei, erlaubte ihm, zum Hof zurückzukehren, und empfing ihn gnädig, aber der Preis, den „Mademoiselle" für seine Freiheit zahlte, war die Übertragung des Fürstentums Dombes auf Ludwigs Liebling unter seinen unehelichen Kindern, den Duc du Maine. Natürlich wurde die Sache von keinem der Beteiligten so deutlich dargestellt, aber beide verstanden den Sinn der Bedingung wohl.

Am 16. Mai 1682 hielt der Hof unter Führung des Königs feierlichen Einzug in Versailles. Endlich fühlte Ludwig, daß er einen seiner selbst würdigen Rahmen hatte; Versailles konnte er den Stempel seiner Persönlichkeit in einer Weise aufdrücken, wie es bei den von seinen Vorgängern ererbten Palästen unmöglich war. Es bedeutete die Vollendung seiner Rache für die Fronde; dadurch, daß er Versailles zum Regierungssitz machte, drückte er Paris auf das Niveau einer Provinzstadt herab und verkündete in Stein und Marmor, daß der Louvre jetzt nur noch ein historisches Denkmal sei.

Aber es gab auch vernünftige Gründe dafür, den Louvre aufzugeben. Der König liebte große Räume mit Luft und Licht, und der Louvre war ein Labyrinth dunkler kleiner Kammern, die schrecklich nach dem offenen Graben stanken, der die einzige Kanalisation des Palastes bildete; außerdem roch es kaum weniger schlimm nach dem benachbarten Schlachthof.

Man kann nicht auf Versailles blicken, ohne sich zu fragen, wieviel es gekostet hat. Revolutionäre Propaganda scheint die Kosten des Baus wild übertrieben zu haben; einige Schriftsteller setzen sie mit 60 000 000 Pfund an, während sich Ludwigs gesamte Ausgaben nach offiziellen Angaben unter 24 000 000 Pfund hielten. Bedenkt man, daß diese Zahl außer den öffentlichen Bauten die Ausgaben für Marly, Trianon und wahrscheinlich

Clangy mit enthält, so ist nicht einzusehen, wie Versailles mehr als 10 000 000 Pfund gekostet haben könnte.

Eine ungeheure Summe, aber erstens wurde das meiste Geld innerhalb des Königreichs ausgegeben, und zweitens stellte Versailles dar, was Ludwig beabsichtigt hatte, nämlich ein europäisches Denkmal des französischen Genies und einen Anziehungspunkt für die vornehme Gesellschaft aus aller Welt. Und auch für die Gelehrten; denn obwohl Ludwig selbst nicht viel las, vermehrte sich seine dem Publikum zugängliche Bibliothek in den Jahren von 1643 bis 1715 von 5000 auf 70 000 Bände.

Ludwig hatte jetzt das Haus seiner Träume; es war gewiß nicht bequem, aber Behaglichkeit galt ihm gering neben dem Großartigen, und das war ihm hier sicher gelungen. Auch bot ihm Versailles alles, wonach er sich stets gesehnt hatte – weite Ausblicke, Licht und Luft in den Räumen und überall Blumen. Wie alle sinnesfreudigen Menschen schwelgte Ludwig gern in Farben; das war so bekannt, daß ein zynischer Höfling ihm nachsagte, er lade Kardinäle im Sommer nur nach Fontainebleau ein, um sich an der Wirkung ihres Scharlachrots gegen das tiefe Grün des Laubes zu erfreuen.

Er besaß nun auch ausgedehnte Gärten, wo er eine gewisse Einsamkeit fand, in die er sich zurückziehen konnte, um zwischen seinen Statuen, Labyrinthen, „grünen Teppichen" und Springbrunnen Ruhe zu genießen. Er hatte von Anna von Spanien eine Leidenschaft für den Anblick und das Rauschen der in ein Marmorbecken fallenden Wasserstrahlen geerbt. Die Laufbahn Le Nôtres, des Schöpfers der Gärten, war ähnlich gewesen wie die des schon genannten Erbauers des Schlosses, Mansart. Er hatte als Gartenarbeiter angefangen und es dann in der Gartenbaukunst zum größten Meister seines Jahrhunderts gebracht, darüber jedoch nie seine verständige bäuerliche Lebensauffassung verloren, selbst als er 1693 geadelt wurde und den Saint-Michel-Orden erhielt. Zum Wappen wählte er eine Kartoffel und einen Kohlkopf über einem Spaten und einem Rechen, „weil er nicht wünschte, daß seine Nachkommen vergäßen, wer er gewesen war". Ludwig hatte ihn sehr gern, und gegen Ende ihres Lebens wurden die beiden alten Männer oft in Rollstühlen in Le Nôtres Meisterwerk herumgefahren.

König Ludwig XIV. bei der Besichtigung der Bauarbeiten in Versailles

Die Gärten waren nicht die einzigen Freuden Ludwigs. Wenn er genug von ihnen hatte, konnte er nach Trianon gehen, wo er einen Tierpark mit einem Rhinozeros und einem Elefanten, mit Straußen, Gazellen, Seehunden sowie einem großen Vogelhaus besaß. Er konnte sich mit seiner Sammlung von Münzen und anderen Raritäten beschäftigen, die er Besuchern stets gern zeigte; er war bis zu einem gewissen Grade Kenner und Sammler, diese Neigung hatte er in seiner Jugend von Mazarin übernommen. Aber seine Haupterholung war die Musik, die er leidenschaftlich liebte; endlich hatte er nun den für musikalische Aufführungen notwendigen Raum. Von 1682 an hielt er sich ein großes Orchester, ein Kammerorchester und einen Chor; er musizierte auch selbst ein wenig, denn er spielte gut Klavizimbel, Laute und Gitarre.

Die weiten und hohen Räume überboten sich an Pracht, die ihren Höhepunkt im Thronsaal erreichte mit dem silbernen Thron, den Orangenbäumen in silbernen Kübeln und den Gemälden Tizians und Van Dycks an den Wänden. In der Großen Galerie waren die Stühle aus Silber, und vor den siebzehn Fenstern hingen weiße damastene Vorhänge, auf die das Wappen Frankreichs mit Goldfäden gestickt war. Dann kam das größte Heiligtum, Ludwigs persönliches Arbeitszimmer, mit vielen Blumen, in die Wände eingelassenen Spiegeln und, in der Mitte, dem großen Schreibtisch mit roter goldbefranster Decke. Es war kein Wunder, daß Versailles die Welt blendete.

Nüchtern betrachtet hatte das riesige Schloß allerdings auch Nachteile: Alle Kamine rauchten, bei strenger Kälte gefror der Wein auf des Königs Anrichtetisch, die Saucen, in denen die Speisen gereicht wurden, erstarrten auf dem langen Weg von den Küchen zum Speisesaal; die Hofleute waren in kleinen Kammern untergebracht, in denen man heutzutage kaum einen Hund schlafen lassen würde. Aber all das bekümmerte Ludwig nicht.

Er war mit vierundvierzig nicht mehr der Märchenprinz wie zwanzig Jahre zuvor, sondern ein pockennarbiger Mann mit vollen, fast blauroten Backen, der begann, füllig zu werden; „er war gewiß nicht schön, machte aber einen liebenswürdigen und majestätischen Eindruck". Er, der früher etwas stutzerhaft gewesen war, kleidete sich jetzt „in braunes Tuch, schmucklos bis auf die Weste; er trug keine Ringe; Brillanten fanden sich einzig an den Schuhschnallen, seinen Strumpfbändern und seinem Hut – diesem Hut, der auf den Porträts so gut aussieht, mit dem wir aber nicht nähere Bekanntschaft zu machen wünschen; denn da er ihn bei den Mahlzeiten trug, mit den Fingern aß und den Hut jedesmal abnahm, wenn er mit einer Dame sprach, war der Rand immer mit einer Schicht ranzigen Fetts überzogen".

In dem neuen Palast wurde am 6. August „Monseigneurs" erstes Kind, der Herzog von Burgund, geboren, und die Aufnahme der Nachricht zeigt ein Frankreich, das großenteils immer noch feudal gesonnen war. Der König kam als erster ins Vorzimmer mit der Neuigkeit: „Madame la Dauphine hat gerade einen Prinzen zur Welt gebracht."

Sofort gerieten alle aus dem Häuschen und umarmten – einschließlich der Bedienten – stürmisch den König, den die Menge dann zu seinen Gemächern trug. Er ließ sich von jedem, der es wollte, küssen. Der Mob zündete Freudenfeuer an, und die

Sänftenträger verbrannten die vergoldete Sänfte der Dauphine. Ein hoch auflodserndes Feuer im Hof unter der Prinzengalerie wurde durch die für die Große Galerie bestimmten Wandbekleidungen und Parkettfußböden genährt. Bontemps, Ludwigs persönlicher Kammerdiener, meldete das wütend dem König; der lachte nur und sagte: „Laß ihnen ihr Vergnügen. Wir können neues Material bekommen."

Wohl die einzige, die ein unzufriedenes Gesicht machte, war „Madame Palatine". Schon jetzt hegte sie einen unauslöschlichen Haß gegen Madame de Maintenon. Viele Frauen hatten um Ludwigs Liebe gekämpft, aber nur diese beiden um seine Freundschaft. Bis zum Aufstieg der Maintenon war „Madame" seine intimste Freundin gewesen. Es war eine Verbindung, bei der selbst der boshafteste Höfling keinen Skandal wittern konnte, genau dieselbe Art von Intimität, wie sie jetzt zwischen Ludwig und der Maintenon bestand. „Madame" verlor die Schlacht aus mehreren Gründen, hauptsächlich aber, weil sie Ludwig immer so vergnügt sehen wollte, wie sie selbst es war, während die Maintenon „es wagte, mit dem König ernst über ernste Dinge zu sprechen". Bei Ludwigs jetzigem Wesen war der Ausgang klar, und das Band zwischen „Madame" und dem König lockerte sich allmählich. Liselotte vergab der Maintenon im Grunde nie; jahrelang glaubte sie jede Lüge, die über die frühere Gouvernante erzählt wurde; ihre mildesten Bezeichnungen für sie waren „die alte Schlampe" oder „das alte Mistvieh".

Am 27. Juli klagte die Königin über eine Schwellung unter ihrem Arm, legte sich ins Bett und starb am 30. in Gegenwart ihres Gemahls und des Hofes. „In den zwanzig Jahren, die ich mit ihr gelebt habe", sagte Ludwig unter Tränen, „hat sie mir nie Anlaß gegeben, mich zu ärgern, noch sich je meinem Willen widersetzt." Und der Nachruf des großen Egoisten enthielt alles, was über Maria Theresia zu sagen war.

Madame de Maintenons Kummer scheint aufrichtig gewesen zu sein. Sobald die Königin gestorben war, wollte sie sich in ihre eigenen Gemächer zurückziehen, aber Monsieur de La Rochefoucauld nahm sie beim Arm und drängte sie zum König hin mit den Worten: „Jetzt ist nicht der Augenblick, ihn zu verlassen; er braucht Sie."

Madame de Maintenon (1635–1719), hier mit ihrer Nichte

Dies geschah an einem Freitag. Am folgenden Montag begab sich der König von Versailles nach Fontainebleau, und während des Aufenthalts dort stieg Madame de Maintenon sprunghaft in der Gunst des Königs. Er konnte nicht ohne sie sein, brachte sie in den Gemächern der Königin unter, hielt seinen Staatsrat in ihrem Zimmer, arbeitete meistens dort und fragte sie häufig um Rat. Es scheint, daß er ihr während dieses Besuchs in Fontainebleau einen Heiratsantrag machte, den sie annahm. Sie bat ihren Beichtvater, sie in seinen Gebeten nicht zu vergessen, sie bedürfe sehr der Stärkung, um von ihrem glücklichen Geschick einen würdigen Gebrauch zu machen.

Im September fiel Ludwig unter dem Vorwand in die spanischen Niederlande ein, die Spanier entzögen sich ihren Verpflichtungen aus dem Vertrag von 1678. Das Unternehmen bietet ein Beispiel für Ludwigs Eintreten zugunsten des gemeinen Soldaten. Er erfuhr, daß die Offiziere ungesetzliche Abzüge vom Sold ihrer Mannschaften machten und daß in einem gewissen Regiment ein Mann vor ein Kriegsgericht gestellt und erschossen worden war, weil er einen Protest gegen diesen Betrug organisiert hatte:

> Seine Majestät betrachtet das, was man dem Soldaten angetan hat, als Mord . . . Es gab keinerlei Rechtfertigung dafür, ein Exempel zu statuieren . . . Ich sende Befehle an M. de la Chétardie, die Offiziere, die bei dem Kriegsgericht mitwirkten, zu suspendieren und den Kommandeur ins Gefängnis zu setzen,

> der die Einbehaltung des Soldes zuließ . . ., und um dem Kommissar Saint-Germain klarzumachen, was es bedeutet, solche Ordnungswidrigkeiten zu dulden, befiehlt der König, daß er im Schloß Landscroon gefangengehalten wird, und hat mir* verboten, ihn jemals wieder anzustellen.

Mit Freuden liest man von diesem Mitgefühl für die Unterdrückten, es wäre noch erfreulicher, wenn sein Verhalten gegenüber den schwachen Nachbarstaaten von dem gleichen Gefühl beherrscht worden wäre. Aber im Gegenteil, seine Anmaßung und Brutalität, die seine Nachbarn erfahren mußten, waren unerträglich. Ludwig beging damit einen großen Fehler, denn die Zeit sollte kommen, wo er in einem Europa, in dem er nicht mehr der mächtigste Herrscher war, jeden Verbündeten gebraucht hätte. Ludwig verachtete die kleinen Staaten zu sehr, um sie zu versöhnen, und ignorierte die Furcht und den Haß, die er durch seinen Einfall in die Niederlande erregt hatte. Der Haß wuchs noch beträchtlich, als die französische Marine im August Genua bombardierte, weil die Stadt das „Verbrechen" begangen hatte, Galeeren für Spanien zu bauen. Als im gleichen Monat Europa genötigt war, Ludwig den ungestörten Besitz des von ihm Geraubten für die nächsten zwanzig Jahre zu garantieren, war es offensichtlich, daß Frankreich bald einer Welt in Waffen gegenüberstehen würde.

AM 12. JUNI 1684 um Mitternacht wurde Ludwig zu Versailles mit Madame de Maintenon getraut. Es war eine intime kleine Gesellschaft, die sich in jener Nacht in der Kapelle versammelte, und jeder mußte sich verpflichten, Ludwigs Geheimnis unverbrüchlich zu wahren. Pater La Chaise zelebrierte die Trauung, der Erzbischof von Paris erteilte den Hochzeitssegen, Louvois und Montchevreuil waren Trauzeugen, Bontemps bereitete den Altar vor und ministrierte bei der Messe.

La Chaise war nicht nur seit über dreißig Jahren des Königs Beichtvater, sondern auch ein geschätzter Freund. Mit Rücksicht auf seine amtliche Stellung konnte Harlay de Champvallon, der Erzbischof von Paris, nicht von der Trauung ausgeschlossen wer-

* Kriegsminister Louvois

den, wenn auch Braut und Bräutigam ihn lieber nicht dabeigehabt hätten. Er machte der Priesterschaft Schande; als er 1695 starb, wurde ihm kein Nachruf gewidmet – „zwei Kleinigkeiten machen es unmöglich, einen solchen zu entwerfen, nämlich sein Leben und sein Tod". Henry de Mornay, Marquis de Montchevreuil, „ehrenhaft, mutig, arm wie eine Kirchenmaus", war seit 1658 mit Madame de Maintenon befreundet und stand auch in der Gunst des Königs hoch.

Es existiert kein Bericht über die Trauung, und es ist gelegentlich bezweifelt worden, ob Madame de Maintenon tatsächlich Ludwigs Gemahlin wurde. Sicher gibt es dafür keinen unwiderlegbaren Beweis, aber zahlreiche Einzelheiten sprechen dafür, daß die Trauung stattgefunden hat. Es gibt Stellen in den Briefen der Maintenon, die nur zu erklären sind, wenn man annimmt, daß sie verheiratet war. An ihren Bruder zum Beispiel:

> Unsere Lose sind verschieden, meines glänzend, das Ihre bescheiden. Gott hat mich an den Platz gestellt, wo ich jetzt bin, und er weiß, daß ich die Position nicht gesucht habe.

Und an denselben:

> Ich konnte Sie nicht zum Connétable machen, als ich es gewünscht hätte, und jetzt, wo ich es kann, wünsche ich es nicht. Ich kann nicht den, dem ich alles verdanke, um etwas Unvernünftiges bitten.

1692 gab eine päpstliche Bulle Madame de Maintenon die Erlaubnis, in jedem Kloster Frankreichs zu wohnen, solange sie wollte; das war eine Gunst, die der Vatikan in Frankreich nur der Königin gewährte. Dutzende von kleinen Einzelheiten bestätigen die Überzeugung, daß sie Ludwigs Gemahlin war. Zum Beispiel bestand der König darauf, daß sie in einem Armstuhl saß, eine Auszeichnung, die nur der Königin von Frankreich zukam, während die königlichen Prinzessinnen auf Taburetts* saßen. Schließlich der Ton und Stil ihrer Briefe, alles Kleinigkeiten, die aber zusammen Gewißheit geben. Die Bekundungen ihrer Gegner machen dem Zweifel vollends ein Ende. Saint-Simon, der gehässigste und leichtgläubigste zeitgenössische

---

* Taburett: niedriger Sitz ohne Armlehne

Memoirenschreiber, der Madame de Maintenon fanatisch haßte, äußerte nie einen Zweifel, daß sie Ludwigs zweite Gemahlin sei, und das bedeutet, daß selbst er keine Spur eines Beweises für die Behauptung finden konnte, daß sie die Mätresse des Königs sei. Das gleiche gilt von „Madame", in deren wütenden Schimpfreden gegen das „alte Mistvieh" sich keine Andeutung findet, daß Ludwig die Maintenon nicht geheiratet habe, sondern im Gegenteil große Empörung darüber, daß er eine so lächerliche und entwürdigende Verbindung eingegangen sei.

Also war endlich Aschenputtel mit dem Märchenprinzen verheiratet. Und waren sie von da an immer glücklich? Viele Jahre später sagte Madame de Maintenon, der König liebe sie zwar und mehr als irgendeinen anderen Menschen, aber doch nur so, wie er überhaupt lieben könne, denn Männer, wenn sie nicht von Leidenschaft erfaßt seien, verstünden sich im allgemeinen nicht auf zärtliche Liebe.

Die Sekretärin der Maintenon, Mademoiselle d'Aumale, hat eine deprimierende Schilderung über das Eheleben ihrer Herrin hinterlassen. Sie schrieb, sie habe sie oft müde, krank, bekümmert und ruhelos gesehen und doch pflege sie, wenn Ludwig hereinkomme, eine fröhliche Miene aufzusetzen, in zufriedenem Ton zu sprechen und den König mit tausend Einfällen zu erheitern, ihn vier Stunden lang, ohne sich zu wiederholen, ohne Pause und ohne Klatscherei zu unterhalten. Aber wenn der König um zehn Uhr ging und das Mädchen die Bettvorhänge vorzog, flüsterte sie Mademoiselle d'Aumale zu, sie besitze nur noch die Kraft zu sagen, daß sie nicht mehr sprechen könne.

Die Ehe brachte der Maintenon ein großes Glück; sie konnte sich die Stellung schaffen, für die die Natur sie bestimmt hatte, nämlich als Leiterin einer großen Mädchenschule. Immer hatte sie davon geträumt, etwas zu tun, um die Last ihrer eigenen Klasse, des armen Adels, zu erleichtern, und hatte längst erkannt, daß es keine wertvollere Hilfe für sie gebe als die unentgeltliche Erziehung ihrer Töchter. Und da sie Ludwig ihre Absichten geschickt während der ersten Aufwallung seiner Liebe vortrug, sicherte sie sich seine Zustimmung und später seine begeisterte Mitwirkung. Der König, dessen Liebe zu Kindern vielleicht seine beste Eigenschaft war, fing Feuer. Mit seinem unfehlbaren Geschick, die falsche Stelle für ein Gebäude auszuwählen, bestimmte er die sumpfige Ebene von Saint-Cyr für das Institut, das eines der Hauptinteressen seines weiteren Lebens bilden sollte. Aber nur bei der Auswahl der Örtlichkeit beging er einen Fehler; wir haben seine eigenen Notizen über die Verfassung der neuen Schule, ihre Einkünfte, ihre Ausstattung, die voraussichtlichen Kosten usw., die alle den Stempel seines üblichen trockenen, gesunden Menschenverstands tragen. Über einen Punkt waren sich die Eheleute einig: Saint-Cyr sollte nichts von einem Kloster an sich haben, denn von der Klostererziehung hielten sie nichts. Frankreich, sagte Ludwig, habe genug gute Nonnen und zuwenig gute Mütter; die letzteren sollte Madame de Maintenons Schule heranbilden.

Aber Saint-Cyr nahm Ludwig 1684 durchaus nicht so in Anspruch, daß er nicht noch Muße für anderes gefunden hätte; Versailles war noch lange nicht fertig, und der König prüfte mit dem ihm eigenen Interesse für Einzelheiten die kleinsten Rechnungen, zum Beispiel die des Schlossers und die für Nägel, Riegel und Schrauben.

Dem Hof wurde die Lebensart der Maintenon und des Königs aufgezwungen, in Versailles brach eine Herrschaft der Sittenstrenge an, die die weltlich Gesinnten entsetzte. Komödien waren in der Fastenzeit verboten; Angehörige des Hofs wurden zurechtgewiesen, wenn sie nicht streng fasteten und sogar wenn sie während der Messe flüsterten; der König verbrachte fast den ganzen Weihnachtstag in der Kapelle und befahl Brissac, dem Kommandeur der Leibwache, ihm die Namen aller Höflinge zu nennen, die er während des Gottesdienstes sprechen sah; selbst „Monsieur“ wurde wegen seines liederlichen Lebens getadelt und „Madame“ wegen ihrer unfeinen Ausdrucksweise.

Die schlimmsten Folgen des aufgezwungenen Sittenkodex machten sich bald bemerkbar; die Heuchelei wucherte üppig, das Denunziantentum florierte in Klöstern, Gasthäusern, Straßen und Häuslichkeiten, und nirgends führte die Geheimpolizei eine umfassendere Überwachung durch als in Versailles selbst. Doch die Anziehungskraft des Hofes blieb unwiderstehlich, und der Landadel kam in Scharen, um sich in einem Palast einzunisten, der rasch zu einem Polizeistaat im kleinen wurde. Die Zahlen sind verblüffend. Als Ludwig XIV. 1638 geboren wurde, lebten etwa 600 Edelleute am Hof; 1684 war die Zahl auf 7000 angestiegen.

Es wird oft gesagt, daß Ludwig sich nach 1684 blindlings von seinem Beichtvater lenken ließ, aber dabei wird vergessen, daß er einen scharf gliedernden Verstand hatte, der es ihm ermöglichte, unbeirrt die Grenze zu ziehen, wo die Religion aufhörte und die Politik anfing. Ludwig behauptete nie, ein Theologe zu sein, ihm galt sein Beichtvater als zuständig und verantwortlich für des Königs Seelenheil, dessen Anordnungen in Dingen der Religion deshalb befolgt werden mußten; aber er sollte sich hüten, in die Politik einzugreifen. Das Frankreich Ludwigs war der einzige katholische Staat, in dem es den Bischöfen verboten war, mit dem Vatikan zu korrespondieren, außer durch Vermittlung des Außenministers, der bei den seltenen Anlässen, zu denen ein Briefwechsel erlaubt wurde, die Dokumente las. Ludwig war so eifersüchtig auf die Macht der Priester, daß selbst die alltägliche Korrespondenz mit dem Papst nicht von der Kirche, sondern von den Pariser Banken geführt wurde.

Im siebenundvierzigsten Lebensjahr machte sich bei Ludwig die Intensität spürbar, mit der er gelebt hatte; er verlor die Zähne, schlief nicht mehr so gut und litt unter Magenbeschwerden und Alpdrücken. Aber er hatte Hof und Staat so fest wie je in der Hand. Zum Erstaunen seiner Umgebung war der Grad der Aufmerksamkeit, mit der er Madame de Maintenon begegnete, auch nach sechs Monaten Ehe noch nicht gesunken.

Über Ordnungswidrigkeiten in der Armee konnte sich Ludwig empören, aber mehr noch brachte ihn 1684 ein großes Unrecht auf, das man den Arbeitern in Versailles antat. Die Leute, die die Gräben für die Röhren aushoben, mußten bei der Arbeit bis zu den Knien im Wasser stehen; Ludwig bemerkte das und gab Anweisung, daß sie hohe Wasserstiefel und Extralohn erhalten sollten. Nach vierzehn Tagen kam er wieder dorthin und sah, daß einige immer noch ohne Schuhe arbeiteten, unter anderen ein mehr als Sechzigjähriger. Dieser sagte dem König, daß Monsieur Berthelot, der Bauleiter, ihm weder Stiefel noch höheren Lohn habe zukommen lassen. Die Untersuchung ergab, daß 600 andere Arbeiter in derselben mißlichen Lage waren. Es war neun Uhr morgens; Berthelot wurde sofort verhaftet, die Verhandlung gegen ihn dauerte bis zum Mittag, er wurde wegen Veruntreuung zum Tode verurteilt und um halb zwei Uhr gehängt.

Das Jahr 1685 brachte einen peinlichen Zwischenfall in der königlichen Familie; die Schuldigen waren Louis de Bourbon, Prince de Conti, und seine Gemahlin, des Königs Lieblingstochter. Die beiden hatten sich als Kinder ineinander verliebt, und zufällig paßte es in die Pläne des Königs, daß sie heirateten. Seit sie im Jahr 1680 Mann und Frau geworden waren, „liebten sie sich wie romantische Liebende". Im März hatte Conti das Verbrechen begangen, Frankreich ohne Erlaubnis zu verlassen, um in Ungarn das Abenteuer eines Feldzugs gegen die Österreicher zu genießen. Aus Mons hatte er eln an Ludwig gerichtetes Entschuldigungsschreiben in einen Brief an die Prinzessin eingelegt. „Madame", sagte Ludwig, als sie den Brief übergab, „ich kann nichts zurückweisen, was von Ihrer Hand kommt, aber Sie werden sehen, welchen Gebrauch ich davon mache", und mit diesen Worten warf er den Brief ungeöffnet ins Feuer. Das war schon ziemlich unheilverkündend für Conti, aber es sollte Schlimmeres folgen.

Das junge Paar wechselte eine Reihe von Briefen, die unvorsichtig waren; mehrere Damen wurden kompromittiert, ziemlich viel Unerfreuliches kam ans Licht, und was am schlimmsten war, es wurde von Ludwig in einem Ton gesprochen, der ihn entsetzte. Er war tolerant gegen Schmähungen, aber daß jemand ihn komisch finden könnte, war ihm nie in den Sinn gekommen; er traute seinen Augen nicht, als er las, daß seine geheiligte Person und die Maintenon als „der alte Bauer und seine Alte" bezeichnet wurden. Conti war zu seinem Glück außer Ludwigs Reichweite, und Ludwigs Zorn ergoß sich über die Prinzessin. Als sie das nächstemal vor ihrem Vater erscheinen mußte, wurde sie durch einen Blick buchstäblich niedergeschmettert; doch Ludwig versprach seiner Tochter trotz seines Ärgers, er werde den Ruf all der in ihren Briefen kompromittierten Damen schonen.

Aber es lag dem König nicht, mit einer hübschen Frau längere Zeit böse zu sein, und die Prinzessin wurde bald wieder in Gnaden aufgenommen.

Am 18. Oktober 1685 unterzeichnete Ludwig die Aufhebung des Edikts von Nantes*. Es wird oft behauptet, dies sei ein Ergebnis von Ludwigs Bekehrung gewesen, er habe die Ketzer als Sühne für seine eigenen Sünden geopfert. Diese Theorie wäre jedoch nur haltbar, wenn sich Ludwigs Einstellung zu seinen hugenottischen Untertanen zwischen 1680 und 1685 plötzlich geändert hätte, während alles für das Gegenteil spricht.

Kleinere Verfolgungen von Hugenotten fanden schon 1666 statt; 1668 begann der König, den Hugenotten, die ihrem Glauben abschworen, Vergünstigungen anzubieten; 1670 dachte er daran, sie auszurotten; 1674 wurde die heimliche Verfolgung verstärkt, 1676 erwog der König den genialen Plan, die hugenottischen Geistlichen zu bestechen, sich nach einer Niederlage in einem vorher verabredeten Streitgespräch mit katholischen Priestern „bekehren" zu lassen; 1678 begann die Verfolgung, die der Tragödie von 1685 vorausging. Was auch immer Ludwigs Motiv gewesen sein mag, impulsiv handelte er sicher nicht.

Versuchen wir die Sache aus Ludwigs Blickwinkel zu sehen. Er hatte sich seit 1680 einer Art geistlicher Besinnung hingegeben und war sich darüber klargeworden, daß es noch andere Sünden gab als die des Fleisches. Er war Gottes Stellvertreter auf Erden, die Sorge für zwanzig Millionen Seelen war ihm anvertraut, und fast zwanzig Jahre lang hatte er müßig zugesehen, wie eine nicht unbeträchtliche Anzahl von ihnen den Weg zur Hölle antrat. Und was, hätte sein Beichtvater ihn wohl fragen können, konnte Ludwig am Tage des Gerichts vorbringen, wenn ihm Rechenschaft für jene Seelen abverlangt wurde, die er nicht vor der Verdammnis bewahrt hatte? Überredung hatte die verlorenen Schafe nicht zurückgebracht, Leiden im Diesseits bedeuteten nichts, verglichen mit ewiger Verdammung; Ludwig sollte die Worte *compelle intrare* bedenken. Und das tat er; er ließ sich über diese zwei schwierigen Worte Ausarbeitungen von allen Bischöfen machen und arbeitete diese selbst durch. Es besteht kein Grund, Ludwig niedrige Beweggründe zuzuschreiben; akzeptiert man die Voraussetzungen seiner Kirche, so bestand die wahre Güte, die er sei-

* Mit diesem Edikt, das König Heinrich IV. am 13. April 1598 erließ, endeten die französischen Hugenottenkriege. Unter anderem gewährte es den Hugenotten Gewissens- und Kultfreiheit.

Nach der Aufhebung des Edikts von Nantes kam es zu einem Massaker an den Hugenotten.

nen ketzerischen Untertanen beweisen konnte, darin, „sie zu zwingen einzutreten".

Man kann Ludwig nicht dafür tadeln, daß er seiner Zeit in seiner Auffassung nicht voraus war; aber man kann und muß ihn dafür tadeln, daß er es unterließ, die zahllosen „Bekehrungen", die der Aufhebung des Edikts vorausgingen und sie verursachten, auf ihre Echtheit zu prüfen. Auch kann man ihm die sich daraus ergebenden Grausamkeiten nicht verzeihen, weil er angeblich nicht wußte, was seine bekehrenden Schergen in seinem Namen taten. Auf unzulängliches Tatsachenmaterial stützte er übereilte Entscheidungen und unterließ es, seine Vollzugsorgane zu überwachen, nachdem einmal der entscheidende Schritt getan war.

Das unmittelbare Ergebnis der Aufhebung des Edikts war, daß Ludwigs Beliebtheit bei den Mitgliedern aller Klassen stieg. Frankreich jubelte ihm zu wie nie seit seiner Kriegserklärung an Holland im Jahr 1672. Im Ausland entsprach die Reaktion protestantischer und katholischer Staaten Ludwigs Erwartungen. Mit einer beunruhigenden Ausnahme: Als einziger katholischer Souverän sandte der Papst dem ältesten Sohn der Kirche keinen Glückwunsch – „man konnte ihn nicht dazu bewegen, die geringste Billigung des Angriffs auf die Hugenotten auszusprechen". Das war von Ludwigs Standpunkt aus um so bedauerlicher, als Innozenz XI. der einzige Papst des Jahrhunderts war, dessen Aufrichtigkeit und Lauterkeit von ganz Europa, dem protestantischen und dem katholischen, anerkannt wurden.

8

Am 23. Februar 1686 mußte sich Ludwig in die Hände seines Wunderarztes Felix begeben, eines wagemutigen Praktikers, der sechzehn Jahre später bei dem Versuch, sich selbst zu operieren, sterben sollte. Felix diagnostizierte das Leiden des Königs als eine Darmfistel, und da die Behandlung nichts half, beschloß Ludwig, sich der damals so genannten „Großen Operation" zu unterziehen. Am 18. November wurde sie in Gegenwart von Madame de Maintenon vorgenommen. Kein Stöhnen entrang sich Ludwig, während der Chirurg arbeitete. Am selben Nachmittag saß der König schon wieder – im Bett – dem Staatsrat vor und verbrachte den 20. „erstaunlich heiter singend" immer noch im Bett. Dagegen litt er am 11. Dezember „sieben Stunden, als wenn er aufs Rad geflochten würde". Aber zu Weihnachten war er vollständig geheilt.

Obwohl er während des ganzen Jahres mehr oder weniger leidend gewesen war, hatte Ludwig in seiner normalen Tätigkeit nicht nachgelassen. Die Paraden dieses Sommers, die eine Warnung für die bedrohliche antifranzösische Liga von Augsburg sein sollten, waren sogar sorgfältiger ausgearbeitet als gewöhnlich; die unerfahrene jüngere Generation machte sich über den König hinter seinem Rücken lustig; sie sang Lieder mit dem Kehrreim, daß Ludwig Paraden mehr schätze als den Krieg. Dagegen schmeichelte man ihm in der Öffentlichkeit so übertrieben wie je.

Des Königs Krankheit war so geheimgehalten worden, daß „Madame" noch im August glaubte, er bekäme das Dreitagefieber. „Gott bewahre uns vor seinem Fieber", sagte sie; sie fürchtete nämlich, es würde den König noch mürrischer machen, als er ohnedies war. Sie fügte bitter hinzu, Ludwig halte sich für fromm, weil er jetzt mit einer alten Frau schlafe statt mit einer jungen;

seine Frömmigkeit bestehe in Wahrheit darin, daß er überall Spione habe und alle Menschen quäle.

Infolge ihrer wütenden Eifersucht auf die Maintenon war „Madame“ keine unbefangene Zeugin, aber Hébert, der im November Pfarrer von Versailles wurde, hat ein wenig anziehendes Bild des Hofs in seiner Glanzzeit hinterlassen. Das erste, was ihm auffiel, war der überwältigende Luxus; besonders erschüttert war er, daß die Bischöfe „in einem Überfluß lebten, der selbst bei Frauen tadelnswert gewesen wäre“. Sie entwürdigten ihr Amt durch ihre Habgier, sagte er. Um bevorzugt zu werden, erniedrigten sie sich vor dem Beichtvater des Königs, vor Günstlingen und vor Frauen, die für ihr liederliches Leben eigentlich streng zu tadeln gewesen wären. Das nächste, was ihm am Leben des Hofs mißfiel, war nicht nur die unglaubliche Spielleidenschaft, sondern der Umstand, daß Leute jeden Ranges mit den Höchsten im Lande spielen konnten, wenn sie nur genug Geld hatten. Vielleicht das schlimmste von allem aber sei die tiefe Sittenverderbnis, die sich darin zeige, daß ein Edelmann, der seiner Frau treu war, ausgelacht werde. Aber Hébert verallgemeinert einzelne Vorkommnisse.

Ludwig zeigte sich vielmehr in den Jahren 1686 und 1687 von seiner besten Seite. Selbst auf dem Gebiet der internationalen Politik war eine weise Mäßigung an die Stelle seiner früheren Anmaßungen getreten; freilich wußte er, daß Frankreich erschöpft war, und bemühte sich, mit seinen Mitteln hauszuhalten. Er wurde nachgiebiger gegenüber dem offiziellen Paris, das er so unversöhnlich haßte; im Januar 1687 nahm er eine Einladung an, mit den Würdenträgern der Stadt im Rathaus zu speisen, und er machte seine Sache gut. Er ließ nicht zu, daß auf seinem Weg von Notre-Dame, wo er die Messe gehört hatte, Truppen Spalier standen, damit seine Untertanen ihn besser sehen konnten.

Auf dem Gebiet der Steuern trieb sein Gewissen ihn, seinen Untertanen die schwere Last zu erleichtern, die sie für den „Ruhm Frankreichs“ zu tragen hatten. Im Frühsommer schickte er Beamte in die Provinzen, die Mißbräuche bei der Eintreibung der Steuern aufspüren und die einzelnen Leute wie die Gemeinden ermutigen sollten, sich zu beschweren. Weiterhin gab er dem Hof ein gutes Beispiel, indem er seine Privatschulden bezahlte.

Das verschafft uns übrigens einen verblüffenden Einblick, was für ein Vermögen man machen konnte, wenn man die Brosamen von Ludwigs Tisch aufsammelte; in zwölf Jahren war er seinem Kammerdiener Bontemps 22 000 Pfund schuldig geworden „für Erfrischungen und Abendessen".

Wie immer, wenn er in Marly war, befand sich Ludwig auch jetzt in seiner glücklichsten und menschlichsten Verfassung; wenn ein Aufbruch dorthin bevorstand, nahmen die Höflinge an ihm eine gesteigerte Freundlichkeit wahr. Racine, einer der Gäste Ludwigs, schrieb aus Marly, niemand, der nicht einmal dagewesen sei, könne sich vorstellen, wie schön es dort sei und wie anders der Hof in Marly als in Versailles. In Marly gebe es nur einen kleinen Kreis besonders geladener Gäste, deswegen fühle sich jeder hochgeehrt und in bester Stimmung. Der König sei liebenswürdig und ungezwungen.

Was in dieser Zeit besonders auffiel, war Ludwigs unverminderte Aufmerksamkeit für Madame de Maintenon, und das nach vierjähriger Ehe; selbst „Madame" mußte es anerkennen. Sie schrieb im April 1688 aus Saint-Cloud an eine Freundin, der König habe gewiß nie eine solche Leidenschaft für eine seiner Mätressen empfunden wie für dieses häßliche alte Weib; es sei merkwürdig, die beiden in ihrem Zusammensein zu beobachten. Wenn die Maintenon sich an eine andere Stelle des Zimmers begebe, folge Ludwig ihr fast unmittelbar, um ihr etwas ins Ohr zu flüstern, selbst wenn sie den ganzen Tag miteinander verbracht hätten.

DAS JAHR 1688 war für Ludwig ein Jahr der Sorge und erforderte häufig schnelle Entscheidungen. Der europäische Himmel war verdunkelt von Sturmwolken über England, wo Jakob II. in drei Jahren das Ansehen, das Karl II. in mehr als einem Vierteljahrhundert gewonnen hatte, verscherzte. Er hatte sich allen Klassen seines eigenen Volkes und jedem europäischen Herrscher außer Ludwig entfremdet und brachte nun durch Anmaßung auch noch seinen französischen Vetter dahin, ihn seinem Schicksal zu überlassen. England hatte Jakob ertragen im Vertrauen darauf, daß ihm seine protestantische Tochter Mary, die Gemahlin Wilhelms von Oranien, auf dem Thron folgen werde; als aber die Königin am 10. Juni einem Sohn das Leben schenkte, beschloß das Land, nicht länger auszuharren, und am 30. forderten die Whigs Wilhelm auf, in ihr Land einzurücken. In demselben Monat fiel Ludwig, für den es lebenswichtig war, daß Jakob König von England blieb, in das Kurfürstentum Köln ein und machte zwangsweise den Kardinal Prinz von Fürstenberg, „den französischen Hauptschlüssel Deutschlands", zum Kurfürsten. Damit hatte er ein Ausfalltor nach Holland und ein Sprungbrett nach Norddeutschland gewonnen, aber er trieb mit Sicherheit zum Krieg mit dem Reich und mit großer Wahrscheinlichkeit zu einem Kampf mit ganz Europa.

Wäre es auf ihn angekommen, so hätte Ludwig nicht diesen Augenblick für einen allgemeinen Krieg gewählt; seine Finanzlage war angespannt, er war schwächer als je seit der Zeit vor Louvois, dazu ohne Bundesgenossen, während zu seinen wirklichen und möglichen Feinden das Reich, Holland, Schweden, Spanien, England und der Papst gehörten. Aber Ludwig konnte nicht müßig zusehen, wie Wilhelm König von England wurde, und verwarf Louvois' Rat, Maastricht anzugreifen, weil er meinte, daß selbst die Einnahme der Festung Wilhelm nicht davon abschrecken würde, in England einzurücken. Statt dessen griff Ludwig bei Philippsburg am Oberrhein an, dem einzigen Zugang der Kaiserlichen nach Frankreich. Am 24. September gab er „seine gerechten Beschwerden" gegen den Kaiser bekannt, und am 27. griffen seine Armeen an der ganzen Rheinfront an. Das war eine kluge Strategie, nur wurde sie durch einen verhängnisvollen Fehler verdorben: Ludwig glaubte, daß die englische Revolution, wie der englische Bürgerkrieg, lange dauern würde.

Der Duc du Maine trat bei der Belagerung von Philippsburg zum erstenmal militärisch hervor und hielt sich gut; die Gefühle seines Vaters waren aus Stolz und Angst um sein Lieblingskind gemischt, sie zeigten sich deutlich in seinen Briefen an den Gouverneur des Jünglings. Er habe mit Ungeduld darauf gewartet, selbst von ihm zu hören, wisse aber dem Gouverneur Dank, daß er an Madame de Maintenon geschrieben habe. Hocherfreut, daß sich der Duc du Maine tapfer halte, sei er doch in großer Sorge um seinen Sohn und tröste sich mit dem Gedanken, daß der Gouverneur ihm zur Seite stehe; gute und schlechte Nachrichten sollten ihm rückhaltlos übermittelt werden.

Dieser jetzt achtzehnjährige Lieblingssohn enttäuschte Ludwig, der sich durch Liebe zu ihm nicht in der Beurteilung seines Charakters beeinflussen ließ. Seit seiner Kindheit verkrüppelt, war der junge Mann von Madame de Maintenon erzogen worden. Er war ein frühreifes Kind gewesen, und als seine Schulausbildung beendet war, hatte er sich zu einem schüchternen und gehemmten Jüngling entwickelt, der immer noch am Schürzenband der Maintenon hing und nicht den Ehrgeiz, das Streben und die Lebhaftigkeit besaß, die allein ihm zum Erfolg in der Welt verhelfen konnten, für die sein Vater ihn bestimmt hatte.

Am 5. November landete Wilhelm bei Torbay und rückte auf London vor; mit der Armee Jakobs II. nahm er bei Salisbury Fühlung auf; von da zog sich Jakob, von Marlborough im Stich gelassen, zurück. Am 21. landete die Königin bei Calais; Lauzun hatte sie heimlich mit dem kleinen Prinzen von Wales aus England herausgebracht; er erhielt den Hosenbandorden und wurde von Ludwig für seine Dienste in Gnaden wiederaufgenommen. Am 6. Januar 1689 erreichte die Reisegesellschaft Saint-Germain. Der Sturz der Stuarts war der schwerste Schlag, der Ludwig je getroffen hatte, und erbitterte ihn besonders, weil Jakob, wenn er auf Ludwigs Warnungen gehört und den ihm angebotenen Beistand angenommen hätte, sich vielleicht auf dem Thron hätte halten können. Indes zeigte Ludwig keine Spur von Zorn, als er das gestürzte Königspaar empfing; die Aufnahme war großmütig und ritterlich; Saint-Germain wurde eilig zu ihrem Empfang gerichtet, und Ludwig sorgte persönlich für Spielzeug im Kinderzimmer.

In Saint-Germain fand die Königin alles so, wie es für eine Königin von Frankreich hergerichtet worden wäre, außerdem auf ihrem Toilettentisch eine Börse mit 3000 Pfund.

Jakob II. folgte der Königin und traf am 7. Januar in Saint-Germain ein, wo Ludwig ihn erwartete; es ist bemerkenswert, daß der arroganteste Monarch Europas seinen Gast nicht in der Vorhalle für die Leibwache begrüßte, sondern außerhalb derselben und „ihm die Hand gab", eine Ehrung, welche nach französischer Etikette keinem Souverän zustand außer dem Kaiser. Höflinge deuteten ihre Überraschung an, aber Ludwig erklärte, bei einer solchen Gelegenheit müsse er nach seinem Empfinden über das Übliche hinausgehen, um zu betonen, welche Achtung er auch für einen gestürzten Monarchen hege. Dieses Verhalten gegenüber den Stuarts war das Vorbild, nach dem sich Ludwig den Rest seines Lebens peinlich genau richtete; selbst als Jakob, ungeschliffen, wie er war, darauf bestand, unter seinen Titeln den eines „Königs von Frankreich“ beizubehalten, protestierte Ludwig nicht; und noch viele Jahre später, als er ein alter Mann war, erhob sich der König von Frankreich und blieb barhäuptig stehen, wenn „Jakob III.“ in Versailles tanzte, bis „der König von England“ sich setzte.

Als Jakob II. Frankreich verließ, um Irland zurückzuerobern, verabschiedete Ludwig den Verbannten mit den Worten: „Ich hoffe, Sie nie wiederzusehen.“

In diesem Jahr verwüstete Ludwig die Pfalz; das war ein viel schlimmeres Verbrechen als die Aufhebung des Edikts von Nantes; seine Verteidiger bringen in beiden Fällen die gleiche Entschuldigung vor – er habe nichts von den Grausamkeiten gewußt, die in seinem Namen verübt wurden. Vielleicht nicht, aber weshalb? Natürlich entwarf Louvois den Plan für dieses strategische Unternehmen. Er sollte dazu dienen, den Österreichern die Pfalz als Gelände für militärische Operationen zu nehmen, indem man sie in eine Wüste verwandelte: Städte und Schlösser wurden in die Luft gesprengt, Vieh, Getreide, Weinberge, Gutshöfe und landwirtschaftliche Geräte vernichtet, Brücken zerstört, und den Bewohnern wurde unter Androhung der Todesstrafe verboten, den Wiederaufbau der niedergebrannten Dörfer zu betreiben. Nur eines läßt sich zu Ludwigs Gunsten anführen, nämlich daß er den Schaden trotz Louvois' Widerspruch schließlich teilweise wiedergutmachte; die rheinischen Bauern, die das Glück hatten, die Flucht zu überleben, durften sich im Elsaß ansiedeln und waren zehn Jahre lang von Steuern befreit. Aber das furchtbare Elend, in das die Einwohner gestürzt wurden, hinterließ einen unauslöschlichen Eindruck in Deutschland; die Trümmer des Heidelberger Schlosses blieben zur Erinnerung an französische Barbarei erhalten.

Die Verwüstung erweiterte den Bruch zwischen Ludwig und „Madame Palatine“; denn diese Greueltaten wurden angeblich begangen, „um die Ansprüche meiner Schwägerin, der Herzogin von Orléans“, durchzusetzen. So erschien sie, wie sie klagte, als

Im Jahr 1689 wurde die Pfalz durch französische Truppen systematisch verwüstet. Die Abbildung zeigt die Zerstörung Heidelbergs.

Zerstörerin ihres teuren Heimatlandes und ihrer Lieblingsstadt Mannheim, die in einen Trümmerhaufen verwandelt wurde. Und wenn sie an all das dachte, konnte sie vor Kummer nicht schlafen. „Und", so schloß sie mit bitterem Grimm, „der König ist über meinen Kummer gekränkt!"

„Madame" übertreibt nicht, wir wissen aus anderen Quellen, daß Ludwig verletzt war, weil sie es nicht fertigbrachte, sich über den Erfolg seiner Waffen in der Pfalz zu freuen. Ludwigs Ärger über die „unpatriotische" Haltung seiner Schwägerin zeigt vielleicht am deutlichsten, zu welcher Gefühllosigkeit sein grenzenloser Egoismus ihn in seinen schlechtesten Augenblicken trieb. Er war ein widerspruchsvoller Mensch – zynisch und skrupellos in der Außenpolitik, im Lande unparteiisch und gerecht; brutal, freundlich, gefühllos, rücksichtsvoll, dies alles konnte er sein.

Aus dem Jahr 1690 stammt die wertvollste zeitgenössische Schilderung Ludwigs, die wir besitzen; wir verdanken sie einem Geheimdokument, das vom brandenburgischen Gesandten Spanheim in Paris verfaßt wurde. Es wurde durch besonderen Kurier nach Berlin geschickt und war daher vor neugierigen Blicken sicher; mit anderen Worten, es ist eine objektive Schilderung Ludwigs durch einen erfahrenen Diplomaten.

Der König von Frankreich, schrieb er, sei nicht hervorragend begabt, habe indes, obwohl er nur eine mangelhafte Erziehung genossen, sich die Fähigkeit angeeignet, die ganze Last der Regierung auf seinen Schultern zu tragen. Weder glänzend noch tiefgründig oder gar genial, besitze er doch die Eigenschaften, die einen König groß machen. Er sei scharfsinnig und genau, weder übellaunig noch heftig; er beurteile die Menschen und die Dinge vernünftig und gerecht. Enttäusche jemand sein Vertrauen, sei es auch ohne Schuld, so kenne er keine Nachsicht. Er spreche wenig, aber was er sage, sei sachdienlich und würdig. Von Natur neige er zu Gerechtigkeit und Billigkeit, sofern er sich nicht durch falsche Vorstellungen vom Ruhm verleiten lasse. Er sei beherrscht in seinen Leidenschaften, nicht leicht gekränkt und führe ein nüchternes und regelmäßiges Leben.

Aber, so fuhr der Gesandte fort, Ludwig habe auch weniger lobenswerte Eigenschaften. Äußerst bedacht auf seine Autorität, sei er in der Beziehung so lächerlich empfindlich, daß er keine gerechte oder auch nur vernünftige Entscheidung treffen könne, wenn er sich einmal in den Kopf gesetzt habe, daß seine königliche Autorität angezweifelt werde. Seine Freigebigkeit sei durchaus nicht selbstlos, sie entspringe seinem Geltungsbedürfnis, er schwanke immer zwischen Sparsamkeit und Verschwendungssucht; infolgedessen verschwende er oft, wenn er hätte sparsam sein sollen, und umgekehrt. Seine frühen Siege, die Unterwürfigkeit des französischen Volks und die unaufhörlichen Schmeicheleien verführten ihn dazu, Lobeshymnen für aufrichtige Anerkennung seiner Taten zu halten.

Es wäre falsch, schrieb Spanheim weiter, zu glauben, daß seine Frömmigkeit nur vorgetäuscht sei, sie beruhe auf religiösen Grundsätzen, soweit er sie verstehen könne, aber sein Glaube habe ihn offenbar nicht Demut, Barmherzigkeit und Mitgefühl gelehrt. Noch etwas anderes spreche zugunsten des Königs: Er habe keine Günstlinge, wenn man nicht „Monsieur" als einen solchen ansehen wolle, denn der dürfe sich Frechheiten erlauben, die der übrigen Familie untersagt seien. Bei Mahlzeiten übertöne sein Geschwätz die Unterhaltung; der König dulde es, weil er auf diese Weise über den Tagesklatsch auf dem laufenden gehalten werde. Was ihn, Spanheim, am meisten beeindruckt habe, sei die Tatsache, daß der Hof bei all seinem äußeren Glanz methodisch und sparsam verwaltet werde und einen ausgezeichneten Polizeiapparat unterhalte. Die Galanterie, in der der französische Hof seit unvordenklicher Zeit der Lehrmeister ganz Europas gewesen sei, sei ebenso vollständig verschwunden wie Gotteslästerung und Gottlosigkeit.

Noch ein anderer versuchte in diesem Jahr, sich ein Urteil über Ludwig zu bilden, nämlich Fénelon, der 1695 Erzbischof von Cambrai werden sollte und den Ludwig „den feinsten und erleuchtetsten Denker meines Reichs" nannte. Dieser liebenswürdige Kleriker hatte die Maintenon 1688 kennengelernt und für sich eingenommen; 1690 war er ihr Hauptberater bei der heiklen Aufgabe, Ludwigs Läuterung zu fördern. Im Januar riet er ihr in einem Brief, sich bei der Behandlung des Königs an keine festen Regeln zu halten und kein religiöses Gespräch mit ihm zu beginnen, wenn es sich nicht von selbst und aus innerem Antrieb ergebe. Sie solle sich gegenüber dem König einfach freundlich, ungezwungen und heiter geben wie ein Kind, ohne zu planen oder nachzudenken; auf die Dauer werde Ludwig nicht umhinkönnen, die Freiheit der Gotteskinder schätzenzulernen, die heute Anstoß bei ihm errege. Vor allen Dingen dürfe sie nicht verschlossen, zurückhaltend oder streng mit ihm sein; er, Fénelon, würde lieber hören, daß sich Ludwig gegen Madame de Maintenons Bemühungen auflehne, als daß er zerstreut und gleichgültig sei.

Fénelon verstand Ludwig besser als Madame de Maintenon, der es im übrigen schwergefallen sein dürfte, ein harmloses kleines Mädchen überzeugend darzustellen.

Aber die Frauen insgesamt erwiesen sich in einem Punkt als stärker als Ludwig; sie lehnten es ab, ihre Moden auf seinen Wunsch zu ändern. 1691 stellte er fest, daß die Abschaffung der Fontange-Haartracht „ihm mehr Schwierigkeiten bereitete und ihn mehr Geld kostete als alle seine Siege"; und kaum wandte er den Rücken, da tauchte die Fontange-Frisur wieder auf. Noch 1712 klagte er über den weiblichen Eigensinn und bekannte verärgert, daß er sich bei all seiner königlichen Autorität vergebens gegen die hohen Frisuren der Damen geäußert habe: Nicht eine wolle sie ihm zuliebe etwas niedriger tragen. Dann erschien eines Tages eine Engländerin von keineswegs hohem Rang mit niedriger Haartracht, und sofort gingen alle Prinzessinnen von einem Extrem zum andern über.

In Ludwigs Krieg gegen die Augsburger Allianz erwies sich der Marschall de Luxembourg als der hervorragendste Soldat seiner Zeit. Für das Pariser Volk war er „der Dekorateur von Notre-Dame"; diesen Namen hatte man ihm wegen der zahlreichen feindlichen Fahnen verliehen, die er nach jedem seiner Siege in der Kathedrale der Hauptstadt aufhängte. Wo er den französischen Oberbefehl hatte, fürchtete der Gegner seine Anwesenheit, als wären weitere 5000 französische Soldaten zugezogen. Hätte Ludwig vollen Gebrauch von seinen Diensten gemacht, so wäre sein Ruhm noch größer gewesen. 1690 bestimmte ihn der König zu seinem Stellvertreter für den Feldzug von 1691. Mit erheblichem Widerwillen und auch mit Sorge vernahm Luxembourg, daß es seine Aufgabe sein sollte, Ludwigs Belagerung von Mons zu decken, denn er wußte, daß Frankreich es sich nicht mehr leisten konnte, Truppen an eine wichtigtuerische Belagerung zu verschwenden; sein militärischer Instinkt wehrte sich gegen die Offensiv-Defensive, auf die der König eingeschworen war. Aber es blieb ihm nichts übrig, als dem Befehl zu gehorchen.

Am 16. März brachte Ludwig die Maintenon zu den Damen von Saint-Cyr und sagte: „Ich vertraue Ihnen an, was mir am teuersten ist"; am selben Tag trennte er sich endgültig von der Montespan.

Zwölf Jahre lang hatte Athénaïs sich vernachlässigt und verachtet am Hof gehalten und wäre vielleicht noch länger so verblieben, wenn Ludwig ihr nicht die Sorge für ihre Tochter, Mademoiselle de Blois, später Duchesse d'Orléans, aus der Hand genommen hätte. Das war das letzte, an das die Montespan sich geklammert hatte. Sie verlor vollständig die Fassung und bat Ludwig in einem bitteren Schreiben um die Erlaubnis, den Hof zu verlassen, „und der König willigte freudig ein". Um sicherzugehen, daß die Dame es sich nicht noch einmal anders überlegte, gab er ihre Gemächer zu Versailles noch am gleichen Tag dem Duc du Maine.

Am 17. begab sich Ludwig zur Front und traf am 21. vor Mons ein. Wie gewöhnlich stand sein Erfolg von vornherein fest, am 8. April genoß er den Triumph, daß die Stadt sich ihm ergab. Mit dem Nachlassen seiner jugendlichen Begeisterung war er weniger denn je geeignet, seine Armeen zu kommandieren. Zu Mons hatte er mehr Truppen, als er verwenden konnte. Trotzdem war er so nervös, daß er sich nochmals reichlich Verstärkungen kommen ließ. Das Beste, was man von Ludwig als Heerführer im Jahre 1691 sagen kann, ist, daß er immer noch auf das Wohlergehen seiner Leute bedacht war; bei Inspektionen pflegte er das Lazarett zu besuchen, um sich zu überzeugen, daß für die Kranken und Verwundeten ordentlich gesorgt wurde, und zum Entzücken seiner Truppen legte er Wert darauf, ihre Suppe zu kosten, um zu sehen, ob sie gut sei.

Ludwigs Abwesenheit von Versailles verdanken wir den einzigen erhaltenen Brief an Madame de Maintenon, in dem er seine Gefühle verrät:

> Ich benutze Montchevreuils Abreise, um Sie einer Wahrheit zu versichern, die mir zu angenehm ist, als daß ich je müde werden könnte, sie zu wiederholen: Ich liebe Sie immer, und zwar unbeschreiblich; wieviel Zuneigung Sie auch für mich haben mögen, ich fühle mehr für Sie, da mein ganzes Herz Ihnen gehört.

Ludwig wurde selten ärgerlich, aber diesmal kam es bei der Belagerung zu einem Zwist mit Louvois. Der König änderte den Standort eines Postens, und Louvois, mit der Entscheidung seines Herrn unzufrieden, schickte den Posten auf eigene Verantwortung an seinen früheren Standort zurück. Ludwig entdeckte die Änderung, wusch Louvois den Kopf und betrachtete seinen Kriegsminister von nun an voller Eifersucht und Mißtrauen.

Mit Louvois' plötzlichem Tod am 16. Juli endet die Zeit der großen Minister; Colbert war 1683 gestorben, 1690 Seignelay, Ludwigs bester Marinesekretär. Und nun Louvois. Seignelays Nachfolger war der unfähige Pontchartrain, und an Louvois' Stelle trat dessen junger und unerfahrener Sohn Barbézieux, der seines Vaters ganze rachsüchtige Brutalität und ein gut Teil seiner Fähigkeiten geerbt hatte; aber er war träge und ausschweifend.

Von nun an war Ludwig tatsächlich sein eigener Kriegs- und Marineminister; im Oktober hatte sich sein Arbeitstag um vier Stunden verlängert, im Dezember brachte er nicht mehr die Zeit auf, den Gastgeber bei seinen Abendempfängen zu spielen. Wer ihn sah, war erstaunt über seine Energie; er hielt mehr Staatsratssitzungen ab denn je, von sechs bis zehn Uhr abends arbeitete er mit Barbézieux oder einem anderen Minister, und häufig ging er nach dem Abendessen wieder auf sein Zimmer, um weiterzuarbeiten.

Ob Ludwig 1691 erkannte, daß seine militärischen Erfolge nicht mehr bewundert wurden, wissen wir nicht, aber aus irgendwelchen Gründen äußerte er sich in diesem Jahr ungewöhnlich bescheiden darüber. Als im Januar 1692 der Vorsteher der Kaufmannsgilde eine schmeichelhafte Rede über Ludwigs Sieg hielt, wandte sich Ludwig an Luxembourg mit den Worten: „Die Siege sind in erster Linie Ihnen zu verdanken."

1692 war Ludwig emsig damit beschäftigt, die Stellung seiner unehelichen Kinder zu sichern. Im Februar verheiratete er Mademoiselle de Blois mit seinem Neffen, dem Duc de Chartres, trotz heftigen Widerspruchs der Mutter des Herzogs, „Madame Palatine"; im März heiratete sein Lieblingssohn, der Duc du Maine, mit Mademoiselle de Charolais eine Tochter des Prince de Condé unter begeisterter Zustimmung ihres habsüchtigen Vaters. Das war der bisher überraschendste Schritt zur Standeserhöhung seiner unehelichen Kinder, dessentwegen man ihn so viel getadelt hat; weniger bekannt ist die Tatsache, daß er hier wie auch sonst darauf bedacht war, keinen Schritt zu tun, bevor er nicht der öffentlichen Zustimmung sicher sein konnte. Hätten nicht die größten Häuser Frankreichs so schamlos ihre Bereitwilligkeit gezeigt, sich mit den königlichen Bastarden durch Eheschließung zu verbinden, so würde Ludwig sie wahrscheinlich nicht aus ihrem luxuriösen Privatleben ans Licht der Öffentlichkeit gezogen haben.

Im Mai übernahm der König das Kommando in Flandern und befahl Racine, sehr gegen dessen Willen, ihm zu folgen. In seinem ersten Brief berichtet Racine, tags zuvor habe Ludwig seine Armee inspiziert, mit ihm, Racine, in seinem Gefolge, das sich um elf Uhr in Marsch setzte und, immer im Trab, bis acht Uhr abends zu Pferde war. Das bloße Abreiten der Linie habe zwei Stunden in Anspruch genommen, wovon er so müde, von den blinkenden Schwertern und Musketen geblendet und von Trommeln und Trompeten betäubt gewesen sei, daß er sein Pferd habe laufen lassen, wie es wollte, ohne dem Schauspiel noch Aufmerksamkeit zu schenken. Er schloß mit den Worten, wie ermüdend auch immer Paraden in einer epischen Dichtung wirkten, im wirklichen Leben seien sie es unendlich mehr.

Während Ludwig Namur belagerte, traf die Nachricht ein, daß seine Flotte bei La Hogue entscheidend geschlagen sei und sich nicht mehr auf See behaupten könne. Aber die Nachricht berührte ihn wenig, denn er war unfähig, die Bedeutung des Unglücks zu erkennen; für ihn war die Flotte eher ein Zubehör der Königswürde als ein lebenswichtiges Werkzeug der Politik. Und es befriedigte ihn zu sehr, Namur „unter Wilhelms Schnurrbart“ zu nehmen, als daß er auch nur einen Gedanken an den Mißerfolg auf einem fremden und trügerischen Element gewandt hätte.

Immerhin wäre Namur ohne ihn vielleicht nicht genommen worden; das gibt sogar sein erbitterter Feind Saint-Simon zu. Die geistige und körperliche Ermüdung des Königs verursachte den schmerzhaftesten Anfall von Gicht, den er je hatte; aber das hinderte ihn nicht daran, vom Bett aus alles zu überwachen und Staatsratssitzungen abzuhalten, als ob er in Versailles wäre.

Allmählich jedoch fing Frankreich an, unruhig zu werden, und Ludwig „wünschte sein Volk glücklicher zu sehen, koste es, was es wolle“ – sofern das möglich war, ohne daß er seine Rolle als Gebieter über Europas Schicksal aufgäbe. Tatsächlich hatte er diese Stellung schon längst eingebüßt, und eben sein hartnäckiger Kampf, sie wiederzugewinnen, machte es unmöglich, die Lasten seiner Untertanen zu erleichtern. Zwanzig Jahre ununterbrochener Erfolge hatten ihn im Unterbewußtsein davon überzeugt, es gehöre zur feststehenden Ordnung, daß er Krieg erklären könne, wenn es ihm richtig schien, und unter von ihm festgesetzten Bedingungen Frieden schließen, wenn Frankreich genug hatte; nur langsam begriff er, daß die Initiative für immer in die feindlichen Hände übergegangen war. Erst der Schreck darüber, daß seine Friedensvorschläge im November von den Alliierten zurückgewiesen wurden, öffnete ihm die Augen für die Veränderung, die sich seit 1667 in Europa vollzogen hatte.

Schon als junger Mann war Ludwig in seinen Mußestunden nicht leicht zu unterhalten gewesen; als seine Sorgen zunahmen, wurde die Aufgabe schwieriger, wie wir von Madame de Maintenon erfahren. Täglich war sie vor dem Morgengrauen in Saint-Cyr, und wenn sie zurückkam, fand sie den König in ihrem Zimmer – „und ich bedarf sehr der Ruhe, wenn er mich verlassen hat". Sie muß sich erleichtert gefühlt haben, als Ludwig sie nach einer anstrengenden Reise nach Flandern am 18. Mai in Namur unterbrachte und weiterreiste, um am 7. Juni den Befehl über seine Armee in Gembloux zu übernehmen.

Über Ludwigs Handlungen in den folgenden zwei Tagen ist viel gestritten worden; die ihm übelwollen, behaupten, Gembloux sei einfach eine Wiederholung von Heurtebise gewesen – Ludwig unsicher und unentschlossen, zu furchtsam, um nach dem Sieg zu greifen, als er in Reichweite war, wenn nicht zu besorgt um sein eigenes Leben, um eine Schlacht zu wagen. Tatsächlich standen die Armeen des Königs und Luxembourgs am 7. Juni nur ein paar Kilometer voneinander entfernt, zusammen waren sie stärker als Wilhelms Truppen, die nicht weit von den Franzosen bei Park Stellung bezogen hatten. Es war geplant, daß die vereinigten französischen Armeen Huy und Liège nehmen, dadurch Wilhelms Verbindungen abschneiden und dann ihre günstige Lage auf eine noch zu bestimmende Weise ausnutzen sollten.

Ludwig besichtigte seine Armee am 8. Juni; am 9. gab er bekannt, das Kommando übertrage er Luxembourg, „Monseigneur" werde vorrücken, um die Rheinarmee zu verstärken, er selbst nach Versailles zurückkehren. Ludwigs plötzlicher Entschluß, Flandern zu einem Kriegsschauplatz zweiten Ranges zu machen, war keineswegs von Angst diktiert, sondern das Ergebnis einer durchaus haltbaren strategischen Erwägung. Denn als er in Namur erfuhr, daß seine Rheinarmee unerwartet Heidelberg eingenommen hatte, beschloß er, diesen Erfolg zu nutzen und, wenn möglich, den Kaiser aus dem Krieg herauszudrängen. Das schien ihm richtiger, als seine gesamte Macht für ein begrenztes Ziel im Norden einzusetzen, das die Stellung Frankreichs auf Dauer nicht wesentlich verbessern würde.

Und was den „sicheren Sieg“ über Wilhelm anlangt, den er sich, wie seine Schmäher behaupten, entgehen ließ, so ist es durchaus ungewiß, wie ein Angriff auf Park ausgegangen wäre. Dies ergibt sich klar aus der Tatsache, daß Luxembourg, in eigener Verantwortung handelnd, am 18. Juni die alliierten Stellungen erkunden ließ, sie unangreifbar fand und einen Monat brauchte, um Wilhelm in eine Stellung zu locken, wo er ihn mit hinlänglicher Aussicht auf Erfolg angreifen konnte. Die Parallele zwischen Heurtebise und Gembloux existiert, wie man sieht, nur in der Einbildung von Ludwigs Feinden. Diejenigen, die darauf hinweisen, daß Luxembourg Wilhelm „bald nach“ der Rückkehr des Königs nach Versailles bei Neerwinden schlug, vergessen zu erwähnen, daß dieser Sieg erst am 19. Juli errungen wurde, nachdem die Kriegsmanöver eines Monats die taktische Situation völlig verändert hatten im Vergleich zum 8. Juni, als Ludwig seinen Entschluß faßte.

Das war Ludwigs letzter Feldzug. Das Streben nach Kriegsruhm war zu Ende, und von nun an war der König an der ihm zukommenden Stelle zu finden; zur großen Erleichterung seiner Generale leitete er sein Reich von Versailles aus. Noch größer wäre diese Erleichterung allerdings gewesen, wenn Ludwig sich hätte entschließen können, die peinlich genaue Kontrolle von Einzelheiten aufzugeben, die er immer noch von seinem Schreibtisch aus durchzuführen suchte.

Nachdem er von der Front zurückgekehrt war, stürzte er sich in seine gewohnte vielseitige Tätigkeit; wie üblich gingen Nebensächliches und Wichtiges durcheinander, allem wurde die gleiche Aufmerksamkeit gewidmet. Große und kleine Sparmaßnahmen waren jetzt an der Tagesordnung; die Schokolade und die Liköre, die bisher bei seinen Abendunterhaltungen gereicht worden waren und beträchtliche Ausgaben verursacht hatten, wurden gestrichen; er besetzte frei gewordene Abteien nicht so schnell wie früher, sondern ließ die Stellen offen, um die Einsparungen unter die Armen im Bezirk der Abtei zu verteilen.

Sodann wandte Ludwig seine Aufmerksamkeit den dummen Streichen Jugendlicher zu. Der Chevalier de La Vallière, ein Neffe seiner ersten Mätresse, wurde um diese Zeit verhaftet und auf Befehl des Königs für zwei Tage in das Gefängnis von Châtelet geschickt, weil er in Paris Straßenlaternen zerschlagen hatte, während sein Mittäter, der Duc d'Uzès, froh war, zu seinem Regiment an der Grenze entwischen zu können. Er war zweifellos geflohen, um der gefürchteten Strafe der Verbannung zu entgehen, die unter Ludwig XIV. die wirksamste Maßnahme geworden war, um den Adel im Zaum zu halten. Aber Ludwigs Verbannungsurteile waren gewöhnlich durch seine väterliche Gesinnung gemäßigt. Als Madame de Ruoure im August 1694 den Befehl erhielt, sich sofort auf eines der Güter ihres Vaters zu begeben, „weil sie in Paris gewisse Bemerkungen gemacht hatte, die nicht gut aufgenommen worden waren", sandte ihr Ludwig, der ihre finanzielle Lage kannte, zweihundert Pfund, „um es ihr leichter zu machen". Das wirkliche Vergehen der Dame bestand übrigens darin, daß „Monseigneur" eine Liebschaft mit ihr unterhielt.

„Monseigneur" war jetzt ein Mann in den Dreißigern, der verwitwete Vater von drei Söhnen, aber nach der unbeugsamen Regel der Zeit hatte er immer noch der gehorsame Sohn seines Vaters zu sein. So suchte er in allen Fragen, selbst den nebensächlichsten, Ludwigs Rat, zum Beispiel wen er zum Essen einladen solle und wen nicht:

> Ich werde Ihnen keine Vorschriften machen, welche Gäste Sie haben sollen; diese Ehre können Sie erweisen, wem Sie wollen; aber denken Sie daran, daß es eine Ehre ist, und erweisen Sie sie nicht zu allgemein.

Hier möchten wir der verbreiteten Darstellung widersprechen, daß Ludwig „Monseigneur" als seinen „offiziellen" Sohn und einen Mann betrachtete, den er sich vom Halse halten müsse. Ludwigs Briefe sprechen eine andere Sprache:

> *Versailles, den 19. August 1694* ... ich habe mich noch nicht zu einer Fahrt nach Fontainebleau entschlossen. Ich kann den Gedanken nicht ertragen, durch Choisy* zu kommen, wenn Sie nicht da sind; aber nach Ihrer Rückkehr werde ich mit dem größten Vergnügen dort so lange verweilen, wie Sie wünschen. Ich werde mich in Fontainebleau ohne Sie sehr einsam fühlen.

Solche Briefe wurden geschrieben, als Ludwig allen Grund hatte, über seinen Sohn verärgert zu sein; denn „Monseigneur"

* Landsitz von Ludwigs Sohn

hatte, wie die Höflinge es ausdrückten, „sich seine eigene Maintenon angeschafft“, indem er heimlich Mademoiselle Chouin, eine Ehrendame der Princesse de Conti, heiratete. Aber Ludwigs Kummer über „Monseigneurs“ heimliches Verhalten war weder tief noch anhaltend, und schließlich fand er sich mit der Situation ab. Als die Nachricht durchsickerte, wurde Mademoiselle Chouin vom Hofe entfernt, aber „Monseigneur“ und sie trafen sich auch weiterhin, zuerst in Choisy und später in Meudon. Diese Zusammenkünfte wurden lange geheimgehalten; aber schließlich erklärten sich der König und Madame de Maintenon bereit, mit der Chouin zusammenzutreffen. Sie speisten in Meudon, bei der Mahlzeit war Mademoiselle Chouin nicht zugegen, aber danach unterhielten sich der König und seine Gemahlin lange mit ihr.

Ludwig war 1694 zwar nicht mehr Befehlshaber, hielt jedoch nach wie vor ein wachsames Auge auf die Armee, die dem Namen nach unter „Monseigneurs“ Kommando stand. Im Juni schrieb er ihm und bat um Mitteilung über Desertionen, die, wie er fürchtete, trotz aller Bemühungen „Monseigneurs“, die Flüchtigen zu fassen, ziemlich häufig waren. Entsprechend seinem Gerechtigkeitsgefühl empfahl er seinem Sohn, sorgfältig zu untersuchen, ob nicht die Hauptleute die Desertion dadurch verschuldeten, daß sie sich nicht ordentlich um ihre Leute kümmerten. Der König übte von seinem Arbeitszimmer offenbar eine gewisse Disziplinaraufsicht über „Monseigneurs“ Kommando aus; denn einige Wochen später teilte er seinem Sohn mit, er habe den Oberst des Regiments d’Angoumois auf dem Schloß Namur in Arrest genommen, weil sein Regiment nichts tauge; er fügte hinzu, er würde dort ziemlich lange bleiben müssen, „damit andere Offiziere sehen, wie nötig es ist, sich um die Erfüllung meiner Wünsche zu bemühen“.

9

Im Mai 1694 fühlte sich Ludwig stark genug, um einen weiteren Schritt zur Standeserhöhung seiner unehelichen Söhne, des Duc du Maine und des Comte de Toulouse, zu tun; er schuf für sie einen Rang, der sich zwischen dem der Prinzen von Geblüt und der Herzöge hielt. Es war seine bisher kühnste Maßnahme, und er muß sich bewußt gewesen sein, daß er hart am Wind segelte. Es wurde zwar hier und da etwas gemurrt, aber die notwendigen Akte wurden ohne offenen Widerspruch von seiten der Prinzen oder der Herzöge durch das Parlament geschleust.

Die beiden Söhne erfreuten sich in diesem Sommer der Gunst ihres Vaters, anders die Töchter, sie scheinen ständig Schwierigkeiten gehabt zu haben. Es fing an im August, als Ludwig bestimmte, daß die jüngste, die Duchesse de Chartres, wegen ihres Ranges von den beiden anderen mit „Madame“ anzureden sei, während sie die beiden „Schwester“ nennen sollte. Die Tochter der La Vallière, die Princesse de Conti, zwar elf Jahre älter als die Duchesse de Chartres, fügte sich bereitwillig. „Madame la Duchesse“ weigerte sich zwar nicht zu gehorchen, fing aber an, die Duchesse de Chartres vor anderen „mein kleiner Liebling“ zu nennen.

Nun war diese, wie Saint-Simon bemerkt, in Aussehen und Gehabe alles andere als „ein kleiner Liebling“; ihr entging nicht, daß man sie auslachte, sie geriet in Zorn, und für Ludwig war es schwierig, den Sturm zu besänftigen. Daraus wären wahrscheinlich ernste Folgen für „Madame la Duchesse“ entstanden, wenn nicht der König wie jeder andere Mann bei Hof sie unwiderstehlich gefunden hätte. Sie war jetzt einundzwanzig Jahre alt, ihre ganze Erscheinung zeigte, „daß sie das Kind der zärtlichsten Liebe war“. Sieben ereignisreiche Jahre hindurch hatte sie als Gemahlin von „Monsieur le Duc“, Condés ältestem Sohn, diesen brutalen, wüsten und verkommenen Menschen so geschickt behandelt, daß er glaubte, sie sei in ihn verliebt, während sie in Wahrheit die Geliebte des Prince de Conti war.

Egoistisch, lustig, geistreich, witzig, die unterhaltendste Gesellschafterin – „man konnte nicht umhin, sich zu bemühen, ihr zu gefallen“. Sie war nie schlechter Laune und hatte eine leichte und anmutige Art, so daß sich alle Menschen in ihrer Gegenwart wohl fühlten; sie besaß auch das Talent, witzige und unpassende Verse zu machen, sie konnte die meisten Männer unter den Tisch trinken und verbarg hinter der Maske der Frivolität einen klaren Verstand. Im Gegensatz zur Duchesse de Chartres hatte sie nicht die geringste Angst vor dem König, da sie wußte, daß sein Ärger über ihre Streiche immer nur von kurzer Dauer sein würde.

Am 4. Januar 1695 starb Ludwigs letzter großer General, der Marschall de Luxembourg, in Paris. Das war für den König ein fast ebenso schwerer Schlag wie der Sturz der Stuarts im Jahr 1688; Frankreich befand sich mitten in einem entscheidenden Krieg, und es gab niemand, der an Luxembourgs Stelle hätte treten können.

„Monseigneur" drängte seinen Vater, die Armee in Flandern Conti anzuvertrauen, einem wirklichen Soldaten und einem der beliebtesten Männer in Frankreich, aber er holte sich eine Abfuhr. Ludwig scheint Contis Eignung für das Amt nicht einmal in Erwägung gezogen zu haben; er sah in Conti nur einen Mann, der danach strebte, an seiner Königsmacht teilzuhaben – „Ich bin überrascht, daß Sie es wagen, ein so wichtiges Kommando für einen Prinzen dieses Hauses zu erbitten", sagte er zu „Monseigneur"; „das Staatsinteresse fordert, daß den Condés nie mehr Macht eingeräumt wird, als sie jetzt haben." So trat der unfähige Villeroi an Luxembourgs Stelle.

Die militärische Lage war wenig hoffnungsvoll, noch ernster jedoch die finanzielle; die Steuern wurden sprunghaft erhöht. Im Januar kam die berüchtigte Kopfsteuer, die häufig als das letzte Quentchen dargestellt wurde, das dem französischen Lasttier den Rücken brach. Aber wurde sie wirklich als so hart empfunden, wie einige Zeitgenossen Ludwigs uns glauben machen wollen? Kaum waren die Bestimmungen bekanntgegeben, als die Offiziere der Schweizergarde beim König beantragten, ihre Befreiung von der neuen Steuer aufzuheben. Im nächsten Monat sandten die Lakaien in Paris eine Abordnung mit der Bitte, auch zahlen zu dürfen, da die Dienstboten dies genausogut könnten wie Soldaten und Bauern.

Zweifellos waren diese Vorkommnisse tröstlich für Ludwig, aber nur für den Augenblick; seine Depression nahm offensichtlich während des ganzen Jahres zu. Er empfand kleinere Leiden stärker als sonst, und in seinem religiösen Leben bemerkte die Maintenon „eine Lauheit, die mich zur Verzweiflung bringt".

Mit dem Nachlassen seines Glaubenseifers scheint Ludwig sich wieder seiner alten Auffassung genähert zu haben, daß

Frömmigkeit darin bestehe, sich kein Vergnügen zu gönnen und die Langeweile zu pflegen. Von seiner Umgebung äußerte nur „Monsieur“ unverhohlen sein Mißfallen über die formelle Frömmigkeit, die sich wie ein feuchtes Tuch über Versailles und Paris herabgesenkt habe. Eines Abends erzählte er dem König beim Abendessen entrüstet, er komme gerade vom Jahrmarkt in Saint-Germain zurück; dort sei jetzt das Glücksspiel verboten, und man habe sich geweigert, Monsieur le Duc Würfel zu geben, um die er bat; selbst Essen und Trinken werde nicht gern gesehen, und die Träger und Wasserverkäufer wagten nicht mehr, sonntags ihrem Gewerbe nachzugehen. Auf diese lange Rede gab Ludwig keine Antwort.

Was die Hoffestlichkeiten jener Zeit angeht, so haben wir einen Bericht von „Madame“, die einer Freundin in Deutschland ihr Herz ausschüttete. Ein *appartement* sei etwas Unerträgliches. Man begebe sich in das Billardzimmer, wo man schweigend in ehrerbietiger Haltung verharre, bis der König seine Partie beende. Dann folge ein Konzert, dabei werde ein Akt aus einer alten Oper gesungen, die jeder schon hundertmal gehört habe. Danach ein Ball, wobei die Nichttanzenden zwei Stunden einem endlosen Menuett zusähen. Um dreiviertel zehn begännen ländliche Tänze, „einer nach dem andern führe etwas vor wie Kinder, die den Katechismus aufsagen“; und so ende schließlich „die Unterhaltung“.

Selbst Ludwigs sonst so ungezwungenen Komplimenten haftete eine Note von Trübsinn und Enttäuschung an. „Hier altert alles außer Ihrer Beredsamkeit, Monseigneur“, sagte er zu Mascaron, als er eine Predigt von ihm angehört hatte.

Kein Zug in Ludwigs Haltung zu dieser Zeit überrascht mehr als die Duldsamkeit gegenüber seinen Kritikern, die er trotz seiner hohen Meinung von der königlichen Würde zeigte; er unterließ es, gegen die Verfasser der Pariser Schmähschriften vorzugehen, und verhielt sich mehr als großmütig gegen Fénelon, als der Abbé ihn heftig und persönlich in einem Brief angriff, der in Wahrheit eine Schmähschrift von beträchtlichem Umfang darstellte.

Er ernannte Fénelon zum Erzbischof von Cambrai, dem einträglichsten Bischofssitz, den die Krone zu vergeben hatte.

Während seines ganzen Lebens, außer wenn ihn der Religionseifer blind machte, ärgerte sich Ludwig selten über Kühnheit oder gar Dreistigkeit, sofern sie nicht rein parteiisch war. Er sparte seinen Zorn auf für niedriges und eines anständigen Menschen unwürdiges Verhalten. Als 1696 das Komplott, Wilhelm von Oranien zu ermorden, entdeckt wurde, zeigte Ludwig sich aufrichtig entrüstet, daß er in den Verdacht geraten könne, dabei die Hand im Spiel gehabt zu haben. Der Prinz von Oranien, so sagte er seinem Hof, werde ihm die Gerechtigkeit angedeihen lassen zu glauben, daß er keine Absicht habe, einen Meuchelmord zu veranlassen, denn er wisse ganz genau, daß er, Ludwig, gewisse Leute während der letzten zwei Jahre ins Gefängnis geworfen habe, nur weil sie etwas Derartiges angeregt hatten.

IN DIESEM Sommer gelang es Ludwig endlich, den gefährlichen Ring der ihn umzingelnden Feinde zu brechen; der Herzog von Savoyen schloß am 25. August 1696 einen Separatfrieden mit Frankreich, und sein Abfall ebnete den Weg für den allgemeinen Frieden, der im nächsten Jahr kommen sollte. Von Ludwigs persönlichem Standpunkt aus erwies sich als wichtigste Friedensbedingung, daß die Tochter des Herzogs, Marie-Adelaïde, Ludwigs ältesten Enkel, den Herzog von Burgund, heiratete; diese reizende kleine Person gewann des Königs Herz wie kein anderes Kind je zuvor; sie eroberte auch die Maintenon, die schon am 5. August alles für die Ankunft der savoyischen Prinzessin vorbereitete.

Am 16. Oktober betrat die elfjährige Marie-Adelaïde von Savoyen französischen Boden und wurde von ihrem Ehrenkavalier Dangeau im Auftrag des Königs begrüßt; und beinahe umgehend überschüttete sie die Gouvernante Maintenon mit Ratschlägen und Ermahnungen, eifrig bestrebt, ihren letzten und wichtigsten Zögling an sich zu ziehen. Wenn der erste Eindruck von der Prinzessin nicht täusche, schrieb sie, würde sie nur allzu glücklich sein, sich an einem so vielversprechenden Erziehungsobjekt versuchen zu dürfen.

Am 4. November begrüßte Ludwig das Kind in Montargis. Er berichtete der Maintenon über seinen ersten Eindruck:

> Sie hat die reizendste Figur und die artigsten Manieren, die mir je vorgekommen sind; allerdings ist sie dünn, ihrem Alter entsprechend ... Ich finde sie genau, wie ich sie mir wünsche, und würde es bedauern, wenn sie schöner wäre ... Ich hoffe, ich kann das ungezwungene und familiäre Benehmen wie bisher beibehalten, bis ich nach Fontainebleau komme ... Sie gibt auf jede Frage eine vernünftige Antwort ... ihre Höflichkeit ist bemerkenswert ... Sie hat eine vornehme Haltung, ihr Betragen ist wohlerzogen ... Ich bin froh, Ihnen so viel Gutes über sie sagen zu können.

Am 8. wurde die neue Prinzessin vom Hof willkommen geheißen; ein Anlaß für „Madame", sich über sie zu äußern, indes nüchterner als Ludwig. Sie sei, schrieb Liselotte, nicht gerade groß für ihr Alter, sondern habe die Figur einer hübschen Puppe, nettes, volles blondes Haar, schwarze Augen, lange Wimpern, schöne Haut, eine kleine Nase und die Lippen und das Kinn der Habsburger. Für ein Kind ihres Alters sei sie sehr ernst, nehme wenig Notiz von „Monseigneur" und beachte „Madame" und den Duc de Chartres kaum. Aber sobald sie Madame de Maintenon erblicke, lächle sie und falle ihr um den Hals; „daraus", schloß „Madame", „können Sie sehen, was für ein kleiner Höfling sie schon ist".

Marie-Adelaïde gewann Ludwigs Herz sofort und vollständig, und ihre ungetrübte gegenseitige Zuneigung sollte in den nächsten sechzehn Jahren der Haupttrost des Königs sein. Seine eigenen Kinder, selbst der Duc du Maine, vermochten nie ganz zu vergessen, daß ihr Vater der König von Frankreich war, noch sich von einer gewissen Befangenheit in seiner Gegenwart freizumachen, die zu bannen auch Ludwig nicht fertigbrachte; zum Beispiel dachten sie nie daran, unaufgefordert vor ihm zu erscheinen. Aber zu Ludwigs Entzücken sah Marie-Adelaïde in ihm nur Großpapa Ludwig, einen angenehmen alten Herrn, der amüsanter war als die meisten Männer an seinem großen und verwirrenden Hof. Sie leistete ihm häufig Gesellschaft, erschien unangemeldet in seinem Privatgemach, selbst wenn er arbeitete, setzte sich auf sein Knie oder seine Armlehne, zupfte an seiner Perücke, brachte seine Papiere durcheinander und huschte im Arbeitszimmer hin und her; dann schoß sie nach einem stürmischen Kuß blitzartig woandershin.

Daß sie Ludwigs Herz gewann, der sie unerhört verwöhnte, ist nicht erstaunlich, wohl aber, daß sie auch Madame de Maintenon sogleich eroberte. Sie begegnete der „Tante“, wie sie sie nannte, mit einem Gemisch aus Liebe, Gehorsam und Zutraulichkeit, das die Maintenon unwiderstehlich fand. Trotzdem gedachte die „Tante“ nicht zuzulassen, daß Marie-Adelaïde zum verwöhnten Liebling des Hofes würde; und bald nach ihrer Ankunft ging sie – mit ihrer eigenen begeisterten Zustimmung in eine Mademoiselle de Lastic verwandelt – als Tagesschülerin nach Saint-Cyr. Dort wurde sie den Damen, die die verschiedenen Abteilungen unter sich hatten, anvertraut, arbeitete, hatte Unterricht mit den anderen Schülerinnen und unterwarf sich den Regeln des Hauses, selbst dem Gebot des Schweigens. Sie rannte in den Pausen in den Garten, ging mit zur Kapelle, zu Beichte und Religionslehre; manchmal wirkte sie im Chor mit; und oft schloß sie sich in Madame de Maintenons Privatzimmer ein, wo sie als deren Sekretärin arbeitete.

Am 7. September 1696 wurde Marie-Adelaïde mit dem Herzog von Burgund verheiratet; allerdings war die Ehe vorläufig rein zeremoniell, denn Ludwig hatte bestimmt, daß das Paar nicht zusammenleben solle, bis die Braut vierzehn wäre. Der fünfzehnjährige Bräutigam Ludwig von Frankreich, Herzog von Burgund, war ein ganz anderer Charakter als seine Gemahlin. Er ist Fénelons Meisterstück genannt worden, aber nur wenige Zeitgenossen billigten diese Erziehung. Nach allgemeiner Ansicht waren „Monseigneurs“ drei Söhne „schrecklich schlecht erzogen“. Sie aßen für sich, gingen für sich spazieren und nahmen fast nie an Veranstaltungen des Hofs teil. Um neun Uhr morgens besuchten sie den König, der sie für den Rest des Tages nicht wiedersah; sie erschienen zwar bei einem *appartement*, aber genau in dem Augenblick, wenn das Konzert begann, und entfernten sich, sobald es aufhörte; sie machten weder Besuche, noch empfingen sie solche.

Aus dieser abfälligen Einschätzung ersehen wir, daß der Herzog von Burgund sich als Sohn jener Mutter auswies, deren Hang zur Einsamkeit ausgeprägt war. Er hatte sein Leben als nervöser Kranker begonnen, eine Belastung, die auf die ungeschickte und schmerzhafte Behandlung eines deformierten Knochens durch seinen Chirurgen zurückging. Als ihn Fénelon als Siebenjährigen übernahm, war er daher ein Kind, das die meisten Erzieher zur Verzweiflung gebracht hätte – „er war von Geburt an fürchterlich, und in seiner Jugend zitterten alle vor ihm". Gierig, unersättlich in seinem Hang zu Vergnügungen, zu krankhaften Wutanfällen geneigt und anmaßend. Auf der anderen Seite war er intelligent, offen und wahrheitsliebend.

An diesem untauglich scheinenden Material vollbrachte Fénelon ein Wunder. Aus seiner Erziehung ging ein Prinz hervor von anmutigem Betragen, der reuig, bescheiden, freundlich, liebenswürdig und streng gegen sich selbst war. Seiner Verantwortung bewußt, dachte er nur daran, seine Pflichten als Sohn und Untertan mit denen zu vereinen, zu denen er später berufen sein würde. In einer Beziehung hatte der Jüngling großes Glück; er verliebte sich so leidenschaftlich in seine kleine Gemahlin, daß sein Leben von 1699 an als ununterbrochen währende Flitterwochen dargestellt werden kann; und wenn sie auch, wie berichtet wird, „eher gerührt von seiner Leidenschaft als selbst leidenschaftlich verliebt war", machte sie ihn jedenfalls sehr glücklich, und ihr Eheleben wurde vom ganzen Hof als mustergültig angesehen.

Der Herzog bedurfte dieses häuslichen Glückes um so mehr, als er in der weiteren Familie niemals sonderlich angesehen war. Sein Vater mißbilligte ihn, sein Großvater betrachtete Fénelons Meisterstück mit Mißtrauen. Denn die kurze Zeit der Gunst war für diesen Kleriker vorüber. Von je ein Mystiker, hatte sich Fénelon seit einiger Zeit zunehmend der reinen Lehre entfremdet, und in diesem Jahr fand Ludwig es notwendig, ihn nach Cambrai zu verbannen. Und der König machte sich mit wachsender Bitterkeit Gedanken darüber, daß die Maintenon an Fénelons Beförderung schuld gewesen war; man könnte beinahe sagen, daß sie das Kirchenpatronat gemeinsam mit Ludwig ausübte.

Am 20. September 1697 wurde in Rijswijk der Friede zwischen Frankreich, Holland und England und am 30. Oktober zwischen Frankreich und dem Reich unterzeichnet. Der erstere Vertrag enthielt unter anderem eine Klausel, durch die Ludwig Wilhelm von Oranien als König von England anerkannte.

Ludwig wandte sich nun den Problemen zu, die der dem Land

so bitter nötige Frieden mit sich brachte. Am 30. September eröffnete er die Sitzung des Finanzrats mit den Worten: „Wir müssen jetzt ebenso sorgfältig nach Wegen suchen, die Steuern herabzusetzen, wie wir sie während des Krieges zu erhöhen trachteten." Auf dem Gebiet der internationalen Politik bemühte er sich mit aller Energie, eine Teilung des spanischen Reichs nach dem Tode Karls II. von Spanien auszuhandeln, die jede Gefahr eines erneuten europäischen Konflikts ausschlösse.

Aber der König konnte sich nicht verhehlen, daß der Friede von Rijswijk dem französischen Prestige eine schwere Einbuße gebracht hatte; nach neunjährigen Kämpfen war Ludwig aus dem Krieg fast in der gleichen Lage hervorgegangen, in der er sich schon 1678 nach Nijmegen befunden hatte, aber mit dem unheilvollen Unterschied, daß er sich jetzt dem Bankrott viel näher sah. Günstigstenfalls war er ein König, der stehenblieb, und das hieß nach seiner eigenen Definition ein König, mit dem es bergab ging. Auch seine Untertanen bemerkten, wie sehr Ludwigs Prestige gelitten hatte, und waren entsprechend empört. Im November berichtete der venezianische Gesandte seinem Herrn, die Pariser Fischweiber behaupteten, sie hätten lieber noch viele Jahre die Kopfsteuer weiterbezahlt, als einen solchen Frieden hinzunehmen. Schuld an diesem so schimpflichen Vertrag sei nach allgemeiner Ansicht Madame de Maintenon, die von allen gehaßt werde.

Die Maintenon, beim Volk seit je unbeliebt, war in ihrem Ansehen noch nie so tief gesunken wie im Jahr 1697; damals mußte der König die italienischen Schauspieler entlassen, weil sie die „Scheinheilige" aufgeführt hatten, ein Stück, in dem Madame de Maintenon offen verspottet wurde.

Eine solche Dreistigkeit wäre vor zehn Jahren undenkbar gewesen. Ludwig war nicht der Mann, die Bedeutung eines solchen Vorfalls zu unterschätzen, und seine Verstimmung warf einen schweren Schatten auf das Hofleben. „Am Hof gibt es nur eine Rettung, und das ist die Frömmigkeit", seufzte Madame de Lafayette, und der englische Dichter Prior, der nach der Unterzeichnung des Friedensvertrages nach Versailles kam, bestätigte ihre Ansicht. Der ganze Hof, sagte er, sei trübe und düster; die Frömmelei herrsche in einem Grade, daß man in den Galerien junge

Mädchen im Gebet kniend sehen könne, als wären sie in einem Kloster. Die Leibgardisten legten ihre Waffen ab und beschäftigten sich mit Knüpfarbeiten wie die jungen Mädchen in England.

1698 war Ludwig ein müder, sorgenvoller Mann. Er hatte mancherlei Anlaß zur Verzweiflung, namentlich den scheinbar unendlichen Streit über den mystisch-religiösen Kult des Quietismus, den Bischof Fénelon verursachte. Ludwigs weltlich gesinnter, kühler Verstand empörte sich bei dem Gedanken, daß der Mystizismus, der seiner Natur fremd und unverständlich blieb, die Menschen in seinem Reich gegeneinander aufbringen sollte. Für ihn war er etwas Neues wie der Jansenismus, mit dem er ihn überdies verwechselte, und wenn Ludwig einmal etwas für eine Neuerung hielt, so waren das Neue und dessen Urheber in seinen Augen für immer verdammt. In seinem Zorn zerschnitt Ludwig blind und ungerecht das theologische Gespinst, in dem er verfangen war. Im Juni verbannte er vier Herren aus dem Hofstaat des Herzogs von Burgund auf den bloßen Verdacht hin, daß sie Anhänger der neuen Ideen seien.

Auf Madame de Maintenon entlud sich der heftigste Zorn Ludwigs; es kam zu dem einzigen ernsten Streit, den sie je in ihrem Eheleben hatten. Er machte ihr bittere Vorwürfe, daß sie ihn überredet habe, einen Mann nach Cambrai zu berufen, der wenig besser als ein Ketzer sei; er behandelte sie so streng, daß sie später bekannte, sie sei nie so nahe daran gewesen, in Ungnade zu fallen, wie im Jahre 1698.

Madame de Maintenon, durch Ludwigs Verhalten tief verletzt, konnte ihren Kummer vor dem Hof nicht geheimhalten. „Die Allgewaltige“, schrieb „Madame“ heiter, „hatte viel Macht, gleichwohl war sie nicht die glücklichste Frau von der Welt, denn man sah sie oft heiße Tränen vergießen, und sie sprach ständig von ihrem Tode.“ Aber die Maintenon neigte überhaupt dazu zu sagen, sie wünschte, sie wäre tot.

Erst Ende Juni gewann sie Ludwigs Gunst wieder, und schon am 2. Juli war alles vergessen, und der König nahm seine Besuche in Saint-Cyr wieder auf. Saint-Cyr wieder besuchen zu können muß Ludwig fast ebenso beglückt haben wie die Versöhnung mit seiner Gemahlin, denn dort fand er nicht nur tiefste Zufriedenheit, sondern erlebte eine religiöse Erbauung, wie sie inmitten des formalen Prunks der Kapelle in Versailles nicht möglich war.

Die Vergnügungssucht, versicherte Madame de Maintenon, sei bei ihm verschwunden, Alter und Frömmigkeit hätten ihn zu ernsthaftem Nachdenken über die Eitelkeit seiner früheren Freuden veranlaßt. Nur widerwillig veranstaltete er jetzt Feste und Theateraufführungen und klagte ihr, daß er durch seine Stellung gezwungen sei, an Vergnügungen teilzunehmen, die er nicht mehr als solche empfinde. Nirgends könne er so beten wie in Saint-Cyr, gestand er, wo die Ordnung, das Schweigen und die Ruhe ihn erhoben und freudig stimmten. Die Damen hier hatte er daran gewöhnt, mit ihm auf vertrautem Fuße zu verkehren und unbefangen zu plaudern, die Kinder dahin gebracht, ihn als einen alten Freund zu betrachten; oft konnte man ihn im Sommer unter einem Baum im Garten sitzen sehen, ein kleines Mädchen auf den Knien, das sich so zwanglos mit ihm unterhielt wie kaum je mit den eigenen Eltern. Wenn eines der jungen Mädchen heiratete, sprach Ludwig mit ihm, bevor er den Ehevertrag unterzeichnete; denn der Nimbus, der ihn umgab, war so groß, daß seine Unterschrift soviel wie eine Mitgift galt.

Vor Ende Juli hatte die Maintenon sich von dem Schreck erholt, den ihr Ludwig in der Fénelon-Angelegenheit eingejagt hatte, und ihre Rolle als Schutzengel wieder übernommen; nicht immer erfolgreich. In einem Brief an ihren Beichtvater bekannte sie im Juli, sie habe in einer Unterhaltung mit dem König über seine Verschwendung beim Bauen „sein Mißfallen erregt". Sie bedaure, ihn unnütz gekränkt zu haben. Er baue wieder in Marly, und die neuen Arbeiten sollten 9000 Pfund kosten. Marly würde bald ein zweites Versailles sein, aber man könne nichts tun als beten und sich gedulden.

Ludwig glaubte vielleicht, es seiner Würde schuldig zu sein, seiner Gemahlin einen Verweis zu erteilen, aber offenbar nahm er sich ihre Vorhaltungen zu Herzen. Denn als ihm ein paar Tage später Pontchartrain vorschlug, die Gebäude auf der Place Vendôme abzureißen und den Platz neu aufzubauen, antwortete er trocken, alle Herren in den Ministerien seien darauf aus, etwas zu tun, was ihren Namen der Nachwelt überlieferte; geschickterweise redeten sie der Bevölkerung ein, es sei der König, der an diesen Eitelkeiten hänge; er beabsichtige nicht, noch einmal darauf hereinzufallen.

Am 21. April starb einer der größten Männer eines großen Jahrhunderts, der Dichter Jean Racine; Ludwigs Verhalten während seiner letzten Krankheit und nach seinem Tode widerlegt eindeutig die Legende, daß Racine in Ungnade gefallen sei. Vom 15. März an, als es hieß, Racine liege in den letzten Zügen, bis zu seinem Ende ließ Ludwig, der so ungern an den Tod erinnert wurde und jeder Berührung mit ihm aus dem Wege ging, sich täglich nach seinem Geschichtsschreiber erkundigen; auch erfüllte er den letzten Wunsch des Sterbenden, in Port-Royal begraben zu werden. Bald nach seinem Tod verbrachte Ludwig eine Stunde mit Boileau, Racines ältestem Freund; er eröffnete die Unterhaltung mit den Worten: „Wir beide haben einen guten Freund verloren." Am 7. Mai setzte er Racines Witwe eine Pension von 175 Pfund aus.

Ludwig ist häufig wegen seiner Verschwendungssucht getadelt worden, aber allzuoft vergessen die Kritiker seine Bemühungen zu sparen; man nehme zum Beispiel den Haushaltsplan für das Jahr 1700, in dem gegenüber 1699 die Ausgaben für die Armee um 500 000 Pfund, für die Marine um 200 000 Pfund und für die Galeeren um 150 000 Pfund niedriger angesetzt wurden. In Versailles lehnte er es ab, weiterhin Änderungen zu bezahlen, die die Hofleute in ihren Zimmern hatten vornehmen lassen. Mag dies zunächst nur als eine auf den äußeren Schein berechnete Einsparung wirken, so ergibt sich bei näherer Untersuchung doch, daß 1699 die Ausgaben dieser Art in zehn Wochen 5000 Pfund betragen hatten.

1699 hatte Ludwig Versailles endgültig über; von Tag zu Tag glich es immer weniger einem Schloß als vielmehr einer Stadt, wo es von Leuten wimmelte, die dort nichts zu suchen hatten. Im Frühjahr 1700 mußten zum Beispiel fünfzig Mann eingesetzt werden, um Bettler aus den Gängen zu vertreiben.

Aber trotz seiner mannigfachen Tätigkeit und seiner ruhelosen Reisen von einem Palast zum anderen konnte Ludwig seine Depression nicht abschütteln; er bemerkte bei der Bevölkerung eine veränderte Stimmung, die in zunehmendem Maße kritisch gegen seine Herrschaft eingestellt war, und die Bedeutung von

Fénelons Schrift „Télémaque" entging ihm nicht. Deren ungeheure Beliebtheit war darauf zurückzuführen, daß sie überall als eine Satire auf Ludwigs Regierung aufgefaßt wurde.

Die Maintenon ist immer als das beste Barometer für die Gemütsverfassung des Königs anzusehen, und ihre damaligen Berichte klingen pessimistisch. Der König wünsche, daß die Religion sich nach ihm richte, nicht er nach der Religion; er hänge an den äußeren Formen, nicht aber am Geist. Nie werde er eine Prozession oder ein Fasten versäumen, doch verstehe er nicht, daß Kasteiung und wahre Reue not täten.

Seit dem Ende des Krieges hatte Ludwig daran gearbeitet, eine Regelung für die bevorstehende Teilung des spanischen Reichs zu entwerfen, mit der ganz Europa zufrieden sein würde. Im März wurde schließlich ein Vertrag ratifiziert, nach dessen Bedingungen ein Habsburger der österreichischen Linie König von Spanien werden sollte, während Frankreich verschiedene Gebiete als Entschädigung erhielt, vor allem einen großen Teil Norditaliens und Siziliens. Die Spanier wurden bei dieser Aufteilung ihrer Besitzungen nicht gefragt, aber es war in Versailles und in Wien bekannt, daß sie heftig gegen jede Teilung waren.

Daß Ludwig seinem alten Feind, dem Kaiser, den größeren Teil des Gebiets zubilligte, war überraschend, vielmehr es wäre überraschend, wenn man sicher sein könnte, daß er es aufrichtig meinte. Aber nach Villars, dem glänzendsten von Ludwigs vielen diplomatischen Militärs, glaubte der französische König nicht im Ernst, daß der Kaiser sich an den Vertrag halten würde; und da der Kaiser genau das gleiche Mißtrauen gegen Ludwig hegte, begannen beide, sich auf einen Kampf einzurichten, den beide als unvermeidlich ansahen.

Der Kaiser hatte tatsächlich nur unterzeichnet, weil er glaubte, der Vertrag werde seine früheren Bundesgenossen enger mit seinen Interessen verknüpfen, wenn es zum Krieg käme, und Ludwig unterzeichnete, weil er meinte, seine offenbare Mäßigung werde dazu beitragen, eine sich anbahnende Koalition gegen Frankreich zu verhindern.

Das war die Lage, als Karl II. von Spanien am 1. November 1700 um drei Uhr nachmittags in Madrid starb, ohne Kinder zu hinterlassen. Mit seinem Tod hatte man seit seiner Geburt im

Jahre 1661 jederzeit gerechnet; daß er bis 1700 lebte, war fast ein Wunder. Sohn des in seinen mittleren Jahren stehenden kranken Philipp IV. und der fünfzehnjährigen Nichte dieses Vaters, hatte er Philipps Leiden geerbt; mit vier Jahren war er so hilflos wie ein kleines Kind und mit fünfunddreißig ein Greis. Er konnte weder richtig essen noch sprechen.

Was sich ereignen würde, wenn der Stamm der spanischen Habsburger erlosch, war seit vierzig Jahren die Hauptsorge jedes Kabinetts in Europa; seit 1679 hatte sich die Lage zugespitzt, weil sich nach Karls Vermählung herausstellte, daß er keine Kinder zeugen konnte. Nach 1680 wurde kaum ein Zug auf dem europäischen Schachbrett getan, der nicht von der sich abzeichnenden Frage der spanischen Erbfolge beeinflußt gewesen wäre.

Ein Hauptfehler in der auswärtigen Politik Ludwigs XIV. bestand darin, daß er, obwohl er die äußerste Wichtigkeit der spanischen Frage ebensogut wie seine Rivalen erkannte, für den Augsburger Krieg, auf den er sich eingelassen hatte, um einer angeblichen Einkreisung zu entgehen, Mittel vergeudete, die er sich für den größten Kampf seines Reichs hätte aufsparen müssen. Ludwigs Vorgehen wirft die Frage auf, ob die Einkreisung Frankreichs im Jahr 1688 wirklich nur ein Mythos war.

Am 9. November traf ein Kurier aus Madrid mit der Nachricht vom Tod des spanischen Königs in Versailles ein und brachte ein Exemplar von Karls Testament mit, in dem er sein großes Reich dem Duc d'Anjou, Ludwigs zweitem Enkel, vermachte, aber mit der Bedingung, daß, falls d'Anjou sich weigerte, das gesamte Reich anzunehmen, es dem österreichischen Bewerber angeboten werden sollte – mit anderen Worten: Es sollte unter keinen Umständen aufgeteilt werden.

In seinem Testament entkräftete Karl den Verzicht seiner Halbschwester, der Gemahlin Ludwigs XIV., auf einen Anteil an der spanischen Erbschaft durch die Behauptung, dieser Verzicht hätte nur gelten sollen für einen Nachkommen der Königin in gerader Linie, der König von Frankreich werden würde. Dieser Prinz sei der Herzog von Burgund, der älteste Enkel, und deshalb sei der unbestreitbare gesetzliche Erbe der zweite Enkel der verstorbenen Königin, der Duc d'Anjou. Der Kurier, der dieses wichtige Dokument brachte, scheint gegen Mittag in Versailles eingetroffen zu sein. Ludwig sagte daraufhin die für den Nachmittag angesetzte Jagd ab und setzte für drei Uhr eine Ratssitzung in Madame de Maintenons Zimmer an, bei der sie zugegen war. Die Lage wurde bis sieben Uhr besprochen, dann wurde die Sitzung beendet.

10

Die Woche zwischen der berühmten Ratssitzung am 9. November und Ludwigs Entscheidung am 16. war die wichtigste seiner langen Regierung. Während dieser Zeit behielt der König seine Gedanken für sich, und niemand konnte erraten, wie er sich entscheiden werde; selbst seine Töchter nicht, die am 13. nur die unverbindliche Bemerkung zu hören bekamen, welchen Weg er auch einschlage, er sei sicher, von vielen verurteilt zu werden. Seine Entscheidung war jedoch damals schon getroffen, denn am 14. schrieb er an einen seiner Diplomaten, er habe das Für und Wider des Festhaltens an dem Teilungsvertrag oder der Anerkennung des Testaments erwogen. Wenn er an dem Vertrag festhielte, würde er sein Königreich vergrößern und die Macht des Hauses Österreich schwächen, aber er sehe auch voraus, daß es sehr schwierig sein würde, die ihm nach dem Vertrag zustehenden Gebiete friedlich in Besitz zu nehmen; die Voraussetzung, um den Vertrag durchzuführen, sei die Eroberung des gesamten spanischen Reichs vor seiner Aufteilung – das aber würde zu einem Krieg führen, dessen Ende nicht abzusehen sei. Um es kurz zu sagen, er habe sich entschlossen, das Testament anzuerkennen; kämpfen müsse er sicher in jedem Fall, also geradesogut für den ganzen Kuchen wie für ein Stück davon.

AM 16. NOVEMBER wurde in Versailles die vielleicht theatralischste Szene einer theatralischen Regierung aufgeführt. Die Audienz des Königs war gerade zu Ende, und die Höflinge befanden sich außerhalb seines Privatgemachs, als zu ihrem Erstaunen beide Flügel der Tür aufgestoßen wurden und Ludwig sie aufforderte, möglichst alle hereinzukommen. Dort fanden sie den Duc d'Anjou vor; Ludwig nahm ihn bei der Hand und sprach: „Meine

Herren, ich stelle Sie dem König von Spanien vor; seine Geburt berief ihn auf den Thron. Es ist Gottes Wille.“ Dann wandte er sich an seinen Enkel mit den Worten: „Werden Sie ein guter Spanier. Das ist jetzt Ihre erste Pflicht. Aber erinnern Sie sich, daß Sie auch Franzose sind, und erhalten Sie das Bündnis zwischen unsern beiden Nationen.“

Der neunzehnjährige Jüngling, der auf so dramatische Weise der allerchristlichste König Philipp V. geworden war, „hatte schon die Allüren eines Königs von Spanien angenommen“. Dies ist der milde Ausdruck, den „Madame“ benutzte, um zu sagen, daß er die schlaffe Müdigkeit „Monseigneurs“, seines Vaters, geerbt hatte. Er lachte fast nie, sprach sehr selten und hatte stets den Mund offen, außer wenn ihm jemand sagte, er möge ihn zumachen; er war der am wenigsten intelligente von den Brüdern, aber ein wahrheitsliebender junger Mann von reinem Lebenswandel; sein einziges Laster war die Trägheit. Doch selbst wenn er klug und von überschäumender Tatkraft gewesen wäre, unterstützt von fähigen Beratern, hätte er sich in den nächsten paar Jahren in einer unmöglichen Lage befunden. Denn er war nicht sein eigener Herr; Ludwig mochte gegenüber den anderen europäischen Staaten noch so tröstlich von der völligen Trennung der französischen und der spanischen Krone sprechen, die durch die Verzichtserklärung garantiert sei, seine häufigen Briefe an seinen Enkel beweisen, daß das nur Schaumschlägerei war.

In diesen Briefen erscheint Ludwig als der Geschäftsmann, der einen halb bankrotten Konzern gekauft, seinen Enkel als Leiter eingesetzt hat und in zunehmendem Maße über die Trägheit und Untüchtigkeit enttäuscht ist, mit denen der junge Mann die Befehle und Ratschläge der Hauptgeschäftsleitung in Versailles behandelt. Philipps örtliche Berater besorgte ihm Ludwig aus Paris, nachdem er eine kurz und bündig gehaltene Depesche der französischen Gesandtschaft in Madrid studiert hatte; auf seine Frage nach den Beschäftigungen und Besitztümern der führenden spanischen Edelleute erhielt er die Antwort: „Beschäftigungen – Müßiggang; Besitztümer – Stolz, Elend und die Pocken.“

Ludwig drängte Philipp, schleunigst seine Erbschaft anzutreten; am 4. Dezember machte sich der neue König von Sceaux, dem Landsitz des Duc du Maine, auf die Reise nach Madrid.

Am 16. November 1700 proklamierte Ludwig XIV. seinen Enkel Philipp zum König von Spanien.

Vorher gab es noch einen höchst bewegenden Auftritt, sogar „Monseigneur" war gerührt; nach wiederholtem Abschiednehmen geleitete Ludwig den jungen König zu seinem Wagen, und Philipp fuhr an die Grenze, bis zum letzten Augenblick von einer dichtgedrängten Menge umgeben, in der „man nur Seufzer hörte und nur Taschentücher vor tränenüberströmten Augen sah".

Philipp hatte, bevor er aus Sceaux abreiste, ein Privatgespräch mit Ludwig gehabt, und wir kennen den wesentlichen Inhalt der Befehle, die er damals bekam. „Achten Sie die Männer", sagte Ludwig, „die aus guten Gründen das Risiko, Ihnen zu mißfallen, auf sich nehmen. Vernachlässigen Sie nie die Geschäfte um des Vergnügens willen. Fassen Sie nie übereilte Entschlüsse, sondern hören Sie immer Ihren Staatsrat an, bevor Sie sich entscheiden. Sagen Sie nie etwas, das jemanden verletzen kann. Nehmen Sie keine Geschenke von Ihren Untertanen an, oder, wenn Sie es tun müssen, schenken Sie dem Geber etwas viel Wertvolleres. Und vor allem dürfen Sie niemals einen Günstling oder einen Premierminister haben."

Die Leichtigkeit, mit der er Philipp im Januar 1701 in Madrid eingesetzt hatte, scheint Ludwig überzeugt zu haben, daß die gute alte Zeit, in der er ganz Europa seinen Willen diktiert hatte, zurückgekehrt sei; anders läßt sich sein vorschnelles und herausforderndes Verhalten in einer so heiklen Lage wie der damaligen nicht erklären. Kaum sechs Wochen waren vergangen, seit er der Welt die Versicherung gegeben hatte, die Trennung zwischen den französischen und spanischen Bourbonen sei vollständig, da unterzeichnete er am 1. Februar Dokumente, die Philipp V. und seinen Erben ihren Platz in der französischen Thronfolge sicherten.

Am 5. Februar nutzte er es aus, daß England und Holland wie gewöhnlich völlig unvorbereitet für einen Krieg waren, und ließ seine großartige Armee auf die Niederlande los. Am Ende des Monats hatte er Luxemburg, Namur, Mons, Charleroi, Ath, Oudenaarde, Nieuwport und Ostende, kurz, alle wichtigen Plätze besetzt, aus denen man ihn im vorigen Krieg nach neunjährigem Kampf vertrieben hatte. Hiermit nicht zufrieden, mußte er Europa noch mehr gegen sich aufbringen, indem er die alte Spitzfindigkeit von 1667 erneut vorbrachte: Er handele nur als Sachverwalter für seinen Enkel, bis der neue König von Spanien selbst seine Maßnahmen zur Besetzung der spanischen Niederlande treffen könne; danach würden alle französischen Soldaten von spanischem Boden zurückgezogen werden. Am 17. April wurde Ludwig in seiner anmaßenden Politik dadurch bestärkt, daß England Philipp V. anerkannte, trotz Wilhelms III. Bemühungen, sein Land zum Krieg gegen Frankreich zu treiben.

Ludwig befand sich wirklich in einer äußerst günstigen Lage: zwar im Krieg mit dem Reich, aber einem Reich, das durch den Abfall Bayerns und Kölns geschwächt war und dessen Verbindungen nach Italien durch Ludwigs Bündnis mit dem Herzog von Savoyen unterbrochen waren; und selbst auf der Höhe seiner Macht war das Reich nie ein ebenbürtiger Gegner für Ludwigs Frankreich.

Vielleicht hätte England sich auch jetzt noch neutral oder schlimmstenfalls als lauer Feind verhalten, trotz der am 7. September unterzeichneten antifranzösischen Großen Allianz, wenn Ludwig sich nicht unbekümmert eine seiner ritterlichen Gesten erlaubt und dadurch das unkriegerische England zur Weißglut der Empörung gebracht hätte. Am 13. September besuchte er den sterbenden Jakob II. in Saint-Germain und versicherte ihm, er könne ohne Sorge um den Prinzen von Wales sterben, denn

Frankreich werde ihn als König von England, Schottland und Irland anerkennen. Drei Tage danach starb Jakob II., und Ludwig anerkannte den Thronprätendenten feierlich als Jakob III., wobei er keine Rücksicht darauf nahm, daß er selbst im Vertrag von Rijswijk Wilhelm II. anerkannt hatte und daß vor noch nicht drei Monaten das englische Parlament im Thronfolgegesetz die Stuarts für immer vom Thron ausgeschlossen hatte. Das war eine französische Dreistigkeit, mit der sich England nicht gut abfinden konnte.

Es war ein tragisches Jahr für Ludwig in seinem Familienleben und auf politischem Gebiet. Er verlor seinen geliebten, lasterhaften, geschwätzigen, ihm herzlich zugetanen Bruder, den lächerlichen „Monsieur", der am 9. Juni in Saint-Cloud an einem Schlaganfall starb. Etwas in Ludwig starb mit ihm, denn mit „Monsieur" verlor er den einzigen Mann, mit dem er in völliger Vertrautheit lebte. Der König, sagte Saint-Simon, hatte „Monsieur" im Privatleben immer die Freiheit eines Bruders zugestanden und ihn in der Öffentlichkeit mit allerhand Gunstbezeugungen und Rücksichtnahmen als Bruder behandelt, wobei er jedoch dafür sorgte, daß er keine zu wichtige Persönlichkeit wurde.

EINE erfreuliche Folge von Philipps Tod war die Versöhnung von Ludwig und Philipps Witwe. „Madame" berichtet, der König habe sie am 12. Juni aufgesucht und, wenngleich selbst äußerst bekümmert, alles getan, um sie zu trösten; am gleichen Tage ließ Madame de Maintenon sie wissen, daß dies die beste Gelegenheit sei, sich mit dem König zu versöhnen. Darauf erbat „Madame" eine Unterredung mit der Maintenon und bekannte ihr, sie habe sie lange gehaßt, weil sie sie aus der Gunst des Königs verdrängt habe; doch wolle sie das Vergangene zum Dank für die Freundschaft der Maintenon vergessen – „sie riet mir, ganz offen mit dem König zu sprechen. Ich befolgte ihren Rat. Der König umarmte mich, bat mich, das Vergangene vergangen sein zu lassen, und versprach, mir wieder seine Gunst zu schenken. So endete alles aufs glücklichste."

Der König stand jetzt im dreiundsechzigsten Lebensjahr, aber für ihn konnte es kein Nachlassen in seiner Lebensweise geben; im Gegenteil, die Last wurde schwerer. Vor siebenundvierzig Jahren hatte er sich damit gebrüstet, daß er täglich sechs bis sieben Stunden arbeitete. Jetzt hielt er nicht nur an der hergebrachten Tageseinteilung fest, sondern hatte seinen zusätzlichen Aufgaben die angenehme Zeit zwischen fünf und zehn Uhr abends geopfert. Auch nahm er den Krieg nicht zum Vorwand, um sich von den zeremoniellen königlichen Pflichten zu befreien; so besuchte er zum Beispiel am 14. Juli die Invaliden, um seinen alten Soldaten beim Mittagessen zuzusehen.

Ein liebenswerter Zug in Ludwigs Charakter, diese Fürsorge für die Invaliden. Aber als er anfing, alt zu werden, traten andere, weniger sympathische Züge hervor; besonders sein Haß gegen die Jansenisten, der schnell zur fixen Idee wurde. Ein Brief der Madame de Maintenon an den Kardinal de Noailles aus diesem Jahr vermittelt einen abstoßenden Eindruck von der Hexenjagd-Atmosphäre bei Hof im Jahre 1701. Der König, schrieb sie, wisse, daß Noailles direkte und indirekte Beziehungen zu Personen in Rom unterhalte, die fanatische Anhänger der Jansenisten seien. Alles, so warnte sie den Kardinal, komme dem König zu Ohren, und er verdächtige Noailles nicht ohne Grund – „er selbst hat mir gestattet, Ihnen diese Warnung zukommen zu lassen; das ist ein deutliches Zeichen seiner Rücksichtnahme auf Sie“.

Militärisch war es für Ludwig ein schlechtes Jahr. Im Februar wurde Villeroi in Cremona überrascht und gefangengenommen; ganz Frankreich machte sich über ihn lustig. Sehr zum Ärger Ludwigs, der rücksichtsvoll und höflich von seinem alten Freund sprach und noch einige Zeit fortfuhr, ihn zu unterstützen. Es war sehr menschlich, daß er einem Mann zu Hilfe kam, der im Louvre mit ihm zusammen unterrichtet worden und der der Vertraute seiner frühen Liebesaffären gewesen war; aber es machte Ludwigs Herzen mehr Ehre als seinem Verstand.

Am 15. Mai erklärten England und Holland Frankreich den Krieg. Im Oktober führte ein unglücklicher Feldzug zum Verlust von Liège und dem größten Teil von Geldern; bei Hof gab es nichts als Trübsal und Vorwürfe. Ein von der Front zurückgekehrter jüngerer Offizier berichtet, daß die Generäle in Versailles über die Vorwürfe murrten, mit denen der König sie bei der Rückkehr empfangen hatte. Marschall Catinat habe wohl sein

Handwerk verlernt; Marschall de Boufflers, für gewöhnlich ein besonderer Günstling, wurde getadelt; Tallard mußte sich anhören, daß er unvorsichtig gewesen sei.

Das einzige wirklich positive Faktum des Jahres war der Tod Wilhelms III.; er starb am 19. März. Doch auch dieses Ereignis bedeutete weniger, als man zunächst annahm; denn Wilhelms Lebenswerk war getan, als er im Jahr 1701 die große Koalition gegen Ludwig geschmiedet hatte, und zwar so fest, daß die Große Allianz allen Zerreißproben standhalten sollte, bis sie Frankreich an den Rand des Abgrunds gebracht hatte. Militärisch bedeutete Wilhelms Tod für Ludwig einen Nachteil, denn seine Feinde wurden dadurch von dem schlechtesten General Europas befreit.

Mehr und mehr suchte Ludwig Erholung von den Sorgen dieses deprimierenden Sommers bei seinem Liebling, der Herzogin von Burgund. Diese hatte eine Vorliebe für Trianon gefaßt; Ludwig und sein Hof begaben sich oft abends dorthin.

So reizend die Herzogin war, wir teilen das Erstaunen des Hofs über die Freiheiten, die sie sich gegen den König herausnahm; als Beispiel möge ihr Verhalten in einer Julinacht des Jahres 1702 dienen. Erst fuhr sie zu einem privaten Ball in Paris – darüber hätte Ludwig bei jedem anderen die Stirn gerunzelt – und tanzte bis fünf Uhr morgens; danach stattete sie überraschend den *halles,* dem Pariser Hauptmarkt, einen Besuch ab, dann hörte sie die Messe, fuhr nach Versailles zurück und weckte den König, um ihm alles zu erzählen. Ein Staatsminister mit den wichtigsten Nachrichten hätte sich das zweimal überlegt. Doch Ludwig war entzückt, sie zu sehen.

Das Jahr 1703 brachte dem König keine Entspannung. Im Januar brach in den Cevennen ein von den Alliierten geschürter Hugenottenaufstand aus; im Sommer wurde Villars' Plan, eine französische Armee die Donau abwärts zu führen, durch seine Streitigkeiten mit dem Kurfürsten von Bayern zunichte gemacht; Marlborough vertrieb die Franzosen aus Köln; im September ließen Savoyen und Portugal Ludwigs Sache im Stich.

Nicht die geringste Sorge bereitete ihm der Aufstand in den Cevennen, den seine Ratgeber als ein „Strohfeuer" bezeichneten. Montrevel, der sich durch nichts als vornehme Geburt auszeichnete, wurde entsandt, um die Ordnung wiederherzustellen, und wählte das einfache Verfahren, seinen Truppen völlige Freiheit zu geben, jeden zu töten, von dem sie meinten, er sehe wie ein Aufrührer aus. Dies führte lediglich dahin, daß die *camisards*, wie die Aufrührer genannt wurden, ihr Leben teuer verkauften und mit jedem Priester, der ihnen in die Hände fiel, auf das grausamste verfuhren. 1704 wurde Montrevel durch Villars ersetzt, der augenblicklich kein Amt bekleidete, da er bei Ludwig nicht beliebt war. Und das mit gutem Grund, denn dieser derbe, glänzend begabte, joviale und prahlerische Mann war seiner Zeit voraus, ein Skeptiker und, was schlimmer war, völlig unbeeindruckt von dem Gottesgnadentum der Könige und dem Glanz der Höfe.

Ihm war die religiöse Frage, die den Aufstand verursacht hatte, gleichgültig, und er verlegte sich daher auf eine Politik der Verständigung. Im Hochsommer hatte er nicht nur den Aufruhr unterdrückt, sondern eine Begegnung zwischen dem Führer der Aufständischen, Cavalier, und dem König zustande gebracht. Das war eine erstaunliche Leistung; daß Ludwig bei seinem Stolz und seiner Frömmelei dazu bewogen wurde, einem aufrührerischen und ketzerischen zweiundzwanzigjährigen Bäcker eine Audienz zu gewähren, spricht Bände für Villars' diplomatisches Geschick.

Am 2. August traf Ludwig ein vernichtender Schlag; bei Sonnenaufgang hatte sich seine Rheinarmee unter Tallards Befehl zur Schlacht aufgestellt; ihr rechter Flügel lehnte sich an das Dorf Blenheim an der Donau; auf der anderen Seite des Donauzuflusses Nebel standen die Alliierten unter Marlborough und Prinz Eugen; bei Einbruch der Dunkelheit war Tallard gefangen und hatte die Hälfte seiner Armee verloren, unter anderem 9000 Mann der besten französischen Infanterie, die in Blenheim eingeschlossen waren. Blenheim war mehr als eine verlorene Schlacht, es war das Ende einer Epoche. Seit Condés Sieg bei Rocroi mehr als ein halbes Jahrhundert zuvor war Frankreich unumstritten die erste Militärmacht der Welt gewesen, und diese Stellung sollte es erst unter Napoleon wiedergewinnen.

Der König konnte seine Trauer und Entrüstung nicht verbergen und beklagte sich offen, „wie gering seine Generale seinen Ruhm achteten". Er setzte zwei Generalquartiermeister und vierzehn Brigadegenerale ab. Ihm muß das Herz stillgestanden haben, als er sich das volle Ausmaß des Unglücks klarmachte;

er hatte sich am 1. August als Herr einer siegreichen, tief in das Reich vorstoßenden Armee zur Ruhe begeben, und vor dem nächsten Sonnenuntergang stand er vor der lebenswichtigen Frage, wie er das westliche Rheinufer verteidigen sollte; und dazu galt es, mitten in einem erschöpfenden Feldzug eine neue Armee aufzustellen.

Der Prunk, mit dem am 12. August in Marly die Geburt eines Sohnes der Herzogin von Burgund gefeiert wurde, wird ihn kaum aufgeheitert haben, denn selbst das Volk begriff schon das volle Ausmaß seiner Demütigung. Auch in Saint-Cyr fand er nicht mehr wie früher Trost; statt von seinen kleinen Freundinnen mit Gesang und Tanz begrüßt zu werden, oblag es ihm jetzt, den tränenüberströmten Mädchen, deren Väter und Brüder in der Schlacht gefallen waren, schwachen Trost zu spenden.

Zudem bedrückte ihn unablässig das Problem, Ausgaben und Einnahmen einander anzunähern; erschwert wurde es durch seine eigene Theorie, die er für wirtschaftlich richtig hielt, während sie in Wahrheit ein politisches Überbleibsel aus der Zeit der Fronde war, nämlich daß es gefährlich sei, sich Einnahmen aus Anleihen zu verschaffen. Da größere Steuereinnahmen nicht erzielt werden konnten, verfiel er darauf, das Defizit durch Vermehrung und Verkauf unnötiger Ämter zu decken; das führte in einen Teufelskreis, da als Kaufanreiz Steuerbefreiung versprochen wurde.

Der Finanzminister Pontchartrain verstand die Lage nicht besser als Ludwig selbst; denn er bemerkte heiter: „Jedesmal, wenn Euer Majestät ein Amt schaffen, schickt uns Gott einen Narren, der es kauft.“ Aber nichts zeigt die wirtschaftliche Naivität Ludwigs und seiner Berater deutlicher als die erstaunliche Maßnahme im Dezember 1706: Sie entdeckten, es gebe „zuviel Korn im Königreich“, und verkauften den Überschuß an den Feind, „um dafür eine Menge Geld nach Frankreich zu bringen“.

Auf der Ausgabenseite war Ludwig zu kleinlichen Sparmaßnahmen gezwungen, die seinen Stolz tödlich verletzten; zum Beispiel mußte er in Marly Tee, Kaffee, Kerzen und Schreibmaterial für seine Gäste abschaffen; infolge dieser kriegsbedingten Sparsamkeit „saßen die Besucher schweigend bei Tisch wie im

Refektorium eines Klosters; niemand dachte im Traum daran, zu sprechen oder zu lachen". Strenge Sparsamkeit ging Hand in Hand mit dem aufreibenden Bemühen, den Nachbarn gegenüber einen gewissen Schein aufrechtzuerhalten. Dennoch schien es ihm nötig, die Vergnügungen und Unterhaltungen während des Winters fortzusetzen, um seinen Untertanen Mut zu machen und seinen Feinden zu zeigen, wie wenig ihm ihre Siege anhaben konnten.

EIN UNGLÜCKSJAHR für Frankreich war auch das Jahr 1706; am 11. Mai wurde Villeroi bei Ramillies geschlagen, und der Zusammenbruch führte zum Verlust der Niederlande; im Juni proklamierten die Alliierten den Erzherzog Karl zum König von Spanien; die verlorene Schlacht von Turin führte im September zu Ludwigs Vertreibung aus Piemont; und im Oktober wurden die französischen Friedensvorschläge vom Feind schroff zurückgewiesen.

Der schwerste dieser Schläge war die Niederlage bei Ramillies, die Ludwig mannigfache Trübsal bereitete: Entsetzen über die verzweifelte Lage, in der er sich befand, Kummer, daß es die stümperhafte Unfähigkeit seines alten Freundes Villeroi war, die ihn so weit gebracht hatte, und schließlich Enttäuschung über die traurige Nachricht, daß sich sogar die Garderegimenter „sehr schlecht gehalten" hatten. Aber Ludwig brachte es trotz seines brennenden Schmerzes fertig, nach außen über alles – mit Ausnahme des Verhaltens seiner Garde – ruhig zu erscheinen; nur über letzteres sprach er mit Bitterkeit. Hingegen verteidigte er immer noch Villeroi, obwohl die Armee einmütig und offen gegen seine weitere Verwendung protestierte. Es ist eine Ironie des Schicksals, daß Ludwig von seinem Prinzip, nie einen Günstling zu haben, gerade für den Mann eine Ausnahme machte, der ihn fast seine Krone kostete.

Im Juni bat er Villeroi aber dann doch, seinen Abschied zu nehmen, und versprach ihm, bei der Veröffentlichung zu erklären, der Marschall habe auf seinen eigenen dringlichen Antrag die Genehmigung erhalten, den Oberbefehl in Flandern abzugeben. Der Marschall war töricht genug zu erwidern, er sei weder krank noch verwundet und könne sich nicht die Schande antun, ohne vernünftigen Grund den Abschied zu nehmen. Selbst danach schrieb ihm Ludwig noch drei- oder viermal, und zwar immer in demselben freundschaftlichen Ton. Als der Marschall aber auf seinen letzten Appell anmaßend erwiderte, der König könne ihn seines Kommandos entheben, dürfe aber nicht erwarten, daß er ihm auf halbem Wege entgegenkomme, wurde Ludwig ärgerlich und entließ ihn. Madame de Maintenon schrieb: „Ich habe den König nie bewegter gesehen als bei der Maßnahme, zu der er gezwungen wurde"; Villeroi, fügte sie hinzu, sei jetzt verzweifelt und nur mit allzuviel Recht, es sei die bittere Verzweiflung eines Mannes, der sich bewußt eine Schande zugezogen habe, die sein König ihm mit allen Mitteln habe ersparen wollen.

DAS JAHR 1707 wurde mit neuen Sparmaßnahmen eröffnet. Die „Söhne und Töchter Frankreichs" erhielten nicht die üblichen Neujahrsgeschenke, der König schlug sein eigenes von 35 000 Pfund in neuen Goldmünzen aus, und die Pension der Montespan wurde von 10 000 Pfund jährlich auf 7200 herabgesetzt; ein Tropfen im Ozean, aber diese Einsparungen machten einen günstigen Eindruck auf die Öffentlichkeit.

Aller Augen waren jetzt auf Ludwig gerichtet, der seine Rolle weiterhin vollendet spielte; was ihn das kostete, wußte nur er allein. Fest, ruhig, gleichmütig und freundlich, war er peinlich darauf bedacht, seine gewohnte Tageseinteilung einzuhalten, und selbst eine so nahestehende Beobachterin wie Madame de Maintenon erklärte, wenn sie es nicht besser wüßte, würde sie glauben, er habe keine Sorgen. Aber das Beispiel des Königs konnte den Trübsinn nicht bannen, der über seinem Hof hing; Trauer, Langeweile und Mißtrauen herrschten, Schmähschriften wurden in Umlauf gesetzt und nahmen täglich an Zahl und Niedertracht zu. Ein grausamer Schlag für Ludwig muß es gewesen sein, zu erfahren, daß die schlimmsten Schmähschriften von seiner eigenen Tochter, „Madame la Duchesse", stammten.

Am 30. März 1707 starb einer der wenigen noch lebenden großen Männer aus Ludwigs früheren und mittleren Jahren, der Marschall Vauban; er war der hervorragendste Militäringenieur seiner Zeit, und ihm verdankte der König zum größten Teil den militärischen Ruf, den er bei seinen alljährlichen Belagerungen erworben hatte.

Militärisch ließ sich das Jahr etwas besser an als 1706. Am 25. April errang Berwick, der Befehlshaber in Spanien, den Sieg von Almanza, der die Frage entschied, wer in jenem Lande König sein sollte – bei dieser Schlacht traf es sich seltsam, daß die siegreichen Franzosen unter dem Befehl eines Engländers und die besiegten Engländer unter dem eines Franzosen standen. In Flandern verteidigte sich Vendôme nicht ohne Erfolg, Villars hatte die feindlichen Linien bei Stolhofen durchbrochen und fiel in Deutschland ein. Aber andererseits waren Prinz Eugen und der Herzog von Savoyen in der Provence einmarschiert; Ludwig hatte Italien räumen müssen, um die für ihn lebenswichtigen Fronten zu verstärken.

Am Freitag, dem 27. Mai, starb zu Bourbon mit sechsundsechzig Jahren Madame de Montespan. Bis zum letzten Augenblick, sagte Saint-Simon, war sie vollendet schön und die beste Gesellschafterin der Welt; die Anmut ihres Betragens ließ ihren Hochmut übersehen, da sie beides zu vereinen wußte. Unvergleichlich war ihre Unterhaltungsgabe, die – nach Saint-Simon – aus Witz, Eleganz und Höflichkeit wunderbar gemischt war. Sie hatte eine seltsame Art, sich auszudrücken, fast schien sie eine besondere Sprache zu sprechen. Der Memoirenschreiber tadelt Ludwig wegen seiner Gefühllosigkeit bei der Nachricht vom Tode seiner früheren Geliebten. Vielleicht darf man Saint-Simon daraus keinen Vorwurf machen, denn er war erst fünf Jahre alt, als der Vergiftungsskandal öffentlich wurde, und wußte nicht, welchen Abscheu und Ekel Ludwig bei den Enthüllungen von Athénaïs' Treiben empfunden hatte.

Ludwigs Gefühllosigkeit war begründet, nicht aber sein Ärger, daß seine unehelichen Kinder ihre Mutter betrauerten; denn sie kannten ihren wahren Charakter sowenig wie Saint-Simon. Eine Folge ihres Todes bestand darin, daß d'Antin, ihr ehelicher Sohn, den sie immer im Hintergrund gehalten hatte, eine bedeutende Persönlichkeit bei Hof wurde; fünfundzwanzig Jahre peinlicher Unterwürfigkeit hatten ihm bisher nichts eingebracht als den Posten des Gouverneurs von Orléans, nun aber besuchte ihn Ludwig in seinem Landhaus Petit Bourg und machte ihn im Juni zum Generaldirektor der Bauten.

WÄHREND des Jahres 1708 erwog Ludwig ernstlich, ob er persönlich den Oberbefehl in Flandern übernehmen sollte, und unterließ es wahrscheinlich nur aus der Erwägung, daß er unmöglich dem unfähigen Chamillard das Kriegsministerium allein anvertrauen konnte. Die Niederlage der französischen Truppen bei Oudenaarde am 11. Juli schien zunächst der Gnadenstoß für Frankreich zu sein; abgesehen von Vendômes geschlagenem Heerhaufen versperrte nichts den Weg nach Paris. Hätte man Marlborough damals gestattet, die Festung Lille zu umgehen und direkt auf die französische Hauptstadt loszumarschieren, so hätte er Paris bestimmt erobert. Doch zum Glück für Ludwig lehnte Wien es ab, ein so neuartiges Verfahren gutzuheißen, und bestand darauf, Lille müsse erobert werden, ehe ein weiterer Vormarsch versucht würde. Die Stadt wurde im Oktober eingeschlossen; Boufflers verteidigte sie glänzend und hielt sich bis Mitte Dezember. Als er sich schließlich ergab, hatte die Eroberung die Alliierten 15 000 Mann gekostet.

Selbst Oudenaarde konnte Ludwig nicht zur Verzweiflung bringen. Am 14. August schrieb Madame de Maintenon einen pessimistischen Brief an Madame des Ursins, die französische Beraterin des Königs von Spanien in Madrid, und schloß mit der Bemerkung, sowenig der König ihr einen Bruchteil seines Mutes einflößen könne, vermöge sie ihn mit ihrer Angst anzustecken.

Der Fall von Lille im Dezember war etwas anderes. Die Maintenon übermittelte Madame des Ursins die traurige Nachricht und bemerkte, der König sei ganz gebrochen, eine seiner früheten Eroberungen in Feindeshand zu sehen; diese schöne Stadt, so durch und durch französisch, geplündert von all den Nationen, die einmarschiert waren. Nicht weniger empfinde er es als Schande, daß er nichts zum Entsatz der Stadt habe unternehmen können. Sie fügte hinzu, sie fürchte die Wirkung, die das auf den König haben werde, und zwar gerade deshalb, weil er sich bemühe, sie zu verbergen.

In der allgemeinen Trübsal konnte sich Ludwig nur damit trösten, daß er Boufflers königlich belohnte und nichts unterließ, was dem Helden des Tages Freude machen konnte. Boufflers erhielt Zutritt zu den königlichen Gemächern, er wurde zum Herzog gemacht, und seinem zwölfjährigen Sohn wurde in vollständigem Widerspruch zu den üblichen Bräuchen die Nachfolge in seines Vaters Amt als Gouverneur von Flandern zugesichert. Boufflers verdiente das alles, denn als er sich erbot, Lille zu verteidigen, war er ein kranker alter Mann und setzte bei diesem Wagnis den Ruf aufs Spiel, den er während seines Lebens, das vor allem von hartem Dienst geprägt war, erworben hatte.

Wenngleich Ludwig müde war, von bösen Träumen gepeinigt wurde und ständig an Schlaflosigkeit litt, hielt seine bewunderungswürdige Konstitution die Last aus, die er zu tragen hatte; er sah mit siebzig Jahren um zehn Jahre jünger aus, als er war, und hielt sich immer noch gern im Freien auf. Aus einem Brief, den Madame de Maintenon um diese Zeit nach Madrid schrieb, entnehmen wir, wie sehr sie den König um die luftigen und sonnigen spanischen Gärten beneidete. Licht und Luft seien die beiden Dinge, die Ludwig zumeist erfreuten; er habe mehr Bäume gepflanzt als irgend jemand, aber immer darauf bestanden, die Äste zurückzuschneiden, damit sie keinen Schatten würfen. Von Sorge gequält, vernachlässige er doch nicht die kleinen Höflichkeiten, die ihn bei so vielen Menschen beliebt machten und dazu beitrügen, sie über seine Selbstsucht hinwegzutäuschen. So verzichtete er im Januar 1709 auf einen Besuch in Trianon, weil er am Vortag auf dem Weg nach Marly bemerkt hatte, daß die Leibgardisten seines Gefolges unter der strengen Kälte litten.

Die Finanzlage war zu einem Alpdruck geworden; in diesem Frühjahr mußte sich Ludwig, der immer noch unbedingt gegen Staatsanleihen war, aufs Betteln verlegen.

Eines Nachmittags gegen fünf Uhr schritt er gemächlich den Weg an den Pavillons entlang, in denen er seine Gäste in Marly unterbrachte, und als er an das Gebäude kam, das Desmarets, der Kontrolleur der Finanzen, bewohnte, traten eben der Minister und Samuel Bernard, der reichste Bankier Europas, heraus. Der König begrüßte beide, dann wandte er sich an Bernard und sagte, da er Marly noch nicht gesehen habe, werde es ihm ein Vergnügen sein, ihn herumzuführen. Bernard zeigte sich natürlich äußerst beglückt über diese Ehre, und während des Rundgangs erläuterte der König ihm alles Sehenswerte und unterhielt den Finanzmann mit der ihm eigenen unnachahmlichen Liebenswürdigkeit. Der König bekam sein Darlehen, und Bernard erfuhr nie, daß seine „zufällige“ Begegnung mit dem König von Ludwig und Desmarets sorgfältig geplant worden war.

So war der Bankrott für den Augenblick abgewendet, aber überall herrschte Niedergeschlagenheit: in den Ministerien, im Kabinett des Königs und bei Hof, wo eine Massenpsychose einsetzte. Die Nerven waren zum Zerreißen gespannt, man verlangte ständig nach Nachrichten von der Front als dem einzigen Beruhigungsmittel, das vorübergehend Erleichterung verschaffen konnte; selbst schlechte Nachrichten waren der Tortur vorzuziehen, überhaupt nichts zu erfahren. 48-Stunden-Gebete wurden überall dargebracht; die Herzogin von Burgund harrte ganze Nächte in der Kapelle aus und erschöpfte ihre Damen durch Nachtwachen. Alles Kartenspielen hörte auf, selbst die Unterhaltung erlahmte, und die Höflinge schämten sich voreinander, weil jedem die Angst vom Gesicht abzulesen war.

Diese Gemütsverfassung führte zu einer Flut von unbegründeter Kritik, die den König fast an die Grenzen seiner Selbstbeherrschung brachte. Die Höflinge, schrieb Madame de Maintenon, seien unerträglich; sie kritisierten alles, was geschah, ohne selbst einen einzigen konstruktiven Vorschlag zu machen; wenn es nach ihr ginge, befänden sich alle diese Nörgler längst entweder in der Armee oder in ihren Gouvernements. Auch die Frauen sollten abgeschoben werden, denn sie seien womöglich noch schlimmer als die Männer; kaum eine, die nicht militärische Ratschläge gebe, die Anordnung der Generäle kritisiere und jeden Schritt des Königs verurteile. Und wenn der arme Ludwig versuche, seinem Hof etwas Mut einzuflößen, oder sich für ein bis zwei Stunden aus der unerträglichen Atmosphäre entferne, so werde ihm das als Unrecht zur Last gelegt.

Er habe, sagte ein gewohnheitsmäßiger Krittler, vorübergehende Anfälle von Heiterkeit und Festigkeit, die eher überraschend als erbaulich seien. Wenn sein ganzer Hof besorgt auf den Ausgang einer Schlacht warte, so mache er die Menschen wild, indem er jage oder spazierengehe. Er wünsche vielleicht zu zeigen, daß er seine Sorge nicht für so wichtig halte, um ihretwegen seine Gewohnheiten zu ändern, vielleicht aber empfinde er sie nicht tief genug, um seinen üblichen Tagesablauf aufzugeben.

Schließlich kam, um das Unglück vollzumachen, ein unsagbar strenger Winter, der nur sehr langsam dem schrecklichsten Frühling wich, den Europa seit 106 Jahren erlebt hatte.

11

Im Jahr 1709 lastete Gottes Hand schwer auf Frankreich. Die Lage an der Front war erschreckend, aber die Friedensbedingungen der Alliierten waren so untragbar, daß Ludwig sich selbst jetzt nicht entschließen konnte, sie anzunehmen. Und daß nur ja dem Volk kein Leiden erspart bliebe, begann das Jahr mit der strengsten und längsten Frostperiode seit Menschengedenken.

An der ganzen Kanalküste war das flache Wasser mit einer Eisschicht bedeckt, dick genug, um schwere Lastwagen zu tragen; Samen und Wurzeln verdarben in der Erde, Schulen und Theater wurden geschlossen, alles Arbeiten im Freien hörte auf; die Wassermühlen liefen nicht mehr, Reisende wurden auf den Straßen und Vögel auf den Feldern tot aufgefunden; Brot und Wein gefroren in geheizten Speisezimmern. Fast alle in diesem Frühjahr geborenen Kinder starben, für die Zeit zwischen dem 5. Januar und dem 2. Februar wurde die Anzahl der durch Hunger und Kälte verursachten Todesfälle allein in Paris und Umgebung auf 24 000 geschätzt.

Im April herrschte in der Hauptstadt Skorbut, und die Pest drohte auszubrechen. Es war kein Geld für die Einfuhr von Korn da, und unüberlegte, von der Panik diktierte Erlasse zur Sicherung der Vorräte führten wie gewöhnlich zur Entstehung eines schwarzen Marktes, der die Preise noch höher trieb. Zwischen Februar und Oktober schnellten die Kornpreise gewaltig in die Höhe, ohne daß die Löhne entsprechend erhöht worden wären; das verhinderte zweifellos eine Inflation, führte aber zum Tod von Tausenden, die sich mit gekochtem Gras und Baumrinden nicht am Leben zu erhalten vermochten.

Sogar Ludwig gab zu, daß das Wetter außergewöhnlich war; am 9. Januar ging er den ganzen Tag nicht aus und erklärte, solange diese schreckliche Kälte dauere, werde er das Haus nicht verlassen. Fast einen Monat hindurch gezwungen, zu Hause zu bleiben, sei er sehr mißgestimmt, schrieb Madame de Maintenon, und leide aus Mangel an Bewegung an ständigen Kopfschmerzen. Ende April erkannten auch die Höflinge, in welch erschreckenden Zustand Frankreich geraten war, man sprach in Marly nur über das allgemeine Elend. Kein Arbeiter, so berichtet man, zeigte sich besorgter über die Ernteaussichten und die steigenden Lebenshaltungskosten als die Höflinge; und in der Tat waren sie höchst unmittelbar daran interessiert, denn wer von ihnen überhaupt ein Einkommen hatte, bezog es von seinen Gütern. Und täglich gelangten Nachrichten über Hungerunruhen nach Marly.

Es sollte noch schlimmer kommen. Der Juli brachte gewaltige Hagelstürme und Überschwemmungen, die den Wein und das Korn zerstörten, soweit sie den strengen Frost überstanden hatten; im August war das Land am Rande einer Revolution, und ein Hungermarsch nach Versailles fand statt. Der König hörte von seinem Fenster aus das Volk auf den Straßen grölen. Dreiste Ansprachen wurden gehalten voll wilder Anklagen gegen seine Regierung und ihn persönlich; die Leute hetzten sich gegenseitig auf, dies nicht länger zu ertragen, denn Schlimmeres als bisher könne ihnen nicht geschehen.

In Paris war die Lage noch kritischer; Brot konnte nicht ohne Bewachung transportiert werden, auch kam es zu einem gefährlichen Versuch, das Haus des Polizeipräsidenten zu stürmen. „Monseigneur“, das beliebteste Mitglied der königlichen Familie, wagte nicht mehr, durch die Straßen zu fahren, und Madame de Maintenon konnte es nicht riskieren, sich außerhalb Versailles' zu zeigen. Selbst die reichsten Leute bekamen im September die Not zu spüren.

In den Provinzen war die Lage ebensoschlecht wie in der Hauptstadt; im Juli trafen erschreckende Nachrichten ein aus dem Languedoc; eine der jetzt häufigen lokalen Hungerunruhen schien sich zu etwas Ernsterem zu entwickeln, als ein Regiment den Befehl erhielt, auf die Menge zu schießen, den Gehorsam jedoch rundweg verweigerte. Ludwig, außerstande, strafend einzuschreiten, mußte im Gegenteil ein väterliches Edikt erlassen, durch das die Steuern im Languedoc um 85 000 Pfund herabgesetzt wurden. Diese Geste war weniger wohlwollend, als sie schien, denn in Wahrheit waren die Steuereinnahmen fast vollständig versiegt, und der König war zu außerordentlichen Maßnahmen genötigt, um seine letzte Armee im Feld zu erhalten. Im Juni versuchte er erfolglos, die Kronjuwelen zu verpfänden, drei Monate zuvor hatte er seine Untertanen aufgefordert, ihr Silber zur Münze zu bringen, und obgleich er selbst mit gutem Beispiel voranging, blieb die Reaktion schwach.

Von Madame de Maintenon erfahren wir, wie Ludwig auf seine schreckliche Lage reagierte; sie bemerkt zunächst, sie gebe sich über den Anteil des Königs an der Verantwortung für das Unglück, das Frankreich heimgesucht habe, keiner Täuschung hin. Wir müssen, so schrieb sie, das Geschehene als von Gott kommend betrachten; der König sei zu stolz gewesen, Gott habe ihn gedemütigt, um seine Seele zu retten. Frankreichs Grenzen seien zu weit und vielleicht ohne Recht ausgedehnt worden, Gott habe beschlossen, es auf ein engeres Gebiet zu beschränken. Dann schildert sie ihre eigenen Prüfungen im Zusammenleben mit dem König in seinem jetzigen Zustand. An seinen schlechten Tagen mußte sie seinen Gram und seine Depression verscheuchen und ihm die Tränen trocknen, die er nicht mehr zurückhalten konnte. Das schlimmste von allem war, daß sie sich anstrengen mußte, kein bedrückendes Schweigen aufkommen zu lassen, denn Ludwig selbst trug jetzt nichts zur Unterhaltung bei.

Obwohl sich der König verzweifelt bemühte, in der Öffentlichkeit gefaßt zu erscheinen, glückte ihm dies nicht immer. Sein Gesicht sah „verwüstet“ aus, und nach einer Staatsratssitzung beschrieb ihn sein Außenminister Torcy als „völlig gebrochen und gramgebeugt“. Nichtsdestoweniger verlor er in diesem schrecklichen Jahr niemals völlig den Mut und die Würde, was selbst Saint-Simon zu dem Bekenntnis zwang, jetzt endlich habe er den Titel „Louis le Grand“ verdient, mit dem man ihn zu früh geehrt habe.

So schrecklich die Lebensumstände im Lande waren, sie bildeten nicht die einzige, nicht einmal die hauptsächliche Sorge Ludwigs und seiner Minister. Da war der Zustand der Armee in Flandern, der letzten Armee, die Ludwig aufstellen konnte. Schon im

Herbst 1708 hatte Boufflers, als er von der Front zurückkam, dem König deutlich gesagt, es müsse unter allen Bedingungen Frieden geschlossen werden, und seitdem hatte sich die Lage erheblich verschlimmert. Die Speicher waren leer, Getreide war offenbar zu keinem Preis zu bekommen, viele Offiziere trugen nichts unter ihren Uniformröcken, weil sie ihr Leinenzeug für Lebensmittel verkauft hatten; und alle, Offiziere wie Mannschaften, „waren bereit, vor dem Namen Marlborough den Hut abzunehmen". Tatsächlich war die Armee schon besiegt, bevor ein Schuß fiel. In dieser verzweifelten Lage rief Ludwig Villars zu sich und gab ihm das Oberkommando in Flandern.

Villars' Stunde war gekommen. Vielleicht erkannte er allein, welch furchtbare Verantwortung die ihm anvertraute Aufgabe bedeutete und was für kümmerliche Mittel ihm zur Verfügung standen. Er war sich auch darüber klar, daß er Heiterkeit und Zutrauen zeigen mußte, obwohl die Sorgen ihn zermürbten. Sein einziges Aktivum war seine unbegrenzte Beliebtheit bei den Truppen, und das nutzte er aufs äußerste. Tag und Nacht hielt er sich mitten unter seinen Leuten auf, scherzte mit einfachen Soldaten und klopfte ihnen auf den Rücken. Und er machte es sich zur Gewohnheit, einen Teil der Nacht in den Quartieren der Leute zu verbringen, um ein Gläschen Schnaps mit ihnen zu trinken und ihnen Geschichten zu erzählen.

Die Hungersnot kam Villars nicht einmal ungelegen, denn das in den Provinzen verbreitete Gerücht, bei der Armee gebe es Brot, verursachte einen Andrang neuer Rekruten, so daß er schließlich mit gefechtsstarken Regimentern ins Feld ziehen konnte. Vorausgesetzt, daß er überhaupt ins Feld ziehen konnte.

Die Maintenon berichtete ihrer Vertrauten in Madrid, sie habe soeben von Villars erfahren, daß er aus Mangel an Vorräten, Munition, Geld und allem Notwendigen nicht glaube, daß er sich auf einen Feldzug einlassen könne; wenn aber er so spreche, der stets voller Zuversicht, Mut und Unternehmungslust sei, so müsse es denkbar schlecht stehen. Villars schrieb ihr am 25. Juni von der Front:

> Ich brauche meine ganze Entschlossenheit, um nach solchen Nächten, wie ich sie verbringe, einen heiteren und ruhigen Eindruck zu machen.

Spanischer Erbfolgekrieg: Schlacht bei Malplaquet am 11. September 1709

Aber nur gegenüber Madame de Maintenon äußerte er sich so rückhaltlos, dem Kriegsminister schrieb er in leichtfertig ironischem Ton:

> 27. Juli. Man gewöhnt sich an alles, aber die Gewohnheit, nicht zu essen, ist schwer zu erwerben.

Der Kampfgeist der Truppe wurde im September wunderbar gestärkt, als Boufflers sich nach Flandern begab, um als „Freiwilliger" unter Villars zu dienen; das heißt, er verzichtete auf seinen Rang und sein Dienstalter, um sich bei irgendeiner Aufgabe, die der Oberbefehlshaber bestimmen sollte, nützlich zu machen. So trat Frankreichs letzte Hoffnung Marlborough und Eugen am 11. September guten Muts bei Malplaquet entgegen. Ludwig hatte gehofft, eine Schlacht zu vermeiden, aber Villars war sie willkommen; er setzte berechtigtes Vertrauen in seine neue Armee in Flandern. Technisch war Malplaquet eine französische Niederlage, denn die Verbündeten blieben im Besitz des Schlachtfelds, aber sonst gewannen sie herzlich wenig. Sie verloren allein 20 000 Mann, während Frankreich in völliger Ordnung Rückzugsgefechte lieferte und „nur" Verluste von 8000 Toten und

Verwundeten hatte. Vor allem aber hatte Villars seinen Landsleuten gezeigt, daß Marlborough nicht unbesiegbar war.

Aber Villars, der in der Schlacht selbst schwer verwundet worden war, gab sich keiner Selbsttäuschung über das von ihm Erreichte hin; er sah deutlich, daß ein Endsieg unmöglich war, und als er auf einer Tragbahre in Versailles eintraf, waren die ersten Worte, die er an Madame de Maintenon richtete, daß Frankreich Frieden um jeden Preis brauche. Ludwig ließ sich durch den halben Sieg von Malplaquet ebensowenig täuschen wie sein Marschall; nur verwarf er daraufhin den Rat seiner Minister, angesichts der voraussichtlichen Pläne der Alliierten den Sitz der Regierung nach Südfrankreich zu verlegen.

DAS JAHR 1710 begann mit weiteren Sparversuchen Ludwigs; zwei erschütternde Tatsachen enthüllen seine damalige finanzielle Lage: Die Maintenon berichtete einer Freundin, sie habe beim Schatzamt nicht genug Kredit für einen Vorschuß von vierzig Pfund; und im Mai lehnte ein Pariser Zeughändler es ab, Ludwig Bettücher anders als gegen Barzahlung zu liefern.

Aber wenn der König auch nicht vierzig Pfund für die Maintenon aufbringen konnte, so hatte er doch immer noch eine Kleinigkeit übrig, wenn es sich darum handelte, Kindern eine Freude zu machen. Am 25. Januar lud Ludwig alle Kinder vom Hof zu einer Kasperltheatervorstellung ein, bei der der dreijährige Duc de Bretagne Ehrengast war.

Diese Dinge gewährten Ludwig indes nur vorübergehend Linderung an den Tagen, die in Trübsal begannen und in Verzweiflung endeten. Nach der Staatsratssitzung vom 19. Februar notierte Torcy in sein Tagebuch, die Lage sei schrecklich; es gebe weder Geld noch Kredit; Offiziere und Soldaten gingen elend zugrunde. Er sehe nicht, wie die Armee ins Feld rücken oder gar einen Feldzug überstehen könne. Die Infanterie sei kampfunfähiger als zu der Zeit, in der sie die Winterquartiere bezogen habe, Kavalleristen und Infanteristen glichen eher Gespenstern als lebendigen Menschen; die wenigen Pferde, über die die Kavallerie noch verfüge, stürben vor Hunger. Am 21. Mai habe sich die materielle Lage etwas gebessert, aber um den Kampfgeist der Offiziere sei es schlecht bestellt; sie redeten nur von der

Schwäche ihrer Bataillone, deren stärkstes auf 350 Mann zusammengeschmolzen sei. Torcy schloß mit dem Satz: „Unter solchen Umständen sehen wir einer Entscheidungsschlacht hundert Meilen von Paris entfernt entgegen."

Auch die Nachricht, daß die Friedenskonferenz in Gertruydenburg zu tagen begonnen hatte, brachte Ludwig keinen Trost; er wußte wohl, daß die Rolle von Frankreichs Abgesandten in seiner jetzigen Lage darauf beschränkt sein würde, die Bedingungen anzunehmen, die die Alliierten ihnen zu diktieren beliebten. Man hätte glauben sollen, daß der Leidenskelch des unglücklichen Königs jetzt voll war; aber im Juni kam es zu einer theologischen Krise im Zusammenhang mit den scheinbar endlosen jansenistischen Streitigkeiten.

Damals, sagte Torcy, war nichts einfacher, als einen Feind beim König schlechtzumachen. Man brauchte ihm nur eine Neigung zum Jansenismus nachzusagen. Dadurch wurde jedermann zum Ketzer und persönlichen Feind des Königs. Und die königliche Ungnade war noch vergleichsweise milde, wenn der Betreffende und seine Familie nur von jeder Gunst ausgeschlossen wurden. Hier zeigte sich Ludwig als frömmelnder und unduldsamer Vertreter jenes starren Formalismus, der an Stelle des echten Christentums jetzt in Versailles herrschte.

Während des ganzen Sommers verharrte Villars in Flandern vorsichtig in der Defensive, und wie Torcy bitter bemerkte, galt es als gute Nachricht, daß es einer Armee von 80 000 Mann gelungen war, eine Schlacht zu vermeiden.

Dann begab sich am 24. August in London etwas, was Ludwig und sein schwer bedrängtes Land retten sollte: Die Regierung wurde gestürzt.

Anna und ihre neue Tory-Regierung ersehnten genau wie Ludwig einen Frieden um jeden Preis. England schied zwar offiziell erst im Juli 1712 aus dem Krieg aus, wurde aber in Wirklichkeit von dem Augenblick an, als die Tories die Macht übernahmen, zum heimlichen Verbündeten Frankreichs. Es erniedrigte sich unglaublicherweise so weit, daß es Annas Befehle an ihren Oberkommandierenden an der Front seinem Gegner Villars mitteilte; im Januar 1711 eröffnete es hinter dem Rücken seiner Bundesgenossen geheime Verhandlungen mit Ludwig.

Sodann wirkte es sich für Ludwig günstig aus, daß am 17. April der Kaiser starb. Sein Nachfolger wurde der Erzherzog Karl, der Kandidat der Verbündeten für die spanische Krone. Dieses Ereignis räumte das letzte Argument für die Fortsetzung des Krieges aus; denn warum sollte England seine Kräfte vergeuden, damit Spanien statt von Versailles von Wien regiert würde?

Die Nachricht vom Tod des Kaisers löste bei Ludwig kein Bedauern aus; als sie eintraf, hatte er selbst einen Verlust zu verwinden: Ebenfalls am 17. April war „Monseigneur" zu Meudon an den Pocken gestorben. Ludwigs Verhalten entkräftet das auch damals noch im Umlauf befindliche Gerücht, er könne seinen Erben nicht leiden. Während „Monseigneur" ohne Bewußtsein im Sterben lag, weilte der König im Zimmer seines Sohnes, „saß auf einem Sofa und zitterte vom Kopf bis zu den Füßen"; als alles vorüber war, begab er sich nach Marly und verbrachte dort dreieinhalb Stunden im heftigsten Schmerz. „Madame", die zu den wenigen gehörte, die ihn begleiten durften, berichtet, sie habe den König am nächsten Morgen gesehen und er sei so mitgenommen gewesen, daß es „einen Stein hätte erweichen können". Er hatte ständig Tränen in den Augen und mußte von Zeit zu Zeit ein Schluchzen unterdrücken.

Wenngleich England jetzt fast als Verbündeter angesehen werden konnte, zog sich der Krieg weiter hin, aber unter günstigeren Bedingungen für Ludwig; am 28. Juli meldete Villars, seine Infanterie sei stärker als während der letzten drei Jahre; einen Monat später erfuhr man zur allgemeinen Freude, daß die feindlichen Offiziere nicht mehr bezahlt, ihre Schuldscheine nur mit einem Diskont von fünfunddreißig Prozent eingelöst würden und ihre Regimentszahlmeister vor dem Bankrott stünden.

Im September traf Prior in Versailles ein, um über Friedensbedingungen zu verhandeln; persönlich machte er den besten Eindruck auf Ludwig, der eine große Zuneigung zu ihm faßte.

Der unerwartete Tod der Herzogin von Burgund am 12. Februar 1712 bereitete Ludwig den größten Schmerz seit dem Tod seiner Mutter im Jahr 1666. Seit ihrem Eintreffen bei Hof als junges Mädchen war sie ihm stets unentbehrlich gewesen. Er bewies ihr gegenüber eine seltene Selbstlosigkeit; so bestand er darauf, daß sie ihn verließ, um an Bällen und Gesellschaften teilzunehmen, obwohl er alles langweilig fand, wenn sie nicht da war. Schon wenn sie aus irgendeinem Grund beim Abendessen der Familie fehlte, war Ludwig ernster und schweigsamer als gewöhnlich.

Die Herzogin erwies ihm, anders als seine Töchter, stets jede Rücksicht und machte nur taktvoll von ihrem Vorrecht Gebrauch, den Hof zu verlassen; wenn sie sich zu einer Gesellschaft begab, suchte sie ihn vor dem Weggehen und beim Nachhausekommen auf. Oder wenn sie zu spät zurückkam, ging sie morgens als erstes zu ihm, um ihm das Allerneueste zu erzählen, was sie in der vergangenen Nacht gehört hatte. Sie war seine einzige Freude, denn dank ihrer Heiterkeit vermochte sie ihn immer abzulenken und zu amüsieren, wenn er noch so sorgenvoll war. Mit ihrem Tode wurde es Nacht um den alten König.

Am 18. Februar morgens um halb neun starb auch der Herzog von Burgund, während seine Frau schon im Nebenzimmer feierlich aufgebahrt lag. Derselbe Wagen brachte „Frankreichs Hoffnung" und seine Herzogin auf ihrer letzten Reise nach Saint-Denis; und am 11. März wurde ihr ältester Sohn, der Herzog der Bretagne, neben ihnen in der königlichen Gruft bestattet.

Ludwig war so betäubt von Gram über den Verlust der Herzogin, daß ihn die weiteren Tragödien, die so schnell auf ihren Tod folgten, kaum zu erschüttern schienen. Aber er mußte sich aufraffen, um der Panik zu begegnen, die in der Hofgesellschaft ausgebrochen war. Alle drei Opfer hatten dieselben Symptome gezeigt, und bei jedem mußten die Ärzte bekennen, daß ihnen die Todesursache rätselhaft sei; es scheint Scharlach gewesen zu sein. In einer Gesellschaft, deren unwillkürliche Reaktion auf jede undiagnostizierte Krankheit die Furcht vor Gift war, brach eine Massenhysterie aus.

Der Herzog von Orléans wurde als Sündenbock ausersehen: Er dilettierte als Chemiker – also mache er sich durch systematische Vergiftungen den Weg zum Thron frei. Zuerst habe er „Monseigneur", den Thronerben, umgebracht, nun den Herzog von Burgund und dessen ältesten Sohn; danach würde das noch lebende Kind des verstorbenen Herzogs an die Reihe kommen und dann Ludwig XIV.; so würde Philipp schließlich legitimer König von Frankreich werden. In dieser allgemeinen Panik erkannten nur die besonnensten Köpfe, wie absurd der Gedanke war, daß der träge und gutmütige Philipp die Krone überhaupt begehren, geschweige denn versuchen sollte, sie auf so schreckliche Weise zu erlangen.

Denn für Orléans, der schon ein typischer freidenkender Prinz des 18. Jahrhunderts war, bedeutete das Gottesgnadentum der Königswürde nur einen bequemen Vorwand, um Leuten wie ihm den Genuß eines bevorzugten Lebens ohne Pflichten zu ermöglichen; er fühlte sich sehr wohl an den Stufen des Throns, aber ihn selbst zu besteigen hätte ihm Unbehagen bereitet. Ludwig durchschaute die Ansichten seines Neffen ziemlich genau. Er schätzte ihn nicht, aber er war überzeugt, daß Orléans kein Giftmischer sei; er weigerte sich hartnäckig, den Verleumdungen Glauben zu schenken. Doch konnte er den Leuten nicht den Mund stopfen, und dieser absurde Verdacht hing dem unglücklichen Philipp für den Rest seines Lebens an.

Als Prior eintraf, hatte Ludwig das Gefühl, endlich in Sicherheit zu sein, und trotz seines Kummers scheint das Bewußtsein, daß Frankreich tödlicher Gefahr entronnen war, ihn verjüngt zu haben. In den Briefen Madame de Maintenons taucht ein ungewohnter Schimmer von Optimismus auf. Im Sommer berichtete sie, Ludwig habe keine unruhigen Nächte mehr, sondern wache nach sieben Stunden festen Schlafs wie ein Kind auf; mit seinen vierundsiebzig Jahren gehe er in Fontainebleau in der Tageshitze aus und marschiere, von Pferden und Hunden umgeben, im Geschwindschritt auf den Sandwegen des Waldes. Er erfreue sich jetzt einer besseren Gesundheit als mit vierzig Jahren.

Die allgemeine Friedenskonferenz wurde zwar am 12. Januar 1712 in Utrecht eröffnet, und geheime Waffenstillstandsbedingungen zwischen Frankreich und England wurden im Mai unterzeichnet; trotzdem mußte Ludwig noch mit den Kaiserlichen und den Holländern rechnen, und er war sich nur zu klar darüber, daß sich all seine Feinde wieder auf ihn stürzen würden, wenn er einen bedeutenden Rückschlag in Flandern erlitt.

Am 24. Juli griff Villars die österreichisch-holländische Armee unter Prinz Eugen an und besiegte sie; das war der erste unbestreitbar bedeutende Sieg, den Frankreich seit dem Ausbruch dieses unglücklichen Krieges auf einem wichtigen Kriegsschauplatz errang. Die Holländer nahmen die Bedingungen an, über die sich Anna und Ludwig schon als Basis weiterer Verhandlungen geeinigt hatten. Obwohl das Reich erfolglos, aber eigensinnig bis 1714 weiterkämpfte, hatte Ludwig nun das Gefühl, er habe beinahe Frieden. Im Oktober beendete Villars einen ruhmreichen Feldzug durch die Einnahme von Douai, Bouchain und Le Quesnoy.

In diesem Jahr, das Ludwig so viel Trauer in seiner Familie gebracht hatte, war ihm ein kleiner Trost vergönnt, nämlich eine Aussöhnung mit seinem alten Freund Villeroi; beide hatten sie sehnlichst, aber in stolzer Zurückhaltung herbeigewünscht, denn beide waren nun in dem Alter, wo es keine Zukunft mehr gibt und wo man nach einem erprobten alten Kameraden verlangt, um in seiner Gesellschaft die Vergangenheit, die heiterer ist als die Gegenwart, noch einmal zu durchleben. Villeroi war jetzt der einzige Überlebende der ganzen glänzenden Schar, die den König in den „schönen Jahren" umgeben hatte; er steckte voll alter Geschichten aus ihrer Jugendzeit, sagte Saint-Simon, die dem König immer große Freude bereiteten.

Madame de Maintenon, die wußte, daß Villeroi den König besser amüsieren konnte als irgendein anderer, brachte die Versöhnung zustande. Villeroi verließ den Hof nicht mehr und erfreute sich als einziger Mann für den Rest seines Lebens des freien Zugangs zu Madame de Maintenons Gemächern.

Aber auch Villerois Gesellschaft trug nur wenig dazu bei, die Wolken zu vertreiben, die über dem Palast von Versailles hingen; das ganze Gefüge des Hofs begann nach dem Tod der Herzogin von Burgund zu verfallen. Die Anwesenheit im Palast war jetzt Pflicht, nicht Vergnügen; es wurde Mode, daß jede Prinzessin und jede große Dame sich ein kleines „Lusthaus" hielt, und hier spielte sich nun das gesellschaftliche Leben ab, das früher seinen Mittelpunkt in Versailles gehabt hatte.

Ludwig war des eisigen Zeremoniells überdrüssig, hinter dem er sich verschanzt hatte; er machte sich nichts mehr aus feierlichen Empfängen und empfand es als lästigen Zwang, wenn er an seinem Hof den Gastgeber spielen mußte; war das aber unvermeidlich, so erfüllte er seine Aufgabe dennoch mit Anmut und Würde. Einen immer größeren Teil seiner Zeit verbrachte er in den Gemächern der Maintenon – er hatte sich angewöhnt, dort privat mit ihr zu speisen, wobei nur ein Diener aufwartete – oder in Gesellschaft des zweijährigen Dauphins, des späteren Ludwig XV. Dessen Gouvernante brachte ihn nach Marly, damit der König die Freude hatte, ihn laufen zu sehen.

In vielerlei Beziehung war Ludwig mit fünfundsiebzig noch derselbe wie fünfzig Jahre zuvor; er ging sechs bis sieben Stunden hintereinander auf die Hirschjagd, sagte Madame de Maintenon, und wenn er nach Hause kam, aß er zuviel und verbrachte lange Zeit bei Tisch. Und die jetzt Achtundsiebzigjährige war empfindlicher denn je dagegen, daß man die Ehre, mit Ludwig zusammenzusein, nur genießen konnte, wenn man bereit war zu frieren – und zwar mit freudiger Miene, denn man mußte alles, was zum Wohlbefinden des Königs beitrug, ebenfalls gut finden. In einem Brief aus Marly vom August klagt sie Madame des Ursins, man dürfe in Gesellschaft des Königs Unbequemlichkeiten nicht beachten; ihm komme es nur auf Größe, Pracht und Symmetrie an; Zugluft störe ihn nicht angesichts der ästhetischen Befriedigung, die zwei einander genau gegenüberliegende Türen gewährten; so habe er ein Gemach mit vier riesigen Türen und zwei gewaltigen Fenstern besonders gern. Der August sei unfreundlich, fuhr sie fort, und sie alle frören – außer dem König, der aber bestehe darauf, daß alle Frauen Sommerkleider trügen. Nicht besser war es in Fontainebleau, wohin Ludwig seinen Hof im September verlegte. Madame des Ursins, schrieb die Maintenon, solle ja nicht meinen, daß sie einen Wandschirm vor ihr großes Fenster stellen dürfe; nach Ludwigs Ansicht störten Wandschirme die Symmetrie eines Zimmers – „so muß ich denn symmetrisch zugrunde gehen“.

Wahrscheinlich hatte Madame de Maintenon recht, wenn sie sagte, Ludwig esse zuviel; aber sie hätte hinzufügen müssen, daß er im Gegensatz zu seiner Familie zwischen den Mahlzeiten nie etwas zu sich nahm und im Trinken außergewöhnlich mäßig war. Fast während seines ganzen Lebens trank er nur Burgunder und Wasser, den Wein nie ungemischt, auf Liköre, Tee, Kaffee oder Schokolade verzichtete er ganz. Das einzige, was man ihn gelegentlich zwischen den Mahlzeiten nehmen sah, waren ein paar Zimtplätzchen, die er sich beim Dessert in die Tasche steckte, wenn er Zwieback für seine Hunde sammelte.

Der Krieg zog sich noch hin, aber schleppend, denn alle Kriegsteilnehmer waren erschöpft, und die Generäle sahen den Streit aus ihren Händen in die der Diplomaten übergehen. Im März fand sich Ludwig bereit, von den Herzögen de Berry und d'Orléans öffentliche Erklärungen zu beschaffen, daß sie auf ihre Rechte auf den spanischen Thron verzichteten; dies und Philipps V. Verzicht auf seine Rechte in Frankreich, der im vorangegangenen Juli bekanntgegeben worden war, stellte die Alliierten zufrieden. Jetzt aber gefährdete Ludwigs blinder Religionseifer das Zustandekommen des Friedens, den er so dringend brauchte; von März bis Mai kämpften die Staatsmänner auf beiden Seiten um die Hugenotten im Ausland. Ludwig lehnte Konzessionen für seine ketzerischen Untertanen entschieden ab; allerdings entließ er aus persönlicher Gefälligkeit für Königin Anna alle Hugenotten, die auf den Galeeren arbeiteten.

Von seinen anderen Lasten befreit, konnte Ludwig jetzt etwas mehr Zug in den Krieg mit dem Reich bringen. Vor Jahresende hatte Villars Landau und Freiburg genommen, und im Frühling 1714 wurde dem Kaiser klar, daß er sich auf einen hoffnungslosen Kampf eingelassen hatte; am 6. März wurde zu Rastatt der Friede zwischen Frankreich und dem Reich unterzeichnet.

Noch einen schweren Schlag mußte Ludwig über sich ergehen lassen: Sein jüngster Enkel, der Duc de Berry, starb am 11. Mai 1714 an den Folgen eines Jagdunfalls; der König zog sich von da an vollständig vom Hofleben zurück, und zwar sowohl in seinen Gedanken wie in seinem Tun. Aber Gewohnheit und Selbstzucht fesselten ihn weiter an seinen Schreibtisch, und in seiner amtlichen Eigenschaft sollte er bis zum Ende König von Frankreich bleiben. Auch war seine Weigerung, seinem Hof zuliebe den „Grand Monarque“ zu spielen, nicht darauf zurückzuführen, daß seine körperliche Leistungsfähigkeit nachgelassen hätte. An irgendeinem Tag dieses Frühjahrs jagte er sieben Stunden und begab sich dann so frisch, als ob er gar nichts getan hätte, zu einem Konzert in die Gemächer der Maintenon. Zweimal in der Woche nahm er noch an Hetzjagden teil, an den anderen Tagen ging er entweder auf die Jagd oder spazieren; an vier Abenden hörte er Musik oder wohnte der Aufführung eines der ernsteren Stücke Molières bei; all dies neben seinem üblichen

Pensum an schriftlicher Arbeit, Staatsratssitzungen und Audienzen.

Ludwigs Liebe zu Kindern, besonders zu seinen eigenen unehelichen Abkömmlingen, verführte ihn in diesem Sommer zu dem angreifbarsten Schritt seines Lebens. In seinem Testament bestimmte er, daß die unehelichen Söhne und ihre männlichen Nachkommen nach Ausfall aller Erben der legitimen Linie Bourbon nachfolgeberechtigt sein sollten. Er brachte zwar das Parlament dazu, die Gesetzmäßigkeit seiner Bestimmung zu bestätigen, aber das geschah mit vielen inneren Vorbehalten; niemand glaubte, daß der König in einer Frage von so weitgehender Bedeutung das letzte Wort habe. Nicht einmal Ludwig selbst, der sich erinnerte, wie seines Vaters Testament vier Tage nach dessen Tod ein wertloser Fetzen geworden war.

Zu Beginn des Jahres 1715 machte sich bei Ludwig gelegentlich sein Alter fühlbar. Unverändert jedoch hielt er fest an seinem Haß gegen den Jansenismus und verschaffte sich genaue Kenntnis dessen, was vorging; im April lenkte er die Aufmerksamkeit seines Polizeikommandeurs darauf, daß es in Paris drei Priester gebe, deren Predigten leicht jansenistisch anmuteten – „und Seine Majestät sind erstaunt, etwas so Wichtiges von anderen Leuten als meinem Polizeichef zu erfahren“. Die ermüdendsten Pflichten seines Amts erfüllte er noch unentwegt, zum Beispiel berührte er am 28. Juni nach der Messe zweitausend Kranke und sagte zu jedem: „Der König berührt dich, möge Gott dich heilen.“

Ende Juli machte Ludwigs Gesundheit seinen engsten Freunden Sorge; er war nicht ernstlich krank, aber innerhalb weniger Wochen ein alter Mann geworden; im August erkannten selbst Leute, die wie Saint-Simon auf die Informationen der Kammerdiener angewiesen waren, daß der König nicht mehr lange zu leben hatte.

Nach einer Hetzjagd, die seine letzte sein sollte, hatte er am 10. August Marly aufgesucht, dort Anweisung gegeben, wie man einige Statuen aufstellen sollte, und um sechs Uhr sein geliebtes Marly verlassen – für immer. Als er nach Versailles zurückkam, war er so erschöpft, daß er sich nur mit Mühe und unter Schmerzen bis zu seinem Betstuhl schleppen konnte. Aber am nächsten

Morgen hatte er sich genügend erholt, um die übliche Staatsratssitzung abzuhalten und nach dem Essen nach Trianon zu fahren; es war sein Abschied von Wind und Sonne, die er so geliebt hatte, denn er sollte nie mehr ins Freie gehen. Am 12. gab er zwar zu, daß er Schmerzen im linken Bein habe, bestand abends aber darauf, Madame de Maintenon in ihren Gemächern aufzusuchen.

Es war sein letzter Gang; die Maintenon sah, daß er vollkommen erschöpft war, und wußte, dies war der Tod, mochten die Ärzte noch so entschieden das Gegenteil versichern. Wahrscheinlich argwöhnte Ludwig es auch, aber er kämpfte weiter mit jenem verbissenen Mut, den er von Anna von Österreich geerbt hatte. Am 13. ließ er sich zum Thronsaal tragen, um dem persischen Gesandten eine Abschiedsaudienz zu erteilen – während der ganzen Feierlichkeit stand er, ohne gestützt zu werden.

Aber am 14. konnte er seinen Zustand weder sich noch seiner Umgebung länger verheimlichen. Nach einer schlechten Nacht hörte er die Messe, speiste im Bett und blieb dort bis fünf Uhr. Dann ließ er sich in Madame de Maintenons Zimmer tragen. Am 18. erklärte er sich, wenn auch ungern, damit einverstanden, daß Fagon, sein Leibarzt, in seinem Zimmer schlief, und zwar nur, weil Madame de Maintenon am Ende ihrer Kräfte war. Selbst krank und jetzt achtzig Jahre alt, hatte sie tagsüber Ludwig Trost zugesprochen und nachts auf einer Matratze neben seinem Bett in leichtem Schlummer gelegen. Was auch ihre wahren Gefühle für den König gewesen sein mögen – ihr Verhalten während seiner letzten Tage war untadelig.

Der 20. August, ein Dienstag, war der Anfang des Endes, denn von nun an verließ Ludwig sein Zimmer nicht mehr. Am 24. stellte man an seinem linken Bein den Brand fest. Am 25. ging es Ludwig schlechter; aber es war das Fest des heiligen Ludwig, und der Umstand, daß er im Sterben lag, schien dem König kein ausreichender Grund, von der üblichen Feier dieses Tages abzusehen. Er bestand darauf, daß das gewohnte Zeremoniell eingehalten wurde, daß die Trommeln und Oboen wie sonst vor seinem Fenster spielten, sobald er erwacht sei, und daß ein Orchester von vierundzwanzig Geigen während seines Mittagessens im Nachbarzimmer konzertierte.

Er ließ den Duc d'Orléans kommen und sagte zu ihm:

> Mein lieber Neffe, in meinem Testament habe ich Ihnen alle Rechte gesichert, die Ihnen nach Ihrer Geburt zustehen. Ich lege Ihnen den Dauphin ans Herz; dienen Sie ihm so treu, wie Sie mir gedient haben ... ich empfehle alle meine Diener, hohe und niedrige, Ihrer Güte ... Ich habe, soweit ich konnte, die klügsten und gerechtesten Maßnahmen zum Wohl des Staates getroffen, aber man vermag nicht alles vorauszusehen, und wenn irgend etwas geändert werden muß, handeln Sie so, wie Sie es für das beste halten.

Um sieben Uhr abends erschienen die Maintenon und ihre Damen im Gemach des Königs, wo sich sein Orchester zu einem Konzert zusammenfand, aber die Gäste waren kaum hereingekommen, als Ludwig einschlief. Er wachte bald wieder auf, seine Gedanken waren wirr, aber er nahm sich zusammen, entschuldigte sich wegen seiner Unhöflichkeit und sagte, es sei Zeit für ihn, die Sterbesakramente zu empfangen. Die Damen wurden entlassen, Kardinal de Rohan und Pater Le Tellier traten ein, und er unterhielt sich lange mit ihnen, während die Maintenon sich entfernte, da sie die Tränen nicht länger zurückhalten konnte; sie kam gerade rechtzeitig wieder, um Ludwig sagen zu hören: „... und Sie beide werden dafür vor Gott die Verantwortung tragen." Dann spendete Rohan die Sakramente, und Ludwig sagte zu ihm: „Ich habe lange gelebt, aber wie wenig für Gott."

Am 26. verabschiedete sich Ludwig von seinen Hofleuten mit folgenden Worten:

> Meine Herren, ich muß Sie um Verzeihung bitten, daß ich Ihnen ein so schlechtes Beispiel gegeben habe. Ich danke Ihnen für Ihre Dienste und Ihre immer wieder bewiesene treue Anhänglichkeit. Es tut mir leid, daß ich nicht soviel für Sie habe tun können, wie ich gewollt hätte; die schlechten Zeiten müssen mir zur Entschuldigung dienen ... Ich fühle, daß die Erregung mich übermannt; ich sehe, daß auch Sie bewegt sind. Leben Sie wohl, meine Herren. Ich hoffe, Sie werden manchmal an mich denken, wenn ich nicht mehr bin.

In einer letzten Unterredung mit Villeroi ernannte er diesen zum Gouverneur des Dauphins oder „des jungen Königs", wie er jetzt sagte. Er ordnete an, daß das Kind nach seinem Tod in die reinere Luft von Vincennes gebracht werden und dort bleiben solle, bis Versailles gründlich desinfiziert worden sei. Als Villeroi aus dem Zimmer gegangen war, rief Ludwig seine Bedienten; sie fielen alle auf die Knie, „voll Kummer, einen so guten Herrn zu verlieren", wie einer von ihnen berichtet. Die Bettvorhänge wurden zurückgezogen, und Ludwig dankte allen für die ihm bewiesene Treue; wenn er einen von ihnen gekränkt habe, bitte er um Verzeihung. Vor dem Abschied ermahnte er die höheren Bedienten, die niedrigen freundlich und gerecht zu behandeln, „wie ich es selbst getan habe, so gut ich konnte".

Am 27. sprach er mit den schwierigen Familienmitgliedern, zum letztenmal in der Rolle des häuslichen Friedensstifters, die er immer mit so viel gesundem Menschenverstand und Geduld gespielt hatte; er ermahnte sie eindringlich, in Eintracht und Frieden zu leben.

Es ging jetzt schnell mit Ludwig zu Ende, aber er war während des ganzen Tages bei Bewußtsein; an seinem Bett saß Madame de Maintenon. Bruchstücke ihrer Unterhaltung bewahrte sie für die Damen von Saint-Cyr:

> Ludwig: Ich habe immer sagen hören, man entschlösse sich schwer zu sterben; jetzt, wo ich in dieser furchtbaren Lage bin, finde ich den Entschluß nicht schmerzlich.
>
> Maintenon: Es ist schwer, sich zum Sterben zu entschließen, wenn man seine Beziehungen zu den Mitmenschen nicht geordnet hat oder Haß im Herzen trägt oder eine Wiedergutmachung unterlassen hat.
>
> Ludwig: Wiedergutmachung bin ich keiner Privatperson schuldig, und wegen der, die ich dem Staat schulde, vertraue ich auf die Gnade Gottes.

Dies berichtete die Maintenon den Damen und fuhr fort, der König habe ihr dreimal Lebewohl gesagt. Beim erstenmal versicherte er ihr, daß der Tod ihm nur deshalb Kummer bereite, weil er sie verlassen müsse, und äußerte dann seufzend, sie würden bald wieder vereinigt sein. Beim zweitenmal bat er sie um Verzeihung, daß er sie nicht glücklich gemacht habe; geliebt und hochgeschätzt habe er sie aber stets. Beim drittenmal zeigte er sich besorgt wegen ihrer Stellung in der Welt nach seinem Tode, ließ den Duc d'Orléans kommen und vertraute sie seinem Schutz an.

In der Nacht schlief der König etwas, war aber häufiger wach, und die Anwesenden sahen, wie er ständig die Hände zum Gebet faltete.

Am Sonnabend, dem 31., dem letzten Tag seines Lebens, war Ludwig bis elf Uhr nachts bewußtlos. Dann wurde er durch die Sterbegebete geweckt und sprach sie so laut nach, daß seine Stimme über denen der Priester und der anderen Anwesenden zu hören war; er erkannte sogar den Kardinal de Rohan und sagte zu ihm: „Das ist die letzte Gnade der Kirche." Das waren die letzten Worte, die Ludwig an einen Sterblichen richtete; wenige Minuten vor dem Ende hörte man ihn dann sagen: „Hilf mir, o mein Gott, eile, mir zu helfen!"

Er starb am Sonntag, dem 1. September, morgens um dreiviertel acht, vier Tage vor seinem siebenundsiebzigsten Geburtstag; er war zweiundsiebzig Jahre, drei Monate und achtzehn Tage König von Frankreich gewesen, die längste Regierungszeit der europäischen Geschichte.

MEHR als 280 Jahre sind seit Ludwigs XIV. Tod vergangen, aber noch heute ist seine Gestalt umstritten. Nicht einmal jene sind zu einem endgültigen Urteil gelangt, die sich vorwiegend oder ausschließlich mit dem Herrscher befaßt haben. Geradezu verwirrend aber ist die Fülle widersprüchlicher Meinungen, wenn es sich um den Menschen handelt. Ein gerechter, gütiger Mann, der sich bemühte, das von ihm als recht Erkannte zu tun? Eine aufgeblasene Mittelmäßigkeit? Ein brutaler und selbstsüchtiger Tyrann? Sicher kann dieser in sich widerspruchsvolle Charakter nicht auf eine einfache Formel gebracht werden.

Für Ludwig war es verhängnisvoll, daß er in eine Welt geboren wurde, wo jeder, von seiner Mutter angefangen, in ihm nicht nur den Dauphin sah, sondern ein Wunderwesen, bestimmt, Frankreich zu retten. Einen Halbgott kann man nicht in Zucht nehmen, und gegen Ludwigs Mängel gab es kaum Mittel, wie sie bei gewöhnlichen Sterblichen angewandt werden. Zum großen Teil mußte er seinen Charakter aus der Erfahrung bilden; es sind seine Erfolge, die uns dabei in Erstaunen setzen, nicht sein Versagen. Oft zeigte er sich stolz, selbstsüchtig und anmaßend, doch ebensooft konnte er selbstlos und bescheiden sein.

Lassen wir seinen Stolz auf der Seite – er ist mehr ein Merkmal des Herrschers als des Menschen. Ludwigs Selbstsucht war eigentlich bloß die bis ins Mannesalter bewahrte kindlich-naive Überzeugung, was ihm zusage, müsse auch seiner Umgebung gefallen.

Seine Anmaßung können wir außer acht lassen, denn auch sie war eine Eigenschaft des Königs. Seine Mildtätigkeit, sagt Spanheim, beruhte auf Eitelkeit. Mag sein, aber er übte sie so ausdauernd wie überlegt.

Man ist heute nicht geneigt, in Ludwig einen großen oder guten oder gar genialen Menschen zu sehen, und doch war er dies alles in weit höherem Maße als mancher andere, den die Nachwelt milder beurteilte. Er hatte gewisse Grundsätze, an denen er unbeirrbar festhielt. Als Haupt des Hauses Bourbon erwies er seiner Familie so viel Güte und Großmut wie selten ein Fürst. Vielfach bezeugt sind sein angeborener Gerechtigkeitssinn, seine stets gleiche Gelassenheit. Und etwas von wahrer Größe bekundet sich in der Großherzigkeit, mit der er den Verleumdern seines Regimes begegnete. Sein ganzes Privatleben spielte sich wie unter einem Vergrößerungsglas ab, durch das eine Schar eifersüchtiger und oft undankbarer Männer und Frauen blickte, die ihre Eindrücke aufzeichneten.

Einer so kritischen Betrachtung haben, so scheint mir, wenige Gestalten in der Geschichte besser standgehalten. Belastet durch seine Erziehung, seine absolute Herrschergewalt und die Schmeichelei seiner Umgebung, dennoch in seinem Wesen unverbogen, braucht Ludwig den Vergleich mit keinem Fürsten zu scheuen, über dessen Leben wir so genau unterrichtet sind.

Zeittafel: Ludwig XIV.

1638	Louis-Dieudonné, Dauphin von Frankreich, wird am 5. September als Sohn von Ludwig XIII. und Anna von Österreich geboren.
1643	14. Mai: Tod Ludwigs XIII. Für den minderjährigen Ludwig XIV. übernimmt seine Mutter die Regentschaft.
1646	Kardinal Mazarin wird zum Erzieher Ludwigs ernannt.
1648–53	Frankreich wird durch die Frondekämpfe erschüttert.
1649	5. Januar: Ludwig XIV. muß aus Paris fliehen.
1652	Kardinal Mazarin wird auf Druck der Fronde abberufen. Am 21. Oktober wird Ludwig XIV. bei seiner Rückkehr nach Paris begeistert empfangen.
1654	7. Juni: Ludwig XIV. wird in Reims gekrönt.
1656	Ludwig XIV. lernt Marie Mancini kennen. Offizielle Verurteilung der jansenistischen Lehre
1660	9. Juni: Ludwig XIV. heiratet die spanische Infantin Maria Theresia.
1661	Kardinal Mazarin stirbt am 9. März in Vincennes. Ludwig XIV. übernimmt die Regierungsgeschäfte. Louise de La Vallière wird Mätresse des Königs. Am 1. November wird Ludwig Dauphin geboren, dessen Enkel Ludwig XIV. auf den Thron folgen wird.
1662	Baubeginn in Versailles
1666	20. Januar: Tod der Mutter Ludwigs XIV., Anna von Österreich

1667	Die Marquise de Montespan wird Mätresse des Königs. Im Oktober fallen französische Truppen in Flandern ein.
1672–78	Eroberungskrieg Frankreichs gegen Holland
1678	Mademoiselle de Fontanges wird Mätresse Ludwigs XIV.
1680	Madame de Maintenon leitet Ludwig XIV. zu religiöser Einkehr an.
1682	Der Hof zieht nach Versailles um.
1683	Am 30. Juli stirbt Königin Maria Theresia von Frankreich.
1684	Ludwig XIV. heiratet am 12. Juli heimlich die Marquise de Maintenon.
1685	Aufhebung des Edikts von Nantes. Die französischen Protestanten verlieren alle Rechte der Religionsausübung. Massenflucht der Hugenotten
1688–97	Pfälzischer Krieg
1691	Madame de Maintenon wird die Leitung des Damenstifts Saint-Cyr übertragen.
1701–14	Spanischer Erbfolgekrieg
1710	Am 15. Februar wird der künftige Ludwig XV., ein Urenkel Ludwigs XIV., geboren.
1715	1. September: Ludwig XIV. stirbt in Versailles. Sein Neffe, der Herzog Philipp von Orléans, übernimmt für den unmündigen Thronfolger die Regentschaft.

ELLY HEUSS-KNAPP

Die erste First Lady · Ein Porträt

Eine Kurzfassung des Buches von

Kirsten Jüngling und Brigitte Roßbeck

Mit zahlreichen Fotografien

Elly Heuss-Knapp ist heute vor allem bekannt als Ehefrau des ersten Bundespräsidenten der Bundesrepublik Deutschland. Doch die Zeit in der Villa Hammerschmidt war nur die Krönung eines langen Lebens voller Tatkraft und sozialem Engagement. Insbesondere die Stellung der Frau in der Gesellschaft war es, die ihr am Herzen lag. Ob es um Arbeitsbeschaffung für arme Soldatenfrauen ging oder um Bildungseinrichtungen für „höhere Töchter" – Elly Heuss-Knapp war stets mit guten Ideen und Durchsetzungsvermögen zur Stelle.

Auch ihre schwache Gesundheit konnte sie nicht von ihrer Arbeit abhalten, und sie ging mit festem Herzen und unerschrocken ihren Weg. Darin kann sie uns noch heute ein Vorbild sein.

Straßburg 1881–1905

Draußen am Tor klopft es laut. Die Frau im oberen Stockwerk nimmt den Teekessel mit siedendem Wasser von der Herdplatte. Auf ihrem Gesicht spiegelt sich angespannte Aufmerksamkeit mit einer Spur von Ärger. Schon wieder soll sie hinaus in die klirrende Kälte! Würde ihr nur in diesen Januartagen des Jahres 1881 der eisige Wind, der von den Vogesen her über das Land fegt, nicht so zusetzen. Die Frau am Herd, mittleren Alters und nun um den aufmunternden Tee gebracht, ist erst vor einer guten Stunde nach Hause gekommen, von einer komplizierten Geburt, zu der man sie geholt hatte.

Erneut, mit wachsender Ungeduld und Lautstärke, pocht es gegen das Haustor. Die Hebamme bindet hastig ihre Küchenschürze ab und eilt hinunter. Das Hausmädchen der Familie Knapp fällt fast über die Schwelle, bittet atemlos um schnellen Aufbruch. Bei der gnädigen Frau sei es soweit. Mit beruhigenden Worten wird die vor Kälte und Aufregung Zitternde vorerst in den Flur gezogen und die Tür wieder geschlossen. Mit einem Blick in die stets parat stehende Ledertasche versichert sich die Hebamme, daß alle nötigen Dinge eingepackt sind – das ist wichtiger als ein überstürzter Aufbruch. Sie erinnert sich noch gut daran, wie sie vor etwa eineinhalb Jahren, zur Geburt der kleinen Marianne, viel zu früh ins Knappsche Haus kam, und vermutet, daß auch diesmal die Zeit nicht gar so drängen wird . . .

Sie machen sich auf den Weg. Die fahle Wintersonne wirft lange Schatten auf den stillen Broglieplatz. Vor wenig mehr als einem Monat standen hier noch dicht an dicht die stimmungsvoll geschmückten Holzbuden vom Christkindelsmarkt. Ganz Straßburg schien auf den Beinen. Kinder und Erwachsene überbrückten die Stunden vor dem Heiligen Abend mit sehnsüchtig-staunenden Blicken auf Spielzeug, Lebkuchen, Weihnachtskugeln. Heute ist alles leer geräumt. Schnell ist der langgestreckte

Platz überquert, das alte Rathaus und auch das mächtige gotische Münster sind schon in Sicht. Die letzten Sonnenstrahlen erreichen die mittelalterlichen Fachwerkhäuser nicht mehr. Im Hintergrund schimmert hell der Flußlauf, Auen begleiten die Ill, sanft umfassen deren beide Arme die Altstadt. Am Ufer taucht das Rohanschloß auf – abendlicher Dunst hüllt die Terrasse der ehemaligen fürstbischöflichen Residenz in milchiges Weiß.

Doch für den winterlichen Zauber Straßburgs haben die beiden Frauen heute keinen Sinn. Sie biegen jetzt zum Sandplätzchen ein und stehen gleich vor dem Haus Nr. 5. Eine Schar johlender Jungen stürmt ums Eck und reißt sie beinahe um. Die übermütigen Straßenkinder beantworten die Schimpfkanonade der erbosten Hebamme mit frech-frivolen Rufen in Elsässerdeutsch.

Bei solchen Gelegenheiten ist das junge Dienstmädchen stolz, daß ihr Herr, ein feinsinniger Gelehrter, nur bestes Deutsch spricht und den ihr vertrauten elsässischen Dialekt kaum versteht. Etwas von „Altdeutschen" mit einem wenig schmeichelhaften Zusatz hatten die inzwischen verschwundenen Kinder gerufen, denn nach der ungeliebten Angliederung des Elsaß an das Deutsche Reich sind zugezogene Deutsche, Altdeutsche eben, nicht bei allen Straßburgern gut gelitten. Und zu den aus dem Reich stammenden Deutschen gehört auch Professor Georg Friedrich Knapp, der ungeduldig an der Tür wartet. Licht fällt auf die Stiegen, angenehme Wärme strömt aus der geräumigen, bürgerlich-behaglich eingerichteten Wohnung.

Nun kommt Bewegung in den Haushalt, man beruhigt die wegen der allgemeinen Hektik schreiende Marianne und setzt noch einmal Teewasser auf. In der Zwischenzeit hat die Geburtshelferin ihre Hände gründlich mit einer Bürste bearbeitet und dann eine blütenweiße lange Schürze um den hageren Körper gewickelt. Sie eilt mit der voluminösen Ledertasche ins Schlafzimmer. Der Professor, sonst eher zurückhaltend und gelassen, kann seine innere Unruhe nicht verbergen. Höflich, aber mit Nachdruck, wird er ins Studierzimmer verbannt. Was jetzt komme, sei reine Frauensache. Ein Blick auf die Hochschwangere, ein kurzes Abtasten bestätigen die Vermutung der

Hebamme: Das Kind wird noch ein paar Stunden auf sich warten lassen. Vorsichtshalber will sie jedoch im Hause bleiben.

Lydia Knapp ist durch den mütterlichen Zuspruch der Hebamme und die sehr regelmäßigen Wehen etwas ruhiger geworden. Die Hebamme setzt sich zu ihr ans Bett und streichelt aufmunternd die Hand der jungen Frau. Die Frau Professor wirkt so ganz anders als eine Elsässerin, stellt sie bei sich fest, schmal und zerbrechlich, mit hohen Backenknochen und apartem Augenschnitt. Ein wenig sieht ihr die kleine Marianne ähnlich, und vielleicht vererbt sie diesem zweiten Kind auch das wunderbar volle, leicht wellige Haar. Sehr gebildet soll sie sein. Eine Adelige, sagen die Leute, sei sie auch . . . Der letzte Gedanke reißt ab, denn das ungeteilte Interesse der Hebamme gilt jetzt dem endlich bereitgestellten heißen Tee.

Georg Friedrich Knapp hat sich zurückgezogen, kann die verordnete Isolation aber nur schwer ertragen. Bilder, längst in der Vergangenheit versunken, werden mit einem Mal wieder lebendig, führen ihn zurück zu einer Begegnung vor acht Jahren. Professor war er auch damals schon, in Leipzig, wo er Nationalökonomie lehrte. Eines Tages erschien eine auffallend aparte, selbstbewußt auftretende Achtzehnjährige in seiner Seminarstube. Es war Lydia von Karganow, aus georgischem Adelsgeschlecht stammend. Ihr Vater, Joseph von Karganow, war Generalmajor in Tiflis, die Mutter eine geborene Fürstin Bebutow. Die junge Georgierin erklärte ihm damals unumwunden, als Gasthörerin seine Vorlesungen besuchen zu wollen, und bat um die notwendige Zustimmung, denn anders war ein Studium für Frauen nicht möglich.

Schon nach diesem ersten Gespräch, erst recht während des Semesters, hatte die Studentin bei ihm, dem dreizehn Jahre Älteren, einen unauslöschlichen Eindruck hinterlassen: hübsch, charmant, sprühend vor Temperament, vielseitig interessiert und begabt, sieben Sprachen beherrschend. In diesem Sinne mußte er auch gleich seinem Kollegen und Freund Lujo Brentano berichten, nämlich, daß sie weder alt noch häßlich sei und ihn veranlasse, so „die Frauenbewegung durchzumachen“. Lydias mutiger Schritt imponierte dem Professor, da doch wissenschaftlich ambitionierte Frauen meist auf Kritik und Ablehnung vieler Kollegen und nicht zuletzt der Kommilitonen stießen.

Das „Mädchen aus dem Morgenland“ blieb bei ihm, tauschte Tiflis gegen Leipzig und Leipzig gegen Straßburg ein.

Nach dem Deutsch-Französischen Krieg und der Übernahme von Elsaß-Lothringen ins Deutsche Reich war Professor Knapp dem Ruf an die neugegründete Straßburger Kaiser-Wilhelm-Universität gefolgt. Deutsche und französische Kollegen sollten die Fakultäten aufbauen, neue sowie traditionelle wissenschaftliche Disziplinen vertreten und vor Ort die nationale Reichspolitik wirkungsvoll unterstützen. Georg Friedrich Knapp ist von seiner Mission überzeugt. Er lebt gern im Elsaß, liebt die Stadt und hofft, daß sie auch seiner Frau und den Kindern Heimat bleibt.

Der 25. Januar 1881 ist gerade 45 Minuten jung, als Professor Knapp durch einen Schrei aus seinen Gedanken gerissen wird. Eine zweite Tochter, Elisabeth Eleonore Anna Justine, hat gerade das Licht der Welt erblickt. Aus der feierlichen Vornamenfolge wird bald kurz und bündig Elli und irgendwann einmal Elly. Das Kind entwickelt sich zu einem energischen kleinen Persönchen.

Die Mutter aber kann Kindheit und Jugend, ja das weitere Leben ihrer Töchter kaum mehr aktiv mitgestalten. Bald nach Ellys Geburt erkrankt sie schwer und verliert das seelische Gleichgewicht. Über Jahrzehnte wird Lydia Knapp in Sanatorien betreut, immer aber lebt sie in der Nähe ihres Mannes, der sie regelmäßig besucht. Vor allem in der ersten Krankheitszeit hält sie sich noch gelegentlich bei ihren Kindern auf.

Tante Lella, die in Basel verheiratete Zwillingsschwester des Professors, Ehefrau des Apothekers Dr. Geiger, vertritt als „Mamli“, sooft es geht, Mutterstelle. Ein Defizit bleibt. „Ich habe“, wird Elly Knapp als junge Frau eingestehen, „immer eine große Sehnsucht nach verstehender, mütterlicher Liebe gehabt . . . Der Papa wirkt nur auf das geistige Leben. Und alles, was mich sonst bewegt, kann ich nirgends aussprechen . . . Dadurch wird es fast qualvoll.“

Neben Tante Lella prägt ein weiteres Familienmitglied Ellys Kindheit entscheidend mit: der heißgeliebte, bewunderte Großvater Knapp. Er bringt die Seele des Kindes zum Schwingen und ihr junges Leben ins rechte Gleis.

Im Mai des Jahres 1881 steht der siebzigjährige Chemiker und Geheime Rat Friedrich Ludwig Knapp zusammen mit seiner Frau auf dem Bahnhof in Braunschweig. Sie hatten wahrlich nicht erwartet, wenn auch nur auf Zeit, Elternstelle bei dem nur vier Monate alten Enkelkind übernehmen zu müssen. Etwas unbehaglich fühlt sich Großvater Knapp schon. Wie wird er, wie wird seine feurig-temperamentvolle Elise auf die mit Unbequemlichkeiten verbundene Kinderbetreuung reagieren? Kaum ist der Zug eingefahren, winkt auf dem Perron die vom Sohn mitgeschickte Amme und reicht ihnen zuerst das winzige Kindchen hinunter, dann das umfangreiche Gepäck. Lachend streckt Elly ihrem Großvater die Ärmchen entgegen, der Bann ist gebrochen: es ist Liebe auf den ersten Blick.

Friedrich Ludwig Knapp trägt sein Enkelkind zur Taufe in den Braunschweiger Dom, an seiner Hand tut es die ersten ungelenken Schritte, seinen Lehnstuhl bewacht Elly, während er Kolleg hält, und sie erwartet sehnsüchtig des Großvaters Rückkehr. Seiner klangvollen Stimme lauscht sie gebannt, hört immer neue Geschichten und über Generationen angereicherte Ahnenanekdoten.

Als die Zweijährige schließlich ins Straßburger Elternhaus zurückkehren soll, sind beide untröstlich: Das Kind verweigert zunächst die Nahrung, und der Großvater schreibt einen verzweifelten Brief, weil er es auf die Trennung nicht vorbereitete. Man einigt sich darauf, daß Elly alle Ferien mit den Großeltern, auch mit Tante Lella und deren Kindern, verbringen wird. Ihr gemeinsames, bevorzugtes Ziel ist dann das idyllische Städtchen Miltenberg am Main.

Heute, die Großeltern halten ihren wohlverdienten Mittagsschlaf, rennt Elly – wie jeden Tag um diese Zeit – vom Hotel „Zum Engel“ über den mittelalterlichen Miltenberger Markt, am Brunnen vorbei hinüber zum Marienbild. Dort wartet schon ein ganzes Rudel Kinder auf die kleine Geschichtenerzählerin. Während sie die Straßenkinder mit dem großväterlichen Bildungsgut bestens unterhält, liegt eines von ihnen, das abgerissenste, über ihren Knien. Elly hat Nadel und Faden mitgebracht und verwandelt mit ungeschickten Fingern die Löcher in den Kleidern und Hosen in hochstehende „Hörner". Dabei übersieht sie zunächst Tante Lella, die nun halb augenzwinkernd, halb ernsthaft darauf hinweist, daß sich Ellys Begabung zum Märchenerzählen noch in keiner Weise mit der zum Flicken vergleichen ließe. Jeder Abschied von Miltenberg und vom Großvater wird zum Drama. So schwer trennt sich Elly, daß sie einmal nach einem solchen Ferienaufenthalt aus dem Fenster des Eisenbahnwaggons springt, als der Zug zur Abfahrt nach Straßburg bereitsteht. Wütend und enttäuscht muß sie aber trotzdem die Heimreise antreten, denn unverzüglich wird die Ausreißerin auf ihren Fensterplatz zurückbefördert.

Ellys Gefühl für Sprachrhythmus, für Satzmelodien wird früh geprägt. Fasziniert lauscht sie, wenn der Großvater auswendig Goethes „Faust" zitiert. Bald beherrscht sie selbst ein beachtliches Klassikrepertoire und englische Balladen, jedoch ohne vorerst deren Sinn zu erfassen.

Mit Vater und Großvater spricht Elly Texte und Gedichte auch zweistimmig, ganz so, wie andere zweistimmig singen. Nicht nur in diesem Punkt, auch sonst weicht die Erziehung der Knapp-Töchter von den gängigen gutbürgerlichen Vorstellungen ab. „Wir wurden in Freiheit dressiert", wird Elly ihre und der Schwester Marianne Kindheit treffend charakterisieren.

Vom Sandplätzchen ist man schnell auf der Rohanschen Schloßterrasse, einem idealen Ort für Kinderspiele. Laut und lebhaft geht es da zu. Sehnsüchtig schaut Elly den kleinen Elsässern zu, rennt kurz entschlossen hinüber und versteht mit Mühe eine Drohung. Tritte werden darin angekündigt, die offenbar auf die untere Rückseite des Körpers zielen. Trotzdem, sie ist dabei, setzt sich durch, wird rasch akzeptiert und mittels eines „Sündenfalls" auf Belastbarkeit getestet: Hoch auf einen schmalen Säulensockel hat man die kleine Änne gesetzt, die nun ängstlich flehend weint. Allein schafft sie den Absprung nicht. Eines der Kinder macht den Vorschlag, sie dort oben sitzen zu lassen und wegzulaufen. Eher ein Befehl, dem, natürlich wider besseres Wissen, auch Elly gehorcht. Gestraft wird sie dafür nach der Beichte beim Vater nicht, stellt sich aber selbst in die Zimmerecke und schluchzt: „Ich weiß nicht, ob ich Bauchschmerzen habe oder ein schlechtes Gewissen."

Als im Straßburger Universitätsviertel die neuen repräsentativen Straßen und Häuserzeilen mit herrschaftlichen Wohnungen fertiggestellt sind, bezieht eine davon die Familie Knapp. In der Ruprechtsauer Allee wohnen vorwiegend Professoren, Beamte und Offiziere. Sie sind, teils mit Frauen und Kindern, aus ganz Deutschland hierhergekommen. Ellys Aktivitäten verlagern sich darum in die angrenzenden alten Befestigungsanlagen und in den Universitätsgarten. Von dort dringen Marianne, Elly und ihre Freunde durch ein Kellerfenster in das Physikalische Institut ein und stibitzen Quecksilber, das sich so herrlich zu Kügelchen zerteilt. Oder man entfacht gemeinsam an den Franzosenwällen einen „Präriebrand", um zu sehen, wie sich ein Feuer ausbreitet. Und wie reagiert Professor Knapp auf die Missetaten seiner Töchter? Mit einem achselzuckenden „Ach" und schweigendem Vertrauen!

Elly Knapps Schulkarriere läßt in gewisser Hinsicht zu wünschen übrig. Und das nicht nur, weil Mädchenbildung zwar allgemein, auf keinen Fall aber gelehrt ist. In zumeist privaten, auch klösterlichen Höheren Töchterschulen werden neben naturwissenschaftlichen Grundkenntnissen mehr praktische, ästhetisch-literarische, aufs Gemüt zielende Kenntnisse vermittelt. Derartige Beschränkungen werden um diese Zeit schon von vielen Frauen heftig beklagt, vor allem Lehrerinnenverbände bekämpfen vehement das Schulwesen, das die Mädchen so deutlich benachteiligt. Für Elly und ihre Altersgenossinnen kommt diese Entwicklung fast zu spät. Erst 1889 wird die Lehrerin und Frauenrechtlerin Helene Lange allererste Kurse einrichten, die Mädchen zum Abitur führen und ihnen ab 1896 externe Prüfungen an Knabengymnasien ermöglichen. Noch „biegt sich" nach Augenzeugenberichten „ein Schulrat vor Lachen", als man ihn um die Überlassung von Schulräumen für die Vorbereitung von Mädchen auf das Abitur bittet. Aber „. . . das Lachen wich einem erstaunten Schweigen und an manchen Stellen auch ehrlicher Anerkennung, als die ersten sechs Frauen Ostern 1896 das Abiturientenexamen mit bestem Erfolg bestanden. Sie hatten, nach Ansicht des Kultusministers, ‚reichlich, zum Teil mehr geleistet als unsere jungen

Männer'." Nachdrücklich fordern aufgeklärtere Zeitgenossen die notwendige Vertiefung der Frauenbildung. Zu ihnen gehören auch die Professoren Delbrück und Harnack, und beide sind mit Tanten von Elly Knapp verheiratet.

Derweil wartet die kleine Elly Knapp in Straßburg schon ungeduldig auf den ersten Schultag. Ungeduldig vor allem, um Kenntnisrückstände gegenüber der nur wenig älteren, aber bereits schulpflichtigen Schwester aufholen zu können. Eines Tages geht es endlich an der Hand ihrer häuslichen Erzieherin zur Lindnerschen Privatschule. Das Institut ist erst kürzlich von Breslau ins Reichsland Elsaß-Lothringen verlegt worden, um „guten deutschen Unterricht" zu vermitteln. Fräulein Lindner ist reizend, sie hat, welch seltene Eigenschaft bei Lehrpersonen, eine besondere Vorliebe für unbequeme Schülerinnen. Die überschlanke, großgewachsene Schulleiterin ist ganz Dame, im klassisch hochgeschlossenen dunklen Kleid allerdings etwas einschüchternd. Zunächst nimmt sie Ellys Eingangsprüfung vor. Elly hatte sich das Lesen halbwegs selbst beigebracht – die Betonung liegt auf halbwegs. Doch als ihr nun ein Gedicht zur Leseübung vorgelegt wird, kennt sie es auswendig. Das „Lesen" geht darum ungewöhnlich glatt, und außerdem macht das Kind einen aufgeweckten Eindruck. So kommt Elly ohne Widerspruch direkt in die zweite Klasse. Unerwartete Wissenslücken stellen Fräulein Lindners Vorliebe auf eine harte Probe, lassen sich aber mit der Zeit schließen. „Das Einmaleins war mein persönlicher Feind und ist es bis heute geblieben", wird Elly Jahrzehnte später gestehen und dennoch hinzufügen: „Ich ging vom ersten Tag an gerne in die Schule."

Daß Elly hinsichtlich ihrer Rechenkünste nicht kokettiert, zeigt der folgende amüsante schriftliche Dialog. Sie führt ihn als Sechsundzwanzigjährige mit Theodor Heuss, ihrem Verlobten, der dann, kurz vor ihrer Hochzeit, die intensive Wohnungssuche in Berlin übernimmt.

> *Elly:* Liebster, ich bin fabelhaft aufgeregt über die Wohnung. Sie gefällt mir sehr . . . Aber über die Größe der Stuben bin ich sehr im Unklaren. Du schreibst Balkon acht Quadratmeter. Das ist heller Unsinn . . . Wenn alle anderen Angaben ebenso ungenau sind . . .

Theodor: Und dann bitt' ich Dich, unmaßgebliche Schätzungen, die ich aus der Erinnerung mache, nicht gleich ‚hellen Unsinn' zu heißen, denn sonst werd' ich Dir nachweisen müssen, daß Du Grundrißpläne nicht richtig lesen kannst . . .

Elly: Eben habe ich erst rausgekriegt, daß Du ganz recht hast, wenn Du Dir nix gefallen lassen willst, was die Maße anbetrifft. Nämlich *ich* hab' hellen Unsinn gemacht, weil . . . ich gedacht habe, das sei acht Meter Länge und acht Meter Breite im Quadrat. Also sechzehn Quadratmeter. Jetzt ist es mir langsam gedämmert, daß es vier Länge und zwei Breite sein kann . . .

Theodor: Ich muß bedenklich den Kopf schütteln, denn Dein mathematisches Talent ist noch geringer, als Du selbst glaubst. Wie acht Quadratmeter zustandekommen können, hast Du ja wohl eingesehen; aber Du produzierst dabei, indem Du Dich korrigierst, eine neue heillose Ansicht: wenn Du meinst, ein Viereck, das acht Meter lang und acht Meter breit ist, habe 16 Quadratmeter. Nein: vierundsechzig Quadratmeter. Das muß ich Dir zur Beruhigung meiner mathematisch empörten Seele mitteilen!

DER KURZE Weg zwischen Universität und Ruprechtsauer Allee gibt Professor Knapp stets Gelegenheit, seine Gedanken zu ordnen, bevor er den Arbeitsplatz an der Hochschule mit seinem häuslichen Studierzimmer vertauscht. Nach der Vorlesung hat er noch mit besonders interessierten Studenten zusammengesessen. Immer wieder ist er erstaunt und erfreut über den großen Wissensdurst dieser jungen Menschen. Und weil er überzeugt ist, daß Professoren neben Berufswissen auch Orientierungs- und Lebenshilfe leisten sollten, geht er stets geduldig auf seine Hörer ein. Heute ging es um die schwierige Frage der französischen Kriegsentschädigungen. Wie, so wollten die Studenten wissen, hat sich die Erhöhung der Geldmenge auf die deutsche Wirtschaft ausgewirkt? Über zwei Milliarden Goldmark, etwa die Hälfte der Zahlungen, sollen doch direkt in die Wirtschaft geflossen sein. Um so erstaunlicher sei es, so die Überlegung, daß der erwartete, dauerhafte Aufschwung ausbleibe. Für seine nächste Vorlesung hatte Professor Knapp eine Erklärung zugesagt, und nun läßt er die jüngste fiskalische Entwicklung noch einmal Revue passieren: Neben einer verantwortungsvollen Verwendung des Geldsegens gab es auch skrupellose Machenschaften von Spekulanten. Der wirtschaftlichen Aufbruchstimmung unmittelbar nach der Reichsgründung ist inzwischen eine gewisse Zurückhaltung gefolgt. Das rasche wirtschaftliche Auf und Ab hatte die Unternehmer verunsichert. Nur bei den Preisen ist eine eindeutige Entwicklung abzulesen – sie steigen ständig! Am härtesten trifft das die kleinen Leute. Manchen droht jetzt bitterste Armut. Doch wegen des Überangebotes an Arbeitskräften fehlt jedes Druckmittel auf die Unternehmer. Löhne und Gehälter werden eher gesenkt als angehoben. Kein Wunder, daß Gewerkschaften und linke Parteien immer aggressiver reagieren. Eine Patentlösung gibt es offensichtlich nicht. Vielleicht sollte sich der Staat deutlicher einmischen und versuchen, einen Interessenausgleich zwischen Arbeit und Kapital herzustellen.

Professor Knapp wird von den Straßburger Studenten geachtet. Nicht nur wegen seiner kenntnisreichen nationalökonomischen und wirtschaftsgeschichtlichen Vorlesungen. Seine sprachgewandten Formulierungen sind ein Genuß, und er zählt zu den wenigen Hochschullehrern, die geeigneten Kandidaten auch ohne offizielle Zugangsberechtigung ein Studium ermöglichen. Und gerade diese Studenten, meist mit Lebens- und Berufserfahrung, gehören zu seinen besten.

Knapps persönliche liberale Grundhaltung steht mitunter im Gegensatz zum offiziellen wilhelminischen Credo. Bismarck hatte mit seinem Einverständnis rechnen können, viel mehr noch Kaiser Friedrich III., dem dann aber nur 100 Tage Regierungszeit vergönnt waren. Seine jetzigen Vorbehalte gegenüber dem jungen Wilhelm II. betrachtet der Professor lieber als Privatsache.

Seit die Töchter den Kinderschuhen entwachsen sind, bemüht sich Georg Friedrich Knapp zwar um systematische Erweiterung ihres Bildungswissens, doch wichtige Entwicklungen in Politik und Wirtschaft erörtert er lieber mit Freunden. Daß die jungen Damen dabei zuhören können, ist dennoch selbstverständlich. Werden im Gespräch allgemeine Themen behandelt, dürfen Marianne und Elly auch ihre Meinung äußern.

Während der Vater noch Hut und Mantel ablegt, dringt aus seinem Arbeitszimmer Ellys klare Jungmädchenstimme. „Frei sei'n wie Schwalben, die Dichter ...", deklamiert sie, dabei auf und ab schreitend, mit viel Pathos Friedrich Hölderlins „Wanderung". Hölderlin steht ganz hoch in ihrer und ihres Vaters Gunst. Nicht so sehr in der ihrer Schwester. Die sitzt am Schreibtisch, beide Zeigefinger demonstrativ in die Ohren gesteckt, und studiert ihre schon arg mitgenommene Sternenkarte. Nach dem Eintreten setzt Professor Knapp zunächst das von Elly begonnene Gedicht fort und beginnt anschließend mit der täglich abgehaltenen „Sprechstunde". Um beiden Töchtern und ihren stark abweichenden Vorlieben gerecht zu werden, schwanken die behandelten Gegenstände erheblich. Wegen der Älteren wurden sie wochenlang darin unterwiesen, chemisch reines Gold herzustellen. Mal wurden aus Borax und Kobalt blauschillernde Perlen gezaubert, dann wieder geometrische und mathematische Aufgaben gelöst. Widerstrebend schlägt Marianne das Astronomiebuch zu, denn heute bestimmt Elly das Programm. Gleich wird sie nach „ihrem" Hölderlin die Bibel oder „Don Carlos" aus dem raumfüllenden Bücherbord ziehen.

Wie sehr Professor Knapp seine beruflichen Verhaltensweisen unbewußt auf das Zusammenleben mit seinen Töchtern überträgt, wird Elly später bewußt: „Wir wurden zu Hause eigentlich überhaupt nicht erzogen, sondern nur unterrichtet." Und das ist ihr Glück, denn die Lindnersche Mädchenschule verläßt Elly Ende Juli 1896, mit erst 15 Jahren. Was die Schule nicht leistet, schöpft Elly aus dem kultivierten Familienleben. Der Grundstein für eine ungewöhnliche persönliche und berufliche Entwicklung ist bereits gelegt.

Noch nichts deutet im kommenden Jahr auf eine sich abzeichnende Frauenkarriere hin, im Gegenteil: es wird verbummelt! Einen Beruf zu ergreifen war im allgemeinen noch nicht üblich, also besucht Elly Knapp frühmorgens eine stille Messe im katholischen Münster. Als Lutheranerin vertritt sie zwar die Ansicht, daß diese Kirche von innen den Katholiken und nur von außen auch den Protestanten gehöre, aber Elly liebt ganz Straßburg, warum nicht auch das ganze Münster! „... und dazu kam die Tanzstunde und machte die pietistische Konfirmandin wieder

Oben: Die Kaiser-Wilhelm-Universität in Straßburg

Rechts: Diese Aufnahme von Elly Knapp stammt aus dem Jahr 1897.

weltlich." Auch was sie in Miltenberg erst sehr unzulänglich beherrschte, wird nun emsig geübt: In der Münstergasse lernt Elly nähen. Das junge Mädchen müßte aber gegen seine aufgeschlossene und begeisterungsfähige Natur leben, wenn da nicht Menschen wären, die es ganz in sein Leben einschließt – Menschen, die einmal deutlich Spuren hinterlassen werden: der Straßburger Freundeskreis und der Politiker Friedrich Naumann.

Die Gleichgesinnten um Elly und Marianne Knapp suchen nach Wegen aus den Konventionen. Auf ihrem Programm stehen gemeinsame Radtouren nach Norddeutschland und in die Schweiz, man spielt Tennis, nutzt jede Gelegenheit zum ausgelassenen Feiern. Sie verschließen sich aber nicht vor brennenden Problemen und sind keinesfalls blind gegenüber der sozialen Frage. Am „Aufbruch in eine neue Zeit" wollen sie aktiv beteiligt sein. Teils bewußt, teils unbewußt folgen sie einem gesellschaftlichen Trend: Sie gehören zu den Vorreitern der deutschen Jugendbewegung. In dieser eingeschworenen Gemeinschaft bildet Elly Knapp ein emotionales Zentrum. Die Freunde werden sie in der Erinnerung als „lebendig und aufgeschlossen, begeisternd und mutig, geistreich, drollig, voller Humor, dabei immer weiblich und voller Charme" beschreiben. Mit der Freude am Radeln stehen Elly und ihre Schwester nicht allein da. Radwandern und Radausflüge sind zur Jahrhundertwende bereits ein volkstümliches sportliches Vergnügen.

Von einem solchen Radelausflug ist man gerade zurückgekehrt, und junge Herren und Damen stürmen den Salon. Ellys Vater hatte die Invasion schon vorausgesehen und rechtzeitig den Rückzug angetreten. Nachdem das Hausmädchen Kaffee und Gebäck hergerichtet hat, schallt lautes Lachen aus der Stube. Fritz Haas liest gerade seinen geistreichen „Radelfaust" im Stile Goethes. Ellys Blick geht hinüber zu Walter Leoni, dem engagierten städtischen Beigeordneten. Warum bemerkt er nicht, daß sie sich alle Mühe gibt, mehr als seine wohlwollend freundliche Zuneigung zu gewinnen? Sicher, Leoni hat einen komplizierten Charakter. So fühlt sich Elly einerseits herausgefordert, weiß andererseits aber auch, daß sie sich immer „um seine Verzwicktheiten drehen" müßte. Zudem ist er ein „Chic-Mensch", legt ihr zu großen Wert auf Äußerlichkeiten. Dennoch, sie will die Hoffnung noch nicht aufgeben.

Helene Bresslau, Tochter eines anderen Straßburger Professors, des jüdischen Historikers Harry Bresslau, sind Ellys Blicke nicht entgangen. Sie weiß, wie es um die Freundin steht. Seit langem fühlt sie sich einem anderen Mitglied dieses Kreises in Liebe verbunden. Seit langem hofft auch sie auf einen Antrag. Das Ziel ihrer Wünsche, Albert Schweitzer, hat inzwischen begonnen, einen umwerfenden Entschluß zu erklären. Er kündigt gerade an, umsatteln und noch Medizin studieren zu wollen. Anschließend werde er im afrikanischen Urwald arbeiten. Die Freunde lachen ihn aus, was will er denn noch alles tun? Neben seiner Arbeit als Theologe beschäftigt er sich wissenschaftlich mit Musik, arbeitet an einer Bachbiographie und gilt als exzellenter Orgelspieler. Helene Bresslau weiß es besser: Schweitzer wird auch diesen Vorsatz konsequent ausführen. Sie schweigt und wird handeln. Um einen Platz im Universum dieses Mannes zu gewinnen, muß Helene die Arbeit als städtische Waiseninspektorin in Straßburg aufgeben und eine Ausbildung zur Krankenschwester machen. Sie wird ihm schließlich nach

Lambarene folgen, aber erst dann wird die bereits Dreiunddreißigjährige Albert Schweitzers Frau.

Inzwischen hat die kluge, von allen bewunderte Else Gütschow das Wort ergriffen. Als erste Gasthörerin an der Straßburger Universität sammelt sie Material über Papst Innozenz III. und läßt den Freundeskreis am Fortgang ihrer Studien teilhaben. Else hat ihre große Liebe schon gefunden. Freund Polaczek, Kunsthistoriker, betet das zarte junge Mädchen an. Ihre Heirat ist nur noch eine Frage der Zeit. Elly schreckt auf, als Alexander Dominicus sie bittet, eines ihrer lustigen Theaterstücke zu schreiben, das man zur nächsten Geburtstagsfeier gemeinsam aufführen wolle. Elly sagt selbstverständlich zu.

Als die Besucher aufbrechen wollen, holt sie noch schnell die am Morgen bereitgelegte Wochenzeitschrift *Die Hilfe.* Die Freunde haben das Blatt ebenfalls abonniert und den aufgeschlagenen Artikel von Friedrich Naumann bereits gelesen. Rasch entbrennt eine lebhafte Diskussion über das fehlende soziale Engagement in der nationalen Politik, und der eben noch geplante Abschied verzögert sich um eine volle Stunde.

Friedrich Naumann beeinflußt Elly Knapps Haltung, Handeln und Denken noch nachhaltiger als der Vater und der Großvater. Wie erklärt sich dieses Charisma des evangelischen Pfarrers und nationalsozialen Politikers? Womit fesselt er Tausende, die sich bei seinen Reden versammeln? Elly schildert das Phänomen so:

> Ich hatte von Friedrich Naumann zunächst die „Andachten“ kennengelernt, die jede Woche in seiner *Hilfe* standen. Das war eine ganz neue Sprache. Man hörte Antwort auf alle Fragen . . . Naumann war ein Mann unserer Tage, man lernte bei ihm neues Fragen . . . Daß Naumann aus dem Pfarramt in die Politik gegangen war, erfuhr ich beim Tanzen von dem klügsten meiner Jugendfreunde, Walter Leoni, und die *Hilfe* hielt ich von meinem Taschengeld, das vier Mark im Monat betrug. Alles, was darin stand, wurde verschlungen . . . Einzelheiten habe ich vielleicht mißverstanden, und mein Wissen war sehr lückenhaft, aber die Erkenntnis, daß Nationalgefühl eine leere Phrase ist, wenn es nicht zur Verantwortung für das Volk führt, daß die „Menschwerdung der Masse“ zusammengehen müsse mit der Geltung Deutschlands in der Welt, die war mir in Fleisch und Blut übergegangen.

Der Sozialreformer Friedrich Naumann hält das Zusammenwirken von Christentum, liberalem Kapitalismus und Sozialismus für den einzig richtigen politischen Weg. Durch aktive Sozialpolitik soll die Arbeiterschaft im neu entstandenen Nationalstaat ein Zuhause finden – extremen Strömungen will er damit Einhalt gebieten. Was Naumann von vielen anderen Politikern seiner Zeit unterscheidet, sind die lockere Natürlichkeit, seine einfache, klare Sprache und sein analytischer Verstand. Friedrich Naumann bringt Probleme mit wenigen Worten auf den Punkt. Er ist für eine ganze Generation eine Persönlichkeit mit suggestiver Kraft, Temperament, Humor und Phantasie.

Daß es Elly Knapp gelingt, Naumann persönlich zu begegnen, erreicht sie durch einen großherzigen Entschluß. Im Oktober schreibt sie:

> Hochverehrter Herr Pfarrer, als mir in diesen Tagen ganz unerwartet ein kleines Legat zufiel, war es mein erster Gedanke und meine erste Freude, ihnen einen Teil davon für die nationalsoziale Sache zur Verfügung zu stellen. Verzeihen Sie, daß ich Ihnen die kleine Summe persönlich sende, anstatt an die Geschäftsstelle ... Ich möchte so gerne die Gelegenheit benutzen, um Ihnen zu danken für alles, was Sie seit Jahren, ohne es zu wissen, mir geschenkt haben. Ich kann sagen, daß Sie keinen geringen Teil an meiner Erziehung hatten ... Und Ihnen habe ich es zu danken, daß mir seither alle die sozialen Gedanken immer mehr zum Lebensinteresse und Lebensinhalt werden. Bitte nehmen Sie den kleinen Beweis meiner großen Dankbarkeit freundlich an. In herzlicher Verehrung
>
> Ihre Elly Knapp

Die ebenso praktische wie lebenskluge Elly überläßt nur wenig dem Zufall. Selbstverständlich hat sie den Anteil an ihrer Erbschaft aus innerer Überzeugung gespendet, und selbstverständlich wird Naumann darauf persönlich reagieren müssen. Durch die familiären Kontakte zu zeitgenössischen Persönlichkeiten weiß Elly, daß Naumann mit Professor Lujo Brentano freundschaftlich verkehrt. Sie wiederum tut dies mit Brentanos Tochter Sissi, und die hatte sie nun gebeten, in ihrem Interesse zu handeln.

IM MAI 1903 nehmen die Baseler Verwandten Elly Knapp in die Tiroler Sommerfrische mit. Ausgedehnte Wanderungen über buntblühende Bergwiesen wechseln ab mit kurzen Spaziergängen oder gemütlichen Lesepausen im Liegestuhl. Bis vor einer halben Stunde war Ellys Ferienwelt noch in Ordnung. Da nämlich war ihr vom Hausdiener des Hotels ein Brief überreicht worden. Die Handschrift von Sissi Brentano! Naumann komme zu ihnen nach Ambach, in wenigen Tagen! Elly ist sofort entschlossen: Sie wird nach Bayern fahren.

VOM KAFFEETISCH im Garten geht der Blick weit über den Starnberger See. Am Ambacher Steg drängt sich die Schar der Ausflügler, das Schiff nach Seeshaupt kommt. Elly hat sich neben Sissi gesetzt. Ihr Mund ist vor Aufregung ganz trocken, der Kuchen will gar nicht schmecken. Denn an ihrer anderen Seite sitzt, sie kann es noch immer nicht fassen, Friedrich Naumann. Wie eine alte Bekannte hatte er sie begrüßt und ihr dann warmherzig für die großzügige Spende gedankt. Das Wichtigste aber ist, daß sie am Tisch sitzen bleiben darf, während Naumann und Brentano mit ihrem angeregten Gespräch beginnen. Angestrengt und aufmerksam lauscht Elly der lebhaften Debatte. Naumann holt sich sozialpolitischen Rat. Von Syndikaten ist die Rede, vom Tarifvertrag, von Maßnahmen des Staates gegenüber den Machtansprüchen der Trusts. Auch das Wort Fusion hört sie zum erstenmal in ihrem Leben. Entsetzt stellt Elly fest, wie wenig sie von all dem versteht. Den Besuch seiner Universitätsveranstaltungen hatte der Vater ihr nie erlaubt, und in seinen Volkshochschulkursen war er darauf nicht eingegangen. Auf dem Gartentischchen liegt Sissis Briefpapier. Elly beginnt, sich die vielen unbekannten Begriffe zu notieren. Noch in der Nacht wird das „Handwörterbuch der Staatswissenschaften“ in Brentanos Hausbibliothek gesucht und jedes Wort nachgeschlagen.

Im Jahr darauf kommt Friedrich Naumann zu Vorträgen nach Straßburg. Nicht nur Elly, auch ihre Freunde folgen Naumann in den nächsten Tagen auf Schritt und Tritt. Darüber und wie ungewöhnlich, oft unmöglich, die Teilnahme von Frauen an solchen Veranstaltungen noch ist, berichtet sie:

__Oben:__ Elly Knapp (links) und Theodor Heuss 1905 in fröhlicher Runde in Bayern

__Rechts:__ Elly Knapp (rechts) mit Friedrich Naumann und Sissi Brentano 1903

> Am nächsten Tag war Versammlung im Roten Haus in Schiltigheim, politische Versammlung, Bier, Rauch und Debatte mit den Sozialdemokraten. Nur zehn bis zwanzig Frauen, zum erstenmal, daß Damen überhaupt anwesend waren. Es war wieder fein, dauerte aber von acht bis dreiviertel ein Uhr! Darauf war ich so in Begeisterung, daß ich am folgenden Sonntag mit noch zehn anderen nach Saar-Union fuhr, auch zu einer Versammlung. Vorher hatten wir noch mit Naumann gegessen und fuhren abends auch mit ihm heim. Du kannst Dir denken, daß ich die ganze Woche in erhöhter Temperatur lebe . . .

Ob Elly auch darüber nachdenkt, daß Frauen noch gar nicht Mitglied in politischen Vereinen werden dürfen? Das ist nach der Änderung des Vereinsgesetzes erst ab 1908 erlaubt. Ob sie weiß, daß es üblich ist, von Frauen geschriebene Vortragsmanuskripte von Männern verlesen zu lassen? Ob sie es als ungerecht empfindet, daß Frauen gar kein Wahlrecht haben? Nein, diese Fragen sind noch nicht Ellys Fragen. Ihr nachdenkliches Fazit aber zu diesem Lebensabschnitt:

> ... und ich hatte oft die sehr mädchenhafte Empfindung, daß alles noch nicht das eigentliche Leben sei. Manchmal fühlte ich mich wie im Wartesaal sitzend.

Im „Wartesaal" zu sitzen, sich im Wartestand zwischen Schule, Pensionat und Ehe zu befinden, das trifft in jener Zeit auf fast alle jungen Mädchen der gutbürgerlichen Kreise zu. Viele fügen sich klaglos und warten darauf, aus der Obhut des Elternhauses in die des Gatten zu wechseln. Den Begabten werden zwecks Schicklichkeit und Tradition die Flügel schnell gestutzt. Allzu ehrgeizige intellektuelle Höhenflüge gelten als unweiblich und verringern die Heiratschancen.

Elly Knapp sieht sich nur bedingt zu einer solchen Weichenstellung gezwungen. Die offene, tolerante Haltung des Vaters, ihre literarische Bildung, der Austausch im aufgeschlossenen Freundeskreis, ihre Kontakte zu Friedrich Naumann und anderen Persönlichkeiten prägen das junge Mädchen entscheidend und verhelfen ihm zu einer weit über sein Alter hinausreichenden geistigen Beweglichkeit und Reife. All das hilft ihr auch bei der Suche nach einem eigenen Weg.

Um 1896, als Elly beginnt, ihre persönlichen Chancen in der sich langsam wandelnden Zeit wahrzunehmen und den Schritt aus der Familie in eine noch begrenzte Öffentlichkeit zu wagen, erdulden weniger privilegierte, erbitterte junge Frauen ihren üblichen Zeitvertreib. Wieder ist es Helene Lange, die streitbare Verfechterin einer anspruchsvolleren Mädchenbildung, die mit den Konventionen scharf ins Gericht geht. An ihre eigene Jungmädchenzeit erinnert sie sich mit Schrecken:

> Kleinstadtleben in der Heimat, wo ich bis auf weiteres das Dasein einer ‚Haustochter' im großväterlichen Hause führen sollte. Das bedeutete: ein wenig Haus- und Handarbeit, etwas Klavierspielen, einen Spaziergang ... und ‚Kaffeevisiten', bei denen häufig der rote kalte Pudding mit weißer oder der weiße kalte Pudding mit roter Sauce das wesentlichste Unterscheidungsmerkmal bildete. Der geistige Bedarf wurde durch eine gründliche Erörterung bevorstehender oder schon erledigter

> Bälle oder sonstiger gesellschaftlicher Veranstaltungen und Verlobungsmöglichkeiten gedeckt ... Wenn man bedenkt, daß so oder ähnlich das Dasein ungezählter junger weiblicher Wesen ... ausgefüllt wurde, kann einen noch nachträglich das Grauen ergreifen bei dem Gedanken an die Unsumme vergeudeter Energien und Wirkensmöglichkeiten ... Eine Bitte an einen Vormund, das Lehrerinnenexamen machen zu dürfen, wurde abgewiesen, das habe noch niemand im Oldenburger Lande getan. –

„Schlage die Trommel und fürchte Dich nicht!" lautet darum das kämpferische Motto aufmüpfiger Aktivistinnen innerhalb der neuen Frauenbewegung. Doch Elly Knapp sagt der Begriff Frauenbewegung nicht viel. Und wie sie Helene Lange noch nicht kennt, so ist ihr auch Alice Salomon noch unbekannt. Elly ahnt nicht, wie eng sie einmal mit der wenig Älteren und deren frauenspezifischer Sozialarbeit in Berlin verbunden sein wird.

Mit Billigung des Vaters meldet sich Elly im Lehrerinnenseminar an und legt mit noch nicht ganz neunzehn Jahren – mit einer Vier im Rechnen – das Examen ab. Es befähigt sie zum Unterricht in der Grund- und Mittelstufe. Obwohl sie danach noch praktische Erfahrung sammelt und in einer Volksschule hospitiert, bekennt Elly Knapp selbstkritisch: „Auf manchen Gebieten merke ich erst, was man alles wissen könnte." Diese Wissenslücken wird sie noch stopfen – ganz wie in Miltenberg, doch diesmal systematisch und möglichst ohne „Hörner".

Bei dieser Erinnerung muß Elly lächeln. Ach ja, die Ferien in Miltenberg, der geliebte Großvater! Seit sechs Jahren lebt er schon nicht mehr. Er fehlt ihr sehr. Wie gern hätte sie ihm alles berichtet, wie aufmerksam hatte er ihr immer zugehört. Wie sehr hätte er sich über ihre Ausbildung zur Lehrerin gefreut. So gern würde sie ihm noch erzählen können, wie alles begann: Immer wieder hatte sie Friedrich Naumanns Aufsätze sofort nach Eintreffen der *Hilfe* gelesen, auch seine Argumente für eine bessere allgemeine Volksbildung. Nur so, schrieb er, könne man die brennenden sozialen Probleme lösen. Als Lehrerin, das war ihr plötzlich bewußt geworden, könnte sie viele junge Mädchen darin unterstützen, ihr Selbstbewußtsein zu stärken, die Dinge des täglichen und politischen Lebens besser zu verstehen, eine eigene Meinung und mehr Tatkraft zu entwickeln. Denn nur mit einer guten Ausbildung war es möglich, der bedrückenden Enge eines Daseins als Haustochter oder dem trostlosen, zermürbenden Fabrik- und Heimarbeiterinnenalltag zu entkommen. Mit Menschen zu arbeiten, das wäre eine wunderbare Aufgabe.

Das neue Jahrhundert hat gerade begonnen, als Elly Knapp im Straßburger Vorort Ruprechtsau ein eigenes „Schülchen" einrichtet. Mit viel Engagement erteilt sie Kindern befreundeter und bekannter Familien Anfangsunterricht im Lesen, Schreiben und Rechnen. Nicht nur in dieser privaten Elementarschule, auch im städtischen Knabenhort sammelt Elly Knapp Erfahrungen im Umgang mit Kindern und Jugendlichen. Einmal wöchentlich nachmittags übernimmt sie zusammen mit der Freundin Helene Fehling Aufsicht und Unterweisung. Dreißig temperamentvolle Knaben zwischen sechs und vierzehn Jahren sinnvoll zu beschäftigen macht pädagogischen Einfallsreichtum notwendig. Elly und Helene haben eine Idee. Warum nicht die bunte Welt der Kinder nutzen und in Theaterstücken verarbeiten? Der Erfolg gibt ihnen recht: Die Buben sind mit Begeisterung dabei, inszenieren phantasievolle Aufführungen, stellen ihre Betreuerinnen aber auf eine harte Probe. Wie im richtigen Leben, so ist es auf der improvisierten Bühne: Es geht um Mord und Totschlag genauso wie um Beziehungskrisen. Weihnachten ziehen die beiden jungen Damen mit ihren Schützlingen auf den Christkindelsmarkt am Broglieplatz. In den Manteltaschen der Mamsellen klimpern die im Verwandten- und Bekanntenkreis gesammelten Geldmünzen. Aufgeregt und erwartungsvoll stapft die Knabenschar hinter ihnen her. Das Geld wechselt die Besitzer, und das Schauen, Aussuchen, Feilschen und Kaufen nimmt schier kein Ende. Jahre später werden die ehemaligen Zöglinge, dem Knabenhort längst entwachsen, Elly Knapp besuchen. Dann wird man noch einmal von diesen Weihnachtsfreuden schwärmen.

Seit einigen Jahren und noch alle weiteren Jahre ihres Lebens schreibt Elly Knapp einen „Jahresbericht". Der letzte Tag des

Jahres erscheint ihr besonders geeignet, alle Eindrücke und die wichtigsten Ereignisse der vergangenen zwölf Monate zusammenzufassen. Als ihre Kontakte immer zahlreicher werden, schickt sie diese Reflexionen auch als „Berichte an die Freunde“ in alle Welt. Für den Monat Oktober ist im Jahresbericht 1901 notiert:

> Köstlich viel zu tun und Arbeit, die Freude macht, weil sie nützt ... Und heute fliegt mir wieder ein neues gebratenes Huhn in den Mund: Bucher bittet mich, ihm manchmal kleine Artikel für die *Elsässische Rundschau* zu schreiben.

Zur elsässischen Oberschicht, das heißt zur französisch gesinnten bürgerlichen Elite Straßburgs, haben Professor Knapp und seine Töchter relativ wenig Kontakt. Zum einen bilden die sogenannten Altdeutschen eine in sich geschlossene Gesellschaft, zum anderen besteht im Reichsland Elsaß-Lothringen eine problematische politische Situation.

Das neue Deutsche Reich mit 41 Millionen Einwohnern ist ein Bundesstaat und besteht aus 25 verbündeten Einzelstaaten, denen die Reichsverfassung nicht nur ein kulturelles, sondern auch politisches Eigenleben zusichert. Trotz oder gerade wegen der Vormachtstellung Preußens bewährt sich das föderative System. Nur im völkerrechtlichen Verkehr ist der Kaiser alleiniger Souverän. Es gibt keine Reichsministerien, es gibt nur einen Reichsminister, und das ist der Reichskanzler. Nur Elsaß-Lothringen hat eine Sonderstellung. Es ist direkt dem Kaiser unterstellt. Im neuen Reichsland residiert der kaiserliche Statthalter in Vertretung des Landesherrn. Elsaß-Lothringen bleibt an Berlin gebunden und ist kein gleichberechtigter, in Landesfragen unabhängiger Teilstaat. Zwar sitzen nun, dreißig Jahre nach der Eingliederung, zwei Elsässer in der fünfköpfigen Regierung, und viele elsässische Bürgermeister sind im Amt. Dennoch fühlen sich die sogenannten Altelsässer als „Deutsche zweiter Wahl“. Die Normalisierung setzt sich nur sehr langsam durch. Vor allem zwischen dem überrepräsentierten preußischen Militär und der Zivilbevölkerung bestehen scharfe Gegensätze. Im gesellschaftlichen Umgang, im Alltagsleben bleibt die Zurückhaltung der Elsässer gegenüber Reichsdeutschen bestehen. Auf dem Gebiet der Wirtschaft, in Parteien und in der Presse werden nach und nach Annäherungsversuche unternommen. Doch der kommende furchtbare Krieg, in dem erbitterte Kämpfe in den Vogesen entsetzlich viele Menschenleben auf deutscher und französischer Seite fordern werden, wird das Land 1919 nach Frankreich zurückführen. – Wie gut, daß Elly diese Entwicklungen nicht voraussehen kann. Sonst wüßte sie, daß von den vier kleinen Buben in ihrem Schülchen drei dort ihr Leben lassen werden.

Professor Köberlé allerdings, wenn er es wüßte, würde von den Gartenzimmern seiner Villa wieder auf die Straßenseite ziehen. Seit dreißig Jahren, seit 1871, hält der greise Mediziner dort die Fensterläden geschlossen. Aus Protest gegen die Eingliederung des Elsaß in Deutschland. Elsa Köberlé, seine spätgeborene Tochter, ist eine der wenigen elsässischen Freundinnen von Elly Knapp. Beide verbindet die Liebe zur Poesie. Elsa schreibt Gedichte und übersetzt moderne französische Lyrik. Beides wird im *Mercur de France* veröffentlicht. Durch Elsa Köberlé lernt Elly Dr. Pierre Bucher kennen. Er ist Publizist und fördert eine spezifisch elsässische Kulturpolitik. Als geistiger Führer der französisch gesinnten Bürgerkreise hat er großen Einfluß. Seine *Elsässische Rundschau*, die *Revue Alsaissienne Illustrée*, erscheint zweisprachig. Für diese Zeitschrift soll Elly nun Artikel schreiben.

Die Zwanzigjährige nutzt ihre Chance. Wenn es darum geht, eine als sinnvoll erachtete und begonnene Arbeit allen Widerständen zum Trotz zu einem guten Ende zu bringen, kennt Elly Knapps Einfallsreichtum und Eifer keine Grenzen. Vor allem die Fähigkeit, auf Menschen zuzugehen und sie für sich einzunehmen, hilft ihr zeitlebens über viele Hürden. Als „ihre gruppenbildende Freudigkeit" wird Theodor Heuss diese Eigenschaft seiner Frau später charakterisieren. Und freundschaftlich tätige Hilfe wird ihr auch zuteil, als es darum geht, die Bedeutung des Dialekts ins rechte Licht zu rücken. Sie selbst erinnert sich:

> Er (Bucher) gab mir Aufträge, etwa Buchbesprechungen, und schließlich verlangte er von mir . . . einen Aufsatz über den Dialekt als Jungbrunnen der deutschen Sprache . . . Er ver-

> langte von meinem zu bilderreichen Stil ... Klarheit und Durchsichtigkeit ... Das Elsässische kannte ich vom Knabenhort und aus den Dialektstücken von „Stoskopf“, das Alemannische aus Johann Peter Hebels Gedichten. Daß die Aufgabe für mich zu groß war, merkte ich sehr bald. Aber der gute Stern, der immer über meinem Leben stand, führte mich in den Ferien nach Basel in das Geigerische Haus (Tante Lella), und dort war einer der besten Dialektkenner, Professor Geßler. Er las die fast fertige Arbeit und gab mir einige Winke für die Weiterführung ... Er zeigte mir am Nibelungenlied, daß der alemannische Dialekt stehengebliebenes Mittelhochdeutsch sei ... Ich habe sehr wenig aus Büchern gelernt, aber um so mehr von bedeutenden Menschen.

In dieser Zeit startet Elly eine wichtige bildungs- und sozialpolitische Initiative. Noch während der Unterrichtsarbeit im Schülchen, die insgesamt drei Jahre dauert, kommt ihr die Idee einer „Fortbildungsschule für Mädchen“. Wieder gilt es, die richtigen Leute anzusprechen und hartnäckig zu überzeugen. Und dazu bietet sich bald eine günstige Gelegenheit.

ELLYS prüfender Blick geht über den sorgfältig gedeckten Tisch. Auch wenn der Vater diese sogenannten „großen Essen“ nicht gerade liebt, ihr macht es Freude, solche gesellig-gesellschaftlichen Ereignisse vorzubereiten. Mit der Schwester teilt sie sich gewöhnlich in die hausfraulichen Pflichten, doch heute trägt Elly allein die Verantwortung. Der Lohndiener steht bereit, und die engagierte Köchin ist eine Meisterin ihres Fachs. Die gewaltigen Speisefolgen mit zehn bis zwölf Gängen gehören allerdings den gründerzeitlich aufgeblähten Tischsitten der Vergangenheit an. Elly hat sich für fünf Gänge entschieden: Abgebrühte Spargelsuppe – Fisch au gratin – Hammelkeule mit Rahmsauce, Kastanienpüree und gelben Rüben – Salat von Sellerie und Tomaten – Aprikosengrütze mit Vanillesoße ... Sie sind nicht nur gut für den Geldbeutel, sondern auch gut für ihre Taille. Kein Gramm darf sie mehr zunehmen. Erst heute hat die Schneiderin das neue Kleid gebracht; es sitzt perfekt. Zweiteilig! Kostüm nennt man das, ganz nach der gerade kreierten Mode! Nicht nur fast revolutionär, sondern auch äußerst bequem. Elly ist besonders stolz darauf, daß sie ihre Garderobe vom selbstverdienten Geld bezahlen kann.

Das Dienstmädchen, heute mit weißer Haube und gerüschter Schürze, ist schon an der Tür, als Elly erscheint. Herzlich begrüßt sie die eintreffenden Damen und Herren und genießt den angedeuteten Handkuß des Statthalters ebenso wie die artige Verbeugung eines Professors. Eben trifft Dr. Schwander ein, der junge Straßburger Bürgermeister. Freundschaftlich reicht er ihr die Hand und freut sich, als er seine Tischkarte gegenüber der des Fräulein Knapp findet. Bald ist die Tischrunde komplett, die Vorspeise ist aufgetragen. Das lebhafte Gespräch wird auch während des Essens fortgesetzt. Nach dem Hauptgericht gelingt es Elly endlich, die volle Aufmerksamkeit Dr. Schwanders auf sich zu lenken. Sie weiß, daß er ihrem Vater viel verdankt. Ohne ihn säße er vermutlich noch immer in der Kanzlei der städtischen Armenverwaltung. Professor Knapp war durch eine ausgezeichnete schriftliche Darlegung des Fürsorgewesens auf Schwander aufmerksam geworden und ermöglichte ihm – ohne Abitur – ein staatswirtschaftliches Studium und befürwortete die anschließende Promotion. Elly ist entschlossen, Schwander für eine großartige Idee zu gewinnen.

Sie beugt sich zu ihm hinüber und kommt ohne Umschweife zur Sache: Alle Mädchen sollen und müssen berufstätig sein – so können sie besser für sich sorgen – es ist einfach die beste Voraussetzung für das Leben – längere Schulzeiten müßte es geben – eine bessere Allgemein- und Berufsbildung anvisiert werden! Am Ende würden auch Mädchen zu kritikfähigen, verantwortungsbewußten Staatsbürgerinnen! Kurz und gut, Straßburg braucht dringend eine neue Schule, eine „Fortbildungsschule für Mädchen“!

Energisch und gänzlich frei von damenhafter Zurückhaltung hat Elly Knapp auf Dr. Schwander eingeredet. Hilfe zur Selbsthilfe ist auch für den Straßburger Bürgermeister Schwerpunkt von Sozialarbeit. Nach kurzem Überlegen macht er seine Zustimmung von einer Bedingung abhängig: Sie müsse den zuständigen städtischen Beigeordneten Dominicus überzeugen, und der müsse einen praktikablen Weg finden. Erleichtert lehnt sich Elly zurück. Die Unterredung mit dem Freund Dominicus hält sie für die leichtere Übung:

> Ich saß ... bei meiner jungverheirateten Freundin Helene Dominicus (geborene Fehling) und warf ihrem Mann vor, welche Kulturschande es sei, daß man im Elsaß das achte Volksschuljahr noch nicht habe und keine Fortbildungsschule für Mädchen, in Baden bestehe sie schon lange. Darauf antwortete er: ‚Ja, wer soll die Stunden geben? Man könnte einen Versuch machen. Aber es ist im Etat nichts bewilligt. Ich kann keinen Lehrer aus seiner festen Tätigkeit holen für ein solches Experiment.' Ich sagte, daß selbstverständlich ich die Stunden geben würde. Am nächsten Tag setzte er eine Notiz in die Zeitung, man wolle versuchsweise Fortbildungskurse für Mädchen einrichten bei genügender Beteiligung. Es meldeten sich achtzig Schülerinnen. Vierzehn Tage nach jenem Gespräch fing ich die Stunden an mit einem selbstgemachten Lehrplan, nur das Rechnen traute ich mir denn doch nicht zu. Wir mußten gleich zwei Parallelklassen bilden.

Die Handelskammer bewilligt das Geld. Neben Deutsch und Rechnen lernen die Schülerinnen Staatsbürgerkunde, Wirtschaftskunde und Handelsgeographie, sie machen französische Übersetzungen, analysieren die Wirkung von Annoncen und besichtigen mit den Lehrerinnen örtliche Industriebetriebe.

Als Elly im Jahre 1907 – wegen ihrer Übersiedlung nach Berlin – die Schule verläßt, erhält sie vom Regierungsrat für Handel im Ministerium einen, wie sie es nennt, „Lob- und Preisbrief" für ihre Arbeit. Die „Fortbildungsschule für Mädchen" wird später zur Handelsschule.

Fürs erste aber arbeitet Elly an ihrer persönlichen Unabhängigkeit. In den Osterferien 1905 geht es zunächst zu Tante Lella nach Basel und dann – allein! – weiter nach Locarno.

Am 19. April ist Elly bei ihrer Schwester in München, die dort eine Kunstakademie besucht. An diesem Tag geht ein folgenschwerer Brief an den Vater:

> Nun muß ich Dir meinen Plan für den Sommer sagen. Wenn Marianne zu Hause ist und sich mein Zimmer als Atelier einrichtet, so kann ich sehr gut weg. Ich möchte am liebsten ein wenig ordentlich die Sachen lernen, die ich bisher nur gelehrt habe. Und deshalb habe ich den Wunsch, das Sommersemester in Freiburg zu verbringen. Da darf man hören

> und im Seminar arbeiten, ohne immatrikuliert zu sein, nur mit dem Lehrerinnenexamen ... Die Freiburger Professoren, mit denen ich in Locarno zusammen war, haben mir auch zugeredet. Meine Schule kann sehr gut jemand anders vertretungsweise übernehmen, denn dies Jahr wird der Kursus noch provisorisch weitergeführt ... Bitte schreib mir bald, was Du zu diesem Plan sagst und ob es Dir recht ist.

Elly hat Glück – dem Vater ist es recht!

Freiburg und Berlin 1905–06

Elly Knapps Zielstrebigkeit steht ihrer Neigung zu schnellen Entschlüssen in nichts nach. Nur dreizehn Tage liegen zwischen ihrer kühn formulierten Absicht und der dann energisch vorangetriebenen Aufnahme des Gaststudiums. Und ein Jahr vergeht von ihrem Eintreffen in Freiburg bis zur vorübergehenden Rückkehr nach Straßburg.

Elly schreibt häufig, oft täglich. Alle Daheimgebliebenen versorgt sie mit lebhaften Informationen. An den Vater schreibt sie:

> ... In der Pension Zahn war grad noch ein kleines Zimmer nach dem Garten hinaus frei. Es ist hier alles so überfüllt, daß schon Studenten wieder weggefahren sind, um in Basel zu studieren. Jetzt habe ich mir das Zimmer einigermaßen gemütlich eingerichtet ..., den großen festen Küchentisch, den ich mir ausgebeten hatte, mit ... Wachstuch überzogen und mir einen Probeband der „Jugend" gekauft, zerschnitten und an die Wände verteilt. Heute früh habe ich also die ersten Kollegs gehört ... sehr interessant. Es war nur noch ein anderes Weib da, eine Amerikanerin. Nun habe ich meine Arbeit. Und zwar soll ich ... über die städtischen Arbeiter einen Vortrag halten: „Die Gemeinde als Arbeitgeber".

Im Juni erreicht den Vater die Nachricht:

> Eben habe ich das zweite Kapitel meiner Arbeit, das über die Arbeitszeit, im Reinen fertig ... Es geht im Augenblick herrlich voran und macht mir sehr viel Freude.

Einer Freundin vertraut Elly Knapp im Juli an:

Hier reden mir alle sehr zu, den Doktor zu machen, das tue ich aber sicher nicht ... Es genügt mir vollständig, wenn ich nur Volkswirtschaft gelernt habe und meine Stunden dann noch besser und weitgehender wieder aufnehme.

Auch Walter Leoni bekommt Post; nach einer gelungenen Seminararbeit für Professor Fuchs und dem damit verbundenen eineinhalbstündigen Vortrag berichtet sie ihm ebenso enthusiastisch wie ehrlich:

Fuchs möchte die Arbeit irgendwo veröffentlicht sehen ... Ein rheinischer Kaplan (Dr. Heinrich Braun, später Reichsarbeitsminister) wartete unten auf mich und wollte sie für seine „Sozialkultur" haben ... Natürlich war ich selig über das Gelobtwerden ... Aber im Grunde weiß ich, daß an der ganzen Arbeit nichts Eigenes ist, daß ich teils ohne Anführungsstriche abgeschrieben habe ...

Natürlich kommen neben der Arbeit die menschlichen Kontakte nicht zu kurz, und so fügt Elly im gleichen Brief noch hinzu:

... Meine Zeit war geteilt zwischen theoretischer und praktischer Sozialpolitik. Die praktische bestand in einer über mir wohnenden Schaffnersfrau, welche Gehirnerschütterung hatte und deren Pflege mich sehr viel Zeit gekostet hat ... Ich komme mir so bevorzugt vor. Ich stehe in der Sonne und fühle, wie meine Flügel wachsen ...

Dabei war dem Aufenthalt in Locarno und diesem sommerlich-freudig gestimmten Freiburger Semester ein krisenhafter Winter vorausgegangen. Trotz Arbeitseifer war manches unzulänglich geblieben. Das allgemeine Unbefriedigtsein hatte sich in einer längeren Krankheit niedergeschlagen. Hier in Freiburg, unter gleichgesinnten jungen Studenten, fühlt Elly sich so frei wie ein Vogel, zum erstenmal unabhängig. Ihr Wissensdurst, ihr Lebenshunger sind noch lange nicht gestillt. Warum nicht ein zweites Semester? Warum nicht wagemutig noch einen Schritt weitergehen? – Eine Metropole, laut und lebendig, täglich wachsend – mit zwei Millionen Einwohnern, unvorstellbar! – wäre jetzt genau das richtige für Elly Knapp! Auch Friedrich Naumann wartet dort auf sie. Am 12. Oktober 1905 fällt die Entscheidung; vier Tage noch, dann hält sie ihr Gesicht gegen den Fahrtwind aus dem halbgeöffneten Eisenbahnfenster. Langsamer wird die Fahrt, erwartungsfroh und ein wenig bange zugleich fällt ihr Blick auf die ersten großen Häuser von Berlin.

Umwerfend, diese Hektik, jeden Tag gibt es aufregend Neues zu sehen und zu erleben. Die donnernde Hochbahnfahrt über luftige Viadukte ist ein heimliches Vergnügen, während die atemberaubende Fahrt mit der neuen Untergrundbahn noch geübt werden muß. Dicht an dicht sitzen sich die Fahrgäste in langen Bankreihen gegenüber. Elly hofft, daß niemand ihre Unsicherheit bemerkt. Das letzte Wegstück will sie laufen. Einfach unglaublich, dieses vorwärts schiebende, drängelnde Menschengewimmel auf Berlins Straßen und Plätzen. Alle haben frostige rote Wangen, schützen sich mit Mützen, Umschlagtüchern und hochgeschlagenen Mantelkragen vor dem durchdringenden Ostwind. Elly Knapp hebt den langen Wollmantel vorne etwas an, tritt vom Trottoir auf die Fahrbahn und sucht sich zwischen Automobilen, Droschken, Pferdebahnen einen Weg über die Potsdamer Straße. Hochbeladene Fuhrwerke schwanken bedenklich, wenn die Kutscher in letzter Sekunde ausweichen. Mit lautem Klingeln macht sich eine Straßenbahn bemerkbar: 35 Linien der Elektrischen kreuzen den Potsdamer Platz, 328 Züge stündlich. Elly hat es eilig. Die Reichstagsdebatte hatte viel länger gedauert als erwartet. Lebensnahe sozialpolitische Studien, das hatte vor einigen Tagen ihr Professor betont, betreibe man nur außerhalb der Universität. Und weil sie sich von August Bebel, dem heftig umstrittenen Politiker, unbedingt ein eigenes Bild machen wollte, war sie der Aufforderung ihres Universitätslehrers heute gefolgt. Sie kommt direkt vom Parlament. Wie hatte Bebel die Sozialdemokraten genannt? Speerspitze der Arbeiterschaft! Und die Gewerkschaften? Eine Säule der Arbeiterbewegung! Elly schwirrt noch immer der Kopf. Friedrich Naumann wird ihr sicher alles erklären können. Hoffentlich kommt er bald von seiner Vortragsreise zurück nach Berlin. Ob er bei den Landtagswahlen im nächsten Jahr wirklich eine Chance hat, fragt sich Elly und ist gespannt, wie man sie im Naumann-Kreis aufnehmen wird.

Während Elly Knapp vorwärts strebt, fällt ihr der spontane Besuch in der *Hilfe*-Redaktion wieder ein. Eugen Katz, fürs Politische zuständig, schien wegen des Damenbesuchs leicht irritiert.

Und als sie ihn neugierig nach Naumanns Arbeit ausfragte, brachte er zunächst keinen zusammenhängenden Satz heraus. Ein gewisser Theodor Heuss, erfuhr sie, mache bei der *Hilfe* das Kulturelle. Schade, daß sie ihn nicht angetroffen hatte. Ein Schwabe, sehr begabt, von Naumann hoch geschätzt, so hatte Katz ihn geschildert. Wäre doch zu schön, in Berlin einen heimatlich südwestlichen Menschen zu treffen. In der Redaktion wurde auch vermutet, daß sie beim nächsten Naumann-Treffen sogar einen ambitionierten, ganz reizenden Auslandsmissionar kennenlernen könne. Dieser Wohltäter werde in Berlin von Salon zu Salon weitergereicht. Nun wartet Elly ungeduldig auf Naumanns Rückkehr und Einladung.

Der kurze Blick auf die Normaluhr am Potsdamer Platz beruhigt: noch eine Viertelstunde bis 16 Uhr. Zum Seminar bei Professor Jastrow darf sie keinesfalls verspätet kommen. Schrecklich, wenn der mühsam erweckte gute Eindruck durch einen solchen Fauxpas zunichte gemacht würde! Der Seminarbesuch bei Jastrow ist nämlich ihr größter Wunsch und die Aufnahme eine Sache für sich: „Nun?" fragt Professor Jastrow und blickt von seinem Redemanuskript gar nicht erst auf. Er hat wenig Zeit und liebt es nicht, von Studenten gestört zu werden. Seine Lehrveranstaltungen lassen ihm ohnehin kaum Zeit für die Stadtratsarbeit in Charlottenburg. Doch gerade die hält er für unglaublich wichtig. Brennende Probleme nicht nur theoretisch, nein, ganz praktisch zu lösen, darauf kommt es in Wirklichkeit an. In seinem engeren Schülerkreis werden nur Hörer geduldet, die praktisch kennen, wovon sie theoretisch reden. „Mein Seminar ist voll, mehr als zwölf nehme ich nicht!" knurrt er deshalb ungehalten, den Blick aufs Papier geheftet.

„Ja, eigentlich möchte ich . . .", haucht es ihm entgegen.

Er hebt überrascht den Kopf. Es ist gar kein Student, die schüchterne Bitte kommt von einer der wenigen Studentinnen, die sich zu ihm verirren. Sein Erstaunen nimmt noch zu, denn diese hier will offensichtlich gar nicht in sein Seminar, sieht nicht einmal so unattraktiv und sackartig reformbekleidet aus. Sie bittet lediglich bescheiden um Unterstützung bei der Suche nach einer geeigneten Fortbildungsschule für Mädchen. Nicht nur im Studium, auch im Alltag möchte sie dazulernen. Sie sei bereits

Lehrerin, habe mitgeholfen, ein ähnliches Institut zu gründen, fände allerdings Hospitationen unumgänglich, um so die neuen Unterrichtsmethoden in Berlin kennenzulernen. Er als Stadtrat wisse doch sicher einen Weg.

Selbstverständlich wußte Professor Jastrow Rat, gab ihr sogar ein Empfehlungsschreiben an den Schulrat. Ob er ihr nicht noch Berichte über die Lohnverhältnisse der städtischen Arbeiter in Charlottenburg besorgen könne, hatte sie dann gefragt. Das interessiere sie brennend. Selbstverständlich konnte er, denn auch dieses Problem verfolgt er ja mit Leidenschaft.

„Sagen Sie, Fräulein, hätten Sie nicht Lust, in mein Seminar zu kommen?" hatte er zum Schluß vorgeschlagen. „Eigentlich ist es schon voll; weil Sie sich aber so wohltuend von denen unterscheiden, die über die soziale Frage nur klug daherreden . . ." – Es hat funktioniert! Sie ist tatsächlich angenommen worden! Wie gut, daß man im väterlichen Haus so manche Information über die Vorlieben der Professorenkollegen mitbekommen hat. Wie gut, daß Professor Jastrow nicht weiß, daß sie die Tochter des Georg Friedrich Knapp in Straßburg ist. Wie gut aber auch, daß sie nicht lügen mußte, nur ein wenig taktieren.

Punkt 16 Uhr erreicht Elly die zweiflügelige Tür des großen Bürgerhauses und hastet die breiten Marmorstufen hinauf. Schnell noch ein paar Haarsträhnen ordnen und den Türklopfer betätigen sind eins, bevor sie von der Frau des Professors freundlich begrüßt wird. Tee, Butterbrötchen und Kuchen stehen schon auf dem Tisch, zwölf hungrige junge Herren und Elly greifen dankbar zu.

Im Brief vom 28. November berichtet sie all das dem Vater und fährt dann fort:

> Jastrow steht über allen anderen, was Lehrtalent anbetrifft . . . So entwickelt er die ganze Sache durch Fragen . . . Sein Seminar war so interessant, daß ich nachher fast nicht geschlafen habe. Nächstes Mal ist das Referat über Arbeitsnachweis. Ich lerne schon dafür.

Ein Besuch bei der Zentralstelle für Arbeitsnachweis bietet dazu die bestmögliche Gelegenheit. Elly ist entsetzt. Das hatte sie nicht erwartet: fast tausend Sitzplätze, so kommt es ihr vor, in einem Raum. Voll besetzt von Hilfsarbeitern, alle nach Branchen eingeteilt. Manche hocken still da und starren vor sich hin, andere führen heftige Reden. Die meisten sind froh, sich aufwärmen zu können und für fünf Pfennig ein einfaches Mittagessen zu bekommen. Wer möchte, nimmt ein warmes Brausebad; Zeit haben die Arbeitslosen mehr als genug. Alle zehn Minuten erscheint ein Beamter mit seiner Liste und verkündet laut die eingelaufenen Nachfragen von Betrieben. In anderen, kleineren Räumen warten die gelernten Arbeiter und, davon nochmals getrennt, die Jugendlichen. Über sechzig Vierzehn- bis Sechzehnjährige, wird ihr berichtet, sind täglich „vorrätig". Am längsten bleibt Elly Knapp in der sogenannten weiblichen Abteilung. Weit über hundert Frauen und Mädchen stricken, lesen oder unterhalten sich und blicken nur erwartungsvoll auf, wenn das Telefon läutet: Eine Fabrik sucht zwei Arbeiterinnen, die schon Flaschen etikettiert haben, zehn bis elf Mark Lohn in der Woche. Arbeitszeit von sechs Uhr morgens bis sieben Uhr abends. Viele melden sich, zwei werden genommen. Stolz zeigt die junge Beamtin eine Statistik vor und freut sich, daß es ihr durch geschickte Verhandlungen im letzten Jahr gelungen ist, den Lohn der Arbeiterinnen von durchschnittlich neun auf zehn Mark zu bringen.

Elly wundert sich über gut gekleidete, meist jüngere Frauen, die sich um die weiblichen Arbeitssuchenden kümmern, sie beraten und auf berufsbegleitende Fortbildung ansprechen. Die meisten winken jedoch müde ab.

„Die Mädchen", hört Elly plötzlich eine halblaute Stimme neben sich, „vor allem die jungen Mädchen müssen wir überzeugen." Erstaunt blickt sie zur Seite. Lustige Sommersprossen fallen ihr als erstes auf, als eine junge Frau mit ungebändigten kastanienbraunen Lockenkringeln ihr die Hand reicht und auf Ellys fragenden Blick hin erklärt, daß sie zu den ehrenamtlichen Helferinnen der „Frauen- und Mädchengruppen" von Alice Salomon gehöre. Elly ist überrascht. So ein Zufall! Die hatte sie doch vor wenigen Monaten persönlich kennengelernt; sogar für den nächsten Jahresbericht hatte sie die Begegnung vorsorglich notiert:

> Im Wintersemester ging ich dann nach Berlin. Vorher begleitete ich meinen Vater auf die Tagung des ‚Vereins für Sozialpolitik' nach Mannheim. Dort war der große Zusammenstoß

> zwischen dem alten Industriellenführer Kirkdorf (dem Gründer des Rheinisch-Westfälischen Kohlensyndikats und eingefleischten Gegner der Gewerkschaften) und Friedrich Naumann, dem alle Jungen frenetischen Beifall schenkten ... Es handelte sich immer wieder darum, daß der Staat nicht dulden könne, wenn die großen Industrieverbände an Macht so zunähmen, daß sie gleichsam einen Staat im Staate bildeten. Auf einer Fahrt im Mannheimer Hafen mit den Teilnehmern der Tagung zeigte man mir Alice Salomon aus Berlin, mit dem Bemerken, sie sei eine bedeutende Führerin der Frauenbewegung. Das Wort hatte ich noch kaum gehört ... Sie kam plötzlich auf mich zu, und als sie hörte, daß ich, um besser in der sozialen Arbeit voranzukommen, nach Berlin wolle, lud sie mich aufs herzlichste ein, sie gleich aufzusuchen.

All das erfährt auch Alice Salomons Mitstreiterin. Sie ist begeistert. Elly muß ihr sofort versprechen, die Einladung auf jeden Fall anzunehmen. Alice sei wirklich ganz reizend. Unglaublich aktiv. In allernächster Zeit werde ihr endlich der Doktortitel verliehen – ein Skandal: zweieinhalb Jahre nach der Beendigung ihrer hochgelobten Dissertation. Irgendein Prinzipienreiter habe bisher ohne triftigen Grund die Erlaubnis verweigert: ein erklärter Gegner des Frauenstudiums in der Riege der Professoren. Erst nach langem Zureden habe der Rektor dessen widerwillige Zustimmung erwirkt.

Elly ist skeptisch. Sie, beim Kampf in der Frauenbewegung, mit Blaustrümpfen zusammenarbeitend ..., das erscheint ihr doch etwas übertrieben. Zu einem Zugeständnis ist sie jedoch bereit: Alice Salomon muß man bewundern. Ehrenamtliche und berufsmäßige Sozialfürsorge – so erscheint es auch ihr – bekommen durch die neuen Kurse ein solides Fundament. Nun gut, Alice Salomon wird sie besuchen. Doch sonst ..., sie weiß nicht recht und behält die „Frauenfrage“ vorerst kritisch prüfend im Auge:

> Professor Sering hatte vor wenigen Tagen (im Dezember 1905) seine Studentinnen eingeladen ... Hier ist immer eine Sache ganz ausschließliches Modethema. Im Augenblick ist es der Mutterschutz. Es hatte so etwas Krampfhaftes an sich, wenn bei Serings in drei Ecken je eine Gruppe saß, von denen jede

> über uneheliche Kinder redete ... Sie sind dabei alles sehr brave und ehrbare Damen ... Für mich hat es so was furchtbar Komisches, wenn die gebildeten Leute so reden wie die Blinden von der Farbe ...

Elly Knapps Meinung zu frauenbewegten Zeitgenossinnen bleibt immer zwiespältig. 1918, in einem Artikel für die *Vossische Zeitung* in Berlin, wird sie Frauenrechtlerinnen ihrer eigenen Generation charakterisieren als

> ... mutig und leicht verbittert, nicht mehr mit dem Mann, sondern gegen ihn um weibliche Freiheit und Bildung, sittliche und wirtschaftliche Selbständigkeit und Gleichberechtigung kämpfend ... diesem ästhetisch unerfreulichen, moralisch hochstehenden Typus (ist es) doch geglückt, geradezu unerhörte Erfolge zu erringen.

Für unbedingt erforderlich hält Elly Knapp eine

> ... Wandlung und Läuterung der politischen Frau von romantischer Begeisterung über verbittertes Sichdurchsetzen zur sachlichen Schulung und (zum) sozialen Verantwortungsgefühl.

Bis zum Antrittsbesuch bei Alice Salomon vergeht aber noch Zeit. Viel näher liegt der sehnlichst erwartete Besuch bei Friedrich Naumann. Vor zwei Tagen hat Elly Knapp die Einladung für den kommenden Sonntagabend erhalten.

Gemütlich dicht gedrängt sitzt man in Naumanns guter Stube um den kleinen runden Tisch. In der lebhaften Unterhaltung wechselt alle paar Minuten der meist politische Gesprächsstoff. Elly ist fasziniert. Gerade liest Naumann den für die *Hilfe* bestimmten Bericht von Paul Rohrbach vor. Der Regierungskommissar in Südwestafrika schreibt mit viel Sachverstand über die furchtbaren Folgen der Hereroaufstände. Vorsichtig läßt Rohrbach dann sein Verständnis für die „Eingeborenen“ durchblikken und daß seiner Meinung nach die koloniale Erschließung über das Zicl hinausschieße. Zwar habe der Bremer Kaufmann Lüderitz die Bucht an der Oranjemündung von Namahäuptlingen gekauft. Aber dürfe man wirklich das Schutzgebiet Deutsch-Südwest einfach nach Norden und Osten ausdehnen? Elly hört aufmerksam zu. Wieder etwas, wovon sie viel zuwenig weiß. Darüber hätte sie liebend gerne mehr erfahren, doch nun will man endlich dem Hauptgast des Abends Gelegenheit geben, seine Erlebnisse vorzutragen. Der angekündigte Missionar läßt sich nicht lange bitten. Was nun folgt, sind in epischer Breite ausgewalzte Kolonialgeschichten. Hingerissen lauscht Elly, folgt dem Vielgereisten in ferne Welten. Aus den Augenwinkeln sieht sie, daß Theodor Heuss von der *Hilfe* ihr Interesse offenbar absolut nicht teilt. Sie mustert den jungen Mann genauer. Geradezu ostentative Abneigung und Skepsis liest Elly aus seinem allzu unbeteiligten Gesichtsausdruck. Diesen Dr. Heuss hatte sie sich ganz anders vorgestellt. Scheint so, daß er sich nicht nur für den Kulturteil der Zeitung, sondern auch fürs Künstlerische überhaupt zuständig fühlt. Seine unkonventionelle Kleidung – sie kann sich nicht helfen – hat etwas gewollt Abweichendes. Nicht, daß sie in Kleiderfragen besonders heikel wäre, aber mit weniger kühner Ausstattung wäre dieser junge Mann besser beraten. Schon bei seinem Eintreffen war Elly der breitkrempige Hut und das für ihren Geschmack zu lange Haar unangenehm aufgefallen. Wenn auch – ein eigenartiger Kontrast – die altmodisch hochgeschlossene Weste unter dem steifen weißen Kragen eher auf einen Vikar schließen läßt, so verweist die Fußbekleidung wieder ins Künstlerische. Immer wieder muß sie die eigenartig spitzen gelben! Stiefel ansehen. Staat kann Naumann mit diesem Menschen wirklich nicht machen. Kein Vergleich mit der klassischen Eleganz eines Walter Leoni in Straßburg! Dazu diese arrogante Zurückhaltung; kein Wort hat er bisher gesprochen. Schade! Ein südwestlicher Mensch hatte ihr in Berlin bisher gefehlt.

Ein kräftiger, wenn auch versteckter Rippenstoß bringt Theodor Heuss fast aus dem Gleichgewicht. Kollege Katz muß gemerkt haben, daß ihn die Ausführungen des Geistlichen nicht überzeugen. Nun will er ihn wohl daran erinnern, seine Mimik wieder unter Kontrolle zu bringen. Bei aller Verehrung für Naumann, sinniert Theodor, wäre er doch neugierig, welchen Narren er an diesem angeblich weltläufigen Salonlöwen gefressen hat. Doch während Naumann seine Einladung inzwischen bereut, zeigt die junge Dame aus Straßburg einen ihm unverständlichen Überschwang an Gefühlen. Wie hatte Friedrich Naumann die Tochter von Professor Knapp – ein Freund seines verehrten Lehrers Brentano – beschrieben? Heiter, warmherzig, aufgeschlossen und von großer innerer Unabhängigkeit? Er will nicht gleich urteilen, vielleicht fehlen ihr einfach Gelassenheit und Distanz.

Was den wunderlichen Pfarrer angeht, wird Theodor Heuss recht behalten: „... denn jener Mann, das ergab sich nach ein paar Jahren, war ein Irrlicht gewesen ...“; und Elly gab ihre Fehleinschätzung später gerne zu: „Theodor Heuss hat seither öfters bewiesen, daß er recht behielt ... Wir schlossen bald Freundschaft.“

Gute Freunde werden sie tatsächlich; im Umfeld von Naumann und seiner *Hilfe* können sie sich gar nicht aus dem Weg gehen und kommen sich schließlich näher. Im Mai 1906 stellt Elly fest:

> Am meisten bin ich jetzt in einem Kreis, der ganz anders ist. Mit Heuss, Stotz (Grafiker und enger Freund Theodors aus Heilbronn) und Flaischlen (schwäbischer Poet) sitzen wir ... zusammen, singen schwäbische Lieder und protestieren gegen Berlin oder machen wundervolle Spaziergänge am Müggelsee und bei Tegel.

Und Theodor Heuss bekennt:

> Ich glaube wir alle haben damals für Elly geschwärmt; sie war in der heiteren Anmut ihres Wesens der willigste Kamerad für die kleinen Abenteuer der Geselligkeit, rechnete es aber zu ihren Lernpflichten, die politischen Versammlungen mit uns zu besuchen ... Die innere Sicherheit, mit der Elly uns allen überlegen war – jetzt ganz Dame, jetzt ausgelassener Spielkamerad, jetzt bieder besorgte Gastgeberin bei einem bescheidenen Budenabendessen –, war das Geschenk ihres väterlichen Hauses ... Wir haben es beide immer als die sinnvollste Fügung des Schicksals empfunden, daß wir uns im Hause von Naumann begegnet waren, der den Funken in verwandte junge Seelen geworfen hatte; die gleiche liebende Verehrung zu seinem Menschtum wurde die erste Bindung ... Als das Semester zu Ende ging, gab es ein schönes Abschiedsfest ... und dann begann, um die Freundschaft zu festigen, eine anlaßreiche Briefschreiberei.

Eigentlich hatte Elly im folgenden Vierteljahr ihre nationalökonomischen Studien noch intensivieren wollen, dagegen spricht jedoch ein ihren ganzen Ehrgeiz herausforderndes Unterfangen:

> Gegen Ende des Semesters vergaß ich alle Theorie, versäumte die meisten Vorlesungen und lebte nur noch für die Heimarbeitsausstellung, die als erste ihrer Art in der alten Bibliothek stattfand. Ganz Deutschland wurde damals überrascht von der Enthüllung der Not, der schlechten Löhne, der langen Arbeitszeit, der Ausbeutung der Kinder . . . Die Gewerkschaften aller Richtungen waren die Aussteller. Ich wurde als eine Art freiwilliger Adjutant von einem zum anderen geschickt und lernte unglaublich viele Menschen und Zustände kennen.

Um zu Fuß in den Norden Berlins, zum Engelufer 12, zu gelangen, kann Elly Knapp den tristen Arbeitervororten nicht ausweichen. Grau in grau, schier endlos, reihen sich die Mietskasernen aneinander. Die Frauen verlassen mittags die Häuser und tragen in blechernem Eßgeschirr das Mittagessen zu ihren im Fabrikhof wartenden Männern.

Margarethe Behm, die spätere deutschnationale Abgeordnete, begleitet Elly bei der Recherche für eine sozialpolitische Seminararbeit. Seit fast einer Stunde ist Elly mit ihr zum Gewerkschaftshaus unterwegs. Lebhafte Gestik unterstreicht Margarethes Kommentare über die Gründung des Christlichen Gewerkvereins der Heimarbeiterinnen. Fast unmöglich sei es gewesen, das Vertrauen der Frauen zu gewinnen. Alice Salomon hatte gewarnt: Nur übermenschliche Überredungskunst und Beharrlichkeit brächten Heimarbeiterinnen unter einen Hut. Allen hatte die berechtigte Angst um ihre lebensnotwendige Arbeit den Mund verschlossen. Warum die eingeschüchterten Frauen schließlich doch den Mut fanden, sich freiwillig in Selbsthilfegruppen zusammenzuschließen? Die Kirchen und die Kaiserin höchstpersönlich hatten sich eindeutig auf die Seite der Benachteiligten geschlagen.

Jetzt sind Elly und Margarethe Behm vor einem Torbogen angekommen, gehen hindurch, noch ein Durchgang, ein dritter folgt. Im Winter erreicht kein Sonnenstrahl den Hinterhof, denn der ist laut Bauvorschrift gerade so groß, daß die Feuerspritze darin wenden kann. Überquellende, stinkende Müllkästen, aufgeweichte Pappkartons, Gerümpel und Handkarren stehen im Weg. Die überall aufgehängten Wäscheleinen verstärken den trostlosen Eindruck; aus geöffneten Fenstern strömt eine fast unerträgliche

Theodor Heuss (rechts) und Elly Knapp
1906 mit zwei Studienfreunden

Geruchsmischung aus Kohlrüben und Kochwäsche. „Aujust, hab ick dir nich schon tausendmal jesacht, du soll's dir nich mit'n Hintern uf'n kalt'n Boden setzen! Und sach der Lene, se soll Vattern aus de Budike hol'n!" tönt eine schrille Frauenstimme, während Elly neben dem so ermahnten kleinen Steppke auch die eng gedrängt im Eck hockenden Kinder entdeckt: Viel zu dünn angezogen sind sie mit ihren schmalen, blassen und irgendwie alten Gesichtern.

Nach dem Anschauungsunterricht folgt weitere Aufklärungsarbeit. Das kleine Mädchen, Lene, bekomme für tausend geklebte Reklame-Streichholzschachteln ganze 1,50 Mark. Ihre Mutter nähe von morgens bis abends Filzpantoffeln, August schneide Fäden zurecht und sortiere sie nach Größen in Kartons, klebe Etiketten darauf, der Vater . . . Die Behm redet sich richtig in Rage. Und ehe beide das Ziel ihres Fußmarsches, das Gewerkschaftshaus am Engelufer, erreicht haben, hat Elly erfahren, was die geplante Heimarbeitsausstellung bezweckt.

Im ersten Jahrzehnt des zwanzigsten Jahrhunderts leben große Bevölkerungsteile in menschenunwürdigen Verhältnissen. Unterschiedlichste Organisationen sind zwar bemüht, das Elend aufzudecken und zu bekämpfen, doch fehlt es oft an den nötigen gesetzlichen Maßnahmen. Durch Berichte von meist ehrenamtlichen Fürsorgerinnen wird die weitverbreitete Not allmählich publik. Während die organisierten Arbeiter beginnen, ihren sozialen Status in der rasch wachsenden Industriegesellschaft zu verbessern, fügen sich die Frauen ergeben in vermeintlich unabwendbar schlechte Arbeitsbedingungen. Junge Fabrikarbeiterinnen, vielfach vom Lande, ohne Freunde und Familie in der Großstadt, leben schlecht ernährt als Untermieterinnen in zu kleinen Wohnungen, teilen sich mitunter zu zweit ein Bett. Lange Arbeitszeiten und niedrige Löhne, kaum Gelegenheit zur Erholung führen zum Raubbau an Körper und Seele. Noch härter trifft es die Mütter. Ob alleinstehend oder verheiratet, fast jede Frau der unteren Bevölkerungsschichten muß entweder ganz oder teilweise den Lebensunterhalt bestreiten. Um die Kinder nicht unbeaufsichtigt der Verwahrlosung preiszugeben, arbeiten sie daheim. Von morgens bis in die späte Nacht sitzen sie an Nähmaschinen, sticheln mit der Hand, kleben, verpacken oder bemalen. Dabei gelingt es ihnen und den mithelfenden Kindern kaum, auch nur das Existenzminimum zu verdienen. Als Nebenerwerb findet Heimarbeit auch Eingang in das Kleinbürgertum, wo offene Armut nur durch uneingestandene Dürftigkeit ersetzt ist. Oft weniger als eine Mark täglich, circa 25 Mark im Monat, verdienen Heimarbeiterinnen mit dem produzierten Spielzeug und Schmuck, den Kurzwaren, Kartonagen oder Hemdenmanschetten. Die besondere Ungerechtigkeit besteht darin, daß eine Fabrikarbeiterin etwa fünfzig Mark nach Hause tragen kann und Männer für die gleiche Arbeit mehr als das Doppelte bekommen. Aber selbst das ist nicht ausreichend. Allein eine winzige Stube mit Küche kostet zwanzig Mark Miete im Monat. Mehr als zehn Personen in zwei kleinen Zimmern sind keine Ausnahme. Dazu die täglich neue Frage: Wie bekomme ich die große Familie satt? Ein Brot kostet fünfzig Pfennige, ein Ei drei Pfennige, ein Pfund Fleisch achtzig Pfennige.

Die Berliner Ausstellung soll auf ungezählte Heimarbeitsprodukte hinweisen, vor allem jedoch unmenschliche Arbeitsbedingungen und Hungerlöhne öffentlich anprangern. Solange die Ausbeutung nicht öffentlich Anstoß erregt, solange Zeitungsredakteure keine Notiz davon nehmen, so lange ist Heimarbeit auch kein politisches Thema. Aber das wird und muß sich jetzt ändern. Jede helfende Hand wird da gebraucht. Elly ist überzeugt und ab sofort dabei!

Friedrich Naumann und Alice Salomon eröffnen im Januar 1906 die Ausstellung. Ein nicht abreißender Strom von Besuchern beginnt. Elly hat so oft mit den Gewerkschaftlern geredet, so oft die einzelnen Säle besucht und beaufsichtigt, daß sie sich wirklich gut auskennt. Gerade zieht sie wieder mit einem ganzen Rattenschwanz neugierig Fragender durch die vielen Räume, zeigt hier für drei Pfennig Stundenlohn bezogene Knöpfe und dort Schachteln, die hauptsächlich von Kinderhänden gefaltet und geklebt wurden.

Die Ausstellung wird ein Riesenerfolg. Die Wellen der gesellschaftlichen Empörung schlagen hoch. Wie erwartet greift die gesamte Presse das Thema auf, und die Politiker werden unter diesem Druck aktiv: 1911 erläßt der Reichstag das Heimarbeiterinnengesetz mit zahlreichen Schutzvorschriften. Ab sofort sind die Arbeitsplätze der Gewerbeaufsicht unterstellt.

Mitte Februar hält Elly bei Alice Salomon vor dreißig Frauen ein einstündiges Referat über Kartelle und Trusts. Anschließend wird sie gebeten, in Freiburg über Heimarbeit zu sprechen. Natürlich sagt sie zu. Als Elly Knapp im April nach Straßburg zurückkehrt und ihren Unterricht an der Fortbildungsschule wiederaufnimmt, zeichnet sich eine für eine 25 Jahre junge Frau fast sensationelle Karriere ab, und ihr Wirkungskreis reicht bald weit über das Elsaß hinaus.

Nicht nur beruflich geht es bergauf. Auch Herzensdinge kommen in Bewegung. Vor lauter Aktivitäten war es Elly entgangen, daß in Berlin ein junger Mann zurückblieb, der für sich schon lange beschlossen hatte, dem Fräulein Knapp in Straßburg behutsam, aber deutlich den Hof zu machen.

Straßburg 1906–08

Die engen Straßburger Gassen und gepflegten Alleen im Licht der sonnigen, letzten Märztage wirken so vertraut, als sei sie nie fort gewesen. Über Nacht sind die winterlich kahlen Zweige der Obstbäume übersät mit Tupfen pastellfarbener Blüten. Sind wirklich erst drei Wochen vergangen, seit die Freunde beim sonntäglichen Ausflug an den Wannsee mit wässerigen Schneebällen nach ihr geworfen hatten? Heuss pflückte ihr Forsythienzweige. Sicher, das Elsaß ist ihr Zuhause; dennoch wandern die Gedanken zurück. So viel hat sie erlebt im vergangenen Jahr, und aus diesem Erfahrungs- und Erlebnisreichtum, dem durch Theorie und Praxis frisch ergänzten Wissensschatz, schöpft die junge Elly Knapp ihr uneingeschränktes Selbstvertrauen.

Marianne ist nach ihrer Rückkehr aus München ununterbrochen mit Hochzeitsvorbereitungen und Aussteuer beschäftigt. Der Vater hat den zukünftigen Schwiegersohn endlich akzeptiert, und so wird Marianne dem jüdischen Privatdozenten der chemischen Physiologie, Ernst Lesser, nach Halle folgen. Für Elly ein Grund, die eigene Lebensplanung zu überdenken: Marianne bald verheiratet . . . und sie selbst? Das Wiedersehen mit Walter Leoni war irritierend gewesen – insgeheim weiß sie um die Aussichtslosigkeit. Was aber wird kommen? Erfüllung in Beruf und sozialem Engagement oder als Ehefrau, Hausfrau und Mutter? Insgeheim wünscht sich Elly beides: Individualität und Unabhängigkeit ebenso wie einen festen Platz in der bürgerlichen Gesellschaft mit privatem Ehe- und Familienglück. Verlangt sie da zuviel, gar Unmögliches? Wirklich unmöglich wäre es für eine junge Frau aus gutem Hause um die Jahrhundertwende nicht, sich für Heirat, Kinder und Beruf zu entscheiden. Aber ungewöhnlich und sicher nicht ohne Probleme zu realisieren.

In 14 Tagen ist Ostern. Elly fährt zu Tante Lella nach Basel und will den Besuch nutzen, um mit sich ins reine zu kommen. Sicher ergibt sich dort eine günstige Gelegenheit zu einem ausführlichen Gespräch mit der geliebten Tante.

Die gemeinsamen Spaziergänge im Obstgarten, am Rebhang, vertraulich Arm in Arm, haben lange Tradition. Wenn Elly ehrlich ist, erwartet sie vom Mamli Ratschläge, die dem eigenen Wunschdenken am nächsten kämen: nichts überstürzen, die Freiheit noch ein wenig genießen, die sich bietenden Zukunftschancen mit beiden Händen ergreifen, die begonnenen Studien für sich fortsetzen, weiter in der Fortbildungsschule unterrichten, die Sozialarbeit intensivieren, sich in der Welt umsehen und ihre Vortragsveranstaltungen ausweiten, sich mutig weiter vorwagen und . . . in Ruhe abwarten. So lange warten, bis sie den Menschen findet, dem sie liebend fest vertrauen kann, der ihr, aufgeschlossen im Geist der neuen Zeit, keinen der vielen möglichen Lebenswege verstellt.

Während Elly Knapp ihren Zukunftsvisionen nachhängt, befindet sich 600 Kilometer nordöstlich – in Berlin-Friedenau – Theodor Heuss auf dem Heimweg. Er hat sich spät, aber dennoch als erster verabschiedet, fand heute abend wenig Gefallen an feinsinnigen Diskussionsbeiträgen. Er ist mit anderen Dingen beschäftigt. Sein inneres Gleichgewicht ist erheblich gestört seit dem Tag, an dem Elly Knapp Berlin verließ. Warum hatte er auch so lange gewartet, weshalb seine Gefühle nicht deutlicher gezeigt? „Mitunter", sinniert Theodor, „ist es durchaus kein Vergnügen, 22 Jahre alt zu sein und außer einer kleinen Kusine noch kein Mädel geküßt zu haben. Man kommt sich dabei dann bisweilen noch so arg dumm und dackelhaft vor." Was in der persönlichen Begegnung so schwer fiel, muß nun schriftlich gelingen: mit ehrlichen Worten überzeugen, ohne stilistische Schnörkel, endlich aufhören, mit Andeutungen und halb eingestandenen Gefühlen kunstvoll zu jonglieren. Er muß sich ganz einfach deutlich erklären. Und allzuviel Respekt vor Elly, der Stellung ihres Vaters oder gar persönliche Bescheidenheit muß er sich wirklich nicht abverlangen. Hat er nicht schon Artikel für die *Neckar-Zeitung* geschrieben? War er nicht der jüngste Doktor seiner Fakultät; hat er nicht eine, wenn auch bescheiden dotierte, Festanstellung bei der *Hilfe*? Bestärkt Naumann ihn nicht in seinen politischen und literarischen Ambitionen? Nur die drei Jahre, die er jünger ist als Elly, die kann er beim besten Willen nicht aufholen. Was, wenn sie den Altersunterschied ernsthaft bemängelt?

Manches weiß Elly Knapp vom Leben und Denken dieses Schwaben. Vieles wird sie erst nach und nach erfahren. Das in politisch-sozialer Absicht absolvierte staatswissenschaftliche Studium in München – vorzugsweise beim Kathedersozialisten Professor Lujo Brentano – hat Theodor Heuss mit einem glänzenden Examen und einer Doktorarbeit abgeschlossen. Seit einem halben Jahr trägt er mit verhaltenem Stolz diesen Titel, und vor einem dreiviertel Jahr begann der Weg des hoffnungsvollen Redakteurs. Pensionsberechtigter Staatsbeamter war – sehr zum

Leidwesen der Mutter – keine ernsthaft überlegte Alternative. Heuss' liberale Haltung begründete der Vater Louis, ein alle Konventionen strikt ablehnender Regierungsbaumeister für Straßenwesen in Heilbronn. Seit den Münchener Studientagen ist Theodor Heuss bestrebt, jeden Anflug kleinstädtischer Bürgerlichkeit abzustreifen: Kunstreisen ins europäische Ausland, sozialliberale Wahlkampagnen und Politik, Emanzipation von wilhelminischen Konventionen, Glaube an Ästhetik, Fortschritt und Moderne, Abschied von Gehrock und Zylinder, Aufbruchstimmung im Berliner Weltstadtflair . . ., das ist seine Welt.

Ein Blick auf die Taschenuhr: Aus dem 31. März 1906 ist schon vor mehr als einer Stunde der 1. April geworden. Prüfend sieht Theodor auf die engbeschriebenen Papierbogen. Soll er den Brief abschicken, ist der rechte Ton getroffen?

> Liebe Elly, . . . Ihr Weggehen hat doch in das geruhige bürgerliche und seelische Leben der letzten Wochen einen sehr empfindlichen Riß gemacht, daß mir vorderhand nur der Versuch bleibt, ihn mit Papier zuzukleben . . . Aber Sie dürfen nicht glauben, es sei die peinliche Besuchsdankbrief-Phrase, wenn ich Ihnen schreiben muß, wie herzlich froh ich dieser gemeinsamen Wochen geworden bin und welch stille und starke Freude ich über unsere Freundschaft empfinde . . . Ich habe Frauen gegenüber nicht das Talent der raschen Annäherung, aber wo ich Menschen gefunden, die ich liebe, will ich mir treue Zuneigung ertrotzen oder erwecken . . . Ich empfinde es als eine Notwendigkeit, am Anfang der Korrespondenz . . . gewissermaßen eine Tonhöhe, eine Klangfarbe auszugeben. Und nun erwarte ich die Resonanz . . ., daß wir Heimweh nach Ihnen haben, nach Ihrem Lachen . . ., Ihrem fröhlichen und ergänzenden Mit-Tun, Dabei-Sein . . . Leben Sie wohl und finden Sie sich bald wieder daheim zurecht. Dann bekommt auch die Erinnerung an diese Tage der gemeinsamen Fröhlichkeit und des Ernstes ein solides Fundament . . . Herzlichst Ihr Dorle.

Elly hält den Brief in Händen, ist gerührt, verwirrt, geschmeichelt. Gleich beide *Hilfe*-Redakteure verliebt in sie? Denn gerade hatte sie einen ähnlich lautenden Freundschaftsbeweis gelesen, den von Eugen Katz, und ihm gerade geantwortet. War beim armen Katz die Reaktion spontan und wenig schonend, scheint ihr für die Retoure an Heuss eine vorsichtigere Formulierung angemessen: „Passen Sie auf, wir werden noch manches Schöne zusammen erleben", so oder ähnlich. Als Gruß einfach „Elly Knapp?" Klingt doch distanzierter als der alleinige Vorname. Denn um gewisse Distanz ist sie fürs erste krampfhaft bemüht. Oder „Elly Knapp" mit „herzlichst Ihre"? Das ist es, das trifft den richtigen Ton. Und hier gefüllt mit ein wenig Kritik an seinem letzten *Hilfe*-Artikel, da ein bißchen spöttische Ironie, dort liebenswürdige Alltagsplaudereien – so wird es vom Berliner Adressaten hoffentlich richtig verstanden, werden die Zeilen seinen angestiegenen Gefühlspegel zum Absinken bringen.

Von der Redaktion pünktlichst heimstreben und nach der zweimal täglich ausgetragenen Post schauen ist seit drei Tagen die leichtere Übung. Das immer bangere Warten schon weniger. Theodor Heuss hatte nachgerechnet: am 1. April morgens abgeschickt, am 2. April in Straßburg angekommen, am 2. gleich geantwortet und heute, am 3., frühestmöglich in Berlin. Tatsächlich, die postwendende Antwort liegt auf dem Tisch. Er überfliegt den einzigen Briefbogen. Ist das Ellys Resonanz? Unverbindliche Salonmusik! . . . mehr fällt ihm dazu nicht ein. Schwankend zwischen Resignation und trotziger Herausforderung wird sein Blick immer wieder von einem einzigen Satz gefesselt: „Passen Sie auf, wir werden noch manches Schöne zusammen erleben." Schwaben sind ebenso großmütig wie starrsinnig. Aber eine ganze Woche, mindestens, läßt er sie zur Strafe zappeln.

Derweil gibt es im Knappschen Haus nur zwei Themen – Mariannes Aussteuer und eine Immobilienerbschaft in Tiflis. Elly interessiert beides nicht. Seit acht Tagen wartet sie auf ein Lebenszeichen aus Berlin! Kann sie ihm ein zweites Mal schreiben, ist das überhaupt schicklich? Eigentlich hatte er recht lieb geschrieben, leicht wird ihm das Geständnis nicht gefallen sein. Ellys schlechtes Gewissen wird zur Plage und die Warterei unerträglich. Etwas weniger lapidar und um Grade herzlicher hätte ihre Antwort doch ausfallen können! Wo sie doch jetzt abreist zur Tante nach Basel. Die Entscheidung ist gefallen; die vorsichtshalber mitgeteilte Urlaubsadresse ist ein unverfänglicher Aufhänger für ihren Brief:

> . . . ich bin so betrübt, daß ich noch keine Antwort von Ihnen habe . . . Wenn Sie lieb sind, schreiben Sie eine Karte nach Basel, Kanonengasse 21, Frau Dr. Geiger . . .

Und in Basel dann endlich Theodors nachgesandter Brief und eine nach Basel adressierte Osterkarte! Tante Lellas Söhne, die Cousins, sparen nicht mit unpassenden Bemerkungen. Ein wenig verlegen, aber erleichtert flüchtet sie sich auf die Bank im hintersten Garteneck. Fünf engbeschriebene Seiten liegen vor ihr.

> Die erwünschte und notwendige Abgewöhnung geht nicht sehr rasch; aber ich bin jetzt daran, in dem großen Haus meiner Erinnerung ein schönes, heiteres und sonniges Zimmer anzubauen, in dem wir uns von Zeit zu Zeit die Hand geben und Grüß Gott sagen können . . .

Eine eigens für ihn angefertigte Fotografie wünscht sich Theodor Heuss, das „Tempo der Korrespondenz" solle von nun an sie bestimmen. Tief bewegt liest Elly zum wiederholten Mal: „Sie haben, Teure, eine große Macht über Menschen."

Bald ziert Elly Knapps Schreibtisch ein von Theodor Heuss als Geschenk übersandtes Kästchen. Briefbogen werden darin verwahrt. Ein goldenes Schnürle hält Dorles Verse zusammen. Immer rascher schwindet der Papiervorrat im Kästchen, stetig steigt das Tempo der Korrespondenz. Eine hübsche Fotografie des jungen Herrn Doktor aus Berlin komplettiert das Schreibtischarrangement – von Vater Knapp zwar wohlwollend bemerkt, aber bisher mit keinem Wort kommentiert. „Sie müssen nach Straßburg kommen", hatte Elly zuletzt verlangt.

Theodor Heuss erinnert sich:

> Nichts war mir selbstverständlicher, als daß ich im Juni von einem längeren Aufenthalt in Paris über Straßburg zurückfuhr; ich kannte die Stadt, aber jetzt sollte ich sie lieben lernen, indem ich liebenden Augen folgte.

Den gemeinsamen Straßburger Tagen folgen im August und September 1906 noch weitere Treffen in Berlin, zur Kunstgewerbeausstellung in Dresden und in Mannheim. Doch vielleicht waren die Hoffnungen, die Erwartung, sich noch besser kennenzulernen, die Beziehung zu festigen und ihre Gefühle nun in der persönlichen Begegnung äußern zu können, von beiden Seiten zu hoch gesteckt. So scheint Theodor Heuss der Blick für geeignete Momente mutigen Bekennens erneut verstellt. Kaum wagt er, Ellys Hände längere Zeit in den seinen zu halten. Die schüchternen Annäherungsversuche halten einem Vergleich mit seinen ebenso geistreichen wie romantischen Briefen in keiner Weise stand. Ein sich von Mal zu Mal selbstverstärkendes Empfinden von Unsicherheit, dic als Hemmnis empfundene „Überlegenheit" von Elly Knapp, können durch „jünglingshafte Erhabenheitsblicke" kaum überspielt werden. Kein Wunder, daß Elly gewisse Bedenken kommen: „Sie haben doch die Gabe, besser schreiben als sprechen zu können. Ich nicht." Mehr und mehr gewinnt der Eindruck Oberhand, sie habe ihn wohl sehr, sehr gern, könne „dem Bub" . . . aber eher „eine gute Schwester bleiben". Zur Feder muß er sich wieder flüchten und über „Zuneigung, die in Stille und Stete erwachsen ist", philosophieren. Hätte er sie lieber zärtlich in die Arme genommen, ihr Haar gestreichelt, denkt Elly enttäuscht, dann hätte sich nicht von Wiedersehen zu Wiedersehen das verklärte Bild eines Walter Leoni erneut belebt.

Liebe macht blind, sonst hätten Theodor Heuss die immer länger werdenden Berichte über diverse Aktivitäten oder die wachsenden, neutral erzählenden Passagen in Ellys Briefen gewarnt. Als „Scherz" bezeichnete sie seine durchaus positiv gedachte Feststellung, die „Sache" mit ihnen beiden finge an, „bedenklich" zu werden. Ihre Anflüge freundschaftlicher Zuneigung taucht Theodor so lange in hoffnungsvoll rosiges Licht, bis er einen Brief in Händen hält, der ihn wie ein Keulenschlag trifft. Schwarz auf weiß schreibt das geliebte Straßburger Mädchen über sein verzwicktes Verhältnis zu Walter Leoni:

> Ob es „Liebe" ist, weiß ich nicht, ich glaube es kaum. Aber innerlich abhängig bin ich noch, sooft ich mich auch frei zu machen versucht habe . . . Nie habe ich ein so tiefes, treues, fröhliches Sich-Beisammenfühlen erlebt mit ihm, wie wir es neulich zusammen hatten . . . Wenn er mir heut' sagen würde, er braucht mich, würde ich bedingungslos mitgehen. – Ich glaube aber nicht, daß er mich braucht.

Theodor ist desillusioniert, deprimiert, verletzt und . . . dennoch entschlossen, um ihre Liebe zu kämpfen. Denn mitunter, das weiß er inzwischen, schießt Ellys Spontaneität über das eigentliche Ziel hinaus. Besonders in Zeiten seelischer Belastungen und großer Unsicherheiten reagiert Elly impulsiv. Im Normalfall äußert sich dieser Charakterzug „nur“ in energiegeladener Tatkraft, unter Belastung in mitunter verletzenden Unmutsgewittern. Immer wenn vielschichtige Probleme schnelle Entscheidungen unmöglich machen, kontert Elly mit schulmeisterlicher Kritik, ungnädigen Vorhaltungen oder vorschnellem Urteil. Schwebende Konflikte bereiten ihr fast körperliches Unbehagen, führen sogar zu diffusen Krankheitssymptomen.

Denkt Theodor Heuss nicht daran, daß Ellys Konfliktlösungsstrategien eher auf Unsicherheit zurückzuführen sind? Sein Verzeihenkönnen, seine Toleranz, die durch nichts zu erschütternde, liebevolle Werbung weisen ihn als eine in diesen Fragen weitaus reifere Persönlichkeit aus. Aber das scheint Elly Knapp noch nicht zu erkennen.

Doch sie spürt, daß sie Theodor Heuss gegenüber ungerecht ist. Vielleicht ist das Argument Leoni nur ein vorgeschobener Grund. Manches war da zusammengekommen, hatte sie so unsicher gemacht. Nur langsam kommt Einsicht und Ordnung in ihre Gefühlswelt. Theodors aufrichtige Liebe ist doch ein großes Geschenk. Sie will ihn nicht verlieren, nur ein wenig hinhalten vielleicht. Doch was für Attacken hat sie Heuss in den letzten Wochen zugemutet!

Elly greift zum „Käschtle“ mit dem Briefpapier. Aus den von Theodor immer wieder errichteten Behelfsbrücken wird sie, in tätiger Reue, eine tragfähige Verbindung aufbauen. Nicht nur des Freundes wegen ist eine Entscheidung notwendig. Auch sie selbst will sich jetzt eindeutig verhalten.

In aller Ruhe läßt sie noch einmal das Für und Wider einer Ehe im allgemeinen und der mit Theodor Heuss im besonderen Revue passieren: Er verehrt sie sehr, ist aufgeschlossen, klug und belesen, kunstbeflissen und geistig unabhängig, bildet durch heitere Gelassenheit einen ruhigen Gegenpol zu ihrem mitunter überschäumenden Temperament, und, nicht zu vergessen, die Übereinstimmung in mannigfaltigen Wertungen und Interessen. Theodor akzeptiert und unterstützt aktiv ihre berufliche und ehrenamtliche Tätigkeit, zeigt keinerlei Ansätze patriarchalischer Dominanz. Doch manches bleibt ernsthaft zu bedenken: Theodor ist drei Jahre jünger, und die meisten Ehemänner sind ihren Frauen im Alter voraus.

Da ist noch etwas: die von Heuss bevorzugte Art des Sich-Kleidens, seine betonte Abkehr von überlebten Konventionen. Das bereitet ihr ein gewisses Unbehagen. Ihn so der Verwandtschaft, den Bekannten oder in anderen illustren Kreisen zu präsentieren übersteigt eigentlich Ellys in diesen Fragen fast kleinbürgerliche Schmerzgrenze. „Erziehung zur Weltlichkeit" scheint ihr notwendig.

Und wie löst sie in einer Ehe den klassischen Konflikt zwischen Berufstätigkeit und Kinderwunsch? Wäre sie in der Lage, das eine dem anderen zu opfern? Nach den unbestreitbaren Erfolgen vor großem Publikum waren ihr erneute Bitten um öffentliche Reden eine starke Selbstbestätigung. Selbst ihr Freiburger Hochschullehrer, Professor Gerhard von Schulze-Gävernitz, war erschienen. Seine überschwengliche Gratulation wurde durch eine Einladung auf sein Landgut im Riesengebirge noch unterstrichen. Sie solle unbedingt wissenschaftlich arbeiten, lautete die Empfehlung, und dem Kollegen Knapp wurde auf einer Postkarte mitgeteilt, daß die Tochter das Thema „scharf, klar, anschaulich" bearbeitet habe. Über Monate hinaus ist die gefragte „Wanderrednerin" inzwischen ausgebucht. Vortragsmanuskripte entstehen aus „innerer Dynamik", freies Sprechen fällt ihr leicht, alles, was sie anfängt, wird „wie von selber gut". Warum sollte sich Elly die gerade erst gewachsenen Schwingen gleich wieder stutzen lassen?

Und was wird mit dem Vater? Wenn Marianne ihrem Mann nach Halle folgt und Elly dem Theodor nach Berlin, dann bliebe der jetzt Fünfundsechzigjährige allein in Straßburg zurück. Wer steht Professor Knapp zur Seite, wenn ihm im kommenden Jahr, turnusgemäß, das Rektorat der Universität zufällt? Die Organisation der damit verbundenen großen und kleinen Einladungen, die Bewirtung von Gästen aus allerhöchsten Kreisen würden ihn nicht nur schrecklich belasten, sondern ohne Unterstützung der jüngeren Tochter auch völlig überfordern.

Am 8. Januar 1907 sitzt Elly, wie fast alle Tage, an ihrem Schreibtisch. Letztlich hatte sich zwischen den in die Waagschalen geworfenen Überlegungen ein leichtes Übergewicht zugunsten einer Heirat eingestellt.

Und dann erfährt Elly, daß Walter Leoni in aller Form um die Hand einer gemeinsamen Freundin angehalten hat. Die ist zwar weit davon entfernt, ihn zu wollen, doch Elly fühlt sich dadurch in ihrer Hinwendung zu Theodor Heuss über alle Maßen bestätigt.

Nur drei Wochen nach dem Vortrag vor Armen- und Waisenpflegerinnen erreicht Elly Knapp überraschend eine Berufung in die mustergültig organisierte Straßburger Armenverwaltung. Eine große Auszeichnung. Als einzige, noch dazu sehr junge Frau sitzt sie nun in der Bezirkskommission, die einmal wöchentlich, jeweils donnerstags zwischen fünf und acht Uhr abends, über die Vergabe von Dauerunterstützungen entscheidet. Vor der ersten Kommissionssitzung mußte die neue Mitarbeiterin mit Handschlag versprechen, das verantwortungsvolle Amt auf Ehre und Gewissen auszuüben. Doch diese Bereitschaft war für Elly ohnehin keine Frage.

Jetzt, beim zweiten Treffen, wartet sie gespannt auf neue „Fälle". Der Vorsitzende bittet den hauptberuflichen Erkundigungsbeamten, die hilfebedürftigsten Notlagen vorzutragen. Stets sind die gleichen Personenkreise von unverschuldetem Elend betroffen: Witwen und Waisen, die Familien invalider Arbeiter, Dienstboten und kleine Handwerker, die letzteren noch immer ohne Sozialversicherungsschutz. Je größer die Kinderschar, desto weniger reichen die Zahlungen der erst seit einigen Jahren existierenden staatlichen Versicherungen. Das Schicksal eines Arbeiters mit Frau und sechs Kindern wird heute besonders ausführlich behandelt. Gründliche Inspektion beim ehemaligen Arbeitgeber, dem Hauswirt, den Nachbarn und der Familie selbst – so der Beamte – hätten ergeben, daß es brave, rechtschaffene Leute seien. Durch eine rheumatische Erkrankung wären die Hände des Schlossers verkrüppelt, jede gewerbliche Arbeit sei schlechthin unmöglich. Frau und Kinder verdienten mit Heimarbeit etwas dazu. Eine Besserung der Lage sei nicht in Sicht. Zu allem Unglück habe der Hauswirt wegen hoher Mietrückstände die Wohnung gekündigt. Nicht nur das Stichwort

Heimarbeit macht Elly Knapp hellwach. Als die Kommissionsmitglieder schon für eine Dauerunterstützung durch die Gemeinde plädieren, hält der weibliche Neuling in ihren Reihen unerwartet energisch dagegen. Elly sieht nicht ein, daß es für den Familienvater keine Arbeit gibt, bei der gesunde Hände weniger wichtig sind: als Nachtwächter vielleicht oder als Pförtner in einem Industriebetrieb? Da gäbe es zudem Werkswohnungen; seine Frau könne das Einkommen mit Reinigungs-, Wasch-, Näh- oder Flickarbeiten aufbessern, und für die noch nicht schulpflichtigen Kinder würde sie selbst einen Hortplatz organisieren. Überrascht heben die Herren die Köpfe, so viel Selbstbewußtsein hatten sie der jungen Dame gar nicht zugetraut. Und noch etwas spräche für ihre Lösung, erklärt Elly: Dauerhilfeempfänger verlieren einen Teil der bürgerlichen Ehrenrechte; sie dürfen vor allem nicht wählen. Diese Schande könne man dem Mann mit ihrem Vorschlag doch ersparen. Von den erheblichen Einsparungen für die Kommune wolle sie gar nicht erst reden. Der Vorsitzende gibt ihr unumwunden recht. Am Ende steht fest: Eines der achthundert ehrenamtlich tätigen Mitglieder der Armenpflege wird zusätzlich in der schwierigen Übergangszeit Hilfestellung leisten. Eine zeitlich befristete finanzielle Unterstützung soll Ellys Konzept ergänzen.

Elly berichtet Theodor über die Versammlung in einem Brief:

> Sie glauben gar nicht, wie lehrreich diese Verhandlungen sind . . . Durch kein Kolleg werden einem Dinge wie Krankenkassen, Altersrenten, Unfallversicherung und ähnliches so klar wie hie . . . Ich bin als einzige Frau in eine Kommission gewählt worden, die ein soziales Handbuch für Straßburg schaffen soll. Damit die vielen Armenpfleger gleich orientiert sind über Krippen, Milchabgabe, Ferienkolonien etc. bin ich . . . beauftragt, ein kleines Heftchen . . . zusammenzustellen mit Angabe der wichtigsten solcher Adressen. Das habe ich mit Feuereifer in 14 Tagen fix und fertig gemacht.

Armenverwaltung, Arbeitsnachweis, Heimarbeit sind brisante Themen, die immer wieder in der Presse, auch der Berliner *Hilfe*, aufgegriffen und deren circa dreitausend Abonnenten nahegebracht werden. Aber Friedrich Naumann gibt nicht nur dieses Monatsheft, sondern auch ein Jahrbuch, *Patria*, heraus. Begabte

Autorinnen mit erfüllbaren Honorarwünschen sind Mangelware, besonders solche, die sich mit sozialpolitischen Reflexionen an die Öffentlichkeit wagen. Und wer, wie Elly Knapp, über einschlägige Erfahrungen verfügt, ist zur gelegentlichen Mitarbeit an beiden Publikationen natürlich hoch willkommen.

Als Professor Knapp vom Kolleg heimkehrt, steht seine Tochter schon an der Tür, befreit ihn hastig von Hut und Mantel, zieht ihn wortlos ins Wohnzimmer, drückt ihn in den Sessel und liest vor, was Friedrich Naumann schreibt:

> Sehr verehrtes Fräulein Knapp! Heute will ich . . . von Ihnen erbitten . . ., für die nächste Ausgabe unserer *Patria* einen Aufsatz zu schreiben, der bis zum 1. September (1907) in unseren Händen sein muß . . . Sie können entweder über einen Teil der weiblichen Heimarbeit schreiben oder auch, wenn Sie das lieber wollen, über die Arbeitsverhältnisse der Stadt Straßburg.

Nach einigen kleinen Aufsätzen wird das die erste größere Arbeit für den Druck! Elly strahlt, ist stolz und glücklich . . . und der Vater auch.

Theodor Heuss weiß zwar von dieser ehrenvollen Aufforderung, bleibt aber erstaunlich reserviert. Einerseits gönnt er seiner Elly wirklich jeden Erfolg. Sie hat schriftstellerisches Talent, ohne Frage. Nur – seit Elly „schreibt", verschont sie andere Autoren nicht mit gnadenloser, spitzfindiger Kritik. Er, als Redakteur des Kulturteils, Ellys Spezialgebiet, ist seither ihre bevorzugte Zielscheibe. Aber wie reagiert man auf die Schulmeisterinnenschelte aus Straßburg? Am besten gar nicht! Ein Unterfangen, das dem Fräulein Knapp kaum verborgen und durch mahnende Wiederholungstaten nicht ungestraft bleibt. So oder ähnlich klingen ihre geharnischten Kommentare:

> Ich bin ganz unglücklich über alles, was Sie in der letzten *Hilfe* brachten. Erstens sind die Zusammenfassungen, Empfehlungen für den Büchertisch, miserabel . . . Und die Anpreisung des „Rosendoktor" . . . Die Liebesgeschichte ist doch absoluter Kitsch, Schmarrn und geschmacklos bis dort 'naus . . .

Mag sein, daß Elly Knapp ihre Beanstandungen so freimütig äußert, weil sie eigene Leistungen ebenso kritisch beurteilt. „Ich würde", bekennt sie einmal, „Ihnen arg gern die Vorträge vorlesen. Es war eigentlich kühn von mir, mir's zuzutrauen. Ich merke an allen Ecken und Enden, wie dünn gesät meine Kenntnisse sind." Für die ersten Vortragsveranstaltungen mag diese Einschätzung noch gegolten haben. Inzwischen attestiert man ihr anschauliche und interessante Darstellung, Einfühlsamkeit und Stärke in der menschlichen Begegnung. Bis auf den letzten Platz sind die Säle gefüllt, wenn Elly Knapp als Rednerin angekündigt ist. Dabei spricht sie vor ständig wechselnden Personenkreisen: vor Frauenvereinen, Fürsorgerinnen, der Heilsarmee, Handlungsgehilfen, Heimarbeiterinnen und sozialdemokratischen Arbeitern genauso überzeugend wie vor Offizieren oder Studenten- und Studentinnenvereinen. Elly fährt innerhalb kurzer Zeit nach Freiburg, Saarburg, Lahr, Karlsruhe, Mannheim, Tübingen, Heilbronn, München oder Baden-Baden. Das mit mehr als 50000 Streckenkilometern schon gut ausgebaute Eisenbahnnetz erleichtert das Reisen ungemein. Sie kann in Straßburg vormittags noch drei Unterrichtsstunden halten, um zwei Uhr mittags eine Teegesellschaft empfangen, ab fünf Uhr nachmittags im Eisenbahnabteil sitzen, um ab halb neun Uhr abends in Baden-Baden zu sprechen. Nicht selten schläft Elly auf der Heimfahrt im Nachtzug völlig erschöpft ein.

Doch Elly Knapp ist nicht gerade von robuster Gesundheit. Die Strapazen wirken sich aus:

> Denn ich arbeite so wütend, morgens Schule und nachmittags Vortrag schreiben, daß ich schon ganz elend werde. Ich ... habe eine sonderbare Herzpoppelei bekommen ... Traurige Zustände, nicht, wenn man sich nicht mal 14 Tage schuften leisten kann!

Die warnenden Vorboten bleiben weitgehend unbeachtet. Kaum zu glauben, daß der gleiche, an Theodor Heuss adressierte Brief vom Oktober 1906 so endet:

> Eigentlich führe ich augenblicklich ein recht ödes Leben ... Ach Gott, schick mir mal wieder eine Schnur über den Weg, über die man hauen kann!

Der liebe Gott schickt ihr fünf Monate später eine ungewöhnliche Einladung von Frau Stinnes-Coupienne, der Mutter des Industriellen Hugo Stinnes. Anfang März 1907 sitzt Elly Knapp im Zug zurück nach Straßburg, kämpft mit lähmender Müdigkeit und rekapituliert in Gedanken, wie es zu diesem Besuch kam.

Der Tag in Tübingen hatte nicht vielversprechend begonnen. Frau Jakob vom einladenden Frauenverein hatte wahnsinnig wichtig getan, „entsetzlich betont gebildet". Das Wetter wenigstens war „wonnig gewesen" und Ellys Vortrag zum Thema „Sozialpolitik der Unternehmen und Städte" bisher der beste. Das fand auch die anwesende Frau Stinnes, ließ sich danach vorstellen, besuchte die junge Referentin wenig später in Straßburg und erschien bei einem weiteren Vortrag zum Thema „Arbeitsnachweis und Wohnungsfrage". Die Einladung, im nächsten Frühjahr nach Mülheim zu kommen, folgte auf dem Fuße. Ellys Gegenleistung für ein Veranstaltungs- und Besuchsprogramm im Ruhrgebiet: Vorträge über „Frauenpflichten" und zur „Heimarbeit".

Abends um acht Uhr kommt sie in Mülheim an – bis zehn Uhr vormittags noch Unterricht, um zwölf Abfahrt nach Mülheim. Und nun geht es schon wieder zurück. Elly ist allein im Abteil, sie zieht die Schuhe aus, legt sich auf die Sitze und wickelt sich in den dicken Wintermantel. Durch den hochgeschlagenen Pelzkragen blinzelt sie noch eine Weile ins schwach erleuchtete Abteil. Wie im Zeitraffer, so kurz und episodisch, wechseln die Erinnerungsbilder:

Erster Tag: Die Fahrt vom Bahnhof: mit dem Auto. Essen mit der alten Frau Stinnes im Palmenhaus. Hugo Stinnes: jetzt 36, mit 20 Jahren alle 15 Zechen übernommen, unfähige Mitarbeiter hinausgeworfen. Blasses Gesicht, sehr schwarze Haare, blasierter Ausdruck. Erster Vortrag in der Buchhandlung Schimmelpfennig. Das Faschingsfest am Abend: üppig, pompös, bunt. Sitzt neben Hugo Stinnes, der spricht kein Wort. Findet sie läppisch, ein kleines Mädchen im Elsässerkostüm, das Vorträge halten soll. Sie ist wütend.

Zweiter Tag: Ausflug mit der alten Frau Stinnes: Besichtigung Arbeitersiedlung, Stiftung Versorgungshaus und Kinderheim. Mittagessen bei Hugo Stinnes: Sie noch trotzig, redet nichts. Er kommt auf Straßburg und Berlin. Sie erzählt. Er bekommt liebenswürdigen Ausdruck. Ist nett zu seinen fünf Kindern. Der

Vortrag im großen Konzertsaal: Heimarbeit. Hugo Stinnes steht hinten an der Wand. Sie ist elektrisiert, redet in ihn hinein. Sie ist am Ende völlig fertig, zittert. Er kommt nach vorn, redet eine halbe Stunde mit ihr. Ist einverstanden, hat vieles nicht gewußt. Lädt sie zum Nachtessen ein, unterhalten sich angeregt. Über Kindererziehung!

Dritter Tag: . . .

Wenn bei Elly Knapp doch ein schaler Nachgeschmack des mißglückten Faschingsfestes mit Hugo Stinnes zurückblieb, so besteht im folgenden Herbst und Winter reichlich Gelegenheit zu beweisen, wie sie gesellschaftliche Verpflichtungen mit Bravour meistert. Professor Knapp ist Rektor der Universität geworden. Sie müssen „Spitzenessen“ geben, einen großen Ball organisieren, an Festveranstaltungen teilnehmen. „Es macht mir aber Spaß“, bekennt Elly. Zwischen 250 und 300 Personen sollen vom Rektor eingeladen werden. „Vom Staat aus, nur für Plaisir“ erhält Professor Knapp eine Aufwandsentschädigung von 3000 Mark, die seine Tochter ganz allein verwaltet.

FRÜHLING 1907 in Berlin: dreiwöchiges Wiedersehen mit Theodor Heuss in anregender Großstadtatmosphäre, Theaterbesuche und Naumann-Kreis, Einkaufsbummel durch Kaufhauspaläste, erneut tiefes Einatmen der inspirierenden Luft. Deren legendärer Esprit wirkt Wunder und sorgt für Treffsicherheit von Amors Pfeilen. Wie die beiden jungen Menschen am 23. März die kurze Zeit zwischen Ellys Ankunft um 10 Uhr abends und dem vorläufigen Abschied vor der Wohnungstür von Frau Feist (einer mütterlichen Freundin) – wenige Minuten nach Mitternacht – verbringen, ist nicht verbürgt. Fest steht jedoch, daß sich Theodor Heuss auf der Schwelle zur Wohnung zu einem unwidersprochenen, zärtlichen Kuß hinreißen läßt. Sollte dessen Empfängerin am darauffolgenden Tag wider Erwarten geplant haben, ihren Dorle „auf den Pfad der Freundschaft und Tugend zurückzuführen“, so geht diese Möglichkeit im „ersten Sturm seiner Zärtlichkeit“ endgültig unter.

„Mit glückseligen Augen“ auf Wolken schwebend, weiß der frischgebackene Verlobte gottlob nicht, daß die Braut erst lange 19 Tage danach ganz „ohne Zweifel sicher in ihrer Liebe“ ist.

Denn das notiert Elly am Abend desselben Tages auf dem *Hilfe*-Kalenderblatt – nach ihrer Rückkehr von der großartigen ersten Reichstagsrede Friedrich Naumanns. Dieser politische Einstand und Elly Knapps Gewißheit in der Liebe stehen wohl in unmittelbarem Zusammenhang. Die ersten Wochen des Jahres hatte Theodor Heuss ganz dem Heilbronner Wahlkampf für das politische Vorbild gewidmet. Fast dreißig Versammlungen wurden unter Leitung des rührigen Wahlhelfers durchgeführt. Der unermüdliche Einsatz wurde belohnt:

> Am Abend war eine kolossale Versammlung in den Kilianshallen . . . Viele Reden wurden gehalten, und auch ich produzierte mich vor meinen 1½tausend Mitbürgern, bei denen ich jetzt persona gratissima bin. Ich kann mich fast nicht mehr auf der Straße sehen lassen, ohne grüßen zu müssen, und die Krempen meines Hutes sind darüber schon ganz traurig geworden. Gelt, Sie freuen sich mit mir, wenn ich etwas stolz und eitel bin . . . Denn ich mache die Rechnung auf, daß der . . . Dorle Heuss durch seine Energie beim Verhandeln und seine Unverdrossenheit bei der Arbeit am . . . 5. Februar dem Reichstag Naumann verschafft habe. Oder umgekehrt: Naumann dem Reichstag.

Im Trubel der nächtlichen Siegesfeier schlich sich Theodor Heuss zum Hauptpostamt und telegrafierte dem Fräulein Knapp in Straßburg nur ein einziges Wort: „Sieg!“ Die glückselige Empfängerin freute sich nicht nur, sie war sogar außerordentlich beeindruckt. Denn beim Dr. Theodor Heuss handelte es sich wohl doch – bei aller Jugend – um eine in Zukunft keinesfalls zu unterschätzende Persönlichkeit. Naumann hatte es ja schon immer gewußt: sehr vielversprechend!

Als Elly Knapp am späten Abend des 14. April, todmüde von der langen Bahnfahrt, das heimische Zimmer wieder betritt, liegt auf dem Schreibtisch, gerade neben Theodors Foto, ein Brief. Was ist er für ein Schatz, hat es tatsächlich geschafft, sie mit tröstenden Worten in Berlin zu verabschieden und mit liebevollsten Zeilen in Straßburg zu empfangen:

> . . . ja ihr, wißt ihr denn, daß wir zwei, die Elly und der Dorle, uns mit aller Macht liebhaben und zusammen das große Leben wagen wollen?

Doch ein Geheimnis, darauf hatte man sich in Berlin geeinigt, soll die heimliche Verlobung vorerst bleiben. Für die mitteilungsfreudige Elly eine harte Probe. Zu hart schließlich, aber ganze drei Tage hatte sie mit sich gerungen. Walter Leoni, der muß es wissen:

> So will ich Ihnen erzählen, was die fremden Leute noch nichts angeht: daß ich mich verlobt habe. Mit dem Heuss. Sie sprachen neulich von der Entwicklung des Charakters und von Ihrem erträumten Mittel zum Wachsen, nämlich dem Fortgehen . . . Ich glaube nicht mehr daran, daß man in der Einsamkeit harmonisch wird. Nur in der Gemeinsamkeit. Für uns ist diese Gemeinsamkeit herausgewachsen aus einer schönen und starken Freundschaft, so lang, bis es ganz selbstverständlich *so* wurde, wie es jetzt ist.

Elly ist erleichtert, als sie das Briefkuvert an Leoni schließt. Bleibt noch eine andere Sache: Theodors „Erziehung zur Weltlichkeit". Der wird sie sich nun mit ungebrochenem Tatendrang zuwenden! Ein Versuch, der von Heuss nach Jahrzehnten so gesehen wird:

> Man fand nach einiger Zeit, daß ich mich geändert habe, und ich selber sah ein, daß das Absonderlich-sein-Wollen im Grund eine juvenile Koketterie gewesen. Diese Wandlung empfahl sich auch, weil ich nun mit in einen mir neuen Menschenkreis trat. Nun mußte sie mich in diesem illustren (Familien-)Zirkel vorführen, und ich sollte doch einigermaßen bestehen.

Eines hat Theodor Heuss bei seiner Rückbesinnung jedoch verschwiegen: daß sich beim Einüben der Weltläufigkeit die Wortwechsel im Briefwechsel bald auffällig häuften.

> *Elly:* Und dann machen Sie ihr und mir und sich . . . eine große Freude und ziehen Sie um. Bitte! . . . Auf jeden Fall in ein sehr sauberes Zimmer, was man lüften kann. Ihre Bude fand ich im Sommer zu schrecklich . . . Reinlichkeit ist nämlich kein Luxus, und man kann in dieser Beziehung nicht so anspruchslos leben, wie Sie's tun.
>
> *Theodor* (nach einer Woche und einmaligem Zieren):
> Also, ich bin wieder einmal dem Rat guter Frauen gefolgt und habe gekündigt! . . . Aus dem schönen (neuen) Zimmer werde ich gar keine Studentenbude machen können.

Theodor (zur Kleiderfrage): Ich habe übrigens jetzt einen neuen Anzug und einen großen, runden, weichen, schwarzen, teuren Hut, so daß ich direkt anständig aussehe und niemanden mehr kompromittiere . . . Danach kaufte ich mir eine Krawatte und zog den Gehrock an, um zu Frau Feist zu steigen. Ein Gehrock ist ja an allen Menschen, und bei mir am meisten, etwas Schreckliches, alle meine ästhetischen und Lausbubeninstinkte bäumen sich gegen das Instrument.

Elly: Kauf Dir so amerikanische Stiefel in der Friedrichstraße im „Vera House" . . . Ich möchte gern ein bißle Staat mit Dir machen . . . Es ist nicht für mich. Ich gucke nur auf . . . Deine Haare, Deine Hände und Dich überhaupt. Aber andere Leute gucken auf die Stiefel!

Theodor: Ich kann noch nicht bestimmt versprechen, ob ich mir so Schuhzeug kaufe . . ., bin ich nicht gewiß, wer zwischen meiner Bequemlichkeit und Deiner Eitelkeit obsiegt . . . Aber wenn Du es willst, will ich meinen Haarschopf, bis auf ein gewisses Mindestmaß, auf dem Altar der Liebe opfern. Das heißt Größe, Seelenstärke.

Elly: Aber Deine spitzen (gelben!) Stiefel sind nicht nur wüst, sondern auch ungesund. Und die Amerikaner, die ich meine, sind viel bequemer. Aber ich nehm' Dich auch in den wüsten.

Theodor: Morgen mittag geh' ich dann in die Stadt, um nach Stiefeln zu gucken.

Als dann kurz vor der Hochzeit noch eine bestimmte, unbedingt anzuschaffende Weste durch den Briefwechsel geistert, bleibt Theodor Heuss aber gänzlich unbeeindruckt. Er hatte nämlich inzwischen gelernt, sich gegenüber seiner erzieherisch schulmeisternden Elly nachdrücklicher durchzusetzen. Zum erstenmal probiert er den erfolgreichen Aufstand bei der heiklen Trauerkranzfrage zur Beerdigung des Enkelkindes von Frau Feist:

Theodor: Ich persönlich halte ja das Kränzeschicken für eine barbarische Unsitte. Es wurde nur ein gemeinsamer Kranz (mit der befreundeten Familie Walter) beschlossen.

Elly: Ich bin nicht sehr zufrieden mit dem gemeinsamen Kranz mit Walters. Es sollte grad' so sein, daß *Du* ihn aussuchst. Bitte tu mir den Gefallen und mache künftighin etwas einfach so, wie ich Dich drum bitte. Das ist doch nicht zuviel verlangt . . . Gebietsabgrenzung muß es geben. Und solche Takt- und Formsachen sind das Gebiet der Frau.

Theodor: Aber ich muß doch gegen Deine Tyrannis . . . protestieren. Formfragen darfst Du erledigen, bloß darfst Du nicht sagen, es seien Taktfragen. Und ich kann Dir durchaus nicht unbedingten Gehorsam versprechen . . . Ich habe dazu jetzt, aber auch in alle Zukunft, meine liebe Frau, recht wenig Lust. Wenn ich zu Frau Feist komme, werde ich sie über den Kranz, von dem sie wahrscheinlich gar nichts weiß, entsprechend aufklären. Ich bin gern der Dumme.

Elly: Als gestern Dein Brief kam, habe ich wirklich Angst bekommen, Du seiest ärgerlich über meine Strafpredigt geworden, und habe meine schriftlichen Sünden bitter bereut und gebüßt.

Auch bei der Taufgeschenkfrage waren sich die beiden nicht einig.

Theodor: Am Sonntag ist bei Walters Taufe; ich werde dabeisein und einen kleinen Becher dazu kaufen.

Elly: Becher schenken nur Paten . . . Frag mich doch vorher, ehe Du so was unternimmst . . . Sieh, ob Du bei Wertheim einen Spielteppich bekommst oder sonst was nettes.

Theodor: Und dann die Bitte daran, nicht gehetzt, grob und unruhig zu werden . . . (Sonst) wär' es Dir . . . klar geworden, daß die Becheridee nicht von mir kam. Da ich nichts blödes, doppeltes kaufen wollte, ging ich zur Elsa Walter und fragte die, was sie meine. Und sie bat um den Becher.

Elly: . . . und bitte Dich, mir gut zu sein, obgleich ich so bös war.

Auch bei einer anderen – nun wirklich wichtigen – „Frage“ reagiert der Heiratskandidat unerwartet widerspenstig. Elly dringt auf seinen Besuch in Straßburg. Er soll den Vater besser kennenlernen und der ihn. Doch allein die Vorstellung, im Juli nach Straßburg zu kommen, den Professor in aller Form um die Hand der Tochter zu bitten, sich dessen hochnotpeinlichem Verhör aussetzen zu müssen, in der Familie herumgereicht zu werden und offizielle Verlobung zu feiern, ist ihm einfach entsetzlich! Im Gehrock vielleicht? Theodor Heuss plädiert unnachgiebig für ein Treffen auf neutralem Boden. Für Straßburg wäre Weihnachten grad recht. Elly erklärt, droht, schmeichelt, überredet – fleht, schon ganz verzweifelt: „Verstehst Du mich? Dann küß mich und sag, Du hast recht, liebe Frau. Und komm!" – Nun gut, er kommt! Damit aber auch die verlockende erste Aufforderung in der Bitte ungestört realisiert werden kann, kommt ihm Elly sehr – nämlich einige Bahnstationen – entgegen.

Diese Hitze! Sicher, es ist Juli – Hochsommer! Bleierne Schwüle hängt über Straßburg. Theodor Heuss ist auf dem Weg, will beim Schwiegervater in spe um Ellys Hand anhalten. Äußerst unwohl fühlt er sich – im prätentiösen Gehrock und neuen Hut auf gestutztem Haar. Und dem einzig Vertrauten, der alten Weste, fehlt der notwendige Anschluß an den Kragen. Wo bleibt die Gelassenheit, Herr Doktor? Die Gedanken notieren – alles sagt er sich noch einmal vor, alles, was Professor Knapp zum Pekuniären interessieren wird. Ganz genau hat er es mit Elly besprochen, am Sonntag, auf dem Heimweg vom Ausflug. Hand in Hand waren sie gegangen. Weit reichte der Blick vom Hügel auf die sonnendurchfluteten Rebflächen, über Wiesen und Haine. Wie ein Irrwisch war sein Schatz durch das hohe Gras gerannt, hatte Blume um Blume gepflückt, den dicken Strauß ausgelassen durch die Luft geschwenkt und war ihm dann glücklich lachend um den Hals gefallen.

„Wirst sehen, der Vater mag dich, rechnest ihm einfach vor, was wir an Geld haben werden", hatte sie gemeint, und gemeinsam waren sie noch einmal die Jahresrechnung durchgegangen:

> Einkommen: 4000 Mark Redakteurgehalt bei der *Hilfe* – ist auch angemessen, wo Katz weggeht und er das Politische machen soll, 500 Mark für besondere Arbeiten für den Verlag und beim Wahlverein, 500 Mark für Artikel in *Kunstwart, Patria, Neckar-Zeitung* in Heilbronn, *Leipziger Bauzeitung, Literarisches Echo, Soziale Praxis, Stuttgarter Tagblatt, Süddeutsche Monatshefte,* 1000 Mark Ellys Lehrerinnenverdienst und ihre Zinsen, wenn man die Papiere in vierprozentige umtauscht. Zusammen etwa 6000 Mark im Jahr.

Das gesparte Geld von Ellys Vorträgen – immerhin manchmal 150 Mark pro Abend, während er nur 20 Mark für einen Artikel bekommt – wird für die notwendigen Anschaffungen reichen.

> Ausgaben: 500 Mark Lebensversicherung – ein kühner Schritt, aber die Prämie zwingt zum Sparen, 320 Mark Steuer – geschätzt nach dem Hilfsalmanach, 100 Mark Kohlen, 500 Mark Bekleidung – 360 für Elly, 140 für ihn, 1000 Mark Miete – 1100 wäre schön, aber vermessen, 240 Mark Lohn für Stundenhilfe, 80 Mark Versicherungen sowie ungeklärtes Sonstiges. Zusammen rund 3000 Mark im Jahr.

Bleiben also um die 3000 Mark für Essen, Trinken, Kultur und Reisen. Wenn alle Stricke reißen, so hatte Elly ihn euphorisch aufgeklärt, würde sie das „riesige, dicke, scheußliche Goldarmband" und die dazugehörige pompöse Brosche mit Diamanten von der armenischen Großmutter – beides mindestens 150 Jahre alt –, ohne mit der Wimper zu zucken, verkaufen.

Die Universität ist rasch erreicht. Entschlossen klopft der Kandidat an die Tür der Studierstube und tritt ein. Professor Knapp räumt seine Bücher und Blätter beiseite, bietet dem erwarteten Besucher den freien Sessel und anschließend eine Brasil an. „Und nun, Herr Heuss, erzählen Sie mir einmal von Ihren Studien . . ."

Nach zwei Stunden hat Theodor Heuss sein zweites nationalökonomisches und sozialwissenschaftliches Rigorosum erfolgreich bestanden, drei schlechtere Zigarren geraucht als gewohnt und erneut erfahren, daß „es nicht Stil des Hauses ist, Lebensdinge zu dramatisieren".

Die Meinung des Professors? Daß der Heuss ein ordentlicher Kerl ist, hatte er schon immer gewußt, aber „daß die Buben jetzt ihre Großmütter heiraten wollen", ist ihm unbegreiflich. Trotzdem hat Elly eine glückliche Wahl getroffen. „Sie sollen so bald als möglich heiraten, das Warten hilft nichts, der Unterschied wird nicht geringer." Und das Pekuniäre? Das hatte ihm die lebenskluge Tochter doch längst vorgerechnet. Sicher ist sicher!

Die Wirkung der Spritze läßt nach – hinter der geschwollenen Backe beginnt ein wüster Kampf: Betäubung gegen die Schmerzattacke. Eben war die Frage, ob Schreibtisch oder Sofa, noch offen. Nun ist sie eindeutig beantwortet. Das ist die Strafe, wenn man dem Papa noch schnell Behandlungskosten für Jahre im voraus aufbrummen will. Innerhalb von nur 25 Minuten war sie um zwei Plomben reicher und einen Weisheitszahn ärmer. Denn der Zahnarzt ist in seiner Arbeitsgeschwindigkeit unerreicht, und unerreicht ist erfahrungsgemäß auch die Höhe seiner Rechnungen. Elly studiert, halb auf ihrer Liegestatt sitzend, halb liegend, im Kalender den Terminplan für die nächsten Wochen, angelt noch das schwarze Oktavheft mit den Aussteueraufzeichnungen vom Tischchen und beginnt, letzte Geschenke und Anschaffungen nachzutragen: ungebleichte, selbstgesponnene Handtücher und gestrickte Spitzen von der Heuss-Großmutter, Messer und Löffel für die Küche, zwei große, weiche Federkissen und kleine Roßhaarkissen für obendrauf, sechs Tischtücher, Auflaufformen, Kristallschalen, das Fell unter den Schreibtisch, russische Handarbeiten von der Cousine Tamara, Messinglampe für den Schreibtisch für 21 Mark, Leuchter Fremdenzimmer für vier Mark, Hängelampe für das Eßzimmer zu 60 Mark und wertvoller Silberzierat von Frau Stinnes.

Nun zu den Kalendernotizen. Zuerst und nicht vergessen: 23. März heimlicher Verlobungstag; dann: Wäsche aus Thüringen für den 16. 3. angekündigt. Am 17. 3. die Mama im Sanatorium besuchen, vielleicht Spaziergang im Märzwald; Eheringe abholen; Theodor schreiben, daß am 1. April Wäscheschrank und Schreibtisch aus Halle kommen; Termin für Abschiedsfeier in der Fortbildungsschule festlegen; Schneiderin kommt am 12. zur Brautkleidanprobe.

Ellys Zeigefinger wandert langsam vorwärts. Nur noch 33 Tage bis zur Hochzeit. Karsamstag, 11. April 1908 – das wenigstens steht fest. Aber all die anderen noch unerledigten Dinge: eine tüchtige Frau für den Straßburger Haushalt einstellen; Abschiedsbesuche bei Freunden, das Hochzeitsessen besprechen, die Tischordnung festlegen, Fremdenzimmer für auswärtige Gäste . . .! Albert Schweitzer hat endgültig zugesagt. Das medizinische Physikum hat er abgeschlossen, kann kommen und sie beide trauen. Das, Naumanns Anwesenheit und Bürgermeister Schwanders Versprechen, die Ziviltrauung vorzunehmen, mildern die mitunter unerträgliche Spannung.

Und dann kommt das Dorle mit der Hiobsbotschaft von einer gräßlichen Entzündung im Gesicht! Kurz vor der Hochzeit! Furunkulose, alle zehn Tage ein neues Geschwür. Aber immerhin ist die Berliner Wohnung nun endlich gefunden.

Die Wohnung! Eine schier endlose Suche hatte Theodor auf sich genommen, alle Daten detailliert nach Straßburg gemeldet, geduldig gemessen und Ausstattungen geprüft. Das Ergebnis kann sich sehen lassen: Königstraße 8 (heute Friedrich-Naumann-Straße), drei Treppen, mit freiem Blick über den Friedhof, 950 Mark Jahresmiete, Fremdenzimmer, kleines Eßzimmer, Arbeitszimmer, Wohnraum, großes Schlafzimmer, Küche und Mädchenkammer, Balkon. Berlin liegt mit seinen Mietpreisen weit an der Spitze. 20 bis 25 Prozent des Einkommens für Miete! Das ersehnte kleine Haus – unerschwinglich. Dennoch, „das Rosengärtle ist bestellt"!

„Gelt, Liebling", sendet Elly schnell einen Gedankengruß nach Berlin, „es wäre doch schrecklich, wenn wir uns gar nicht kennengelernt hätten. Geradezu tragisch." Nicht nur auf das Geburtstagsgedicht zu den drei Schildpatt-Haarnadeln hätte sie dann verzichten müssen. Dabei will sich der gebildete Herr Kulturredakteur „sonst auf's niedliche Genre (gar) nicht einlassen, nur für den Haus- und Ehegebrauch".

Unbefangen zärtlich in Tonhöhe und Klangfarbe, gehen Elly Knapp und Theodor Heuss freimütig aufeinander zu – und das in wilhelminisch beengter Zeit. Nicht nur in Versen, auch in ihren Briefen bekennen sie sich zu tiefen Gefühlen, meiden dabei allzu kitschig romantisierende Überhöhungen, suchen über räumliche Distanz sprachliche Wege der Annäherung.

> Ja Liebling, jetzt wird's ernst ... Du, heut in fünf Wochen um diese Zeit fahren wir in dem, leider recht überfüllten, Zug, etwas benommen, von allen Eindrücken und voller Erwartung und mit innerer Sicherheit in unser gemeinsames Leben hinein. Die Sicherheit und Ruhe wächst bei mir von Tag zu Tag.
> Ach Herz, ich wollte, wir wären gleich an unserem Hochzeitsabend bei uns daheim. Es ist mir ein schrecklicher Gedanke, so in einem Hotelzimmer Deine Frau zu werden. Vielleicht gehen wir in ein Bauernwirtshaus, in dem Schwarzwaldtal, wo wir im Mai waren ... Ach Liebster, Liebster, wie selig werden wir sein.

> Und Dir, Liebe, wird's ein bißchen zuviel Einrichtungskorrespondenz. Ja das kommt halt so, wenn man sich das Nest ausdenkt, in dem man zusammen leben, arbeiten und glücklich sein will. Da denkt man, wo die Bilder hängen sollen und Schränke stehen und wo der Sessel, wenn man seine liebe Frau auf den Schoß nimmt und liebkost . . . Gelt, liebe Frau, da wird dann alles von selber schön.

Alles? Von selber? Hier irrt er im Detail. Das mußte Elly nicht nur beim pflichteifrig besuchten Kochkurs erfahren. Der Freude über leicht erlernte Kochkünste folgte bald die ernüchternde Feststellung, daß allein Küchengeruch schon satt mache. Diese Auffassung teilt Elly Knapp mit ihrer seit kurzem haushaltspraktische Erfahrung sammelnden Schwester Marianne. Als diese offen und ehrlich aus Halle verkündet, daß sie besonders das Kochen „dick" habe und lieber die „Algebrabücher zum Selberlernen" studiere, schreitet Elly zur Selbsthilfe. Sie bestellt – als erste Möbel überhaupt – die Einrichtung der Berliner Dienstmädchenkammer und kümmert sich vehement um die Anstellung einer zuverlässigen Person.

Was sich ebenfalls nicht von selbst regelt, sind wieder einmal Formfragen. Kirchliche Trauung, ja oder nein, scheint die wichtigste. Wer für Ja und wer für Nein ist? Keine Frage. Angst vor Feierlichkeit ist schwäbisch, das jedenfalls glaubt der von ihr befallene Heuss. „Mit aller Macht Sturm laufen gegen die kirchliche Trauerei", das möchte der Bräutigam. „Nicht aus ethischen Gründen wegen der Lügerei, sondern aus ästhetischen." Wenn die „Komödie" allerdings religionsneutral im Salon vor sich gehen soll, dann findet er zur Handlung und zu den Menschen erst recht keine Distanz. Dann lieber „fort in eine Kirche, wenn's sein muß; da kann man sich wenigstens auf was konzentrieren. Ich weiß ja, wie ich bei feierlichen Handlungen meist daneben reagiere, weil die immer eine fremde Form haben. Intimität aber wird seelisch indiskret. Ich wollte gleich mit Dir allein sein."

Elly entscheidet bei einer weiteren Meinungsverschiedenheit, wenn er in ihr wichtigen religiösen Dingen Toleranz beweise, dann werde sie in einer weniger wichtigen Frage nachgeben. Theodors vorausgegangene Weigerung war allerdings ausgesprochen kategorisch: Fliegender Kleiderwechsel zwischen ziviler

Trauung am Morgen und kirchlicher am Mittag? In einem Gehrock erscheinen? Ohne ihn!

„Gut“, lautet die nachsichtige Einsicht, „Du brauchst Dich nicht zwischen den Trauungen umzuziehen.“ In ganz grundsätzlichen Dingen ist man sich ohnehin überraschend einig. Daß die Braut neben ihrem neuen Familiennamen den bisherigen beibehalten möchte, war zum Beispiel nie ein ernsthafter Diskussionspunkt gewesen. Im „Spernst“, mehr Spaß als Ernst, entstand dann der in feuchtfröhlicher Freundesrunde inoffiziell unterzeichnete Ehevertrag mit zehn Punkten. Während Theodor Heuss unter anderem Tabakqualm in der Wohnung vermeiden will, verzichtet Elly auf seine Begleitung in Geschäfte für Damenkonfektion.

Drängelnd schiebt sich eine unübersichtliche Bubenmenge durchs Portal der Straßburger Wilhelmer Kirche. Im Sturmschritt geht es Richtung Altarraum. Wie nasse Pudel schütteln die Kinder dicke Regentropfen von den Sonntagsmänteln. Gleichen die Jungen einer wilden Hammelherde, drängt sich als Vergleich für die eilfertig umherflatternde Mamsell das aufgeregte Huhn geradezu auf. Mit einer Drahtbürste bearbeitet sie die feuchten Strubbelhaare, bis alle vorher frech-fröhlichen Gesichter einen geradezu feierlich-ernsten Rahmen bekommen. Mit energischem Schieben und Schubsen gelingt sogar die optisch perfekte, reihenmäßige Größenverteilung. In Windeseile erklimmt nun die bislang im Hintergrund agierende Knabenhortvorsteherin das Podest, hebt die Hand und zuckt unter dem unregelmäßig einsetzenden Fortissimo aus über dreißig Bubenkehlen unmerklich zusammen. Keine Minute zu früh hat der mühevoll einstudierte Choral begonnen. Langsam zieht in diesem Moment die Hochzeitsgesellschaft durch das Mittelschiff.

Hinter Albert Schweitzer im schwarzen Ornat folgen Elly und Georg Friedrich Knapp, Theodor Heuss und seine Mutter, Naumann und Lella Geiger, die Geigersöhne, Lessers, Hermann Heuss, Ludwig Heuss und seine Frau Hedwig, beide Dominicus, Helene Bresslau, Stotz, Frau Feist, Ellys ehemaliges Kindermädchen sowie die neue Haushälterin. Und was Elly kaum zu hoffen wagte, ist Wirklichkeit. Ihre Mutter – von einer Schwester betreut – kann an der kirchlichen Trauung teilnehmen. Viele

Freunde und Bekannte nehmen ihre Plätze ein, und nicht nur sie stellen fest: Die Braut sieht ganz bezaubernd aus, das Brautkleid mit zarten Spitzen und kurzer Schleppe ist wundervoll und ihre frische Gesichtsfarbe entzückend.

Wie sollten die aufmerksamen Beobachter auch von der blutdrucksteigernden Aufregung wissen, deren Nachklang Ellys Wangen jetzt noch rosig überhaucht. Kirchliche Trauungen dürfen nur gegen Vorlage der standesamtlichen Eheurkunde geschlossen werden. Als Albert Schweitzer seine Freunde unmittelbar vor der kirchlichen Trauung um dieselbe bat und den Sachverhalt erklärte, mußte der Bräutigam gestehen, sie vor einer Stunde gewissenhaft im Koffer deponiert zu haben. Nach einigen bangen Entscheidungsminuten mißachtete Schweitzer die Strafandrohung des Gesetzes und setzte die Ziviltrauung als gegeben voraus.

Theodor Heuss denkt noch über die gerade überstandene Gelassenheitsprüfung nach, als ein Bibelzitat an sein Ohr dringt. „Ihr seid das Salz der Erde." – Das ist der Trautext? Hatte Elly nicht 1. Kor. 4, 20 ausgewählt? „Denn das Reich Gottes steht nicht in Worten, sondern in Kraft?" Das Salz der Erde? Welches Siegel drückt dieser Spruch ihrer jungen Ehe auf? „Das hohe Glück in diesem Augenblick", fährt Schweitzer fort, „ist nicht, daß zwei Menschen sich innerlich geloben: wir wollen füreinander leben, sondern daß dies in ihren Gedanken zugleich bedeutet: wir wollen miteinander für etwas leben . . . Nur die haben begriffen, um was es sich bei der Arbeit in unserer Zeit handelt, denen es aufgegangen ist, daß alles Helfen, Bessern und Fördern auf die Schaffung eines neuen Geistes gehen muß."

„Eines sei des andern Licht" – dieses Paul-Gerhardt-Zitat hat Friedrich Naumann für seine Tischrede zur Hochzeitsfeier am 11. April 1908 ausgewählt. Jahrzehnte später, fast am Ende ihres gemeinsamen Lebensweges, am 25. Januar 1951 – Elly Heuss-Knapps siebzigstem Geburtstag –, erinnert Theodor Heuss sie und sich noch einmal an diese Naumann-Worte. Durch ihre Ehe ist immer eine heitere Melodie gegangen, ihre gemeinsame, nie nachlassende Suche nach Harmonie hat – wie einst Theodor gesagt hatte – deren „Tonhöhe und Klangfarbe" bestimmt. In mehr als vierundvierzig glücklichen, aber auch bedrückenden, kräfteweckenden, aber auch kräftezehrenden Jahren . . .

Berlin 1908–12

„Und dabei komme ich, seit wir verheiratet sind, nicht zum Lesen, keine *Hilfe*-Nummer mehr seither gelesen und noch kein literarisches Gespräch geführt! – Ja, was tut man den ganzen Tag? Im Grund genommen Geschirr waschen, wieder schmutzig machen und wieder waschen. Es ist eigentlich blödsinnig . . . Ich träume von Milchtöpfen, außen rußig, innen fett, das Schrecklichste, was es gibt . . . Theater und Museen sind für die Fremden da, Besuche haben wir noch kaum gemacht. Meine Stunden laufen so weiter . . ., immer die gleichen Walzen, wie der Theodor sagt."

Soweit die Kommentare der frischgebackenen Ehefrau in den allerersten Berliner Wochen. Dabei unterrichtet sie schon wieder, und es wird nicht mehr lange dauern, bis ganz anderslautende Klagen nach Straßburg und Halle dringen:

> . . . im Augenblick wird die Stube nimmer leer von Besuchern . . . Alle wollen zum Mittag- oder Abendessen kommen, teils aus Sparsamkeit, teils aus Zeitvertreib. Kurz und gut, ich kann nächstens ein Reformrestaurant eröffnen (denn wir sind immer noch alkoholfrei) . . . Wir haben schrecklich viel neue Beziehungen und Leute . . . Lessers kommen für ein paar Tage zur Marées-Ausstellung.

An der erbittert geschilderten, allerdings nur für eine kurze Zeit ihr allein aufgezwungenen Hausarbeit ist die junge „gnädige Frau" wohl nicht ganz unschuldig. Das zwar rechtzeitig engagierte, doch gerade schulentlassene Dienstmädchen ist ihr schon wieder weggelaufen. Die unerfahrene ländliche Einfalt hatte vor Ellys belehrenden Erziehungsmaßnahmen kapituliert.

Vielleicht war dieser Dienstbotin der Heusssche Haushalt von vornherein etwas suspekt gewesen. Gibt es da doch so gut wie nichts von dem sonst unverzichtbaren Historismusinterieur, das der standesgemäßen Bürgerwohnung die typisch schwülstige, übervolle Geborgenheit verleiht: kein Schnitzwerk- und Drechselbeinewohnzimmer mit Wohlstandsnippes, zur Schau stellender

Spiegelkredenz und Reiseandenkenservante. Kein gotisches Schlafzimmer mit romantischen Szenen im Stuckgoldrahmen. Nirgends samtene Plüschbehaglichkeit, schwere Portieren oder üppige Volants. Und schon gar nicht Voile, Seide, Atlas, Glanzleder oder Perlmutter in allen Variationen. Nach der orientalischen Mohrenstatue mit Nickmechanismus und einer Schale für Billetts, einem gläsernen Dackel als Salzfaß, preußischem Helm als Aschenbecher und halber Ritterrüstung als Schirmständer sucht man bei dem Ehepaar Heuss ebenso vergeblich wie nach Jagdtrophäen und mit Glasaugen starrenden ausgestopften Tieren. Was Elly und Theodor dagegen in den avantgardistischen Dresdner Werkstätten kauften, was sie vom Berliner Schreiner arbeiten ließen oder zusammentrugen, liebevoll arrangierten und dekorierten, entspricht dem völlig neuen, modernen Wohnen: Stilreinheit und Stileinheit, Zweckmäßigkeit, einfache und klare Formen, nicht niedlich, nicht gedreht, nicht überziert. Eigens aus London hatte Elly die geschmackvollen Stoffmuster für die Vorhänge kommen lassen. Theodor wiederum stellte auch an Lampen besondere Ansprüche und bestand dabei auf einer bestimmten „Systematik des Hängens". Schier endlose schriftliche Diskussionen füllten den vorehelichen Briefwechsel zur Inneneinrichtung.

Das Ergebnis langer Überlegungen ist allerdings überzeugend: Möbel im Stil der neuen Sachlichkeit und harmonisch abgestimmte, zurückhaltende Dekorationen. Nun stehen die gewünschten zwei klassisch schönen Schreibtische frei im Arbeitszimmer, schlichte Bücherregale bringen Ordnung in Belletristik, anspruchsvoll Literarisches und Fachbücher. Denn Theodor Heuss, als Redakteur auch zuständig für Rezensionen, wird von Verlagen mit allen Neuauflagen versorgt. Schlichte Streifenmuster auf Kattun unterstreichen auch bei den Polstermöbeln in Eß- und Wohnzimmer klare Linien und zurückhaltende Eleganz. Lediglich ausgesuchte Einzelstücke wie Kommoden, Schränke und Sekretäre heben sich ab durch kunstvolle Intarsien und Beschläge. Abgesehen vom allgemein Ästhetischen, ist dieses mit übereinstimmender Konsequenz und Sicherheit in Stilfragen geschaffene Ambiente in den ersten Ehejahren ganz besonders wichtig. Denn die drei Treppen hohe Wohnung in einem tristen,

„mietsparteireichen Haus“ zwischen Anhalter und Potsdamer Bahnhof, umflutet vom Verkehrslärm, läßt mehr Wünsche als erwartet offen. Drei Jahre lang, bis zum ersehnten Umzug nach Steglitz, Grillparzerstraße 15, tröstet sich Elly mit der Nähe zur Wohnung Friedrich Naumanns, dem Weitblick übers Tempelhofer Feld und der unmittelbaren Nähe des Zwölf-Apostel-Friedhofs. Durch seine sommerliche Pflanzenvielfalt und den Gesang der Nachtigallen wird die öde Backsteinlandschaft erträglicher.

Für eine verhältnismäßig kleine Bevölkerungsschicht, zu der auch Elly Heuss-Knapp und ihr Mann zählen, ist nicht nur das progressiv gestaltete Heim Ausdruck des erwachenden neuen Lebensstils. Sie gehören zu dem Personenkreis, der sich auf ausgedehnten Natur- und Kulturexkursionen den frischen Wind des Zeitgeistes um die Nase wehen läßt. Was den weniger Wohlhabenden der Sonntagsausflug oder bestenfalls die ländliche Sommerfrische, ist für Bildungshungrigere die über Grenzen hinausreichende Studienreise. Dabei vermischen sich neue Erfahrungen und aufregende Erlebnisse mit den Gesichtspunkten des Sozialprestiges. Wie wunderbar läßt sich später daheim der Ferienglanz durch wiederholtes Nacherzählen neu beleben. Ausführlichst geben Elly und Theodor Heuss in langen Briefen oder Aufsätzen ihre Eindrücke wieder. Ob Brauchtum, Natur, Gartenkunst, Architektur, Bilder oder Skulpturen, alles wird genau beschrieben und kommentiert. Begeistert verfolgen auch Zeitungsleser die zahlreichen informativen Berichte aus näheren oder weit entfernten Ländern.

Elly und Theodor betrachten sich, was Reisen angeht,

> . . . von Anfang an als leicht beweglich . . . In unserem Lebensprogramm war vorgesehen, den jährlichen Vierwochen-Urlaub zur Weltbesichtigung zu verwenden.

Doch aus welchen Mitteln bestreiten die beiden solche Fahrten? Beim allgemein großen Interesse an Reiseberichten und eingedenk ihrer Profession ist das ganz einfach:

> Einige Schilderungen im Feuilleton einer Zeitung haben . . . die Möglichkeit des Unterfangens . . . finanziert . . ., oder man hielt irgendwo einen Vortrag.

Bei der aktuellen Verwertung wird es nicht bleiben. Über Jahrzehnte können Elly und besonders Theodor Heuss für unterschiedlichste Veröffentlichungen aus dem offenbar unergründlichen Fundus der frühen und späteren Reisen schöpfen.

Die Kunstschätze Englands, Nordfrankreichs, Hollands und Belgiens hatte Elly noch vor der Heirat kennengelernt. Und Theodor war zur etwa gleichen Zeit bemüht, nach einer 22-Stunden-Eisenbahnfahrt die französische Hauptstadt mit jugendlichem Schwung zu erobern. Bis zum Ersten Weltkrieg absolvieren sie mit Fahrten an den Bodensee, nach Italien, in die Schweiz und nach England ein recht umfangreiches Reiseprogramm.

Rückblickend werden Elly und Theodor Heuss die frühen gemeinsamen Jahre als eine „berufliche und private Idylle" und sich selbst als „jugendlich kommentierende Zuschauer der Weltgeschichte" betrachten. Finanziell geht es ihnen besser als erwartet. Zeitungen und Zeitschriften können ihre Auflagen deutlich steigern, die Nachfrage nach Pressemitteilungen nimmt zu und mit ihr die Bedeutung festangestellter und freiberuflicher Redakteure. Die neue Lesekultur wirkt sich darum auch positiv auf deren Bezahlung aus. Wie seine Berufskollegen, Publizisten und Kulturredakteure, versteht sich Theodor Heuss als kritischer Beobachter, Reflektierender und Meinungsbildner. Er schreibt politische Kommentare, urteilt über Zeiten und Menschen, Traditionen und Moderne. In seinem Wochenblatt für Politik, Literatur und Kunst hat er inzwischen freie Hand und gibt ihm ein unverwechselbares Profil. Weltfremde Schwärmer und dogmatische Volkserzieher bekommen keine Gelegenheit, die *Hilfe* als Plattform zu benutzen. Heuss veröffentlicht inzwischen im angesehenen *Kunstwart*, schreibt für die *Neckar-Zeitung* und regelmäßig Leitartikel für die *Rigaischen Neuesten Nachrichten.*

Theodors zunehmende Kontakte beziehen ganz selbstverständlich Elly Heuss-Knapp mit ein, was im umgekehrten Verhältnis natürlich genauso zutrifft. Sie besuchen Gesellschaften, und Elly kann ihr Schwarzseidenes aus Straßburger Rektorstagen wieder ausführen. Friedrich Naumann ist gern und häufig zu Gast; lange debattieren sie über die Haltung der Sozialliberalen zur Kolonial- und Flottenpolitik, ereifern sich über die schleppende Abschaffung des Dreiklassenwahlrechts und diskutieren die Stellung der Arbeiter in einer modernen Industriegesellschaft. Die angereiste junge Dichterin Lulu von Strauß und Torney, mit Theodor seit langem befreundet, sorgt nicht als einzige für die zunächst vermißten literarischen Gespräche. Gutsituierte liberale Parteigänger unterstreichen ihre Freundschaft zum Ehepaar Heuss durch gastliche Einladungen auf idyllische Landgüter. Elly und Theodor genießen diese mannigfaltigen Abwechslungen und ihre weitgespannten Aktivitäten. Und welcher Hintergrund könnte dafür geeigneter sein als die pulsierende deutsche Metropole, das sich in jeder Hinsicht so stürmisch entwickelnde Berlin.

FRÜHLING 1910. Ein Blick von Elly in den Spiegel: sie ist noch ganz winter- und stubenblaß. Ein Blick vom Balkon: üppige Fliederblüten und herrlichster Sonnenschein. Viel zu schade für bürgerkundliche Unterrichtsvorbereitung, beschließt Elly Heuss-Knapp, packt ihre Bücher rasch zusammen und entscheidet sich für einen Stadtbummel bei gleichzeitiger Erledigung längst fälliger Besorgungen. Nur noch die Stiefel zugeknöpft, das Haar unter dem neuen großen Wagenradhut gebändigt, Taschentuch und Geld in der Handtasche verstaut, dann kann es losgehen.

„Juten Morjen, Frau Doktor!“ Frau Schmidtke steht erwartungsvoll am Geschäftseingang, spannt ihre blütenweiße Schürze noch etwas fester um den Bauch und macht einen angedeuteten Knicks vor der feinen Kundschaft. Opa Schmidtke bewacht, auf einem Hocker sitzend, die Gemüseauslagen vorm kleinen Schaufenster. OBST – GEMÜSE – KARTOFFELN & HERINGS-VERKAUF – GURKEN liest Elly auf der Wand hinter seinem Rücken. Rechts neben der Ladentür verspricht die Aufschrift HIER KANN GEROLLT WERDEN und SÄMTLICHE ARTIKEL ZUR WÄSCHEPFLEGE VORRÄTIG. Ein Maggi-Emailschild und die Persil-Reklame auf der Fensterscheibe runden die Kundeninformationen des winzigen, vollgestopften Geschäfts ab. Elly muß schmunzeln, jedesmal, wenn sie hier vorbeikommt, fällt ihr ein lustiger Zweizeiler ein. Solche Reimspielereien gehen ihr einfach so durch den Kopf: „Den Maggi-Fleck, sagt unsre Lene, schafft nur Persil, wie von alleene!“ Wäre doch ein guter Werbespruch . . .

In jedem neugebauten Haus ist jetzt ein Ladenlokal vorgesehen: Schneiderei, Schreibwaren, Kolonialwaren, Modeartikel ... Elly überlegt. Hatte es vor fünf Jahren schon so viele kleine Geschäfte in Berlin gegeben? Die Stadt wächst unaufhörlich, täglich kommen mehr Menschen dazu, vor allem aus den ostelbischen Gebieten; Landarbeiter und Mägde, Bauernsöhne und -töchter suchen ihr Arbeits- und Lebensglück in Berlin. Oft vergeblich. In der Elektrischen sieht Elly immer mehr Leute hastig den *Berliner Arbeitsmarkt* durchblättern.

Unter den Linden. Immer weniger Pferde auf Berlins Prachtstraße, stellt Elly fest, dafür immer mehr Benzinkutschen, Polizisten in Pickelhauben und stramm sitzender Uniform regeln zackig gestikulierend den Verkehr.

An der Stelle, wo Unter den Linden und Friedrichstraße zusammentreffen, legt Elly eine Pause ein. Dem Victoria-Café kann man einfach nicht widerstehen. Die neue, stilvolle Einrichtung ist – abgesehen vom hervorragenden Kuchen – ganz nach ihrem Geschmack. Der unerläßliche Kaiser Wilhelm blickt allerdings auch hier majestätisch von der Wand.

Das etwas schuldbewußt verzehrte Tortenstück wird nun durch einen raschen Fußmarsch wieder abgebüßt. Nur die Ankündigungen auf der Litfaßsäule muß Elly vorher noch eingehend studieren. Sollen sie beim nächsten Mal ins Lessing-Theater unter der Leitung von Otto Brahm oder ins Deutsche Theater des genialen Max Reinhardt gehen? Entscheiden sie sich für Frank Wedekind oder Carl Sternheim, für Gerhart Hauptmann oder Ibsen? Elly und Theodor sowie die ganze fortschrittliche Bürgerwelt sind offen für Neues, man strömt zu den Inszenierungen großer und kleiner Bühnen, zu jedem den Zeitgeist widerspiegelnden Kulturereignis. Begeistert feiert man modernes Ballett, geradezu revolutionär war die jüngste Entwicklung des Bühnentanzes, die in Bewegung umgesetzte Idee der neuen Natürlichkeit. Varietés konkurrieren mit den neuen Lichtspieltheatern. 139 Kinos gebe es jetzt in Berlin, hat Elly gelesen. In jedem fünf neue Arbeitsplätze: Vorführer, Kassierer, Platzanweiserin, Klavierspieler und Erklärer. Henny Porten ist in diesem Jahr der ganz große Star ...

Ein weiterer Höhepunkt des Stadtbummels steht noch aus:

Wertheim, der architektonisch kühne Konsumtempel, *das* Berliner Einkaufsparadies. Ursprünglich war hier ein Basar in vier Stockwerken eines einfachen Wohnhauses. Und jetzt? Die kolossale Außenfront ist durch Pfeiler großzügig gegliedert, um einen riesigen Lichthof laufen die einzelnen Stockwerke. Jedes ein einziger großer Raum, die Decken von Säulen getragen. Einen Bärenbrunnen gibt es und den bezaubernden Wintergarten. Fast nichts, was es hier nicht zu kaufen gibt. Waren aus aller Welt liegen aus. Elly steuert die Lebensmittelabteilung an. Lebende Flußfische schwimmen in Bassins, Delikatessen reihen sich an Delikatessen. Elly schaut, überlegt, rechnet und bestellt eine Wochenration. Geliefert wird frei Haus.

EIN AUSREICHENDES Einkommen des Gatten, abwechslungsreiches Großstadtleben, interessanter Freundeskreis, ausgedehnte Reisen und privates Glück – kann eine junge Ehefrau nach gutbürgerlicher Auffassung mehr erwarten? Elly hatte sich vorgenommen, ihre unentgeltliche Arbeit genauso wie die Erwerbstätigkeit in Berlin fortzusetzen. Darum hatte sie noch von Straßburg aus neue Kontakte geknüpft und alte wiederbelebt. Bereits in der ersten Maiwoche 1908, unmittelbar nach der kurzen Hochzeitsreise und dem Einzug in die Berliner Wohnung, begann schon ihr Unterricht an der Lette-Fortbildungsschule des von dem Liberalen August Lette gegründeten Vereins zur Förderung der Erwerbsfähigkeit des weiblichen Geschlechts sowie an der Viktoria-Fortbildungsschule, einer „Lehr- und Erziehungsstätte zur Ertüchtigung von Mädchen für das praktische Leben“. Zwischen sechs und zehn Wochenstunden schwankt der Umfang ihrer Lehrtätigkeit für „viel aufgewecktere Schulmädel als in Straßburg“. Professor Knapp und der Schwester Marianne berichtet Elly:

> Ich verdiene dann gleich ganz ordentlich ... Es gibt Unterrichtsstunden à sechs Mark und à fünf Mark ... Alles mit der alten Vorbereitung von Straßburg und mit Bürgerkunde, Verfassung von Preußen etc.

Bereits im Spätsommer wird Elly Heuss-Knapp zudem in die Prüfungskommission für Gewerbelehrerinnen berufen

> ... und soll vierzig Minuten lang prüfen. Das ist mir halb interessant, halb unheimlich, denn mir scheint, daß es mehr dazu dient, mich zu prüfen als sie. Immerhin ist es eine Erweiterung von Erfahrungen.

Bei der Lehrtätigkeit allein ist es nicht geblieben. Elly ist auf dem besten Weg zur Schulbuchautorin. Seit den Schülerinnen nicht nur bürgerkundliche Kenntnisse, sondern auch die „grundlegenden Kapitel der theoretischen Volkswirtschaft" vermittelt werden, ist das Defizit an unterrichtspraktischem, fachbezogenem Lehr- und Lernmaterial nicht mehr zu übersehen. Als schließlich Alice Salomon mit ihrer sozialen Frauenschule eine Lehranstalt zur erstmals qualifizierten Berufsausbildung für Sozialarbeiterinnen errichtet und ihrer Freundin Elly in Aussicht stellt, dort ebenfalls Bürgerkunde und Volkswirtschaft unterrichten zu können, scheint es um so notwendiger, endlich ein geeignetes Unterrichtswerk zu konzipieren. Von Alice Salomon bestärkt und vom Leipziger R.-Voigtländer-Verlag vertraglich abgesichert, wagt sich Elly von Juni 1909 bis Februar 1910 an das auf 200 Seiten wachsende, systematische Lehrbuch der „Bürgerkunde und Volkswirtschaft für Frauen – Leitfaden für Frauenschulen, Handelsschulen, Gewerbeseminare und verwandte Anstalten". Sie schafft damit ein über mehr als zwanzig Jahre gefragtes, stets aktualisiertes, ausführliches Standardwerk in acht Auflagen. „Die Erziehung zu sozialer Gesinnung" ist ihr Ziel. In zweiter Linie erst sieht sie die „Notwendigkeit der Vermittlung von Kenntnissen".

Bereits nach zwei Monaten stehen die ersten achtzig Seiten des bürgerkundlichen Teils; was allerdings die viel komplexere Volkswirtschaftslehre angeht, fehlt es nicht nur Elly Heuss-Knapp an einschlägiger Erfahrung im Mädchenschulwesen. Sicher, sie hatte bisher versucht, ihre Kenntnisse aus den Studiensemestern in Freiburg und Berlin – aufgelockert durch anschauliche Beispiele aus der Alltagswelt – im Unterricht zu verwerten. Trotzdem scheint es sicherer, den nationalökonomisch versierten Vater um Korrektur zu bitten:

> Es nutzt nichts, Du mußt mir ein bißchen bei dem zweiten Teil des Buches helfen ... Lies bitte das Geldkapitel ... Aber sage jetzt nicht (wie früher) ‚das macht nichts', denn es wird

gedruckt und blamiert dich mit ... Wenn ich Dein Kolleg gehört hätte, wär's leichter ... Es kommt eben nur darauf an, die Sachen hervorzuheben, die zum Unterricht bei fünfzehn- bis siebzehnjährigen Mädchen geeignet sind.

Während der intensiven Arbeit an diesem Lehrbuch lernt Elly Heuss-Knapp nicht nur sachlich viel hinzu. Viele Inhalte sprechen sie auch emotional an und tragen dazu bei, die allgemein gültige und die ganz persönliche Frauenrolle erneut zu überdenken.

Im September 1910 blättert Elly stolz in dem noch druckfrischen, eben vom Verlag erhaltenen gebundenen Exemplar ihrer „Bürgerkunde und Volkswirtschaftslehre". Auf Seite 67, an der Überschrift: „Stellung der Frau in der Ehe" bleibt ihr Blick hängen:

> Die Frau bleibt auch in der Ehe voll geschäftsfähig. Damit hat das BGB die rechtliche Stellung der Frau erheblich verbessert. Denn früher verlor dem Grundsatz nach die Frau durch Eingehung der Ehe die Geschäftsfähigkeit ... In allen das gemeinschaftliche Leben der Ehegatten betreffenden Angelegenheiten steht dem Manne die Entscheidung zu. Die Frau muß sich ihm fügen; besonders in der Wahl des Wohnortes und der Wohnung. Die Frau nimmt den Namen des Mannes an ... Sie ist verpflichtet, den Haushalt zu führen und die Kinder zu erziehen ... In der Führung des Haushaltes kommt es auf die Stellung des Mannes an, wieweit sie selbst arbeiten muß ... Die Frau eines höheren Beamten kann verlangen, daß dafür ein Dienstmädchen gemietet wird ... Der Mann hat also für den ‚standesüblichen Unterhalt' zu sorgen ... Wenn der Mann nicht in der Lage ist, dieser Verpflichtung nachzukommen, muß die Frau nach Maßgabe ihres Vermögens oder ihrer Erwerbsfähigkeit mit zum Unterhalt beitragen.

Elly blättert weiter. Im Statistikteil hatte sie vermerkt:

> Etwa die Hälfte der erwachsenen weiblichen Personen ist heute erwerbstätig und ein Drittel aller Erwerbstätigen ist weiblichen Geschlechts ... Die Frauen wollen nicht als überflüssige Arbeitskräfte unbeschäftigt sein.

Wie deutlich sich ihre und Theodors Sichtweise des Ehe- und Familienlebens von der allgemeinen Auffassung abhebt! Die

Wohnortfrage hatte sich eigentlich erübrigt, die Wohnungswahl hatten sie gemeinsam entschieden. Elly verwaltet selbständig ihr kleines Vermögen und persönliche Einkünfte. Ihr progressiver Mann hatte sogar vorgeschlagen, einen Vertrag über Gütertrennung zu schließen, damit ihr auch rechtlich die Verfügungsgewalt über das eigene Vermögen bleibe. Er hatte auch gegen die Wahl des Doppelnamens Heuss-Knapp nichts einzuwenden. Und daß sie das geliebte Unterrichten schon etwas länger und die Schreibtischarbeit ebenfalls vorerst hatte aufgeben oder erheblich reduzieren müssen, hat einen ganz anderen, einen äußerst triftigen Grund.

Denn am 5. August 1910 wird der Sohn Ernst Ludwig geboren. Ohne Alarmzeichen während der ganz normalen Schwangerschaft und trotz vorsorglicher Einlieferung in die Frauenklinik bedrohen dramatisch verlaufende Geburtskomplikationen das Leben von Mutter und noch ungeborenem Kind über drei Tage und Nächte.

Die langsam fortschreitende Rekonvaleszenz zieht sich bis zum kommenden Frühjahr hin. Gesundheitliche Folgen der Schwangerschaft bleiben belastend. Spätere Fehlgeburten vernichten die Hoffnung auf ein weiteres Kind. Töchter hätte sich Elly gewünscht, und diese unerfüllte Hoffnung findet noch nach Jahren Ausdruck in ernsthaften Adoptionsüberlegungen des Ehepaares Heuss.

Als ahnte und befürchtete sie bereits, daß eine erzwungene Zurückhaltung ihren gewohnten Arbeits- und Lebensrhythmus über Monate aus dem Gleis bringen würde, nutzte Elly Heuss-Knapp die Zeit vor und während der Schwangerschaft in jeder Hinsicht, hatte anscheinend Kraft und Energie für zwei. Da waren die fruchtbare Arbeit mit den lernbegierigen Schülerinnen, das Wachsen des umfangreichen Lehrbuches und ab Anfang des Jahres 1910 noch ein Zyklus von elf Vorträgen beim Charlottenburger Kurs für Armen- und Waisenpflegerinnen.

Von Zeit zu Zeit unterstützt sie Theodor beim Redigieren der *Hilfe.* Doch „die Aufgabe, die mir am meisten Freude machte, aber auch am meisten Mühe, stellte mir Naumann: gelegentlich Stoff zu seinen Vorträgen zu sammeln". Als der Politiker eines Tages kurzfristig eine von Elly mit vorbereitete Rede absagen mußte, sprang die junge Mitarbeiterin ohne Zögern für ihn ein. Und unmittelbar vor der Niederkunft entstand noch für die Heilbronner *Neckar-Zeitung* ein Artikel über das Leben der beliebten und früh verstorbenen preußischen Königin Luise.

Ab Frühjahr 1910 – wohl bis 1912 – pachtet das Ehepaar Heuss eine Zweizimmer-Dachgeschoß-Sommerwohnung mit kleinem schattigem Grundstück, umrahmt von einem Kiefernwald, in Neubabelsberg bei Potsdam. Wenn es geht, kommt Theodor schon gegen zwei Uhr von der Redaktion heraus. Hier entdeckt Elly Heuss-Knapp, der Etagenmensch, ihre Liebe zu Gärten und „macht erste Fingerübungen an winzigen Blumenbeeten", hier steht der Laufstall des kleinen Ernst Ludwig auf dem Rasenstück. Morgens fährt sie mit dem Kinderwagen gern zur Glienicker Brücke, geht am Fluß spazieren.

Wie die meisten Mütter geht Elly Heuss-Knapp zunächst ganz in der Betreuung, Beobachtung und Bewunderung ihres Kindes auf. Alle Befindlichkeiten des Kleinen werden festgehalten – ob er trinkt und was, ob er lacht oder nicht, wann er schläft und was er jetzt und später wiegt. Vom lästigen Schnupfen werden Familienmitglieder und Freunde ebenso unterrichtet wie vom mühsamen Trockenwerden und vom ersten kleidsamen weißen Pikeehütchen. Auch der frischgebackene Vater macht sich nützlich und erklärt stolz:

> Ich habe heute dem Buben eine Viertelstunde Volkslieder vorgepfiffen, die seine ganze Teilnahme gefangenhielten. Auch hat er den Blick auf die blanke Uhr fixiert, wirklich hin- und hergedreht das Köpfle.

Offensichtlich hat Theodor Heuss seinen Sohn sogar gelegentlich selbst gewickelt, denn als das „Büble" vier Monate alt ist, berichtet seine Frau:

> Das Väterle wickelt (ihn) gar nimmer, weil die Mama nicht mehr so müd ist.

Die ausschließliche Beschränkung auf Haushalt und Kind ist für einige Zeit unumgänglich und wichtig. Doch allmählich drängen sich Elly die bekannten grundsätzlichen Fragen auf: Lassen sich Kind und Beruf miteinander vereinbaren? Wenn ja, wie bewältigt sie den familiären und beruflichen Alltag? Offensichtlich finden sich Lösungen, sind die jungen Eltern zu Kompromissen bereit. Denn am Ende zumindest eines Ferienaufenthaltes – vermutlich aber mehrerer Reisen – machen Elly und Theodor Heuss Zwischenstation in Badenweiler, „wo ... der dreijährige Bub in einem Kinderheim abgestellt war".

Zwei Jahrzehnte später, Mitte der dreißiger Jahre, wird Elly die uneingeschränkte, liebevolle mütterliche Betreuung von Kindern als „Hohe Schule der Selbstlosigkeit" charakterisieren, und hier findet sich auch die Behauptung, sie habe ihren Sohn in den ersten Lebensjahren nie über eine längere Zeit allein gelassen.

Im Jahre 1911 fällt die dreißigjährige Mutter eine Entscheidung: Haushalt und Kinderbetreuung soviel wie nötig – Erwerbstätigkeit und soziales Engagement so intensiv wie möglich. Rückschauend bekennt sie:

> Meine Lebensführung entsprach genau dem Programm der neuen Frau. Jedoch habe ich nie viele Stunden außer dem Hause zubringen müssen, und das Unterrichten spielte bei mir die Rolle wie bei anderen das Klavierspielen.

Daß Elly Heuss-Knapp sich so frei für die von ihr präferierte Lebensform entscheiden kann, verdankt sie der ungewöhnlich modernen Einstellung ihres Ehemannes, aber auch der Existenz von dienstbaren Geistern. Auf Dienstmädchen liegt im gehobenen bürgerlichen Milieu die Hauptlast von Hausarbeit und Kinderbetreuung. In den ersten Lebensjahren von Ernst Ludwig heißt der gute Geist Auguste und gehört bei Heussens „ganz zur Familie".

Besonders vor 1914 ist es kein Problem, weibliche Dienstboten vom Lande gegen Kost, Logis und einen erschwinglichen Lohn einzustellen. Dennoch, für Elly Heuss-Knapp bleibt darüber hinaus genug zu tun, und es fällt ihr nicht immer leicht, allen Ansprüchen – den eigenen und denen der anderen – gerecht zu werden. Für den 20. November 1911 listet sie den Tagesablauf recht genau auf:

> Ich hab viel zu tun. Morgens schreib ich drei bis vier Briefe in Sachen der Ausstellung ‚Die Frau in Haus und Beruf', telefoniere eine Stunde lang, von neun bis zehn, dann kommt der Ludwig, der gebadet sein will um zehn Uhr, dann Haushalt und eventuell (Unterrichts)Stunden, nachmittags Vorbereitung für Stunden, Spaziergang mit Ludwig, und abends noch oft etwas. Meine neue Arbeit in der sozialen Frauenschule macht mir viel Freude.

Elly Heuss-Knapp ist wieder relativ gesund, aktiv und ganz die alte, und dem verlockenden Angebot, erneut eine große Ausstellung mit zu organisieren, kann sie natürlich nicht widerstehen. Verbunden mit dem Deutschen Frauenkongreß Ende 1911 ist im darauffolgenden Februar eine Ausstellung zum Thema „Frau in Haus und Beruf" geplant. Die Organisatorinnen – vorwiegend aus der Frauenbewegung – hatten einige bedeutende Wirtschaftsunternehmen um Unterstützung gebeten und einen spendablen Mäzen gefunden. Die Berliner Gasgesellschaft übernimmt die volle finanzielle Verantwortung für die Ausstellung und verbindet mit der Werbekampagne die Hoffnung, daß möglichst viele Frauen sich im eigenen Haushalt gegen die Elektrizitätskonkurrenz entscheiden. Idee und Ziel der Ausstellung, Frauenaktivitäten in den zwei gleichberechtigten Lebenssphären Haus und Beruf vorzustellen, sind 1912 geradezu revolutionär.

Man findet technische Neuheiten für den Haushalt, Architektinnen stellen zweckmäßig gestaltete Häuser und Küchen vor, Frauenarbeit in Landwirtschaft, Industrie und Handwerk rücken die Veranstalterinnen genauso ins Rampenlicht wie Berufsbilder von Stenotypistinnen, Telefonistinnen und Verkäuferinnen. Trotz ihrer im Prinzip distanzierten Haltung zur Frauenbewegung ist Elly Heuss-Knapps Mitarbeit keine Frage. Vor dem großen Forum des begleitenden Kongresses trägt sie Fundiertes zur „Reform der Hauswirtschaft" vor und sammelt für eine von ihr betreute Ausstellungsabteilung umfangreiche Informationen zur „Sozialen Frauenarbeit". So nimmt das Vertiefen in die Geschichte der karitativen Nonnenorden und der evangelischen Diakonie einen großen Teil der täglichen Arbeitszeit in Anspruch.

Heilbronn 1912–18

„Einen Punkt hatten wir übersehen . . .", so Elly Heuss-Knapps treffender Kommentar nach der Ausstellung „Die Frau in Haus und Beruf". „Er ist sehr wichtig und heißt: Die Frau und der Beruf ihres *Mannes.*" Bittere Ironie spricht aus diesem Kommentar zu einer Entwicklung, die sich seit Anfang 1912 abzeichnet.

Die Aussicht, gerade jetzt Berlin den Rücken kehren zu müssen und in die schwäbische Provinz wechseln zu sollen, erscheint ihr geradezu absurd. Und diese Idee stammt ausgerechnet von Friedrich Naumann. Theodor Heuss – so Naumanns Überlegung – könne in Heilbronn die Schriftleitung der lokal einflußreichen, liberal gesinnten *Neckar-Zeitung* übernehmen. Als erfahrener Publizist und sprachgefärbter Heilbronner würde er im Südwesten journalistischen Einfluß ausüben und ganz persönliche Überzeugungsarbeit leisten können. Insbesondere geht es Naumann um die Rückgewinnung seines 1907 mit Theodors Hilfe gewonnenen und jüngst in Heilbronn knapp wieder verlorengegangenen Reichstagsmandates für die liberale *Fortschrittliche Volkspartei.* Sollte er, Friedrich Naumann, in einem anderen Wahlkreis antreten – was sich abzeichnet und auch eintritt –, könne Theodor Heuss als Heimatkandidat selbst versuchen, den Einzug ins Parlament zu schaffen.

Diese Überlegung zeigt interessante Perspektiven auf, doch nur für ihren Mann, für Elly vorerst kaum. Während der erst achtundzwanzigjährige Theodor Heuss den Wechsel nach Heilbronn ernsthaft ins Auge faßt und die Chance erkennt, seine publizistischen und politischen Ambitionen auszuweiten, bekennt seine Frau unumwunden: „Ich habe gar keine Lust auf Heilbronn und halte es auch für den Theodor nicht für das Richtige, jetzt schon württembergische Lokalgröße zu werden . . ." Doch sie übersiedeln nach Heilbronn, schon im Mai 1912, und beziehen eine Wohnung in der Lerchenstraße 31.

Elly Heuss-Knapp ist beim Umzug nicht dabei. Im März, zum siebzigsten Geburtstag des Vaters, war sie mit Theodor und dem kleinen Ernst Ludwig nach Straßburg gereist. Eine willkommene Gelegenheit, nicht nur den Vater, sondern auch Marianne und Ernst Lesser und die Geiger-Söhne aus Basel wiederzusehen. Doch auf die allgemeine Festtagsstimmung fällt ein Wermutstropfen. Lella Geiger, die von allen geliebte, warmherzige Zwillingsschwester des Professors, fehlt in der Runde. Drei Jahre zuvor ist sie unerwartet gestorben, aber von Jahr zu Jahr empfinden ihre Söhne und Nichten deutlicher die große emotionale Lücke, die sie hinterlassen hat. Im anregenden Straßburger Geburtstagstrubel spürte Elly Heuss-Knapp auch mehr und mehr die Grenzen ihrer augenblicklichen Belastbarkeit. Anhaltende gesundheitliche Probleme als Folge der lebensbedrohenden Geburtskomplikationen, das kräftezehrende Bemühen um Vereinbarkeit von beruflichen und häuslichen Pflichten und nicht zuletzt das Schreckgespenst eines völligen Neuanfanges auf unbekanntem schwäbischem Terrain hatten ihr mehr zugesetzt, als sie sich selbst eingestehen wollte. „Da stellte sich heraus, daß ich gesundheitlich weder fähig war zu arbeiten, noch Feste zu feiern, und so wurde ich nach Badenweiler geschickt, der Umzug ging ohne mich vonstatten. Diese Ausruh- und Genesungszeit während der Kirschblüte in dem sonnigen, hügeligen Gelände . . . gab mir eine Wahlheimat."

Genau ein Jahr später, nach einem Klinikaufenthalt, und in vielen weiteren Jahren, wann immer es notwendig ist und irgend geht, gibt Elly Heuss-Knapp ihrer Sehnsucht nach Badenweiler nach. Denn von dort fällt der Blick direkt auf die nahen nadelwalddunklen Vogesenhänge. Die Gedanken wandern dann ins Elsaß, nach Straßburg. Aber nicht nur die Heimatnähe oder Gesundheit und Seele stabilisierende Entspannung sind das Geheimnis der Kuren in Badenweiler. Elly versucht dort, immer wieder und eigentlich immer wieder erfolglos, überzählige Pfunde zu verlieren.

Viele Straßburger Freunde besuchen Elly 1912 und 1913 im Badenweiler Frühling. Das Relief der hügeligen Landschaft lädt zu geruhsamen Wanderungen ein. Aber geradezu schmerzhaft spüren alle auch den Kontrast zwischen bezaubernder Obst- oder Weingartenidylle und ernsthaftem Gedankenaustausch. Eindringlich zeichnen viele Besucher ein beängstigendes Bild der

Zukunft. Als Dr. Pierre Bucher, Herausgeber der Straßburger *Elsässischen Rundschau* sowie Freund aus alten Tagen, den Weg nach Badenweiler findet, klagt der elsässische Patriot heftig an, spricht von gezielten Kriegsvorbereitungen im Deutschen Reich. Gegen den „Erbfeind“ Frankreich – so prophezeit er – werde der Kaiser die Waffen zuerst richten und dann erfahren müssen, daß Franzosen und Elsässer Seite an Seite kämpfen werden. Kämpfen für ein Elsaß, das zu Frankreich, nicht zu Deutschland gehöre. Schon jetzt spüre man die wachsende Distanz gegenüber Altdeutschen. Ellys vor der Heirat noch unbefangener Kontakt zu frankophilen Straßburgern, so seine Einschätzung, wäre heute kaum noch denkbar. Elly kann es nicht glauben, ist geradezu entsetzt. Doch auch Walter Leoni – die Beziehung ist unter Einbeziehung Theodors sehr freundschaftlich – kommt ins Badische herüber.

„Wir werden um diese unsere schöne Heimat noch einmal kämpfen müssen. Wir müssen uns bereit halten“, lautet auch seine ahnungsvolle Einschätzung. Und in Leonis Berichten – das berührt Elly schmerzlich – schwingt dabei ebensoviel deutschnationales Pathos mit wie französisches in denen des Pierre Bucher.

Theodor Heuss, der neue junge Chef der *Neckar-Zeitung,* hat sich rasch eingearbeitet. Sein Wort als Journalist, Politiker und als Bürger zählt bereits etwas.

> Die berufliche Arbeit in der Heimatstadt ließ sich gut an . . . Wir waren ein Zwei-Mann-Betrieb – die Journalistik von damals hatte, gemessen an der späteren technischen Entwicklung . . ., einen fast idyllischen Charakter . . . Das gesellschaftliche Leben solch einer überschaubaren Mittelstadt beginnt mit einer etwas gefährlichen Konvention: man macht Besuche mit einem Bockhüpfer und ist froh, wenn man nicht angenommen wird. Elly hat darunter gestöhnt . . .

Das hat Elly tatsächlich. Unüberhörbar ist ihr Groll. In den ersten Monaten der schwierigen Eingewöhnungszeit tönt es aus ihren Briefen beispielsweise so:

> Gestern haben wir unseren dreihundertsoundsovielten Besuch gemacht, und damit ist diese schauerliche Angelegenheit erledigt. Wir sind ganz erlöst. Nun kommen die dreihundertsoundsovielen Gegenbesuche. Aber denen standzuhalten,

> geht über unsere Kraft. Wir werden also sonntags Ausflüge machen ... Ich war auch voll guter Vorsätze – aber ich habe hier kein Glück. Mein tüchtiges Mädchen wurde schwer krank, so daß sie von heute auf morgen ins Krankenhaus mußte. Deshalb fuhr ich mit dem Ludwig für vier Tage nach Straßburg, bis die neuen Mädchen antreten konnten. Ich hatte es auch selbst notwendig. Denn das ist vielleicht nicht der kleinste Grund, weshalb ich mich hier so gar nicht heimisch fühle: daß mir das Klima sehr schlecht bekommt ... Daß ich mich hier je wohlfühlen werde, das glaub' ich nicht ... Manchmal mache ich kleine Vortragsreisen ... Das ist kein Ersatz für den Unterricht, wobei man junge Menschen dauernd beeinflußt. Mein Mann hatte Familie und alle Schulfreunde dort, er nannte sozusagen die ganze Stadt du. Ich dagegen, obwohl von einigen Freunden liebevoll aufgenommen, galt doch als Fremde, „Hereingeschmeckte", wie man im Schwäbischen sagt, und das Peinlichste war, daß durch die Berliner Ausstellung mein Name in den Zeitungen erwähnt wurde.

Jahrzehnte später, mit Abstand und weit gelassener, klingt auch Selbstkritik an:

> ... ich benahm mich möglichst dumm ... Sie (die Stadt Heilbronn) hat ja so viele Vorzüge vor der Großstadt. Wieviel freier wächst ein Kind hier auf ... Herrlich war, daß das Kind so gut gedieh und auch der Großmutter viel Freude machte. Überhaupt im Haus war alles in Ordnung, aber die andere Hälfte, der Beruf fehlte und der angeregte Kreis in Berlin.

Vettern und Basen – Kinder von Theodor Heuss' Bruder Ludwig, dem Stadtarzt in Heilbronn – leben hier, sind willkommene Spielgefährten für den kleinen Sohn. Daß Elly Heuss-Knapp sich mit den neuen Lebensbedingungen arrangiert und schließlich mit wiederentdecktem Tatendrang auf die Suche nach lohnenden Objekten ihres Engagements geht, hat auch mit einem Mahnbrief Friedrich Naumanns zu tun: Elly gehöre nun einmal an die Seite ihres Mannes. So schlimm seien die Heilbronner Verhältnisse nun wirklich nicht. Sie sei ein Stück Frauenbewegung und Muster für andere. Das wirkt zwar, doch diesmal stimmt Elly mit ihrem väterlichen Vorbild nicht ganz überein. Wenn sie sich auch nicht eigentlich zur Frauenbewegung zählt, so darf Naumann sie doch nicht als deren Repräsentantin bezeichnen und zugleich von ihr uneingeschränkte Rücksicht auf das Vorwärtsstreben des Ehemannes verlangen. Sosehr sie Naumann verehrt, in diesem Falle folgt sie seinen Argumenten weniger aus Überzeugung als aus Pragmatismus. In einem Punkt stimmt sie dem Freund jedoch zu: daß Theodor „von Berlin aus . . . nichts als ein begabter, feiner Literat“ würde und daß „der Heimatboden“ für ihn die „rechte Stelle ist, um ein selbständiger, aktiver Charakter mit steigender Wirksamkeit zu werden“, glaubt sie inzwischen auch. Woran sie allerdings nicht mehr glaubt, ist ihre nachhaltige Einflußnahme auf Theodors unorthodoxe Art, sich zu kleiden. Er trägt – dem nie erlahmenden, energischen Gegensteuern zum Trotz – wieder einen kecken Schlapphut auf länger werdendem Haar und kultiviert erneut die bekannt extravagante Kleidung. Das ist nach Ellys Einschätzung ein unnötiger Rückfall in alte Gewohnheiten. Theodor Heuss' Reputation hat das in jungen Jahren saloppe Erscheinungsbild allerdings keineswegs nachhaltig geschadet.

Kaum einer, am wenigsten sie selbst, hätte anfangs erwartet, daß Friedrich Naumanns Heilbronner Entwicklungsvisionen nach Jahresfrist nicht nur für Theodor Heuss, sondern ebenso für Elly zutreffen werden. Nie, und darauf legt sie größten Wert, heftet sie sich dabei ausschließlich an seine Fersen, nie schwimmt sie bequem in seinem Fahrwasser. Die Romreise, aufregend und interessant, war keine wirkliche Erholung gewesen, und nach vierwöchiger Abwesenheit türmt sich jetzt ein grandioser Arbeitsberg auf ihrem Schreibtisch im Mansardenzimmer. Seit zwölf Monaten sitzt sie zusammen mit der Schreibmaschinenkraft an fast jedem Nachmittag von drei bis sieben in der Redaktion des *März*. Man hatte sie und Theodor nicht überreden müssen, die Leitung des seit fünf Jahren existierenden, politisch-literarischen Wochenblattes zu übernehmen. Theodor macht das Politische, sie das Literarische. Zunächst ging es vor allem darum, die Zeitschrift inhaltlich und finanziell zu sanieren, sogar darum, den *März* zu retten. Ihre Mitarbeit war für Theodor absolut keine Frage gewesen:

> Ich besaß wohl in Heilbronn gute Freunde, doch keinen Menschen – außer Elly –, mit dem man über literarische Wertungen abwägend diskutieren konnte.

Nachdenklich zieht Elly einen schwarzen Ordner aus dem Regal. Zu frühen *Hilfe*-Zeiten hatte den damaligen Verlobten ihre direkte Zusammenarbeit noch heftig erschreckt. Nachdrücklich hatte er damals eine redaktionelle Mitarbeit abgelehnt.

Ellys Gedanken wandern einige Wochen zurück. Was hatte die letzte Zeit alles gebracht? Reisen zu Werkbund-Tagungen und Kongressen, die Zusammenkünfte mit den *März*-Herausgebern Hermann Hesse und Ludwig Thoma in Bern und München hatten sie und Theodor an die Berliner Zeit erinnert. Die lähmende Leere der ersten Monate hier ist längst Vergangenheit. Seither ist bereits die zweite, juristisch und statistisch überarbeitete Auflage ihrer „Bürgerkunde und Volkswirtschaftslehre" erschienen. In Heilbronn arbeitet eine Gruppe junger Mädchen erfolgreich in der tätigen Nachbarschaftshilfe. Die vorbereitenden Kurse hierfür hatte sie durchgeführt.

Elly Heuss-Knapps Blick fällt auf den vor ihr liegenden Papierstapel, vorsortiert für die Ablage. Ganz obenauf liegt noch das wenige Tage alte Manuskript für Stuttgart. Im bereits aufgeschlagenen Vortragsordner läßt sie die abgehefteten Blätter durch die Finger gleiten. Wie unterschiedlich die gewünschten Themen doch ausfallen: „Einführung in soziale Fragen" lautete die Vortragsreihe vor 120 jungen Schneiderinnen und Putzmacherinnen, über „Die Hausfrau in der Volkswirtschaft" hatte sie in Straßburg referiert. Eine Reise in Ruhrgebietsstädte war mit Ausführungen über „Die Frau im deutschen Wirtschaftsleben", nach Geislingen und Göppingen über „Hausfrau und Frauenbewegung" verbunden. Die Landfrauenschule hatte „Hausfrau nach dem BGB" als Thema gewünscht, und beim Blick auf „Der Einzelhaushalt und die Volkswirtschaft" erinnert sich Elly an ihren letzten Auftritt vor heimischem Publikum.

Inzwischen sind die Heilbronner von den Talenten der Chefredakteursgattin, ihrer kenntnisreichen, gewandten Ausdrucksweise und vor allem von ihrem Organisationstalent überzeugt. Man hatte Elly Heuss-Knapps Einsatzbereitschaft nicht nur kennen-, sondern vor allem nutzen gelernt. Krisenhafte Zeiten stehen bevor, Zeiten, in denen die Stadt Frauen wie Elly Heuss-Knapp dringend braucht. Wie nahe die offene politische Konfrontation, Mobilmachung und Krieg bereits sind, ist vielen, auch

Elly und Theodor Heuss, offenbar nicht in aller Schärfe bewußt. Theodor Heuss wird am Ende seines Lebens rekapitulieren:

> Es wäre eine kühne nachträgliche Konstruktion, zu behaupten, daß wir mit einer Kriegsmöglichkeit rechneten. Bei der Abendheimkehr von einem friedsamen Sonntagnachmittags-Spaziergang im Köpferwald erwartete uns am 28. Juni 1914 die Presse-Depesche, daß der österreich-ungarische Thronfolger mit seiner Gattin bei einer Fahrt in Sarajevo ermordet worden sei. Die Nachricht war technisch nicht mehr zu vermelden, der Kollege, die Setzer und Drucker nicht mehr aufzutreiben. Radio gab es damals noch nicht. Also mußten die Heilbronner warten, bis sie am nächsten Montag von dem Signal erfuhren, das für die kommenden Jahre ihr eigenes, mehr noch das vaterländische Schicksal angezeigt hatte.

Gut einen Monat später, am 31. Juli 1914, spitzt sich die Lage zu, erreicht Ellys eindringliche schriftliche Bitte Straßburg:

> Lieber Papa! Am Sonntag habe ich Dir schon einen langen Brief geschrieben in der Voraussetzung, daß wir Krieg bekommen. Den habe ich am Montag zerrissen ... Unterdessen hat sich alles noch so verschärft, daß wir Dich dringend und ernstlich bitten, einfach herzufahren. Wir machen Dir mein Empfangszimmer zurecht, es ist ja ganz entbehrlich ... Bitte tu's vor der absoluten Notwendigkeit.

Doch Georg Friedrich Knapp bleibt vorerst in Straßburg; noch hält die *Académie Française* ihre schützende Hand über den geachteten deutschen Gelehrten. Eine überstürzte Flucht über die Rheinbrücke, zu der manche seiner Kollegen gezwungen sind, bleibt ihm glücklicherweise erspart.

„Die Sonntagsruhe ist heute aufgehoben", verkündet in ihrer Ausgabe vom 2. August des Jahres 1914 die *Neckar-Zeitung* und legitimiert damit das Erscheinen an einem Feiertag. Das Extrablatt wird den Zeitungsjungen geradezu aus den Händen gerissen. MOBILMACHUNG! Die Schlagzeile, riesengroß, springt direkt ins Auge. Und unmittelbar darunter: RUSSISCHE TRUPPEN AUF DEUTSCHEM BODEN! Kein Zeitungsleser steht allein, dicht drängen sich Männer, Frauen und Kinder um jeden, der ein aufgeschlagenes Blatt in Händen hält. Alle sind erregt, diskutieren oder verharren in betroffenem Schweigen.

Krieg! Was war geschehen? Das ehemals stabilisierende Bismarcksche Bündnissystem mit der beabsichtigten Isolation Frankreichs war aufgehoben. Der Zweierbund zwischen Frankreich und Rußland 1894 und die *Entente cordiale* 1904, das herzliche Einverständnis zwischen Frankreich und England, führten im Deutschen Reich zum Gefühl einer latenten Bedrohung. Seit langem hatten sich die machtpolitischen Gegensätze im europäischen Staatensystem durch wachsendes gegenseitiges Mißtrauen und einen völlig irrationalen Rüstungswettlauf der großen Mächte verschärft. Schwierigkeiten im österreichisch-ungarischen Vielvölkerstaat – Serbien suchte die nationale Staatsidee zu verwirklichen – führten am 28. Juni 1914 zur Ermordung des österreichischen Thronfolgerpaares in Sarajevo. Während der folgenden „Juli-Krise" forderte Österreich-Ungarn Serbien ultimativ auf, feindliche Umtriebe zu bekämpfen und die Schuldigen zu bestrafen. Serbiens Reaktion blieb unbefriedigend, Österreich-Ungarn machte teilmobil.

Trotz englischer und deutscher Vermittlungsversuche beschließt der russische Kronrat, Serbien zu unterstützen. Auf die österreichische Generalmobilmachung und Kriegserklärung an Serbien folgt eine Generalmobilmachung in Rußland. In Deutschland stellt man sich „im Zustand drohender Kriegsgefahr" an die Seite Österreich-Ungarns. Der deutsche Reichskanzler Bethmann Hollweg fordert Rußland auf, innerhalb von zwölf Stunden die Mobilmachung rückgängig zu machen, und erwartet von Frankreich – Verbündeter Rußlands – innerhalb von achtzehn Stunden eine Neutralitätserklärung. Beides bleibt aus. In der sicheren Erwartung eines zeitlich sehr begrenzten Krieges und auf energisches Drängen des Generalstabes macht auch Deutschland mobil und erklärt nun, am 1. August, Rußland und zwei Tage später Frankreich den Krieg. Als dann deutsche Truppen unverzüglich ins neutrale Belgien einmarschieren, hält sich auch England nicht länger zurück. Diese Ereignisse sind natürlich politisch informierten Bürgern wie Elly und Theodor Heuss bekannt und werden kritisch verfolgt. Man hat mit ernsthafteren diplomatischen Aktivitäten gerechnet und ist von der so schnell und ausweglos zum militärischen Konflikt führenden Entwicklung überrascht. Die Entscheidung der Reichsregierung findet im allgemeinen aber Zustimmung.

Elly Heuss-Knapp wird von der ersten Woge der Kriegsbegeisterung offenbar nicht mitgerissen. Sie reagiert eher abwartend und weiß nicht recht, ob es – wie alle Welt behauptet – zur Pflicht eines jeden guten Deutschen gehöre, nun das Vaterland mit der Waffe zu verteidigen. Von hurra schreiendem Patriotismus und enthusiastischer Kriegsbegeisterung ist sie weit entfernt. Stunde um Stunde, Tag um Tag greifen Mobilmachung, Krieg und Isolation des Deutschen Reiches mehr in den Alltag der Familie ein. Ludwig Heuss, Theodors Bruder, muß sofort als Stabsarzt einrücken. Ernst Lesser dient als Rekrut und läßt sich militärärztlich ausbilden. Theodor selbst kann bleiben. Er ist vom Militärdienst befreit, wegen einer Schulterverletzung – eine jetzt vielleicht lebensrettende Folge seiner Abiturfeier.

Den an Albert Schweitzer und seine Frau Helene ins französische Kongogebiet adressierten Brief bringt der Postbote wieder zurück. Bitte keinen Kontakt zum Feindesland! Ab sofort steht eine Wand zwischen Elly und dem Elsaß. Frankreich wird so schnell wie möglich seine Hand darauf legen. Zwei Depeschen nach Straßburg waren unzustellbar, dann endlich eine Nachricht vom Vater! Friedrich Naumanns Tochter Liese wird notgetraut. Ihr Mann, ein Pfarrer, muß sofort als Soldat ins Feld. In Baden-Baden werden Ellys russische Verwandte als unerwünschte Ausländer ausgewiesen.

In Heilbronn werden erste Lazarette eingerichtet. Frauen übernehmen den Bahnhofsdienst. Nacht um Nacht rollen Züge von der Front ein. Da liegen sie in den Viehwagen auf dem Boden, die Wunden unversorgt oder mit blutigen Bandagen, fiebrige Augen in grauen Gesichtern – Franzosen und Deutsche dicht an dicht. Elly Heuss-Knapp ist zur Stelle, tröstet, hier französisch, da deutsch. Doch Verbrüderungsgesten erregen Unmut, schweigend arbeitet sie weiter. Auch andere Helferinnen unterstützen die überlasteten Sanitäter, verteilen Verpflegungspakete.

Ende September notiert Elly fatalistisch:

> Uns geht es soweit gut. Die *Neckar-Zeitung* ernährt uns halt. Der *März* wird wohl im Oktober eingehen, hauptsächlich weil der Inseratenmann sich freiwillig gestellt hat. Mein Sach ist

natürlich lange, lange hinaus vorbei. Vorträge! Wen interessiert so was! Überhaupt Werkbund – Sozialpolitik – Kommunalpolitik – was für Kleinigkeiten hat man vorher besprochen und für wichtig gehalten.

Auf das Gerücht, der Straßburger Bürgermeister Schwander sei standrechtlich erschossen worden, setzt Elly alles daran, nach Straßburg zu gelangen. Der Vater ist wohlauf, und Dominicus kuriert im Lazarett eine schwere Oberschenkelverletzung aus.

Von ihren Freunden sind die ihnen am nächsten stehenden schon gefallen. Auch Walter Leoni. Seine letzte Karte kommt im November 1914 aus Ypern, einen Tag vor der Todesnachricht. Die *Straßburger Post* veröffentlicht Elly Heuss-Knapps bewegenden Nachruf. Darin heißt es unter anderem:

> Du hattest ein zartes, leicht verletzliches, reiches Seelenleben. Aber es fehlte in dem feinen, komplizierten Mechanismus Deines Geistes das Organ zum schlichten Glücklichsein.

Die Skepsis im Hause des Heilbronner Chefredakteurs wächst mit der Dauer des Krieges. „Wir lügen doch alle, sobald wir etwas drucken", schreibt Elly Heuss-Knapp an Friedrich Naumann, von dem sie weiß, daß auch er „nicht jeden Belgier, der in Notwehr schießt, für einen gemeinen Lumpen halten" kann. Nur wenige Menschen teilen diese ebenso distanzierte wie differenzierte Haltung. Dem Vater schreibt sie:

> Soll ich Dir danken oder Dir Vorwürfe machen für mein Erbteil an Skeptizismus, es isoliert einen in diesen Zeiten. Aber zum Glück hat der Theodor etwa die gleiche Dosis.

Als sich die Dichterin Therese Köstlin über freimütige Antikriegsäußerungen aus dem Hause Heuss mokiert, bezieht Elly mutig Position:

> Ich empfinde es als Heuchelei, wenn wir beginnen, den Krieg an sich zu loben . . . Nun werden Sie sagen: „Wir sind überfallen." Ja, das sagt jedes Volk. Die Gründe dieses Krieges sind doch wirtschaftlicher Natur. Was davon bisher in den Zeitungen stand, ist doch drei Viertel bewußte Fälschung und ein Viertel noch nicht ganz geklärt.

Vom ersten Tag des Krieges an hatte Elly Heuss-Knapp recht konkrete Vorstellungen, welche Notlagen den daheim gebliebenen Soldatenfrauen, Kriegerwitwen und deren Kindern drohen. Arbeit, Lohn und Brot statt Almosen lautet darum ihre Devise. Es gilt, alle verfügbaren Kräfte zu aktivieren und unter dem Dach des Roten Kreuzes zusammenzufassen. Je schwieriger die Probleme, desto umsichtiger und effektiver gestaltet sich Ellys Eingreifen. Gemeinsam mit Johanna Rümelin als zweiter Leiterin, Mitgliedern des „Heilbronner Frauenvereins“, der von ihr gegründeten sozialen Jugendgruppe und freiwilligen Hilfskräften baut sie in kürzester Zeit eine Arbeitsbeschaffungsstelle auf – die vermutlich erste private Arbeitsvermittlung in Deutschland überhaupt. Mehr als neunhundert Frauen stehen am Ende auf der Lohnliste. Viele, kränklich oder mit kleinen Kindern, werden so vor dem behördlich angeordneten Arbeitseinsatz, vor allem in Munitionsfabriken, bewahrt. Sie nähen, stricken, stopfen, flicken Hemden, Leibbinden, Bandagen, Kniewärmer, Strümpfe, Uniformteile in Heimarbeit. Das Eineinhalbfache des fabriküblichen Stundenverdienstes ist garantiert. Wolle, Hemdenstoffe, Flanell, eine elektrische Zuschneidemaschine und Nähmaschinen werden angeschafft. Wer nicht flicken kann, näht Knöpfe an, wer sich selbst das nicht zutraut, schneidet passende Flicken aus alten Kleidungsstücken zu. Schon in der ersten Woche nach Arbeitsbeginn entstehen siebenhundert Paar Strümpfe, wöchentlich dann tausend Hemden.

Und woher nimmt Elly Heuss-Knapp, nehmen die Heilbronner Frauen das Geld für Investitionen? Wie kommt man an die rationierten Rohstoffe und Arbeitsmaterialien? Zuallererst hatte sie einen Kostenvoranschlag angefertigt, sich hübsch angezogen, den neuesten Hut und ein geschäftsmäßig wichtiges Gesicht aufgesetzt. Dann war sie bei einem guten Freund erschienen und hatte Friedrich Mück, den Direktor der Heilbronner Handels- und Gewerbebank, um Kreditzusage gebeten, um einen Personalkredit sogar, ohne dingliche Sicherheiten. Mück war überrascht. Doch Ellys Argumente waren wohlüberlegt, das Konzept war überzeugend und wirtschaftlich erfolgversprechend. Auf den guten Namen ihres Mannes und im Vertrauen auf ihre organisatorischen Fähigkeiten erhielt Elly schließlich 18000 Mark Startkapital.

Zu Beginn der Produktion hatten sich die Heilbronner reichlich eingedeckt und die fertigen Waren als Liebesgaben ins Feld geschickt. Doch nun wachsen die Lagerbestände, Wäsche- und Kleiderstapel reichen allmählich bis zur Decke. Wieder einmal muß dringend etwas geschehen. Im Auto, das wunderbarerweise nicht für den Krieg requiriert wurde, fahren Elly und Frau Rümelin nach Ludwigsburg, setzen im Bekleidungsamt ihren geballten Charme ein, argumentieren sachkundig und bearbeiten den zuständigen Major so lange, bis er eine große Heereslieferung in Auftrag gibt. Ein Riesenerfolg. Nun geht es mit der Arbeitsvermittlung erst richtig los. Elly Heuss-Knapp richtet eine Sprechstunde ein, redet mit jeder arbeitsuchenden Frau, legt eine Kartei an. Das Unternehmen Arbeitsbeschaffung prosperiert.

IM HERBST 1915. Der erwartete Blitzkrieg dauert schon länger als ein Jahr. Durchhalteparolen sollen von innenpolitischen Konflikten ablenken. Schon zeichnen sich überall massive Versorgungsprobleme ab. Die Reichsregierung hatte keinen Grund zur Vorratswirtschaft gesehen. Durch eine Blockade sind Deutschlands internationale Handelsverbindungen gekappt, und das macht die Nahrungsmittel- und Güterversorgung zum zentralen Problem. Preissteigerungen führen zu Rationierung und staatlicher Bewirtschaftung. Mangel bestimmt den Alltag.

Rohstoffbeschaffung ist auch für die Heilbronner Organisatorinnen ein wachsendes Problem. Eines Tages fehlt Wolle. Zuletzt waren – in Ermangelung passender Farben – babyblaue und rosafarbene Socken entstanden. Das württembergische Beschaffungsamt hatte, so stellt sich heraus, seinen Bedarf zwei Tage zu spät nach Berlin gemeldet und damit den Anspruch auf „Beutewolle“ verwirkt. Elly Heuss-Knapp ist empört. Kurz entschlossen macht sie sich auf den Weg nach Stuttgart, interveniert in der nächsten Sitzung und stellt den Vorsitzenden zur Rede. „Was denken Sie gegen diesen Beschluß zu tun? Wollen Sie nicht nach Berlin fahren und die Wolle holen?“ Der Angegriffene hält eine solche Reise für zwecklos. Davon könne sie sich ja selbst überzeugen.

Sie kann? Sie wird! Sie sitzt im nächsten Nachtzug nach

Berlin, eine Verhandlungsvollmacht des Stuttgarter Kriegsministeriums steckt in der Handtasche. Blaß und abgespannt, doch im rechten Maße zornig, steht Elly am Morgen im Bedarfsbeschaffungsamt Abteilung Wolle dem jungen Offizier gegenüber. „Ich werde nicht aus Berlin abfahren ohne die 180 Zentner Wolle!“

Der Offizier reagiert amüsiert, empfiehlt ihr, sich ein wenig in Berlin zu unterhalten und dann brav die Heimreise anzutreten. Ihre Wolle sei längst vergeben – der Termin abgelaufen – jeder weitere Versuch hoffnungslos . . .

Hoffnungslos . . .? „Ich fasse dies“, erklärt Elly, „als einen Streitfall zwischen zwei Bundesstaaten auf und habe Vollmacht vom Kriegsministerium in Stuttgart. Wir werden den Bundesrat als Schiedsrichter anrufen.“ Am gleichen Abend telefoniert sie mit Stuttgart, frühmorgens erscheint sie zur Audienz beim württembergischen Militärbevollmächtigten in Berlin. Sie diktiert Seiner Exzellenz General Faber du Faur eine Vorlage für die vormittägliche Bundesratssitzung. Am Nachmittag dann ein Anruf vom Bedarfsbeschaffungsamt: „Sie können Ihre Wolle haben.“ Triumph! Württemberg erhält Wolle für achtzigtausend Paar Socken. Zwanzigtausend davon werden Heilbronner Soldatenfrauen und Kriegerwitwen stricken und verkaufen.

Zwei Jahre nach Beginn der Geschäftigkeit verfügt die Arbeitsvermittlung über einen Reingewinn von vierzigtausend Mark – vorgesehen für eine gemeinnützige Stiftung nach Kriegsende. Aus der eigenen Unterstützungskasse werden sogar Erholungs- und Sanatorienaufenthalte für besonders Bedürftige finanziert.

Den schrecklichen Winter 1916/17 übersteht man in Heilbronn relativ unbeschadet; Mißernten sind hier nicht so spürbar wie in den Großstädten. Doch aus Berlin kommen seither mehr und mehr Hiobsbotschaften. Bis zu vierzig Kilo haben Freunde und Verwandte abgenommen. Es gibt dort kein Gemüse, keine Milch, wenig Brot. Nichts als Kohlrüben, morgens, mittags, abends. Und in dieses hungernde Berlin des vierten Kriegsjahres wird die Familie Heuss nun zurückkehren. Elly geht es gar nicht schnell genug. Während sich Theodor ab Anfang Dezember 1917 mit seinem neuen Arbeitsfeld, der Geschäftsführung des Werkbundes und der Schriftleitung des Wochenblattes *Deutsche Poli-*

tik, vertraut macht, stapft seine Frau durch den Schneesturm. Halb erfroren wandert sie von Haus zu Haus, von einer offerierten Wohnung zur anderen. Drei kommen in die engere Wahl. Eine gefällt auch Theodor und wird gemietet.

> Erster Stock, sechs Zimmer, Warmwasserversorgung und Heizung, kein Gegenüber, Bäume vor dem Haus, freier Blick auf das Rathaus Friedenau und davor ein kleiner Markt (zweimal in der Woche), hinten hinaus ein sehr weiter Hof mit etwas Rasen und Büschen. Sehr sonnig. Warmwasser sogar im Schlafzimmer, elektrisches Licht etc., vorn Balkon an meinem Stübchen (das jetzt aber eine große Stube wird) und einer hinten am Lulu(Ernst Ludwig)-Schlafzimmer. Die Wohnung ist frei, wir können im März alles herrichten und einziehen.

Und als Elly Heuss-Knapp im März endgültig, aber verspätet mit der kriegsbedingt überlasteten Eisenbahn in Berlin eintrifft, war der Möbelwagen schon da, aber „... zum Glück noch nicht ausgepackt, die Marie kam vorschriftsmäßig um zehn Uhr an ..."

Berlin 1918–33

Der Krieg ist vorbei, Deutschland eine Republik. Das Kaiserreich existiert nicht mehr. Eine Epoche klingt aus. Jeder hatte das Ende des Krieges, kaum jemand das Ende der Monarchie unbedingt herbeigewünscht, doch hat auch niemand zu ihrem Erhalt ernsthaft beigetragen. Die meisten Bürger und Parteien setzen auf eine längst überfällige Demokratisierung, das verantwortungsvolle und gleichberechtigte Zusammenwirken aller politischen und gesellschaftlichen Kräfte. Es gibt aber auch andere Stimmen. Die rufen nach einem Rätesystem und suchen ihr Heil im Umsturz. Ultralinke Splittergruppen machen Stimmung, politische Parolen werden auf die Straßen getragen, manche schrill-radikalen Töne dringen in der Nachkriegszeit aus Versammlungsräumen. Und auf die entbehrungsreichen Kriegsjahre folgen bald neue Schrecken: Inflation, Weltwirtschaftskrise, Arbeitslosigkeit.

Wie und wovon lebt die Familie Heuss in dieser Zeit? Theodor

Unten: Das Ehepaar Heuss mit Sohn Ernst Ludwig, 1910

Oben: Im Haus Fregestraße 80 in Berlin-Schöneberg wohnte Familie Heuss von 1918 bis 1930.

Regierungserklärung des neuen Reichskanzlers Heinrich Brüning im Reichstag am 1. April 1930

Heuss fährt, sooft es geht, nach Stuttgart und Heilbronn. Er hält dort politisch-pädagogische Vorträge, engagiert sich im württembergischen Wahlkampf und verfehlt 1919 knapp Sitz und Stimme in der Nationalversammlung. Das Reichstagsmandat geht im Jahr darauf wegen allgemeinen Stimmenrückgangs für die Demokratische Partei ebenfalls verloren. Was vorerst bleibt, ist eine bescheidene Laufbahn als Kommunalpolitiker im Bezirksparlament von Berlin-Schöneberg. Bürgermeister dieses Stadtteils ist im übrigen Alexander Dominicus, Ellys alter Freund aus Straßburger Jugendtagen. Der ersehnte Sprung in den Reichstag gelingt Theodor Heuss erst 1924. In der Zwischenzeit braucht er für die Geschäftsführung des Werkbundes nicht allzuviel Zeit – es „war eine linde Angelegenheit". Entsprechend gering ist auch das damit verbundene Entgelt. Danach – als Vorstandsmitglied bis 1933 – arbeitet er nur noch ehrenamtlich. Von großer persönlicher Bedeutung für Theodor Heuss und seine Frau ist der aus der Werkbundtätigkeit resultierende enge Kontakt zur zeitgenössischen Architekten-, Künstler- und Designeravantgarde, zu neue Wege suchenden Produzenten und kritischen Literaten.

Im Oktober 1920 erscheint ein beruflicher Lichtstreifen am Horizont: Reichspräsident Ebert eröffnet die „Deutsche Hochschule für Politik" in der alten Bauakademie am Schinkelplatz. Ursprünglich 1918 von Friedrich Naumann als Staatsbürgerschule gegründet, bietet sie Theodor Heuss nun zunächst als Studienleiter, dann als Dozent für Geschichte und Politik ein wichtiges Forum. Die Einkünfte aus dieser Hochschultätigkeit bleiben allerdings in ebenso überschaubaren Größen wie das Salär des Kommunalpolitikers (und späteren Reichstagsabgeordneten) Theodor Heuss.

Wichtigster, wenn auch relativ unsicherer Broterwerb bleibt seine Arbeit als freier Autor. Lange schreibt der Familienvater mit einer fortschreitenden Geldentwertung um die Wette. Bücher, ungezählte Schriften, Essays oder Reiseberichte entstehen. Veröffentlichungen im Ausland sind besonders willkommen, denn sie werden in Devisen honoriert und füllen die Speisekammer für viele Tage. Alle gerade verdienten und ausgezahlten Geldbündel – sie wachsen mit der bald galoppierenden Inflation – werden unverzüglich in einem Rucksack verstaut. Im Eilschritt erreicht Theodor dann die Berliner Großmarkthalle am Alexanderplatz, kauft so viele Lebensmittel, wie die stündlich wertloseren Scheine noch hergeben, und macht sich per Straßenbahn auf den beschwerlichen Heimweg. „Wir machen uns gar keine Geldsorgen. Niemand weiß, wieviel oder wenig wir verdienen." Elly Heuss-Knapps Kommentar klingt lakonisch, fast munter, denn sie will den Vater, dem diese Zeilen gelten, nicht beunruhigen.

> Alle paar Tage wird einem ein Brocken zugeworfen. Dann kaufen wir schnell einen ganzen Käs' oder eine lange Wurst, und die essen wir in den geldlosen Zeiten zwischen den Gehaltsbrocken auf! Aber wir werden doch alle Tage satt und sind fröhlich in unserer Arbeit.

Hier und da erleidet aber auch die Familie Heuss empfindliche finanzielle Rückschläge. Etlichen etablierten oder zuversichtlich ins Leben gerufenen Zeitschriften mangelt es an Resonanz und/oder finanziellem Stehvermögen. Die *Hilfe* hält sich noch mühsam über Wasser, doch eine große Zahl von Publikationen verschwindet in den wirtschaftlichen Wirren der Inflations- und Nachkriegszeit nach und nach aus dem Pressespektrum.

Und Ellys Beitrag zum Familienbudget? Honorare für Vorträge und Veröffentlichungen, die Unterrichtsentgelte von der sozialen Frauenschule und dem dazugekommenen Pestalozzi-Fröbel-Haus, einem Kindergärtnerinnenseminar, bessern das Einkommen deutlich auf. Später wird Elly Heuss-Knapp im Rückblick über die frühen zwanziger Jahre bemerken:

> Es ist merkwürdig, daß, wenn ich an die Inflationszeit zurückdenke, die materiellen Sorgen fast vergessen sind, und doch waren sie ernsthaft genug ... Mein Stundenhonorar betrug immer etwas weniger, als die Fahrt hin und zurück kostete. Aber ein vermietetes Zimmer brachte die Hälfte der Wohnungsmiete auf, und schließlich unterrichtete ich täglich einen Japaner, der nur Englisch konnte ..., einen jungen Engländer, der die deutsche Sprache spielend lernte, und eine Amerikanerin, der ich zugleich die sozialen Einrichtungen Berlins zeigte. Es war eine unerhörte Überanstrengung, aber man nahm Dollars ein ... Schließlich ging ja auch die Inflationszeit wie mit einem Zauberschlag zuende, freilich ließ sie uns Deutsche fast alle ohne Vermögen zurück.

In diese und die unmittelbar folgende Zeit fallen für Elly und Theodor Heuss gleichwohl positive wie bedrückende persönliche Veränderungen. Theodor schreibt über die Nachkriegszeit:

> Ein entscheidender Eintrag, ich darf ruhig sagen ein Lebensgewinn ... wurde die nie gefährdete Freundschaft mit Gustav Stolper und Toni Kassowitz, seiner späteren Gattin.

Das Ehepaar Stolper siedelt bald von Wien nach Berlin um, wo Toni studiert und promoviert hatte. In die Vertrautheit der Männer wurden „bald die beiden Familien enger einbezogen ..." Gustav Stolper ist ein bedeutender Publizist und unter anderem Herausgeber der sehr erfolgreichen Zeitschrift *Der Deutsche Volkswirt,* in der Theodor Heuss ab 1925 regelmäßige Beiträge veröffentlicht. Bei „zahlreichen Feriengemeinsamkeiten" festigt sich die lebenslange Freundschaft.

Ein großer, ein schmerzlicher Einschnitt ist der nicht ganz überraschende, aber dennoch plötzliche Tod des physisch rasch gealterten, erst 59jährigen Friedrich Naumann im August 1919. „Er hatte von den späteren Knabenjahren mein wie auch Ellys Leben und unsere Gesinnungen nicht nur beeinflußt, sondern bestimmt", lautet die Einschätzung des Verlustes durch Theodor Heuss.

Ebenfalls im Jahr 1919 – der Versailler Vertrag wird im Juni unterzeichnet – verläßt Ellys Vater das inzwischen französische Straßburg. Er kommt in einem der vielen Flüchtlingszüge, nachdem die von ihm mitgeprägte deutsche Universität in Straßburg geschlossen wurde. Der 77jährige will dem Südwesten nahe bleiben und bezieht mit seiner Haushälterin, Lotte Jürgens, der ehemaligen Betreuerin von Elly und Marianne und Patin des Enkels Ernst Ludwig, eine Wohnung im Haus von Verwandten in Darmstadt. Noch sieben Lebensjahre bleiben dem Gelehrten im deutschen Exil. Ellys unglückliche Mutter lebt bis zu ihrem Tode im Jahre 1925 ebenfalls in Darmstadt – wie bisher in einem Sanatorium.

Die für Elly Heuss-Knapp vermutlich aufregendste und arbeitsreichste Phase dieses Lebensabschnittes folgt jedoch unmittelbar auf das Kriegsende. Das Frauenwahlrecht – lange umkämpft, bisher verwehrt – wird unerwartet schnell Wirklichkeit. Am

1920 kandidierte Elly Heuss-Knapp für die Deutsche Demokratische Partei.

30. November 1918 verfügen die Volksbeauftragten der neuen deutschen Republik die Einführung eines allgemeinen, gleichen und geheimen Verhältniswahlrechtes. Männer und Frauen dürfen wählen und gewählt werden.

Auf Elly trifft gleich beides zu. Selbstverständlich wird sie bei der im Januar geplanten Wahl zur Nationalversammlung und zur ersten Reichstagswahl 1920 an die Urne gehen. Weniger selbstverständlich ist dagegen ihre Kandidatur für die Deutsche Demokratische Partei. Das ist sogar erstaunlich, denn die frischgebackene Kandidatin für beide Mandate hatte zuvor unmißverständlich dargelegt, daß sie sich weder Fraueninteressen noch einer Parteidisziplin unterwerfen werde. Allein ihrem Gewissen sieht sich Elly Heuss-Knapp verpflichtet.

Wahlwerbung ist in diesen Wochen ein Hauptanliegen. Unmittelbar nach der Wahlrechtsänderung hatten Elly und weitere Mitstreiterinnen mit den notwendigen Vorbereitungen begonnen. Vom Ausschuß der Frauenverbände Deutschlands sind sie nominiert, die gemeinschaftliche Wahlwerbung aller bürgerlichen Parteien verantwortlich und in allen Bereichen zu organisieren. Streng neutrale Gemeinschaftswerbung vor und getrennte Parteienarbeit nach der Wahl ist die – wie sich herausstellt – erfolgreiche weibliche Strategie. Eine bislang absolute Männerdomäne muß durchbrochen, möglichst viele Wählerinnen sollen mobilisiert und mit allen aktuellen Fragestellungen vertraut gemacht werden. Eine schwierige Aufgabe. Aber Elly Heuss-Knapp spielt wieder einmal ihre besonderen Trümpfe aus: Einfühlungsvermögen, Ideenreichtum, sprachliche Kreativität, Überblick und Schaffensfreude.

Die Wochen vergehen wie im Fluge. Schreibtischarbeit und Verhandlungen am Tage, Sitzungen und Versammlungen am Abend. So nimmt Elly alles, was nicht unmittelbar mit Wahlvorbereitungen verbunden ist, nur am Rande wahr. Als das Telefon ausnahmsweise einige Minuten schweigt und die Schreibmaschine nicht klappert, meldet sich ihr Gewissen. Denn aus dem Nebenzimmer dringt ein zwar gedämpfter, doch unüberhörbar gereizter Wortwechsel. Das für diese arbeitsreichen Monate engagierte Kinderfräulein hält den neunjährigen Ernst Ludwig mehr schlecht als recht bei Laune. Er widersetzt sich der Betreuung, will nicht singen, basteln oder für die Schule arbeiten. Die Mutter seufzt, versucht die Ohren zu verschließen. Es gibt so viel zu tun. Elly muß geeignete Versammlungsräume finden, spricht mit Druckereien, Provinzzeitungen oder Kinobesitzern und überwacht die Aktivitäten der politischen Konkurrenz. Wie veranlaßt man möglichst viele Frauen zum Urnengang – und nicht zuletzt zum Votum für die demokratische Mitte? Letzte Nacht war ihr doch ganz spontan ein Vierzeiler eingefallen:

Frauen werbt und wählt,
Jede Stimme zählt!
Jede Stimme wiegt,
Frauenwille siegt!

Der Federhalter fliegt übers Papier.

Unglaublich, was sich in diesen turbulenten Wochen in Berlin und anderen Städten abspielt! Den Telefonhörer hält Elly Heuss-Knapp noch gedankenverloren in der Hand, während jüngste Erinnerungsbilder vor ihr auftauchen. Beunruhigt vom dumpfen Kanonendonner war man auf dem Weg zu einem Kundgebungsort gewesen, mindestens dreimal angehalten und, begleitet von harschen Worten, nach Waffen durchsucht worden. Es hatte wilde Schießereien mitten auf der Straße gegeben, und zu einer Vorstandssitzung im Reichstag war absolut kein Durchkommen gewesen. Mitgerissen von den panisch Flüchtenden hatte der Hausflur des Hansabundes in der Dorotheenstraße Schutz versprochen. Eine Fehleinschätzung, denn kurzerhand war sie vom uniformierten Portier am Kragen gepackt und wieder vor die Tür gesetzt worden. In der rettenden U-Bahn war das Gedränge unbeschreiblich. Von Verletzungen durch spitze Glassplitter einer eingedrückten Fensterscheibe blieb Elly nur durch ihren dicken Wintermantel verschont.

Der Gedankenfaden reißt ab, Elly befördert den Telefonhörer mit Schwung zurück auf seinen Platz. Ein Blick auf die Uhr – höchste Zeit zum Aufbruch. Mit den bereitgelegten Witzblätterbriefen und einem Notizzettel ist sie wenige Minuten später im Eilschritt unterwegs. Zunächst zum Postamt, dann zur Wahlrede im Lehrervereinshaus.

In aller Regel hat Elly Heuss-Knapp keine Schwierigkeiten, ihre Zuhörer zu fesseln. Kaum beginnt der weitgehend freie Vortrag, wird es still im Saal. Männer und Frauen folgen interessiert den Worten. Worin liegt diese suggestive Wirkung? Die Enddreißigerin ist nicht besonders attraktiv, verhältnismäßig klein und in der Wahl ihrer Kleidung nicht immer gut beraten. Von bestenfalls dezent gediegener bis damenhafter Eleganz zeugen die gut wadenlangen Kleider, Accessoires variieren wenig. Feine Spitzenkragen, zarte Rüschen, Kettchen und dekorative Broschen am Halsausschnitt bilden das schmückende Beiwerk. Elly Heuss-Knapp trägt gerne Rock und Bluse. Eine ungünstige Kombination, denn sie unterstreicht noch ihre Rundlichkeit. Aber es deprimiert die Ästhetin inzwischen, sich mit ihren Figur- und Kleidungsproblemen auseinanderzusetzen.

Der optische Eindruck kann also nicht Ellys Erfolgsgeheimnis sein. Sie entspricht auch ganz und gar nicht dem seit kurzem überall anzutreffenden Typ der alles ausprobierenden, modernen, freizügigen Frau. Auf Berlins Flanierstraßen sind die dem Nachkriegs-Modetrend folgenden Damen langsam in der Überzahl. Dort zeigen sie Knie oder tragen lange Hosen zu strengen Herrenjacketts, greifen zum Schminkstift, rauchen in der Öffentlichkeit und schmücken sich mit scharlachroten Fingernägeln. Kesse Baskenmützen oder kleine Filzglocken thronen auf kurzgeschnittenen Bubiköpfen. Davon ist Elly weit entfernt. Sie verfügt über andere Mittel. Kaum wendet sie sich an ihr Publikum, konzentriert sich dessen Aufmerksamkeit auf ihr klares, gut geschnittenes Gesicht mit seiner ausgeprägten Mimik. Mit lebhaften Augen blickt sie in die Runde und sucht den Blickkontakt. Die Stimme trägt, füllt den Raum, klingt warm und melodiös. Ihre Ausführungen orientieren sich an der Realität, nennen Probleme beim Namen und treffen ins Schwarze. Herzliche Zuwendung verbindet sich mit aufrüttelnden Appellen. Elly Heuss-Knapp verführt mit gezielt eingesetztem Charme und Intellekt. Manche Zuhörer, so ihre Schilderung in Briefen, habe sie zu Tränen gerührt. Die rhetorischen „Wurfgeschosse stammen aus Matthäus 23“, sind „Strafreden“ wie die gegen die Pharisäer.

> Es ist eine sonderbare Sache um das Reden vor tausend Menschen. Es hat etwas vom Tierbändigen an sich . . . Ich komme immer mit großen Blumensträußen heim, wie von Konzerten!

Die mit großem Aufwand gemeinschaftlich durchgeführte Wahlwerbung ist von Erfolg gekrönt. 78 Prozent der weiblichen Wahlberechtigten hatten ihre Stimme abgegeben, nur 62 Prozent waren es dagegen bei den Männern. 37 Parlamentarierinnen sind in der Nationalversammlung vertreten, auf zehn Männer kommt somit eine Frau. Doch Elly Heuss-Knapp ist nicht dabei. Um wenige Stimmen verfehlt sie das Mandat und 1920 auch den Sitz im Reichstag.

„Vom persönlichen Standpunkt aus ist es mir eine Erleichterung“, schreibt sie Anfang März 1919 der Schwester Marianne, „denn wenn wirklich Weimar der Ort der Tagung wird und der Theodor . . . nicht dort ist, wäre es doch eine arge Störung des Familienlebens. Wenn wir beide hereingekommen wären, hätten wir den Lulu nach Badenweiler oder nach Halle gebracht.“

Elly Heuss-Knapps Bemühungen, weitere Bevölkerungskreise mit den veränderten politischen Verhältnissen vertraut zu machen und damit mündige Staatsbürger und -bürgerinnen zu erziehen, stoßen mitunter auf wenig Gegenliebe. Nicht alle Mädchen und Frauen sind bereit, ihre erlernten und bequemeren Positionen aufzugeben. Den Schülerinnen in der sozialen Frauenschule ebenso wie denen im Pestalozzi-Fröbel-Haus will ihre Lehrerin unbedingt Einblick in Literatur zu Revolutionsideen gewähren und initiiert darüber hinaus eine demokratische Schülermitverwaltung.

> Was war der Erfolg? Die Mädel haben mir ganz offen gesagt, daß wir alle ihr Interesse sehr überschätzen, sie wollten gar nichts von Politik und Revolution mehr hören . . ., die weitaus größte Zahl unter den Jungen lehnt alle Politik ab, reagiert sauer auf alles, was Vereine, Versammlungen, Bewegung heißt . . .

Ab November 1920 äußert sich Elly Heuss-Knapp dezidiert zu der in anspruchsvollen Medien oder an Hochschulen verbreiteten, immer mehr Anhänger findenden Auffassung, daß der Deutsche

> unpolitisch mit Fug und Recht sei . . . In Deutschland habe das Volk nie innerlich Interesse an der Politik gehabt, nur einzelne, Bismarck, haben es zum gehorsamen Mitgehen bewogen. Dagegen sei das Suchen nach einer Weltanschauung den Deutschen, und nur ihnen, tief eingewurzelt. Sie reden von indischen Methoden der Bewußtseinseinübungen, von Mystik, von Psychoanalyse, sie lesen Goethe, Dostojewski, aber alle Politik läßt sie kalt.

Elly findet das zunächst mehr als merkwürdig und ist über diese Entwicklung erstaunt und gekränkt.

Aber wie ist es dann zu erklären, daß sich in den nun folgenden Monaten und Jahren eine vergleichbare Haltung auch bei Elly Heuss-Knapp Bahn bricht? Sie kehrt der Parteienpolitik abrupt den Rücken, beginnt einen Rückzug ins Private, besucht schon im Dezember 1920 einen Kursus für Psychoanalyse, wendet sich dann intensivstem Bibelstudium zu und führt Religion als Unterrichtsfach an ihren Schulen ein. Ehrenamtliche Sozialarbeit rückt erneut in den Vordergrund. Veröffentlichungen und Vorträge bekommen zunehmend beschaulichen Charakter. Das Spektrum reicht von „Neue Lebensgestaltung“ oder „Sinn der Familie“ über „Wege in die innere Ruhe, Bescheidenheit, Weihnachten entgegen“ bis zu „Krankenlektüre und Kindergedichte“. Auffallend häufig referiert Elly Heuss-Knapp in den zwanziger Jahren zum Themenkomplex „Sitte und Traditionen“.

Wie erklärt sich dieser Sinneswandel? Waren es unbewältigte Kriegs- oder Nachkriegserlebnisse? Ging mit Naumanns Tod der geistige Mentor verloren? Argwöhnt sie einen Wandel vom freiheitlichen Liberalismus zur ungezügelten Libertinage? Gab der politische Mißerfolg den Ausschlag? War es die Meinungsverschiedenheit mit der Deutschen Demokratischen Partei? Elly setzte sich unnachgiebig für die Konfessionsschule, die Mehrheit der Partei für eine Gemeinschaftsschule ein. Hatte es mit ernsten Problemen in der Pestalozzi-Fröbel-Schule zu tun, wo eine radikalsozialistische Kollegin ebenfalls gegen religiöse Erziehung Stimmung machte? Oder spürt sie nun, in der Lebensmitte, ein Defizit an langfristig tragfähigen Werten? Wendet sie sich darum systematischer religiösen und psychologischen Fragen zu? Will sie sich durch Verlagerung ihres beruflichen und persönlichen Engagements von ihrem Mann, der die Entwicklung wie immer gelassen und freundlich distanziert betrachtet, emanzipieren?

Vielleicht folgt Elly Heuss-Knapp auch ganz einfach einem allgemeinen, von ihr nahestehenden, intellektuellen Kreisen besonders favorisierten geisteswissenschaftlichen Trend, und vielleicht trifft von allem etwas zu. Viele Fragen – die meisten bleiben ungeklärt.

In Briefen und den ein Jahrzehnt später niedergeschriebenen Erinnerungen sucht Elly Heuss-Knapp selbst nach einer Erklärung für die „dritte religiöse Phase“. Die erste ordnet sie ihrer Kindheit, die zweite der Jungmädchenzeit unmittelbar vor dem Lehrerinnenexamen zu.

> Viele wundern sich sehr über mich, weil ich aus aller Parteipolitik und allem Vereinswesen mich herausgezogen habe ... Aber ich bin glücklich in der Konzentration und mache nur Arbeit, die ich für lebendige Arbeit halte ... Manche kommen früh dazu, manche spät. Ich bin recht spät dahin gekommen.

Und weiter rekapituliert sie:

> Unsere überkommene und übernommene Weltanschauung ging so ziemlich in die Brüche. Was hatten wir für eine Weltanschauung? ... Wir haben den nationalen und sozialen Gedanken sehr früh als Einheit gesehen und als Forderung empfunden. Aber wir waren Einzelne, wir kannten keine andere Gemeinschaft als die des kleinen Kreises, der sich in loser Gemeinschaft freiwillig zusammenfand, der nach Eigenart

> strebt in Kleidung und Einrichtung, in Reden und Schreiben. Die Tradition und Sitte der Umwelt schien uns verknöchert, und erst als die Nachkriegszeit das Brauchtum bis in die Wurzeln erschütterte, erkannte man seine erhaltende Kraft. Eine individualistische Weltanschauung schien uns nach dem Krieg und der Inflation nicht mehr tragend im eigentlichen Sinne.

Und was kann an die Stelle der individualistischen Weltanschauung treten, was Sitte und Traditionen, die in Ellys Augen erhaltende Kraft des Brauchtums, fördern? Sie für ihren Teil glaubt ganz fest an die Rückkehr zu den christlichen Wurzeln, an „Erneuerung des deutschen Volkes aus dem Glauben und aus der Verantwortung heraus". Zumindest ist dies ihre momentane Antwort auf brennende Fragen.

Großen Anteil an der Hinwendung zur Amtskirche, zu religiöser Gestimmtheit und Bibelarbeit hat Otto Dibelius – Geistlicher wie Friedrich Naumann. Die erste Begegnung war rein zufällig. Ab Anfang 1923 besteht Elly Heuss-Knapps enger Kontakt zu dessen Großstadtgemeinde „Zum Heilsbronnen" in Berlin. Auch Ernst Ludwig wird dort intensiv auf die Konfirmation vorbereitet. Dibelius' Themen sind aktuelle. Dazu Elly:

> Ich fand . . . einen Prediger, der mitten im Tageskampf stand, verwickelt in die Aufgaben des modernen Lebens, der die großen Fragen des Volkstums vom Evangelium aus zu beantworten suchte, der nicht das Gefühl, das leicht betrogene, sondern den Willen aufrief, und dabei ein pietistisches Herz hatte.

Religion geknüpft an Alltagsfragen, dieser calvinistische Ansatz kommt Ellys Lebensmaximen sehr entgegen. Und hat sie die Sache einmal als erstrebens- und verfolgenswert erachtet, so betreibt sie ihr Fortkommen mit Macht.

Ist bei Elly Heuss-Knapp der eigene Weiterbildungsdrang einmal in Gang gesetzt, scheint ihr die Notwendigkeit der Weitergabe neuer Erkenntnisse an Dritte – ob in der Schule, ob privat – keine ernsthafte Frage. „Christentum liebhaben" sei „allemal besser als alles Wissen", teilt sie dem Vater mit. Doch der exzellente Kenner beider Testamente kann seine Distanz zur Institution Kirche auch kurz vor seinem Tod nicht überwinden. Und auch Marianne reagiert auf manche Überschwenglichkeit ihrer Schwester vermutlich mit leisem Kopfschütteln. Im Mai 1924 liest sie in einem Brief:

> Daß der Theodor M. d. R. [Mitglied des Reichstages] ist, ist ja ganz schön ... Er wird immerfort photographiert und in Zeitschriften abgebildet. Neulich waren wir auf einem Empfang mit Stresemann, Hilferding, Gerlach, dem General Hoffmann und anderen Prominenten ... Ich komme mir etwas deplaciert vor, weil mich so ganz andere Dinge interessieren. Nämlich ein Kolleg oder vielmehr seminaristische Übungen über die Gleichnisse. So hat jeder sein Steckenpferd. Aber wir vertragen uns doch gut in dem Stall.

Ist das dieselbe Elly, die ihre gesellschaftlichen Aufgaben als „Magnifica“ in Straßburg in vollen Zügen genoß, die die Öffentlichkeit nie scheute und der gesellschaftliche Anerkennung selbstverständlich erschien?

Elly und Theodor Heuss – Theodor und die Kirche!? Aus Kindheitstagen stammt das rot eingebundene und zerlesene Neue Testament. Zwei von Ellys zahlreichen Bleistiftkommentaren lassen einen kleinen Einblick zu: Die Zeilen „Einer trage des anderen Last, so werdet ihr das Gesetz Christi erfüllen“ sind mit der Randbemerkung „Ehe“ und dem Datum „18.7.29“ versehen; Paulus' Aussage im Römerbrief: „Sintemal vor Gott nicht, die das Gesetz hören, gerecht sind, sondern die das Gesetz thun, werden gerecht sein“ trägt den aufschlußreichen Hinweis „Theodor“.

Da die Aktionsfelder der beiden Ehepartner streckenweise auseinanderdriften, kommt es notgedrungen zu vorübergehenden räumlichen Distanzen. Häufige Trennungen hängen weitgehend mit Theodors Engagement im süddeutschen Wahlkreis, mit Werkbundreisen, Tagungen, Vorträgen oder Kursen zusammen. So ist es gut möglich, daß er sich in Stuttgart, im Ruhrgebiet, im ostpreußischen Mohrungen aufhält, während Elly den Vater besucht oder beispielsweise im Bremer Dom vor 5000 weißgekleideten, blumenbekränzten evangelischen jungen Mädchen über „Neue Menschen und die Wirklichkeit des Lebens“ referiert. Es kommt auch vor, daß Theodor Heuss nach seiner

Ankunft am Anhalter Bahnhof heimkommt, sich umzieht, gleich zu Stolpers und anschließend in die Hochschule eilt. Elly sieht es gelassen:

> Schon wegen des Wiederkommens sollte man von Zeit zu Zeit weg voneinander. Man hat sich so nett viel zu erzählen.

Als sich aber am Ende der Weimarer Republik der politische Himmel zunehmend verdüstert, fällt ihnen jede Trennung schwer:

> Wir sind froh über alle Nachrichten von Dir. Aber die ersten zwei Tage nach Deiner Abreise verfiel ich in schwerste Melancholie. So schlimm habe ich es, glaube ich, noch nie gehabt.

Während sich das Elternpaar Heuss auf vielen Ebenen betätigt, kommt der Sohn Ernst Ludwig in die Pubertät. Wie er die häufige Abwesenheit der Eltern empfindet und verkraftet, ist nicht sicher bekannt. Selbstverständlich wird er von Angestellten gut betreut. Der kleine Lulu verbrachte manche Wochen in Kinderheimen, der heranwachsende Sohn lebt ab Frühjahr 1926 im Internat. Schon vorher klingen aus Briefen der Mutter manche belehrenden Ermahnungen. Später gleichen sie mitunter kleinen Predigten. Von einem Badenweiler Kuraufenthalt schreibt Elly an ihren Sohn:

> Nun ist Hindenburg also Präsident, und wir haben das hinzunehmen, und obwohl wir ihn nicht gewählt haben, so achten und ehren wir ihn doch, und ich hoffe, daß Ihr Schulbuben nicht in das undankbare Pöbelgekläff eingestimmt habt, das ich . . . heut mit Ekel gelesen habe . . ., also red keine Dummheiten über Hindenburg . . ., das vertrag' ich nicht!

Vermutlich erinnern sich Theodor und Elly Heuss zu diesem Zeitpunkt nicht mehr an einen schriftlich geführten Dialog ihrer Brautzeit. Doch schon damals waren sie über Kinder miteinander ins Gespräch gekommen.

> *Mai 1907 – Elly:* Nur weißt Du, Kinder ohne eigenes Kinderzimmer, die dann immer bei den Großen sind und unterhalten sein wollen – nein, das ist furchtbar.

Theodors Antwort: Das Kinderzimmer scheint mir für die ersten paar Jahre nicht aktuell; aber nachher bin ich sehr dafür. Das ist für die Kinder und Eltern gut.

Juli 1907 – Theodor: Gott behüte, daß ich ein ehrgeiziger Vater werde, der seine Liebe nach den Leistungen der Kinder mißt. Fast nichts ist tödlicher. Es war nur ein allgemeiner Gedanke, was mir als größter Inhalt unseres Glückes erscheint, daß unsere Kinder so Großes und Schönes schaffen, daß wir es als ein Aufwärts gegenüber unserem eigenen Leben erkennen ... Das ist der wertvollste Teil meines vielleicht etwas banausisch konstruierten Unsterblichkeitsglaubens ... daß die Kinder kein Rückgang gegenüber den elterlichen Werten sind, sondern Bewahrer und Förderer. Ich glaube, daß meine Liebe zu unseren Kindern dann am größten ist, wenn sie sich nicht innerlich von uns wegschleichen, sondern wenn wir sie von uns fortschicken. Wenn sie 12 oder 14 Jahre alt werden, und ihre Augen zu der Welt auftun, soll das der Inhalt alles Erziehens sein: nicht sie an uns fesseln, sondern sie frei zu machen von uns.

Ellys Antwort: Das mit der Zukunft unserer Kinder ist nun in Ordnung zwischen uns. Und wenn Du sie schon früh aus meinem Flügelschutz entläßt, so mußt Du halt dann noch mal von vorn anfangen, mich zu lieben und das Alleinsein mit mir zu genießen. Hoffentlich mach' ich Dir's nicht zu schwer durch Alter und Wüschtheit vor Gott und den Menschen.

Ein Landschulheim bei Holzminden wird für den fünfzehnjährigen Ernst Ludwig, abgesehen von den Ferien, ein Zuhause. Später studiert er Jura in Heidelberg und Bonn und promoviert. Übereinstimmend halten die Eltern in ihren Aufzeichnungen den Grund für seinen Internatsaufenthalt fest: um ihn in Berlin vor Vereinsamung zu bewahren. „Doch das Haus", so fügt der Vater in seiner Erinnerung gleich hinzu, „... füllte sich mit jungen Mädchen!"

Seelentöchter, Ersatztöchter spielen eine große Rolle in Elly Heuss-Knapps Leben. Selbst gewissermaßen mutterlos aufgewachsen, äußert sie sich 1927 in einem größeren Aufsatz über das Verhältnis der „Mütter und Töchter". Eigene „Töchter blieben leider aus ...", bedauert sie oftmals und bekennt: „... ich erteile ja den Unterricht nur, weil mir Gott keine Tochter gegeben hat".

Insbesondere aus der liebenden Verehrung einer Schülerin im Pestalozzi-Fröbel-Haus, Gertrud Fuhrmann, verheiratete Stettiner, entwickelt sich eine lebenslange Freundschaft mit intensivem Briefwechsel.

Junge Schülerinnen, Mädchen aus der evangelischen Jugendbewegung, stellten im Frühjahr 1923 auch den Kontakt zur Dahlemer Ausbildungsstätte für Gemeindehelferinnen her. Ab 1926 unterrichtet Elly im neugegründeten Seminar für kirchlichen Frauendienst und wirkt mit großer Begeisterung bei sozial- und religionspädagogischen Freizeiten und Tagungen mit. In dieser Zeit erscheinen – und das überrascht allerdings – manche ihrer Aufsätze unter einem Pseudonym: Ottilie Frey.

In einem bleibt sich Elly auch in diesem religiös-sozial bestimmten Lebensabschnitt treu: Sie weiß nicht nur von Nächstenliebe und innerer Erneuerung zu predigen, sie weiß vor allem, was es heißt, zupackend zu handeln. Am 3. Januar 1924 kommen zwei Riesenkisten aus Finnland. Dort ist die Wirtschaft, sind die Menschen nicht inflationsgebeutelt. Dort gibt es genug zum Essen. Dort ist zur Zeit Gertrud Fuhrmann. Und die hat ihre flehentlichen Hilferufe nicht überhört. Speck, Haferflocken, Zucker . . . Kinderkleidung! Elly stapelt, beschriftet, teilt ein: für die Nachbarschaftshilfe der Frauenvereine. Eine rettende Idee, wenn die öffentliche Wohlfahrtspflege ihre Ohnmacht eingesteht. Von der Diskussion über Sozialpolitik zur menschenverbindenden Caritas! Elly denkt an ihre vielen Bitt- und Bettelgänge in diesem Hungerwinter. Die selbst fast mittellose Schneiderin schenkte zehn Pfund Kartoffeln her und rettete dem alten, völlig entkräfteten Buchhändler um die Ecke wahrhaftig das Leben. Ausländische Freunde fürchten inzwischen Ellys Besuch. Etliche Schillinge und Dollars wechselten mit mehr oder weniger Nachdruck ihre Besitzer. Ein einziger Mann stiftete das Essen für einen ganzen Saal voll alter Leute: Kakao, Kuchen und für jeden einen Laib Brot zum Mitnehmen. Kohlen wurden beschafft, und seit kurzem wird ein hochbetagtes Ehepaar von endlich aufgeschreckten Nachbarn mit ausreichend Nahrung versorgt. Keine Einzelfälle. Die Besitzerin des Antiquitätengeschäftes schenkte wahrhaftig Geld für die Heilsarmee . . . „Heilsarmee" – Elly schreibt gerade das Wort auf einen Zettel und heftet ihn an den

Kleiderstapel fürs Kinderheim in ihrer Straße. Die Kleinen hatten sie nämlich eines Tages angesprochen. Und worauf war es, wie immer, hinausgelaufen? Aufs Geschichtenerzählen und Helfen. Aufatmend bleibt Elly kurz stehen, lacht laut auf. Der eigene Beitrag zur Aufbesserung der Kasse ist ihr gerade eingefallen: die Handleserei! Natürlich wissen die befreundeten Herren Professoren, daß sie nicht wirklich aus den Handlinien wahrsagen kann. Aber alle finden es aufregend, wenn die reizende Frau Dr. Heuss die individuellen Zukunftsperspektiven heraufbeschwört. Milliarden oder gar eine ganze Billion hat das der Kirchengemeinde schon eingebracht . . . Aber gut müssen sie sein, die Prognosen, immer nur gut!

Was die Heilsarmee angeht, bleibt es nicht beim nur hilfreichen Part. Drei Jahre lang erteilt Elly Heuss-Knapp an deren Offiziersschule in Berlin regelmäßige sozial-politische Lehrstunden. Elly wird Schöffin beim Jugendgericht und besucht mehr als einmal das süddeutsche Frauengefängnis Gotteszell. Der Direktor hatte um ein Gespräch gebeten, einen Vortrag vielleicht. Aber worüber spricht man mit zweihundert gestrauchelten Frauen, die sich erwartungsvoll mit ihren Sitzschemelchen im Innenhof des Gefängnisses eingefunden haben? Über Volkswirtschaft – Krankenlektüre oder Kindergedichte – womöglich über den Wandel des Frauenideals in sittlich-seelischer Beziehung? Nein, über all das nun wirklich nicht. Elly Heuss-Knapp erzählt „Geschichten mit Widerhaken", von Hebel, von Selma Lagerlöf und bedauert – sieht sie die entspannten Gesichter der Frauen, auch Tränen in deren Augen –, daß sich „die Protestanten . . . vor Legenden von Heiligen" so sehr „scheuen".

Die Privatreisen- und Feriensaison 1929 gestaltet sich überraschend abwechslungsreich und unterhaltsam. Aus Sparsamkeitsgründen waren diese Wochen nämlich äußerst spartanisch geplant. Berlin, genaugenommen sein von Theodor Heuss nicht sonderlich bevorzugtes sand-, wald- und seenreiches Umland, mußte darum Amrum, Föhr, die Schweiz, Paris, Slowenien, Dalmatien, Schweden oder Dänemark – allerdings nicht Ellys Badenweiler – ersetzen. Das waren die bevorzugten Ziele der letzten zehn Jahre gewesen. Nun, der Juni ist fast vorüber, das Sommerwetter könnte strahlender nicht sein, sitzt Elly Heuss-Knapp seit bald zehn Stunden unverdrossen vergnügt im offenen Auto. Halb Deutschland ist durchquert, Amberg kommt in Sicht, Stützpunkt für diese Nacht. Theodor hatte ganz dringend nach Württemberg gemußt. Und so war sie – gerade zurück von einer Tagung in Saarow und dem Vortrag in Stettin – der spontanen Idee gefolgt, sich Gustav Stolper anzuschließen. Der ist mit seinen Söhnen unterwegs ins Engadin. „Ganz spießig in der Eisenbahn" muß dagegen die Heimreise vonstatten gehen, denn Stolpers elegantes Kabriolett bringt sie nur bis Prien. Am Chiemsee lebt der inzwischen vierundachtzigjährige Lujo Brentano. Sein positives Urteil hatte Elly drei Jahre zuvor in der Absicht bestärkt, die Jugenderinnerungen ihres Vaters als Buch herauszugeben. Der Professor ist ihr ein Stück Kindheit und Jugend, väterlicher Freund, ein kompetenter Berichterstatter der Vergangenheit und aufmerksamer, kritischer Beobachter der Gegenwart. Elly wird Brentanos Tochter Sissi helfen, dessen umfangreichen Nachlaß zu ordnen.

Die Sparsamkeitsabsichten hinsichtlich Reisen sieht das Ehepaar Heuss auch nicht durchbrochen, als gleich nach ihrer Rückkehr die Koffer erneut gepackt werden. Gemeinsam folgen sie der Einladung zur Werkbundtagung in Breslau. Wirklich gerecht wird die Familie Heuss den guten Vorsätzen aber erst, als „schön braungebrannt und vergnügt" Ernst Ludwig eintrifft. Die eher unsportliche Mutter begeistert sich in einem Brief:

> In wenigen Tagen ist er neunzehn, und zu seinem Geburtstag, schenkten wir ihm ein Klepperfaltboot, und seither kann ich eigentlich nichts anderes mehr denken. Es gibt auf der Welt nichts Schöneres. Wir waren die letzten fünf Tage am Scharmützelsee. Das ist der größte See in der Mark, und sogar Theodor, der doch sonst von der Landschaft hier nichts wissen will, gibt zu, daß es wunderbar ist. Die schönsten Laubwälder und sogar Bergchen ... Wir sind den ganzen Tag im Badeanzug gepaddelt, außer wenn wir gerade im Wasser waren. Gewohnt haben wir in einer sehr bescheidenen Pension mit einem herrlichen verwilderten Garten, und das wird nun unser Aufenthalt fürs Wochenende ... Am 1. September muß der Ernst Ludwig wieder in der Schule sein, vielleicht begleite ich ihn, und wir paddeln von Hannoversch Münden auf dem Wasser bis Holzminden.

Die Paddeltour auf der Weser bleibt Wunschdenken. Weniger sportive Abstecher ins Holzmindener Internat gehörten in der Vergangenheit allerdings zum festen Bestandteil von Elly Heuss-Knapps Reisen. Geschickt verband sich dabei das Angenehme mit dem Nützlichen. Zum einen hielt sie Kontakt zu Ernst Ludwig, zum anderen referierte sie vor seinen Mitschülern und Lehrern und griff sogar aktiv in den Deutschunterricht ein.

Jetzt, im Herbst 1929, ist eine zweite Sendereihe im Berliner Rundfunk geplant. Nach den „Volkswirtschaftlichen Plaudereien“ zu Beginn des Jahres steht nun „Allerhand zum Nachdenken aus Sprache, Sitte und Traditionen“ auf dem Programm. Seit wenigen Jahren lauschen immer mehr Hörer und Hörerinnen fasziniert den Stimmen und Klängen aus Kopfhörern oder Radiogeräten. Rundfunksendungen bringen das Leben, die weite Welt, Nachrichten und Kommentare direkt ins Wohnzimmer. Nicht nur Elly Heuss-Knapp ist vom raschen Anwachsen der Zahl von Rundfunkteilnehmern, vom weitreichenden, wirkungsvollen Einsatz dieses jungen Mediums überrascht. Wenn erst jede Familie ein Empfangsgerät besitzt, dann könnte man die ganze Nation auf bequemstem Weg erreichen. Solche Vorstellungen von der Verbreitung des Rundfunks bleiben keine Vision, sondern er wird in Windeseile zum ersten Massenmedium mit Suggestivkraft.

Elly Heuss-Knapp kennt viele wichtige Persönlichkeiten in Berlin, vielleicht auch vom Funk. Und die kennen vermutlich ihre wohltemperierte Stimme, die wirkungsvollen Vorträge und ihre disziplinierte Arbeitsweise. Mag sein, sie hat auch durch wunderliche, im großen Stil inszenierte Sprechgesänge Aufmerksamkeit erregt. Hunderte junger Menschen, evangelische Jugend, halb sprechend, halb singend, spielen dabei mit Dichter- oder Bibelworten wie Jongleure mit Bällen. Elly leitete die Proben. Das Rezept für den großen Erfolg: Zauberwirkung des rezitierten Wortes, Klangschönheit der Stimmen, vielstimmige Lautmalerei. Sprache rückt in die Nähe von Musik, Musik verbindet sich mit Sprache. Ellys Sprechchöre bereichern selbst Veranstaltungen der Charlottenburger Hochschule für Musik.

Elly Heuss-Knapp sitzt bald im Funkhaus an der Masurenallee und übt sich in Rundfunkarbeit für unsichtbare Hörer. Am schwersten ist freies Sprechen vor dem Mikrofon. Sie stellt sich dann einfach Menschen vor, die in der Stube sitzen und ihre Worte mit gespannter Aufmerksamkeit verfolgen.

> Es ist immer eine Freude, wenn die Post nach einigen Tagen Antworten bringt, darunter manche Kuriositäten. Es gibt Menschen, die ihre intimsten Lebensgeheimnisse ... schreiben.

Thematische Vorträge, Gespräche, Rundfunkreportagen und einfache Regieführung gehören in der kommenden Zeit zum neuen Aufgabenfeld. Elly Heuss-Knapp wird Mitglied im Programmbeirat des Berliner Rundfunksenders und verfaßt Rundfunkkriterien, die ab 1930 regelmäßig in der Hamburger Zeitschrift *Der Rundfunkhörer* erscheinen. „Ich verdiene immerhin einen Zuschuß zu unserer doppelten Miete, denn leider ist unsere alte Wohnung in Friedenau nicht vermietet", schreibt sie im September 1930 ihrer Schwester. Ihr Zusatz „... es macht mir übrigens auch Spaß ..." entspricht vermutlich ebenso der Wahrheit wie die gut zwei Jahre später getroffene Feststellung „... es steckt ... eine wahnsinnige Arbeit darin".

Was die erwähnte doppelte Miete angeht, so haben Theodor und Elly Heuss nebst Hund Rex seit Juli ein neues Domizil: keine Etagenwohnung wie bisher, sondern ein modernes Reiheneckhaus mit Terrasse, Balkon und Garten. Das Haus steht in Berlin-Lichterfelde, Kamillenstraße 3. Wilder Wein rankt an der Garagenwand, hochgewachsene Sträucher werfen lange Schatten auf den Gartentisch im Winkel, an dem das Ehepaar nun gern gemeinsam frühstückt. Oft ist es wegen des umfangreichen Tagespensums die einzige gemeinsam eingenommene und darum nach allen Regeln der Kunst zelebrierte Mahlzeit.

Ein kleiner Wermutstropfen fällt auf die Besitzerfreude. Denn Mieter, Besitzer im juristischen Sinne sind sie, nicht Eigentümer – vorerst zumindest. Zwei Monate nach der heimlichen Verlobung, im Mai 1907, hatte Elly vorsichtig angefragt:

> Du Liebster, glaubst Du wirklich, daß wir später mal so viel verdienen können, daß wir ein Häuschen kriegen?

Dazu Theodors Antwort:

> Das Haus kommt sicher. Daran denken wir immerzu, nicht fanatisiert, aber still und sicher: so zwischen 35 und 40 wollen wir das eigene Haus beziehen.

Um einige Jahre hatte er sich verschätzt: Als sie 1930 das Haus mieten, steht Theodor Heuss bereits im 46. und seine Frau Elly im 49. Lebensjahr. Doch bei aller Freude über die wohnliche Verbesserung erfolgt der Umzug ins Haus, verbunden mit höheren Mietkosten, zu einem denkbar ungünstigen Zeitpunkt. Seit Oktober 1929 gibt es für alle Medien nur noch wenige wirklich wichtige wirtschaftspolitische und damit auch allgemeinpolitisch brisante Themen. Eine Auswahl aus Elly Heuss-Knapps Vortrags- und Rundfunkschwerpunkten ist getreues Spiegelbild der Lage. Beginnend mit „Jugend und Arbeitslosigkeit“ über „Familie und Erwerbslosigkeit“, gipfelt die Überschrift zuletzt in einem einzigen Begriff: „Krise!“

Vollbeschäftigung gibt es in der Weimarer Republik seit Jahren nicht mehr. Seit dem verlorenen Krieg jagt eine politische, finanzielle und wirtschaftliche Krise die andere. Das Erbteil von Rüstung und Blockade, die Überproduktion im eigenen Land, ist so schnell nicht zu stoppen. Güter, denen Käufer fehlen, füllen Lager, nicht Kassen. Sinkende Einnahmen und mangelndes Vertrauen in die wirtschaftliche Entwicklung führen zu Entlassungen. Die Schlangen vor den Arbeitsämtern wachsen. Um die hohen Reparationszahlungen leisten zu können, auch zu Investitionszwecken, ist sehr viel ausländisches, vor allem amerikanisches Geld in den deutschen Kapitalmarkt geflossen, doch seit kurzem gehen die Kapitalexporte nach Deutschland drastisch zurück. Geldgeber versprechen sich höhere Gewinne von Anleihen in den USA. Das gesamte Finanzwesen ist völlig unrealistisch aufgebläht. Am 25. Oktober 1929 kommt es zum Zusammenbruch an der New Yorker Börse und zum offenen Ausbruch der amerikanischen Wirtschaftskrise. Der Flächenbrand greift auf Europa über. Das durch Inflation und Geldentwertung schwer angeschlagene deutsche Wirtschaftssystem bricht vollends zusammen. Die Weltproduktion sinkt innerhalb kurzer Zeit auf ein Drittel. Amerikanische, deutsche und andere nationale Krisen verschmelzen. Die Weltwirtschaftskrise bestimmt die Leitartikel in den Zeitungen. Die demokratische Weimarer Republik, gerade mühsam auf die Beine gekommen, geht unter diesen harten Schlägen zu Boden.

Im September 1930 zeichnet sich der erste große Wahlerfolg der NSDAP ab, ein Rechtsruck geht durchs Land, ein Gutteil des Bürgertums zieht mit. Andere sind verunsichert, wissen nicht, was sie von alldem halten sollen. „Nun muß ich aber doch sagen, daß ich ganz empört bin, wenn Du behauptest, nicht wählen zu wollen", kanzelt Elly Heuss-Knapp ihre junge Freundin Gertrud Stettiner-Fuhrmann im Jahre 1932 ab.

> In Hessen haben alle Mittelparteien sich zusammengeschlossen, und von diesem Beispiel hängt viel ab für die Reichstagswahl. Du kannst nicht zu Hause bleiben, ohne nachher mit schuld zu sein, wenn es Mord und Totschlag gibt zwischen Links und Rechts. Es *muß* doch eine Mitte geben . . . Wähl eher noch Zentrum, wenn die vereinigte Mitte Dir nicht paßt, aber wähle!!!

Wenn nur Hitler, wenn die NSDAP eine große Schlappe erleidet, so soll ihr, Elly, alles andere recht sein.

> Ich wähle doch Staatspartei (die umbenannte Formel der Deutschen Demokratischen Partei), weil mein Mann auf der Reichsliste steht und noch ein Prozent Hoffnung ist, daß er hineinkommt.

Mit Adolf Hitler und seinem Anhang kann Elly Heuss-Knapp nicht viel anfangen. Allein die „Männerbund-Atmosphäre", die unverhohlene Hysterie und Heilserwartung verursachen ihr körperliches und geistiges Unbehagen. Eine „Dilettantendiktatur" sieht sie kommen, und ihres Erachtens tut man den Nationalsozialisten sowieso zuviel Ehre an, wenn sogar in Gelehrtenkreisen Rassenkunde und Germanentümelei mit einem Mal diskussionswürdig sind.

Im Sportpalast sitzt sie einmal unter „. . . reichlich spießeligen Hörern", findet die

> Rede von Hitler selbst . . . sehr enttäuschend. Er hat eine so heisere abgekämpfte Stimme, daß ich kaum glaube, er wird ein Riesenprogramm durchführen; und was er sagt, war zu meinem Erstaunen dritter Aufguß vom Tee des deutschen Idealismus . . .

In Goebbels' Ausführungen entdeckt sie „Löwenkrallen ... Hitler konnte man höchstens Leithammel nennen." Ellys Wortwahl ist treffend, dem Leithammel werden die Massen folgen, in eine menschenverachtende Diktatur, in einen neuen, noch grauenvolleren Krieg. Elly glaubt früh, daß „die Nazis hundertprozentig gewinnen". Denn, das wird ihr bald klar, „gegen suggestive Phrasen komme man doch nicht auf ..."

Elly Heuss-Knapp weiß, wovon sie spricht. Ihr Mann hatte 1931 – nach einem in der Zeitung veröffentlichten Vortrag und auf Bitten eines Verlegers – mit einer historisch-politischen Studie über den Nationalsozialismus begonnen. Sie verfolgt das Entstehen des Buches „Hitlers Weg" aufmerksam, tauscht sich mit ihrem Mann über die Ergebnisse seiner Untersuchung aus.

Dr. Theodor Heuss, in seiner Eigenschaft als Dozent an der Hochschule für Politik, ist einer der wenigen intellektuellen Zeitgenossen, die Goebbels' und Hitlers veröffentlichtes Schrifttum wirklich und gründlich lesen – „mit viel sprachlichem und sachlichem Widerwillen". Er stellt die Ideologie pointiert dar und veröffentlicht seine sachlich-kritische Auseinandersetzung Anfang 1932. Das nationalsozialistische Gedankengut stellt er unmißverständlich an den Pranger, die darin ausgesprochene Bedrohung der jüdischen Bürger ist ihm fast schreckliche Gewißheit, die massenpsychologische Suggestivkraft der Bewegung wird von ihm – wohl nicht von seiner Frau – vorerst unterschätzt. Er vermutet nach Jahrzehnten:

> Unsere Phantasie, auch wenn wir einige Übersicht über Greuel des historischen Geschehens besaßen, reichte nicht so weit, das Verbrechen als institutionelle Form staatlichen Wirkens einzusetzen.

Eine, wie er es auch ausdrückt, wohlbürgerliche Erziehung befähigt ihn nicht, soviel sinnlose und dumme Brutalität für möglich zu halten. Nur ein Jahr lang, dafür in acht Auflagen, erscheint das Buch. Man verbrennt es vor der Berliner Universität auf dem Scheiterhaufen der Demokratie. Die Weimarer Republik existiert dann nicht mehr – Adolf Hitler ist nicht mehr auf dem Weg, er ist am Ziel.

Berlin 1933–43

1933. Dicht gedrängt folgen die Ereignisse in diesem unglückseligen Jahr aufeinander. Januar: Ernennung Hitlers zum Reichskanzler. Februar: Aufhebung von Grundrechten. März, April: Wahl zum Reichstag. Von 647 Sitzen sichert sich die NSDAP 288. Mit einem festlichen Staatsakt in der Potsdamer Garnisonkirche wird der 8. Reichstag eingeführt. Danach beginnen die neuen, nun auch durch eine Wahl legitimierten Herren unverzüglich mit der Ausschaltung des Parlaments – zunächst durch das Ermächtigungsgesetz, dann folgen die Gleichschaltungsgesetze. Mai: Verbot von Parteien und Gewerkschaften. Juni, Juli: Ermordung politischer Gegner . . .

Wie fügen sich dazu die Stationen im Leben von Elly und Theodor Heuss? Im Januar laufen die von ihr bis dahin regelmäßig geschriebenen Rundfunkkriterien aus. Im Mai verliert Theodor Heuss seinen Lehrauftrag an der Deutschen Hochschule für Politik. (Seine Arbeit für die *Hilfe* leistet er – wie die anderen Redakteure – längst ohne Bezahlung.)

Elly Heuss-Knapp muß im Juli ihre Unterrichtstätigkeit im Burckhardthaus aufgeben, Folge der Denunziation durch eine ältere Gastschülerin. Auch die Rundfunkarbeit erfährt weitergehende Einschränkungen: Aus dem Programmbeirat wird sie entlassen, ihre Vortragsreihen im Rundfunk werden abgesetzt. Theodor Heuss verliert ebenfalls im Juli sein Reichstagsmandat. Der Direktor des Reichstages läßt ihm lapidar mitteilen:

> Da Sie auf Reichswahlvorschlag der SPD gewählt worden sind, ist Ihr Mandat erloschen. Ich bitte Sie demgemäß um Rückgabe Ihrer Ausweiskarte als Mitglied des Reichstages, der Freifahrkarten für Eisenbahnen und Kraftposten sowie der noch in Ihren Händen befindlichen Schrankschlüssel. Hochachtungsvoll . . .

Seine Arbeit im Bezirksparlament endet im September. Die jüdischen Freunde Toni und Gustav Stolper wandern in die Vereinigten Staaten aus. Eugen Katz verläßt Deutschland ohne Abschied.

Im Jahr der „Machtergreifung" büßen Elly und Theodor Heuss ihre wirtschaftliche Basis ein. Im August schreibt Elly an ihre Schwester:

> Unterricht fehlt mir wie ein abgeschnittenes Bein. Ich kann nichts von meiner früheren Schule hören ohne schlaflose Nacht. Alles Material für den Unterricht weggeworfen ... Mag keine Stunden mehr geben ...

Und sie verlieren die Möglichkeit zum Gedankenaustausch mit ihren wichtigen Gesprächspartnern. Während in weiten Teilen der Bevölkerung Aufbruchstimmung herrscht, viele Adlige und Großindustrielle von höchsten Erwartungen beflügelt sind, befinden sich Elly und Theodor Heuss auf dem Weg in die innere Emigration.

Was bedeutet das materiell und ideel für Elly Heuss-Knapp? Wie betäubt man die überwachen Sinne, die auf Signale eines bevorstehenden Sturzes ins Nichts lauern? Wie schärft man das Bewußtsein für akzeptable Überlebensstrategien? Wie bleibt man vor allem aber unbeirrbar bei dem, was man als Kern seiner Persönlichkeit entwickelt hat und was so gar nicht in die Zeit paßt?

Ihre innere Stabilität bezieht Elly aus ihrem Glauben. Er schirmt sie ab gegen eine Außenwelt, die ihr zunehmend fremd und unannehmbar in ihren Ansprüchen erscheinen muß. Und Elly erwartet von ihrer Kirche, daß sie ihren Prinzipien treu bleibt. An dem Tag, an dem der Arierparagraph in der Kirche durchgeführt werde, erklärt sie, werde sie aus der Kirche austreten.

Für die wirtschaftlichen Probleme findet sich schließlich eine patente Lösung, die ihr geradezu auf den Leib geschneidert ist. Doch zunächst gibt es noch eine andere Möglichkeit, die entstandenen Verluste auszugleichen: Im März 1933 startet sie zu einer Tour durch Ostpreußen, wo sie im Verlauf von zehn Tagen in neun Städten Vorträge vor den örtlichen Hausfrauenbünden hält. Sie bringt hochwillkommene 250 Mark Honorar mit nach Hause.

Es ist eine weite Reise – über Königsberg geht es nach Sensburg, dann nach Lyck. Etwa 600 Kilometer von Berlin ist sie entfernt. Über Allenstein, Deutsch Eylau, Rosenberg und Marienburg geht es dann durch deichgeschützte fruchtbare Ebenen Danzig entgegen.

Als Elly Ende März wieder in Berlin eintrifft, ist sie körperlich und seelisch ausgelaugt. Sie fühlt sich außerstande, ihre silberne Hochzeit am 11. April in der freudigen und dankbaren Stimmung zu begehen, die dem Ereignis angemessen wäre. Sie bespricht sich mit Theodor, und beide beschließen, den Tag im Hause des Elly geschwisterlich verbundenen Vetters, des Sohnes von Tante Lella Geiger, in Riehen bei Basel zu feiern. Doch die Flucht glückt nicht. Denn einer Flucht kommt es schon gleich, daß sie in der Schweiz ihr Ehejubiläum feiern wollen. Raus aus Berlin und aus Deutschland, wo sie fast an „kollektivem Schuldgefühl" erstickte, ein paar unbeschwerte Tage genießen, mit Theodor altbekannte Spazierwege gehen und über die fünfundzwanzig guten Jahre sprechen, die sie zusammen gelebt haben, das hatte sie sich erhofft. Aber sie kennt sich ja gut genug, um zu wissen, daß sie sich nicht ganz fallenlassen und dem Augenblick leben kann.

Wie freundlich und besorgt Theodor seine Hand auf die ihre legt. Er weiß genau, daß ihre Gedanken und Gefühle beherrscht sind von den Ereignissen der letzten Wochen und Monate. Auch ihm geht es da nicht anders. Sie nimmt sich zusammen, um ihren Gastgeber nicht zu enttäuschen. Doch der Apotheker Hermann Geiger-Otto, Begründer der Wybert-Werke, weiß sehr wohl, was die beiden bedrückt. Und er hat sich schon seine Gedanken gemacht, wie er wenigstens auf die berufliche Seite der Probleme entspannend einwirken könnte. Seine Idee ist, daß Elly Rundfunkwerbung für seine Pastillen gegen Husten und Heiserkeit machen soll. Und genau das schlägt er ihr vor.

So kommt es, daß Elly und Theodor Heuss auf ihren Spaziergängen durch frischgrüne Laubwälder kaum einen Blick für Anemonen und Veilchen haben, die in verschwenderischer Fülle zu ihren Füßen blühen, und auch nicht der schönen Apriltage vergangener Jahre gedenken, sondern die Möglichkeit diskutieren, die der Vetter aufgezeigt hat.

Allerdings ist beiden klar, daß das Ausmaß ihrer finanziellen Probleme durch einige Aufträge von Wybert nicht zu bewältigen sein wird. Alle Möglichkeiten, Ausgaben zu verringern und Einnahmen zu erzielen, sind zu erwägen. Man kann beispielsweise mit weniger Haushaltshilfe auskommen oder auch wieder Zimmer vermieten. Und natürlich ist die Idee, Rundfunkwerbung zu machen, faszinierend. Es müßte möglich sein, auch für andere Firmen zu arbeiten, daraus einen regelrechten Beruf zu machen.

Aber zunächst gilt es, neue Kräfte zu sammeln und die Situation gründlich zu überdenken. Badenweiler muß helfen. Und in dieser Zeit wird das längst angstvoll Erwartete für Elly Realität. Ab Mai verliert Theodor Heuss seine Arbeit an der Hochschule für Politik und damit die Familie ihre wichtigste Einnahmequelle. Als dann noch im April die für Stuttgart und Heilbronn angesetzten Vorträge polizeilich verboten werden und damit eine weitere Aufgabe entfällt, in die Elly viele Jahre Herz und Verstand investiert hat, gibt es nichts mehr zu überlegen. Im Mai nimmt sie offiziell den Auftrag der Wybert-Werke GmbH an.

Elly Heuss-Knapp hat sich damit für einen verhältnismäßig jungen Beruf entschieden. Nach französischen, englischen und amerikanischen Vorbildern war er in Deutschland etwa um 1900 herum entstanden. Werbung war damals im großen und ganzen gleichbedeutend mit Zeitungswerbung. Eine zunehmend auf Massenproduktion ausgerichtete Industrie machte so ihre Erzeugnisse breiten Käuferschichten bekannt.

Als Elly in den dreißiger Jahren nach Mustern für die von ihr zu entwerfenden Texte sucht, stellt sie fest, daß Rundfunkwerbung häufig nur im Herunterlesen dessen besteht, was ursprünglich für Printmedien entworfen worden ist. Statt an Zeitungs- und Zeitschriftenverleger gibt man die Manuskripte an die Rundfunkanstalten, und die Sprecher lesen sie als „Geschäftsnachrichten" einfach ab. Zur Auflockerung werden Schallplatten mit Unterhaltungsmusik abgespielt. Fast täglich wird bis zu einer Stunde ein derartiges Programm gesendet – und eigens in den Programmzeitschriften angekündigt. Die Zeiten liegen so, daß sie in den üblichen Tagesablauf von Hausfrauen passen, also etwa, wenn sie kochen oder nach dem Essen mit Abwasch beschäftigt sind.

Für Elly ist die Situation sofort klar. Die Werbebotschaften müssen so verpackt werden, daß sie die Aufmerksamkeit der Hörerinnen erregen.

> Zunächst muß man sich bemühen, die natürliche Sprache, das gesprochene Wort zu gebrauchen. Die Wiedergabe erfordert, wo es irgend angängig ist, mehrere Stimmen . . . Kinderstimmen verfehlen ihre Wirkung auf Zuhörerinnen nie . . . Die Mannigfaltigkeit der Stimmen wird kaum gut zur Geltung kommen, wenn die Werbetexte als Manuskript an die einzelnen Sender gehen, sondern die gewünschte Wirkung kann mit Sicherheit nur erreicht werden durch Schallplattenaufnahmen. Der Texter, der das Manuskript entwirft, sollte zugleich die Regie führen, gute Stimmen auswählen und so lange proben, bis die Werbung tatsächlich der Idee entspricht, die ihm vorschwebt.

Als Elly Heuss-Knapp das aus eigener Erfahrung schreibt – in einem Artikel, der im November 1933 in einer Fachzeitschrift erscheint –, ist sie gerade aus dem Gröbsten heraus. Sie arbeitet für fünf Firmen, neben Wybert auch für Henkel (Persil!) und Reemtsma. Mit ungeheurem Lerneifer, Hartnäckigkeit und vor allem auch zündenden Einfällen hat sie es geschafft, sich in der Werbung einen Namen zu machen. So bringt sie zum Beispiel das Problem, daß der Name Wybert durch die Lautsprecher der damaligen Zeit häufig nur undeutlich wiedergegeben wird, auf eine völlig neuartige Idee. Sie läßt den Firmennamen in einzelnen Buchstaben nach der Melodie des Dreiklangs sprechen, und zu Beginn und am Ende jeder Wybert-Werbeeinheit ertönt das akustische Warenzeichen.

Elly textet Rundfunkdurchsprüche und kleine Hörspiele. Sie schildert auch, mit welchen Tricks sie ihre Geräuschkulisse für eine Strandbadszene schafft: Eine Schüssel mit Wasser, dicht unterm Mikrofon, die Hand erzeugt den Wellenschlag. Und für eine Aufnahme, die Teppichklopfen erfordert, werden die Studiovorhänge bearbeitet. Elly schreibt auch Lieder. Sie scheint wieder ganz die alte, und oberflächlich betrachtet, kommen ihre Verse leicht und harmlos-heiter daher. Aber in den Zeiten des Nationalsozialismus schwimmt dergleichen auf einer trüben Brühe – immer in der Gefahr, darin zu versinken.

Seit März 1933 ist die Überwachung des Rundfunks dem

Reichsminister für Volksaufklärung und Propaganda, Joseph Goebbels, unterstellt. Schon Wochen vorher schilderte Elly Heuss-Knapp die Stimmung im Berliner Sender als äußerst gespannt.

> Wer weiß, ob es nicht das letzte ist, was ich machen kann, denn ich glaube, daß wir einen nationalsozialistischen Intendanten bekommen, und dann ist es aus ... Alle unsere Freunde ... wagen es nicht mehr, Verabredungen zu treffen auf länger als vierzehn Tage hinaus, so sehr wackeln ihre Stühle ... So verrückt wie im Haus des Rundfunks ist man nirgends, seit Hitler da ist. Es werden mit der Kriminalpolizei Leute Knall und Fall entlassen, nur weil sie ‚links' sind, aus Angst vor Störungen bei den Hitlerreden. Alles zittert und bebt. Es ist ekelhaft.

Ellys böse Vorahnungen bezüglich des Rundfunks haben sich erfüllt. Dennoch macht sie sich, wie sehr viele durchaus kritische Bürger ihrer Zeit, keine Vorstellung von dem, was darüber hinaus noch auf sie zukommen wird.

In dem Zeitraum, in dem sie ihr neues Geschäft aufbaut, vollzieht sich die Eingliederung der Werbewirtschaft in den nationalsozialistischen Staat. Hitler erläßt am 30. Juni die „Verordnung über die Aufgaben des Reichsministeriums für Volksaufklärung und Propaganda". Der Werberat wird eingesetzt und Goebbels direkt unterstellt, seine Mitglieder unter dessen Aufsicht ernannt.

> ... Aufgabe ist ..., die gesamte deutsche Wirtschaftswerbung unter einen einheitlichen Willen zu stellen ... und die Werbung nach den Erfordernissen des neuen deutschen Staates durchzuführen.

Die dazu nötigen Befugnisse werden durch die zweite Verordnung zur Durchführung des Gesetzes über Wirtschaftswerbung vom 27. Oktober 1933 konkretisiert.

> Der Werberat gibt bekannt, welchen Personen und Gesellschaften er die Genehmigung zur Wirtschaftswerbung allgemein erteilt und welche Arten der Wirtschaftswerbung er allgemein genehmigt ... Der Werberat kann eine Genehmigung jederzeit zurückziehen.

Organisatorisch findet diese Verordnung ihren Ausdruck durch die Gründung der „Nationalsozialistischen Reichsfachschaft deutscher Werbefachleute" im November 1933. Sie vereinigt circa 18500 Mitglieder und untersteht der Dienstaufsicht des Werberates. Alle in der Werbung Beschäftigten müssen dieser Fachschaft angehören, im Fragebogen zur Aufnahme werden selbstverständlich auch Angaben zur Parteizugehörigkeit und zur Rasse des Antragstellers verlangt. Welche Kriterien dann letztlich zur Entscheidung über die Aufnahme herangezogen werden, ist Ermessenssache, die daraus entstehende Verunsicherung beabsichtigt.

In diesem politischen Umfeld debütiert 1933 die Werbefrau Heuss-Knapp. Schritt für Schritt wagt sie den Balanceakt zwischen Weiterkommen und Absturz und ist erleichtert, daß von den Auftraggebern keine ihr unmöglichen ideologischen Kunststücke gefordert werden. Denn sie ist auch so unglaublich gut. Sie hat ein angeborenes und geschultes Gefühl für Rhythmik und Klangfarbe. Und sie kann sich in Menschen hineindenken. Das ihr fehlende Handwerkszeug eignet sie sich entschlossen an. Ihr beruflicher Erfolg und das verdiente Geld entschädigen sie für die unvorstellbaren Mühen und helfen ihr, die weiteren Schwierigkeiten des Jahres 1933 durchzustehen. Ihre wirtschaftliche Situation ist immer noch äußerst angespannt. Dem in Bonn studierenden Sohn muß Elly schreiben, daß man sich nur noch einmal pro Woche eine Haushaltshilfe und ein weiteres Mal eine Waschfrau leisten kann. Er weiß, was das bedeutet, schickt er doch – wie damals üblich – mit der Post seine Wäsche zum Waschen nach Hause. Dagegen kann man sich mit dem Gedanken, ab Oktober ein Zimmer an einen Holländer zu vermieten, anfreunden. Man muß lernen, sich zu arrangieren. Im September endet auch noch Theodor Heuss' Mitarbeit im Berliner Stadtparlament. Im Oktober müssen Elly und Theodor Heuss feststellen, daß ihre Post geöffnet wird. Auch eine Hausdurchsuchung findet statt. Elly wird vor die Gestapo zitiert und verdankt den glimpflichen Ausgang ihrer Vernehmung vor allem dem glücklichen Umstand, daß sie von einem älteren Beamten durchgeführt wird, der nach einiger Zeit mit der Bemerkung „Meine Dame, das ist heute das übliche geworden" die Akte zur

Seite legt und sie entläßt. Auch durchleidet sie mit ihren jüdischen Freunden, die noch in Berlin sind, deren alltägliche Diskriminierung und Bedrohung. Wie widerlich war ihr, als sie, von einer Geschäftsreise nach Düsseldorf zur Firma Henkel zurückkommend, beobachten mußte, daß auf dem Bahnsteig ein SA-Sturm aufmarschiert war, um jeden Zug mit Sprechchören „Juden raus!" und „Juda, verrecke!" zu empfangen. Sie schreibt ihrer Schwester nach Heidelberg:

> Ich kaufe nur bei bedrohten (jüdischen) Geschäften und kümmere mich um alle, denen es schlecht geht, so viel ich kann.

Aber sie kann nichts tun, als für ihre Ersatztochter Gertrud Stettiner-Fuhrmann und deren Familie die Situation so unerträglich wird, daß schließlich im November 1933 alle nach Brasilien gehen. (Ende 1934 wird aus den gleichen Gründen ihre Freundin Luise Bresslau-Hoff folgen.) Im Oktober hält ihre Gesundheit dem Druck und der Anspannung nicht mehr stand: Elly Heuss-Knapp erleidet einen schweren Herzanfall.

Aber selbst dieses schreckliche Jahr 1933 hielt am Ende noch etwas Schönes für sie bereit: Im Dezember erteilte der Ullstein-Verlag Elly Heuss-Knapp den Auftrag, ihre Lebenserinnerungen zu schreiben, ein erstaunliches Angebot an die zweiundfünfzigjährige Frau.

MITTAGSRUHE im Schloß Hausbaden. Doch Elly schlägt die Decke zurück, erhebt sich von der Liege und geht zum Fenster. Eingerahmt von zwei hohen schneeüberpuderten Tannen geht der Blick über die Rheinebene bis zu den Vogesen, hin zum Elsaß – das will sie möglichst jede freie Minute auskosten. Wunderliche Tage sind das hier in Badenweiler. Ihre Brautzeit ist ihr augenblicklich so nah. Elly wendet sich den frisch getippten Bögen auf ihrem Schreibtisch zu. Unter den zwölf Hausgästen des Erholungsheims ist auch ein katholischer Oberpfarrer aus Freiburg: Ihn hat sie sich als ersten Leser und Kritiker ausersehen.

Nach drei Wochen ist das Manuskript für den schmalen Band fertig. Der Titel „Ausblick vom Münsterturm" ergibt sich wie von selbst, denn er ist aus der Sichtweise einer im Elsaß aufgewachsenen Deutschen geschrieben. Bis das Buch dann endlich erscheint, wird es allerdings Oktober. Diese Verzögerung ist zeittypisch. Der jüdische Ullstein-Verlag bekommt „Schwierigkeiten“, der Zwangsverkauf ist das Ende, und ein anderer Verleger muß gesucht werden. Theodor Heuss übernimmt diese Aufgabe, da Elly von ihrer Werbetätigkeit so stark in Anspruch genommen ist. Im Dezember 1934 kann sie dem Sohn Ernst Ludwig vermelden:

> Es sind jetzt eintausendachthundert Stück des „Münsterturm“ verkauft. Die neue Auflage ist heraus, in fünf Tagen ausgedruckt und gebunden.

Was ihre Arbeit betrifft, kann Elly zufrieden auf das Jahr 1934 zurückblicken. Sie hat weitere Firmen als Kunden gewonnen und alte Geschäftsbeziehungen ausgebaut. Ihr Reklamespektrum reicht mittlerweile vom Abführmittel über Briketts, Fotoapparate, Gasbadeöfen, Kühlschränke, Knäckebrot, Kaffee und Tee bis hin zu Weckgläsern und Zigaretten.

Zu dem befürchteten Verbot der Rundfunkwerbung ist es glücklicherweise noch nicht gekommen. Trotzdem ist Elly durch diese Bedrohung zutiefst beunruhigt. Sie versucht, sich darauf vorzubereiten, indem sie die Möglichkeiten sondiert, andere Werbemittel zu nutzen. So ist ihr früh klar, daß die Tonfilmreklame ein weiteres Standbein für sie werden muß.

Ellys Einsatz für ihr Geschäft ist pure Notwendigkeit. Als Theodor Heuss 1934 seinen fünfzigsten Geburtstag feiert, findet er sich nicht, wie es seinem Alter wohl gemäß wäre, in einer gefestigten beruflichen Position, sondern er muß die Sicherung des Familieneinkommens seiner Frau überlassen. In einem Brief an Gertrud Fuhrmann heißt es:

> Ich bin nach wie vor entschlossen, eine Menge Geld zu verdienen. Mein Beruf hat nur darin einen Sinn . . .Und man hat das Schweigen schon sehr gut gelernt, zu gut. Man kann ja auch so schwer viel sagen.

Viel Kummer und Resignation sprechen aus diesen Zeilen.

Mittlerweile hat sich das Naziregime weiter festigen können. Nach dem Tod des Reichspräsidenten von Hindenburg übernimmt Hitler auch dessen Amt. Fortan wird die Reichswehr auf den Führer und Reichskanzler Adolf Hitler vereidigt. Etwa ab 1934 fließt ein immer größer werdender Anteil des Volkseinkommens in die Rüstungsindustrie. Für den privaten Bedarf bleibt entsprechend weniger übrig. Dadurch entsteht der widersinnige Anspruch an die Werbung, einmal den Interessen der Anbieter von Konsumgütern zu entsprechen, die in der Steigerung ihres Absatzes liegen, zum anderen aber – unter dem Druck der Regierenden – eigentlich überhaupt nicht zum Kauf solcher Waren anzuregen. Elly äußert sich empört: „Wir sollen Werbung treiben, ohne daß die Werbung auffällt." Unter anderem auch mit Blick auf das Ausland, wo gegen harte Devisen deutsche Erzeugnisse abgesetzt werden sollen, sind die Nationalsozialisten darauf aus, daß sich einige wenige starke Markenartikel herausbilden. Auch Gemeinschaftswerbung wird gern gesehen. Außerdem schreibt der Werberat vor, Werbung müsse deutsch sein. So wird aus dem Keks das Knusperchen, aus dem Whisky der Rauchbrand und aus dem Sekt der Schaumwein. Auch Elly Heuss-Knapp muß sich mit der Zensur herumplagen und ihre Texte vorlegen, bevor sie veröffentlicht werden.

Da sind Kunden, die von vornherein klarstellen, daß ihnen das Erwähnen oder Zeigen von NS-Symbolen in der Werbung unerwünscht ist – eine starke Stütze. Auf dieser Basis entwickelt sich eine langjährige gute Geschäftspartnerschaft mit dem Haus Beiersdorf in Hamburg.

1974 schreibt Juan Clausen aus Hamburg zu deren Beginn:

> Da nahm ich einmal (im Frühjahr 1934) als derzeitiger Werbeleiter an einer Tagung des Werbefachverbandes teil. Soweit Sie mich kennen, werden Sie sich vorstellen können, daß ich von berufsmäßigen Tagungsrednern, die sehr oft mit der Praxis wenig Berührung hatten, nicht gerade sehr viel hielt und noch jetzt halte. Aber da erschien plötzlich die „Werbefrau" Knapp, wie sie sich selbst nannte, auf dem Podium. Schon nach den ersten Sätzen merkte ich: Die hier, die bietet mehr als der Durchschnitt . . . Mit klaren Worten und im besten Stil bot sie einen Vortrag, der auch dem Praktiker einiges sagte, und den man sich daher aufmerksam anhören mußte. Und nach dem Vortrag eilte ich, um niemanden zuvorkommen zu lassen, zum Rednerpult, um diese Dame für eine Zusammenarbeit für mich zu gewinnen.

In den darauffolgenden Jahren werden viele Briefe zwischen Berlin und Hamburg gewechselt. Doch im Februar 1935 erhält Elly, wie alle Mitglieder des Reichsverbandes der Werbungtreibenden, ein Schreiben der Reichspostreklame, in dem das unmittelbar bevorstehende Verbot der Rundfunkreklame offiziell angekündigt wird. Sie schließt sich dem Protest ihrer Berufsgenossen an und spricht auch mit dem Reichswirtschaftsminister Schacht darüber. Er stimmt ihr grundsätzlich zu, kann aber nur etwas in der Sache tun, wenn nachweisbar wirtschaftliche Interessen betroffen sind – ansonsten liegt die Zuständigkeit beim Propagandaministerium. Es kommt tatsächlich zu dem Verbot, aber wegen des Widerstands erst Anfang 1936.

Elly stürzt sich zunächst einmal in die Frühjahrs- und Sommerwerbung 1935. Bald agiert sie wie ein Profi: Sie schickt Fragebogen aus, um die Resonanz ihrer Werbung zu kontrollieren. Sie schlägt sich mit der Kalkulation der Kosten herum und muß sie ihren Auftraggebern gegenüber mitunter heftig verteidigen. Sie klopft ihre Urheberrechte fest, zum Beispiel das akustische Warenzeichen betreffend. Lotti Kaempffer tippt Geschäftsbriefe, legt Akten an, hält in Abwesenheit der „Chefin" am Telefon die Stellung. Ihre Stimme ist auch hin und wieder auf einer Werbeschallplatte zu hören.

Doch diese harte Arbeit fordert ihren Tribut. Elly Heuss-Knapp beklagt, bei Abendeinladungen immer und überall einzuschlafen, dafür aber um vier Uhr in der Früh hellwach zu sein und sich nicht mehr lösen zu können von sorgenvollen Gedanken an ihre Arbeit und an die Menschen, die ihr nahestehen. An ihre Schwester schreibt sie in diesen Monaten:

> Ich habe . . . zum erstenmal gespürt, was die Leute „Nervenzusammenbruch" nennen. Ich war ganz dicht dran. Aber jetzt geht es wieder.

Es gelingt Elly in den wenigen Jahren bis 1937, ihrem Sohn das Jurastudium zu finanzieren (er schließt es in diesem Jahr mit der Promotion ab), ihrem Mann den Rücken freizuhalten zum Schreiben der Naumann-Biographie und das Haus in der Kamillenstraße zu erwerben, das die Familie bis dahin nur zur Miete bewohnte. Bedenkt man, daß sie für jeden neuen Plattentext beziehungsweise für jede neue Idee 100 RM berechnet, wird klar, daß ihr schon viel einfallen mußte, um diese finanziellen Lasten zu tragen. Allerdings ist auch zu berücksichtigen, daß in diesen Jahren das durchschnittliche monatliche Einkommen eines Arbeiterhaushalts bei 157 RM liegt. Elly Heuss-Knapp verdient ausgesprochen gut.

ÜBER Berlin liegt eine unerwartete Frühsommerhitze. Elly und Theodor Heuss haben ihren Arbeitsplatz in den Garten verlegt; sie sitzen sich im Schatten der Johannisbeerbüsche gegenüber, wie sie es seit Jahren auch im Arbeitszimmer gewöhnt sind. Schäferhund Rex döst zu ihren Füßen. Wundervoll duften Jasmin, Madonnenlilien und vor allem die Rosen. Hin und wieder muß Elly aufstehen und hinübergehen, um deren Schönheit mit allen Sinnen in sich aufzunehmen. Hier die rahmweiße *Boule de Neige*, eine Bourbonrose, die im vergangenen Jahrhundert gezüchtet wurde. Dort *Variegata di Bologna* – diese Sorte ist ungefähr so alt wie ihre Bekanntschaft mit Theodor. Und ihr besonderer Schatz, die Rosa alba *Maiden's Blush,* sie errötet wirklich so zart wie ein Mädchen.

Elly hat ihren Spaß daran: Diese Rosen sind keine „Markenartikel", und glücklicherweise ist noch niemand auf die Idee gekommen, ihnen deutsche Namen statt französischer, italienischer und englischer zu verpassen. Es ist kühler geworden. Sie ruft nach Rex, der begeistert aufspringt. Er weiß, jetzt ist der tägliche Spaziergang fällig. Theodor Heuss unterbricht seine Arbeit an der Biographie und schließt sich ihnen an. Am Abend kommen noch Nachbarn herüber, die Gespräche werden wohl wieder um die Haltung der Kirche zum Naziregime kreisen. Doch es ist gut, in diesen Zeiten Menschen zu kennen, mit denen man seine Sorgen teilen kann. Morgen muß sie den Frühzug nach Hamburg nehmen.

FÜR ELLY HEUSS-KNAPP war Glaube nie Verzierung des diesseitigen Lebens oder Vertröstung auf ein jenseitiges, sondern die treibende, alles durchdringende, aktiv machende Kraft. Und Kirche war für sie schon immer Gemeinde, die Gemeinschaft derer, die in diesem Sinne leben wollen. So einfach – und doch so schwierig ist es, im Nazideutschland Mitglied einer solchen Kirchengemeinde zu sein.

> Das weltanschauliche Durcheinander in Deutschland ist doch zu erstaunlich. Jetzt haben wir etwa sieben Konfessionen. Die katholische Kirche geht mir immer mehr auf.

Sie nennt das ihre Neigung zur Katholizität der evangelischen Kirche und spricht damit das Zurückgehen auf elementare Glaubensfragen an, hat auch sicher einen Hang zur Symbolik der älteren Kirche. Das Wort interkonfessionell aber kann sie nicht leiden. „Der Mensch soll eine Überzeugung haben", sagt sie entschieden und bekennt sich auch dazu. Wenn sie es in ihrer knappen Freizeit einrichten kann, geht sie nun häufig in die Annenkirche in Dahlem, um Martin Niemöller predigen zu hören. Diese Gottesdienste sind stets überfüllt; mehr als zwei Stunden vor Beginn muß Elly dort sein, um hineinzukommen. Noch im Januar 1933 hatte Niemöller Hitlers Ernennung freudig begrüßt, weil er dessen Beteuerung vertraut hatte, die Zusammenarbeit zwischen Staat und Kirche zu fördern. Doch bald schon erkannte er seinen Irrtum und reagierte einige Monate später mit der Gründung des Pfarrernotbundes, aus dem 1934 die bekennende Kirche hervorging. Seitdem ist der Zulauf des evangelischen Pfarrers ständig gestiegen. Wie Elly sind viele Menschen froh, daß ein Kirchenvertreter in diesen Tagen so deutliche Worte findet, und sie wollen das durch ihre Anwesenheit zeigen. Niemöller wird 1937 verhaftet – man wirft ihm umstürzlerische Tätigkeit vor. Aber die Nationalsozialisten machen die Erfahrung, daß man zwar den Mann einsperren kann, nicht aber den Geist, der von ihm ausgeht. Es gibt Protestaktionen wie die Unterschriftensammlung, an der sich auch Elly Heuss-Knapp beteiligt. Niemöllers Nachfolger Gollwitzer, dessen Predigten sie ebenfalls hört, wagt man, aus Furcht, einen neuen Märtyrer zu schaffen, nicht mehr zu verfolgen. Beides, sowohl die Verhaftung als auch die Reaktionen darauf, kennzeichnet den geistigen Zustand Deutschlands in diesen Jahren.

Aber 1936 haben die Nationalsozialisten noch ganz anderes im Visier. Es ist das Jahr der Olympiade, und es kommt darauf an, am Bild, das Deutschland im Ausland abgibt, kräftig zu polieren. Eine solide Grundlage bieten da deutsche Produkte, denn sie repräsentieren die wirtschaftliche Macht, mit der sich Hitler schmücken will. Ab Januar 1936 wird die Auslandswerbung staatlich subventioniert.

Damit erweitert sich das Aufgabenspektrum auch für Elly Heuss-Knapp. Sie muß sich zusätzlich um Übersetzer und fremdsprachige Sänger beziehungsweise Sprecher ihrer Texte kümmern. Meist wird der Kontakt zu ihnen durch die Botschaften vermittelt. Elly stellt Adressenlisten zusammen, lädt zu Probeaufnahmen ein, wählt aus. Dabei schafft sie es, renommierte Künstler für sich zu gewinnen, ist aber auch stolz darauf, daß sie einem mittellosen russischen Komponisten Arbeit verschaffen kann.

Als Elly eines Tages spätnachmittags um sechs Uhr nach Hause kommt, ist sie noch ganz aufgedreht. Was für ein Tag! Mit dem Ergebnis ist sie zufrieden, aber von dem Ablauf macht sich kein Mensch eine Vorstellung! Dankbar nimmt sie von Lotti die angebotene Tasse Tee an, legt die Füße hoch und diktiert ihr das Protokoll in die Maschine. Dann einige Notizen zu den Honorarabrechnungen. Der Übersetzer bekommt für Verse 20 RM, für Prosa 6 RM. An Aufnahmekosten berechnet Telefunken 105 RM pro Platte, jeder Abzug davon wird, je nach georderter Stückzahl, durchschnittlich 2 RM kosten. Dazu kommen die Künstlerhonorare: Sänger und Sprecher erhalten zwischen 20 RM und 60 RM – je nach Aufwand. Ellys eigenes Honorar orientiert sich ebenfalls an dem Marktpreis für derartige Leistungen, doch wie sich ihre Kosten dazu verhalten, ist ihr schleierhaft. Im folgenden Wintersemester wird sie Kurse an der neugegründeten Reichswerbeschule besuchen und auch etwas über Kalkulation lernen.

Bevor Elly den langen Arbeitstag beendet, macht sie noch ihre eigene Honorarabrechnung fertig. Die Überweisung des Geldes erbittet sie, wie immer, auf das Konto ihres Mannes ... Sie schaut hinüber zu ihm, betrachtet seinen gesenkten Kopf im Lichtkreis der Lampe. Auch er hat einen langen Tag gehabt. Manchmal fragt sie sich, woher er die Kraft nimmt, die für ihn so schwierigen Zeiten durchzustehen. „Man muß ein festes

Herz haben und irgendwie fleißig sein", so hört sie ihn immer sagen. Das ist wohl wahr. Leise geht sie zum Bücherregal hinüber, ihre Hand gleitet über die Buchrücken, verhält bei einem zerlesenen Bändchen. Es sind Gedichte von Friedrich Rückert. Die Erinnerung an vergangene Zeiten ersteht vor ihr. Rückert war ein Lieblingslyriker ihres Vaters. Viele seiner Gedichte kennt sie auswendig. Aber das Buch bleibt unaufgeschlagen an seinem Platz. Jetzt ist keine Zeit für dergleichen, jetzt ist Gebrauchslyrik an der Reihe. Elly klagt: „Zeitungen lese ich kaum, Bücher nur, wenn ich sie besprechen muß." – „Mein innerer Mensch nimmt nicht zu, sondern ab."

JUAN CLAUSEN, Werbeleiter der P. Beiersdorf & Co. AG in Hamburg, betrachtet sein Gegenüber aufmerksam. Klein, sie mißt wohl nicht sehr viel mehr als 1,55 m, rundlich, agil, das dunkelblonde Haar sorgfältig frisiert, so sitzt Elly Heuss-Knapp vor ihm. Er weiß, daß sie eine lange, anstrengende Bahnfahrt hinter sich hat an diesem kalten, regnerischen Februartag. Trotzdem wirkt sie absolut gepflegt in dem maronenfarbenen Kostüm mit der beigefarbenen Seidenbluse. Er weiß, daß sie ihre Geschäftstermine immer gut vorbereitet, voll auf den Gesprächspartner eingestellt ist und die gemeinsam entwickelten Ideen effizient umsetzt. Und sie verfügt über eine beträchtliche Portion Charme.

Der heutige Termin soll der endgültigen Abstimmung der diesjährigen Sommerkampagne dienen. Vehement setzt sich Frau Heuss-Knapp dafür ein, den Stil der letztjährigen Werbung beizubehalten und damit an bereits Bekanntes anzuknüpfen. Durch geschickte Variation, so glaubt sie, wird es trotzdem gelingen, Interesse zu erregen. Elly legt einige Entwürfe vor, die ihre Behauptung unter Beweis stellen. Dem kann sich Juan Clausen nicht verschließen. Und was jetzt kommt, das weiß er eigentlich auch schon genau.

Frau Heuss-Knapp hatte 1935 und 1936 mehrere sehr erfolgreiche Werbefilme für das Haus Beiersdorf gedreht. Vor allem die Idee, blau-weiße Scherenschnitte für den Nivea-Film zu verwenden, erregte einiges Aufsehen, aber auch der Realtrickfilm, in dem Zahnbürsten und Zahnpasta miteinander tanzten, war eine besonders gelungene Arbeit, sowohl in bezug auf die bildliche als auch auf die musikalische Darstellung. Und Juan Clausen weiß, daß sie eine neue Filmserie in Angriff nehmen möchte. Seit einiger Zeit enthalten ihre Briefe Hinweise darauf.

Aber zunächst einmal gilt es, ihre Begeisterung etwas zu dämpfen. Schließlich ist Kinowerbung eine kostspielige Angelegenheit, die noch mit allerlei Kinderkrankheiten behaftet ist. Er muß sie doch wohl nicht daran erinnern, daß einmal, gerade als ein Herr der Beiersdorf-Direktion den neuen Nivea-Film im Kino anschauen wollte, die Kopie gerade für dieses Filmtheater zu spät eingetroffen war und es erheblichen Ärger – auch für ihn, der ja so etwas unterstützte! – gegeben hatte. Und was ist mit der schlechten Aufführungsqualität, die zu Ausfällen von bis zu 20 Prozent führt? Mal ist es im Raum zu hell, und man sieht nur Schemen über die Leinwand huschen, mal ist der Ton zu schrill, so daß statt der angestrebten sympathischen Grundstimmung genau das Gegenteil bewirkt wird . . . Doch da kommt schon die erwartete Entgegnung: „Diese Pannen werden doch immer seltener. Die Aufnahme- und Aufführungstechnik verbessert sich ständig. Und von welchem anderen Werbeträger kann man sonst behaupten, daß ihm die volle Aufmerksamkeit der Adressaten sicher ist? Eine Zeitungsannonce beispielsweise, mag sie noch so gut gemacht sein, wird längst nicht von jedem, der die Zeitung aufschlägt, auch gelesen."

Dieses Argument hat er vorausgesehen. „Aber, Frau Heuss-Knapp, mögen die Kinobesucher überhaupt die Werbefilme sehen?" Das ist eine knifflige Frage. Jedoch Elly pariert gut: „Einen langweiligen Film, der mit erhobenem Zeigefinger dozieren will, natürlich nicht. Aber auch die Werbefilme, bei denen sich das Publikum zwar herrlich amüsiert, am Ende aber gar nicht recht mitbekommt, was die Werbebotschaft war, liegen nicht im Interesse des Auftraggebers." Und es steht völlig außer Frage, daß Elly Heuss-Knapp keinen dieser Fehler machen wird.

Am 12. April 1938 diktiert Juan Clausen einige Zeilen an Elly. Es sollen zwei Filme gedreht werden, beide unter dem Motto „Gesundes und gepflegtes Aussehen". Generell soll beachtet werden: Nichts Mondänes, völlig unkompliziert, vom Beschauer

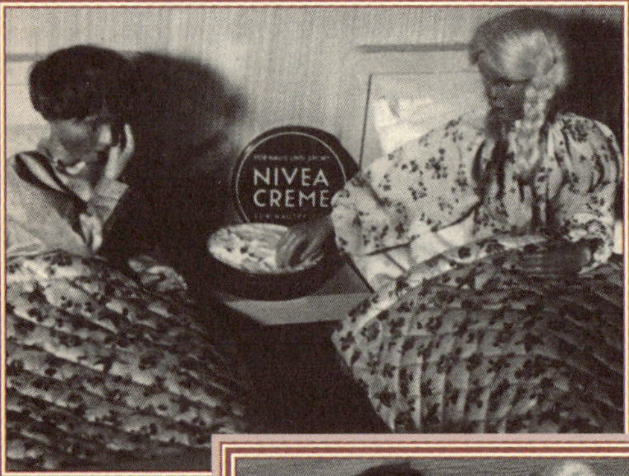

<u>Oben:</u> Im Juni 1951 präsidierte Elly Heuss-Knapp der Ausschußsitzung des Deutschen Müttergenesungswerkes.

<u>Links:</u> Szene aus einem der Werbefilme, für die Elly Heuss-Knapp nicht nur die Texte schrieb

Theodor Heuss bei einem Bootsausflug mit Familie

„nicht die geringste Gedankenarbeit" fordernd. Der erste Film soll die Aspekte Nivea-Creme beim Rasieren, zur Pflege der berufstätigen Frau, bei rauher Witterung und bei Sport und Wanderung ansprechen, und das alles in zwei Minuten. Elly weiß, das wird ein schwieriger Spagat werden. Da klingt die Aufgabe für den zweiten Film schon besser: Nivea für die Hausfrau, in der Kinderstube, gegen spröde Haut und zu deren Pflege am Abend.

Schon einige Tage zuvor hat Elly Heuss-Knapp erfahren, daß Beiersdorf mit einer Filmfirma in Kontakt steht, die folgendes anbietet: 45 Meter Film im 3-Farben-Sachtrickverfahren für circa 7000 RM, fertig in etwa drei Monaten. Das trifft sie empfindlich. In dem Preis sind Text und Regie enthalten, die Dienstleistungen, die sie anbietet! Sie hat also eine starke Konkurrenz.

Aber Elly wäre keine tüchtige Geschäftsfrau, würde sie sich nicht unverzüglich in die Arbeit stürzen. Einige Punkte an dem Auftrag sind aus ihrer Sicht noch zu diskutieren. Daß der erste Film ein Sachtrickfilm sein soll, in dem statt Menschen Puppen agieren, behagt ihr nicht. Sie weiß, daß es mittlerweile auch möglich ist, Realfarbfilme in befriedigender Qualität herzustellen. Warum nicht das fortschrittliche Verfahren wählen, das viel mehr Ausdrucksmöglichkeiten bietet? Doch hier stößt Elly auf Widerstand, und so reicht sie schließlich ihre Entwürfe ein – und erhält den Zuschlag, trotz Mehrkosten für Beiersdorf.

Nun fängt die Arbeit erst richtig an. Das eigentliche Manuskript muß geschrieben werden. Das bedeutet Dichten mit der Stoppuhr in der Hand. Dann das Handwerkliche: Es muß jemand gefunden werden, der Puppen herstellen kann, die dem Nivea-Idealbild entsprechen, also eine helle, adrette Ausstrahlung haben. Mit einer Schneiderin müssen die Kleider und Textilien in der Puppenwohnung besprochen werden, und schließlich wird ein Modellbauer benötigt, der die kleinen Möbel anfertigt. Wenn die Akteure und die Bühne hergerichtet sind, kann mit der Verfilmung begonnen werden. Jede der unzähligen Einstellungen wird von Elly begutachtet, bis sie endlich mit dem Ergebnis einverstanden ist.

Schließlich kommt der Ton dazu. Die Sprecher werden zum

Synchronisieren ins Studio bestellt, Elly führt bei der Aufnahme Regie. Eine Filmkopie geht an den Komponisten, der den Auftrag für die musikalische Umrahmung bekommen hat. Es ist Norbert Schultze, ein sehr bekannter Mann, von dem Melodien wie „Das kann doch einen Seemann nicht erschüttern", „Lili Marleen" oder auch die Filmmusik zu „Die drei von der Tankstelle" Evergreens werden.

Viel Arbeit steckt Elly in diesen Film, der den Namen „Katherine" bekommt. Und doch macht er ihr wenig Freude. Es gibt erhebliche Probleme mit den Kopien. Mal sind die Farben schlecht, mal der Ton und mal beides. Bei einer nachträglichen Kontrolle müssen 50 Prozent als fehlerhaft ausgesondert werden. Elly läßt Freunde und Bekannte in Kinos ausschwärmen, und ein Kollege bestätigt ihr, was sie eigentlich die ganze Zeit gewußt hat: Abgesehen von den technischen Schwächen, ist auch die Fülle der Werbeaussagen in so kurzer Zeit problematisch. Doch Elly Heuss-Knapp lernt daraus, und der zweite Film dieser Serie, der den Namen „Die blaue Schachtel" trägt, wird ganz entzückend und findet viel Anerkennung.

Und sie bekommt ihren großen Auftrag für einen Realfilm. Im Sommer 1939 dreht sie auf der Nordseeinsel Baltrum den Werbefilm „Frische Fische" für die Deutsche Großeinkaufsgesellschaft mbH (GEG). Es wird eine rundum gelungene Sache, die sie sehr genießt.

Als Elly Heuss-Knapp im September 1939 den fertigen Film sieht, steht ihr das Bizarre der Situation noch einmal vor Augen. Hier die fröhlichen Menschen, die Kinder! Was wird aus ihnen werden? Und – unsichtbar, aber doch vorhanden – die Befestigungsanlagen, die die Inseln vor allem unterirdisch vor Waffen starren lassen, Inseln wie Baltrum, auf denen kaum mehr Fisch zu bekommen ist und die doch die Kulisse für einen Fischereifilm abgeben. Seit dem 1. September befindet sich Deutschland mit Polen im Krieg. Was wird die Zukunft bringen? Noch vor einem knappen Jahr war sie so hoffnungsvoll gewesen und hatte geglaubt, die Kriegsgefahr sei gebannt. Das war nach den Ergebnissen der Münchener Konferenz, als es möglich schien, durch englische und französische Zugeständnisse den Expansionskurs Hitlers einzudämmen. Aber die Phantasie hatte nicht weit genug gereicht, um sich vorzustellen, daß Lug und Trug eine Form staatlichen Handelns sein könnten.

Zwar sind auch Elly und Theodor Heuss immer wieder von den Schikanen der Nazis betroffen, aber da handelt es sich um Repressalien gegenüber Einzelpersonen oder kleinen Gruppen. Ein derartiges Verhalten gegenüber anderen Staaten – unvorstellbar!

So kamen beispielsweise Mitte 1938 folgende Ereignisse zusammen: Der frühere Oberbürgermeister von Nürnberg wurde verhaftet wegen Verdachts auf Hochverrat, ohne daß jemand ahnte, weshalb. Das einzige, was seiner Frau mitgeteilt wurde, war die – falsche – Behauptung, er habe bei einem Aufenthalt in der Schweiz den früheren Finanzminister gesprochen. Bei der Hausdurchsuchung fand man die Einladungen eines Kreises, der gelegentlich zu Vorträgen zusammenkam. Dabei war auch die Einladung zu einem Vortrag von Theodor Heuss. Daraufhin erklärte man, in diesen Kreis müsse hineingeleuchtet werden. Dazu kam, daß bei einer anderen Sistierung ein junger Mann gefragt wurde, ob er zur bekennenden Kirche gehöre, und weiter, ob er Frau Heuss kenne. Offenkundig hat man sie daraufhin beobachtet, ob sie kirchliche Nachrichten im Ausland verbreiten würde. Außerdem wurde ihr Mann auf eine Parteistelle gerufen und angemahnt, daß sich erstens ihr Haus durch ungenügende Beflaggung auszeichne, und zweitens, daß sie noch mit Juden verkehrten. Daraufhin wagte Elly zeitweise nicht mehr, aus Deutschland an die emigrierten Freunde zu schreiben, „denn natürlich kann man hinter jedem Satz irgend etwas vermuten“, und dann hätte man ihr vielleicht die Möglichkeit genommen, ins Ausland zu reisen und von dort offene Briefe an die in Südamerika und USA Lebenden zu schreiben, sie zu treffen und auch manchmal denen, die noch in Deutschland sind, zu helfen. So nutzt Elly beispielsweise eine Geschäftsreise nach Basel, um ihrer Freundin Toni Stolper diese Ereignisse zu schildern, die ihr erklären sollen, warum es derzeit besser ist, keine Briefe an Heussens zu schreiben. Der Brief endet:

> Persönliches ist kaum zu erzählen. Arbeit, Arbeit, Arbeit und sonst nur Scham und Schmerz. – Ich habe geholfen, wo ich konnte, aber was ist das.

UNWIRKLICH, wie der Schlußpunkt eines Lebensabschnitts kommt es ihr vor, daß sie mit Theodor noch im Mai eine wundervolle Reise nach Italien machen konnte. Ein Sonderwagen brachte sie zu allen Dante-Orten in der Toskana und in Umbrien. Und es war auch eine Reise in die Vergangenheit. Noch vor dem Weltkrieg, der später als der Erste beziffert werden wird, hatte das frischgebackene Ehepaar Heuss mehrere Italienreisen unternommen. Damals, vor nunmehr dreißig Jahren, war alles ausgelassene Fröhlichkeit. 1963, nur wenige Monate vor seinem Tod, erinnert sich Theodor Heuss in seinen Aufzeichnungen:

> Diese Fahrt durch die alten toskanischen Städte war für uns beide die Fahrt durch ein Stück beglückte Jugend – als wir, Florenz erreichend, in die Via Sienese einbogen, fielen Tränen auf meine Hand, die die ihrige hielt. Ich war erschrocken; schier fassungslos brach es aus ihr heraus – Wiederkehr der Jugend, Freude der gemeinsamen Erneuerung eines dankbaren Glücksgefühls, sicheres Wissen um die kommende Tragödie! Sie war schwer zu beruhigen. Ich kann daran nach all den Jahren nur mit Rührung denken.

AM 20. JULI 1940 schreibt Juan Clausen von Beiersdorf in einem Brief an Elly:

> Daß Sie bei ihren Hamburger Besuchen von 24 Stunden ganze 10 im Luftschutzkeller zubringen mußten, ist bedauerlich vor allem insofern, als sie auch dadurch noch einen etwas gar zu ungünstigen Eindruck von unseren Hamburger Verhältnissen mitgenommen haben. So schlimm ist es ja nun nicht, aber immerhin sind wir so weit, daß wir uns, wenn wir wirklich mal eine Nacht durchschlafen konnten, am nächsten Morgen erstaunt angucken.

Diese Zeilen werfen ein Schlaglicht auf die äußeren Bedingungen, unter denen im ersten Kriegsjahr Geschäftsbeziehungen gepflegt werden. Die Werbetätigkeit für Hersteller von Markenartikeln ist allerdings in dieser Zeit eher die Ausnahme. Hauptsächlich arbeitet Elly für den Sparkassenverband (Entwurf eines Kinderspiels), für den Reichsausschuß für volkswirtschaftliche Aufklärung (Text der Kriegswaschfibel und ebenfalls ein Würfelspiel) und wieder für die GEG (Hausfrauenkalender).

Die leidenschaftliche Nichthausfrau muß auch Verse machen unter dem Motto „Aufklärung über wirtschaftliche Haushaltsführung". Zu diesem Thema gibt die Reichsfrauenführerin Scholz-Klink die – sprachlich besonders geglückte – Parole aus: „Wenn auch unsere Waffe nur der Kochlöffel ist, soll seine Durchschlagskraft nicht geringer sein als die anderer Waffen."

Der aus illustrierten Schmuckblättern bestehende Abreißkalender enthält auch Produktinformationen, beispielsweise über Nudeln, und passende Kochrezepte. Elly hat sich umgehend der Beratung durch eine Hauswirtschaftsmeisterin versichert. Ebenfalls für die GEG kreiert sie 1941 eine Serie von Markennamen. So nennt sie ein Waschmittel „Wascheleicht" oder Waschsoda „Löseleicht", gute deutsche Namen eben.

Im November kann Elly Heuss-Knapp noch einmal einen Fachaufsatz mit dem Titel „Vom Werben und Waschen" unterbringen. Diese Veröffentlichungen waren ihr immer sehr wichtig, denn sie gaben ihr die Möglichkeit, oft hart erkämpfte Erfahrungen einem fachkundigen Publikum zugänglich zu machen und es natürlich auch ein bißchen zu belehren. So gibt es von ihr beispielsweise einen Artikel über das Entstehen eines Werbefilms, einen über die Werbung für Markenartikel, einen über die akustische Werbung und so fort.

Die gleiche Funktion haben ihre Fachvorträge zu diesen Themenkreisen. (Beispielsweise spricht sie einmal im Institut für Wirtschaftsbeobachtung der deutschen Fertigware auf Einladung des damaligen Geschäftsführers Ludwig Erhard.)

1941 häufen sich in den Beiersdorf-Briefen die Hinweise auf Bombenangriffe. Auch Personalprobleme durch Einberufungen werden beklagt. Bei den Geschäftsbriefen verzichtet man immer mehr auf schmückendes Beiwerk und schreibt so eng wie möglich. Die Qualität der Anzeigen leidet zunehmend unter Materialmängeln, ihre Formate werden immer mehr begrenzt. Schon 1938 war man auf maximal halbseitige Anzeigengröße übergegangen, dann waren es Viertelseiten, und seit dem 1. 10. 1941 sind nur noch Achtelseiten erlaubt.

Das betrifft Elly in diesem Jahr direkt. Denn neben Werbeschallplatten, die entweder verschickt, im Kino zu gezeigten Diapositiven abgespielt oder durch Lautsprecherwagen übertragen werden, sowie der gelegentlichen Produktion von Werbefilmen ist sie verstärkt auf Printmedien übergegangen.

So hat sie auch für Nivea eine Anzeigenserie entwickelt, die Kindercreme und Kinderpuder anpreist – dafür darf noch unter dem Markennamen geworben werden, da es sich um Kinderpflegemittel handelt. Allerdings steht der Satz „Nivea ist knapp, darum verwende es sparsam!" unter jeder Annonce. Im Text wird eine neue Streudose erwähnt. Sie ist aus Pappe und nicht mehr, wie bisher, aus Metall. Auch die vertraute Cremedose mußte sich im Lauf der Zeit einige Veränderungen gefallen lassen. Man experimentierte bei Beiersdorf mit Glas (zu schwer), Bakelit (zu spröde), paraffinierter Pappe (zu schwach) und einer Verbindung von Holzmehl und Phenol, die der Creme zu einem durchdringenden Phenolduft verhalf. Auch ein weißer Kunststoff erwies sich als unbrauchbar, da sich nach einiger Zeit die Creme mit der Dose untrennbar verband.

Es freut Elly, daß die Anzeigenserie ihr die Möglichkeit gibt, mit ihrer Schwester Marianne Lesser-Knapp, die gelernte Fotografin ist, zusammenzuarbeiten. Die Anzeigen haben für Elly noch einen hochwillkommenen Nebeneffekt. Sozusagen zum Probieren bekommt sie hin und wieder eine Dose Nivea-Creme. Das ist in Kriegszeiten ein kleiner Schatz. Als sie aber einmal anfragt, ob sie als Honorar Zahnpasta statt Geld bekommen kann, muß Beiersdorf ablehnen: das wäre ein Wirtschaftsvergehen.

Bald dürfen in den Anzeigen für kosmetische Erzeugnisse überhaupt keine Markennamen mehr genannt werden, und der Hersteller ist nur noch über eine Kennziffer zu identifizieren. Dafür funktioniert die Propaganda für den Nazistaat noch immer hervorragend. Elly sieht auf der Lokomotive eines Frontzuges in weißer Farbe die Aufschrift „Räder rollen für den Sieg". Schon seit Jahren gibt es das Hakenkreuz auf allen möglichen Gegenständen, vom Hundehalsband bis zur Bettwäsche. Und an „Führers Geburtstag" werden selbst ausgebrannte Ruinen und Schuttberge noch mit Hakenkreuzfahnen geschmückt.

Nach 1941 gibt es für Elly Heuss-Knapp keine nennenswerten Werbeaufträge mehr. Aber es zeigt sich, daß die Jahre intensivster Arbeit ihre Gesundheit schwer angegriffen haben. In den dreißiger Jahren hatte sie mehrere schwere Herzanfälle, und ihre Arbeitskraft konnte nur durch Kuren und Erholungsaufenthalte in Badenweiler einigermaßen aufrechterhalten werden. Eine große Operation im März 1942 verschafft ihr Besserung, aber keine Genesung.

In dem neuen, zurückgezogenen Leben ist der Garten ihre größte Freude. Freilich, wo früher im Spätsommer Zinnien und Brokatblumen blühten, wachsen heute Bohnen, Tomaten und Rotkraut.

> Besonders auf das letztere sind wir sehr stolz, weil es richtige Kugeln bildet. Ganz ohne Blumen bin ich aber nicht, wenn es auch sehr wenige sind, zu denen der Platz noch reicht.

„Ihr Lieben draußen in der weiten und ein bißchen weniger unglücklichen Welt", so beginnt einer der Briefe, den sie, wie schon so oft, aus Basel an emigrierte Freunde schreibt. Die machen sich natürlich größte Sorgen und wollen wissen, wie es der Familie Heuss geht. Nüchtern bewertet Elly die Situation. Sie ist glücklich, daß es ihnen allen dreien noch vergleichsweise gutgeht. Vor allem die Männer haben ihre Arbeit. Theodor sitzt an einer Biographie des Großindustriellen Robert Bosch, und der Sohn Ludwig ist mittlerweile Abteilungsleiter der Reichsstelle für Lederwirtschaft. In der nächsten Umgebung hat es zwar schon Bombenschäden gegeben, aber das Haus in der Kamillenstraße ist bisher verschont geblieben.

> Man liegt nachts doch häufig nah beisammen im Keller, jeder auf einem Liegestuhl, und denkt, ob wohl die nächste Bombe uns trifft . . . Man ist eben in der Hand Gottes, das spürt man jedes Mal, so wie noch nie im Leben.

Aber fatalistisch das ganze schreckliche Geschehen auf Gottes Willen abschieben, das kann Elly nicht. In ihren Briefen an die Freunde ist immer wieder davon die Rede, daß durch menschliches Handeln versucht werden müsse – und sie gibt Beispiele dafür, daß das auch geschieht –, selbst unter Risiko den Zwängen der Machthaber entgegenzusteuern. Doch selbstkritisch erkennt und benennt sie die Apologetik in ihrer Argumentation.

Natürlich ist Elly Heuss-Knapp froh, daß ihre jüdischen Freunde rechtzeitig ausgewandert sind. Seitdem eskalierte die Judenverfolgung in aberwitzigem Ausmaß, ganz abgesehen von den zunehmenden kriegsbedingten Belastungen des täglichen Lebens. Und doch, die Sehnsucht nach ihnen ist groß.

Es ist gegen 23 Uhr, die gefährlichste Stunde. Der Radiosender funktioniert noch, die Fliegerstörgeräusche sind demnach noch nicht in Aktion getreten. Elly geht im Zimmer hin und her, ordnet Kunstdrucke. Sie ist dabei, eine Mappe zusammenzustellen und die Begleittexte dazu zu schreiben. Es ist schon der zweite Band dieser Art, den sie für den Druck fertigmacht. Sie kann sich nicht nur mit Überlebensfragen beschäftigen, will auch Reste von Schönheit herüber in die Brutalität des täglichen Lebens retten. Vielen Menschen geht es zur Zeit so. Gedichte werden abgeschrieben und herumgereicht. Vor Blumenläden bilden sich Schlangen, wenn frische Ware eingetroffen ist. Auch wird leichter als in früheren Zeiten Geld ausgegeben für Kino, Theater oder Konzert – selbst wenn Musiker und Zuschauer in Mänteln dasitzen. Wozu denn sparen? Oder man geht in eins der großen Hotelrestaurants, ins „Adlon" vielleicht, wo jeden Abend einem eleganten Publikum mehrgängige Menüs mit Weinen und Champagner serviert werden – nicht zu vergessen: Das Adlon hat einen der sichersten Bunker Berlins! Auf dem Heimweg geht man nicht selten zwischen brennenden Häusern, klettert über Schuttberge und splitterndes Glas, schaut den Entgegenkommenden ins Gesicht und sieht Angst und Entsetzen in ihren Augen. Seit Minuten besitzen sie vielleicht nicht mehr als das, was sie auf dem Leibe tragen. Man fängt an zu laufen und geht erst wieder langsamer, wenn das Haus, in dem man lebt – noch bewohnbar! –, zu sehen ist gegen den von grünen Phosphorblitzen durchschnittenen Himmel.

Vertraute Klänge im Radio nehmen Ellys Aufmerksamkeit gefangen, sie hält in ihrer Arbeit inne. Es ist die Vertonung des Rückert-Gedichts „Um Mitternacht". Gustel Stolper! – Nie kann sie dieses Lied hören, ohne an ihn zu denken. Wie oft hatte er es gesungen in seiner leisen, aber eindrucksvollen Art. Noch bis 1937 war es ihnen gelungen, sich wenigstens einmal im Jahr, meist in der Schweiz, zu treffen. Welten trennen sie jetzt, und nicht einmal zum gleichen Himmel kann sie aufschauen, eingesperrt zwischen Verdunklungsblenden. Elly laufen die Tränen übers Gesicht.

Am Abend des 17. Januar 1943, gegen zehn Uhr, gibt es Alarm. Sausen, Wackeln, Krachen und der bekannte – und gefürchtete – Luftzug, der die Fensterscheiben zerbersten läßt: Auf dem Grundstück der Familie Heuss ist eine 25-Kilogramm-Sprengbombe niedergegangen, im Luftschacht des Nachbarhauses liegt eine Brandbombe.

Das ist ein Warnzeichen. Im Februar ordnen Elly und Theodor Heuss das Familienarchiv und schaffen es aus Berlin hinaus. Die Stadt selbst zu verlassen, dazu können sie sich noch nicht entschließen.

In Ellys täglichen Aufzeichnungen aus der ersten Hälfte des Jahres 1943 ist viel die Rede von Reparaturen an Teppichen und Vorhängen, die ein wenig gegen die bittere Kälte der Januarwochen abschirmen sollen. Auch ihr gutes blaues Kostüm aus der Vorkriegszeit muß zur Schneiderin, denn sie hat zugenommen. Das liegt sicher an der kohlehydratreichen Ernährung dieses Winters, vorwiegend bestehend aus Erbsensuppe, Rotkohl, Brot. Wenn sie sich mit Freunden treffen, bringt jeder mit, was er hat, und so kommt es zu wahrhaft bizarren Speisefolgen. Ihre gesundheitlichen Probleme mehren sich. Einmal versetzen sie leichte Blutungen in Angst und Schrecken. Die Ursache erweist sich als harmlos. Schlechter ist es um ihr Herz bestellt. Sie weiß jetzt, sie leidet an einer Insuffizienz der Koronargefäße mit den belastenden Begleiterscheinungen von hohem Blutdruck, Schwierigkeiten beim Atmen, Flüssigkeitsstau in den Beinen. Ihr alter Badearzt verordnet, nach dem aktuellen Stand der Medizin, eine Strophanthinkur. Doch die kann nur vorübergehende Erleichterung verschaffen. In dieser physischen und psychischen Verfassung ist Berlin keine erträgliche Umgebung mehr für sie. Nachdem sich die Angriffe mehren und Anzeichen dafür sprechen, daß Schlimmeres bevorsteht, entschließt sich das Ehepaar Heuss doch zum Verlassen der Stadt. Es besteht die Möglichkeit, auf einem Anwesen der Familie Bosch zu leben und zu arbeiten – Theodor an der Robert-Bosch-Biographie und Elly als Hauslehrerin für die Kinder.

Abschiednehmend geht Elly noch einmal durch Berlin. Ihr Weg führt nur durch Trümmer. Man sieht kaum Kinder, denn Anfang August wurden alle Schulen geschlossen. Wer die Möglichkeit hatte, brachte Söhne und Töchter aufs Land oder vertraute sie der „Kinderlandverschickung" an. Wie obszön sie wirken, die bunt blühenden Gärten – nur Steinhaufen lassen erkennen, wo einmal ein Haus stand ... Und der liebe treue Rex ist tot.

Heidelberg und Stuttgart 1943–49

Statt der Ruinen ein liebliches Tal, der kleine Fluß, die Loisach, gesäumt von Schwarzerlen und silbrigen Weiden, Gruppen von Pappeln in der Ferne und hin und wieder eine dunkle Fichte, die sich weit heruntergewagt hat von den Berghängen ins oberbayerische Alpenvorland. Breit und behäbig liegen die Gebäude des Boschhofs in der fahlen Septembersonne. Langsam setzt Elly einen Fuß vor den anderen, atmet tief die klare, kühle Luft ein, genießt es, frei von Pflichten zu sein. Ihre beiden Schüler, Eva und Robert Bosch, liegen mit einer leichten Grippe im Bett. Doch in ihrer Jackentasche knistert der Zettel, auf dem sie sich das große Einmaleins notiert hat, und unter dem Arm trägt sie ihre englische Grammatik. Sie weiß einen guten Platz, eine Bank inmitten von Herbstzeitlosen, wo sie ungestört ihre „Hausaufgaben" machen kann. Die Kinder sind aufgeweckt, da muß sie immer eine Nasenlänge voraus sein. Doch als Elly am Ziel ist, schweifen ihre Gedanken ab. Wie geht es Ernst Ludwig in Berlin und Marianne in Heidelberg und den vielen anderen, an die sie immer denken muß? Man ist hier so abgeschnitten von allem! Voller Unruhe eilt sie zurück, wenigstens in der Nähe des Telefons und des Radioapparates will sie sein.

Im Oktober 1943 wird im Haus der verwitweten Marianne Lesser-Knapp die winzige Dachwohnung frei. Am 19. 10. trifft das Ehepaar Heuss dort ein.

Sie müssen sich, wie viele Menschen, sehr einschränken. In den Räumen ist für Bücher so gut wie kein Platz, der Tagesablauf mit den Sorgen für das Nötigste vollgepackt. Theodor Heuss schreibt über diese Zeit:

> Was ich treibe? Sehr viel. Um 1/2 7 Uhr rüttle ich den Heizofen und besorge ihn, dann steige ich von unserem Hügel mit zwei Blechkannen in das Dorf Handschuhsheim hinab und hole für einige Pfennige „entrahmte Frischmilch“, ich lüfte und mache die Betten, decke den Tisch zu allen Mahlzeiten, trockne Geschirr und Besteck ab, schaffe die Kartoffeln aus dem Keller und „hole ein“ . . . Man sieht mich auch gelegentlich mit einem Handkarren Briketts heranschaffen oder Wäschebündel fortbringen.

Besonders stolz ist er auf die Obsthürden, die er zusammen mit der Schwägerin Marianne konstruiert hat. Sorgsam werden die von Freunden geschickten Äpfel darauf gebettet. Sie sind von beträchtlichem Wert, denn die von Berlin aus nachgesandten Lebensmittelmarken waren auf dem Postweg verlorengegangen. Im Dezember treffen Päckchen mit einigen Kerzen und Wein ein, Schätze fürs kommende Weihnachtsfest. Derweil kümmert sich Elly um eine einigermaßen behagliche Einrichtung der beiden Dachstuben. Ihr Anteil an der Hausarbeit muß sich aufs Kochen und leichte Putzarbeiten beschränken, denn ihre gesundheitliche Verfassung hat sich eher verschlechtert. Vor allem deshalb ist der Sohn froh, die Eltern in Heidelberg-Handschuhsheim zu wissen. Er ist in dem Haus in der Kamillenstraße geblieben. Da Ernst Ludwig Heuss mittlerweile in der Reichsstelle für Lederwirtschaft eine wichtige Position bekleidet – er ist für die Lederverteilung in ganz Deutschland zuständig –, muß er nicht in den Krieg. Dagegen schöpft er alle Möglichkeiten aus, um bedrängten Menschen zu helfen, und scheut dabei nicht die Gefährdung seines eigenen Lebens. So versteckt er beispielsweise im Keller des Hauses einen aus dem KZ geflüchteten Polen.

Im Januar 1944 wird Theodor sechzig. Zehn Jahre zuvor, an seinem fünfzigsten Geburtstag, war das Gefühl des Aus-der-Bahn-Geworfenseins frisch, stark und brennend. Jetzt geht es nur noch um die elementaren Überlebensfragen. Allerdings zählen dazu für Elly und Theodor Heuss nach wie vor nicht nur Nahrung, Kleidung und Wohnung. Schon immer hatte ihre Arbeit einen sehr hohen Stellenwert. Und so ist es für den Schriftsteller Heuss eine Frage auch des intellektuellen Überlebens, alle noch verfügbaren Kräfte auf die Vollendung der Bosch-Biographie zu konzentrieren.

Elly Heuss-Knapp erhält im Lauf des Jahres 1944 sogar noch einige Werbeaufträge. Im April fragt Beiersdorf an, ob sie Hansaplast-Werbung machen könne. Über diesen Brief freut sich Elly sehr. Schon im Sommer 1943 hatte sie den Kontakt zu Beiersdorf gesucht, von Sorge getrieben nach den schlimmen Nachrichten von den verheerenden Angriffen Ende Juli – Anfang August. Fast achthundertmal in einer Nacht hatten Engländer und Amerikaner Hamburg überflogen und ungezählte Spreng-, Brand- und Phosphorbomben abgeworfen. Von Zehntausenden von Toten war die Rede gewesen, von Hunderttausenden Verletzten. Jetzt endlich erfährt Elly, wie es den Menschen ergangen ist, mit denen sie jahrelang in engem geschäftlichem Kontakt stand. Sie liest, und Gefühle der Bestürzung und Erleichterung wechseln einander ab.

Dann sitzt sie am Tisch und kritzelt das vor ihr liegende Papier voll: Last – Hast – Hansaplast . . . Sie tut sich heute schwer mit dem Reimen. Ihr steht ganz und gar nicht der Sinn nach Werbung, die die Kriegsmoral stärkt und auf den Endsieg ausgerichtet ist, wie sie der Werberat in seiner neuesten Verordnung fordert.

Der Alarm wird eine alltägliche Erfahrung. Die Bewohner des Hauses am Kehrweg 4 haben es sich zur Gewohnheit gemacht, abends nicht in den Keller zu gehen, sondern die Nacht angezogen im Erdgeschoß zu verbringen. Bei Angriffen auf Mannheim klirren in Handschuhsheim die Fenster. Im September schreibt Elly:

> Jetzt müssen wir ein tapferes Herz bewahren, auch wenn wir wenig Hoffnung für ein Leben vor uns haben, das nach unsern Wünschen wäre. Da ist jetzt die große Aufgabe, mutig zu bleiben. Ich lerne jede Nacht daran.

Doch als am 4. Dezember 1944 Heilbronn durch einen Luftangriff innerhalb von 25 Minuten zerstört wird und viele Freunde und Bekannte von Theodor und Elly in den Trümmern umkommen, da wird das Mutigsein fast zu schwer, der Verlust geht zu tief.

Dazu kommen noch die großen Sorgen um die Berliner Freunde, die sich dem Widerstand angeschlossen haben. Seit dem 20. Juli 1944 befinden sich viele von ihnen in Haft. Ernst Ludwig berichtet verschlüsselt:

> Heute nachmittag war ich bei Agnes (von Zahn-Harnack) zum Kaffee. Für den Bruder besteht nach dem Spruch des Arztes gar keine Hoffnung mehr. Er wird nur noch wenige Tage zu leben haben, ebenso wie Klaus.

Elly weiß, daß es um Ernst von Harnack und Klaus Bonhoeffer geht, sie ist mit beiden Familien verwandt. Und mit dem Spruch des Arztes ist das Urteil des Volksgerichtshofes gemeint. Beide Männer wurden hingerichtet, wie auch die Freunde Carl Goerdeler, Julius Leber, Fritz Elsas, Albrecht Bernstorff.

Die Agonie des Dritten Reiches hatte schon längst begonnen, als in dem von der Roten Armee eingeschlossenen Berlin Hitler am 22. April 1945 ausspricht, was viele ahnen, hoffen, wissen: „Der Krieg ist verloren." Es sind nur noch acht Tage bis zu des Führers völliger – auch physischer – Vernichtung, bis er tief unten im Bunker, eingegraben in die Berliner Erde, seine Gefährtin Eva Braun heiratet, eine Zyankalikapsel zerbeißt und sich in den Mund schießt.

Der 8. Mai wird zum Jahrestag der deutschen Kapitulation, zum Tag, der – nach einem Wort von Theodor Heuss – Erlösung und Vernichtung in einem brachte.

Was haben Elly und Theodor hinüberretten können aus den furchtbaren Jahren? Materielle Güter gibt es wenige. Fast alle Bücher und Möbel bleiben vorerst unerreichbar. Das Kapital, das sie einzusetzen haben, bemißt sich nach dem Wert ihrer Persönlichkeit – zunächst natürlich in den Augen der Alliierten, die sich umschauen nach Menschen, die wegen ihrer Haltung gegenüber den Nationalsozialisten unbelastet genug sind, um politische Aufgaben übernehmen zu können. Folgerichtig haben die Amerikaner Heuss schon entdeckt.

Mit dem Krieg endet zwar die unmittelbare Todesgefahr, doch der Kampf ums Überleben geht weiter. Es herrschen wahrhaft katastrophale Zustände. Fast die Hälfte aller Bahngleise, Züge, Straßen und Brücken ist zerstört, in manchen Gebieten gibt es überhaupt keine passierbaren Verkehrswege mehr. Dabei sind große Wanderbewegungen im Gang: Von Ost nach West, von den

Städten hinaus aufs Land und umgekehrt schieben und schleppen die Menschen ihre paar Habseligkeiten. 1946 hat jeder sechste Deutsche seine Heimat verloren.

Erreichen die Flüchtenden die großen Städte, so bietet sich ihnen ein entmutigender Anblick. Kaum ein Gebäude ist unbeschädigt, ganze Straßenzüge sind völlig zerstört. Aus Schuttbergen heraus ragen Fassaden wie Skelette. Manchen Wohnungen fehlt eine Außenwand, und was einst private Kulisse des alltäglichen Lebens war, stellt sich nun öffentlich zur Schau. Viele Mauern und Bretterzäune, die sich zu schon freigeräumten Straßen hinwenden, sind mit Zetteln übersät. Auf ihnen kann man die ersten Suchmeldungen lesen, mit denen Mütter ihre Kinder, Kinder ihre Eltern, Männer ihre Familie finden wollen . . .

Aber es ist Leben in diesen Ruinen. Da und dort kräuseln sich dünne Rauchfahnen aus Ofenrohren, die sich aus zugemauerten Fensteröffnungen recken. Beneidenswerte Menschen müssen das sein, die da wohnen, denn sie haben Brennmaterial, Wärme. Vielleicht steht sogar ein Topf auf dem Herd, in dem etwas Eßbares köchelt. Dann war wohl eine Hamsterfahrt erfolgreich, oder man besaß noch etwas, was auf dem schwarzen Markt einen Wert hatte. Möglicherweise ist auch nur jemand früh genug aufgestanden, um bei der Ausgabe von, sagen wir, Trockenkartoffeln gegen die richtigen Markenabschnitte noch etwas abzubekommen. Es sind vor allem die Frauen, die sich dem Kampf um die lebenserhaltende Mahlzeit täglich aufs neue stellen. Sie gehen auf Beutezüge aus, ernten Beeren und Pilze in den Wäldern. Sie heben sogar Federn auf, die die Gänse auf der Straße verloren haben – Elly weiß von einer Frau, die auf diese Weise in sechs Jahren ein Federbett ersammelt hat! Sie schleppen schwere Steine, um irgendeine Ordnung in das Chaos zu bringen. Und sie hüten ihr letztes Paar Seidenstrümpfe für den Tag, an dem der Mann, Bräutigam, Freund nach Hause kommen wird. Aber wie nach Hause kommen wird! Beklommene Blicke streifen die Kriegsversehrten, die die Straßen bevölkern. Die Kinder erinnern sich kaum an die Väter, während sie unter Lebensgefahr in den Ruinen spielen.

Das Haus in der Berliner Kamillenstraße ist nahezu unbeschädigt geblieben. In letzter Zeit war dort ein russisches Lazarett untergebracht. Außerdem bot es vier Frauen Unterkunft. Dem Sohn war es gelungen, sie noch in den letzten Kriegswochen aus dem Gefängnis Moabit herauszuholen, wo sie als politische Gefangene einsaßen. Der Garten beherbergte derweil zehn Kosakenpferdchen, die darin alles abfraßen, was sie erreichen konnten.

Das Mühen um die Deckung der elementaren Lebensbedürfnisse – wie ein roter Faden zieht es sich in den ersten Nachkriegsjahren durch die Briefe an die Freunde. Viele Male betont Elly, wie dankbar sie sei, daß ihr das härteste Darben erspart blieb. Doch Fotografien aus jener Zeit zeigen Elly und Theodor Heuss von Entbehrungen gezeichnet. Aber die Familie Heuss hat den Krieg unversehrt überstanden, und im August 1945 nimmt sie ein neues Mitglied auf. Elly schreibt am 22. August 1945:

> Heute bekamen wir durch einen Boten einen langen Brief von unserem Sohn mit der Mitteilung, daß er am 4. August in der Annenkirche in Dahlem von Bischof Dibelius getraut wird. Der Brief ist datiert vom 22. Juli. Seine Frau ist die Tochter unseres Freundes Fritz Elsas, der im Zusammenhang mit dem 20. Juli hingerichtet worden war. Auch seine Frau und Kinder waren schwer verfolgt, und unser Ludwig hat sich aufs treueste der Familie angenommen. Wir kennen die Hanne Elsas seit Jahren und lieben sie sehr. Daß wir nicht auf der Hochzeit sein können, ist ein Schmerz, aber so sind halt die Zeiten.

Dieser Bericht enthält aber noch eine zweite große Neuigkeit: Theodor soll Kultusminister von Nordwürttemberg und Nordbaden werden. Ein Umzug nach Stuttgart steht bevor. Das auch als Staatswesen zerstörte Deutschland ist dabei, sich unter der Aufsicht der alliierten Besatzungsmächte eine neue politische Ordnung zu geben.

Im August mietet Elly eine Vier-Zimmer-Wohnung mit Garten in Stuttgart-Degerloch und „. . . soll auch ein Mädchen bekommen“. Im September ist Theodor Kultusminister. Fast zeitgleich erscheint in Heidelberg die erste Ausgabe der von ihm als Lizenzträger mitherausgegebenen *Rhein-Neckar-Zeitung*. Der Leitartikel stammt aus seiner Feder. Die Menschen hungern nicht nur nach Brot, sondern auch nach Lesestoff. Verlage werden gegründet und sogenannte Rotationsromane aufgelegt, preiswerte „Bücher“ im Zeitungsformat. Auch Theodor und Elly veröffentlichen wieder; beide legen Sammelbände vor, die zuerst die amerikanische Zensur passieren müssen: er vor allem historische Essays, sie „Short Stories“, die unter dem Titel „Schmale Wege“ von Schicksalen aus Nazi-Deutschland berichten. Auch die Jugenderinnerungen ihres Vaters gibt sie wieder heraus, ergänzt durch ein Kapitel über den Ururgroßvater. Mit besonderer Freude stellt sie eine Auswahl Rückert-Gedichte zusammen. Elly führt außerdem mit jungen Leuten vor dem Mikrofon „Round-Table-Gespräche“ und macht auch Sendungen für den Schulfunk. Sie wird zu Vorträgen eingeladen und ist vor allem in der evangelischen Akademie Bad Boll ein häufiger Gast. Die über sechzigjährige Elly schreibt ihren Freunden:

> Es ist wunderlich, man überhüpft die letzten zwölf Jahre und fängt wieder da an, wo man damals aufhörte.

Der erste Nachkriegswinter ist bitter kalt. In der Stuttgarter Wohnung, die mittlerweile mit teils geliehenen, teils neuen Möbeln einigermaßen eingerichtet ist, wird nur ein Zimmer geheizt. Oft denkt Elly wehmütig an ihre schönen alten Sachen: der Sekretär, die Anrichte, Theodors Schreibtisch . . ., sie sind natürlich aus Berlin nicht herauszubekommen.

Theodor sitzt im dicken Wintermantel im Ministerium, das provisorisch in einem unzerstörten Teil der Technischen Hochschule untergebracht wurde. Das heißt, er sitzt weniger, sondern geht meist zum Aufwärmen in seinem Zimmer hin und her. Das Ministerzimmer hat den repräsentativsten Grundriß, was aber lediglich bedeutet, daß es besonders groß und eisig ist – er hat bereits Frostbeulen an den Händen. Außerdem wird er jeden Tag von vielen Besuchern beansprucht, so daß er kaum zum eigentlichen Arbeiten kommt. Elly nimmt lebhaften Anteil an seiner Arbeit und begleitet ihn auf vielen Dienstreisen. Bald kommen Wahlreisen hinzu. Die Alliierten entlassen zunächst die Länder ein Stück weit in die politische Selbständigkeit, es sollen Wahlen stattfinden. Elly und Theodor Heuss kandidieren für den Landtag, und beide werden am 24. November 1946 gewählt – sie über die Landesliste, er als Direktkandidat der Demokratischen Volkspartei.

An diesem Tag wird in einer Volksabstimmung auch die Landesverfassung angenommen, an deren Entwurf Theodor Heuss als Mitglied der verfassunggebenden Landesversammlung von Juli bis Oktober 1946 mitgearbeitet hatte. Allerdings büßt Theodor als Ergebnis des Wahltages sein Ministeramt ein, denn den sich neu ergebenden Mehrheitsverhältnissen entsprechend beansprucht die CDU das Kultusministerium. Elly erklärt den Freunden:

> Die CDU ist nun einmal die größte Partei und bestand darauf, den Ministerpräsidenten und den Kultusminister zu stellen, und der Theodor selbst hat dann in der Fraktionssitzung auseinandergesetzt, daß politisch für ganz Deutschland unser Ministerpräsident Reinhold Maier absolut wichtiger ist. Da er so tief davon durchdrungen ist, so zeigt sich auch wieder seine alte Eigenschaft der Gelassenheit, und er ist heiter wie immer und freut sich auf literarische Arbeit.

Den Zauber des Anfangs spürt Elly im Frühling 1949 ganz besonders. Von einer ländlichen Volksschule ist sie eingeladen, mit einer Anfängerklasse den ersten Schultag zu verbringen. Sie soll Geschichten erzählen, sich Lieder vorsingen und Gedichte aufsagen lassen. Elly weiß, daß vor allem die Mütter diesen Ehrentag schon lange vorbereiteten. Da wurden Kleidchen aus alten Erwachsenensachen geschneidert und vielleicht mit einem weißen Krägelchen garniert. Viele Jungen haben ihre Hosen besser erhaltenen Teilen von Uniformen zu verdanken. So manches Pfund Butter wurde gegen Wolle für ein neues Paar Kniestrümpfe getauscht. Was für ein Problem muß es gewesen sein, ein Gummiband zu beschaffen, das sie über den dünnen Waden hält! Die ganze Wonne der Kinder aber ist die mit kleinen Überraschungen gefüllte Schultüte, am ersten Schultag eine Art Statussymbol. Muß man, überlegt Elly, nicht alles daransetzen, um die Träume der Eltern wahr werden zu lassen, daß dieser Tag für ihre Kinder der Beginn einer vielversprechenden Zukunft sein könnte? Ach, aber was Theodor von den Hochschulen erzählt! Studenten, die mit dem Lernen wieder anfangen und schon so viel vom Leben – und Sterben – gesehen haben. Auch die kleinen Mädchen und Buben tragen schwer an den unkindlichen Bildern ihrer Erinnerung. Dabei sind sie noch privilegiert gegenüber den vielen Heimatlosen und Elternlosen, die immer noch herumvagabundieren.

Die Landtagsabgeordnete Elly Heuss-Knapp hat sich intensiv mit dieser Problematik befaßt. Als Berichterstatterin des sozialpolitischen Ausschusses hat sie im Juli 1948 in einer Rede über die Konflikte gesprochen, denen Aberhunderte von heimatlosen Kindern und Jugendlichen ausgesetzt sind. Ihre Vorträge sind immer sorgfältig recherchiert und klar und sachlich formuliert. Ihre vorwiegend männlichen Parlamentskollegen spüren ihre innere Betroffenheit und Anteilnahme. Sie ruft die Männer auf, sich mit ihren Themen in ihrer Weise auseinanderzusetzen. Vor allem aber wendet sie sich an die Frauen, will sie ermutigen, sachbezogene politische Arbeit zu leisten, ohne den weiblichen Standpunkt ständig wie eine Fahne vor sich herzutragen. Dabei ist sie in der Wahl der geeigneten Schritte mit dem Landtagsabgeordneten Theodor Heuss nicht immer einer Meinung. Einem Gesetzentwurf, der auf die Freiwilligkeit des Kriegsdienstes abzielt, stimmt sie zu, obwohl er sich dagegen ausspricht. Viele Aufgaben hat Elly auf der Grundlage ihres Politikverständnisses in den letzten Monaten angepackt und bewältigt. Im Landtag waren es unter anderem die Themen Schulreform, Schulbücher, Wohnungsbau, das Verhältnis der Ärzte zu den Krankenkassen, Betriebsrätegesetz, Reichsversicherungsordnung . . .

Aber alles tritt jetzt zurück. Elly ist gespannt auf die Kinder. Sie hat entzückende Geschichten im Gepäck, neu entdeckt auf einer internationalen Jugendbuchausstellung: „Ferdinand the Bull", „Little Lord Fauntleroy", „Babar", „Tom Sawyer". Lange haben deutsche Kinder auf sie verzichten müssen. Der Wagen hält, der Chauffeur öffnet den Schlag. Da stehen ja schon die Jungen und Mädchen zu ihrer Begrüßung aufgereiht! Eine Kleine tritt hervor, mit stramm geflochtenen Affenschaukeln*, Hahnenkamm**, Taftschleife und gesticktem Kleidchen. Sie hält einen dicken Strauß Butterblumen in den Händen und lächelt die vornehme Dame zaghaft an. Elly wird warm ums Herz, sie denkt an ihre im

* Seitlich geflochtene Zöpfe, deren untere Enden als „Schaukel" ans obere Zopfende gebunden sind

** Eine von der Kopfmitte gedrehte Haarrolle

September 1947 geborene Enkelin Barbara Toni. Wie sehr wünscht sie sich, deren Entwicklung noch viele Jahre verfolgen zu können, doch tief drinnen weiß Elly, daß sie die Alarmsignale ihres Körpers immer wieder sträflich mißachtet. In den letzten Jahren haben die Herzanfälle dramatisch zugenommen, zeitweise kommt sie keinen Tag ohne Nitroglyzerin aus. Schonen sollte sie sich – vor allem nach der schweren Gelbsucht, die sie viele Wochen ans Bett fesselte. Aber das kann und will sie gerade jetzt nicht. So viele wichtige und interessante Aufgaben liegen vor ihr. Und so läßt sie sich mit dem Auto zu den Terminen fahren und achtet darauf, daß sie keine Treppen steigen muß. Glücklicherweise liegt der Stuttgarter Plenarsaal im Parterre, so daß sie an den Sitzungen teilnehmen kann.

Nach dem Chaos des Zusammenbruchs ist für Elly die soziale Verantwortung handlungsleitend. Sie bestimmt ihre politischen und privaten Aktivitäten fast völlig. Schon gleich nach Kriegsende bemühte sie sich, Hilfe aufzutreiben für ihre Mitbürger. Bittbriefe gehen über den Ozean, zu alten Freunden. Und diese wenden sich nicht ab von den Deutschen in Not. Sie schicken Stoffe, Seife und Waschpulver, Fett und auch mal Süßigkeiten. Und sie bekennen sich zur nie erloschenen Liebe zu diesem Land.

> Von Gertrud Stettiner-Fuhrmann bekomme ich immer furchtbar nette Briefe ... Jetzt hat sie zum erstenmal geschrieben, daß sie in jedem Frühjahr Zeiten von entsetzlichem Heimweh hat ...

Schon 1947 kam Gustav Stolper als Begleiter von Herbert Hoover von Amerika nach Deutschland. Im Auftrag von Truman sollte dessen Vorvorgänger im Präsidentenamt Deutschland bereisen und die dort herrschenden Verhältnisse erkunden. Das Ergebnis dieses mehrmonatigen Aufenthalts ist der Hoover-Report, letztlich das Fundament für den Marshall-Plan als europäisches Wiederaufbauprogramm auf der Grundlage der Unabhängigkeit der einzelnen Länder. Stolper selbst schreibt unter dem Eindruck seiner Recherchen „German Realities“ oder „Die deutsche Wirklichkeit“, wie das Buch nach der Übersetzung durch seine Frau heißt. Sie verfaßt außerdem die Einleitung dazu – Annahme des

Vermächtnisses ihres am 27. 12. 1947 verstorbenen Mannes, der sein Werk nicht mehr selbst vollenden konnte. Auch Elly und Theodor tragen Leid um diesen Menschen, der ihr Freund war.

Elly macht die auf eine Idee von Hoover zurückgehende Schulspeisung zu ihrer Sache. Die geht sie, wie gewohnt, pragmatisch an:

> Die Amerikaner wollen jetzt die Lebensmittel ganz umsonst geben, stellen aber die Bedingung, daß die Kinder auch nichts mehr zu zahlen haben. Ich kämpfe dafür, daß man sehr weitherzig allen Kindern von Witwen, Kriegsversehrten etc. die Speisung umsonst gibt, aber die zahlungsfähigen Eltern zehn Pfennig pro Mahlzeit zahlen läßt. So hoch belaufen sich nämlich die Kosten von Umschlag, Transport, Verarbeitung der Sojabohnen, Verarbeitung des Rohmaterials, zum Beispiel Kakao in Schokolade, was wir selbst zu leisten haben. Das ergibt für Württemberg-Baden eine Summe von siebenhunderttausend Mark im Monat, und ich sehe nicht ein, warum die zahlungsfähigen Eltern die Speisung umsonst bekommen sollen. Wenn wir die Hälfte der Summe dadurch einsparen, so kann man schon wieder zum Beispiel Schulhäuser bauen.

Doch die Gedanken kreisen nicht mehr nur um niederdrückende Gegenwartsprobleme, sondern der Blick geht entschlossen in die Zukunft. Einen großen Anteil an diesem Umschwung hat die Währungsreform vom 20. 6. 1948.

> Endlich können wir ja wieder wirklich etwas kaufen. Besonders in den kleinen Sachen ist das eine wahre Freude, etwa Nähnadeln, Schuhbänder oder gewöhnliche Teller. Das gab es doch jahrelang nicht . . ., und auch mit dem Essen geht es jetzt viel besser, vor allen Dingen gibt es Gemüse . . .

Die allmählich sich entfaltenden Kontakte zum Ausland finden Ellys volle Unterstützung. All die Jahre hat sie darunter gelitten, daß ihr der Weg nach Straßburg versperrt war. Jetzt wird sie Vizepräsidentin des Deutschen Rats der Europäischen Bewegung mit Sitz in ihrer Heimatstadt. Sie nimmt auch hoch zufrieden an der Gründung eines deutsch-französischen Instituts teil.

Und sie fährt zum Treffen aller westdeutschen liberal-demokratischen Parteien in Heppenheim. Die Gründungsversuche für eine gesamtdeutsche liberale Partei waren erfolglos geblieben, und sie kommentiert mit wohlwollender Strenge:

> Die ... Referate waren ganz ausgezeichnet, so hoch im Niveau, wie sicher keine andere Partei es leisten kann, auch in der Diskussion. Aber sonst ist es die alte Geschichte: leichter einen Sack Flöhe einigen, als den Liberalismus. Schon der Name war kaum in Ordnung zu bekommen. Schließlich einigte man sich auf Freie Demokratische Partei.

Ihr Vorsitzender wird Theodor Heuss.

Es ist erstaunlich, wie seine gesundheitlich schwer angeschlagene Frau es schafft, die ihr verbliebenen Kräfte ökonomisch einzusetzen. So vereinbart sie beispielsweise mit Radio Stuttgart, ihr einen Aufnahmewagen zu schicken, um den Weg ins Studio zu sparen. Im Wohnzimmer sitzend, spricht sie ihre Texte. Es ist auch ein Auto des Radiosenders, mit dem Elly im Mai 1949 nach Bonn fährt,

> ... um die letzte Etappe mitzuerleben, das Plenum, das über die Grundrechte bestimmt, die Wahl der Bundeshauptstadt und die Festlegung des Wahlrechts ... Am 14. ist der große Zauber zu Ende.

Diese Daten gehen in die Geschichte der Bundesrepublik Deutschland ein. Am 8. Mai nimmt der parlamentarische Rat das Grundgesetz in dritter Lesung an, am 23. Mai wird es verkündet. Das Wahlgesetz für den ersten Bundestag folgt am 15. Juni.

Die Arbeit im Parlamentarischen Rat war Theodor Heuss' wichtigste Aufgabe in den letzten acht Monaten, seit ihn der württembergisch-badische Landtag als Delegierten in dieses Gremium wählte. Er kann beim Ringen um die Formulierung des Grundgesetzes auch inhaltlich Einfluß nehmen. Die Art und Weise, wie er dies tut, verschafft ihm höchste Achtung. Neben dieser kräftezehrenden Arbeit und seiner Aufgabe als Parteivorsitzendem ist kein Raum für weitere Tätigkeitsfelder: Der Honorarprofessor für politische Wissenschaften und neuere Geschichte an der Technischen Hochschule Stuttgart (Berufung Anfang 1948) und auch der Publizist und Autor Heuss müssen zurückstehen. Wahlkampfreisen stehen an, denn am 14. August 1949 wird der erste Deutsche Bundestag gewählt. Theodor Heuss ist Spitzenkandidat seiner Partei, das Bundestagsmandat für ihn eine sichere Sache. Er mietet zwei möblierte Zimmer in Bonn, Koblenzer Straße 89a. Im Juli 1949 schreibt Elly an Gertrud Stettiner-Fuhrmann:

> In den Zeitungen steht fortwährend, daß entweder der Theodor oder Dr. Adenauer Bundespräsident würden . . . Stell Dir vor, was das für uns bedeuten würde: Nicht nur nach Bonn ziehen, das täte ich ganz gern . . .

Daß es schließlich dazu kommt, hat mehrere Gründe. Einmal hat sich Theodor Heuss besonders durch sein Auftreten im Parlamentarischen Rat für eine derartige Aufgabe qualifiziert. Zum anderen waren die spezifischen Mehrheitsverhältnisse ursächlich, die sich nach der Augustwahl ergeben hatten. Eine kleine Koalition liegt im Bereich des Möglichen, bestehend aus CDU/CSU, FDP und DP, mit einer starken SPD-Opposition. Ein Unionskanzler und ein liberaler Präsident, so könnte dieser Konstellation entsprochen werden. Aber auch Elly hat ihren Anteil an der Wahl Theodor Heuss' zum Bundespräsidenten.

Schon einige Tage nach der ersten Bundestagswahl hat Konrad Adenauer, der stärkste Mann der stärksten Partei, wichtige Unionsleute nach Rhöndorf geladen. Es ist ein heißer Tag, aber das Haus, in einem großen, gepflegten Garten am Berg gelegen, empfängt die Gäste mit wohltuender Kühle. Die großen Fenster geben den Blick frei auf den Rhein, der tief unten im Tal in der Sonne glitzert. Am gegenüberliegenden Ufer, etwas stromabwärts, liegt die kleine Stadt Bonn, die am 1. Mai vom Parlamentarischen Rat zur Hauptstadt bestimmt worden war. Es ist das erste und auch das einzige Mal, daß Adenauer zu einer politischen Konferenz in sein Haus bittet. Aber der Anlaß ist auch ein besonderer: Er will die führenden Politiker aus CDU und CSU auf das von ihm favorisierte Koalitionsmodell einschwören. Natürlich wird auch die Ämterverteilung diskutiert. Adenauer selbst schlägt vor, Heuss zum Präsidenten zu wählen. Darauf reagieren die Anwesenden zunächst überrascht und nicht alle freudig überrascht. Ein Herr aus Bayern gibt zu bedenken: „Soviel ich weiß, ist Professor Heuss nicht kirchenfreundlich eingestellt." Adenauers Antwort ist knapp und bleibt unwidersprochen: „Aber er hat eine sehr fromme Frau . . ., das genügt."

Bonn 1949–52

Theodor Heuss war Bundespräsident geworden. Von der Diplomatentribüne der zum Plenarsaal ausgebauten Aula der ehemaligen Pädagogischen Akademie in Bonn war Elly am 12. September 1949 Zeugin des auch ihr Leben verändernden Ereignisses.

Feierlich im Cut erhob sich Theodor von seinem Abgeordnetenplatz, um die Wahl anzunehmen, den Amtseid zu leisten, seine vorbereitete Rede zu halten. Elly denkt mit Bedauern daran, daß sie ihre Abgeordnetentätigkeit aufgeben muß, um, wie sie später in der Abschiedsfeierstunde des Landtags sagen wird, das bescheidene Mitwirken am Amt ihres Mannes zu versuchen. Aber ist es nicht ein Glück, daß sie diesen großen Tag mit ihm teilen darf? Unvergleichlich die Stunde der Kundgebung auf dem Bonner Rathausplatz! Alles ist festlich herausgeputzt, die ärgsten Trümmer notdürftig hinter riesigen Laubsträußen verborgen. Aber dafür hat die Menschenmenge, die sich hier drängt, ohnehin keinen Blick. Alle schauen nach vorne, wo im Schein der Fackeln der schlanke weißhaarige Mann auf der Rathaustreppe zu erkennen ist, der jetzt mit volltönendem Baß einstimmt in das Lied, das allen aus dem Herzen zu kommen scheint: „Nun danket alle Gott . . .“

Es ist schon Nacht, als Elly und Theodor, gemeinsam im offenen Wagen sitzend, stürmisch umjubelt die Fahrt in ihr neues Heim antreten. Es geht nach Bad Godesberg, hinauf auf die Viktorshöhe. Dort hat man ein ehemaliges Eisenbahnererholungsheim, zu dem eine einstmals hochherrschaftliche Villa umgebaut worden war, teilweise geräumt und zum Präsidentenwohnsitz gemacht. Elly beschreibt in ihrem Bericht an die Freunde den Ausklang dieses aufregenden Tages:

> Da fing das Lustspielmäßige an, als Koch und Diener und alle Angestellten inklusive Polizei vor dem Haus standen und der Theodor, der so etwas noch nie getan hatte, die Wache abschreiten mußte. Dann kam das zweite Komische, daß nämlich unsere Wohnung von einem berühmten Architekten ganz

> auf das Schauen und nicht auf das Wohnen eingerichtet war und wir also gleich durchsichtige Schlafzimmerscheiben in der Türe hatten ... Erst am nächsten Tag habe ich undurchsichtige Vorhänge bestellen können.

Es ist ein wunderliches Leben auf der Viktorshöhe. Von den 28 Zimmern bewohnt das Ehepaar Heuss sozusagen privat nur 3 1/2, nämlich je ein Wohn-, Arbeits- und Schlafzimmer sowie eine Küche. Sie befinden sich im zweiten Stock. Sonst gibt es hier nur Arbeitszimmer. Repräsentationsräume, die diesen Namen wirklich verdienen, sucht man vergeblich – wenn Bedarf daran besteht, wird Schloß Augustusburg in Brühl eingesetzt. Einige der Arbeitszimmer dienen Mitarbeitern, die in der Präsidentenvilla ein Strohwitwerdasein führen, auch als Schlafzimmer. Elly steht als Dame des Hauses also einer Art Wohngemeinschaft vor, bemuttert auch die jüngeren Leute ein bißchen. Ebenso arbeitsbetont wie der sachlich-schlichte Rahmen, in dem Theodor Heuss beginnt, der jungen Republik eine Persönlichkeit zu geben – in des Wortes doppelter Bedeutung –, so ist auch der Tagesablauf der Bewohner der Viktorshöhe: etwa um 7 Uhr aufstehen und während des Frühstücks die Zonenzeitungen und die örtlichen Blätter lesen. Dieser Mahlzeit haben beide schon immer große Bedeutung beigemessen. Man sitzt gemütlich am abwechslungsreich gedeckten Tisch, bittet schon mal einen Gast hinzu, der dann feststellen kann, daß es bei Heussens schon zum Frühstück Käse und geistreiche Gespräche gibt. Ab 8.30 Uhr kommen die ersten Besucher, meist Politiker, manchmal auch – und besonders willkommen – Künstler zum Bundespräsidenten. Zwischen 11 und 12 Uhr findet eine kleine interne Pressekonferenz statt, an der außer dem Präsidenten die entsprechenden Sachbearbeiter, der Bundespressechef, der Chef des Bundespräsidialamtes und der persönliche Referent von Heuss, Hans Bott, teilnehmen. Es geht vor allem um die Analyse des Bildes der Bundesrepublik in der Auslandspresse. Von 12 Uhr bis zum Beginn der Mittagspause um 13.30 Uhr diktiert Heuss. Dann zieht er sich in die Privaträume zurück, um mit Elly das Mittagessen einzunehmen. Beide bevorzugen unkomplizierte Gerichte und mögen schwäbische Spezialitäten. Die Mitarbeiter essen derweil gemeinsam. Ab 15.30 Uhr steht Heuss wieder Besuchern zur Verfügung. Nach der Abendmahlzeit macht er gern einen Spaziergang durch den weitläufigen Park mit dem schönen alten Baumbestand, der das Haus umgibt. Wenn Elly sich gut genug fühlt, begleitet sie ihren Mann. Der Hund Axel ist immer dabei, ein Leibwächter nie. Ab 20 Uhr bittet Theodor Heuss wieder zum Diktat, anschließend arbeitet er an seinen Reden. Selten kommt er vor 24 Uhr ins Bett. Nicht nur die Vorbereitung seiner öffentlichen Auftritte, sondern auch die Bearbeitung der Briefflut, die ihn erreicht (es sind täglich etwa 250), kostet Zeit und Kraft. Die Aufwandsgelder in Höhe von jährlich 160000 DM, die ihm zur Verfügung stehen, erscheinen auf den ersten Blick beträchtlich. Aber allein ein Drittel davon geht an seine mittlerweile schon über 1600 Patenkinder. Heuss hat Ehrenpatenschaften zur finanziellen Unterstützung kinderreicher Familien ab dem siebten Kind übernommen.

Ellys Fixpunkte in ihrem Tagesplan sind die gemeinsamen Stunden mit ihrem Mann. Sie steht dem Hauswesen auf der Viktorshöhe vor, unterstützt vor allem von einer tüchtigen Haushälterin und einer Haushaltspraktikantin. Sie bemüht sich, dem Amtssitz die Ausstrahlung eines Heimes zu geben. Klare Linien der Möbel, weißes Porzellan mit schmalem Goldrand – das Ehepaar Heuss bevorzugt nach wie vor auch privat einen schnörkellosen Stil. Die kleine Wohnung in der Villa erlaubt ohnehin keine aufwendige Ausstattung. Üppig ist hier bestenfalls der Blumenschmuck, um den sich Elly mit großer Freude kümmert. Daß aber auch der Platz für Bücher nur gering bemessen ist, stört die Bewohner doch sehr. Aber es gibt Bilder! Schon vor der Präsidentenwahl hatte ein Kuratorium unter der Leitung der Kultusministerin von Nordrhein-Westfalen drei „Kollektionen" aus Museumsbeständen zusammengestellt, unter denen der neue Hausherr eine seinem Geschmack entsprechende aussuchen konnte. Und Theodor Heuss selbst fungiert als Modell. Elly berichtet:

> Kürzlich ist er von Kokoschka gemalt worden. Es ist ein wunderliches Bild in allen Regenbogenfarben ... Es kommt ins Museum nach Köln ... Kokoschka ... war vierzehn Tage hier, wohnte natürlich im Hotel, war aber doch zu mancher Kaffeestunde bei uns hoch oben auf der Viktorshöhe.

Und noch ein prominenter Besucher kündigt sein Kommen an. Dr. Albert Schweitzer, der alte Freund seit Straßburger Tagen, gratuliert zunächst Theodor zur Wahl und sendet gute Wünsche. Der Brief schließt:

> So tröste ich mich mit dem Gedanken, Euch nächsten Sommer bei Euch, dans votre résidence, zu besuchen, wobei ich Dir, Ellychen, im voraus verspreche, die Schuhe gut abzuputzen, ehe ich auf die Teppiche trete.

Als Präsidentengattin begleitet Elly Heuss-Knapp nach Möglichkeit auch ihren Mann auf Staatsbesuchen. Das sind in dieser Zeit beileibe keine glanzvollen Auslandsreisen, sondern beispielsweise Fahrten zur ersten Bundesgartenschau in Stuttgart (Elly hält die Eröffnungsrede) oder zum evangelischen Kirchentag in Essen. Derartige öffentliche Auftritte stellen allerdings einige Anforderungen an das äußere Erscheinungsbild. Und Elly, die mit dem ihrigen zunehmend auf „männliche“ Weise verfahren ist, nämlich nach dem Motto, Hauptsache, die Kleidung ist sauber, ordentlich und dem Anlaß angemessen, sieht sich weitergehenden Ansprüchen ausgesetzt. Natürlich erwartet man in den Nachkriegsjahren von der Frau des Bundespräsidenten kein Auftreten, das saturiert und repräsentativ wirkt. Doch ein gewisses Maß an Selbstbewußtsein und Selbstsicherheit sollte schon sichtbar sein.

Über beide Eigenschaften verfügt Elly Heuss-Knapp zwar in hohem Maße, aber es gelingt ihr kaum, sie in ihrer Aufmachung auszudrücken. Das ist ihr wohl bewußt, und sie engagiert sogar eine Baronin, die über Referenzen aus ersten Kreisen der Berliner Gesellschaft verfügt, als Beraterin in Kleiderfragen. Aber die Absicht, durch die Plazierung von irgend etwas Weißem in der Nähe des Gesichtes den Blick von dem schwerfällig wirkenden Körper abzulenken, hin zu der lebhaften, wachen, intelligenten Mimik, erscheint auf Fotos und in Filmen eher mißglückt. Es mag Elly im tiefsten Innern auch gleichgültig gewesen sein. Und für Theodors äußeren Menschen wird ebenfalls gesorgt: Elly ordert einen Friseur, der jeden Morgen kommt, um den Präsidenten zu rasieren und ihm bei Bedarf die Haare zu schneiden.

Theodor Heuss mit Gattin bei einem München-Besuch im Oktober 1949

Elly Heuss-Knapp bei der Eröffnung der Gartenschau in Stuttgart 1950

Sogar die Werbefachfrau Elly Heuss-Knapp kommt hin und wieder zum Zug, vor allem dann, wenn Ernst Ludwig Heuss, nunmehr Geschäftsführer der Wybert GmbH in Lörrach, seine Mutter um Beratung in Werbefragen bittet. Aber derartiges verursacht ihr heute keine schlaflosen Nächte mehr. Es gibt eine andere Sache, die sie nicht ruhen läßt: Elly hat sich der Mütter angenommen. Fast zur gleichen Zeit nämlich, als sie versuchte, ihrem neuen Leben als erste Dame des Landes Konturen zu geben, stand in Stein, ganz in der Nähe von Nürnberg, eine andere Frau vor dem finanziellen Ruin ihres Lebenswerks.

Dr. Antonie Nopitsch hatte schon 1932, aus dem Nichts und allen Schwierigkeiten trotzend, begonnen, den bayerischen Mütterdienst der evangelisch-lutherischen Kirche aufzubauen. Dabei hatte sie zwei besonders hohe Hürden zu nehmen:

> Bei den schwer arbeitenden Müttern aus den ärmeren Schichten war es ja bisher völlig unüblich gewesen, sich zu „erholen", und ihre Männer waren dieser Neuerung gegenüber meist verständnislos . . . Die drei „K" bestimmten eben das Leben der Frauen: Kinder – Küche – Kirche. Da paßte das „E" der Müttererholung nicht dazwischen.

Der Mütterdienst hatte Nationalsozialismus, Kriegswirren und Währungsreform durch Antonie Nopitschs nie erlahmenden Einsatz zwar überdauert, doch jetzt, angesichts der drängenden menschlichen Not der Flüchtlingsfrauen, sah man sich nicht imstande, weiterhin zu helfen. Der Schuldenberg wuchs von Tag zu Tag, Hilfe war nirgendwo in Sicht. Und doch kam diese Hilfe, völlig unerwartet und auf eine Weise, wie es sich Antonie Nopitsch nie hätte träumen lassen. Da sie sich für eine in Stein bevorstehende Tagung evangelischer Fürsorgerinnen nicht mit den wieder einmal ausschließlich männlichen Festrednern zufriedengeben wollte und ihr außerdem die württembergische Abgeordnete Elly Heuss-Knapp als sachkundige Referentin empfohlen worden war, machte sich Frau Nopitsch höchstpersönlich auf den Weg nach Stuttgart.

> Auf dem Sofa liegend empfing sie (Elly Heuss-Knapp) mich – sie entschuldigte sich mit ihrer damals schon beginnenden schweren Krankheit –, und ich war vom ersten Augenblick an gefesselt von dieser einzigartigen Persönlichkeit.

Elly interessierte sich nicht nur für das ihr angetragene Referat, sie ließ sich die bayerische Mütterarbeit eingehend erläutern und sagte schließlich unter der Bedingung zu, „daß ich oben am Bahnsteig abgeholt werde, ich kann keinen Koffer tragen". Antonie Nopitsch war bereit, alles zu versprechen. Bei der Tagung in Stein war Elly außerordentlich beeindruckt. Antonie Nopitsch, die unverheiratete Geschäftsführerin, erschien ihr als „Inbegriff der Mütterlichkeit". Die Frauen erkannten ihre Wesensverwandtschaft – beide reagieren wie ein Seismograph auf die sozialen Erschütterungen ihrer Zeit. Ab sofort ist die Mütterarbeit nicht nur gesichert, sie wird, so lautet die Devise, ausgeweitet, denn es wird daraus eine großangelegte Aktion.

Zwei Monate nach dem ersten Kontakt, im Spätjahr 1949, steht das Hilfskonzept in großen Zügen bereits fest: „Kann man die rein bayerische Sache nicht durchhalten, macht man eine deutsche Sache daraus!" Gesagt, getan. Dank Ellys Integrationskraft und ihrer politischen und persönlichen Autorität gelang es unglaublich schnell, das Deutsche Müttergenesungswerk zu gründen: zum 31. Januar 1950, Theodor Heuss' Geburtstag. Elly betrachtet es als ihr ureigenstes Geschenk. Toni Stolper berichtet sie:

> Bisher tun alle etwas für die Kinder. Schon daß die Schaufenster voll sind, ist für Mütter, die kein Geld haben, viel schwerer zu ertragen, als die Zeiten, in denen alle aus alten Vorhängen neue Kinderkleider nähten. Wir haben das Deutsche Müttergenesungswerk gegründet, evangelisch, katholisch, sozialistisch (Arbeiterwohlfahrt), Rotes Kreuz – alle, die Mütterheime haben –, vereinigt bei mir in Godesberg.

Später kommt der Deutsche Paritätische Wohlfahrtsverband noch hinzu. Ein Zusammenschluß von Frauen der großen Wohlfahrtsorganisationen auf dem Gebiet „Müttergenesung" kommt zustande, der Elly Heuss-Knapp mit tiefer Befriedigung erfüllt.

Antonie Nopitsch erhält von ihr die Zusage, im eigenen Namen einen Kredit von circa 60000 DM aufzunehmen, damit die 1950 bei der ersten Muttertagssammlung im Mai ausgeteilten Stoffblümchen überhaupt produziert und vorfinanziert werden können. Über 200 Flüchtlingsfamilien werden durch deren

Herstellung in Heimarbeit unterstützt. 26000 erschöpfte Mütter machen noch im selben Jahr den ersten Urlaub ihres Lebens. 2,5 Millionen Mark, eine in dieser Höhe nie erwartete Summe, sammelten ungezählte große und kleine Helfer auf den Straßen. Stolz hefteten sich die Spender ein kleines Gänseblümchen, eine Heckenrose oder eine Kornblume an Bluse oder Revers.

Und obwohl bald aus dem Bundespräsidialamt besorgniserregende Weisungen kommen: „Frau Heuss darf mit keinerlei Fragen direkt belastet werden", greift Elly immer wieder in den Fortgang des Müttergenesungswerkes ein. Sie gewinnt Förderer, bittet den Deutschen Städtetag um organisatorische Hilfe, Bürgermeister und Landräte sind vor ihren Appellen nicht mehr sicher. Elly formuliert Pressemitteilungen, initiiert Pressekonferenzen und hält aufrüttelnde Rundfunkansprachen. Den Kultusministern der Länder ringt sie die Zusage ab, daß auch Schulkinder am Muttertag sammeln dürfen.

Zu einer Tagung der Allgemeinen Ortskrankenkassen im Dezember 1951 wird Elly Heuss-Knapp im Auto liegend transportiert, Antonie Nopitsch ist dabei und hat vom Arzt striktes Redeverbot. Ein weiterer, letzter Umzug hatte Ellys Kräfte erschöpft. „Auf der Viktorshöhe bin ich dem lieben Gott näher, doch in der Villa Hammerschmidt dem Herrn Bundeskanzler", bringt Heuss es auf den Punkt. Die Villa Hammerschmidt, in unmittelbarer Nachbarschaft zu Adenauers Palais Schaumburg gelegen, wird am 5. 4. 1950 vom Staat erworben mit der Bestimmung, Präsidentenwohnsitz und Repräsentationsgebäude in einem zu sein. Ursprünglich sollte die Villa nur gemietet werden. Als Theodor Heuss davon erfährt, ist er gar nicht entzückt. Freunden und Bekannten schüttet er brieflich sein Herz aus:

> Ich komme in den furchtbaren Kasten – die sogenannte Villa Hammerschmidt –, von der ich am liebsten erst einige Türmchen mit Artillerie abschießen lassen möchte . . . Aber kann ich es wegsprengen lassen? Dann treffe ich das deutsche Gemüt und bekomme einen Privatprozeß, da wir den ganzen Zimt nicht kaufen, sondern nur mieten.

Es kam nicht ganz so schlimm: Die Villa wurde gekauft, die Türmchen abgetragen, Putten und Vasen entfernt und noch einige weitere optische und vor allem praktische Verbesserungen durchgeführt. Aus dem vorgesehenen Umzugstermin Oktober 1950 wird die Jahreswende 1950/51, aus den geplanten Kosten in Höhe von 160 000 DM werden 1 250 000 DM. Aber das Ergebnis ist ansprechend und angemessen, selbst Theodor Heuss' anfängliche Skepsis ist besänftigt:

> Das Fenster des Zimmers, in dem ich diese Zeilen schreibe, öffnet sich zum Rhein, der in einer Entfernung von knapp hundert Metern vorbeiströmt.

Dieser neuerliche Umzug bringt der Präsidentengattin wieder ein gerüttelt Maß an hausfraulichen Pflichten, denen sie sich nicht entzieht. Ihre Reisen im Sommer und Herbst 1950 nutzt sie, um sich nach Einrichtungsgegenständen für die Villa umzuschauen. Fünfzehn Zimmer sind zu gestalten. Im Erdgeschoß sind es die Repräsentationsräume: das Arbeitszimmer des Präsidenten, ein großer Speisesaal, für die Herren das Säulenzimmer – das den vielsagenden Spitznamen „Schlotsalon" bekommt – und für die Damen der kleinere Salon, in dem Elly beispielsweise die Diplomatenfrauen zu einer Art „Vorstellungsgespräch" empfängt, bevor sie zu offiziellen Anlässen eingeladen werden. Für größere Veranstaltungen und Pressekonferenzen wird die sogenannte Galerie genutzt. Hier dominieren die mit blauem Samt bezogenen Stühle. Diesen Räumen verleihen die hellen Wände, die schönen dunklen Holztüren, glänzende Parkettböden und wertvolle alte Einzelmöbel, die vor allem aus den Magazinen der Schlösser in Brühl, Ludwigsburg, Würzburg und Stuttgart zusammengetragen wurden, eine gediegen-neutrale Ausstrahlung. Dagegen haben die im ersten Stock gelegenen Privaträume einen persönlicheren Charakter. Da gibt es eine geblümte Tapete im kleinen Frühstückszimmer, da gibt es den „Gemütsladen", das ist eine holländische Barockvitrine voll mit Erinnerungsstücken, und da steht Messingzierat neben schlichten Gläsern, die als Blumenvasen fungieren.

> Das Schönste im Hause sind die Blumenfenster rechts und links neben der Balkontür ... Da stehen allerhand seltene Gewächse drin aus dem Botanischen Garten und auch nicht seltene, die aber sehr schön gedeihen, z. B. über und über

> blühende Azaleen aus dem vorigen Jahr. Gegenüber von diesem Zimmer nach der Vorderseite des Parks heraus liegt das Kaminzimmer mit den zwölf Aposteln auf den Kacheln. Es hat auch einen geschützten Balkon vor sich, auf dem ich hoffe, viel liegen zu können, wenn es warm genug ist.

So schreibt Elly in einem Rundbrief an Verwandte und Freunde. Glücklich berichtet sie vom ersten Weihnachtsfest in der Villa Hammerschmidt, von Lese- und Gesprächsstunden vor dem Kamin. Der nächste Nachbar findet sich übrigens gern ein. Er unterbricht hin und wieder seine Arbeit, um in diese behagliche Häuslichkeit einzutauchen, um vor allem mit der Hausherrin gemeinsame Empfindungen auszutauschen oder auch in freundlicher Frotzelei die geistigen Klingen zu kreuzen. Er nimmt dabei die Abkürzung durch ein Pförtchen in der Gartenmauer zwischen der Villa Hammerschmidt und dem Palais, in dem er residiert. Elly Heuss-Knapp und Dr. Konrad Adenauer „können" gut miteinander. Ihr ganzes Leben lang ist es Elly immer wieder gelungen, auf Menschen zuzugehen, Freundschaften zu schließen. Wenn sie es darauf anlegte, schaffte sie es immer, im Handumdrehen Mittelpunkt einer Gesellschaft zu werden. Wie viele Menschen sich ihrer freundlich erinnern, wird Elly noch einmal an ihrem 70. Geburtstag am 25. Januar 1951 deutlich. Natürlich gilt ein großer Teil der über 600 Glückwunschbriefe auch der Frau des Bundespräsidenten. Aber viele meinen vor allem den Menschen Elly Heuss-Knapp persönlich. Am Abend dieses besonderen Tages liest Elly noch einmal das Gedicht, das ihr Theodor gab: „... und der Ewigkeiten Schauer wehn durch dieses Lebens Gang." Sie weiß, daß die Strecke, die vor ihr liegt, nur noch kurz ist.

Sie hat keine Zeit mehr zu verlieren. Zunächst muß sie sich Kraftreserven für das kommende Jahr zulegen. Wie schon so oft, soll es im Frühjahr nach Badenweiler gehen. Auch ihr Sohn wird mit seiner Familie dort sein, und Elly freut sich auf ihr Enkelkind. Sie träumt von einem schönen, klaren Tag, an dem sie hinauf nach Schloß Bürgeln geht. Aber sie fürchtet, daß diese Ausflüge schon der Vergangenheit angehören, denn manchmal geht es ihr so schlecht, daß sie nur noch liegen kann. Ihre dringendsten Briefe muß dann „der Bott" beantworten, ohne sie

<u>Unten:</u> **Barbara Toni Heuss gratuliert dem Großvater zu seinem 67. Geburtstag.**

<u>Oben:</u> **Elly Heuss-Knapp nimmt die Neujahrsglückwünsche der Hausangestellten entgegen.**

Weihnachtssingen beim Bundespräsidenten und seiner Gattin

ihr zu zeigen – es gibt da ein Komplott zwischen ihm und den Ärzten, dem Elly stillschweigend zustimmt, obwohl es ihr gegen das Gewissen geht. Ihren Stil kann Herr Bott schon vorzüglich nachahmen ... Er ist dem Ehepaar Heuss freundschaftlich verbunden und eine starke Stütze in dieser Zeit.

Nach ihren Gängen durch den Garten ist Elly Heuss-Knapp immer wieder froh, daß sie den Weg in die Wohnung im ersten Stock der Villa nicht über die hübsch geschwungene Marmortreppe nehmen muß, sondern daß ihr dafür ein Aufzug zur Verfügung steht. Sie muß auch keine Angst haben, daß in ihren immer häufiger notwendigen Ruhepausen der Haushalt ins Stocken gerät: Im Privatbereich stehen ihr zwei Mädchen zur Seite, für die untere Etage sind ein Dienerehepaar und zwei Stubenmädchen verantwortlich. Außerdem hat Elly ihr Fräulein Bockmann. Sie hilft bei der Erledigung der umfangreichen Korrespondenz. Zeitweise halten auch Krankenpfleger ihren Einzug in die Villa Hammerschmidt – und sie kommen keineswegs immer zu Elly. Im Sommer 1951 heißt der Patient Theodor Heuss.

> Nach 14 Tagen schönen Ferienaufenthalts (in Aschau) ... hat sich der Präsident, wie es in der Zeitung hieß, bei einer Bergkletterung den Arm verletzt. In Wirklichkeit war es ganz unheroisch; er stieg über eine Holzplanke, anstatt auf dem Weg zu bleiben und fiel im Garten eines Hauses auf die Steinfliesen, und leider gab es nicht nur eine Schulterluxation, was wir ja schon oft erlebt haben, sondern einen recht komplizierten Armbruch dicht unter der Schulter. Seitdem trägt er nun den Arm weit in die Welt gestreckt unter einem festen Gipspanzer, und es gehört sein ganzer Humor dazu, um guter Laune zu bleiben.

Ein Pfleger hat also Einzug gehalten, um dem Präsidenten bei den alltäglichen Handreichungen behilflich zu sein und um ihn zu Außenterminen zu begleiten. Nun beschäftigt Elly die Frage, wie die für September ins Auge gefaßte offizielle Berlinreise bewältigt werden soll, wenn sie und ihr Mann gesundheitlich derart angeschlagen sind. Aber trotz aller Schwierigkeiten kommt der Besuch zustande, erleben Elly und Theodor Heuss fernab aller öffentlichen Auftritte bewegende Begegnungen mit ihrer eigenen Berliner Vergangenheit. Im Spätherbst entschließt sich Elly entgegen allen vernünftigen Ratschlägen, Mann und Sohn nach Locarno zu begleiten zu einem Erholungsaufenthalt, der ein Ausgleich für den vorzeitig abgebrochenen Sommerurlaub sein soll.

Beim Nachhausekommen bricht Elly im Park zusammen. Später erklärt sie das mit dem Versagen des linken Knies, das sie auf eine Verstauchung zurückführt, die sie sich in der Schweiz beim Einsteigen in den Zug zugezogen hatte und die sich beim Treppensteigen auf der Isola Bella zu einer Kniegelenkentzündung verschlimmerte. Sie geht in die Klinik, wo mit Röntgentiefenbestrahlungen dieses Übel weitgehend behoben wird. Aber ihr Organismus ist nicht mehr belastbar. Eine schwere Gelbsucht zwingt sie für viele Wochen ins Krankenbett – mit nachteiligen Folgen für ihr Herz. Elly Heuss-Knapp weiß, daß sie nun ihre schwindenden Kräfte gezielt einsetzen muß. Sie tut dies, um das Müttergenesungswerk zu stabilisieren und im Bewußtsein der Menschen zu verankern. Manches Problem fordert da Ellys Einsatzfreude und Widerspruchsgeist noch einmal heraus. So findet der vorgelegte Entwurf für die Plakatwerbung des Müttergenesungswerks im Februar 1952 ganz und gar nicht ihren Beifall. Die entsprechenden Kommentare, eigentlich sind es dezidierte Regieanweisungen, lassen keinen Zweifel an ihrer abweichenden Meinung zu.

Wenige Wochen nach diesem lebhaften Briefwechsel verschlechtert sich Elly Heuss-Knapps Befinden dramatisch, und sie formuliert vorsorglich ihr „Vermächtnis an das Deutsche Müttergenesungswerk“. Wichtigste Aussage ist der Aufruf zur Einigkeit. Sie weiß, wie schwierig sich die Kooperation der beteiligten, weltanschaulich so unterschiedlichen Organisationen in dieser „Krönung meines Lebens“, wie sie es nennt, gestalten kann. Es ist ihr ein besonderes Anliegen, ihren eigenen Anteil am Entstehen, weniger am Gelingen, des Deutschen Müttergenesungswerkes deutlich zugunsten eines anderen Menschen in den Hintergrund zu stellen, wenn sie bittet,

> daran zu denken . . ., daß eigentlich nicht ich das Werk gegründet habe, sondern Frau Nopitsch. Ich habe immer ein schlechtes Gewissen, wenn ich als Stifterin genannt werde.

Vom Bett aufs Sofa im Frühstückszimmer, von da ins Kaminzimmer auf den Lehnstuhl – Elly ist heute unruhig, möchte hinaus. Ihre Krankenpflegerin hat von der frischen, klaren Februarluft gesprochen, die nach Schnee riecht. Ungeduldig erwartet sie Theodors Schritt auf der Stiege, der ihr anzeigt, daß er von seiner Studierstube unterm Dach, dem sogenannten Naumann-Zimmer, herunterkommt. Er muß sie begleiten. Und so geht Elly, warm verpackt, am Arm ihres Mannes hinaus. Es ist ein wunderschöner Tag. Leichter Rauhreif überzieht die Rasenflächen, scharf gezeichnet stehen die Baumsilhouetten gegen den blaßblauen, dunstigen Himmel. Elly will auch noch den Rhein sehen. Es gibt einen Pfad, der ziemlich eben um das ehemalige Palmenhaus herumführt und zu Füßen der großen Freitreppe auf der dem Fluß zugewandten Seite der weißen Villa herauskommt. Bewußt geht Elly jeden Schritt, spürt die Körperwärme ihres Gefährten, atmet tief ein, hält an und schaut: Stetig ziehen die Wasser vorüber. Eine lange Weile stehen beide still, überlassen sich dem sanften Strömen. Dann ist Elly bereit für den Rückweg.

Immer mehr zieht sich Elly Heuss-Knapp aus der Öffentlichkeit zurück. Der Osteraufenthalt in Badenweiler bringt statt der erhofften Kräftigung die erneute Einweisung ins Krankenhaus. Ein Rundfunkgespräch mit Bundeskanzler Adenauer zur Eröffnung der Sammelwoche für das Müttergenesungswerk ist nur vorgetäuscht: Jeder spricht seinen Part für sich, es ist die Technik, die beide Stimmen zusammenbringt. Unter dem Datum vom 21. Juni 1952 finden wir noch ein Schreiben an die Frau des Hohen Kommissars McCloy, eine Förderin des Müttergenesungswerks. Neben detaillierten Ausführungen über Freizeiten für während der Zeit des Nationalsozialismus verfolgte Frauen schreibt Elly Heuss-Knapp:

> Leider bin ich noch immer bettlägerig und kann nur kurze Zeit auf sein. Dann genieße ich vom Balkon aus meinen schönen Garten . . . Vielleicht bin ich nächste Woche so weit, daß ich Ihnen den Park zeigen kann.

Dieser Brief ist ihr letztes Selbstzeugnis. Wie weit der darin geäußerte Wunschtraum von der Realität entfernt ist, dokumentiert die folgende Nachschrift:

Frau Heuss hatte diesen Brief diktiert, fühlte sich aber zu elend in den letzten Tagen und liegt seit gestern in der Klinik auf dem Venusberg. Wir bitten um Entschuldigung, wenn der Brief nicht unterzeichnet wurde.
Sekretariat Frau Heuss-Knapp

SAMSTAG, DEN 19. JULI 1952 stirbt Elly Heuss-Knapp in der Universitätsklinik in Bonn. Um vier Uhr senken sich in der Bundeshauptstadt alle Dienstflaggen auf halbmast, auch die Fahnen an den Gebäuden der ausländischen Missionen. Selbst die Rheindampfer, die Bonn passieren, signalisieren Trauer. Nur die Flagge auf dem Dach der Villa Hammerschmidt wird nicht niedergeholt. Das Protokoll sieht es nicht vor.

1881	Elly Knapp wird am 25. Januar in Straßburg geboren. Im Mai übersiedelt das Kind wegen der schweren geistigen Erkrankung der Mutter zu den Großeltern nach Miltenberg bei Braunschweig.
1883	Rückkehr nach Straßburg
1896	Elly Knapp verläßt die Lindnersche Mädchenschule.
1901	Elly Knapp richtet im Straßburger Vorort Ruprechtsau ihr „Schülchen" ein, in dem sie Jungen und Mädchen Lesen und Schreiben beibringt.
1903	Am Starnberger See lernt Elly Knapp den von ihr verehrten Friedrich Naumann kennen. In Straßburg gründet sie die „Fortbildungsschule für Mädchen".
1905	Übersiedlung nach Berlin. Im Kreis um Friedrich Naumann lernt sie Theodor Heuss kennen.
1906	Elly Knapp organisiert zusammen mit Friedrich Naumann und Alice Salomon die „Heimarbeitsausstellung".
1908	Am 11. April heiraten Elly Knapp und Theodor Heuss.
1909/10	Elly Heuss-Knapp schreibt ein Lehrbuch: die „Bürgerkunde und Volkswirtschaft für Frauen – Leitfaden für Frauenschulen, Handelsschulen, Gewerbeseminare und verwandte Anstalten".
1910	Am 5. August wird der Sohn Ernst Ludwig geboren.

1912	Im Mai siedelt Familie Heuss von Berlin nach Heilbronn über, wo Theodor Heuss die Leitung der *Neckar-Zeitung* übernimmt.
1914	Elly Heuss-Knapp baut für Soldatenfrauen eine private Arbeitsvermittlung auf.
1918	Einführung des Frauenwahlrechts
1920	Elly Heuss-Knapp kandidiert für den Reichstag, verfehlt aber knapp ein Mandat.
1929	Sie beginnt eine Sendereihe im Berliner Rundfunk.
1932	Beginn ihrer Tätigkeit als Werbetexterin für die Wybert-Werke GmbH
1934	Die Firma Beiersdorf in Hamburg engagiert Elly Heuss-Knapp als Werbetexterin für ihre Nivea-Kampagne.
1939	Elly Heuss-Knapp dreht ihren ersten Werbefilm.
1946	Elly und Theodor Heuss werden in den Stuttgarter Landtag gewählt.
1949	Am 12. September wird Theodor Heuss zum Bundespräsidenten der Bundesrepublik Deutschland gewählt.
1950	Am 31. Januar gründet Elly Heuss-Knapp das Deutsche Müttergenesungswerk.
1952	Elly Heuss-Knapp stirbt am 19. Juli in Bonn.

Paracelsus
MENSCH UND ARZT

EINE KURZFASSUNG DES BUCHES VON

Ludwig Englert

Mit zahlreichen historischen Abbildungen

Mit vernichtenden Worten bedachte Paracelsus Ärzte wie Apotheker, die der von ihm aufs tiefste verachteten „Bucharznei“ anhingen. Denn sie klammerten sich an jahrhundertealte Lehrbücher aus fernen Ländern, die nach Ansicht von Paracelsus nicht auf die Verhältnisse in Deutschland übertragbar waren.

Er selbst führte ein Leben, das von steter Wanderschaft und Armut geprägt war, und sein Herz gehörte zeitlebens den Armen. Sie behandelte er kostenlos und verordnete ihnen einfache Rezepte statt exotischer Wundermittel, ganz im Gegensatz zu vielen seiner Kollegen, die sich am Elend der Kranken bereicherten. Die Erkenntnisse, die Paracelsus aus seinen Beobachtungen gewann, bilden die Grundlage für die moderne Medizin und die ihr verwandten Disziplinen.

Frühe Kindheit
(1493–1501)

Die Anfänge des Lebens Theophrasts von Hohenheim liegen wie die Anfänge so vieles Großen im geheimnisvollen Dunkel der Unerheblichkeit. Wir kennen nicht einmal den Tag seiner Geburt; wir wissen nur, daß er zu Einsiedeln im Schweizer Kanton Schwyz im letzten Drittel des Jahrs 1493 das Licht der Welt erblickte.

Es war eine bewegte Zeit, eine Wende zwischen zwei Zeitaltern, wie wir sie in unsren Tagen aufs neue erleben. Zehn Jahre vor Paracelsus war in Eisleben als Sohn eines Bergmanns Martin Luther geboren worden, der einmal den Weg des deutschen Menschen zu Gott suchen und finden sollte. Und auf der Stammburg Steckelberg bei Fulda spielte als etwa fünfjähriger Knabe Ulrich von Hutten, der als Mann aus dem tiefen Glücksgefühl heraus, gerade in diese Zeit der Bewegung hineingeboren zu sein, begeistert ausrief: „Es ist eine Lust zu leben!" Im Jahr 1493 schuf Albrecht Dürer in Basel sein berühmtes Selbstbildnis, und der ältere Holbein malte die vier Flügelbilder aus der Lebensgeschichte Marias für die Abtei Weingarten. Kopernikus begann seine astronomischen Studien als Student an der Universität Krakau. Ein Jahr zuvor war Christoph Columbus ausgezogen, um den Seeweg nach Indien zu suchen, und hatte auf einer Insel vor der Küste Mittelamerikas Anker geworfen. Alte Wissenschaften erlebten eine neue Blüte, junge Wissenschaften schickten sich zum Aufbruch an. Und mit der Kolonisation der neuentdeckten Erdteile begann der Aufbruch der europäischen Kultur in die Welt.

Auf dem deutschen Kaiserthron saß Maximilian I. Im August 1493 war Friedrich III. gestorben; mit großen Erwartungen hatte man nach der Regierung dieses unfähigen Herrschers der Thronbesteigung seines Sohns entgegengesehen, der als erster nicht mehr zur Krönung nach Rom zog. Er trägt den Beinamen „der letzte Ritter“, denn mit ihm ging die Blüte des Rittertums zu Ende, welches das Leben des Mittelalters so stark bestimmt hatte. Seit der Erfindung des Schießpulvers hatte es für die Kriegführung wesentlich an Bedeutung verloren. Junge Mächte kamen auf und lösten das Rittertum ab, vor allem das wohlhabende Bürgertum der mächtig gewordenen Städte, in deren Mauern sich ein reiches Kulturleben entfaltete. Lebendige Schilderungen dieser Welt hat uns der Nürnberger Schuster-Poet Hans Sachs gegeben, der ein Jahr später als Paracelsus geboren wurde.

Der Adel verarmte; die Zeit der glanzvollen Turniere war vorbei. Nicht wenige Ritter verdienten jetzt ihren Lebensunterhalt, indem sie ihre Turnierkünste gegen Entgelt öffentlich zur Schau stellten. Zu den alten schwäbischen Adelsgeschlechtern gehörten auch die Bombaste von Hohenheim, die schon zu Beginn des 12. Jahrhunderts urkundlich erwähnt werden. Bereits im 13. Jahrhundert waren Angehörige des Geschlechts mit dem Schloß Hohenheim bei Stuttgart belehnt worden. Geldsorgen zwangen später zur Verpfändung der Burg, die jedoch durch Neubelehnung erneut in den Besitz der Familie kam. Auch der Großvater Theophrasts war offenbar nicht mit Glücksgütern gesegnet, denn im Jahr 1481 wurde sein Sohn Wilhelm als „Armer“ in das Buch der Studenten in Tübingen eingetragen.

Zehn Jahre später finden wir Wilhelm als Arzt in Einsiedeln. Dieser Beruf war damals nicht allzu hoch geachtet und oftmals kaum von dem der Gewerbetreibenden unterschieden. Wilhelm von Hohenheim war wohl auf Wanderfahrten, die er ähnlich wie später sein Sohn unternommen haben mag, nach Einsiedeln gekommen. Hier fand er auch seine Lebensgefährtin in einer Tochter der Familie Ochsner, die in einem gewissen Abhängigkeitsverhältnis zum Benediktinerstift Maria Einsiedeln stand.

Ihr Haus stand da, wo die große Pilgerstraße, vom Höhenzug des Etzels kommend, über die Teufelsbrücke zum Kloster „Unserer Lieben Frau“ führt. Alle sieben Jahre strömten hier zum großen „Engelweihfest“ die Pilger aus aller Herren Ländern zusammen, und schon der Knabe Theophrast konnte dabei ein buntes Stück Welt und die absonderlichsten Arten von Menschen erleben.

In der Taufe hatte Wilhelm von Hohenheims Sohn die Namen

Philippus Theophrastus erhalten. Der Name Aureolus, der sich in der vollständigen Namensbezeichnung Aureolus Philippus Theophrastus Bombastus von Hohenheim findet, ist sicher nur als Kosename aufzufassen; er bedeutet auf deutsch nichts anderes als „Goldköpfli", wie der Knabe von den Eltern gerufen worden sein mag. Welche Gründe den Vater zur Wahl des Namens Philippus bestimmten, entzieht sich unserer Kenntnis. Auffällig ist der Name Theophrast, der sich in keinem Namensbuch der Kirche findet. Man darf annehmen, daß Wilhelm von Hohenheim ihn seinem Sohn aus seiner Verehrung für Theophrast, den großen Freund und Schüler des griechischen Philosophen Aristoteles, gab, der ein berühmtes Werk über Pflanzenkunde geschrieben hat. Wollte Hohenheim damit den Genius dieses Großen beschwörend an das Leben seines Sohnes binden? Paracelsus ist jedenfalls auf diesen Namen sein Leben lang stolz gewesen, wenn er auch der Lehre des Theophrast nicht in allen Einzelheiten folgen konnte. In Unterschriften hat er ihn oftmals unter Weglassung seiner anderen Namen gebraucht. Seine Bücher pflegte er durch den Eintrag „Sum Theophrasti", das heißt: „Ich gehöre dem Theophrast", als sein Eigentum zu kennzeichnen. Der Name Paracelsus schließlich ist nur die ungefähre lateinische Übertragung des Familiennamens Hohenheim.

Die Heimat bestimmte Paracelsus' Schicksal, indem sie sein Wesen so prägte, wie es später in Erscheinung trat. Immer ist er der Sohn des Alpenlands geblieben, der in der Welt der Berge mit ihrem klaren Sternenhimmel, ihren dunklen Tannenwäldern und ihren gischtenden Sturzbächen groß geworden war. Die Art des Landes wurde seine Art; seine Speise und sein Trank waren nicht Weizenbrot und Met, sondern Käse, Milch und Haferbrot. Tannenzapfen waren, wie er später sagt, seine Spielgefährten, und weibische Gesellschaft blieb ihm fern. Nicht weiche Gewänder kleideten ihn, sondern Zwillich und Drillich. Und so wurde er selbst ein rauher Gesell und blieb es sein Leben lang; denn „es hängt einem alle seine Tage an, was er in der Jugend empfangen hat". Paracelsus ist sich stets bewußt geblieben, wie tief er mit seinem Wesen in die Natur seiner Heimat eingebunden war. Er hat erlebt, wie die Menschen anders wachsen im Hochgebirge als in der Ebene, wie sie Glied sind ihres Landes, das sie aus sich

Unten: Im Jahr 1500 entstand Albrecht Dürers „Selbstbildnis im Pelzrock“.

Oben: Detail aus „Die Beschneidung des Jesusknaben“, einem der vier Flügelbilder zur Geschichte Marias, die Holbein d. Ä. für den Altar der Abtei Weingarten malte

Oben: Kaiser Maximilian I. mit seiner Frau, Maria von Burgund, und den Söhnen Philipp, Ferdinand, Karl und Ludwig

Rechts: Selbstporträt Hans Holbeins des Älteren (1465–1524) im Alter von 45 Jahren

erzeugt hat. Tieferes über das Wesen der Heimat ist kaum gesagt als von ihm. Sie offenbart sich ihm im Zug der Gebirge, im Lauf der Gewässer, in jeder Pflanze und im gestirnten Himmel darüber.

Was seine Eltern ihm gewesen sind, wird deutlich, wo er in kindlicher Dankbarkeit von Wilhelmus von Hohenheim, seinem lieben Vater und Lehrer, spricht. Aber auch dort tritt es zutage, wo er vom Menschen als dem Sohn der großen Welt spricht, deren Art er an sich trägt wie das Kind die Art des Vaters; sie ist sein Ernährer und auch sein Lehrer. Viel ist zur Lobpreisung der Mutter von den Menschen aller Zeiten gesagt worden; Schöneres kaum, als wenn Paracelsus ausruft: „Das Kind bedarf keines Gestirns und Planeten, seine Mutter ist sein Stern und sein Planet." Damit weist er jenen zu seiner Zeit weitverbreiteten Aberglauben zurück, der den Gestirnen entscheidenden Einfluß auf Charakter und Schicksal des Menschen zuschrieb; „denn das Glück des Menschen ruhet im Menschen, nicht im Stern, ist mit ihm erzeuget und gewachsen in seiner Mutter Leib".

Das Glück der drei Menschen dauerte nicht lange; nach zehnjähriger Ehe verlor Wilhelm von Hohenheim seine Frau, dem achtjährigen Knaben wurde die Mutter genommen. Und dieses Ereignis brachte für Vater und Sohn innerlich und äußerlich tiefgreifende Veränderungen mit sich.

Vom Licht der Natur

In der Schule des Vaters (1501–10)

Wilhelm von Hohenheim hat wohl das Leben in der vertrauten Umgebung ohne den nächsten Menschen nicht lange ertragen können; vielleicht mögen auch hier und da die Leute geringschätzig von dem Doktor gesprochen haben, der seine eigene Frau nicht vor dem Tod hatte bewahren können. So suchte er einen neuen Anfang für sein Leben und fand ihn wahrscheinlich mit Hilfe von Freunden aus alter Zeit. 1502 siedelte er nach der Kärntner Stadt Villach im Drautal über, wo er mehrere Jahrzehnte als Stadtarzt und Lehrer an der Bergschule wirkte. Sein Beruf ließ ihm nicht die Muße, um allein für eine gute Erziehung und Bildung seines Sohns Theophrast sorgen zu können. Auf

Empfehlung der Benediktinerabtei in Einsiedeln übernahmen es die Mönche von St. Paul im Lavanttal, Theophrast die Grundkenntnisse des Lateinischen zu vermitteln und ihn überhaupt in die Wissenschaften einzuführen.

Seit dem Tod der Mutter waren Vater und Sohn innerlich ganz aufeinander angewiesen. So wird schon der junge Theophrast in ganz besonderer Art der Kamerad seines Vaters geworden sein, den er sicherlich bereits früh auf seinen ärztlichen Gängen begleitete. Am Krankenbett erfuhr der Knabe zeitig die Not des Leidens und die Unerbittlichkeit des Sterbens. Mit dem Vater wird er die stolze Freude geteilt haben, wenn es diesem gelungen war, einen Kranken wieder auf den Weg der Heilung zu bringen. Doch hat er mit ihm auch alle Erschütterung und Niedergeschlagenheit erlebt, wenn seine ärztliche Kunst sich wieder einmal als machtlos gegenüber den Gewalten der Natur erwiesen, wenn Gott ihm, wie er es später einmal nennt, „die Arznei gestillet“ hatte. Das denkbar festeste menschliche Band hat Paracelsus mit dem Vater geknüpft; sein Leben lang ist er ihm in Liebe und Dankbarkeit verbunden geblieben, und in späteren Jahren nennt er unter denen, welchen er am meisten zu danken hat, „erstlich Wilhelmus von Hohenheim, meinen Vater, der mich nie verlassen hat“.

Doch über das Menschlich-Persönliche hinaus ist es für die geistige Entwicklung des Knaben von entscheidender Bedeutung geworden, daß sein Vater Naturforscher und Arzt war. Ob bereits Wilhelm von Hohenheim vom lebendigen Studium der Natur her zum Zweifel an der ärztlichen Schriftgelehrsamkeit der Zeit gekommen ist oder ob erst der Sohn durch einen völlig unbeeinflußten Umgang mit der Natur zum Verächter und Bekämpfer der alten ärztlichen Autoritäten geworden ist, wird sich allerdings kaum klären lassen. Jedoch hat man sicherlich mit Recht Wilhelm von Hohenheim „die Vorform seines großen Sohnes“ genannt, gleich als ob die Natur gezaudert hätte, die Höhe des Genius in einem einzigen Ansturm zu erklimmen und sich des Vaters als einer Vorstufe bediente.

Allerlei an Gelehrsamkeit mögen die Mönche dem Knaben geboten haben – das Wesentliche, das für sein Leben und Denken bestimmend werden sollte, lernte er nicht bei ihnen, sondern von seinem Vater, als er ihn in die Natur hinausführte. Diese oberste Schule, die nicht mit Ziegeln gedeckt ist, sondern mit dem ganzen Himmel, wie Paracelsus es einmal ausdrückte, sollte ihm alle Dinge eröffnen. Wenn er später vom Arzt verlangt, daß dieser zuerst ein Philosoph, das heißt in seiner Sprache ein Naturforscher und Naturkundiger sein muß, so hat er diese Forderung zuvor selbst verwirklicht. Die Anfänge dazu liegen bereits in seinen Kärntner Jugendtagen. Der Vater führte den Knaben zuerst in die Kunde von der Natur und ihrem unerschöpflich reichen Leben ein. Naturbetrachtung erfordert eine unendliche Liebe zum Kleinen; nur das liebende Auge entdeckt die tausend Einzelheiten, die der Gleichgültige achtlos übersieht. Und die Frage, die gerade die größten deutschen Naturforscher immer wieder aufgeworfen haben, stellt sich selbst in der unerschöpflichen Fülle der Lebenserscheinungen: Steht hinter dieser Vielfalt nicht letzten Endes eine Einheit? Werden nicht immer wieder die gleichen ewigen Gesetze in den unzähligen Formen des Lebens anschaubar? Von hier aus schließt sich die Betrachtung des Menschen an, und Pflanzen-, Tier- und Menschenwelt vereinen sich zu dem einen großen Reich des Lebendigen.

Doch das Kärntner Land war geeignet, den Blick des Betrachtenden auch in die Grenzgebiete zwischen belebter und unbelebter Natur weiterzuleiten. Nahe bei Villach strömen warme Quellen, die noch heute im Warmbad Villach zu Heilzwecken verwendet werden. Diese aus den Tiefen der Erde kommenden „lebendigen“ Wasser mußten den Forschergeist besonders anziehen. Und vieles, was Paracelsus in späteren Jahren in seinen Bäderschriften niedergelegt hat, mag hier bereits erstmals in ihm angeklungen sein. In der Umgebung Villachs lagen aber auch berühmte Bergwerke, wo es dem Knaben bei der Betrachtung der das Gestein durchziehenden Metalladern geschehen konnte, daß sich ihm die scheinbar so sicheren und festen Grenzen zwischen belebter und unbelebter Natur verwischten. Der Mensch im Stollen, inmitten des urgewaltigen Reichs der Elemente – dieses Erlebnis hat Paracelsus nie wieder verlassen. Was der Knabe an den Probieröfen beobachtete, das waren die Anfänge dessen, was er viel später in seiner ausgedehnten chemischen Tätigkeit wiederaufnehmen sollte.

So war das gesamte Leben Theophrasts in Villach auf echter Anschauung und sinnlicher Erfahrung gegründet. Nicht mit Begriffen und Worten hatte der Knabe umzugehen, sondern mit ganz wirklichen Dingen, die man sehen, greifen, riechen, schmecken konnte; für das wenigste davon mag er Worte gefunden haben. An der Hand des Vaters stand er täglich der Vielfalt des Lebens gegenüber im Pflanzen-, Tier- und Menschenreich und wußte nichts von glänzender, scharfgeschliffener Logik und geistreichen Wortgefechten. Seine Welt war die Welt des Wirklichen, die darum nicht minder geheimnisvoll und anziehend war. Und als er sie nach Jahren voll hochgespannter Erwartungen und lernbegierig verließ, um wie sein Vater Arzt zu werden, da brachte er, ohne es zu wissen, in die Welt der Hohen Schule bereits seine eigene festumrissene Welt mit, die dort ihre Haltbarkeit erweisen und bewähren mußte gegenüber allem Schein und Schimmer akademischer Gelehrsamkeit.

Die Abkehr von der Bucharznei

Auf den Hohen Schulen (1510–15)

Es wird um das Jahr 1510 gewesen sein, daß Paracelsus von Villach nach Süden aufbrach, um sich an der Universität in Ferrara als Studierender der Medizin einzutragen. Diese Stadt, der Sitz des berühmten italienischen Fürstengeschlechts der Este, sah damals ihre glanzvollsten Tage. Alfons I., von dem Dichter Ariost hoch gefeiert, setzte die Tradition seines Vaters fort, der seinen Hof zum Sammelpunkt der berühmtesten Dichter und Gelehrten der Zeit gemacht hatte. So waren auch die medizinischen Lehrstühle mit den bedeutendsten zeitgenössischen Gelehrten besetzt, unter denen der greise Leoniceno besonders ruhmvoll hervorragte.

Der Gegensatz zwischen der Welt, aus der Paracelsus kam, und derjenigen, in die er hier eintrat, konnte ihn wohl überwältigen. Er war seiner Herkunft nach ein schlichter Mensch, und die große, einfältige Natur, in der er aufgewachsen war, hatte diesen Zug seines Wesens noch verstärkt. Jetzt wurde er in die neue Welt der Universität gestellt, deren Kennzeichen die Eleganz und

<u>Oben:</u> **Einsiedeln, der Geburtsort von Paracelsus, nach einem kolorierten Holzschnitt aus der Mitte des 16. Jahrhunderts. Im Vordergrund, neben der Teufelsbrücke, das „Paracelsushaus“**

<u>Rechts:</u> **Dieses Bildnis aus dem Jahr 1491 gilt als Porträt des Arztes Wilhelm von Hohenheim, des Vaters von Paracelsus.**

Paracelsus verbringt seine Jugendjahre in Villach in Kärnten.

Gewandtheit im Geistigen und Formalen war. Würde es dieser Welt gelingen, auch ihn zu ihrem Jünger zu machen und anzugleichen? An Paracelsus sollte es sich erweisen, wie wenig die Umwelt gegen den ererbten Charakter vermag. Bei starken Naturen wie der seinen wirkt das Fremde nicht angleichend, sondern bringt die eigene Art nur noch entschiedener zum Durchbruch.

Mit großen Hoffnungen und gläubigem Vertrauen wird Paracelsus auf die Universität gezogen sein. Wo sollte es überhaupt etwas zu lernen geben, wenn nicht gerade hier in Ferrara? Die Art des Unterrichts war seine erste Überraschung: Der Professor bestieg den Lehrstuhl, schlug ein Buch auf, las daraus vor und erklärte den Text. Hier sah Paracelsus sich plötzlich vor jenen Strom der Heilkunde gestellt, dessen Bett Jahrtausende hindurch von theoretischer Gelehrsamkeit bestimmt gewesen war. Wo er das Rüstzeug für ärztliches Heilen und Helfen erwerben wollte, da wurden ihm Logik, Rhetorik und Dialektik vorgesetzt, Hilfswissenschaften, die sich in seiner Zeit zum Selbstzweck erhoben hatten. Studenten und Professoren verbrachten ihre Zeit mit gelehrten oder doch gelehrt scheinenden Disputationen, bei denen es in erster Linie auf die Geschicklichkeit im Rede- und Antwortspiel ankam. Mit Heilkunde und Heilkunst hatte das alles nicht das geringste zu tun.

Erst wenn der Student sich durch alle diese Fächer durchgearbeitet hatte, gelangte er zu den Quellen der ärztlichen Wissenschaft, wie sie damals flossen. Doch wunderlich genug war auch hier, was ihm geboten wurde. Das Wissen stammte nicht von damals, sondern man las und erklärte medizinische Texte, die griechische, arabische und jüdische Ärzte vor Jahrhunderten und Jahrtausenden geschrieben hatten. Vor 1900 Jahren hatte Hippokrates gelebt, 1300 Jahre waren vergangen, seit Galen seine Abhandlungen verfaßt hatte. Sie waren neben Rhases und Avicenna die Autoritäten, die man für unfehlbar hielt und deren medizinische Lehren man in aller Zwischenzeit kritiklos von Generation zu Generation weitergegeben hatte. Heute erscheint der Gedanke völlig absurd, daß wissenschaftliche Lehrbücher Jahrhunderte hindurch ihre Gültigkeit behalten sollen; ist es uns doch durchaus nichts Außergewöhnliches, daß der Inhalt wissenschaftlicher Bücher – gerade in den naturwissenschaftlichen Fächern – bereits nach wenigen Jahren durch neue Forschungen und Entdeckungen veraltet und überholt ist. Damals jedoch war die Heilkunde zum Gesetzbuch erstarrt, dessen angeblicher Unfehlbarkeit man sich blindlings unterwarf. Wo die Lehren der alten Bücher nicht mit den eigenen Beobachtungen und Erfahrungen übereinstimmten, da war man eher bereit zu der Annahme, daß sich in der Zwischenzeit die Tatsachen geändert hätten, als daß man die Möglichkeit eines Irrtums der Alten zugegeben hätte. Es ist offenbar, daß bei einer solchen Hörigkeit gegenüber jahrhundertealten Autoritäten überhaupt kaum Raum für echte wissenschaftliche Forschungsarbeit blieb, sondern daß man viel eher – wie etwa in der Theologie – Glaubenssätze lehrte und weitergab.

Der grundlegende Glaubenssatz der Alten war die Viersäftelehre gewesen. Von vier Eigenschaften des menschlichen Körpers war man ausgegangen: von Wärme, Kälte, Feuchtigkeit und Trockenheit. Ihnen hatte man vier Säfte zugeordnet: Blut, gelbe Galle, schwarze Galle und Schleim. Da es davon in Wirklichkeit jedoch nur drei gab, man aber um der logischen Vollkommenheit des Systems willen vier brauchte, hatte man die schwarze Galle einfach dazuerfunden. Auch die Krankheiten teilte man nach dem gleichen logischen Schema in warme, kalte, feuchte und trockene ein, um sie ebenso wundervoll logisch bekämpfen zu können: die warmen durch Kälte, die kalten durch Wärme, die feuchten durch Trockenheit und die trockenen durch Feuchtigkeit.

Paracelsus mit seinem von früh auf an der Natur geschulten Blick mußte dieses ganze Gedankengebäude als eitel Phantasie und Gedankenspiel durchschauen. Rund zweitausend Jahre lang hatte es jedoch die Grundlage aller Heilkunde gebildet. So lange hatte man übersehen, daß die Natur in Gesundheit und Krankheit nicht den Gesetzen der Logik, sondern denen des Lebens folgt. Lernbegierig und ohne Vorurteile war Paracelsus in die Welt der Wissenschaft eingetreten; er war durchaus nicht von vornherein als Ablehnender gekommen, sondern als Suchender. Und so folgte er denn anfangs auch getreulich den Wegen, die seine Lehrer ihm wiesen. Er hat „am ersten den alten Schriften

Der berühmte Arzt und Gelehrte Leoniceno (unten) war Paracelsus' Lehrer an der Universität Ferrara (links).

gewaltig Glauben gegeben und sie gleich dem Evangelio gehalten", bis er schließlich erkannte, „daß dieser Glaube auf einen Sand gestellt worden war". Er hat die alten Bücher so gründlich studiert, daß er noch nach vielen Jahren wichtige Stellen aus dem Gedächtnis anführen konnte. Doch dann mußte er einsehen, daß er unter ihrem Geleit so manchen Irrweg gegangen war, wie er später selbst einmal sagt. Er sah, daß hier Götzen angebetet und nachgebetet wurden, die selbst kein Leben hatten und darum auch kein Leben geben konnten. Da bricht es aus ihm heraus:

> Die Arznei, die Gott geschaffen hat zu Nutz, sollte er die nicht höher und besser verliehen haben, denn wir es haben von Hippokrates? Noch viel weniger hat er uns Galen und Avicenna an seiner Statt verordnet. Welcher ist so einfältig, daß er wollte das Herz Gottes suchen in den Schriften Drusianis, Gentilis und dergleichen anderen?

Und er ruft den Ärzten seiner Zeit zu:

> So wisset nun, daß die Bücher, so an euch und an mich von den Alten her gelangt sind, mich genugsam zu sein nicht gedeucht hat; denn sie sind nicht vollkommen, sondern eine ungewisse Schrift, die mehr zur Verführung dient denn zum rechten schlichten Weg, welches mich auch geursacht, sie zu verlassen.

Allem Anschein nach spürte allein der greise Leoniceno etwas von der besonderen Art seines Schülers. Einen ersten bescheidenen Schritt in der Richtung des paracelsischen Denkens hatte er selbst immerhin bereits getan, als er es unternommen hatte, die von den Alten überlieferten Texte kritisch zu prüfen und ihnen dabei allerlei Irrtümer nachzuweisen.

Jetzt hatte der große Kampf gegen die Schriftgelehrsamkeit und die kritiklose Übernahme der alten Theorien begonnen, der das gesamte Leben für Paracelsus bestimmen sollte. Einen unter den alten Ärzten nimmt er dabei allerdings stets weitgehend aus: den großen Griechen Hippokrates, den „Vater der Medizin", der auch für unsere heutige Zeit noch ein Sinnbild echten und großen Arzttums darstellt. In ihm hatte Paracelsus wohl sehr bald den dem seinen verwandten Genius gespürt. Wie jener Alte sollte er selbst bald der große Wanderer werden, der die Länder rastlos durchzog, um den Krankheiten auf ihren Pfaden zu folgen, und der von diesen Fahrten ein neues vertieftes Wissen um die Krankheiten und die Kranken, über Menschen und Landschaft, über Arztwerden und Arztsein mitbrachte. Paracelsus und Hippokrates sind über die Jahrhunderte hinweg verbunden durch ihren Glauben an die Heilkraft der Natur, durch ihre Überzeugung, daß Erfahrung die Grundlage allen ärztlichen Handelns sein muß, durch ihre tiefe Begründung des Arzttums im Ethischen. Nur eine einzige Tatsache mußte auch diese beiden großen verwandten Geister noch voneinander scheiden: Hippokrates war und blieb der Arzt der Griechen, wie Paracelsus der Arzt der Deutschen werden und bleiben sollte.

In den Studienjahren an der Universität erlebte Paracelsus, daß die Medizin seiner Zeit aus Begriffen und Namen bestand, deren Inhalt keiner von denen, die sie gebrauchten, wirklich wahrgenommen hatte, ja nach dem man sogar kaum mehr fragte. Man warf mit Zitaten aus den Schriften der Alten um sich und disputierte, anstatt zu heilen. Man stritt sich um komplizierte Begriffe und vergaß darüber die wirkliche Not der Kranken, die auf die Hilfe des Arztes warteten; sie wurden mit hochklingenden, unverständlichen Namen abgespeist. Paracelsus aber wollte nicht mit Gelehrsamkeit prunken, sondern ein wirkender Arzt werden. Und so mußte der Tag kommen, da trieb es ihn „von der alten Skribenten (Schriftstellern) Bücher und Schriften", von all dem

Lesen und Disputieren wieder in die mit den Sinnen wahrnehmbare Schöpfung hinaus, und er bekennt rückblickend: „Hätt ich mich selbst in die Erfahrenheit nicht geben, von den Alten wär ich stockblind geboren in der Arznei, ohn Augen." Die Natur war in den Kärntner Jugendjahren seine Lehrmeisterin gewesen; ihr vertraute er, die ihn noch niemals irregeleitet hatte; ihrer Führung wollte er aufs neue folgen. Es beginnt sein leidenschaftlicher, rastloser Kampf gegen starre Einseitigkeit und bloßes Buchwissen, gegen medizinische Spekulation und gegen alle nicht täglich neu erprobten Theorien; es beginnt sein Kampf für die Erfahrung als einziger Grundlage ärztlichen Handelns, für die Verpflichtung zu immer neuem Weiterforschen, für den Grundsatz ewiger Bewegung in der Heilkunde. Ein Arzt darf sich nicht auf irgendwelche Lehren festlegen und verpflichten lassen: „Denn neue Zeit bringt neue Bücher, tilget die alten ab." In diesen Tagen, in denen Paracelsus endgültig mit aller Bucharznei bricht, beginnt jener zweite große Strom der Heilkunde zu fließen, der aus der Quelle des Naturgefühls entspringt. Schon damals muß ihm die Erkenntnis aufgegangen sein, daß die Heilung der Kranken zwar das erste und einzige Ziel, aber erst der letzte Schritt des Arztseins ist; die überlieferte griechisch-arabische Medizin taugte hierzu nicht. Erst mußte man den Menschen erkennen, bevor man ihn heilen konnte; man mußte wissen, was Gesundheit, was Krankheit sei, wenn man den kranken Menschen zu einer neuen Gesundheit führen wollte; man mußte das Wesen aller Heilmittel kennen, ehe man sie auf den menschlichen Körper wirken lassen durfte.

Mit den Problemen, die sich hier auftaten, wird die ärztliche Fragestellung für Paracelsus die allumfassendste, die sich denken läßt. Ehe der Arzt überhaupt heilen kann, muß er als Philosoph den Menschen ergründen, als Chemiker experimentieren, als Botaniker, Mineraloge und Astronom forschen. Hier bleibt kein Raum mehr für bloße Bücherweisheit; die ganze Welt, das gesamte Leben wird der Erforschung unterworfen. Sie müssen in ihre Einzelheiten zerlegt und doch wiederum als Einheit umspannt werden. Und so ist Paracelsus selbst nichts weniger als nur ein Fachgelehrter der Medizin gewesen – wie der Heilkunde, so gehört er auch der Philosophie und Theologie an, der Anthropologie und Botanik, der Mineralogie und Chemie.

Und wie sah nun für Paracelsus das Bild vom Menschen aus, um dessen Gesundheit und Krankheit all sein Denken kreiste? Es war die entscheidende Stunde für sein Leben und Werk, als ihm der Mensch aufging als Sohn der großen Welt. Alle weiteren Gedanken sind nur Blätter und Blüten aus dem Baum, der aus diesem einzigen Samenkorn hervorwuchs. Aus der großen Welt schuf Gott die kleine Welt, den Menschen, aus dem Makrokosmos den Mikrokosmos; darum hat der Mensch alle Eigenschaften der großen Welt an sich. Dieser Gedanke ist zwar schon vor Paracelsus gedacht worden; er entstammt der griechischen Philosophie. Aber er mußte auf einen besonderen Nährboden fallen, um sich zu einem Weltbild von der Größe des paracelsischen ausweiten zu können.

Nur von der großen Welt her kann die kleine Welt begriffen werden: „Wer will die kleine Welt (den Menschen) ohne die große erkennen? Niemand." Der Mensch ist ein Extrakt, eine *Quinta essentia* aller Kreatur und aller Kräfte, welche die Welt durchströmen. In seiner Haut ist alles beschlossen, was der Himmel umfaßt, der Geist und das Körperliche. Er besteht nicht nur aus Knochen, Gliedern, Blut usw., also aus Stoff, sondern er ist ein Kräftezentrum der gesamten Natur. Mit der Anziehungsgewalt verwandten Wesens zieht er die guten sowohl wie die feindlichen Kräfte aus Sternen und Elementen an sich; ihre Krankheiten sind seine Krankheiten, ihre Gesundheit ist seine Gesundheit, ihre Heilmittel sind seine Arznei. „Aus ihnen ist er, aus ihnen muß er leben und sterben, aus ihnen wird er krank und gesund, da hilft kein Versperren."

Während Gott alles andere aus dem Nichts erschaffen hat – das Firmament mit seinen Sternen, die Erde mit ihren Kräutern, auch die Tiere –, formte er den Leib des Menschen aus einer Masse, aus dem *limus terrae,* dem „Erdenlehm". Diesen edlen Stoff setzte Gott aus der ganzen Welt zusammen, aus dem ganzen Himmel und aus der ganzen Erde; er ist ein Auszug aus dem Firmament und allen Elementen. Der Mensch hat eine dreifache Natur: Seine Seele stammt aus Gott; sie ist unsterblich und kehrt nach dem Tod zu Gott zurück. Sein siderischer Körper entstammt den Gestirnen, sein elementischer Leib den Elementen. Darum offenbaren Himmel und Erde, Wasser und Luft den Menschen als ihren Sohn. Fleisch und Blut werden von den Elementen erhalten; die Erde ernährt ihr Kind, sie gibt ihm Brot. Das Wasser ist des Menschen Trank, die Luft sein Atem, das Feuer gibt ihm Wärme: Weil der Mensch ein Teil ihrer aller ist, darum muß die große Welt die kleine Welt speisen und erhalten.

Der Arzt und die Heilkunde haben es mit dem siderischen und dem elementischen Leib des Menschen zu tun, die beide vergänglich sind. Denn Fleisch und Blut sind allem Unfall und aller Zerstörung durch Krankheit und Elend unterworfen, am Ende schließlich dem Tod, der den Menschen auslöscht, wie ein Maler sein Bild mit dem Lappen verwischt. Der irdische Mensch wird zu seiner Mutter, der Erde, zurückgeführt, in deren Schoß sein Fleisch vergeht. Er ist „dem End befohlen und seiner Jahrzeit und Zahl, die klein ist". Dieser Teil seiner Existenz ist allen feindlichen Gewalten ausgesetzt, die ihm entweder von Geburt an als Krankheitssamen eingeboren sind oder ihn, von außen her einbrechend, vernichten wollen.

Doch der Mensch ist mehr als natürliches Wesen, mehr als Erde und Element; er hat eine unsterbliche Seele, er ist ewig. Eben weil er ein Mensch ist, ist er auch hoch und groß, Gesamtinhalt, Vollendung und Ziel der Schöpfung, mehr als Himmel und Erde.

Paracelsus hat seine Studien in Ferrara mit der Doktorprüfung abgeschlossen. Doch ist es wenig wahrscheinlich, daß Ferrara die einzige Universität war, die er besucht hat. In späteren Jahren schreibt er einmal über seine Studienzeit: „Hab also die hohen Schulen erfahren lange Jahr bei den Teutschen, bei den Italischen, bei den Frankreichischen und den Grund der Arznei gesucht." Als „Doktor beider Arzneien" zog er weiter, um in der Natur zu erfahren, was die Universität ihn nicht hatte lehren können.

Heimat und Welt

Die Wanderjahre Hohenheims (1515–24)

Den meisten Ärzten, die wie Paracelsus als Doktoren die Hohe Schule verließen, wird der Abschluß ihrer Studienjahre gleichzeitig das Ende ihrer Lernzeit überhaupt bedeutet haben. Irgendwo ließen sie sich dann nieder, schufen sich ein

Heim und gründeten eine Praxis, sich sicher fühlend im Besitz einer medizinischen Lehre, die Jahrhunderte hindurch von Generation zu Generation weitergegeben und ihnen selbst durch ihre Lehrer übermittelt worden war.

Alle die großen Zweifel und Probleme, die schon auf der Universität vor Paracelsus aufgebrochen waren, ließen ihn auch nach der Promotion nicht zur Ruhe kommen. Was die auf Papier geschriebenen Bücher ihm nicht hatten geben können, das wollte er nun zu ergründen suchen im großen Buch der Natur. Weltweit wie sie war seine Sehnsucht, die ihn hinaustrieb, um zu „erfahren", was sich aus Büchern nicht lernen läßt. Wie kein anderer seiner Wesenszüge hat gerade dieses ruhelose Wandern des Paracelsus ihm Schmähungen und Verdächtigungen eingetragen, hat seine Gestalt mit Geheimnis und Geraune umgeben, „darum, daß ich ein Landfahrer bin", wie er selbst von sich sagt.

Die Wanderjahre – innerlich und äußerlich wirklich zur Ruhe gekommen ist er ja sein Leben lang nicht – sind seine eigentliche Sturm- und Drangzeit gewesen. Des öfteren spricht er von den Bedrängnissen und Gewissensqualen, mit denen er in dieser Zeit immer wieder zu kämpfen hatte. Denn eine endgültige Gewißheit in den tausendfältigen Fragen einer wirklich verantwortungsvollen Heilkunde vermochte er auch durch sein Wanderleben nicht zu gewinnen. Er kam nicht an der Tatsache vorbei, daß die Heilkunde letztlich doch eine ungewisse Kunst ist und bleibt; je ernster man sie nimmt, um so mehr. Immer wieder mußte er erleben, daß es doch kein unbedingt zuverlässig wirkendes Heilmittel gibt, daß die gleiche Arznei unter Umständen den einen Kranken heilt, um bei zehn anderen völlig zu versagen, und umgekehrt. Das hat seinen Grund in der Verschiedenheit der Menschen; weil sie besteht, verläuft eine Krankheit auch verschieden bei diesen verschiedenen Menschen. Ist alles Krankheitsgeschehen damit als regellos und unberechenbar erwiesen, oder untersteht es trotzdem geheimen Gesetzen, die es nur zu finden gilt? Vor diese Fragen wurde Paracelsus gerade auf seinen Wanderungen unerbittlich immer aufs neue gestellt. Manches Mal mag er bis an den Rand der Verzweiflung gebracht worden sein von der Erkenntnis, die Goethes Faust sagen läßt: „Und sehen, daß wir nichts wissen können, das will mir schier das Herz verbrennen."

Oftmals schien es ihm, als sei er von bösen Geistern genarrt, wenn wieder einmal ein Mittel versagt hatte, das ihm bis dahin als zuverlässig erschienen war; und ihr Hohnlachen mag ihn in seinen Träumen gepeinigt haben. Dazu kam der Spott seiner Widersacher, die ihn wegen seiner Erfolge haßten und triumphierten, wenn auch er einen Kranken nicht hatte retten können. Mehr als einmal drohten ihn die Enttäuschungen zu überwältigen, und er geriet in Versuchung, der Heilkunst überhaupt den Rücken zu kehren. Aber immer wieder mußte er zurück. Wie von schwerer Krankheit genesen, wurde ihm schließlich klar, daß nicht böse Geister die ärztlichen Mißerfolge verursachen, sondern Unwissenheit, Oberflächlichkeit und Unfähigkeit der Ärzte. Diese Erkenntnis trieb ihn dann von neuem rast- und ruhelos durch die Welt, um immer mehr zu erfahren, erfahren, erfahren . . .

Auf seinen Fahrten ist er nach eigenem Zeugnis nach Granada und Lissabon gekommen, nach Frankreich, England, Schottland und Irland, Dänemark und Schweden; er zog durch die Mark und Preußen, durch Litauen und Polen, Ungarn, die Walachei und Siebenbürgen, sah Kroatien und die Windische Mark (später Krain), ohne daß damit alle Länder aufgeführt wären, die er wohl besucht hat; Asien und Afrika hat er nach seinen eigenen Worten nicht betreten. In vielfältigem Erleben und täglich neuer Erfahrung wollte er ein ganzer Mensch, ein vollkommener Arzt werden, den eigenen Gesichtskreis immer weiter ausdehnend im Kennenlernen neuer Länder, neuer Völker, neuer Sitten, neuer Krankheiten und neuer Heilmittel. Nichts vermag ja den Menschen besser vor rein theoretischem Phantasieren und Spekulieren zu bewahren als „Welterfahrung“: „Denn in der Stuben wird allein erfahren, was die Phantasei gibt.“ Das galt in der Zeit des Paracelsus, wie es für die unsere gilt. Die Künste sind ausgeteilt durch die ganze Welt; sie gehen keinem nach, sondern jeder einzelne Mensch muß ihnen nachgehen: „Müssen die Dinge wandern, bis sie zu dir kommen, so mußt du auch wandern, bis du das erlangst, das zu dir nicht gehen kann; denn Künste haben nicht Füß, daß die Metzger sie dir nachtreiben können!“

Hier liegt vor allem für den Arzt eine ganz große Verpflichtung, damals wie heute: Nicht reichhaltig und verschiedenartig genug kann seine Erfahrung sein, sowohl die allgemeinmenschliche wie die fachlich medizinische. Paracelsus drückt es in seiner anschaulich drastischen Sprache so aus: „Der Arzt muß der Krankheit nach wie die Kuh der Krippen." Sicher war es bei ihm persönlich so gewesen, daß es oftmals die Feindschaft seiner Gegner in den verschiedensten Lagern war, die ihn von Ort zu Ort trieb, daß Haß und Mißgunst seiner Kollegen, die ihm seine großen ärztlichen Erfolge neideten, ihn manches Mal auch da nicht Fuß fassen ließen, wo er es wohl gern gewollt hätte. Er sagt darüber später selbst einmal im Rückblick: „Sie trieben mich aus Litauen, danach aus Preußen, danach aus Polen, war nicht genug. Ich gefiel den Niederländern nicht, den Universitäten nicht, weder Juden noch Mönchen." Und dann eine echt paracelsische Bemerkung: „Ich dank aber Gott, den Kranken gefiel ich!"

Doch sind die äußeren Gründe keineswegs entscheidend für sein rastloses Weltfahren gewesen. Dieses war vielmehr zutiefst in seiner neuen Geistes- und Lebenshaltung bedingt, die derjenigen seiner Zeit völlig entgegengesetzt war; das Wandern war der tragende Grund für alles Leben und Denken Hohenheims. Es beruht auf seiner Erkenntnis, daß dem Menschen nur das wirklich zu eigen ist, was er mit seinen Füßen beschritten, mit seinen Händen ergriffen, mit seinen Augen gesehen, mit seinen Ohren gehört hat. Sinnliche Erfahrung und unmittelbare Anschauung waren ihm die Grundlage aller Erkenntnis, nicht Bücher und Lehren. Das war es ja, was ihn zutiefst von dem ganzen zu seiner Zeit üblichen medizinischen Wissenschaftsbetrieb geschieden hat. Immer neu führt Paracelsus in diesem Zusammenhang einen schönen Vergleich aus: Die Welt liegt wie ein Atlas mit unzähligen Blättern und Bildern vor uns. Er kann aber nicht anders studiert werden, als indem wir seine Blätter mit Füßen treten, hierhin und dorthin wandern, um zu lernen: „Die Schrift wird erforschet durch ihre Buchstaben, die Natur aber durch Land zu Land: als oft ein Land, als oft ein Blatt."

Was war nun der eigentliche Inhalt dieses Wanderns bei Paracelsus? Wanderte er in einem Land, so kannte er es wirklich, das heißt nicht nur zwei oder drei seiner größeren Ortschaften, sondern seine ganze Welt, seine Landschaft, seine Natur, seinen

Himmel und seine Gestirne. Er erlebte seine Lage zu Aufgang und Niedergang der Sonne, nach Mittag und nach Mitternacht hin, er sah seine Täler, Flüsse, Berge, seine Gesteine, Pflanzen und Tiere. Er erfuhr sein Klima am eigenen Leib, seine Stürme und seinen Sonnenschein. Seine besonderen Nahrungsmittel sättigten ihn; er empfand die Heilkraft seiner Wässer oder ihre schädlichen Wirkungen an sich selbst – und erforschte sie. Er konnte auch erleben, daß alle diese vielfältigen Naturkräfte auf die Landesbewohner oftmals eine ganz andere Wirkung ausübten als auf ihn, den Landfremden, der anderen Bedingtheiten entstammte. Er erlebte nicht zuletzt auch die Kranken, Krankheiten, Ärzte und Arzneien in den verschiedenen Himmelsstrichen.

Vor allem aber begegnete er auch dem Volk jedes Landes und seinen Gebräuchen und Überlieferungen, nicht nur den Kollegen, den gelehrten Ärzten an den Hohen Schulen, nicht nur der Oberschicht. Im Heerlager war er in Kriegsfällen wiederholt als Wundarzt tätig; so nahm er vor allem in den Jahren 1518 bis 1520 am Feldzug Christians II. von Dänemark gegen Stockholm und an der blutigen Eroberung dieser Stadt teil. Sowohl hier wie auf der Landstraße, in den Herbergen und Kneipen am Weg traf er mit einer Welt zusammen, deren Antlitz noch nicht durch Wohlstand oder Wissen ausgeglichen war. Auch hier ging er in die Lehre, bei Hexen, Henkern, fahrendem Zigeunervolk, bei Bettelbrüdern, Vaganten und Abenteurern. Er lernte Lebensweise, Arbeit, Vorstellungswelt und Sprache aller dieser Menschen kennen; er hörte von uraltem Volksglauben bei Scherern und Badern, bei Weibern, Schwarzkünstlern, Alchimisten und Mönchen, bei Edlen und Unedlen, bei Einfältigen und Gescheiten. Neben vielem Unbrauchbarem mag er da manches vergessene Heilmittel aus der „Volksmedizin" wiederentdeckt haben, das den gelehrten Medizinern, die ihre Weisheit allein aus den Schriften der Alten schöpften, verlorengegangen war. Denn er erfuhr diese ganze Welt ja als Arzt, als tätiger, nie rastender Helfer seiner Kranken, denen seine Welterfahrung zugute kommen sollte. Sicher gewann er gerade auf dem Gebiet der pflanzlichen Heilmittel und der Heilmineralien auf seinen Fahrten immer neue Erkenntnisse, etwa beim Besuch der skandinavischen Bergwerke oder der Quecksilberbergwerke in Krain. Er lernte nicht zuletzt auch die verschiedenen Formen der Ernährung kennen, wie sie in Wasser, Wein, Brot, Fleisch und Gemüse gegeben waren.

Mit solchem Wanderleben hat er sich in unversöhnlichen Gegensatz zu seiner ganzen Zeit, zu ihrer Heilkunde, zu seinen Kollegen gestellt.

> Hinter dem Ofen sitzen und über Berg und Tal wandern ist ungleich und muß je eines dem anderen *contrarium* (zuwider) sein, sie mein und ich ihr. Soviel sag ich aber von solchem Unterschied, so zwischen ihnen und mir ist als schwarz und weiß. Wie mag hinter dem Ofen ein guter Cosmographus wachsen oder ein guter Geographus? Gibt nicht das Gesicht den Augen einen rechten Grund? Macht Wandern nicht einen jeglichen Handel besser? Gibt Wandern nicht mehr Verstand denn hinterm Ofen sitzen?

Vergleicht er dann allerdings das Ergebnis seines Landfahrens mit dem, was seine Kollegen erreichten, die inzwischen „der Mutter im Schoß gebratene Feigen an einem Spießlein gegessen haben“, so sieht die äußere Bilanz betrüblich genug aus:

> Die hinter dem Ofen sitzen, essen Rebhühner, und die den Künsten nachziehen, essen ein Milchsuppen. Die Winkelblaser tragen Ketten und Seiden an, die da wandern, vermögen kaum ein Zwilch zu bezahlen. Die in der Ringmauer (der Städte) haben Kaltes und Warmes, wie sie wollen; die in den Künsten, wenn der Baum nicht wär, sie hätten nicht ein Schatten.

Er verachtete seine wohlhabenden bürgerlichen Kollegen, die innerhalb der geruhsamen Sicherheit ihrer Stadtmauern in der protzigen roten Amtstracht ihrer Kaste festsaßen, wie sie ihn haßten, weil sie diesen Lebensstil durch seinen unruhigen Drang in alle Welt mit Recht bedroht und gefährdet fühlten. Zwei Welten prallten hier aufeinander: Paracelsus, dem es nur um seinen ärztlichen Beruf, seine Kranken und ihre Leiden zu tun ist; der in faustischem Drang die Welt zu erobern sucht – und jene Satten, denen es nur auf Geld, gutes Leben und ihre Ruhe ankommt, die nicht gewillt sind, auch nur ein Quentchen persönlicher Behaglichkeit der Not ihrer Kranken zu opfern, sondern hinter dem Ofen sitzen und Birnen braten, solange das Volk sich ihre Unwissenheit und Unfähigkeit gefallen läßt.

Und wie sah das innere Ergebnis seiner Wanderungen für Paracelsus aus? Es bestand darin, daß er durch die Erfahrung der Fremde seine eigene und seines Volkes Art besser und tiefer begriffen hat, indem er sie mit der Art der Fremden vergleichen und von ihr abheben konnte. So wird er sich seines Deutschtums erst ganz bewußt und kann schreiben: „Zum ersten danken wir Gott, daß wir ein geborener deutscher Mann sind." Er lehnt fremdes Geistesgut nicht deshalb ab, weil es an sich schlechter wäre als das eigene, sondern weil es für den Deutschen unfruchtbar bleiben muß; es ist unübernehmbar und unverwendbar, weil seinem Wesen unangleichbar. Aus diesem Grund wendet er sich zum Beispiel auch gegen die zu seiner Zeit Mode gewordene kritiklose Italienfahrerei der „deutschen Esel". Es gilt aber auch das Umgekehrte: daß nämlich die deutsche Heilkunde anderen Völkern ebenso unzugänglich wird bleiben müssen wie uns die ihre.

Was für die Heilkunde gilt, gilt auch für ihren Vertreter, den Arzt. Avicenna war gut gewesen für die Araber, Galen ein guter Arzt für die Pergamener, Marsilius für die Italiener. „Mich aber", so sagt Paracelsus, „hat das reich gesegnete Deutschland als den ihm notwendigen Arzt bestimmt." Ebenso überzeugt ist er auch hier wiederum vom Umgekehrten: Er ist zwar der Arzt für Deutschland, doch nicht für die Welt; seine Rezepte sind für Deutschland komponiert und haben seiner Erfahrung nach in diesem Land und bei seinen Menschen geholfen. Höchst zweifelhaft ist jedoch, ob das zum Beispiel auch bei den Arabern oder in Übersee der Fall sein würde. All sein Landfahren durch die für ihn überhaupt erreichbare Welt ist letztlich ausgerichtet auf den Dienst, den er damit dem eigenen Volke leisten will. Alle draußen gewonnene Erkenntnis und Erfahrung, die gar nicht vielfältig und ausgedehnt genug sein kann, soll ihm zugute kommen: „Je mehr du erfahrest, je größer dein Verstand in deinem Vaterland." Bei allem gemeinsamen Wesen, das die gesamte Welt an sich hat, und obwohl sich ihre verschiedenen Regionen und Länder ergänzen können und müssen, ist sie eben doch gegliedert in verschiedene Regionen mit verschiedenen Himmeln, verschiedenen Bewohnern, verschiedenen Sprachen, darum auch verschiedenen Kranken und Krankheiten, verschiedenen Ärzten und Arzneien. Und „nur wer aus den Bedürfnissen des Vaterlandes zum Arzt wird, wird ein vollkommener Arzt für seine Nation werden und würdig sein, mit den größten Ärzten aller Zeiten in einem Atemzug genannt zu werden."

Dieser zutiefst begründeten Selbstbescheidung steht andererseits eine für seine Zeit unvorstellbare Weltweite gegenüber: „Also soll je ein Land dem andern Hilf beweisen, der Rhein der Donau, die Donau dem Rhein, Welschland dem Deutschland, Deutschland dem Welschland, ein jegliches in dem, in welchem dem andern mag geholfen werden." Immer wieder hat ja Paracelsus auf seinen Reisen und Wanderungen erleben können, wie das eine Land im Überfluß hat, was dem anderen fehlt, wie sie also im Grunde alle auf „eine angeborene Freundschaft, von Gott verordnet", angewiesen sind.

Heimat und Welt – das waren die beiden Pole, zwischen denen die Wanderjahre Hohenheims sich erstreckten. Aus der Heimat in die Weite und mit den Erfahrungen der Welt zurück in die Heimat, um ihr zu dienen als ihr guter und getreuer Arzt – das war Sinn und Inhalt von Hohenheims Wanderjahren. So fand seine Wanderschaft in schöner Symbolik ein vorläufiges Ende, als er im Jahr 1524 aus Krain über Pettau in der Steiermark zurückkehrte nach Villach, in das Haus seines getreuesten Lehrers und Freundes, seines Vaters Wilhelm von Hohenheim.

Von Arzneistoffen und Heilquellen

In Südwestdeutschland (Sommer 1524 bis Frühjahr 1527)

Paracelsus stand in seinem 31. Jahr, als er im Sommer 1524 wieder von Villach nordwärts aufbrach. Er wandte sich nach Salzburg und nahm dort bei Wolfgang Büchler in der Kumpfmühle Wohnung. Es mag seine Absicht gewesen sein, hier endlich eine geregelte Praxis zu führen; darüber hinaus wird er das Bedürfnis gehabt haben, endlich einmal etwas von all dem, was er in den Jahren seines Wanderlebens erfahren und durchdacht hatte, schriftlich niederzulegen. Nur wenn es ihm gelang, in der Form des Buchs einen größeren Kreis von Menschen zu erreichen, konnte all dieser Reichtum über seine eigene Person hinaus wirklich fruchtbar werden für viele Ärzte und Kranke.

So ist er im August 1524 in Salzburg mit seinen frühesten schriftlichen Ausarbeitungen beschäftigt; und zwar ist es ein theologisches Problem, das ihn hier zur Niederschrift drängt. Diesem ersten Versuch sind im Lauf seines Lebens eine Fülle weiterer theologischer Ausarbeitungen gefolgt, die neben seiner umfangreichen ärztlichen Schriftstellerei entstanden. Seine eigene starke religiös-theologische Neigung kam der religiösen Gärung seiner Zeit entgegen: Sein Salzburger Aufenthalt und die anschließenden Jahre liegen ja inmitten der großen Religionskrise, die Deutschland im Zeitalter der Reformation durchlebte. Ihren Beginn hatte Paracelsus fern der Heimat erlebt; wir wissen nicht, wann und wo ihn die Nachricht erreichte, daß Luther am 1. Oktober 1517 an der Schloßkirche zu Wittenberg seine 95 Thesen gegen den Mißbrauch des Ablasses angeschlagen hatte. Nicht nur, daß jetzt jeder einzelne sich persönlich vor die Entscheidung für oder gegen die Lehre der Reformation gestellt sah – sehr bald griffen die Auswirkungen dieser Tat vom eigentlich religiösen Gebiet auf das politische über; die Landesfürsten nahmen teils für Luther Partei, teils gegen ihn, der Kaiser erklärte ihn in die Reichsacht. Von Friedrich dem Weisen von Sachsen zu seinem eigenen Schutz auf die Wartburg gebracht, beginnt Luther dort, die Bibel ins Deutsche zu übersetzen. An der Spitze der Reichsritter erhebt sich Franz von Sickingen gegen die katholischen geistlichen Fürstentümer; im Jahr 1523 fällt er bei der Verteidigung seiner Burg. Ulrich von Hutten, der sein Leben lang im leidenschaftlichen Kampf gegen Rom und für ein einiges Deutschland gestanden hat, stirbt im gleichen Jahr als Flüchtling auf der Insel Ufenau im Zürichsee.

Im Jahr 1524 erheben sich die Bauern. Sie waren mit Frondiensten und Abgaben überlastet; im Krieg mußten sie bluten; vor den Gerichten wurde ihnen kein Recht zuteil. Die Geistlichkeit beteiligte sich durch Gebühren und Abgaben an ihrer Aussaugung. Ohne eine Vertretung im Reich und auf den Landtagen bestand für sie keinerlei Aussicht, ihre Lage auf rechtmäßigem Weg jemals zu bessern. Jetzt fordern sie die Aufhebung der Leibeigenschaft, Beschränkung der Abgaben, Freiheit der Jagd, Einziehung des Kirchenguts, Wahl der Pfarrer durch die Gemeinden, Abschaffung des römischen Rechts und Einsetzung einer Volksgerichtsbarkeit nach deutschem Recht. Sie wählen den Ritter Götz von Berlichingen zu ihrem Feldhauptmann, der als Feind der Geistlichkeit und der Fürsten bei ihnen in hohem Ansehen steht und nach einigem Zögern die Wahl auch annimmt. In Thüringen sammelt Thomas Münzer die aufständischen Bauern gemeinsam mit den Bilderstürmern und den aus der Schweiz gekommenen Wiedertäufern um sich. In ganz Süddeutschland gärt es; auch in Salzburg brechen Unruhen aus.

Wir finden Paracelsus auf der Seite der Bauern. Das konnte nicht anders sein, denn den Armen gehörte zeit seines Lebens sein Herz. Als Arzt war er in die Häuser der Bauern gekommen und hatte ihr Elend mit eigenen Augen gesehen. Er mußte sich jetzt zu ihnen bekennen, denn um der Bauern Recht und Freiheit ging der Kampf. Paracelsus sah auf den letzten Sinn, der hinter dem oft so grausamen Kampf der Bauern stand; demgegenüber traten für ihn die Entgleisungen, das schließlich jede Schranke überrennende Freiheitsstreben, das Luther von der Sache der Bauern schied, zurück. Und nicht nur das soziale, sondern auch das politische Moment mußte Paracelsus an die Seite der Bauern führen. Sie erstrebten eine Beschränkung der fürstlichen Gewalt zugunsten eines starken Kaisertums, die Schaffung einer machtvollen Zentralgewalt, die den Eigenwillen der Fürsten zu zügeln vermochte. Das aber war auch der politische Gedanke des Paracelsus, der ihn unter anderem zu einem Gegner des Papstes machte: daß einmal aus den „deutschen Landen“ ein „Deutschland“ werden sollte.

In den Monaten April und Mai des Jahrs 1525 erreichten die Unruhen ihren Höhepunkt. Erzbischof Matthäus Lang von Salzburg suchte mit allen Mitteln der Aufständischen Herr zu werden, und auch der „Volksmann“ Paracelsus erregte seinen Verdacht, so daß man zu seiner Verhaftung schritt. Beim Verhör konnte ihm jedoch nichts nachgewiesen werden, und so ließ man ihn wieder frei. Zur gleichen Zeit stand in Thüringen das Heer der aufständischen Bauern unter der Führung von Thomas Münzer bei Frankenhausen den vereinigten Truppen des Landgrafen Philipp von Hessen, des Kurfürsten Johann und der Herzöge Georg und Heinrich von Sachsen gegenüber. Die schlecht bewaffneten Bauern wurden besiegt, Thomas Münzer wurde auf der Flucht ergriffen, am 30. Mai gefoltert und mit fünfundzwanzig anderen Aufrührern enthauptet. Doch die Salzburger Bauern zogen siegreich in die Stadt an der Salzach ein. Aber schließlich gelang es dem berühmten Landsknechtführer Georg von Frundsberg, sie zum Abzug und zu einem Vergleich mit ihrem Bischof zu bewegen.

Für Paracelsus machte die Lage in Salzburg eine gedeihliche ärztliche Tätigkeit unmöglich. Unter Zurücklassung seiner Habe – es war nicht viel mehr als zwei Kamelhaargewänder, ein Blasrohr, ein Zirkel und ein Kompaß sowie das Bild seines Vaters, das noch heute im Museum zu Salzburg gezeigt wird – schlug er den Weg nach Nordwesten ein. Er zog über München nach Ingolstadt, wo er mehrere Monate verbracht zu haben scheint. Seit 1472 war diese Stadt Sitz einer bedeutenden Universität, die Paracelsus früh in seinen Schriften erwähnt; allerdings scheint er von ihrer medizinischen Fakultät keinen sehr überzeugenden Eindruck erhalten zu haben: Der Lehrbetrieb war hier ebenso dogmatisch gebunden, wie er es an anderen Hochschulen erlebt hatte. Von den dort tätigen Lehrern der Heilkunde erwähnt er Petrus de Burckhardis, der an chronischer Bronchitis mit Erstickungsanfällen litt und im Frühjahr 1526 seinem Leiden erlag. Zu diesem Zeitpunkt hatte Paracelsus Ingolstadt wahrscheinlich bereits wieder verlassen.

Schon damals scheint Hohenheim geradezu der Ruf eines Wunderarztes vorausgegangen zu sein, und auch in Ingolstadt gelangen ihm einige aufsehenerregende Heilungen. So erzählt hundertfünfzig Jahre später ein Bericht, Hohenheim sei dort bei einem Ratsherrn, der zugleich Gastwirt war, abgestiegen; er hatte eine Tochter, die von Geburt an gelähmt war. Paracelsus habe ihr verordnet, eine Messerspitze seines „Azoth des Roten Löwen" in einem Löffel Wein nach der Mahlzeit zu nehmen und danach kurz zu schwitzen. Am Abend des gleichen Tages soll das dreiundzwanzigjährige Mädchen, das zuvor noch keinen Schritt gegangen war, in das Zimmer ihrer Eltern gegangen sein und sich vor Paracelsus niedergeworfen haben. Sicher ist diese Erzählung nur eine Legende; sie beweist aber, wie rasch der Mythos sich dieses großen Arztes bemächtigte und daß seine ärztlichen Erfolge so groß gewesen sein müssen, daß

Rechts: Johann I., Kurfürst von Sachsen (1468–1532)

Links: Thomas Münzer (1490 bis 1525) führte die thüringischen Bauern in der Schlacht von Frankenhausen.

man ihm auch das Unglaubliche, ja das Wunder zutraute.

Ob Paracelsus beabsichtigt hatte, sich als Arzt in Ingolstadt niederzulassen, und was ihn bewog, von dort wieder aufzubrechen, ist unbekannt. Jedenfalls zog er weiter nach Neuburg an der Donau, das er auch später noch öfter besuchte. Vielleicht begegnete ihm dort schon damals der Alchimist Hans Kilian, mit dem er seine Erfahrungen austauschte; dieser muß einer der wenigen Menschen gewesen sein, die für die Denkart des Paracelsus offen waren. Er war es wohl auch, auf dessen Veranlassung in den folgenden Jahren in der Schloßbibliothek der Wittelsbacher in Neuburg Paracelsus-Handschriften mit besonderer Sorgfalt gesammelt und für eine spätere Zeit aufbewahrt wurden, die diesem großen unzeitgemäßen Arzt und Denker näher sein würde, als es seine Zeitgenossen waren.

Bis zu Beginn des Jahrs 1527 haben wir Paracelsus dann in Württemberg, Baden und im Elsaß zu suchen. Damit hatte er den südwestdeutschen Raum betreten, der ihn im ganzen vier Jahre lang festhielt. Es war eine Zeit angestrengter wissenschaftlicher Untersuchungen und ausgedehnter schriftstellerischer Tätigkeit.

Vor allem die zahlreichen natürlichen Bäder und Heilquellen dieser Gegend erregten das Interesse Hohenheims. Diese aus den Tiefen der Erde kommenden heißen Mineralwässer entstammen ja jenem Reich der Elemente, in dessen Wunderwelt Paracelsus schon in den Bergwerken Kärntens begierig einzudringen versucht hatte. Wildbad, Baden-Baden und Liebenzell genossen bereits damals einen bedeutenden Ruf als Heilbäder.

Von den natürlichen Bädern, den „Bädern der Gesundheit", wie Paracelsus sie einmal nennt, handeln zwei seiner frühesten Schriften, die im Jahr 1526 entstanden sein mögen. Er erkannte als erster, daß die Quellen von Baden-Baden, Wildbad und Liebenzell einen gemeinsamen Ursprung haben, eine Entdeckung, die von der modernen Balneologie bestätigt werden konnte. Er beschreibt auch genauestens Zusammensetzung und Wirkungsweise einer ganzen Anzahl anderer Bäder und sieht in den warmen Wassern ebenso wichtige Heilmittel, wie es die Heilpflanzen sind; wie diese gehören sie darum in den ärztlichen Heilschatz.

Die Wasser nehmen während ihres unterirdischen Laufs Mineralstoffe an sich und müssen sie „demnach an den Tag bringen und ihre Hitze behalten, die sie inwendig empfangen haben". Oftmals muß eine solche heiße Quelle so weit laufen, daß sie unterwegs einen Teil ihrer ursprünglichen Wärme einbüßt; hieraus erklärt sich die Tatsache, „daß die Wasser so heiß nicht kommen, wie sie geboren werden". Die chemische Analyse der Heilquellen führte Paracelsus weiter zu der Erkenntnis, daß die warmen Wasser oder Thermen reicher an Mineralstoffen sind als die kalten und diese darum auch in ihrer Heilwirkung übertreffen. In weiser Voraussicht ist es so geordnet, daß das Wasser, welches Vieh und Menschen, Gras und Bäume brauchen und das sie täglich trinken, diese Wirkstoffe nicht enthält; es ist gut für die Gesunden, wie die Thermen heilsam sind für die Kranken. Die Arznei ist also von der Natur getrennt von dem, was nicht Arznei ist.

Die Wirkung der medizinischen Bäder muß ergänzt werden durch eine entsprechende Diät: Die Eigenschaft des Bads und die Diät müssen zusammenpassen. Doch warnt Paracelsus davor,

Der Lehrbetrieb an der medizinischen Fakultät der Universität Ingolstadt war nach Paracelsus' Meinung zu dogmatisch.

die Kranken sozusagen nur als Verlegenheitsbehelf ins Bad zu schicken, ehe zuvor alle Möglichkeiten einer Arzneibehandlung genauestens erwogen oder auch erprobt sind. Er warnt davor, den Kranken zu verschicken, um ihn loszuwerden, ehe eine Verschlimmerung seines Leidens eintritt, oder gar zum bloßen Vergnügen des Patienten.

Sicheren Erfolg vermag jedoch auch das beste Bad nicht in jedem Fall zu gewährleisten, so wenig, wie die Wirkung eines anderen Heilmittels absolut gewiß ist, ohne daß sich mit Sicherheit sagen ließe, warum in einem Fall versagt, was in zahlreichen anderen Fällen half. Hier stoßen Arzt und Kranker wieder einmal an die Grenzen, welche die Natur auch der besten Heilkunde gesetzt hat.

Im Spätherbst 1526 traf Paracelsus dann in Straßburg ein; am 5. Dezember erwarb er das Bürgerrecht der Stadt durch Eintragung in ihr Bürgerbuch, das in der letzten Spalte des Jahrs den Vermerk enthält: „Item Theophrastus von Hohenheim der Artzney Doctor hat das Bürgerrecht kaufft und dient zur Lutzernen (Luzerne oder Laterne). Actum Mittwoch nach Andreae Apostoli." Zur Zunft der Luzerne gehörten neben Kornhändlern, Müllern und Stärkefabrikanten von alters her auch die Chirurgen; und so kommt in der Wahl seiner Zunft das Bekenntnis Hohenheims zur Wundarznei zum Ausdruck.

Die geistige Atmosphäre Straßburgs wird für Paracelsus der Hauptanziehungspunkt gewesen sein. Im Lauf ihrer vielhundertjährigen Geschichte hat die Stadt sich immer wieder als der geheimnisvolle Magnet erwiesen, der die besten deutschen Geister mit magischer Kraft anzieht. Das unvollendete Münster Erwin von Steinbachs wurde zum deutschen Symbol. Und Goethes Schau dieses Münsters gewann repräsentative Bedeutung für die ganze Nation. Die not- und schmerzensreiche Geschichte Deutschlands aber erschien verdichtet in dem not- und schmerzensreichen Schicksal gerade dieser Stadt.

In ganz Südwestdeutschland herrschte in diesen Jahren ein besonders reges geistiges Leben. Tübingen und Freiburg waren Universitäten von Rang, und am Rhein stritten Straßburg und Basel um die geistige Vorherrschaft. In Straßburg hatte Gutenberg sich seit 1436 mit der Buchdruckerkunst beschäftigt und dort seine erste Druckerpresse aufgestellt. Hier lebten die Dichter Sebastian Brant und Thomas Murner, der Humanist Jakob Wimpfeling; hier wirkte seit 1525 als Stadtmeister Jakob Sturm, der sich früh der Reformation angeschlossen hatte. Seit den Tagen, da Geiler von Kaisersberg seine berühmten Predigten im Straßburger Münster gehalten hatte, war auch das religiöse Leben in dieser Stadt stets besonders rege geblieben.

In seinen Straßburger Monaten brachte Paracelsus wohl eines seiner bedeutendsten Werke zum Abschluß, den „Herbarius", das „Kräuterbuch". Der große Lebenskampf des Paracelsus ging ebenfalls gegen die unfähigen und gewissenlosen Apotheker, die „Sudelköche". Denn auch auf dem Gebiet der Arzneimittelherstellung waren die Mißstände jener Zeit für uns fast unvorstellbar. Die Apotheker beuteten im Verein mit den Ärzten die Kranken regelrecht aus; es bestanden geradezu Gewinnbeteiligungsverträge zwischen ihnen, in denen letztere sich verpflichteten, möglichst kostspielige Rezepte zu verschreiben, erstere sie dafür an ihrem Verdienst daraus teilnehmen ließen. Da sich dieses ganze Treiben hinter hochklingenden lateinischen und für die Kranken unverständlichen Ausdrücken und Namen verbergen konnte, war es für diese nur schwer möglich, das Spiel zu durchschauen, das auf ihre Kosten betrieben wurde. Die Rezepte wurden „mehr und böser geflickt denn ein Bettlersrock". Vierzig, fünfzig und mehr Bestandteile wurden darin addiert, multipliziert und durcheinander gekocht auf scheinbar höchst kunstvolle Weise – doch die Kranken wurden nicht gesund davon. In den Apotheken wurden diese Rezepte dann oftmals durch Kinder bereitet, „so der Schrift und Materialia noch unerfahren, keinen Verstand haben".

Dazu kam das geschäftliche Interesse des Handels. Der deutsche Arzneimittelmarkt war mit ausländischen Drogen überschwemmt: „Da aber das Wissen und die Kunst bei den Ärzten verloschen war, da mußte man über Meer fahren und Arznei bringen von allen Landen, was dorten, hier auch gut sei." Die einheimischen Kräuter standen gering im Wert, obwohl es an Versuchen, eine deutsche Pharmazie zu begründen, auch vor dieser Zeit nicht gefehlt hatte. Nicht nur, daß die oft von weit her eingeführten Drogen außerordentlich teuer waren – die Kaufleute und Krämer brachten auch nichts ungefälscht übers Meer, so daß Paracelsus ausruft: „Nun ermesset ihr Leser all, wie eine große Beschwerde ist es nun dem Kranken, der in Todes Nöten liegt, daß er soll solchen Kaufleuten ihren Falsch allen fressen und damit gesund werden!" Mit der Arznei „ist gleich als mit dem Tuch, je weiter, je besser; das heimische, das seine Wärme auch gibt, wird verachtet".

Dabei liegt in Wirklichkeit der Heilschatz vor dem eigenen Haus:

> Was dem Menschen vonnöten ist zu haben, das hat ihm Gott geschaffen, daß er's ringlich und leichtlich haben mag. Was aber nicht vonnöten ist, dasselbige hat Gott desto weniger geschaffen ohn Überfluß. Also solltet ihr auch verstehen, daß die Arznei vonnöten ist, daß der Mensch sie habe. Darum darf er nicht übers Meer ziehen darnach, er hat's herwärts des Meeres, noch diejenigen zu uns, sie haben das ihrige auch zu ihrer Gesundheit.

Paracelsus hat die Heilpflanzen vieler Länder auf seinen Wanderfahrten genauestens kennengelernt und erproben können, ganz anders als andere Schreiber, „die sich hoch bemühet haben zu schreiben Herbarios; aber so man's besieht, ist es nichts anderes als vom Hörensagen, welches Hören mit allen Lügen unterspickt wird. Also machen sie Bücher vom Hörensagen, wissen nicht, ist es wahr oder erlogen. Danach kommen die Neoterici, Moderni usw. und flicken von diesem, von jenem zusammen und machen auch Bücher, wissen aber nicht, ist es wahr oder erlogen. So man dieselben fraget, wer hat dir's gesagt, so kommt es auf Nonnen und alte Weiber, zum letzten ist es ein Wähnen. Einer, der da schreiben will ein Buch, muß sich nicht ziehen auf die, welche nur reden und schreiben auf Hörensagen, sondern auf die soll er sein Kirchen bauen, die aus der Experienz (Erfahrung) reden."

Nun hat sich Paracelsus darangemacht, als praktische Maßnahme gegen die herrschende Überfremdung auf dem Arzneimittelmarkt seinen Herbarius zu schreiben, „von den Kräutern und Wurzeln, Samen und Blättern, soviel ich auf diese Zeit erfahren habe und weiß – also daß da eine ganze Hilf gefunden werde den Kranken". Er untersucht darin, „ob nicht deutsche Nation solches selbst hätte in ihrer Gewalt, und ohne die fremden transmarinen (überseeischen) auch möchte bestehen". Dabei kommt er zu dem Ergebnis:

> In dem hat sich befunden fast wohl und genugsam, alle Ding überflüssig zu haben auf eigenem Boden, Gründen und Gütern zu einer jeglichen Krankheit, und zudem noch viel mehr Arznei und besser denn Arabia, Chaldäa, Persia, Graecia vermögen; also daß billiger wäre, sie beschickten ihr Arznei von uns Deutschen als wir von ihnen.

Was aber hatte nun eigentlich die Deutschen dazu gebracht, die fremde Arzneimitteleinfuhr so bedenkenlos aufzunehmen und darüber die Heilmittel des eigenen Landes zu vergessen? Da begegnet Paracelsus seinen alten Feinden wieder, gegen die sein Kampf schon auf der Hohen Schule von Ferrara begonnen hatte: den Büchern der Alten, den Schriften der Juden, Araber und Griechen. Sie kannten die deutschen Heilkräuter natürlich nicht und konnten sie deshalb auch nicht anwenden; ihr ausgeklügeltes System von der Viersäftelehre hatte sie dazu gebracht, nur noch mit den groben Mitteln des Aderlasses und des Abführens zu arbeiten – die einfachen Heilmittel der Natur blieben ihnen stumm. Mit Gewalt und Übereilung wollten sie erzwingen, was die Natur mit Bedacht und Milde erreicht. So waren die Bücher fremder Verfasser aus der Fremde gekommen und hatten die fremden Arzneien mit nach Deutschland gebracht. Die fremden Lehren hatten die Ärzte verdorben, die fremden Lehren verdarben den Heilschatz.

Gegenüber diesen Irrlehren war Paracelsus eine ganz große neue Erkenntnis aufgegangen: „Wo die Krankheiten sind, da sind auch die Arzneien, und wo die Krankheit und Arznei ist, da ist auch der Arzt. Wo Gott dem Menschen seine Wohnung geschaffen hat, da hat er ihm auch sein Essen, Trinken, alle Notdurft und die Arznei in seinem Garten geschaffen." Paracelsus hatte auf allen seinen Fahrten immer wieder erlebt, wie verschieden die Länder und Menschen, die Krankheiten und ihre Arzneien waren, aber auch, daß stets beieinander war, was zueinander gehörte und einander nötig war.

Die Rezepte, die er schrieb, waren einfach – so einfach, daß seine gelehrten Kollegen die Nase rümpften. Sie waren verständlich und – sie halfen. Er vermochte, „das Kraut in seinen Balsam zu bringen und hatte einen trefflichen Schatz in der Natur Heimlichkeiten, mehr denn alle Skribenten in allen ihren Künsten". Er bereitete nur den Weg für die „natürliche Wirkung" der Arznei: „Also daß die Natur wirkt, nicht Zauberei." Wundervoll schildert Paracelsus dieses Wirken der Arznei:

> Der Mensch hat auf Erden ein Tagwerk, das er tun soll, und alle seine Arbeit ist nur eine Arbeit, nur ein Tagwerk. So nun das Tagwerk aus ist, so ist er tot, und der Tod ist das End seines Tagwerks. Also ist nun mit dem Kraut. Den Schaden soll es heilen, das ist nun sein Tagwerk, an dem Tagwerk arbeitet es so lang, bis es gar erfault; so ist sein Tagwerk aus, und der Schaden ist geheilt.

Nicht nur, weil er aus der Not eine Tugend machte, wurde Paracelsus sein eigener Chemiker und Apotheker. Die Chemie oder Alchemie, wie es in der Sprache seiner Zeit hieß, war für ihn einer der Grundpfeiler, auf denen jedes echte und gute ärztliche Handeln ruhen muß, während sie bis dahin, obwohl häufig gerade von Ärzten betrieben, abseits und für sich, ohne verbindende Brücke zur Medizin gestanden hatte. Und die Apotheker waren nicht nur gewissenlos, sondern auch unfähig; ihr Tun war weit entfernt von jeder „Kunst", sondern bestenfalls ein mechanisches Zerstoßen der Bestandteile im Mörser, ein Einschütten und Mischen; durch sinnloses Kochen zerstörten sie häufig gerade die heilkräftigen Bestandteile der Arzneien. Für Paracelsus jedoch war die Scheidung des Brauchbaren vom Unbrauchbaren, die Vollendung des Unvollkommenen, die Bereitung des „Rohstoffes" das Wesentliche jedes alchimistischen Prozesses:

„Was aus der Natur wächst dem Menschen zunutz, der es dahin bringt, dahin es verordnet wird von der Natur, der ist ein Alchimist." Die Arznei von den ihr anhaftenden Schlacken zu befreien, sie rein und klar herauszustellen – das ist für Paracelsus das hohe Amt des Alchimisten und Apothekers, der sein soll „ein Bereiter der Arznei, der da die Arznei rein macht und lauter und gibt sie vollkommen und ganz". Diese reine Arznei nennt Paracelsus das *Arcanum.* Eine ganze Welt lag zwischen dieser Auffassung und dem bestenfalls sinnlosen, häufig aber leichtsinnigen und verbrecherischen Tun in den zeitgenössischen Apotheken. Paracelsus, der Arzt, war aber den Kranken, nicht den Apothekern verantwortlich; nicht zu ihrem Nutzen hatte er seinen Doktoreid geschworen, sondern zum Besten der Kranken.

Ein Dreiklang war es gewesen, den Paracelsus angeschlagen hatte: „Einem jeglichen Land wächst seine Krankheit selbst, seine Arznei selbst, sein Arzt selbst." Auch der Arzt ist ein Stück der Natur seines Landes; er gehört ihm zu wie seine Berge und die Pflanzen, er kann sich nicht von ihm scheiden. So kann der rheinländische Arzt nicht am Nil wachsen und der nilische Arzt nicht an der Donau. Die Ärzte können die Wahrheit nur in ihrem Vaterland erfahren; . . . Nur in dem Land kann der Arzt arzneien, dessen Natur er wirklich in sich aufgenommen hat. Und dieses „Landes Art, Eigenschaft, Natur und Wesen" muß er in die Behandlung seiner Kranken einbauen, wenn sie Erfolg haben soll – ein Gedanke, den zweitausend Jahre früher bereits Hippokrates ausgesprochen hatte und der über dem gläubigen Nachbeten Galens, Avicennas usw. zum Schaden der Heilkunde und zum Schaden der Kranken verlorengegangen war. Hippokrates als auch Paracelsus mögen diese tiefe Erkenntnis aber gerade von ihren Fahrten durch die weite Welt mitgebracht haben.

Auf der Hohen Schule – Gegen die Hohen Schulen

In Basel (Sommer 1527 bis Februar 1528)

Rasch muß die Kunde von den erfolgreichen Heilungen des Paracelsus von Straßburg aus in die Städte der Umgebung gedrungen sein. Schon im Spätsommer des Jahrs 1526 langte ein

Bote bei ihm an, der ihn an das Krankenbett des berühmten Buchdruckers Johannes Froben nach Basel rief.

Froben stand in seinem 67. Jahr, als er von einem Schlaganfall getroffen wurde, der vor allem in einem Bein sehr schmerzhafte Spuren hinterließ. Die berühmtesten Baseler Autoritäten hatten sich erfolglos um die Wiederherstellung Frobens bemüht; doch das Leiden hatte sich unter ihrer Kur nur verschlimmert. Schließlich gaben die Baseler Ärzte das Bein verloren; in der Meinung, daß Brand hinzugetreten sei, rieten sie zur Amputation. Die letzte Hoffnung des Kranken richtete sich nun auf den jungen Straßburger Arzt.

Als Paracelsus Froben untersuchte, wurde ihm sogleich die Natur seines Leidens klar; er setzte die bis dahin angewandten Mittel ab, verordnete neue Arzneien, und Froben wurde unter seiner Behandlung binnen kurzer Zeit gesund. Er fühlte sich so wohl, daß er im Frühjahr und Herbst 1527 – allerdings entgegen dem ärztlichen Rat Hohenheims – zweimal zur Buchhändlermesse nach Erfurt ritt.

Durch seine seit 1460 bestehende Hochschule und seine berühmten Buchdruckereien hatte Basel sich seit der Jahrhundertwende zu einem der bedeutendsten Orte des deutschen Geistes- und Kunstlebens entwickelt. Seine Mauern beherbergten Erasmus von Rotterdam, der im Hause Frobens wohnte; hier lebte Holbein, der häufig als Gast in das Haus Frobens kam. So bekam Paracelsus Verbindung mit den größten Geistern Basels; Holbein malte, wie von manchen Forschern angenommen wird, sein Bildnis; Erasmus, seit längerem kränkelnd, holte seinen Rat ein und erbat sich ein ärztliches Gutachten von ihm.

In diesem Gutachten stellte Paracelsus das Bestehen einer „tartarischen“ Krankheit, wie er es nannte, bei ihm fest; wir würden heute etwa von Gicht sprechen. Es gehört zu den Verdiensten Hohenheims, das Bild dieser Krankheit entwickelt zu haben, der er mehrere Abhandlungen gewidmet hat. Er empfahl Erasmus eine Änderung der bisherigen Behandlungsweise und warnte ihn vor allem vor dem Gebrauch von Abführmitteln, die zusammen mit dem Aderlaß zu den damals beliebtesten und häufigsten Mitteln ärztlichen Handelns gehörten. Das Gutachten ist voller Begriffe und Namen, die Paracelsus im Zusammenhang mit seiner

Krankheitslehre neu geprägt und für die es im medizinischen Gedankengebäude der alten Ärzte überhaupt keine Ansatzpunkte gegeben hatte. So war es nicht etwa bloße Neuerungssucht, die ihn zur Verwendung bisher nicht gebrauchter Begriffe und Wörter trieb – dahinter stand vielmehr seine tiefe und richtige Erkenntnis, daß sich im Lauf der Jahrhunderte neue Krankheiten eingestellt hatten, die es zur Zeit der Alten noch gar nicht gab, und daß darüber hinaus bestehende Krankheiten mit der Zeit ihr Wesen und ihre Eigenschaften verändert hatten. So schreibt er gegen Ende seines Lebens:

> Mir ist auch begegnet, daß ich den Krankheiten neue nomina (Namen) gebe, die niemand erkenne noch verstehe. Warum ich nicht bleibe bei den alten nominibus? Wie kann ich die alten nomina brauchen, dieweil sie nicht gehen aus dem Grund, aus dem die Krankheit entspringt, sondern es sind nur Übernomina, die niemand weiß wahrhaftig, ob er die Krankheit mit denselbigen Namen recht nenne oder nicht. So ich die Krankheit verstehe und erkenne, so kann ich dem Kind wohl selbst den Namen schöpfen. Mich bekümmert das allein, den Ursprung einer Krankheit und seine Heilung zu erfahren und den Namen in dasselbige zu konkordieren (damit in Übereinstimmung zu bringen).

Selbst ein Mann wie Erasmus empfand die paracelsische Ausdrucksweise als ungewöhnlich; doch ist sein Antwortschreiben an Hohenheim voller Bewunderung für diesen. Darin schreibt er etwa:

> Es ist mir rätselhaft, woher du mich so durch und durch kennst, da du mich doch nur ein einziges Mal gesehen hast. Die hohe Wahrheit deiner geheimnisvollen Worte erkenne ich nicht auf Grund ärztlichen Wissens – das ich nie erworben habe –, sondern auf Grund meines simplen Gemüts. In der Lebergegend habe ich bereits seit langem Schmerzen; aber ich konnte nicht ahnen, was die Quelle des Übels war. Die Nierenstörungen habe ich schon vor mehreren Jahren im Harn gesehen. Was das dritte ist, verstehe ich nicht ganz; doch scheint es mir einleuchtend, daß so etwas Beschwerden machen kann. In diesen Tagen habe ich keine Zeit zum Medizinieren, Kranksein oder Sterben, so sehr bin ich mit Arbeit überhäuft. Wenn es aber etwas gibt, was mir vor der Auflösung

Links: Auch Erasmus von Rotterdam (1465 bis 1536) holte bei Paracelsus ärztlichen Rat ein.

Rechts: Den berühmten Basler Buchdrucker Johannes Froben (um 1460–1527) kurierte Paracelsus von einem hartnäckigen Beinleiden.

Ansicht von Straßburg. Kupferstich des Matthäus Merian d. J. von 1663

> des Leibes mein Übel lindern kann, dann setze mir, bitte, etwas ausführlicher auseinander, was du mir mehr als lakonisch kurz mitgeteilt hast, und verschreibe mir einige Heilmittel, die ich nehmen möchte, sobald ich Zeit dazu habe. Ich kann dir keinen Lohn versprechen, der deiner Kunst und Mühe angemessen wäre, aber eine dankbare Gesinnung verspreche ich dir. Froben hast du aus dem Totenreich zurückgerufen – das ist die Hälfte meiner selbst. Wenn du auch mich wieder gesund machst, machst du in jedem einzelnen von uns beide wieder gesund. Möge das Schicksal dich in Basel festhalten! Ich fürchte, daß du dies in Eile Geschriebene nicht wirst lesen können. Leb wohl! Erasmus aus Rotterdam eigenhändig.

Das Aufsehen, das die erfolgreiche Kur Hohenheims an Johannes Froben in Basel erregte, muß ungewöhnlich groß gewesen sein. Auf Anregung maßgebender Männer, unter ihnen Erasmus, entschloß sich der Rat der Stadt, Paracelsus die frei gewordene Stadtarztstelle anzubieten und ihm gleichzeitig die Genehmigung zur Abhaltung von Vorlesungen an der Universität zu erteilen. Daß er sich bei dieser Genehmigung nicht auch der Zustimmung der medizinischen Fakultät versicherte, sollte später für ihn die verhängnisvollsten Folgen haben.

Das Angebot des Baseler Rates war so verlockend für Paracelsus, daß er es ohne Zögern annahm und im Frühjahr 1527 nach Basel übersiedelte. Er stand damals in seinem 34. Jahr; er hatte alle Länder Europas gesehen, neue Wege für die ärztliche Wissenschaft und Praxis gefunden und war sich seiner Berufung als Erneuerer der Heilkunde bewußt geworden. Seine Gedanken hatte er bisher nur so weit schriftlich niederlegen können, als seine Fahrten ihm die Ruhe dazu ließen. Fast ein Jahrzehnt der Einsamkeit lag hinter ihm – es ist begreiflich, daß es ihn nun nach Rede und Gegenrede verlangte, daß ihn die Möglichkeit lockte, seine Lehre in die Herzen der zukünftigen jungen Ärzte legen zu können; daß er sich von dem Umgang mit Schülern Anregung und Klärung für seine eigenen Gedanken versprach. Wer anders sollte denn zum Träger dieser Gedanken werden, wenn nicht die Generation der jungen Ärzte, die auf den Hohen Schulen heranwuchsen! Mochten die alten Professoren der Heilkunde ihn als unbequemen Revolutionär ablehnen und seine Art sowenig verstehen wie seine Lehre – die Jugend als der natürliche Feind des Alten mußte sein gegebener Bundesgenosse sein.

Für diese Jugend hat Paracelsus ein Programm entworfen, das er als Flugzettel drucken, verteilen und anschlagen ließ. Dieses „Baseler Programm" ist eines der bedeutsamsten Zeugnisse seines Denkens:

> Theophrastus Bombastus von Hohenheim aus Einsiedeln, beider Arzneien Doktor und Professor, grüßt die Studenten der Medizin!
> Nur sehr wenige Ärzte üben in unseren Tagen die Heilkunst mit Glück aus, die als einzige unter allen Disziplinen gleichwie ein Gottesgeschenk durch das lobende Zeugnis sowohl der heiligen wie der weltlichen Schriftsteller als notwendig bezeichnet wird. Es war deshalb nötig, sie wieder zu ihrer ursprünglichen Würde zurückzuführen . . ., und so werde ich sie von den schwersten Irrtümern reinigen. Ich habe nicht den Lehren der Alten zugeschworen, sondern nur denen, die ich aus der Natur der Dinge und eigenen Erwägungen gewonnen und durch lange Praxis und Erfahrung bestätigt gefunden habe. Wer wüßte nicht, daß heutzutage die meisten Ärzte die übelsten Fehltritte zum größten Schaden der Kranken begangen haben, weil sie sich allzu ängstlich an die Worte des Hippokrates, Galen, Avicenna und anderer klammern, als ob diese wie Orakel vom Dreifuß der Pythia kämen, von denen man nicht um Fingerbreite abweichen dürfe. Aus den Händen solcher Lehrmeister gehen zwar, so Gott will, höchst elegante Doktoren, niemals aber Ärzte hervor. Beim Arzt kommt es nicht auf Titel, Beredsamkeit, Sprachkunde und die Kenntnis vieler Bücher an, wenn diese für ihn auch keine kleine Zierde sein mögen, sondern auf die tiefste Kenntnis der Naturdinge und Naturgeheimnisse, die allein leicht alles andere aufwiegt. Aufgabe des Redners ist es, beredt sprechen zu können, zu überzeugen und den Richter auf seine Seite zu bringen – Aufgabe des Arztes, die verschiedenen Arten der Leiden, ihre Ursachen und Symptome zu kennen; darüber hinaus ihnen mit Scharfsinn und Fleiß die ihnen zukommenden Heilmittel zu verabfolgen und nach Vermögen möglichst allen Heilung zu bringen.
>
> Was mich betrifft, so werde ich – um meine Lehrmethode kurz zu beschreiben –, durch ein großzügiges Honorar von den Baseler Herren dazu eingeladen, täglich zweistündig mit

großem Fleiß zu großem Nutzen meiner Hörer publice (öffentlich) Bücher der praktischen und theoretischen Medizin, deren Verfasser ich selbst bin, erklären. Diese Bücher habe ich nicht, wie andere es machen, aus Hippokrates, Galen oder anderen zusammengeschrieben, sondern ich bin durch Erfahrung, die höchste Lehrmeisterin der Dinge, und durch Fleiß zu ihnen gelangt. Und wenn ich es unternehmen werde, etwas zu beweisen, dann wird Experiment und Überlegung die Stelle der Autoritäten vertreten.

Wenn darum, meine lieben Leser, jemand die Geheimnisse dieser göttlichen Kunst locken und Liebe und Verlangen ihn erfüllt und wenn er in kurzer Zeit erlernen will, was zu diesem Fach gehört, dann möge er zu mir nach Basel kommen, und er wird noch weit mehr und Größeres finden, als ich in dieser Kürze sagen kann. Damit mein Vorhaben den Studierenden noch klarer bekannt wird, will ich nur sagen, daß ich den Alten in ihrer Lehre von den Komplexionen und Säften ganz und gar nicht folge, aus denen fälschlicherweise alle Krankheiten hergeleitet werden, weswegen heute keiner oder doch nur sehr wenige unter den Ärzten eine genaue Kenntnis der Krankheiten, ihrer Ursachen und der kritischen Tage haben.

Dies gleichsam an einer Fangleine Dargelegte möge Euch genügen! Ich untersage Euch, leichtfertig über all dies zu urteilen, bevor Ihr Theophrast selbst gehört habt. Lebt wohl, und prüft wohlwollend meinen Versuch, die Heilkunde zu erneuern.

Basel, am 5. Juni 1527

Das Ansehen der Baseler medizinischen Fakultät war mit der erfolgreichen Wiederherstellung Frobens durch Paracelsus stark erschüttert worden; dieses Programm Hohenheims für seine Schüler mußte ihm einen weiteren schweren Stoß versetzen. War es doch mit nichts beschönigender Offenheit gegen die akademischen Lehrer der Heilkunde und die von ihnen ausgebildeten Ärzte gerichtet. Ihnen galt der Vorwurf, daß ihnen jede eigene Anschauung und Erfahrung fehle, daß sie wie Papageien nachplapperten, was Hippokrates, Galen und Avicenna Hunderte von Jahren vorher gelehrt hatten, und daß ihre Kranken von ihnen zugrunde gerichtet würden. Hier war der offene Angriff auf die geheiligten Autoritäten der antiken Medizin eröffnet, an denen, wie sie glaubten, nur ein Wahnsinniger rütteln konnte.

Der Johannistag des Jahrs 1527 gab Paracelsus die Gelegenheit, durch eine große symbolische Handlung in aller Öffentlichkeit seinen Standpunkt auch den breiten Massen vor Augen zu führen. Dies ist der Tag, den unsere deutsche Medizin der Neuzeit als ihren Geburtstag für alle Zeiten feierlich begehen sollte. Denn an diesem Tag zeigte sich sinnfällig, daß sie sich von der Gebundenheit mittelalterlichen Autoritätsglaubens losrang, um nun wie Kunst und Philosophie, Wissenschaft und Technik durch den deutschen Geist zu eigener Form und Gestalt zu gelangen. Es wird viel Volk unterwegs gewesen sein an diesem 24. Juni, als auf dem Marktplatz von Basel das St.-Johannis-Feuer loderte. Paracelsus näherte sich dem Feuer mit einem Buch in der Hand. Es war eines von denen, welche die ganze Summe der ärztlichen Weisheit bringen wollten, das heißt, es war höchst kümmerlich aus den verschiedensten Autoren zusammengeschrieben, galt aber unter den zeitgenössischen Professoren und Ärzten als Meisterwerk. Eine rasche Bewegung, und das Büchlein pfiff durch die Luft, fiel hinein in das Flammenmeer. Später schreibt Paracelsus einmal darüber: „Ich habe die Summe der Bücher in St. Johannisfeuer geworfen, auf daß alles Unglück mit dem Rauch in die Luft gang, und also ist gereinigt worden die Monarchei.“

Jedenfalls hatte Paracelsus es mit den Vertretern der Baseler medizinischen Fakultät nunmehr endgültig verdorben. Hatte er sich von ihnen geschieden, so hatten auch sie ihn nie als einen der ihren anerkannt. Von Anfang an hatte er sie übergangen: Er hatte sich nicht in die Matrikel eingeschrieben, hatte seine Diplome nicht vorgelegt, sich keiner Disputation unterzogen, wie es der Brauch war. Vielleicht, so begann man in den Professorenkreisen zu munkeln, besaß er die Doktordiplome gar nicht? Jedenfalls verbot die Fakultät ihm den Hörsaal. Vor allem aber versuchte sie, die öffentliche Meinung gegen ihn aufzubringen. Die Doktoren und Ärzte Basels scheuten sich nicht, auf die Gassen zu gehen und den ihnen unangenehmen Konkurrenten hinter seinem Rücken zu schmähen und zu lästern. Obwohl er vom Rat der Stadt als Stadtarzt und Professor berufen war, sprachen sie ihm das Recht auf Praxisausübung und Lehrtätigkeit ab: Sie seien die Fakultät und die Dekane, Paracelsus gehöre nicht zu ihnen. Und bald bekam er auch die Folgen ihres hinterhältigen Treibens zu spüren: Seine früheren Patienten begannen ihn zu meiden, der Zuspruch zu seiner ärztlichen Praxis ging merklich zurück.

So mußte Hohenheim sich bereits im Sommer 1527 mit einer Eingabe an den Rat der Stadt wenden, der ihn berufen hatte. Gleichzeitig benutzt er diese Eingabe dazu, eine regelmäßige Visitierung der Apotheken zu fordern. Er verlangt die Beaufsichtigung der Apotheker durch den Stadtarzt, ein Verbot der finanziellen Abreden zwischen Ärzten und Apothekern und weiter eine Kontrolle der Preisgestaltung für Arzneimittel. Die Apotheker sollen geprüft werden, ob sie genügend erfahren und geschickt für ihr Amt sind, damit aus ihrer Unwissenheit und Untüchtigkeit den Kranken kein Schaden entstehe; er fordert ihre Beaufsichtigung, daß sie die Rezepte selbst bereiten und die Herstellung nicht unerfahrenen Kindern überlassen.

Man darf annehmen, daß der Rat der Stadt den berechtigten Klagen und Vorstellungen Hohenheims stattgegeben hat und der Fakultät gegenüber für ihn eingetreten ist. Paracelsus hat wohl so viel erreicht, daß er seine Vorlesungen im Universitätsgebäude am „Rheinsprung", dem späteren sogenannten „Unteren Collegium", fortsetzen konnte. Das verlangte Promotionsrecht ist ihm allerdings nicht zugesprochen worden. Rastlos setzte er in den folgenden Monaten seine Lehrtätigkeit fort: Er liest über spezielle Pathologie (Krankheitslehre) und Therapie, über Arzneibereitung und Arzneiverordnung, über Puls- und Harndiagnostik, über die Lehrsätze des Hippokrates, über Purgieren und Aderlaß, über Verletzungen und chirurgische Krankheiten.

Bedeuteten seine Lehren ihrem Inhalt nach einen revolutionären Einbruch in die geruhsame und gesicherte Welt akademischer Gelehrsamkeit, so war die Form, in der er sie brachte, nicht weniger umwälzend: Wo bisher die lateinische Gelehrtensprache die unumschränkte Herrschaft gehabt hatte, da hielt er als erster an einer Universität seine Vorlesungen in deutscher Sprache, die bisher nur für Roßknechte und Viehtreiber gut gewesen war. Denn die deutsche Sprache war ihm ebensowohl eine Hauptsprache wie Latein, Griechisch und Arabisch. Das

Lateinische hatte seine Träger völlig abgeschlossen von der profanen Welt der „gewöhnlichen“ Menschen, wie keine Mauer es vollständiger hätte tun können. Darüber hinaus war es geeignet gewesen, erforderlichenfalls hinter hochklingenden unverständlichen Ausdrücken die Unwissenheit und Ratlosigkeit seiner Benutzer erfolgreich zu verbergen. Paracelsus hatte nichts zu verbergen – seine erfolgreiche Heiltätigkeit sprach laut genug. Nichts lag ihm auch ferner als hochmütige Absonderung von den Hilfesuchenden und Leidenden: Als Helfer und Heiler wollte er ihnen vielmehr so nahe wie möglich kommen. Dazu mußte er sich ihnen auch so verständlich wie möglich machen, und das konnte nur in der deutschen Sprache geschehen. Das gleiche galt bei seinen Schülern und Kollegen, um die er warb, um ihnen den Zugang zu seiner Gedankenwelt zu eröffnen. So ruft er den lateinisch daherstolzierenden Ärzten seiner Zeit zu:

> Ihr seid jedermann rotwelsch und habt euch so seltsam *dictionarios* und *vocabularios* gemacht; wer's ansieht, mag unbeschissen nicht hinwegkommen. Und schicket's mit solchem Rotwelsch in die Apotheke, daß sie es selbst im Garten besser hätten. Also ist die Medizin von den Gelehrten geschieden wie ein Hundsschlager von frommen Leuten, so doch die Arznei so lauter und klar in seines Vaterlandes Sprach stehen soll, daß der Deutsche den Araber versteht und die Griechen den Deutschen.

Es ist bekannt, mit welchen Schwierigkeiten Luther bei seiner Bibelübertragung ins Deutsche zu kämpfen hatte; dabei ist die Bibel immerhin in der Sprache des täglichen Lebens geschrieben. Paracelsus hingegen mußte zuvor Herr über eine Fülle ungefügen Stoffes werden: Von der überwältigenden Menge seiner unendlich vielfältigen Erfahrungen ausgehend, hatte er ja eine ganze Welt neuer, bisher unerhörter Begriffe aufzubauen. Sie galt es dann in eine sprachliche Form zu gießen, die es ebenfalls noch nicht gab. Paracelsus hat nicht nur das Verdienst, die deutsche Sprache in die Gelehrtenwelt eingeführt, sondern überhaupt erst eine deutsche ärztliche Fachsprache begründet zu haben.

Kein Wunder, daß dieser Kampf mit dem Stoff und dem

Ausdruck sich in allem, was er schreibt, bemerkbar macht. Sein Ringen mit einer erst neu zu schaffenden Welt macht seine Rede oft so heftig. Sein Mühen um eigene Klarheit läßt ihn die Vergleiche, Bilder, Umschreibungen, Wiederholungen oftmals häufen; von allen Seiten versucht er seinen Gegenstand anzugehen, um die Wahrheit seiner Erfahrungen zu beweisen. Er beginnt Sätze, die er wieder abbricht, weil ihn inzwischen schon ein neuer Gedanke bedrängt. Er verhaspelt sich in seinen eigenen Konstruktionen, weil sie die Fülle und den Reichtum seiner Erfahrungen nicht zu umfassen vermögen. Zwischendurch greift er zu lateinischen Worten, wo ihm noch kein deutsches zur Hand ist. Er hat unendlich viel mehr zu sagen, als er sagen kann. Dieser fortwährende Kampf mit Stoff und Form macht seine Schriften für uns zwar schwer verständlich – aber das hat nicht das geringste mit gewollter Geheimniskrämerei und Wichtigtuerei zu schaffen, wie man sie ihm oftmals vorgeworfen hat. Vielmehr ist er mit all seiner Kraft gerade um die Klärung und Weitergabe seines reichen Erfahrungsschatzes bemüht, der sonst mit ihm der Welt verlorenginge. Was dieser wache, kühne, selbständige Forscher erfahren hatte, das wollte er auch den anderen anschaulich und deutlich machen.

Diese Fülle der Erfahrung gibt seiner Sprache andererseits ihre reiche Kraft und Frische. Es ist nichts von Stubenluft und Fachsimpelei darin, keine aus früheren Büchern „abgezogenen" – abstrakten – Begriffe und Namen; vielmehr spürt man hinter jedem Wort die eigene Anschauung und sinnliche Erfahrung des Gegenstands. Greifbar wird in seinen Sätzen, was er in Mineralogie und Botanik, in Chemie und Meteorologie, im Laboratorium – der „chymischen Kuchl", wie es damals hieß –, auf der Wanderschaft, an den Krankenlagern versucht, beobachtet, erfahren hatte. Wie Luther „dem gemeinen Mann aufs Maul sah", so schöpfte Paracelsus für seine Sprache aus dem Umgang mit dem „Volke", das seine Kollegen in großem Bogen mieden. Einer ihrer vielen Vorwürfe gegen ihn richtete sich auf seinen unbefangenen Umgang mit den Menschen, die er in Herbergen, in Kneipen und auf der Landstraße traf, mit Fuhrleuten, Wanderern und Badern, ja auch mit Zigeunern, Juden und Henkern.

Hinter allem, was Paracelsus schreibt, steht die ganze Kraft seiner menschlichen Persönlichkeit, die er bis zum äußersten einsetzt. Das wird verstärkt spürbar dadurch, daß ein großer Teil dessen, was er schreibt, Kampfschriften sind, mit denen er sachlichen und meist auch persönlichen Widersachern entgegentritt. Meist sind sie einem seiner Schüler des Nachts auf den Wanderfahrten diktiert im Anschluß an ein aufwühlendes Erlebnis oder eine neue bedeutsame Erfahrung des Tags. Sie entbehren fast alle der Einheitlichkeit und Geschlossenheit: Will man die Ansicht Hohenheims zu einer Frage wirklich vollständig erforschen, so bleibt praktisch jedesmal eigentlich nur der Gang durch sein gesamtes Schrifttum. Er will ja auch keine wissenschaftlichen Abhandlungen schreiben, er will vielmehr seine Leser innerlich ergreifen, sie sittlich verpflichten, ihr Gewissen aufrütteln gegenüber den Mißständen der Zeit. Meistens waren es ja neben den Angriffen seiner Gegner eben diese Mißstände, die ihm überhaupt erst den Anstoß zum Schreiben gaben. Denn so ungeheuer umfangreich seine literarische Hinterlassenschaft auch ist: Paracelsus war nichts weniger als „Literat". Er war in erster Linie handelnder Arzt und Helfer, der durch seine lebendige Persönlichkeit wirkte. In der Abwehr seiner Gegner überschreitet er oft jedes Maß – das Gefäß der Sprache vermag dann seinen Hohn, seine Verachtung, sein Selbstvertrauen kaum zu fassen, es droht zu bersten. Aber dieser Stil der Kampfschrift ist ebensosehr im ganzen Stil der Zeit begründet wie darüber hinaus noch besonders in seiner Person.

Voller Entrüstung wandten sich die Mitglieder der Baseler medizinischen Fakultät gegen den kühnen Neuerer, der es wagte, seine Vorlesungen auf deutsch zu halten. Wo blieb da die vornehme Absonderung der Wissenschaft, ihr Glanz und ihre Würde? Man zog die von ihm geprägten Begriffe und Namen ins Lächerliche, weil man sie nicht begriff. Man eröffnete einen neuen Angriff und verbreitete das Gerücht, Paracelsus müsse sich der deutschen Sprache notgedrungen bedienen, weil er weder Latein noch Griechisch könne. Aus den lateinisch geschriebenen Briefen und Aufsätzen Hohenheims, die uns erhalten sind, geht jedoch klar hervor, daß er es in bezug auf Beherrschung und Gewandtheit in dieser Sprache sehr wohl mit den zeitgenössischen Humanisten aufnehmen konnte.

Doch all das kümmerte Paracelsus wenig, wenn ihm nur die Jugend folgte; die Feindschaft der alten Generation würde sich in Kürze nach der natürlichen Absterbensordnung von selbst erledigen. Doch da geschah etwas, was ihn in tiefster Seele traf. Auch in der Jugend gibt es stets einzelne, die sich aus Überzeugung oder um sich dadurch das Wohlwollen ihrer Lehrer zu sichern, auf die Seite des Alten stellen. Es muß den Baseler Professoren gelungen sein, sich solcher Naturen zu versichern, um den Kampf gegen den großen Neuerer zu gewinnen. An einem Sonntagmorgen fand man im Dom, an der Martins- und Peterskirche sowie an der neuen Burse ein Spottgedicht angeschlagen, das nur von einem Schüler Hohenheims stammen konnte. Diese Schmähverse waren in die Form eines Briefs gekleidet, den der Geist des griechischen Arztes Galen, den Paracelsus stets besonders scharf angriff, aus der Unterwelt an Theophrast von Hohenheim gerichtet hatte. Der Name *Theo*phrastus, der soviel bedeutet wie ein Mann, der Göttliches spricht, war in *Caco*phrastus, das heißt einen, der Mist redet, abgeändert. Der Brief lautete etwa:

> Du lästerst meinen Ruhm und nennst mich einen Schwätzer und geistigen Krüppel. Du sagst, ich hätte von der Heilkunde keinen Schimmer, oder wenn ich ihn gehabt hätte, habe ich keinen Gebrauch davon gemacht. Unerträglich ist mir dein Geschwätz. Deine schäbigen Mittel Lauch und Zwiebel, die du so gerne verordnest, habe ich zwar nicht gekannt. Aber die Nießwurz, das altbewährte Mittel gegen Geisteskrankheit, war mir bekannt; ich schicke dir eine Portion davon, die macht dir den Kopf wieder klar.
>
> Was du daherfaselst, verstehe ich nicht. Ich weiß nicht, was „spagyrische Träume“ sind oder was „Ares“ bedeutet, „Yliadus“, „Essatum“, „Taphneus“ und „Archeus“; solche Ungeheuer hat nicht einmal das Wunderland Afrika hervorgebracht.
>
> Und mit mir willst du wütende Redeschlachten ausfechten? Verrecken will ich, wenn du würdig bist, dem Hippokrates sein Nachtgeschirr nachzutragen oder meine Schweine zu hüten, du Laffe! Was schmückst du Dohle dich mit gestohlenen Federn? Deine Ruhmredigkeit hat kurze Beine. Was willst du schon vortragen, du lebst ja nur von gestohlenem Geistesgut! Am besten wäre für dich ein Strick, an dem du

dich aufhängen kannst, nachdem du in- und auswendig durchschaut bist. Doch du sagst, lasset uns leben und unseren Aufenthalt ändern; Betrug schadet, aber eine neue Kunst hilft uns durch. Noch kennt der Hörsaal solche Bauernweisheit nicht.

Mehr mit dir zu sprechen, verbieten mir die Gesetze hier am Totenfluß. Mag er dies inzwischen verdauen, lieber Leser. Leb wohl. Aus der Unterwelt.

Die tiefe Enttäuschung, die Paracelsus durch diesen Verrat seiner Schüler erlitten hat, hat er sein Leben lang nicht verwunden. Seinen Studenten hatte er sein Bestes geben wollen, alles, was er sich an Erkenntnissen erarbeitet, an Erfahrungen angeeignet hatte, wie er später einmal schrieb: „Darinnen ich mich soviel entblöße, daß endlich mein Herz soll männiglich geoffenbart werden." Diese Enttäuschung ist einer der Gründe für seine große Einsamkeit geworden. Er war allerdings schon von Haus aus seinem Wesen nach ein großer Einsamer, der sich letzten Endes auch stark genug fühlte, solche Einsamkeit zu tragen, und darum zu seinem Wahlspruch machen konnte: „Einem andern soll nicht gehören, wer selbst sein eigen sein kann."

Die Sommervorlesungen waren Ende August abgeschlossen, die ersten Hochschulferien brachen für Hohenheim an. Schwere Monate hatte er hinter sich, und es ist verständlich, wenn er das Verlangen hatte, die Stadt für eine Weile zu verlassen und sich im Umgang mit Freunden wieder aufzurichten. Ein Studienfreund Hohenheims, Christoph Clauser, hatte sich in Zürich als Arzt niedergelassen. Rund zwölf Jahre waren vergangen, seit sie in Ferrara voneinander Abschied genommen hatten, wo sie sich als Landsleute wohl besonders eng aneinander angeschlossen hatten. Hohenheim hatte inzwischen die Welt gesehen – was mochte aus dem Freund geworden sein?

Paracelsus' Ruf ist von Basel aus auch zu den Studenten der Universität Zürich gedrungen, wo Clauser ihn eingeführt haben wird. Manche gute Stunde hat er in der nächsten Zeit im fröhlichen Zecherkreis verbracht; nach allem Schweren, das hinter ihm lag, tat es ihm wohl, mit den Fröhlichen fröhlich zu sein und die nötige Erholung und Entspannung zu finden, so daß die Traurigkeit mehr und mehr von ihm wich.

So kehrte er Ende Oktober voll hoffnungsfroher Erwartung nach Basel zurück. Doch dort empfing ihn eine neue Hiobsbotschaft: Johannes Froben war während seiner Abwesenheit einem zweiten Schlaganfall erlegen. Von der Wirkung dieser Kunde auf Hohenheim gibt ein erschütternder Brief Zeugnis, den er am 11. November an die Züricher Studenten schrieb:

> Wie elend ist das Los der Menschen! Kaum eine Freude gibt es, der nicht sogleich die Trauer folgt. Noch nie kam mir meine Blindheit so sehr zum Bewußtsein wie jetzt. Ich hatte nicht bedacht, daß ein weiser Mann nicht nur auf das achten muß, was vor seinen Füßen liegt, sondern auch auf das, was hinter seinem Rücken geschieht. Ursache zu dieser Erkenntnis ist die Tatsache, daß Eure angenehme Gesellschaft, deren ich mich dankbar erinnere, meinen Sinn und meine Augen so sehr abgelenkt hat, daß ich nicht an die Zukunft dachte. Vor allem erwartete ich nichts Ungünstiges von ihr. Jetzt sehe ich, was ich damals hätte voraussehen müssen. Wie soll ich da in meiner Trauer ein Maß kennen?
>
> Der liebste Freund, den ich in Basel gehabt habe, ist infolge einer falschen Behandlung gestorben, an deren Folgen er schon vorher daniederlag. Dann habe ich ihn aus der schweren Not, in die er durch die unerfahrenen, in Italien ausgebildeten lächerlichen Ärzte geraten war, befreit und von seiner Krankheit geheilt. Dafür ist Erasmus von Rotterdam, ein Brief von seiner eigenen Hand und seine ganze Familie Zeuge. Nachdem er seine Kräfte wiedergewonnen hatte, verließ ich ihn genesen und bei guter Gesundheit und kam froh zu Euch. Während ich bei Euch Erholung und Entspannung fand, erkrankte er aufs neue und starb, Johannes Froben, der Vater und Beschützer aller Gelehrten und guten Menschen – er war ja selbst ein Gelehrter und guter Mensch – und der eifrigste Förderer jeglicher Bildung. Deshalb muß ich in gleicher Weise für mich ein plötzliches Ende meines Lebens befürchten von dem, der uns diesen entrissen hat. Was soll ich meiner Seele sagen oder vielmehr der seinen? Hört auf meine Mahnung und seid wachsam, beste Zechgenossen! Und wenn ich vielleicht hier meiner Pflicht nicht ganz nachkommen kann, dann erklärt dies aus der großen Trauer, die mich quält und die mich nicht ganz Herr meiner selbst sein läßt.
>
> Lebt wohl, beste Kameraden, und behaltet Euren Theophrast lieb!
>
> Basel, 11. November 1527

Den Gegnern Hohenheims war Frobens Tod der willkommene Anlaß, erneut gegen ihn vorzugehen. Die Rettung Frobens nach der ersten Krankheit war den Baseler Bürgern als Wunder erschienen; von dem Arzt, der das vermocht hatte, erwartete man nun für alle Zeit das Unmögliche. Jetzt traten diejenigen, die er damals als Nichtswisser und Nichtskönner entlarvt hatte, wieder als die Klugen auf, die es verstanden, den ärztlichen Erfolg Hohenheims nachträglich in ein Versagen umzufälschen. Welche Bedeutung hatte denn die Heilung Frobens durch ihn gehabt, wenn sie nur von so kurzer Dauer war? Das Richtige wäre damals doch die Amputation des Beins gewesen, sie hätte zu einer Dauerheilung geführt. Hätte man sie nur machen lassen – dann wäre alles gut geworden und Froben lebte! Dieses ganze Gerede fand schließlich doch aufnahmebereite Ohren, und der Tod Frobens wirkte sich für die Lehrtätigkeit und ärztliche Praxis Hohenheims als Katastrophe aus. Mit einem Schlag war sein Ruf als Wunderarzt dahin.

Wie eine Krankheit schleppt sich nun sein Aufenthalt in Basel vom Herbst 1527 bis in den Februar 1528 hin. Denn seit der Veröffentlichung des Schmähgedichts ist Hohenheims Stellung unhaltbar geworden. Was aber nun folgt und schließlich zu seiner Flucht aus Basel führt, entbehrt jeder Größe und gehört ganz und gar in das Gebiet menschlicher Unzulänglichkeit. Es sind Prozeßstreitigkeiten in einer leidigen Honorarangelegenheit, welche Paracelsus die Stadt endgültig verleiden. Er hatte den Domherrn Cornelius von Liechtenfels auf ein Honorar von hundert Gulden verklagt – eine für die damalige Zeit allerdings außerordentlich hohe Summe. Doch hatte dieser sie ihm unter den Beschwerden seiner Krankheit aus freien Stücken zugesagt. Es war keineswegs etwa die Art Hohenheims, große Rechnungen zu schreiben. Von den Armen hat er niemals eine Entlohnung für seine ärztliche Hilfeleistung verlangt; von den Reichen nahm er das Geld, um die Armen umsonst behandeln zu können. Oftmals hat er jedoch die alte Erfahrung bestätigt gesehen, daß den Menschen, wenn sie in Schmerzen liegen, kein Preis zu hoch erscheint, um nur wieder gesund zu werden, und daß sie nichts mehr von ihren Versprechungen wissen wollen, wenn Schmerzen und Krankheit vorüber sind. Gerade hochgestellte Persönlichkeiten haben nicht selten

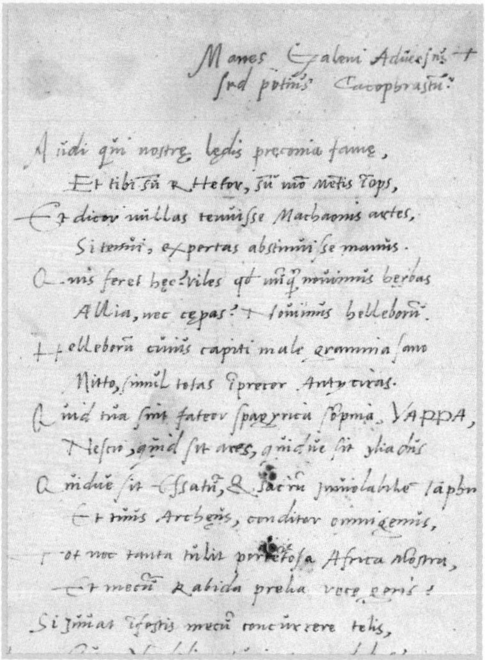

Manes Galeni Adversus [illegible]
sed potius Cacophrastum

Audi qui nostre ledis preconia fame,
Et tibi sum Rhetor, sum nisi mutis [illegible],
Et dicor nullas tenuisse Machaonis artes,
Si teneam, expertas abstinuisse manus.
Quis feret hec? viles quod nunquam nominis herbas
Allia, nec cepas? [illegible] helleborum.
Helleborum cuius capiti male grammatica [illegible]
Mitto, simul totas [illegible] Anticyras.
Quid tua sint fateor spagyrica somnia, VAPPA,
Nescio, quid sit ares, quid ve sit yliadus
Quidve sit Essatum, & sacrum inviolabile [illegible]
Et tantus Archeus, conditor omnigenis,
Tot nec tanta tulit portentosa Africa monstra,
Et mecum rabida prelia voce geris!
Si juvat [illegible] mecum concurrere telis,

Das Schmähgedicht, das Paracelsus' Schüler auf ihn verfaßten, traf ihn tief.

versucht, Paracelsus um sein wohlverdientes Honorar zu prellen. Auf Grund dieser üblen Erfahrungen ist es verständlich, daß Paracelsus den Domherrn Cornelius nicht so ohne weiteres durchkommen lassen wollte. Doch da geschah das Unerwartete: Das Gericht nahm die Partei des Beklagten und wies Hohenheims Forderung als zu hoch ab. Das war zuviel für Paracelsus: Man urteile beim Gericht über die ärztliche Hilfe, wie wenn es sich dabei um Schuhemachen handle. Für Spielen, Huren und Saufen zahle jedermann gern, für das Gesundwerden keiner. Da könne man es gut verstehen, wenn keiner mehr Arzt werden wolle; denn kein Geld werde mit mehr Recht verdient, aber übler gegeben als das ärztliche Honorar. So und ähnlich muß Paracelsus sich damals über das Urteil des Baseler Gerichtshofes in aller Öffentlichkeit geäußert haben. Und durch solche Reden verdarb er es auch mit seinen letzten Anhängern. Der Rat der Stadt, der ihn bisher gestützt hatte, wandte sich jetzt ebenfalls von ihm ab. Bei Nacht und Nebel verließ er die Stadt, um ins Elsaß zurückzukehren, von wo er hoffnungsgeschwellt gekommen war.

Die Professoren Basels hatten ihren Triumph; sie waren den unangenehmen Konkurrenten los. Die Gefahr für ihren Ruf und die von ihnen vertretene altüberkommene Wissenschaft war noch einmal gebannt. Das Alte hatte scheinbar gesiegt. Es war gelungen, den kühnen Neuerer mit dem Schwergewicht akademischer Tradition zu erschlagen – so schien es.

Paracelsus aber lebte allen zum Trotz. Fehlgeschlagen war nur sein Versuch, seine Gedanken durch die Lehrtätigkeit an einer Hohen Schule zu verbreiten; denn in der akademischen Welt, die dem Trägheitsgesetz gehorchte, war die Macht des Alten noch stärker als die Kraft des Neuen. So mußte Paracelsus andere Wege suchen, auf denen er zwar die gleichen Gegner traf, wo er ihnen aber im offenen Gelände Mann gegen Mann begegnen konnte, nicht hinter den uneinnehmbaren Mauern einer akademischen Festung. Und die bitteren Baseler Monate waren keine verlorene Zeit: Aus eigenster Erfahrung hatte Paracelsus dort noch einmal den Geist der Hohen Schulen und ihrer Vertreter erfahren, die seine eigentlichen Gegner stets gewesen waren und immer geblieben sind. Diese persönlichen Erlebnisse erklären aber auch die Unbändigkeit seines Hasses und die ganze Tiefe seiner Verachtung, mit denen er gegen diese Welt bis an sein Lebensende zu Felde zog.

Gemeinnutz geht vor Eigennutz

In Colmar (Februar 1528 bis September 1528)

Nach all den Stürmen seiner Baseler Zeit lenkte Paracelsus seine Schritte jetzt nach Colmar, wo Lorenz Fries und die Seinen ihm freundschaftlich entgegenkamen und er auch sonst in der Stadt gut aufgenommen wurde. Es gab zwar allerlei, was die beiden Männer voneinander schied und was in späterer Zeit sogar zum Bruch zwischen ihnen führte, so vor allem ihre weit auseinandergehende Haltung zur Astrologie. Als Paracelsus später gegen den Mißbrauch Stellung nahm, der zu seiner Zeit mit den astrologischen Vorhersagen getrieben wurde, da mußte er sich auch gegen Lorenz Fries wenden. Ebenso konnte Paracelsus mit dem berühmten „Spiegel der Arznei“, den Fries im Jahr 1518 veröffentlicht hatte, sachlich wenig übereinstimmen. Doch gab es ein starkes Band, das die beiden Männer trotz dieser Gegensätze in Freundschaft zusammenführte: das Band der deutschen Sprache. Auch Lorenz Fries hatte es nämlich gewagt, sein Buch in deutscher Sprache zu veröffentlichen.

Neben dem Umgang mit Lorenz Fries war es die Arbeit, mit der

Paracelsus über die unangenehmen Erlebnisse in Basel hinwegzukommen suchte. Schon bald nach seiner Ankunft in Colmar sah er sich einem großen Zustrom von Kranken gegenüber.

Eine bedeutsame praktische Erkenntnis hatten die Baseler Erfahrungen jedoch für Paracelsus mit sich gebracht: Er hatte gesehen, daß er als einzelner unmöglich den Kampf gegen die Vertreter einer überalterten Heilkunde gewinnen konnte, daß er dazu vielmehr des Schutzes und der Förderung durch diejenigen bedurfte, die von Amts wegen für das Wohl der Gemeinden zu sorgen hatten. So wandte Paracelsus sich künftig in allen Orten, die er in den nun folgenden Jahren aufsuchte, sogleich an die Väter der Stadt, um sich ihre Unterstützung für seine Tätigkeit, vor allem für die Drucklegung seiner Werke, zu sichern: in Colmar an Hieronymus Boner und Konrad Wickram, in Nürnberg an Lazarus Spengler, in St. Gallen an Joachim von Watt, in Villach an die Kärntner Landstände. Sie, die Vertreter des politischen Lebens, suchte er als Bundesgenossen zu gewinnen; ihnen ist daher so manche seiner Schriften gewidmet. Und gerade in diesen Vorreden klingt oftmals ein Motiv an, das sich durch nahezu alle Werke Hohenheims in immer neuen Abwandlungen hindurchzieht, das Thema: Gemeinnutz geht vor Eigennutz.

Wir hatten schon in kurzen Strichen das Bild vom Menschen gezeichnet, wie es sich Paracelsus in vielfältiger Erfahrung geformt hatte, seine Gefährdung und Vergänglichkeit, aber auch seine Größe und Ewigkeit. Diesen Menschen – nicht zuletzt auch sich selbst – hat er jedoch niemals nur als einzelnen gesehen, sondern stets eingegliedert in ein Ganzes, in die Gemeinschaft, also inmitten der sozialen Umwelt, in die ihn die Natur hineingestellt hat. So dient auch der Beruf dem einzelnen zwar zum Erwerb der Mittel, die er zum Unterhalt für sich und die Seinen braucht, doch darüber hinaus ist dieser Beruf Dienst an der Gesamtheit, an den Mitmenschen:

> Dieweil ein jeglicher ihm selbst zu Lieb, zu Ehr oder Lob nichts lernen noch anfangen soll, sondern allein seinem Nächsten, das ist der Gemein ihr Nutz, Ehr und Lob betrachten mit täglicher Arbeit. In solchen Tugenden, die zu ergründen und der Gemein fürzustehen, soll weder Mund, Aug, Ohr, Händ

> noch Füß feiern. Wiewohl auch uns Sterblichen Gott auf Erden also verordnet hat, daß einem jeglichen sein angeboren Amt geben ist, aus der Ursach allein geschehen, daß wir unserm Nächsten nach Inhalt seines Gebots die Liebe wissen zu erzeigen.

Dadurch, daß sie sich als Diener des Nächsten begreifen, erhalten erst jeder Stand und jede Arbeit ihren Adel: Bauern und Handwerker, Lehrer und Soldaten, Könige und Kaiser – sie alle haben nicht dem eigenen Nutzen zu dienen, sondern dem Nutzen derer, auf die ihr Tun ausgerichtet ist. Darüber hinaus leuchtet hier bei Paracelsus eine zutiefst richtige Erkenntnis auf: Da, wo die Arbeit Selbstzweck wird oder wo sie nur dem eigenen Vorankommen dienen soll, kurz, wo sie „in den eigen Nutz gerichtet ist, da fälschen sich die Künste, auch das Werk; denn Kunst und Werkschaft müssen aus der Liebe entspringen, sonst ist nichts Vollkommenes da“.

Die ganze Natur will Paracelsus unter dem Gesichtspunkt des Gemeinnutzes sehen: das Lamm, das seine Wolle nicht für sich trägt, sondern für den Weber und Kürschner; die Heilpflanzen, welche die Natur nicht als Selbstzweck, sondern zu Nutz und Frommen des Menschen hervorbringt. Der Mensch steht für Paracelsus überhaupt im Mittelpunkt der Schöpfung; auf ihn ist sie nach Sinn und Wesen ausgerichtet.

Was nun schon für die Berufe der Menschen im allgemeinen gilt, das gilt in ganz besonderer Weise für den des Arztes, der „Gottes liebstes Kind“ ist, ja, der geradezu „in den leiblichen Krankheiten Gott versieht und verwest“, durch den Gott selbst wirkt, der darum aber auch unter ganz besonderer Verantwortung steht. Am allerwenigsten darf er „mit der Arznei allein begehren, sich selbst zu erhalten“. Ihn und die Arznei begreift Paracelsus unter dem Bild des „unteren Himmels“, welcher der gütige ist. Am oberen Himmel sind etliche böse Sterne, die gegen den Menschen sind; der untere Himmel, das heißt also der Arzt, hat das Amt, den Menschen zu bewahren vor deren Untreue; er heilt den Schaden, den sie bringen.

Für den Arzt bedeutet Gemeinnutz in erster Linie des Kranken Nutz; ihn, der Gottes Geschöpf ist, hat er unter seinen Händen; daher bekommt das ärztliche Tun seine besondere Würde. Gott ist über der großen Welt und sorgt, daß sie nicht vergeht. Der Mensch ist die kleine Welt, und ihr Wohlergehen ist dem Arzt befohlen, ihm, „der kleinen Welt Gott". Sicher muß auch der Arzt mit seiner Arbeit seinen Unterhalt verdienen: „Sein Schnitt soll Geld sein mit hohem Dank." Aber er soll nicht große Schätze sammeln, sondern arbeiten „vonwegen der Kranken Hilf". Das Geld, das er erhält, bedeutet nichts gegenüber der Gesundheit, die der Kranke von ihm erhält; sie ist der wahre Nutzen des ärztlichen Tuns, der Weizen. Das Geld für den Arzt ist demgegenüber nur Spreu.

Der Arzt soll den Kranken die Liebe und Barmherzigkeit Gottes offenbaren. Tag und Nacht soll er „all sein Sinn und Gedanken in des Kranken Gesundheit stellen". Unter keinen Umständen darf er sein Herz unter dem täglichen Umgang mit Leid und Not seiner Kranken abstumpfen und verhärten lassen, sondern das große Mitgefühl mit ihnen muß ihm zu der starken Kraft werden, die ihn ruhelos immer vorantreibt, auf daß er zur Ehre Gottes seine Kranken gesund machen kann, „daß sie von ihm fallen, wie ein zeitiger Birnbaum seine Birnen im Herbst fallen läßt". Da muß sein persönliches Behagen und eigenes Vergnügen – Harfen, Pfeifen, Singen und Musika nennt Paracelsus – hinter den Anforderungen des Berufs zurücktreten; denn der Arzt ist seinem Nächsten schuldig, ihm zu helfen.

Alle diese Gedanken klingen an in der Einleitung und in der Widmung des Buchs „Von allen offenen Schäden", die Paracelsus im August 1528 für den Stadtmeister zu Colmar, Konrad Wickram, geschrieben hat und die einen guten Einblick in das politische Moment im Denken Hohenheims gibt. Er preist darin die Sorge für das Gemeinwesen als gottgefälliges Werk. Es ist eine Gnade, an der Spitze eines Gemeinwesens stehen zu dürfen und Kämpfer für dessen Wohl zu sein. Unermüdlich hat der im öffentlichen Leben Stehende tätig zu sein, rastlos hat er sich zum Besten seines Gemeinwesens einzusetzen. Er hat das Bessere anzunehmen, zu beschirmen und zu fördern, wo es ihm auch begegnet. Darum hofft Paracelsus, daß Schutz und Schirm Wickrams ihm gewiß seien zur Ehre und zum Frommen des gemeinen Nutzens. Das heißt in diesem Fall, daß Wickram den geplanten Druck des Werks, das den Eigennutz der Ärzte bekämpft, mit aller Kraft fördern werde.

Gemeinnutz geht vor Eigennutz – diesen Grundsatz sieht Paracelsus im Leben der Natur, im Leben des einzelnen und auch im Leben des Staats zur Verwirklichung aufgegeben. Für dieses größte Gemeinwesen muß verstärkt Geltung haben, was für die anderen gilt. Leider ist sein Hauptwerk über dieses Thema offenbar schon zeitig verlorengegangen; daß es vorhanden war, geht aus einer kurzen Notiz hervor, die aus jenen Jahren auf uns gekommen ist:

> Er hat auch viel de republica (über den Staat) geschrieben, von dem großen Übermut der Gewalt und der Irrung und Verführung des Volkes. Darum haben wir nicht unbillig seine Schriften in deutscher Sprache geordnet, damit der Gemeinnutz gesucht werde, den er zu fördern am höchsten geachtet hat und geheißen den Gemeinnutz das höchste Gut, wie er in dem Werk über den Staat wunderbarlich schreibt.

Die neue Krankheit

In Colmar und Esslingen (Februar 1528 bis Frühjahr 1529)

Den größten Teil seiner Colmarer Zeit widmete Paracelsus der Fertigstellung seiner Schriften über die Syphilis, wo er einmal die Gesamtdarstellung einer bestimmten Krankheit gibt. Es war nur natürlich, daß diese Krankheit sein Interesse besonders stark auf sich zog. War sie doch etwa drei Jahrzehnte vorher als verderbenbringende Epidemie plötzlich aufgetaucht und verbreitete Angst und Entsetzen, wo sie sich zeigte; sie trat in einem für uns heute nicht mehr vorstellbaren Ausmaß und in den furchtbarsten Formen auf, verlief äußerst schnell und schwer. Sie war eine rätselhafte und unerforschte Krankheit, der die zeitgenössischen Ärzte ratlos gegenüberstanden, weil man über ihre Entstehung und Behandlung in den Büchern der Alten nichts nachlesen konnte. Anfangs sträubten sie sich gegen ihre Behandlung überhaupt. Die Landsknechte mit ihrem Weibertroß trugen sie von Ort zu Ort, von Land zu Land; und in friedlicheren Zeiten wurde sie in den Badestuben mit ihren unhygienischen

Verhältnissen weiterverbreitet, so daß kaum ein Mensch von ihr verschont blieb: Hoch und Niedrig, Papst und Kaiser, Gelehrte und Ungelehrte, Keusche und Unzüchtige – alle überfiel sie scheinbar wahllos wie die Pest. So erkannte man sie anfangs auch gar nicht als Geschlechtskrankheit, sondern betrachtete sie als „Gottesgeißel“, als Strafe für die allgemeine Gottlosigkeit. Deshalb erließ Kaiser Maximilian im Jahr 1495 sein berühmtes „Gotteslästerungsmandat“, und viele Städte folgten seinem Beispiel. Fluchen und Spielen wurden verboten, um die erzürnte Gottheit zu versöhnen.

Die Vorstellung, die Syphilis sei die Strafe Gottes für die Sünden der Menschen, wurde noch dadurch gefördert, daß man auch ihren Ursprung nicht kannte. Erstmalig war sie in den letzten Jahren des 15. Jahrhunderts mit rasender Heftigkeit aufgetaucht. Sehr bald schon wurde Amerika als Ursprungsland verdächtigt, und man nahm an, daß die Matrosen des Columbus sie als übles Gastgeschenk aus dem neuentdeckten Land eingeschleppt hätten – eine Frage, die bis heute noch nicht endgültig geklärt ist. Dann bezichtigte jedes Land seinen Nachbarn, der Unheilstifter zu sein: Die Franzosen sprachen von „mal de Napoles“ (neapolitanische Krankheit), die Italiener von „Franzosenkrankheit“, die Polen von „deutscher Krankheit“, die Russen von „Polenkrankheit“. Der Name Syphilis wurde erst im Jahr 1521 von Fracastoro eingeführt.

Auch Paracelsus sieht im Verfall der Sitten, dem die Menschen sich nicht widersetzten, einen der Gründe für die entsetzliche Epidemie. An dieser neuen Krankheit – er nennt sie „Franzosenkrankheit wegen ihres Vaterlandes“ – soll sich nun sein neues medizinisches Denken erweisen. Die Bezeichnung „Blattern“, die häufig gebraucht wurde, lehnt er ab, weil sie als neue Krankheit nicht mit einem alten Namen behaftet werden darf. Mit den Mitteln der alten Säftelehre ist sie nicht zu kurieren:

> Denn der neuen Krankheiten End sind noch nicht geboren. Darauf wisset endlich, daß ihr in diesen neuen verderbten Krankheiten der Alten Lehren nicht sollet anhängen. Die Arznei ist gerichtet in die Welt gleich einem Schiff auf dem Meer, das keine bleibende Statt hat, sondern durch den Schiffsmann geführt wird nicht nach dem gestrigen Wind, sondern nach dem heutigen.

Paracelsus gibt weiter eine Darstellung der vielfältigen zeitgenössischen Behandlungsweisen dieser Krankheit, wobei er bemüht ist, aus einem Wust von Unbrauchbarem und Falschem das Brauchbare herauszulösen und Mittel zur Heilung der durch falsche Behandlung entstandenen Schäden anzugeben. Er schildert das Schmieren, Räuchern, Ätzen, Waschen, Schneiden, die Behandlung mit Guajakholz. Barbiere und Wundärzte hatten von Anfang an Quecksilber verwendet, weil man es schon bei anderen Hautkrankheiten mit Erfolg gebraucht hatte. Doch benutzte man es in so großen Mengen, daß Quecksilbervergiftungen an der Tagesordnung waren. Ulrich von Hutten zum Beispiel berichtet, daß an dieser Kur mehr Leute starben als geheilt wurden; viele zogen ein jammervolles Ende ohne Behandlung vor.

Da versuchte man das Quecksilber durch Zinnober zu ersetzen und wußte nicht, daß man damit nur eine Verbindung des Quecksilbers mit Schwefel verwandte, welche die gleichen Folgen auslösen mußte wie das reine Quecksilber. Die Anwendung beider Medikamente wurde mit Hunger- und Schwitzkuren geradezu heroischen Ausmaßes verbunden, bei denen die Patienten acht Tage und Nächte in einer heißen Stube eingeschlossen wurden, wo sie auch noch Schwitzbäder nehmen mußten; Türen und Fenster wurden versperrt, „also daß gar kein Luft und Licht zu ihnen mag“; das Essen wurde, wie man auf Bildern aus dieser Zeit sehen kann, durch ein Loch in dieses Gefängnis hineingereicht.

Auf der Suche nach erträglicheren und wirksameren Heilweisen geriet man dann auch an das Guajakholz, das die Eingeborenen in Amerika benutzten und das die Spanier erstmals 1508 aus Santo Domingo nach Europa gebracht hatten. Überschwengliche Hoffnungen setzte man auf dieses neue Mittel, das als „Lebensholz“, ja als „heiliges Holz“ bezeichnet wurde. Kein Geringerer als Ulrich von Hutten hat eine enthusiastische Empfehlung desselben verfaßt, das er im Vergleich zu den Schmierkuren geradezu als Erlösung pries und dem er nach langer vergeblicher Quecksilberkur eine Heilung von der Syphilis zu verdanken glaubte, allerdings irrtümlicherweise; denn das Holz hatte nur gewisse äußere Erscheinungen beseitigt, während im Inneren des

Organismus die Krankheit nur um so schrecklicher wütete, der er 1523 im Alter von 35 Jahren auch erlag.

Paracelsus hat das Guajakholz einer genauen Prüfung unterzogen, deren Ergebnis war: Die Syphilis ist eine chronische Krankheit – Paracelsus nennt solche Krankheiten „fix" oder „eingewurzt" –, und eine solche vermag das Guajak nicht zu heilen; das tut es auch nicht in seinem Herkunftsland. Wohl aber kann es – wie ein Wunderkraut – die Heilung da günstig beeinflussen, wo die Syphilis offene Schäden, Geschwüre usw. macht. Das gleiche kann jedoch eine ganze Anzahl anderer, und zwar deutscher Hölzer auch, von denen er Kiefer, Esche und Mistel nennt. So sind wieder einmal „des Vaterlandes Mysteria" verachtet und für teures Geld mit viel Geschrei und Reklame Arzneien aus Übersee eingeführt worden. Vor allem die berühmten Augsburger Fugger hatten sich eine Art Einfuhrmonopol für das Guajakholz gesichert. Skrupellos schlugen sie aus der Seuche Kapital und hatten offenbar die Städte dazu bewogen, große Mengen des Holzes zu kaufen und kostenlos an die Armen abzugeben, die es nicht bezahlen konnten; „ein sauberes Almosen", meint Paracelsus, durch das die Menschen zugrunde gerichtet werden.

Doch auch die Ärzte waren auf die „neue Mär" hereingefallen, wie immer zum Verderben der Kranken: „Denn wenn die letzte Post kommt mit der rechten Unterrichtung, ist dein Kirchhof schon voll!" Die Hauptschuld an den Mißständen schiebt Hohenheim einem „unerfahrenen und auf der ganzen Welt berühmten Mann" zu und seinem Lobgeschrei über das Holz. Damit kann er niemand anders als Hutten meinen: „Dieser ist der Doktoren und Meister Schulmeister und Lehrer gewesen, und was Gutes er sie gelehrt, hört man täglich von den Kranken."

Die Bedeutung des Quecksilbers für die Syphilisbehandlung hat Paracelsus wohl erkannt. Der Fehler lag in der falschen Zubereitung und Anwendung durch die zeitgenössischen Ärzte. Er selbst verwendet die allergrößte Sorgfalt auf die Präparierung des Quecksilbers und gibt genaue Anweisungen für die Herstellung der verschiedenen Quecksilberpräparate, wie er überhaupt die Bedeutung der Chemie für die Heilkunde immer wieder betont: „Arznei und Alchemie müssen immer nahe beieinander stehen."

Weiter betont er, wie wichtig es ist, das Heilmittel auch am rechten Ort im Körper einzusetzen, damit es zur rechten Wirkung kommen kann. Während die zeitgenössischen Ärzte bei ihren Quecksilberkuren den ganzen Körper in Mitleidenschaft ziehen, tritt er für eine streng lokale Anwendung des Quecksilbers ein.

Und schließlich weist er auf die Bedeutung hin, die dem richtigen Zeitpunkt bei der Anwendung eines Arzneimittels zukommt. Alle Dinge sind zeitlich geordnet, darum haben auch die Krankheiten ihre Zeit nötig zu ihrer Heilung. Bei den Infektionskrankheiten ist das am leichtesten einzusehen: Sie haben ihren Beginn, rascher oder langsamer steigern sich die Krankheitserscheinungen bis zu ihrem Höhepunkt, um dann rasch abzufallen oder langsam auszuklingen. Wie die Krankheit Zeit braucht, um zu heilen, so benötigt das Arzneimittel Zeit, um seine Wirkung zu entfalten; darum muß seine Anwendung vom Stand der Krankheit bestimmt werden, so daß seine Zeit und der Krankheit Zeit zusammen laufen: „Wo solches nicht geschieht, daß die Zeit der Arznei zu früh ausgeht, so ist gleich, als wenn der Sommer zu früh aufhört. Die Krankheit muß führen, nicht die Arznei." Meist geben die Ärzte die Heilmittel viel zu rasch; sie würgen damit dem Kranken das Leben ab, indem sie die Zeit der Krankheit mit der Zeit des Quecksilbers vertreiben wollen.

Endlich lag noch ein weiterer Fehler der üblichen zeitgenössischen Syphilisbehandlung in der mangelnden Individualisierung. Weil die Menschen nach Rasse, Anlagen, Begabungen, Geschlecht, Alter, Umwelteinflüssen usw. verschieden sind, ist jede Krankheit in gewissem Sinn einmalig. Kein Rezept paßt für alle Kranken; darum darf der Arzt „nicht allen Kranken ein und dasselbe Lied singen". Das gilt auch für die Syphilisbehandlung; der Arzt muß sich auch dabei immer nach „Ansehen der Person und Krankheit und Inhalt der Erfahrenheit richten".

Hohenheims Hoffnung, daß seine Schriften über die offenen Schäden und die Syphilis durch Vermittlung Wickrams und Boners in Colmar gedruckt werden würden, erfüllte sich nicht. So zog er erneut weiter, um anderswo nach einer Druckmöglichkeit Ausschau zu halten. Bei Winterbeginn kehrte er in Esslingen ein, wo er zwei weitere Bücher über die Syphilis abschloß. Noch heute kennzeichnet hier eine Tafel das Haus, in dem er gewohnt haben soll; falsch ist mit Sicherheit das darauf angegebene Jahr 1531. Mit dieser Stadt verbanden ihn alte Familienbeziehungen, da die Bombaste dort ein Haus besaßen. In dessen Keller richtete er sich ein bescheidenes chemisches Laboratorium ein, für das er sich seinen Laborierofen aus Basel kommen ließ. Zur schriftstellerischen und chemischen Tätigkeit trat auch in Esslingen und Umgebung die ärztliche. Wie meistens brachte sie ihm jedoch nur wenig ein, so daß er wegen Zahlungsschwierigkeiten verklagt wurde und Esslingen deshalb im Sommer oder Herbst 1529 verließ. Es ist in der Erinnerung für ihn die Stadt geblieben, in der sein „Elend“ anfing, wobei es schwer zu sagen ist, ob er dabei an seine Geldschwierigkeiten dachte oder ob ihn gerade hier das Gefühl der Heimatlosigkeit besonders stark befallen hat, nachdem Basel, Straßburg und Colmar ihm schon fast ein Stück Heimat geworden waren. Wahrscheinlich zog Paracelsus über das Ries und Nördlingen nach Nürnberg weiter.

Gegen die mißbrauchte Astrologie

In Nürnberg (Frühjahr 1529 bis Anfang 1530)

Zwei Namen werden es gewesen sein, die Paracelsus nach Nürnberg zogen: Sebastian Franck und Lazarus Spengler. Sebastian Franck war in Augsburg Priester gewesen und hatte sich, nachdem er Luther predigen gehört hatte, der Reformation angeschlossen. Bald entfernte er sich jedoch auch vom Luthertum und war in keiner „Richtung“ mehr wirklich unterzubringen; gerade das machte ihn aber den Zeitgenossen, vor allem der Geistlichkeit beider Konfessionen und auch den Vertretern der Wissenschaft, die ihn als „Schwärmer“ abtun wollten, so verdächtig. Er kam von der Mystik und war doch kein „Mystiker“; er hatte die Werkheiligkeit der katholischen Kirche angegriffen, bekämpfte aber ebenso entschieden die Alleinherrschaft des Wortes im Protestantismus – was er suchte, war die ganze Fülle des wahren Gottes. Überall wurde dieser Mann verdächtigt und verfolgt; man trieb ihn aus Esslingen und Ulm, aus Straßburg und Frankfurt, bis er zwei Jahre nach Paracelsus in Basel starb. Kurz vor seinem Weggang aus Nürnberg war dort eine Begegnung dieser beiden zutiefst verwandten großen Deutschen erfolgt, worüber Franck in seiner „Chronika, Zeitbuch und Geschichtsfibel" vermerkt:

> Doktor Theophrastus von Hohenheim, ein Physiker und Astronom. Anno 1529 ist gemeldeter Doktor gen Nürnberg kommen. Ein seltsam wunderlich Mann, der fast alle Doctores und Skribenten *in medicinis* verlacht. Den Avicennam soll er verbrannt haben zu Basel in öffentlicher Universität.

Der andere Mann, den Paracelsus aufsuchte, um ihn für seine Sache zu gewinnen, war der Stadtschreiber Lazarus Spengler, ein Vorkämpfer für die Reformation in Nürnberg und bekannt als Dichter protestantischer Kirchenlieder. Ihm hat Paracelsus wohl gleich nach seinem Eintreffen in Nürnberg seine Schrift „Von des Holzes Guajak gründlicher Heilung" mit der Bitte übergeben, die Drucklegung zu befürworten. Und hier hatte er endlich erstmals Erfolg: Das Büchlein erschien noch im gleichen Jahr. Dadurch ermutigt, übergab Paracelsus kurz darauf sein Buch „Von der französischen Krankheit" ebenfalls Lazarus Spengler mit einer persönlichen Widmung, dazu seine Abhandlung „Vom Ursprung und Herkommen der Franzosen". Auch diese Widmung hatte Erfolg. Beide Werke wurden mit Genehmigung des Senats in Druck gegeben. Das Buch von der französischen Krankheit erschien im folgenden Jahr, während die Abhandlung „Vom Ursprung und Herkommen der Franzosen" einem Schicksal zum Opfer fiel, von dem später zu berichten sein wird.

Die Nürnberger Zeit hat Paracelsus vor allem auch zu einer Auseinandersetzung mit der Astrologie und Magie benutzt. Die Wende vom 15. zum 16. Jahrhundert war ja von gärender Unruhe erfüllt, und in solchen Zeiten wird der Wunsch der Menschen, die Zukunft zu ergründen, stets besonders stark, wobei er oftmals die bizarrsten und absonderlichsten Blüten treibt. So gehört im 16. und 17. Jahrhundert die Astrologie zu den charakteristischen Bestandteilen des gesellschaftlichen und kulturellen Lebens, und selbst wissenschaftliche Astronomen wie Kepler waren gezwungen, sich in ihren Dienst zu stellen; die astrologischen Kalender gehörten zu den beliebtesten Erscheinungen des Büchermarkts.

Für Paracelsus ergab sich die Frage nach der Astrologie unmittelbar aus seinem ärztlichen Denken. Er hatte sich um das Bild vom Menschen bemüht und mußte dabei auch auf die Frage stoßen, ob und in welcher Weise dessen Schicksal von den Gestirnen bestimmt wird. Auf keinem Gebiet ist Paracelsus wohl so häufig und tiefgehend mißverstanden worden wie in den von ihm allerdings außerordentlich häufig gebrauchten Ausdrücken aus der Astronomie und Astrologie – beide Begriffe gehen in der damaligen Zeit durcheinander und werden auch von ihm einer für den anderen gesetzt. Man hat ihn zum Schwarzkünstler und Magier gestempelt, weil in seinen Schriften immer wieder die Rede ist vom Firmament, von den Gestirnen und Planeten. Dabei hat man übersehen, daß damit eigentlich nie die äußeren Sterne gemeint sind, nicht der mit den Augen wahrnehmbare Himmel, sondern daß diese Worte bei Paracelsus einen ganz neuen Inhalt umfassen. So wird für ihn etwa das Firmament des Menschen mit dem Kind aus seiner Mutter Leib geboren; es läuft ab zwischen Geburt und Tod, umschließt also das Menschenleben vom Aufgang bis zu seinem Niedergang. In diesem Sinn hatte er sagen können, daß die Mutter des Kindes Planet und Stern ist und es keines anderen bedürfe. Die Astronomen hängen am äußeren Lauf der Gestirne; er aber kann von der Astronomie sagen, daß sie die Heimlichkeit der Herzen zu eröffnen gibt, was die Natur Gutes oder Böses im Menschen geboren hat. Dies ist die eigentliche Astronomie. Die Sterne haben ihr eigenes Leben; das Glück des Menschen ruht im Menschen, nicht im Stern. Wenn Paracelsus aber von den Sternen oder *Astra* spricht, so meint er das Gesetz, nach dem die Menschen angetreten sind und dem sie nicht zu entfliehen vermögen. „Der Mensch ist der rechte Himmel, aus ihm entspringen seine Jammer", weshalb er sich weniger um die Gestirne am Himmel bekümmern soll, als vielmehr „in uns unsern Himmel reinigen". Nicht Sklave, sondern Herr der Sterne soll er im Sittlichen sein:

> Darum ich schreib, ist die Ursach, daß ein jeglicher weiser Mann das Gestirn beherrscht; das heißt, es treibt zu Argem, zu Lastern, zu Übeln; darauf sollen wir den Dingen nicht folgen, so der Himmel anzeigt, sondern uns richten, daß unsere Werke denselbigen zuwider seien. Brauchen wir die Weisheit nicht uns, so sind wir des Himmels eigen und nicht Gottes.

Die Bedeutung der astronomischen Sterne für das menschliche Leben ist nur eine rein natürliche: Weil der Samen nicht wachsen kann ohne die Wärme der Sonne, ist auch der Mensch mit seiner Nahrung auf den Himmel und seine Sterne angewiesen.

Die zu seiner Zeit üblichen astrologischen Vorhersagungen betrachtet Paracelsus als völlig unzureichend: Denn viel geschieht, was nicht vorhergesagt war, und meist Wesentlicheres als das Prophezeite. Wer Prognosen machen will, muß zuerst wissen, was auf der Erde vor sich geht; dann mag er darüber nachdenken, wie es sich zum Lauf der Gestirne verhält. Doch „alle fürtrefflichen Ding, so in der Welt geschehen werden, bleiben unangezeigt von den natürlichen". Immer wieder weist er vor allem auf die Gefahren dieser Vorhersagen hin. Oftmals beruhen sie auf einer im tiefsten unfrommen Haltung und verführen die Menschen zur Abgötterei. Und Unheil bringen sie mit sich, wenn sie ohne das erforderliche Verantwortungsgefühl gemacht und veröffentlicht werden. Sein erster Gedanke in diesem Zusammenhang betrifft bezeichnenderweise wieder das Wohl der Armen: Teuerung, Hunger und „was Kasten und Keller betrifft", dürfen nicht vorausgesagt werden, damit nicht die Wucherer die Gelegenheit benutzen, um die Armen auszubeuten; darum soll man schweigen „den Armen zunutze". Diese Vorhersagen sollen jedoch nicht nur vermeiden, Schaden anzurichten, sondern Schaden verhüten lehren und Reichen sowohl wie Armen, Oberen wie Unteren zugute kommen.

Was Paracelsus zutiefst vom üblichen astrologischen Denken trennt, zeigen seine eigenen astrologischen Schriften. Auch er macht Voraussagen über den Krankheitsverlauf, über Genesung oder Tod und den Zeitpunkt der Heilung – doch nicht nach dem Stand der Gestirne, sondern von einer ganz anderen Grundlage ausgehend, nämlich von der des Arztes. Er macht diese Prognosen auf Grund seiner Erfahrung, seiner Kenntnis des Krankheitsverlaufs, der Zeichen, die er am Kranken beobachtet. Nach den gleichen nüchternen Grundsätzen will Paracelsus auch die geschichtlichen Voraussagen gehandhabt wissen. Es ist also etwas Ähnliches, wie wenn wir heute etwa in der Lage sind, auf Grund von Geburten- und Sterbeziffern die Lage des Arbeitsmarktes in zwanzig Jahren weitgehend vorauszusagen.

Auch die Kunst der Magie stellt Paracelsus auf die gleiche sachliche Grundlage; sie ist für ihn nichts anderes als die Kunst, auf Grund bestimmter Zeichen von der Gegenwart auf die Zukunft zu schließen; sie ermöglicht eine Deutung der Zeichen und Symbole. Der Magier im paracelsischen Sinne ist also ganz allgemein der Zeichenkundige, so daß hier beispielsweise auch der Arzt zum Magier wird.

Paracelsus weist sich selbst als solcher aus in einer merkwürdigen Schrift. Sie enthält seine Deutung einer Reihe gegen den Papst gerichteter Bilder, die aus der zweiten Hälfte des 12. Jahrhunderts stammen und dem Zisterzienserabt Joachim von Fiore zugeschrieben werden. Das Bilderwerk war dann Jahrhunderte hindurch in Vergessenheit geraten, bis es angeblich durch den Prediger an der St.-Lorenz-Kirche in einem Nürnberger Karthäuserkloster wieder aufgefunden und 1527 unter dem Titel „Eine wunderbarliche Weissagung vom Papsttum" gedruckt worden war. Der Rat der Stadt Nürnberg hatte die Veröffentlichung allerdings unterdrückt; doch das Buch mag heimlich von Hand zu Hand gegangen sein, und auch Paracelsus wurde jedenfalls darauf aufmerksam, als er nach Nürnberg kam. Osiander hatte vom Standpunkt des Protestantismus eine Auslegung dazu gegeben, da die gegen den Papst gerichteten Bilder im Kampf der Reformation plötzlich eine neue Bedeutung bekamen: War dieser Kampf darin nicht geradezu vorausgesagt?

Paracelsus weist die Osianderschen Auslegungen und Voraussagen zurück; es handelt sich hier nicht um das Evangelium Christi und andere übernatürliche Dinge. Dem echten Magier zeigen die Bilder vielmehr, „daß der geistliche Stand, den sie allein berühren, der Hoffart, dem Übermut, der Hurerei so ganz und gar ergeben ist, daß von ihm alle Ehrbarkeit und apostolische Art gewichen ist". Es ist ohne Zuhilfenahme übernatürlicher Mächte und Offenbarungen ohne weiteres möglich, aus diesem Zustand der Kirche ihr weiteres Schicksal abzuleiten: Das „Ende der geistlichen Bosheit" muß naturnotwendig kommen, das päpstliche Reich wird zerteilt, seine Gewalt zerstört werden. Die Bilder zeigen jedoch darüber hinaus, daß nicht nur der Papst, sondern auch seine Widersacher der Bosheit unterworfen sind; auch sie werden mitsamt ihrer Gewalt ausgerottet werden.

Mehrmals wird das Verhältnis von Kaiser und Papst in seiner Auslegung der Bilder berührt. Bereits das zweite Bild deutet er so, „daß aller Päpste Trost und Hoffnung ist von den Franzosen. Nun ist der Kaiser sein Herr und hat ihm zu gebieten; so er nun aber sein Regiment will brauchen über ihn, so mag's der Papst nicht leiden." Wie ein böses Weib, das nicht will, daß ihr Mann sie schlägt, Freunde zu gewinnen sucht, die ihr helfen, den Mann zu überwinden, „also sucht der Papst den Franzosen und beschirmt sich selbst durch die Franzosen, daß dem Kaiser sein Zung, sein Maul niedergelegt wird und muß sein Gewalt liegen lassen und nachgeben, will er nicht anders fremd Unfried im Haar haben". Das ist eine sehr deutliche Anspielung auf die sogenannte Heilige Liga von Cognac, die 1526 Papst Clemens VII. mit Franz I. von Frankreich gegen Kaiser Karl V. geschlossen hatte, mehr um die Selbständigkeit des Kirchenstaats als um die Einheit der Kirche besorgt. Neben Frankreich nennt Paracelsus Österreich als eins der Länder, bei denen der Papst immer wieder Zuflucht findet, „das ist ein Beschirm und ein Beistand, dadurch er sich wird eine Zeitlang erhalten".

Ein anderes Bild deutet Paracelsus in dem Sinn, daß die Päpste stets das Kaisertum erwürgen werden: „Drum wisset, daß die Kirche von Rom bis zur Endigung dieser Prophezei und Weissagung aller nimmermehr von einem Kaiser regiert werden, sondern allezeit werden sie erwürgt." Im Gegensatz zum Wort Christi, daß sein Reich nicht von dieser Welt sei, wollen die Päpste den Kaiser und alle Welt sich untertan machen; allein „die Erde ist nicht sein, noch auch der Himmel, ihm gehört der Adler nicht zu, noch auch die kaiserliche Krone unter sein Hut".

Auf entscheidende politische Zeitereignisse spielt die Deutung des 14. und 21. Bildes an. Das eine zeigt in der paracelsischen Auslegung, wie der Papst durch Kriegsleute „vertrieben wird werden von seinem Stuhl in die Fremde", und nur die Hand Gottes verhindert, daß er ganz erschlagen wird. Gedacht ist hierbei an die Einnahme Roms durch das kaiserliche Heer im Jahr 1527, an die Gefangennahme Clemens' VII. und seine Flucht. Das andere Bild aber, das den Papst mit dem Kaiser und der Kaiserin im Hintergrund zeigt, deutet Paracelsus als die Wiedereinsetzung des Papstes, „und daß der Kaiser nach diesem wird gekrönt werden und ihn wiederum aufheben und aufrichten wird". Denn der Kaiser wird glauben, der Papst habe die Gewalt zum Himmel und sei gerecht. So wird er ihn beschirmen wollen, „damit er ihn in Himmel laß und ihm auftue". Der Papst wird wieder etwas aufsteigen und hoffen, daß ihm seine Gewalt bleiben werde. In der Tat war es 1529 im Frieden von Barcelona zu einer Aussöhnung zwischen Kaiser und Papst gekommen; im darauffolgenden Jahr wurde Karl V. in Bologna vom Papst zum Kaiser gekrönt. Diesen Gang der Dinge hat Paracelsus mit größtem Mißtrauen verfolgt; denn er beschließt die Deutung des Bildes mit dem Satz: „Je höher und je stärker der Papst erhöht wird, je kleiner und verachteter das Reich des Kaisers ist."

Die ewigen Grundlagen der Heilkunde

In der Oberpfalz (Anfang 1530 bis Herbst 1530)

Als Paracelsus zu Beginn des Jahrs 1530 Nürnberg wieder verließ, hatte er dort neben aller Anfeindung doch auch manche persönliche Freundschaft gefunden. Wie so oft scheint das vor allem mit Chemikern oder Alchimisten, wie sie sich damals nannten, der Fall gewesen zu sein. Zu seinen Nürnberger Freunden gehörte wohl auch der Arzt und Alchimist Dr. Magenbuch, der ihn kurz nach seinem Weggang mit einem Brief zur Rückkehr in die Stadt an der Pegnitz zu bewegen sucht. Vergeblich. Wahrscheinlich hat er Hohenheim sogar den Vorschlag gemacht, sich dauerhaft dort niederzulassen; doch hat Paracelsus die Absicht, irgendwo seßhaft zu werden, wohl jetzt endgültig aufgegeben. In einem Brief an Magenbuch verweist er diesen auf seine angeborene Unstetigkeit; von Natur sei er ein bewegliches Wesen, er habe Füße und nicht Wurzeln wie die Bäume; darum sei er nur schwer an einem Ort festzuhalten. Gern würde er einmal wieder nach Nürnberg kommen, um Auge in Auge ihm gegenüberzustehen und sich seiner Freundlichkeiten zu erfreuen. Doch wann? In der Tat ist Paracelsus nie wieder nach Nürnberg zurückgekehrt; er hat diese Stadt ebenso wie Basel und Straßburg sein Leben lang gemieden.

Er war auch bereits wieder viel zu sehr mit neuen schriftlichen Arbeiten beschäftigt, als daß er sich durch andere Bindungen hätte fesseln lassen wollen: „Unaufhörlich treibe ich meine Dinge weiter; keine Stunde verliere ich durch Erholung oder Liebeserlebnisse. Die Zeit vergeht mit ununterbrochener Arbeit, bald an dem, bald an jenem; was mich zu schreiben drängt, schreibe ich."

Vor seiner Abreise aus Nürnberg hatte Paracelsus dort noch als dritte seine Schrift über Ursprung und Herkommen der Syphilis zum Druck gegeben, wohl die bedeutendste seiner Syphilisschriften, die ihn schon seit Basel beschäftigt und die er wahrscheinlich bereits fertiggestellt von Esslingen mit nach Nürnberg gebracht hatte. Mit ihr schloß er seine Auseinandersetzung mit allen diese Krankheit berührenden Fragen ab.

Seine beiden ersten Bücher über die französische Krankheit hatten gewaltiges Aufsehen erregt. Bereits im ersten Jahr nach Erscheinen ließ ein Kölner Verleger die „Drei Bücher von der französischen Krankheit" in handlichem Format nachdrucken. Zum erstenmal war es Paracelsus hier also gelungen, in einer größeren Veröffentlichung seine Gedanken einem weiten Leserkreis zu vermitteln. Darin hatte er die gleichen Vorwürfe gegen die Vertreter der dogmatischen Heilkunde erhoben wie zwei Jahre zuvor in seinem berühmten „Baseler Programm"; doch was dort nur hatte angedeutet werden können, war jetzt bis ins einzelne am Beispiel der Syphilisbekämpfung dargelegt und begründet. Verständlich, daß diese Veröffentlichung den angegriffenen Ärzten aufs äußerste mißfiel. Da war also der unbequeme Mann wieder, den die medizinische Fakultät in Basel schon mundtot gemacht zu haben glaubte!

Doch nicht nur die Ärzte sahen sich von ihm angegriffen. Hohenheims Ausführungen über die Guajakkur mußten vor allem da auf Ablehnung stoßen, wo man an dieser Einfuhrware finanziell interessiert war, also in erster Linie bei den Fuggern. Viel spricht dafür, daß diese die unermeßlichen ihnen zur Verfügung stehenden Geldmittel dazu benutzten, um maßgebende Ärzte in ihrer Abhängigkeit zu halten. Sollte jetzt nicht mit einem Schlag das große Kapital verlorengehen, das sie in Guajakholz angelegt hatten, so mußte schleunigst von anerkannter Seite eine

Rechts: Die Badetherapie galt zu Paracelsus' Zeiten als Allheilmittel. Hier sind Schwitz- und Fußbad dargestellt.

Unten: Bild vom Titelblatt zu Paracelsus' Schrift zum Guajakholz

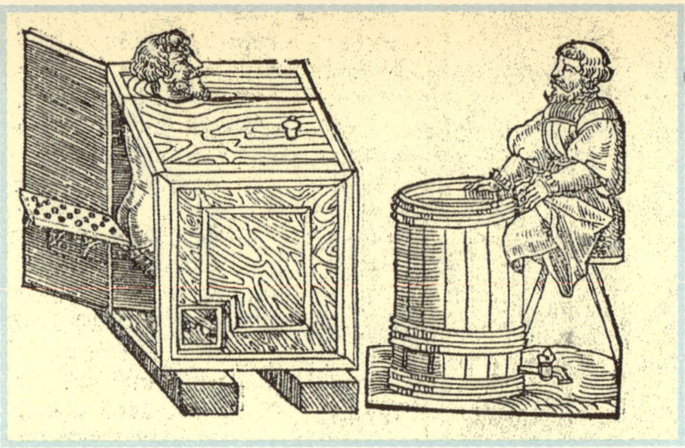

Rechts: Die Krankheiten der Hüttenarbeiter beschreibt Paracelsus in seiner Schrift „Von der Bergsucht".

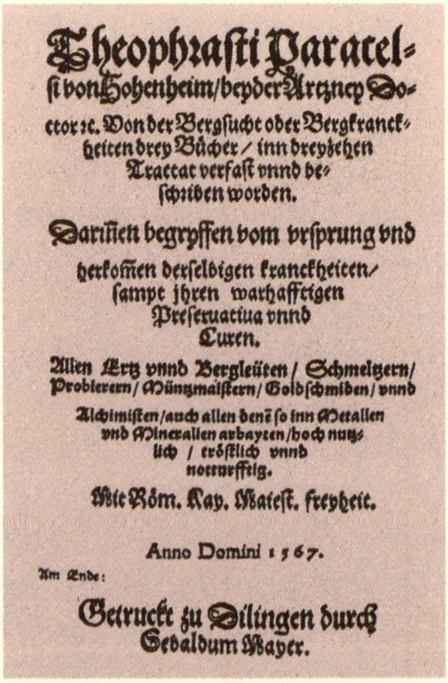

Theophrasti Paracel-
si von Hohenheim/beyder Artzney Do-
ctor rc. Von der Bergsucht oder Bergkranck-
heiten drey Bücher/ inn dreyzehen
Tractat verfaßt vnnd be-
schriben worden.

Darinnen begryffen vom vrsprung vnd
herkommen derselbigen kranckheiten/
sampt jhren warhafftigen
Preseruatiua vnnd
Curen.

Allen Ertz vnnd Bergleüten/ Schmeltzern/
Probierern/ Müntzmaistern/ Goldschmiden/ vnnd
Alchimisten/auch allen denē so inn Metallen
vnd Mineralien arbayten/hoch nutz-
lich / tröstlich vnnd
notturfftig.

Mit Röm. Kay. Maiest. freyheit.

Anno Domini 1567.

Am Ende:

Getruckt zu Dilingen durch
Sebaldum Mayer.

Oben: Paracelsus heilte gern mit einheimischen Pflanzen.

Unten: Titelblatt der „Drei Bücher von der Französischen Krankheit"

Durch den Hochge
lerten Herrn Theophrastum
von Hochenheim/beyder artzney Doctorem/
von der Frantzösischen kranckheit
Drey Bücher. Para.

Das Erst von der impostur
der Artzney/ deren zwentzig sinde do durch die kran-
cken verderbt sind worden.

Das Ander vom corrigiren
der selbigen/ynn was weyß sie on verderbung
zu brauchen sinde.

Das Drit von den verderbtē
kranckheiten/ wie den selbigen widerumb zu helffen sey.

Auch wie andere new vner
hört kranckheiten/ aus irriger vnnd falscher
Artzney entspringen.

Gegenschrift beschafft werden, die der Hohenheimschen Ablehnung des Guajaks entgegentrat, ja, es mußte bei dieser Gelegenheit möglichst gelingen, ihn wirklich endgültig mundtot zu machen.

Den dafür geeigneten Mann fand man in dem damaligen Dekan der Leipziger medizinischen Fakultät, Heinrich Stromer aus Auerbach in Oberfranken. Er hatte dem Kreis um Hutten nahegestanden und galt als Freund des Hauses Fugger. Er war in der Lage, das Vorgehen gegen Hohenheim mit dem ganzen Schwergewicht seiner Fakultät zu stützen, und hat es verstanden, als Sprecher seiner Fakultät in dieser Frage aufzutreten. Dabei nahm er in Wahrheit nur als Privatmann und aus einem ganz persönlichen Sonderinteresse heraus Stellung. Die medizinische Fakultät in Leipzig ist, wie aus den Akten klar hervorgeht, mit der Angelegenheit Hohenheims niemals befaßt gewesen.

Der Nürnberger Senat ließ sich durch das Gutachten Stromers tatsächlich zu einem Verbot des paracelsischen Werks über Ursprung und Herkommen der Syphilis bewegen und erließ darüber hinaus ein Druckverbot für alle Schriften Hohenheims. Diese Entscheidung hatte viel mehr als nur lokale Bedeutung, weil durch den Reichstagsabschied vom Jahr 1524 der Nürnberger Senat gleichzeitig als Zensurbehörde für das ganze Reich eingesetzt worden war und über alle Schriften zu wachen hatte, die im Reich gedruckt und verkauft werden sollten.

Paracelsus erhielt von dieser Entscheidung Kenntnis durch ein Schreiben, das ihn in Beratzhausen, einem Städtchen zwischen Nürnberg und Regensburg, erreichte. Es vernichtete alle seine Hoffnungen, die er auf den Nürnberger Senat gesetzt hatte. In einem Sturm der Empörung greift er zur Feder und spricht dem Senat kurzerhand das Recht ab, über seine Arbeiten zu urteilen, da er nichts davon verstehe. Er als Arzt kenne die Wahrheit und habe sich darum an die Männer des Rats von Nürnberg gewandt als „Beschirmer des Evangeliums und der Wahrheit Fruchtbringer". Gegen sein erstes Buch sei nichts eingewendet worden; sollte jetzt das zweite verboten werden, so hieße das die Wahrheit unterdrücken. Wenn man in Leipzig Einwände gegen die von ihm vertretenen Anschauungen habe, so möge man wie üblich eine Disputation ansetzen; vorher habe der Rat kein Recht, über die Schrift zu urteilen oder ihren Druck zu verbieten. In seinem Gutachten hatte Stromer offenbar auch die temperamentvolle Schreibweise Hohenheims gerügt, denn es klingt wie eine Rechtfertigung, wenn er schreibt: „Ich lästere niemand." Er habe keine Kritik an der Obrigkeit, weder an Fürsten, Herren noch Magistraten geübt; er habe es nur abgesehen auf „die Betrüger der Arznei. Darum ist der Druck, darum druckt man, auf daß die Wahrheit an den Tag komme." Und er schließt: „Ihr müsset auch gedenken, daß die, so der Wahrheit zuwider sind, Platz haben und die, so der Wahrheit anhangen, vertrieben werden."

Dieser in der ersten Erregung entstandene Brief ist Paracelsus bei nochmaliger Überprüfung wohl als zu scharf erschienen; am 1. März 1530 ging ein wesentlich gemildertes Schreiben an den Rat der Stadt Nürnberg ab. Er hofft auf die Unterstützung des Senats und erwartet eine günstige Antwort. Diese ist freilich niemals eingetroffen. Am 4. März 1530, also unmittelbar nach dem Eingang dieses Briefs, hat der Nürnberger Rat das Gesuch Hohenheims endgültig abgelehnt. So ist, wie die meisten seiner Schriften, auch das Buch vom Ursprung und Herkommen der Syphilis erst lange nach seinem Tod erschienen. Wieder hatte die traditionelle Heilkunde ihren Triumph.

Doch war Paracelsus seiner Sendung viel zu gewiß, als daß er sich durch diesen neuen äußeren Fehlschlag auf Dauer hätte niederdrücken lassen; schon kurze Zeit später schreibt er die prophetischen Worte:

> Ich weiß, daß es einmal dazu kommen wird, daß dieselbigen Magnifizenzen werden heruntergestürzt werden; denn in ihnen ist nichts als Phantasei. Ob mir schon die Hohen Schulen nicht folgen, ist mein Will nicht; denn sie werden noch nieder genug werden. Ich will euch's dermaßen erläutern und fürhalten, daß bis an den letzten Tag der Welt meine Schriften müssen bleiben und wahrhaftig, und die euren werden voller Gallen, Gift und Schlangengezücht erkennet werden und von den Leuten gehasset wie die Kröten. Und ist nicht mein Will, daß ihr auf ein Jahr sollet umfallen oder umgestoßen werden, sondern ihr müßt nach langer Zeit eure Schande selbst eröffnen. Mehr will ich richten nach meinem

> Tod wider euch als davor. Und ob ihr schon meinen Leib fresset, so habt ihr nur Dreck gefressen: der Theophrast wird mit euch kriegen (= kämpfen) ohne den Leib.

Am hinreißendsten kommt sein Sendungsbewußtsein zum Ausdruck in dem Werk, das er in der Stille des Städtchens Beratzhausen zum Abschluß brachte, im „Paragranum“:

> Mir nach und nicht ich euch nach! Mir nach, Avicenna, Galene, Rhasis, Montagnana, Mesue usw., mir nach und ich nicht euch nach, ihr von Paris, ihr von Montpellier, ihr von Schwaben, ihr von Meißen, ihr von Köln, ihr von Wien und was an der Donau und am Rheinstrom liegt. Ihr Inseln im Meer, du Italia, du Dalmatia, du Sarmatia, du Athener, du Griech', du Araber, du Israelite, mir nach und ich nicht euch nach! Ich werd' Monarcha und mein wird die Monarchie sein, und ich führe die Monarchie und gürte euch eure Lenden!

Das „Paragranum“ ist am wenigsten zeitgebunden und spricht auch heute noch unmittelbar lebendig zum Leser, viel stärker als manche andere paracelsische Schrift, zu der wir uns den Zugang erst erarbeiten müssen. Hohenheim umreißt im „Paragranum“ einmal im Zusammenhang die unveränderlichen Grundlagen aller wahren Heilkunst, Gedanken, die sich verstreut durch die Mehrzahl seiner Schriften hindurchziehen und in immer neuen Abwandlungen aufgenommen werden. Vier Säulen sind es, auf denen das Gebäude der Heilkunst ruht: Philosophie, Astronomie, Alchemie und Ethik.

Philosophie bedeutet bei Paracelsus stets Erkenntnis der Natur, Naturwissenschaft. In diesem Sinn muß der Arzt ein Philosoph sein:

> Wer kann einen Arzt loben, der nicht der Natur Art weiß und kann? Oder wer soll ihm vertrauen? Dieweil doch ein Arzt nichts anderes sein soll denn ein Erfahrener der Natur und einer, der da weiß der Natur Eigenschaft, Wesen und Art. Darum muß der Arzt aus der Natur wachsen mit vollkommenem Verstand.

Die Philosophie ist für ihn der sichere Felsen und feste Grund jeder Heilkunde; sie ist das einzige Tor, das in die Arzneiwissenschaft führt, alles andere sind nur Schleichwege für Diebe, wie er es in immer neuen Bildern und Vergleichen schildert. Doch ist dem Menschen die Erforschung der Natur nicht leicht gemacht. Alle Gedanken Gottes sind in ihr aufgezeichnet, doch ihre Schrift ist gleichsam chiffriert:

> Die Kräuter, Wurzeln, Samen, Frücht sind nichts anderes denn Buchstaben, die etwas in ihnen haben und vermögen. Niemand weiß aber, was dieselben Buchstaben in ihnen begreifen. Nun können die Kräuter und Samen mit uns nicht reden, sondern sie stehen still da und reden und regen sich nicht.

Aufgabe des Menschen ist es, in unermüdlicher Arbeit die Natur zum Sprechen zu bringen, die Geheimnisse Gottes in ihr sichtbar zu machen. Denn „der Mensch ist allein darum geschaffen, daß er der Natur Arbeiter sei, das zu tun, was Gott in sie geben, gelegt und geschaffen hat“. Mit ganz besonderem Ernst gilt diese Aufgabe dem verantwortungsbewußten Arzt.

> Gott will, daß wir die Werk nicht als ein Werk lassen bleiben, sondern erforschen und erlernen, warum es dahingestellt sei. Also laß dich nicht betrüben, daß die Dinge nicht alle an der Sonne liegen, sondern betrachte, wie heimlich Gott außerhalb der Sonne ist.

Es ist einleuchtend, worin bei Paracelsus die hohe Bewertung der Naturwissenschaft für den Arzt gründet: Der Gegenstand seiner Tätigkeit ist der Mensch, und der Mensch ist ja die kleine Welt, welche die große Welt in sich enthält.

> Was alle Dinge enthält zu dem Wissen des Arztes ist die große Welt, alles andere nichts denn Betrug. Wer will die kleine Welt ohne die große erkennen? Endlich niemand. Soll nun die große Welt nicht im Wissen sein, was ist dann der Arzt? Nichts als einer, der da nicht weiß, womit er umgeht.

Aber mehr: Die Natur ist die Krankheit, die Natur ist auch die Arznei. Und um diese beiden Pole bewegt sich ja das Tun des Arztes:

> So muß der Arzt der sein, der aus den beiden lernen muß, und was sie ihn lehren, das muß er tun. Und lehren sie ihn nichts, so kann er nichts und weiß nichts; denn bei der Natur ist die Arznei und die Krankheit und sein selbst Arzt.

Alle vom Arzt nur erspekulierte Arznei ist unwirksam.

> Die *Natur* hat die Arcana [Wirkstoffe] gewaltig zusammengesetzt. Die *Natur* ist der Arzt, du nicht; aus ihr mußt du, nicht aus dir; sie setzt zusammen, nicht du. Schau, daß du lernest, wo ihre Apotheken sein. Ich befehl's der Natur und dem Arzt, dieselbige zu erfahren, was ihm die Natur komponiert, [. . .], präpariert, daß der Arzt dieselbige Apotheke visitiere und die Büchsen, Säck usw. suche, so weit die Welt ist in Bergen, Felsen, in Steinen, im Sand allenthalben. Denn es ist ein leiden weit Apotheken; sie gibt aber gut Arznei, gut Hilf, gut Rat und nicht um Geld; denn nicht mit Geld will sie den Kranken gesund machen, sondern mit der Arznei.

Der Philosophie zur Seite tritt für den Arzt die Astronomie, weil Himmel und Mensch für Paracelsus zusammengehören wie Himmel und Erde; darum muß der Mensch auch aus dem Himmel erkannt werden.

Die dritte Säule aller Medizin ist die Chemie. Sie hat die Aufgabe, das, was die Natur in verschwenderischer Fülle an Arznei darbietet, zur höchsten Vollendung zu bringen. „Ich rühm die Kunst Alchimia; denn sie gibt die Heimlichkeit der Arznei und gibt Hilfe in allen verzweifelten Krankheiten. Diesen muß ich loben, der die Natur kann bringen, daß sie hilflich sein mag, der das Gute herfürzeucht und das Böse hinwirft." Denn die Arcana sind nicht rein in der Natur vorhanden; sie sind verbunden mit Überflüssigem oder gar für den Menschen Schädlichem. Sie müssen erst zum Heilmittel bereitet, vom Gift geschieden oder gar vom Gift in Arznei umgewandelt werden. Denn für Paracelsus ist Gift keine feststehende Größe, sondern es kommt auf die Form seiner Anwendung und die rechte Herstellung an:

> Es liegt viel an der Bereitung, daß das Böse vom Guten geschieden werd und daß ein jegliches Ding durch die Bereitung auf den höchsten Grad (der Wirksamkeit) komme; denn nicht eben wie ein Ding ist, wird es also bleiben müssen, sondern es wird müssen höher aufgebracht werden.

Die Natur liefert die Rohstoffe: Holz, Eisen, Kräuter, Wässer; sie sich nutzbar zu machen ist Sache des Menschen, in der Medizin: des Alchimisten und des Arztes.

Philosophie, Astronomie und Alchimie sind die praktischen Voraussetzungen der Heilkunde, sie sind nicht die Heilkunde selbst; denn ihr Ziel ist das Gesundmachen, das Heilen. „Dieweil ein Arzt die Krankheit erkennt, ist er ein Philosophus der Arznei; so er aber die Krankheit heilen kann, so ist er ein wirkender Arzt." Und dieses Helfen gründet in der Ethik, in der Liebe zum Nächsten, in der tiefen Überzeugung des Arztes, daß der gemeine Nutzen dem eigenen Nutzen stets voranzugehen hat.

Es scheint fast über Menschenkönnen hinauszugehen, was Paracelsus vom Arzt verlangt. Deshalb ist es ihm auch ein ungeheuer ernstes Anliegen, wenn er den zeitgenössischen Ärzten immer wieder beschwörend zuruft: „Habt Fleiß, ihr Ärzte, lernet, lernet! Was ihr nicht könnet, das lernt!" Denn

> Gott hat die Arznei geschaffen, auch die Kunst ihrer Bereitung, daß wir arbeiten und nicht müßig gehen. Die Kunst der Arznei liegt im Schlaf. Allein wir wecken sie auf, sonst wird sie von ihnen selbst nicht aufstehen. Auf das so weckt sie und macht sie wachend.

Nüchterne, sachliche Arbeit ist die Voraussetzung allen ärztlichen Handelns, wie sie es auch für andere Berufe, etwa die der Handwerker, ist, mit denen Paracelsus den Arzt immer wieder vergleicht. Die Medizin ist selbst ein Handwerk, das in harter Arbeit gelernt werden muß; welch vielfältigen Inhalt es für ihn hat, haben wir gesehen.

Vom Irdischen und Ewigen

In der Schweiz und in Tirol (1531–35)

Das Jahr 1531 führte Paracelsus in die Schweiz. Ein Menschenalter war vergangen, seit er mit seinem Vater von Einsiedeln fortgezogen war. Jetzt hatte man ihm im Reich den Druck seiner Schriften verboten. Auch diejenigen, die auf religiösem Gebiet für die „Freiheit eines Christenmenschen" kämpften, hatten nicht begriffen, daß sein Kampf in der Heilkunde dem ihren tief verwandt war. Deutschland, als dessen Arzt er sich fühlte, wollte seine Stimme nicht hören. So mußte er weiter suchen nach einem Boden, der bereit war, den Samen, den er verschwenderisch ausstreuen wollte, aufzunehmen. Frankreich und Italien kamen nicht dafür in Frage, weil er welsches Wesen als dem deutschen zu fremd empfand. Doch in der Schweiz wohnten Deutsche, die seine Sprache sprachen, wenn sie auch außerhalb des Reichs standen, seitdem im Jahr 1499 Kaiser Maximilian im Frieden von Basel der Eidgenossenschaft Steuer-, Kriegs- und Gerichtshoheit zugestanden hatte. Damit war die Schweiz tatsächlich vom Reich abgetrennt, wenn die ausdrückliche Anerkennung ihrer Unabhängigkeit auch erst im Westfälischen Frieden erfolgte. Jedenfalls reichte auf ihren Boden kein Druckverbot des Nürnberger Senats.

Die Stadt St. Gallen zog Paracelsus besonders an, eine der ältesten Kulturstätten, wo Notker und Ekkehart gewirkt hatten, mit einer weithin berühmten Bibliothek. St. Gallen war ein Mittelpunkt der schweizerischen Reformation geworden, seit der berühmte Humanist Joachim von Watt, genannt Vadianus, im Jahr 1528 den dortigen Fürstabt vertrieben und die Reformation eingeführt hatte. Auf diesen Freund Zwinglis, der ihm schon einmal in Villach bei seinem Vater begegnet war, setzte Paracelsus große Hoffnungen. Er kam nicht mit leeren Händen zu ihm; ihm war die Widmung seines neuesten Werks, des „Opus Paramirum“, zugedacht. Paracelsus weist darin auf seinen Geburtsort Einsiedeln hin, ja, er spricht ausnahmsweise von „unserem Vaterland, der Eidgenossenschaft“, um Vadianus für sich zu gewinnen.

Hohenheim muß auch in St. Gallen rasch einen großen Zulauf an Kranken gehabt haben. Anscheinend hat Joachim von Watt ihn wiederholt bei der Behandlung seiner eigenen Patienten zugezogen, so bei dem früheren Bürgermeister der Stadt, Christian Studer, in dessen Haus Paracelsus auch ein halbes Jahr, bis zum Tod Studers am 10. Dezember 1531, gewohnt hat. Dann siedelte er zu dessen Schwager Bartholomäus Schobinger über, mit dem ihn vor allem gemeinsame chemische Interessen verbanden. Paracelsus half Schobinger bei der Einrichtung eines Laboratoriums und führte mit ihm auf seinem Schloß am Bodensee lange Gespräche über chemische Fragen. Schobinger muß einen tiefen Eindruck von Paracelsus empfangen haben; er ließ ihn malen, das Porträt ist uns jedoch nicht erhalten geblieben.

Wie früher in Ingolstadt, so gingen auch in St. Gallen bald Erzählungen von Wunderheilungen um, die Hohenheim gelungen sein sollten. Eine davon ist schriftlich auf uns gekommen: Der Sohn des Sankt Gallener Kleinbürgers Kaspar Tischmacher war an einem schweren Knochenleiden der Hand erkrankt. Paracelsus entschloß sich zur Entfernung des Knochens; bald danach stellte sich eine Schwellung der Hand ein, die ihre Bewegungsunfähigkeit zur Folge hatte, für Paracelsus nicht unerwartet, da sie in diesem Fall unvermeidlich war, aber nur vorübergehend sein würde. Er sagte dem Vater völlige Heilung zu, bat aber um Geduld. Doch dessen Vertrauen zu dem großen Arzt war erschüttert; er entschloß sich, „den Arzt zu wechseln" und Wundärzte aus der Stadt zur Behandlung zuzuziehen. Diese wandten sich natürlich gegen den mißliebigen zugewanderten Kollegen, dessen Vorgehen sie als unerhört brandmarkten. Darüber hinaus veranlaßten sie den Vater zu einer Beschwerde bei der Chirurgengilde in St. Gallen, die Paracelsus zur Rechtfertigung seines Tuns vorlud. Paracelsus lehnte diese Zumutung ab. Da setzte Tischmacher Hohenheims Berufung vor den Stadtrat durch. Bartholomäus Schobinger, dessen Bruder Hieronymus Statthalter der vier Orte war, trat für ihn ein, und Hieronymus erwirkte einen „Aufschub" von vierzehn Tagen. Doch auch diese „Gnadenfrist" war noch zu kurz bemessen – die Schwellung bestand weiter. Nun ordnete Paracelsus für eine Nacht einen Verband mit lebenden Regenwürmern an, worauf die Schwellung zurückging und am dritten Tag die Beweglichkeit der Hand wiederhergestellt war.

Es ist nicht klar, welche Bedeutung Paracelsus selbst dieser „Regenwurmkur" beigemessen hat, ob er mit ihr nur dem Drängen, daß „etwas geschehen müsse", nachgegeben oder sie bewußt als altes Verfahren der Volksmedizin angewendet hat. Wenn diese Kur auf den ersten Blick auch recht wunderlich erscheint – sie ist nicht ohne Parallelen. Vielleicht lagen ihr Erfahrungen zugrunde ähnlich denen, die man zu verschiedenen Zeiten mit Maden bei der Wundheilung gemacht hat. So hatte etwa einer der Feldärzte Napoleons auf den Schlachtfeldern beobachtet, daß Wunden, in denen sich Maden fanden, niemals eiterten, und darum ihre Anwendung bei der Wundheilung empfohlen. Und er ist mit seiner Feststellung nicht allein geblieben.

Neben seiner ärztlichen Tätigkeit verwendete Paracelsus die Zeit in St. Gallen zur Ausarbeitung verschiedener Schriften, in denen immer wieder die Frage nach den Beziehungen zwischen Ewigem und Irdischem auftaucht. Bereits im „Paragranum" hatte er die Frage nach der natürlichen und übernatürlichen Offenbarung für den Arzt untersucht, die ihn schon von Jugend an beschäftigt hatte. Auch die Gespräche mit Joachim von Watt mögen sich oftmals um diese Probleme gedreht haben, die für ihn nicht außerhalb des ärztlichen Bereichs lagen: war er doch zutiefst vom göttlichen Urgrund der Heilkunst überzeugt.

Immer wieder sah er sich bei seiner ärztlichen Tätigkeit vor die Frage gestellt: Handelt hier allein der Arzt, oder greift vielleicht Gott manchmal unmittelbar in den Heilungsvorgang ein? Als Kind hatte er in Einsiedeln die Scharen der Wallfahrer zum Gnadenbild Unserer Lieben Frau ziehen sehen in der Hoffnung, dort ihrer Leiden ledig zu werden. Warum wurden die einen geheilt, während die anderen ungebessert die Wallfahrtsstätte verließen? Gab es eine Gebetserhörung? Auch später als Arzt hatte er immer wieder erlebt, wie die Hoffnungen der Leidenden und Sterbenden sich an Gott und seine Heiligen klammerten, hatte er die Gebete der Angehörigen vernommen, hatte von den Gelübden erfahren, welche die Kranken für den Fall ihrer Genesung ablegten. Er kannte die Anrufungen der Heiligen und die Gebete um Genesung oder einen sanften Tod. So mußte ihn wie seine Kranken die Frage nach dem Warum der Krankheit bewegen. Warum befällt sie diesen und jenen nicht? Vielen galt sie als Gericht Gottes, in dem er die Menschen gerade an dem Glied strafte, mit dem sie gesündigt hatten. Wie eine Gottesgeißel jagten die großen Cholera- und Pestepidemien über die Länder Europas dahin; die Syphilis suchte die Menschen furchtbar heim. Fast jede Krankheit hatte ihren Schutzpatron: Der heilige Athanasius half gegen Kopfweh, Bernhardin gegen Heiserkeit, Kilian gegen Gift, Sebastian gegen die Pest, Valentin gegen die Fallsucht, Liborius gegen Steinleiden, Hilarius gegen Schlangenbiß, Laurentius gegen Brandwunden, Benedikt gegen Vergiftungen. Bei Zahnweh rief man die heilige Apollonia an, bei Brustleiden die heilige Agathe, bei Krebs Adelgundis; für Augenleiden waren Odilie, Klara und Santa Lucia zuständig.

Paracelsus kannte auch den Glauben, daß man einen Menschen gesundbeten könne. Doch auch das Gegenteil versuchten die Leute: In grimmigem Haß wollte manch einer seinem Nachbarn alles Schlechte über den Leib wünschen, wollte die Strafe des Himmels auf ihn herabziehen. So mag mancher Kranke ihm erzählt haben, daß es bei seiner Erkrankung nicht mit rechten Dingen zugegangen sei, daß jemand ihm dieses Übel angehext habe, daß ein böser Geist ihn nachts bedrücke. Echte religiöse Überzeugungen mischten sich hier mit den absonderlichsten Erscheinungen plumpen Aberglaubens.

So ergaben sich gerade aus der ärztlichen Tätigkeit Hohenheims unzählige religiöse Fragen, denen er nicht auswich. Wie weit reichte die Macht der Heiligen und des Teufels in Gesundheit und Krankheit des Menschen? Jahrelang hat er um diese Frage gerungen, viele Erfahrungen gesammelt, ehe er seine Erkenntnisse niederschrieb: „Vor Jahren hab ich's nicht gekonnt, jetzt aber kann ich's; drum so schreib ich jetzt, das ich längst geschrieben sollt haben." Er leugnet keineswegs die Macht des Glaubens, nicht die Heiligen und nicht den Teufel, ja selbst verschiedene dem Volksglauben zugehörige Geister läßt er gelten. Aber er zeigt die Grenzen ihrer Wirksamkeit, wie er sie sieht. Von zwei Grundsätzen geht er dabei aus: Natürliche Vorgänge dürfen nicht aus übernatürlichen Ursachen erklärt werden, und der Mensch ist unbedingter Herr seines Schicksals, auch der Gestirne und aller bösen Geister. Damit tritt er allem Aberglauben und dem der Astrologie im besonderen entgegen.

Er wehrt sich gegen den Vorwurf, ein Verächter der Heiligen zu sein; aber er kenne ihr Wesen und das Wesen der Natur so gut, daß er wohl wisse, „was der Natur möglich ist zu tun", wo natürliche und wo übernatürliche Kräfte wirken. Er wendet sich allein gegen den Mißbrauch der Heiligen, vor allem gegen die Verehrung ihrer Reliquien und Bilder. Nach seiner Lehre ist der Körper der Heiligen ebenso den Gesetzen der Natur unterworfen wie der anderer Menschen; er ist rein irdisch und kann darum auch nur natürlich wirken, während Einfalt, Unverstand und Schlimmeres diesen Körpern übernatürliche Kräfte zugeschrieben haben:

„Warum sie es getan haben, sieht man an ihren Stiften und Klöstern wohl." Man hat von den Heiligen gepredigt und „das Licht der Natur zu erforschen gewehrt, auf daß nicht erfunden wird, daß nicht heilige, sondern natürliche Werke wären". – „Darum legt er (der Heilige) seinen Körper nicht wieder an, sondern laßt ihn liegen bei den Würmern." – „Laßt die Toten mit den Toten umgehen, handle du mit den Lebendigen!" ruft Paracelsus aus. Was in der Erde liegt, das wirkt natürlich, was bei Gott ist, vermag übernatürlich zu wirken. Der Körper der Heiligen im Grab ist der Fäulnis unterworfen und behält seine irdische Natur. Die Prediger aber sprechen:

> Seht an den großen Zulauf, der hierher kommt, wie kann's dann nichts sein? Seht an die großen Opfer, die sie hertragen, ist das nicht ein christlich gut Ding? Seht an den großen Haufen der Krücken und Stecken, seht an die wächsernen Bilder mit Spießen und Pfeilen, seht an die Kerzen und Ampeln, leset die Zeichen an den Tafeln herab, die geschehen sind!

Wäre es wirklich ein Heiligtum, so wäre es für den Heiligen jedoch eine kleine Ehre, daß die alten Krücken gegen neue eingetauscht werden, daß so viele Lahme wieder von dannen gehen, „denen er nicht hülfe, die ihn so getreulich suchen mit müden, elenden Beinen". Für Paracelsus ist eine Wallfahrt der Art ihrer Wirkung nach nichts anderes als die Fahrt in ein Heilbad.

Was für die Reliquienverehrung gilt, gilt auch für die Verehrung der Heiligenbilder etwa in Einsiedeln, Lourdes und Altötting: „Die Heiligen sind im Himmel, nicht im Holz. Wer sie da sucht, der findet sie nicht." Es ist Vermessenheit, wenn der Mensch in Leibesnot Gott oder die Heiligen um Hilfe anruft; Paracelsus rechnet dieses Begehren „zu den Versuchungen, denen der Mensch unterworfen ist. Wenn einer krank wäre und riefe einen Heiligen an, und der Heilige kann ihm helfen, so ist es besser, er riefe ihn nicht an und behielte seine Krankheit, statt daß er ihn anriefe. Einen Rosenkranz in der Hand tragen ist gut; aber besser ist es, er wird nicht getragen; denn es geschieht nicht ohne Aberglauben. Niederknien vor einem Bild usw. ist nicht bös; noch besser ist es, es geschieht nicht; denn die Augen regieren das Gebet; das soll nicht sein, das Herz soll regieren.“ Alle Dinge sind göttlich und kommen von Gott; was geschieht, geschieht durch ihn. Nicht die Heiligen sind dazu bestimmt, die Krankheiten der Menschen zu heilen, sondern der Arzt. Es ist ureigenste Aufgabe der Heilkunst, die Abgötterei auszuschließen und zu heilen, nicht im Licht des Heiligen Geistes, sondern im Licht der Natur. So bleiben Heilkunst und Theologie streng geschiedene Bereiche für ihn, den die Zeitgenossen bei seinen großen Heilerfolgen so oft des Bündnisses mit übernatürlichen Mächten verdächtigt haben. Scharf hat er alle Versuche zurückgewiesen, auf das Jenseits gerichtete Handlungen in die Mittel der Heilung einbeziehen zu wollen; er leugnete zwar nicht die Möglichkeit derartiger Heilungen, doch liegen sie außerhalb des Bereichs der Heilkunde.

Spätsommer und Herbst des Jahrs 1531 waren reich an ungewöhnlichen Naturerscheinungen, welche die Frage nach dem unmittelbaren Eingreifen Gottes in die Natur besonders nahelegten: Im August erschien ein gewaltiger Komet, Anfang Oktober erschütterte ein furchtbares Erdbeben die Alpenländer, am 28. Oktober stand ein ungewöhnlicher Regenbogen über dem Bodensee. Diese Naturerscheinungen spielten sich vor dem Hintergrund eines politisch ungeheuer bewegten Jahrs ab: Die Mehrzahl der protestantischen Fürsten und Reichsstädte hatte sich im April zum Schmalkaldischen Bund zusammengeschlossen, um ihren Glauben und ihre politische Selbständigkeit gegenüber dem Kaiser und den katholischen Ständen zu verteidigen. Am 5. Januar war der Bruder Kaiser Karls V., Ferdinand I. von Österreich, in Aachen zum deutschen König gekrönt worden. In England trieben die Dinge einer Entscheidung zu: Heinrich VIII., das größte Ungeheuer auf dem englischen Königsthron, hatte die englische Landeskirche vom Papsttum getrennt, sich selbst zum Oberhaupt der anglikanischen Kirche gemacht und Kirchengüter und zahlreiche Klöster eingezogen, weil Papst Clemens VII. der Scheidung seiner Ehe mit Katharina von Aragonien nicht zustimmen wollte. – Am 11. Oktober fiel Zwingli in der Schlacht bei Kappel, wo die Züricher von den katholischen Waldkantonen vernichtend geschlagen wurden. Kampf und Unruhe überall.

Der Komet, der im August 1531 die Einwohner von St. Gallen in Furcht und Schrecken versetzte, ist einer der berühmtesten. 1531, 1607, 1682 – in Abständen von rund 76 Jahren beunruhigte er die Menschen, bis der englische Astronom Edmund Halley ihn im Jahr 1705 richtig für das Jahr 1759 voraussagte. Ihm zu Ehren wurde er von da an als „Halleyscher Komet“ bezeichnet.

In vier kleinen Schriften hat Paracelsus sich mit den großen Naturereignissen auseinandergesetzt. Sein kleines Werk über den Kometen übersandte er am 26. August 1531 dem Züricher Prediger Leo Jud mit einer Widmung, die, wie er schreibt, gleichzeitig auch „unserem hocherfahrenen Meister Ulrich Zwingli“ galt, der seit 1519 das Amt des Pfarrers am Großen Münster in Zürich versah. Ihnen beiden als den „besonderen Vorkämpfern der Wahrheit“ legte er seine Schrift vor, in der er sich vor allem gegen die heidnische Gesinnung der Astronomen wendet:

> Eine jegliche Kunst ist geboren aus Gott und soll in Gott ausgelegt werden; die aber augurieren (= nach heidnischer Art prophezeien), wie können sie dir oder mir gefallen? Laß dich das Durchlesen nicht verdrießen, so wenig es mich verdrießt, deine oder Meister Ulrichs Arbeiten durchzulesen. Wenn es durchgelesen ist, fördere es, daß es ans Licht komme.

Er bittet um rasche Drucklegung, bevor andere Astronomen mit ihren Schriften herauskommen.

Die Abhandlung fand die Zustimmung des Züricher Predigers, der ihm kurz darauf schrieb:

> Dem hochgelehrten Herrn Paracelso Theophrasto von Hohenheim zu St. Gallen, seinem lieben Herrn. Gnad und Fried von Gott, wohlgelehrter, geliebter Herr. Wie mir Euer Büchlein des Kometen Interpretation zukommen ist, hab ich von Stund an überlesen und dieselbe Nacht noch in die Druckerei geben. Die ist gleich worden druckt. Des schick ich Euch hier etlich Exemplaria. Hoff, sie seind nach Eurem Willen gefertigt. Wo das nicht, ist mir leid.

Paracelsus sucht in seiner Schrift die Frage zu klären, unter welchen Umständen Himmelserscheinungen übernatürlich gedeutet werden dürfen. Seine Antwort lautet: nur dann, wenn sie den Naturgesetzen widersprechen, also etwa, wenn einmal zwei oder drei Sonnen oder mehrere Monde am Himmel stünden, wenn Sterne auftauchen, die sonst nicht gesehen werden, oder wenn die Sonne – wir würden heute im gleichen Sinn sagen: die Erde – stille stünde. Derartige Erscheinungen könnten nicht mehr naturwissenschaftlich, sondern sie müßten unter Zuhilfenahme der übernatürlichen Offenbarung gedeutet werden. Da die Gesetzmäßigkeit im Erscheinen des Halleyschen Kometen Paracelsus noch nicht bekannt war, erschien dieser ihm als ein Ereignis außerhalb der Naturgesetze, also als übernatürlich und entsprechend zu deuten. Trotzdem leitet er keine Prophezeiung daraus ab, sondern faßt ihn vielmehr als Sinnbild auf, das wie der Stern von Bethlehem anzeigen will, „daß die Magnalia (= Wunderwerke) Gottes auf Erden herrschen wollen". Er will die Menschen nicht beunruhigen, sondern zur Besinnung mahnen: „Darum steht der Stern als ein Ermahner in denen Dingen."

Ein politischer Gedanke tritt deutlich zutage in den beiden Schriften über das Erdbeben und den Regenbogen über dem Bodensee, die eine nicht mißzuverstehende Mahnung zur Einigkeit sind. Paracelsus sieht eine innere Verbindung zwischen den Bürgerkriegen in den davon betroffenen Ländern und dem Beben. Im Kampf der Zwinglianer gegen die katholischen Waldstädte hatte er ja in nächster Nähe erlebt, wie „der Vater sich gegen den Sohn und der Sohn sich gegen den Vater" erhob. Wie das Erdbeben am Todestag Christi, so bedeute dieses alpenländische Erdbeben „groß Jammer und schwere Irrung im Volk, das wider Gott, seinen Schöpfer, handelt". Damit wendet er sich gegen die Deutung dieses Bebens als Anzeichen für das Weltende und gegen die Weltuntergangsstimmung seiner Zeit.

Nach der Klage über den Bürgerzwist und dem Ruf zur Einkehr wirkt die Abhandlung über den Regenbogen als versöhnender Ausklang. Nicht jeden Regenbogen betrachtet Paracelsus als übernatürliche Erscheinung; doch der Stand dieses einen widerspreche den Naturgesetzen und sei darum als ein „Zeichen der Zeit" zu deuten. Auf jedes Strafzeichen folgt ein Friedenszeichen. Gott hat ihn nicht wegen des schönen Wetters geschickt, sondern um den Frieden anzuzeigen.

Nicht ganz leicht durchschaubar ist Hohenheims Stellung zu Luther, mit dem ihn sachlich und persönlich vieles verbindet, obwohl er sich niemals von der katholischen Kirche getrennt hat.

Immer wieder hat er sich mit seinen Schriften gerade an Vertreter der Reformation gewandt. Doch ist seine religiöse Haltung stärker der Sebastian Francks verwandt, in keine Richtung restlos einzugliedern, von allen geschieden und befehdet. Häufig ist er mit Luther verglichen worden; doch er antwortet in stolzem Selbstbewußtsein: „Ich bin Theophrastus und mehr als die, denen ihr mich vergleicht. Mich hat Gott zum Arzt gemacht, während Luther nur vom Himmel ist." Er unterscheidet zwischen dem Himmel im naturwissenschaftlichen Sinn einerseits und der Sphäre Gottes andererseits. Der Himmel ist ihm diesseitig und geschaffen wie die Erde, ein Stück Natur. Gott ist nicht im Himmel, sondern über allen Himmeln. Was vom Himmel ist, bleibt dem Himmel unterworfen; was aus Gott ist, ist nur ihm und nicht dem Himmel unterworfen. So sieht er sich selbst im Besitz eines übergeschichtlichen Auftrags von Gott, während er Luther nur einen geschichtlichen Auftrag zuerkennt.

Anfang 1532 hat Paracelsus St. Gallen wieder verlassen und scheint den Rest des Jahrs nach vorübergehendem Aufenthalt im Schloß des Bartholomäus Schobinger in Rockenhausen im Aargau verbracht zu haben, wo er sich der Ausarbeitung seiner Abendmahlsschriften widmete. Im Frühjahr 1533 brach er dann ostwärts auf und wanderte über den Arlberg ins Stanzer Tal und ins Inntal, von wo er in der zweiten Hälfte des Jahrs über Innsbruck nach Hall und Schwaz gelangte. Dies war eine Gegend des blühenden Bergbau- und Hüttenbetriebs; wahrscheinlich besuchte Paracelsus von hier aus die Eisenhütten in Jenbach und die Kupferwerke in Brixlegg. Aus seinen Studien an Ort und Stelle entstanden die Bücher über die Bergsucht und andere Bergkrankheiten, die zu den frühesten Schriften über Gewerbekrankheiten und Gewerbehygiene gehören und die Krankheiten der Erzknappen, Schmelzer, der Abtreiber, Silberbrenner und Quecksilberarbeiter behandeln. In den Bergen, Klüften und Gängen verdampft das Quecksilber und ruft schwere Vergiftungen hervor:

> Darum die, so in der Erde derselbigen Region wohnen, in solchem Dunst sitzen müssen als einer, der in einer Badestube sitzt, ist gleich soviel, als säße er da im Quecksilber; denn der im Bad sitzt, den machen die Dünste naß, gleich als säß er im Wasser gar.

Bergleute bei der Arbeit.
Federzeichnung aus dem Schwazer Bergbuch von 1561

Über die Erlebnisse dieses Jahrs hat Paracelsus selbst berichtet. Er spricht von der großen Not, in der er sich befunden und daß das gegenwärtige Jahr ihn „in ein ungeduldig Elend getrieben; denn Gunst, Gewalt und die Hundsketten waren ihm zu schwer aufgeladen". Er sei gezwungen gewesen, eilends fremde Länder aufzusuchen. Auch in Innsbruck wurde ihm ein unfreundlicher Empfang zuteil; die im roten Talar einherstolzierenden Doktoren sahen geringschätzig auf den ärmlich gekleideten Landfahrer, so daß er gezwungen war, „fürbaß zu streichen".

Er wanderte über Matrei zum Brenner und nach Sterzing ins Eisacktal, wo er das Glück hatte, zwei Freunde zu gewinnen, Max Poschinger und Kerner. Im Juni 1534 brach in Sterzing die Pest aus, die zwei Jahre zuvor aus Bayern ins Inntal eingeschleppt worden war. Da schrieb er das Büchlein über die Pest „dem ehrsamen, fürsichtigen und weisen Herrn Bürgermeister und Rat der Stadt Sterzingen zu Ehren und zu Nutz der ganzen Gemeinde, daß es auch dem gemeinen Mann angenehm und verständlich sei", und teilte darin einige bewährte Rezepte gegen die Pest mit, durch große Erfahrenheit erprobt. Doch erforderten die örtlichen und klimatischen Bedingungen Sterzings noch eine besondere Betrachtung. Aber seine Hilfsbereitschaft wurde ihm übel gelohnt. In einem Nachbericht an den Leser, den er später in Meran verfaßte, klagt er, daß es ihm gegangen sei wie dem, der sich unter die Kleie mischt: „Den fressen die Säue." Der Bürgermeister von Sterzing, der vielleicht am Fürstenhof in Innsbruck die Doktoren in seidenen Gewändern gesehen habe, nicht in zerrissenen Lumpen und von der Sonne verbrannt wie ihn, habe an seiner Armut Anstoß genommen und behauptet, er sei gar kein Doktor. Auch den Predigern und Pfarrern beider Konfessionen habe er nicht gefallen. „Also ward ich in Verachtung abgefertigt", zwar nicht offiziell vom Gemeinderat, aber in der Art, daß man ihm das Leben unerträglich machte.

Ergreifend sind die Worte, mit denen Paracelsus sich dann unmittelbar an den Leser wendet:

> Deshalb, Leser, magst du nun ermessen, was mich zwingt, meine Geheimnisse preiszugeben. Würdest du in meiner Not und Armut gefesselt sein, hättest du auch einen größeren Unterhalt, es müßte heraus. Wäre ich mit Einkünften und Benefizien versorgt, möcht ich wohl einen stillschweigenden Mund tragen.

Er hatte durch seine Veröffentlichung einen Ausweg aus seinem Elend gesucht.

So schied er voller Bitterkeit von Sterzing; doch konnte er seinen Weg über das Penser Joch nach Bozen und Meran mit seinem Freund Max Poschinger wandern. Es folgte eine glückliche Zeit in Meran. „Daselbst Ehr und Glück gefunden", lautet sein kurzer Bericht über diesen Aufenthalt.

Und doch trieb es ihn bald wieder weiter, dieses Mal durch die grandiose Welt der Zentralalpen. Zwischen den Ötztaler Alpen und der gewaltigen Ortlergruppe durchzieht er das Tal der Etsch, wandert über das Stilfser Joch, die Adamellogruppe zur Linken, die Berninagruppe zur Rechten. Immer wandert er mit dem Blick des Arztes und hofft, in der Gegend der Gletscher etwas über bewährte Mittel gegen Erfrierungen zu erfahren. Doch seine Ausbeute ist gering; ein rauher Menschenschlag wohnt hier, der „auf solche Sachen keine Achtung hat, darum bei ihnen nichts zu holen ist".

Dagegen machte er im Tal der Adda, im sogenannten Veltlin, eine interessante Entdeckung: Er preist dieses gesegnete Tal als wahrhaftes Paradies der Gesundheit, „desgleichen hat weder Germania, weder Italia, weder Francia, weder der Occident noch

Orient in Europa". Keine Spur aller jener Krankheiten hat er hier finden können, die er unter dem Namen der „tartarischen" (Gicht, Podagra, Steinleiden usw.) zusammengefaßt hat.

Von hier ging die Reise weiter über die Bernina ins Oberengadin nach St. Moritz, dessen berühmte Heilquelle seine Aufmerksamkeit auf sich zog. Er preist sie mit begeisterten Worten:

> Ein Acctosum fontale (Sauerbrunnen), das ich vor allen, so ich in Europa erfahren hab, preise, ist im Engadin zu St. Moritz; derselbig läuft im August am sauersten. Der desselbigen Tranks trinket, wie einer Arznei gebührt, der kann von Gesundheit sagen und weiß von keinem Stein und Sand nicht; denn also wird der Magen corroboriert (gekräftigt), daß er dann den Tartarum verdauet wie ein Strauß ein Eisen, wie eine Amsel ein Spinnen. Und nicht allein den Tartarum, sondern ander Ding mehr, wo Krankheit im Menschen machen.

Doch im August 1535 treffen wir ihn bereits in Bad Pfäfers bei Ragaz, wo er sein Büchlein „Von des Bades Pfäfers Tugenden . . ." verfaßt, in vielem an die Bäderschriften seiner Jugend erinnernd. Er fand freundliche Aufnahme bei dem Abt Johann Jakob Russinger, für den er auch ein ärztliches Gutachten ausarbeitete. Damit gingen die vier Jahre zu Ende, die er in der Schweiz und Tirol verbracht hat, reich an Kämpfen und Enttäuschungen, schriftstellerischer Arbeit und ärztlicher Erfahrung, reich an gewaltigen Reiseeindrücken. In der Alpenwelt hatte er den Weg zur Heilkunde zurückgefunden, nachdem seine theologischen Arbeiten ihn eine Zeitlang von ihr entfernt hatten.

Die gewisse Heilkunst

In Schwaben und Bayern (Frühjahr 1536 bis Frühjahr 1537)

Im Herbst 1535 brach Hohenheim von Pfäfers nach dem Allgäu auf. Sein Weg führte ihn am Fuß des Säntis vorbei rheinabwärts zum Bodensee, dem „Deutschen Meer", wie er ihn im „Paragranum" genannt hat. Den Winter verbrachte er in Kempten und Memmingen; und wieder reiften große schriftstellerische Pläne in ihm. Jetzt sollte seine „Große Wundarznei" zum Abschluß kommen, ein Thema, das ihn schon seit seinen Wanderjahren unablässig beschäftigt hatte. Damals hatte ihn die Ungewißheit der Heilkunde gequält; völlig unberechenbar waren ihm Erfolg und Mißerfolg des ärztlichen Handelns erschienen. Er aber suchte inbrünstig nach einer gewissen Heilkunst. Darum ist es kein Zufall, daß er sich in jener Zeit gerade dem Gebiet zuwandte, das, weil am handfestesten und in seinen Erfolgen am überzeugendsten, als das im paracelsischen Sinn gewisseste gelten kann: der Chirurgie oder, wie es damals hieß, der Wundarznei.

Die alten Badestuben des Heilbads Pfäfers waren nur über Seile und Hängeleitern zu erreichen.

Schon zur Behandlung dieses Themas gehörte alle Unvoreingenommenheit paracelsischen Denkens. Denn die Chirurgie galt zu seiner Zeit keineswegs als gleichberechtigter Zweig der Heilkunde, sondern blieb als unter ärztlicher Würde den Scherern und Badern überlassen, weshalb Paracelsus den zeitgenössischen Ärzten vorhielt, daß sie sich zu Unrecht beider Arzneien Doktor nannten. Demgegenüber wird er nicht müde, auf die Einheit von Medizin und Chirurgie hinzuweisen, und er preist als königliche Kunst, was damals eine Art Niemandsland war: denn die Bader beschworen mit ihrem Eid eine Kunst, die sie im Grunde ebensowenig beherrschten wie die Ärzte, die höchstens über die Theorie zu disputieren verstanden. In den Angelegenheiten der Wundarznei wird aber, wie Paracelsus immer wieder betont, nicht geredet, sondern gehandelt, sie ist die gewisse und wahrhafte Kunst. In keinem Zweig der Heilkunde sind die häufigen Vergleiche mit Zweigen des Handwerks, die Paracelsus immer wieder anführt, naheliegender und berechtigter. Der Wundarzt muß ebenso geschickt sein in seinem Handeln wie der Zimmermann mit seinem Zimmern, „er muß recht lernen zimmern, so kann er's recht, bedarf keines Rates dazu. Kann er's aber nicht recht, so ratschlagt er alle Tag, und noch wird nichts Gutes daraus; zuletzt fällt alles ein. Also ist es auch mit der Arznei der Wunden." Die größten Chirurgen aller Zeiten haben diese Auffassung immer wieder bestätigt. Und im Grunde gibt es ja überhaupt keine Kunst und Wissenschaft, die nicht auf handwerklichem Fundament ruhte, aus dem heraus sie sich erst erheben kann.

Paracelsus hat es aufgegeben, die Alten unter den Ärzten zu seinen Gedanken bekehren zu wollen und sie bei seinen Lebzeiten noch „umstoßen" zu können; „denn es sind alt unlebendig Hund, lernen nichts weiter" und schämen sich, ihre Torheit einzugestehen. Darum wendet er sich mit seiner „Großen Wundarznei" wieder vornehmlich an die Jungen und hofft, „sie werden in eine andere Haut schliefen (schlüpfen)". Die Bücher der Alten sind für die Wundarznei ebenso unbrauchbar wie in den anderen Zweigen der Medizin; das Unheil aber, das durch falsche Behandlung angerichtet wird, ist in der Wundarznei besonders groß.

Als erstes muß das Handeln des Wundarztes mit dem Wirken der Natur zusammengehen, daß er nicht mehr, aber auch nicht weniger tue und verspreche, „denn der Natur gefällig ist. Darum unterstehe dich nicht weiter, denn so weit die Natur ihr Ziel streckt." Diese Mahnung gilt vor allem auch für die Zeit der Behandlung; vom rechten Zeitpunkt ihrer Anwendung hängt entscheidend der Erfolg der Arznei ab.

> Das verderbt viele Kranken, so die Ärzte sie wollen gesund machen vor der Zeit und sie sind noch im Wüten. Darum soll ein Arzt den Punkt wohl merken, daß in keinem Weg das Wütende soll angegriffen werden, dieweil es in der Arbeit ist, bis daß es sein Werk vollbracht hat und müd wird. Denn alle Ding werden müd und begehren am letzten Ruh.

Ganz besonders sorgfältig muß das ärztliche Handeln in der Wundarznei geschehen; denn jeder Verwundete schwebt in großer Gefahr, „daß gar nahezu eine jegliche Wunde mehr tödlich denn lebendig geurteilt muß werden. Der Mensch ist in viel Gefährlichkeit gesetzt und mit viel bösen Stunden beladen und umgeben, niemand mag es alles ergründen, aber alle Tag erfindet sich etwas Neues." Das gilt schon für die Gesunden, wieviel mehr erst für den Verletzten! Aber andererseits trägt auch ein jegliches Glied seine Heilung in sich selbst, einen natürlichen Balsam, der es zu heilen strebt. Der Wundarzt mit seiner Arznei hat nur ein „Schirmer der Natur" zu sein und ihr Schutz zu gewähren, auf daß sie ihr heilendes Tun ungestört vollbringen kann. Die Wunden dürfen nicht vernäht oder dem Brauch der damaligen Zeit entsprechend mit Eiweiß verklebt werden, das bringt nur unnütze Schmerzen und Komplikationen. Halte sie offen und rein und bewahre sie vor allen schädlichen Umwelteinflüssen! Die Natur selbst zieht dann die Wunden zusammen, wobei der Arzt ihr durch gute Arznei behilflich sein kann.

Viel hängt, wie in allem, so auch bei der Heilung der Wunden von der guten Natur des Kranken ab. „Ein jeglicher Arzt soll ein Fürsehen haben, wie der Kranke und die Arznei sich vereinigen." Wichtig ist auch sein Gehorsam gegenüber den ärztlichen Vorschriften, zu dem er notfalls vom Arzt gezwungen werden muß – ohne Ansehen der Person, nur wegen „der schweren Angst und Not, so aus dem Ungehorsam begegnet". Der Kranke kann durch törichtes Verhalten den Erfolg auch des besten ärztlichen Handelns zunichte machen.

> Sein Mutwill erzürnet die Natur, daß sie nimmer in die Güte mehr gehet, wie sie vormals geneigt war. Dieweil Unordnung einen gesunden Leib verderbt, wieviel mehr in einem kranken. Darum soll in allen Dingen eine Ordnung gehalten werden, die zur Gesundheit diene und wider dieselbe nicht handle; denn böse Ordnung und gute Arznei mag nicht ein gut Werk machen, auch böse Arznei und gute Ordnung gleich als wenig.

Das gilt vor allem auch für falsche, zu reichliche, aber auch zu knappe Ernährung, während doch, „so ein Gebrechen am Leib ist, die Natur will, daß ihr Maß gehalten werde".

Ein wichtiger Gesichtspunkt bei der Wundbehandlung ist auch für Paracelsus die Schmerzbekämpfung. Der Kranke soll nicht

Holzschnitt aus dem wohl bedeutendsten Werk des Paracelsus, der „Großen Wundarznei": Gelehrte sehen staunend dabei zu, wie ein Chirurg eine Leiche öffnet.

von „Folterhansen" gepeinigt werden mit Ätzen, Schneiden, Schaben und Brennen, wie es bei der zeitgenössischen Wundbehandlung üblich war, die den Teufel mit dem Beelzebub austrieb. „Der Natur Begehren ist, daß sie geheilt werde ohn Schmerzen und Wehtage."

Wie überall, wo er sich zu vorübergehendem Aufenthalt niederließ, strömten Paracelsus ebenfalls in Memmingen und Umgebung die Kranken scharenweise zu. Zu ihnen gehörte auch der Stadtschreiber Adam Reißner aus Mindelheim, bei dem der seltene Fall vorliegt, daß wir über das weitere Schicksal eines Patienten Hohenheims Näheres wissen. Paracelsus hatte ihn endgültig geheilt, und noch vierzig Jahre später rühmt der Siebzigjährige dessen ärztliche Kunst.

Es mag zu Beginn des Jahrs 1536 gewesen sein, als Paracelsus von Memmingen nach Ulm weiterzog, wo der Verleger Hans Varnier den Druck seiner „Großen Wundarznei" übernahm. Das Werk wurde von ihm zwar glänzend ausgestattet; doch tauchten andere Schwierigkeiten auf. Hohenheim hatte sein Manuskript einem jungen Schreibgehilfen diktiert, dessen mangelnde Vertrautheit mit dem Stoff und fehlende Lateinkenntnisse eine große Anzahl Fehler verursacht hatten, die durch den Setzer noch erheblich vermehrt wurden. Da der Druck außerdem nur äußerst langsam vorwärtsging, übergab Hohenheim sein Manuskript schließlich in Augsburg dem Verleger Heinrich Steiner, der schon eine frühe Schrift von ihm veröffentlicht hatte. Bereits Ende August waren die beiden ersten Bücher abgeschlossen, und bis Jahresende war bereits die ganze Auflage verkauft, der unmittelbar eine zweite folgte. Die „Große Wundarznei" war also ein bedeutender Erfolg auf dem Büchermarkt geworden.

Ihr Verfasser jedoch wandte sich nach München, wo er sich von Ende 1536 bis etwa zum Frühjahr 1537 aufhielt, ohne daß in diese Zeit wesentliche äußere Ereignisse seines Lebens oder größere schriftstellerische Arbeiten gefallen wären, die für unseren Zusammenhang Bedeutung hätten.

Heimkehr und Einkehr

In Österreich (Frühjahr 1537 bis September 1541)

Der Winter des Jahrs 1537 ging zu Ende, als Paracelsus von München aufbrach, um in Eferding an der Donau einen Jugendfreund, den Pfarrer und Doktor der Rechte Johann von Brant, zu besuchen. Dazu war ihm kein Weg zu weit, da Brant zu denen gehörte, die mit Leidenschaft den Problemen der Chemie und der kosmischen Einflüsse nachspürten und von denen Paracelsus klagt, daß diese Art von Forschern mehr und mehr aussterbe und ihre Wissenschaft in Verfall gerate: „Was noch etlich der Alten seind, ist eine kleine Zahl, deren Ew. Ehrwürden einer ist unter den ältesten." Paracelsus selbst arbeitete zu dieser Zeit am Abschluß eines neuen großen Werkes, der „Astronomia Magna", der „Großen Astronomie", die der Stellung des Menschen im Kosmos und den Wirkungen der unsichtbaren Welt gewidmet ist.

In Eferding wurde er sehr bald durch einen Brief an das Krankenlager Johann von Leipniks, Erbmarschall des Königreichs Böhmen, gerufen; und so machte er sich auf den Weg nach Mährisch-Kromau. Der Bote hatte ihm zwar schon über die Krankheit seines Herrn berichtet; doch fand Hohenheim bei seiner Ankunft den Kranken in einer sehr viel schlimmeren Verfassung, als er auf Grund dieser Erzählungen erwartet hatte. Als dann seine Behandlung nicht so rasch anschlug, wie der Erbmarschall gehofft hatte, bedrängte dieser ihn mit immer neuen Fragen über die Natur seiner Erkrankung, denen Paracelsus jedoch mit

Schweigen begegnete; denn es ist nicht angebracht, „vor der Zeit zu reden". Nach Abschluß der Behandlung gibt Hohenheim dann jedoch einen ausführlichen Bericht, der wie eine Rechtfertigung klingt.

Nach seiner Schilderung litt Johann von Leipnik nicht an einer Krankheit, sondern an einer ganzen Anzahl: Milz, Galle, Leber, Magen und Gedärme, alles war in Unordnung. Dazu kamen Podagra, Gliedersucht und eine halbseitige Lähmung. Und das alles sollte der „Wunderdoktor" nun möglichst im Handumdrehen in Ordnung bringen! Hohenheim gesteht, daß er bei vorheriger Kenntnis der Sachlage die Behandlung kaum übernommen hätte. Drei Wochen waren schon dahingegangen, bis allein die Stellung einer einwandfreien Diagnose möglich war: „Wenn vielleicht an solcher Zeit Ew. Gnaden ein Mißfallen gehabt hätte, mag Ew. Gnaden selbst ermessen ohne meine Unterrichtung (= ohne meinen Bericht), daß es nicht hat mögen kürzer geschehen."

Erschwerend kam hinzu, daß Johann von Leipnik anscheinend mehrmals die Ärzte gewechselt hatte; jeder von ihnen hatte etwas anderes verordnet, ohne daß einer der Krankheit Herr geworden wäre. Durch lange Bettruhe war außerdem eine erhebliche Schwächung des Kranken eingetreten, verschlimmert durch die Anwendung einer Vielzahl von Mitteln gegen die Fettleibigkeit des Patienten.

Durch umsichtige Behandlung und große Geduld gelang Hohenheim trotz allem die Heilung des hohen Kranken. Als guter Arzt suchte er darüber hinaus nach der Ursache all der Leiden, um Maßregeln gegen Rückfälle treffen zu können. Sie ließen sich alle miteinander auf eine falsche und zu üppige Lebensweise zurückführen: zu reichliche und grobe Ernährung, spätes Zubettgehen und Schlafen bis in den Tag hinein, mangelnde Leibesübung und zu früher Umgang mit Frauen, „ehe die Natur erstarkt gewesen ist, da die Jugend bis auf vierundzwanzig Jahr soll ohne Frauen gehalten werden und in täglicher Übung sein; denn also will die Jugend ihr Wesen haben". Paracelsus empfiehlt nun frühes Zubettgehen und frühes Aufstehen, Sitzen, Stehen, Gehen, Spazieren, Reiten, Fahren und andere Leibesübungen, Vermeidung des Mittagsschlafes und des Schlafes unter

Tag, regelmäßige gesunde Ernährung und geschlechtliche Enthaltsamkeit für ein Jahr. Als Arznei verordnet er einen bestimmten Wein und eine Salbe – alles zusammen also sehr einfache und billige Mittel, zu denen wohlhabende Patienten so selten Vertrauen haben – damals wie heute. Auf Grund dieser sicher wiederholt gemachten Erfahrung fügt Paracelsus auch gleich hinzu, daß S. Gnaden sich nicht wundern möchten, wie unscheinbar diese vorbeugenden Mittel seien und wie gering an Zahl. Unverhohlen kommt in dem Bericht zum Ausdruck, daß Hohenheim wenig Freude an dieser Behandlung gehabt hat: „Will mich fürderhin hüten, mich in solche Sorg einzulassen" – zum Leib- und Hofarzt hat er kein Talent. Trotzdem stellt er sich Johann von Leipnik auch weiterhin zur Verfügung und bittet nur um Urlaub weiterzuwandern; er will nach Wien ziehen, um je nachdem, wie es sich „anläßt", eine Zeitlang dort zu arbeiten.

Die Zeit in Mährisch-Kromau wäre eine ziemlich verlorene gewesen, hätte er sich nicht im Keller unter der nördlichen Schloßecke ein Laboratorium einrichten können; noch heute zeigt man die rund gewölbte Nische, in der es sich befunden haben soll. Außerdem verläßt er das Schloß mit zwei fertigen Manuskripten: Er hat sein Buch von den tartarischen Krankheiten vollendet und in dankbarer Erinnerung an die gemeinsamen Gespräche in Eferding dem Pfarrherrn von Brant gewidmet; es soll in Wien zum Druck kommen. Und ferner beschließt er bei seinem Aufbruch in Mährisch-Kromau mit einem Nachwort das erste Buch seiner Großen Astronomie.

Gegen Ende des Sommers traf Paracelsus in Wien ein, wo er sich bis zum darauffolgenden Frühjahr aufgehalten hat. Seine Hoffnung, hier einen Drucker für seine Tartarusschrift zu finden, erfüllte sich nicht; „ist doch solches von meinen Standesgenossen verhindert worden". Er hatte vergessen, daß stets „ein Töpfer wider den anderen ist", und harmlos einigen Kollegen von seinem Vorhaben erzählt, die es anderen hinterbrachten, um „einen Spieß wider mich zu machen". Im übrigen gingen sie ihm allerdings möglichst aus dem Weg, worüber er in einem späteren Rückblick schreibt: „Wenn ich in Wien bei St. Stephan bin, so sind sie auf dem Hohen Markt; geh ich ans Luegeck, so gehen sie nach St. Lorenz."

Es wird berichtet, daß Paracelsus in Wien zweimal von König Ferdinand I. empfangen worden sei, dem er einige seiner Werke, vor allem die „Große Wundarznei", gewidmet hatte. Einem Bericht zufolge habe der König ihm hundert Goldgulden für den Druck seiner Schriften zur Verfügung gestellt, die jedoch niemals ausbezahlt wurden, nach einem anderen soll er Paracelsus als „den verlogensten und unverschämtesten Betrüger und den ekelhaftesten aller Menschen" bezeichnet haben. Doch entstammt diese Sprache wohl weniger dem Mund des Königs als dem der Widersacher Hohenheims! Fest steht jedenfalls, daß seine Schriften nicht gedruckt worden sind. Trotz aller Anfeindungen und Enttäuschungen ist jedoch auch der Wiener Aufenthalt nicht fruchtlos verlaufen; wieder benutzte Paracelsus die Wintermonate vor allem für seine schriftlichen Arbeiten. Er soll ferner die Quellen von Baden bei Wien untersucht und das Vorhandensein von Goldadern im Kahlenberg behauptet haben.

Das Frühjahr ließ ihn wie gewöhnlich nicht ruhen; er schlug den Weg zum Semmering ein. Er stand jetzt in seinem 45. Jahr; sein Haar war gelichtet, Armut, Einsamkeit und Bitterkeit hatten seine Züge gezeichnet. Seine an sich kleine, gedrungene Gestalt erschien gebeugt unter dem Gewicht seines großen Schwerts, das Jahrzehnte hindurch bei Tag und Nacht sein Begleiter gewesen war und in dessen Knauf er sein „Wunderheilmittel" aufbewahrt haben soll. Er war ein alter Mann. Auf den gleichen Wegen, auf denen er vor dreizehn Jahren ausgezogen war, um eine Welt zu stürzen, kehrte er jetzt in die Heimat zurück, durchwanderte das Mürz- und Murtal, und als er bei Neumarkt das Gebiet der Landschaft Kärnten betrat, da trennten ihn nur noch vier Tagereisen von Villach.

Auf seiner Wanderung durchlebte er die ganze Geschichte dieses gesegneten Landes. Auf Schritt und Tritt stieß er auf Spuren aus der Römerzeit; wanderte er doch die gleichen Straßen, auf denen die Cimbern nach Italien gezogen waren. Er kam nach Neumarkt, dem alten Noreia, wo die germanischen Heere im Jahr 113 vor Christus die Römer vernichtend geschlagen hatten. Doch kurz nach der Zeitenwende drangen die Feinde ins Land, Kärnten wurde römische Provinz; Kastelle wurden erbaut, Städte gegründet.

Auch in Friesach Erinnerungen an die Römerzeit; hier zieht die Straße nach Italien, der die Stadt schon im Mittelalter ihre Bedeutung als Handelsplatz verdankte, vor allem für Silber und Eisen, das die reichen Bergwerke der Umgebung lieferten. Schloßruinen lassen vor Hohenheims Augen die Welt des Mittelalters erstehen. Auf Karl den Großen führten die Herzöge von Kärnten ihr Lehen zurück; aber mehr als dem Kaiser fühlten sie sich ihren Gefolgsleuten verpflichtet. Paracelsus erinnert sich daran, „daß ein Herzog von Kärnten von einem Bauern die Lehen empfing auf offenem Felde. Der Bauer hatte ein Roß und einen Ochsen bei sich, und der Herzog mußte geloben, sein Herzogtum Kärnten so treulich zu beschirmen und zu beschützen mit seinem Leib und Gut bis zur Armut, daß er von seinem Reichtum nichts behalten wollte als ein Pferd und einen Ochsen zu seiner Nahrung." Erinnerungen an Friedrich Barbarossa und Friedrich III.; die Züge nach Friaul, die Stiftung der Ritterschaft St. Georgen mit ihrem obersten Hochmeister von Millstatt. Die alte Komturei in Friesach erzählt von ihren Erbauern, den deutschen Ordensrittern.

Paracelsus weiß auch um die geheimen Schätze der Berge, an denen er vorüberzieht: Da ist der Bleiberg nahe bei Villach, dessen Bergwerk nicht nur Deutschland, sondern auch Ungarn, die Türkei und Italien beliefert; die Eisengruben bei Hüttenberg im Lavanttal mit ihrem vortrefflichen Stahl. Alaunerz, Vitriolerz, Zinnobererz und Golderz werden hier gefunden wie sonst nirgends. Bei S. Paternion im Drautal liegen die berühmten Goldwäschereien; ja, erinnert nicht der Name Lavanttal (lat.: lavare = waschen) daran, daß der Goldreichtum des Flusses früher die Bergleute aus aller Herren Ländern herzog? Man hat Hohenheim erzählt, daß vor noch nicht langer Zeit ein reiner Goldklumpen von hohem Gewicht gefunden worden sei.

Heilkräftige Wasser sprudeln und geben Kunde vom geheimnisvollen Reich der Elemente im Innern der Erde. Paracelsus kommt durch Einödsbad mit seinem vortrefflichen, von Natur warmen Sauerbrunnen, eine außerordentlich seltene Erscheinung. Auch zahlreiche andere Mineralquellen finden sich hier; das warme Bad bei Villach ist ihm eine vertraute Jugenderinnerung. Von Ossiach aus wandert er dann den wundervollen

Ossiacher See entlang. Als die Türme von Villach auftauchen, wird der Weg noch vertrauter, vertrauter noch Feld und Hügel, Berg und Tal. Was sind vierzehn Jahre im Leben der Natur, und was haben sie in seinem Leben bedeutet? Als Jüngling war er kampfesfreudig ausgezogen, als alter Mann kehrt er jetzt zurück.

Nicht als der weitgereiste und vielberühmte Doktor Paracelsus begibt er sich zum Rat der Stadt Villach; nur als Sohn Wilhelms von Hohenheim betritt er den Raum, um sichere Kunde von seines Vaters letzten Jahren und Tagen zu erfahren. Und als Sohn Wilhelms von Hohenheim wird ihm ein freundlicher Empfang zuteil; denn unvergessen ist dieser treffliche Mann, der sich zweiunddreißig Jahre hindurch als Arzt die Liebe der Bewohner erworben hatte und der fast vier Jahre zuvor, siebenundsiebzigjährig, die Augen geschlossen hatte. Sein Testament hatte er dem Gemeinderat übergeben für den Fall, daß sein Sohn Theophrast noch einmal nach Villach kommen sollte, der ihm in seiner Todesstunde näher gewesen war, als er hatte ahnen können, nur wenige Tagereisen entfernt in Sterzing in Tirol, wo die Pest wütete.

Hohenheim erbittet eine Urkunde über das Ableben seines Vaters, die ihm am 12. Mai 1538 überreicht wird, ein Denkmal liebender und verehrungsvoller Erinnerung an Wilhelm von Hohenheim. Dankbar verläßt Paracelsus Villach, um nach St. Veit weiterzuwandern. Hatte er auch kein Vaterhaus mehr gefunden, so war doch der Empfang, den man ihm in der alten Heimat bereitet hatte, von einer Güte und menschlichen Wärme gewesen, die er lange nicht mehr erfahren hatte. Das hatte ihm wohlgetan, und er wollte sich dankbar erzeigen. Doch er besaß nichts, was er hätte schenken können; seine ganze Habe führte er mit sich. Und so gestaltete er für seine Heimat Kärnten zum Buch, was er auf dem Weg zwischen Neumarkt und Villach erlebt hatte, eine kleine Chronik des Landes Kärnten, geschrieben zu Lob und Preis dieses Landes.

Doch die Gedanken bei der Wanderung waren nicht nur auf Geschichte und Wesen des Landes gerichtet gewesen, sie hatten auch das eigene Leben und Wesen umfaßt. Und so kann er in St. Veit seine beiden persönlichsten Bücher schreiben, die er ebenfalls der Landschaft Kärnten widmet, das eine zur Verteidigung, das andere zum Angriff: „Septem Defensiones“ (Die Sieben Verteidigungen) und den „Labyrinthus Medicorum Errantium“ (Vom Irrgang der Ärzte).

Am 3. September 1538 empfing Paracelsus in einem gewichtigen, mit vierzehn Unterschriften versehenen und versiegelten Brief die Antwort der Kärntner Stände: „... Sind Euch freundlichen dienstlichen Willen jederzeit zu beweisen bereit und erbötig, wollen auch keinen Fleiß sparen, damit Eure Schriften mit dem ehesten in Druck kommen.“ Nun soll es also Wirklichkeit werden! Dieser 3. September ist einer der wenigen glücklichen Tage in Hohenheims Leben: „Die Stunde ist da, ein Gönner ist gefunden, der nicht nach der Gunst, sondern nach Ansehen der Billigkeit diese Arbeit an den Tag zu bringen Sorge getragen hat, nämlich die löbliche Landschaft des Erzherzogtums Kärnten!“ Noch nie war ein Werk des Paracelsus mit seinem Bild erschienen, wie es dem Brauch seiner Zeit entsprach. Jetzt wählt er den Nürnberger Maler und Kupferstecher Augustin Hirschvogel zu seinem Porträtisten. Sein Bild ist die einzige Darstellung, die etwas vom Wesen Hohenheims erfaßt hat, wenn wir von Hans Holbeins berühmtem Bild „Mann mit dem Schlapphut“ absehen, das angeblich Paracelsus darstellen soll, was jedoch als außerordentlich unsicher gelten muß.

Den „Labyrinthus Medicorum“ kann man geradezu als „medizinischen Katechismus“ bezeichnen, der nochmals eine kurzgefaßte Philosophie der Medizin bringt und in großen Zügen ihre metaphysischen Grundlagen umreißt. Sein großer Kern- und Leitsatz ist: „Was konkordiert in das Licht der Natur, das besteht und hat Kraft. Was aber in das nicht konkordiert, das ist ein Labyrinthus, der keinen gewissen Eingang noch Ausgang hat.“ Die Medizin darf kein bloßes Wähnen, sie muß ein festes Wissen sein, „nichts als eine große gewisse Erfahrenheit“. Die irrenden Ärzte leben in einem dunklen Labyrinth und vermögen den Weg ins Helle, ins Licht der Natur nicht zu finden. Nicht Menschen und nicht Bücher sind die wahren Lehrer der Ärzte, sondern das von Gott geschriebene Buch, das Licht der Natur.

Ihm zur Seite muß das Buch des Firmaments treten, das die Menschen krank und gesund macht, weil alles Leben letzten

Endes kosmisch bedingt ist, weil die kleine Welt die große Welt in sich enthält. Die große Welt ist Gegenstand des Philosophen, die kleine Welt ist dem Arzt befohlen. Er muß den Samen kennen, aus dem die Krankheit wächst, um wirklich heilen zu können. Er ist der Helfer des inneren Arztes im Menschen, der den eigentlichen Kampf gegen den Feind, die Krankheit, führt und vom äußeren nur darin unterstützt und gestärkt wird. Ebenso vermag die äußere Arznei nur der inneren, dem Kranken eingeborenen, beizustehen. Das innerste Wesen der Arznei muß der Arzt kennen, nicht nur ihre äußeren Wirkungen. Die Alchemie im weitesten Sinn dient ihm dazu, die Schlacken von der Arznei zu scheiden, das Nütze vom Unnützen zu trennen.

Die Verteidigungsschrift „Septem Defensiones" mußte geschrieben werden, „denn die Notdurft hat's erfordert zu verantworten, damit diejenigen nicht gar erstocken und erblinden in ihrem Geschwätz, die mit Geschwätz sich erhalten. Wo ihnen nicht geantwortet würd, so gewönnen sie recht und hielten sich für recht und würd noch mehr Irrsal hernach kommen." Immer sind es die gleichen Vorwürfe, gegen die er sich zur Wehr setzen muß: Er sei ein Landstreicher und kein Arzt. Seine Einstellung dazu haben wir schon kennengelernt.

> Mein Wandern, so ich bisher verbracht hab, hat mir wohl erschlossen, Ursach halben, daß keinem sein Meister im Haus wachset, noch seinen Lehrer hinter dem Ofen hat. So sein auch die Künst nicht alle verschlossen in eines Vaterland, sondern sie seind ausgeteilt durch die ganze Welt. Die Krankheiten wandern hin und her, so weit die Welt ist, und bleiben nicht an einem Ort. Will einer viel Krankheiten erkennen, so wandre er auch; wandert er weit, so erfährt er viel und lernet viel erkennen.

Er sondre sich feindlich von den Kollegen ab. Worauf er antwortet, daß er allerdings mit den „Pseudomedicis" nichts zu tun haben wolle, welche die Heilkunde durch Eigennutz und Unfähigkeit in Verruf gebracht haben.

Er habe eine „wunderliche Weis und zornige Art". Er stellt ruhig fest: „Mir gefällt meine Weis nun fast wohl", die ihm angeboren ist nach seines Landes Art. Er hat es auch nicht nötig, fehlendes Können durch schöne Worte und feines Getue zu ersetzen, sondern: „Mein Fürnehmen ist, mit dem Maul nichts gewinnen, allein mit den Werken."

Auch er sei kein Zauberer, der alle Krankheiten heilen könne; auch er vermöge die rechte Diagnose nicht auf Anhieb zu stellen. „Daß ich unmöglich Ding nicht heilen kann, warum werft ihr mir's in Bart, so ihr das vermöglich nicht könnet heilen!" Krankheiten, die nach Gottes Willen zum Tod führen sollen, entziehen sich auch seiner Kur, „so ich doch Gott nicht meistern noch gewaltigen kann, sondern er mich und alle andern". Die Zeit, die er für sein ärztliches Tun benötigt, ist jedenfalls gut angewendet, während die untüchtigen Ärzte am Ende eines Krankheitsverlaufs noch so klug sind wie zu seinem Beginn.

Er vergifte die Kranken mit seinen Arzneien. Demgegenüber entwickelt er eine ganze Theorie über die Bedeutung des Gifts in der Heilkunde, das für ihn keine eindeutig zu bestimmende Größe, sondern etwas durchaus Relatives ist, das sich durch die Art seiner Wirkung erweist und das auch „ein Mysterium der Natur" ist.

> Denn was ist, das Gott erschaffen hat, das nicht mit einer großen Gaben begnadet sei dem Menschen zugut? Warum soll dann Gift verworfen und verachtet werden? Ein jegliches Ding soll gebraucht werden, dahin es verordnet ist, und wir sollen weiter kein Scheuen an demselben tragen. Der Gift verachtet, der weiß um das nicht, das im Gift ist. Alle Ding sind Gift und nichts ohn Gift; allein die Dosis macht, daß ein Ding kein Gift ist. Das sollt ihr merken, daß das kein Gift ist, das dem Menschen zum Guten erschießt. Das ist allein Gift, das dem Menschen zum Argen erschießt, das ihm nicht dienstlich, sondern schädlich ist.

Er führe unverständliche neue Namen und Rezepte ein. Dazu nimmt er sich das Recht, weil jeder Zeit ihr eigenes Licht der Natur gegeben ist für ihre Krankheiten, für die sie auch ihre eigene Arznei und ihre eigene Heilkunde braucht. Und er bringt die neue Heilkunde seiner Zeit hervor.

Letzten Endes werden die Werke beweisen, ob die wahre Kunst der Arznei an den Hohen Schulen ist oder bei ihm.

Wandermüde ist Paracelsus bis ins Jahr 1540 hinein in Kärnten geblieben, voller Ungeduld darauf wartend, daß die Landstände ihr Versprechen einlösen und die ihnen gewidmeten Schriften zum Druck bringen würden. Er wartet vergeblich. Erst fünfundzwanzig Jahre später, also lang nach seinem Tod, erweist sich der Grund dafür in einer unverantwortlichen Nachlässigkeit, die ihm seine letzten Lebensjahre qualvoll verbittert hat: In der kleinen Gemeinde der Paracelsus-Verehrer hatte sich auch eine ungewisse Kunde von diesen Büchern erhalten. Man wandte sich schließlich mit der Frage nach ihrem Verbleib an die Regierung in Klagenfurt und löste dort damit eine unliebsame Überraschung aus: Gewiß, man erinnerte sich, daß Hohenheim vor langen Jahren den Landständen ein dickes Bündel Schriften übergeben habe, man erinnerte sich wohl auch mit schlechtem Gewissen des damals gegebenen Versprechens. Aber wo waren die Schriften geblieben? Nach Köln, woher die Anfrage gekommen war, wurde eine ausweichende und hinhaltende Antwort gegeben.

Doch dort wandte man sich jetzt kurz entschlossen an die Kanzlei der Landesregierung in Wien, ob sich vielleicht dort ein Mann fände, welcher der Sache Hohenheims geneigt und in der Lage war, von allerhöchster Stelle aus die Kärntner Landstände zu eifrigerem Suchen zu veranlassen. Tatsächlich ging am 20. August 1563 aus Wien ein Schreiben des Erzherzogs Ferdinand an die Landschaft Kärnten ab mit der Frage nach dem Verbleib der Schriften. Sie wirkte in Klagenfurt alarmierend; ein tolles Suchen begann, bis man endlich am 22. Oktober nach Wien berichten konnte, daß „des Doctoris Theophrasti Paracelsi seligen Bücher oder Schriften“ aufgefunden und unverzüglich nach Wien abgeschickt worden seien. Sie seien „unter einer Landschaft Handlungen (Akten) und Schriften verlegt gewesen und erst dieser Tage nach langem fleißigem Nachsuchen gefunden worden“. Es ist erschütternd, an diesem Beispiel zu sehen, wie verständnis- und ehrfurchtslos mit den Schriften Hohenheims verfahren worden ist. Nur dem unermüdlichen Einsatz seiner wenigen Anhänger und Freunde ist es zu danken, daß trotzdem eine Fülle paracelsischer Schriften – die ärztlichen allein füllen vierzehn dicke Bände – erhalten geblieben ist.

Im März 1540 findet sich erstmals ein Anzeichen, das auf den Verfall der Gesundheit Hohenheims hindeutet. Hanns Ungnad,

Freiherr zu Sonnegg, „Kgl.-Kaiserl. Majestät Rat, obrister Feldhauptmann der niederösterreichischen Lande und Landeshauptmann in Steyr“, hatte sich mit der Bitte um einen ärztlichen Besuch in Pettau an Paracelsus gewandt. Wieder ein Name von Klang! Doch Paracelsus bedauert in seinem Antwortschreiben, der Bitte wegen „Schwachheit“ nicht nachkommen zu können. Außerdem erwartete er eine Einladung des Bistumsverwesers Ernst von Bayern, eines Freundes und Gönners der Naturwissenschaften, die kurz darauf auch eingetroffen zu sein scheint; denn vom Sommer des Jahrs 1540 ab haben wir Paracelsus in Salzburg zu suchen, wo noch heute eine Inschrift das Haus gegenüber der Salzachbrücke kennzeichnet, in dem er damals gewohnt hat. Hier scheint er bis kurz vor seinem Tode ärztlich tätig gewesen zu sein.

Paracelsus hatte Kärnten bereits als vom Tod Gezeichneter verlassen. Das herannahende Ende seiner Tage wird ihm nicht verborgen geblieben sein; dazu war er als Arzt zu erfahren, als Mensch zu groß, um sich über ein unabwendbares Schicksal hinwegzulügen. Der Tod war ihm kein Fremder; in jeder Gestalt war er ihm begegnet, hatte er mit ihm gerungen, hatte er ihn bezwungen oder war er von ihm besiegt worden. In einer seiner Jugendschriften verweist er auf ein Buch von sich, „Über den Tod“, das uns jedoch nicht erhalten ist. Immer wieder kreisen seine Gedanken auch in späteren Jahren um das Todesproblem. Seine Gedanken darüber faßt er in seinem letzten großen Werk, der „Astronomia magna“ zusammen.

Mancherlei Einstellung gibt es gegenüber dem Unabwendbaren. Es gibt den Weg der kleinen Geister, die sich der Gewalt des Todes zu entziehen suchen, indem sie ihn verharmlosen als bloß „natürliches“ Ereignis. Demgegenüber steht am Anfang des paracelsischen Denkens über den Tod die ganze Erkenntnis von der Furchtbarkeit der Todeswirklichkeit. Als Arzt wußte er, wie schwer das Leben sich vom Leib ringt und mit welcher Gewalt der Lebenswille sich gegen das Ende wehrt. „So der Mensch sterben will, so geschieht es nicht ohne große Not; so greulich ist der Tod, daß sich gegen ihn erschüttert und erzittert, was ihn kennt und sieht.“

In den frühen Schriften Hohenheims findet sich wiederholt

der Gedanke, daß der Tod den Menschen überfalle wie der Blitz vom Himmel, ohne Zeichen und Vorboten: „Was Zeichen aber kommen, nach denen die Menschen sterben müssen, sind Klagen der Natur.“ Er deutet die Erscheinungen am Puls und im Harn nur als Signale, welche die Not der Natur anzeigen. Die Erfahrungen am Krankenbett und wohl auch die Erfahrungen am eigenen Leib haben ihn in späteren Jahren jedoch zu der Überzeugung geführt, daß „der Mensch, der da krank liegt, soll er sterben, so kommen Todeszeichen, je eines nach dem anderen im Leib“. Sie zu erkennen ist eine ebenso natürliche Kunst wie die Diagnose der Krankheiten. Sie sind die „Weissagungen“ des Todes, von denen Paracelsus in seiner „Großen Astronomie“ oftmals spricht. „Es ist kein Mensch, des Tod nicht vorher geweissagt wurde. Gott sorgt, daß ihm Vorzeichen zugestellt werden seines Todes, seines Wandels und seines Endes. Selig ist der Mensch, der die *präsagia* (Vorhersagungen), wie sie ihm gegeben werden, erkennt.“

Noch in einem anderen Punkt hat Hohenheims Anschauung vom Tod im Lauf seines Lebens eine Wandlung erfahren. Mit dem Optimismus der Jugend hatte er es abgelehnt, eine Krankheit als tödlich zu bezeichnen, weil sich in solchem Urteil nur Unkenntnis und Unfähigkeit des Arztes verrate.

> Es ist kein *terminus mortis* (Zeitpunkt des Todes) gesetzt, auf welchen Tag wir sterben sollen, sondern wir haben das in unserer Gewalt. Der Tod bringt keine Krankheit, auch keine Krankheit den Tod. Die natürliche Krankheit hasset den Tod und fleucht ihn; kein Glied im Leibe liebt ihn. Also ein sonderliches Wesen ist der Tod, geschieden von der Krankheit.

Der Arzt hat alle Möglichkeiten in seiner Hand; kann man schon tote Körper erhalten und konservieren – Paracelsus denkt an das Einbalsamieren der Mumien –, um wieviel mehr lebendige. Kein größerer Optimismus ist möglich: „Gott, unser Vater, hat uns das Leben geben und Arznei, dasselbig zu beschirmen und zu erhalten. Solange wir mögen und können und wissen, haben wir die Gewalt, unser Leben zu erhalten.“

Doch seit der Baseler Zeit mehren sich die Stellen, wo er von Krankheiten spricht, „in denen der Tod ist“ und die ärztlicher Hilfe trotzen. Schon in einer der Syphilisschriften erwähnt er

Krankheiten, die nicht dem Glück unterworfen sind und die der Arzt nicht „zeitig machen kann", sondern die bis in den Tod unverändert bleiben. Er fordert von den Ärzten, solche Krankheiten oder Wunden, die „zum Tod oder tödlich an ihnen selbst sind, in keinem Weg zu berühren, weder mit Arznei noch in anderer Gestalt. Denn dadurch würde gefördert, was zu wenden vermeint wurde" – ein alter hippokratischer Gedanke. Und im „Labyrinthus Medicorum" heißt es: „Dieweil der Mensch je zum letzten fallen muß und den gesetzten Terminum nicht mag überwinden, er mußt hindurch: Alsdann so siegt der Tod, wider den ist kein Arznei, als allein der sei da, der den Tod überwunden hat." Es ist Gott möglich, die Sonne stillstehen zu lassen; so ist es ihm auch möglich, die Arznei in ihrer Wirkung „stille stehen zu lassen", das heißt, ihre Wirkung zu unterbinden; denn ohne das würde kein Mensch sterben, da an sich jede Arznei, richtig angewendet, heilen muß. In der Nacht, die darauf folgt, „schleicht der Tod herein und nimmt das Leben. Das ist der höchste Schatz, den der Mensch hat. So Gott die Arznei nicht stille stehen ließe wie die Sonne, wer wollte sterben?"

Der Tod ist furchtbar, aber er ist notwendig verbunden mit dem Reich des Lebendigen. Schon in einer der frühesten Schriften Hohenheims heißt es:

> Alles ist dermaßen verordnet, daß es zerbrechen muß und am letzten mit dem Tod umgeben, der alle Dinge verzehrt; also werden alle Dinge erstlich in die Zerstörung geführt, nachfolgend in den Tod. Nichts Natürliches ist ewig, es ist alles dem Tod überliefert und mit dem Tod umfangen; allein das ist ewig, das vom Ewigen kommt.

Mit jedem Menschen wird zugleich sein Tod geboren. „Alles ist mit Tod umgeben gleich als ein Kind, das den Tod mit ins Leben bringt. Wenn wir geboren werden und empfangen, so werden wir in den Tod prädestiniert (vorausbestimmt), mit Tod umgeben und verfasset." Denn der Mensch ist aus vergänglichen Stoffen geschaffen; woher er kam, dahin muß er auch wieder zurück. Nun ist die große Welt sein Vater, er ist aus ihren Elementen geschaffen. Wobei es bezeichnend ist, daß Hohenheim meistens von der Vaterschaft der Welt spricht, während unserem Denken die „Mutter Erde" näher liegt.

> Gott hat uns aus der großen Kreatur (Schöpfung) gemacht zu Menschen, hat uns aber dermaßen im Vater bleiben lassen, daß wir in ihm sterben müssen. So wir nun aus dem Vater den Tod haben, so haben wir auch die Krankheiten von ihm; denn mehr ist der Tod als die Krankheit. Es stirbt ein jeglicher in dem, aus dem er ist, und in dasselbig wird er vergraben.

So gleicht der Mensch dem Wasser, das auch seinen Tod hat; es muß zurück ins Meer und stirbt dort, wo es sein Leben empfangen und gewonnen hat. Der Tod macht aus allem wieder, was es vorher war. „Nichts war es vorher, nichts wird es darnach; also beschließen sich alle Ding im Nichts; denn nichts war es vorher auch."

Der Mensch kehrt zurück in das, woraus er geschaffen ist – hierin liegt für Paracelsus jedoch auch das Fortleben des Menschen nach dem Tod begründet. Denn dreifach war ja sein Ursprung: aus der Erde seine leibliche Persönlichkeit, aus dem Gestirn seine geistige Persönlichkeit, aus Gott das Göttliche in ihm. So wird sein elementischer Leib in der Erde verzehrt; auch der siderische Leib, die geistige Persönlichkeit, ist sterblich und kehrt zu dem Gestirn zurück, von dem sie kam. Dieses Gestirn ist sinnbildlich zu verstehen: Wie es den Sternenhimmel der Astronomie gibt, so gibt es für Paracelsus auch einen Himmel der Gedanken und Ideen, die seit Ewigkeit von Gott vorgedacht sind und aus diesem Himmel auf die Erde kommen, jedoch ebenso vergänglich sind wie die Sterne des nächtlichen Himmels. In der Zeit bis zu seiner endgültigen Auflösung geht der siderische Leib jedoch den Dingen nach, die er im Leben erstrebt hat: Wessen Sinn und Gedanken nur auf Irdisches gerichtet waren, dessen siderischer Geist bleibt an die Nähe des in der Erde sich verzehrenden Leibes gebunden. Hat er aber aus dem Göttlichen gelebt, „so fliegt der siderische Leib gegen das Gestirn in sein Begräbnis, hat es nicht nötig umzugehen, sondern er verzehrt sich still im Firmament". Was aber göttlich war im Menschen, das kehrt nach dem Tod unsterblich zu Gott zurück. „Zwei Seelen sind im Menschen, die ewige und die natürliche, das ist zwei Leben; das eine ist dem Tod unterworfen, das andere widersteht dem Tod."

So legt der Tod die verschiedenen Wesensschichten des Menschen auseinander. Nichts auf der Welt vermochte den sichtbaren und den unsichtbaren Menschen voneinander zu scheiden; sie gehörten zusammen wie die Wärme zur Sonne und die Farbe zum Körper: „Allein dem Tod ist es möglich, sie zu scheiden."

Über diese metaphysische Bedeutung des Todes hinaus sieht Paracelsus auch seinen Sinn im Naturreich. Später hat Goethe den Tod einen Kunstgriff der Natur genannt, um viel Leben zu haben; Paracelsus sagt, daß der Tod allein darum in allen Dingen sei, „daß derselbige nicht zu viel werde, sondern in der Maß bleibe". Ist er doch die Voraussetzung, um Raum zu schaffen für immer neues Leben.

Es war am 21. September 1541 um die Mittagszeit, als Paracelsus den kaiserlichen Notar Hans Kalbsohr in die kleine Stube des Gasthauses „Zum Weißen Roß" in der Kaygasse zu Salzburg kommen ließ, um in seiner Gegenwart vor sieben Zeugen seinen Letzten Willen „wiewohl schwachen Leibes, auf einem Reisebett sitzend, aber der Vernunft, Sinnen und Gemüts ganz aufrichtig" urkundlich zu erklären. Offenbar war er auf einem seiner ärztlichen Gänge von einer bedrohlichen Schwäche überfallen worden, die es ihm unmöglich gemacht hatte, in seine Wohnung zurückzukehren. Manches spricht dafür, daß er seit längerem an einer bösartigen Geschwulst litt, die zuletzt auch die Leber ergriff. Diese Krankheit führt am Ende zu einem furchtbaren Kräfteverfall und war jetzt offenbar in ihr letztes Stadium getreten.

„Mit vernehmlichen Worten, ganz freimütig und aus rechtem Wissen, von niemand gedrängt", diktierte er seinen letzten Willen. Er befiehlt zuerst sein Leben, Sterben und seine arme Seele in den Schutz des allmächtigen Gottes. Im Friedhof zu St. Sebastian will er bestattet sein. Wie es seit alters der Brauch ist, soll man ihm in der Pfarrkirche am ersten, siebenten und dreißigsten Tag eine Totenmesse halten. Noch über seinen Tod hinaus ist er der Freund der Armen; denn bei dieser Gelegenheit soll „einem jeden armen Menschen vor der Kirche auf die Hand ein Pfennig" gegeben werden. Es ist klar, daß es sich hier nicht etwa um einen „Lösepfennig" für seine Seele im katholischen Sinn handelt; diese Anordnung bestätigt nur seinen Gedanken, daß Sinne und Gedanken des Menschen bis zur völligen Zerstörung seines siderischen Leibes gerichtet bleiben auf das, was sie im Leben erstrebten: Den Armen hatte sein Leben lang seine Liebe gegolten; sie soll mit seinem leiblichen Tod nicht ihr Ende finden. So bestimmt er auch als Haupterben die armen, elenden und dürftigen Leute, die keine Pfründe oder andere Versorgung haben. An sie sollen die Testamentsvollstrecker seinen Nachlaß nach Gewissen und Gutdünken verteilen, ohne dabei Gunst oder Ungunst walten zu lassen, allein nach Notdurft und Gebrechen dieser armen Personen. Auch seiner „nächstgesippten Freunde“ in Einsiedeln gedenkt er; doch fällt auch ihr Anteil an die Armen, falls sie innerhalb eines Jahrs keine Erbansprüche stellen.

Drei Tage später, am Sonnabend, den 24. September 1541, ist Theophrast von Hohenheim gestorben; noch am gleichen Tag wurde er auf dem Friedhof zu St. Sebastian bestattet, bis er in der Kirche von St. Sebastian seine letzte Ruhestätte fand. Auch der Grabstein, den sein Testamentsvollstrecker Michael Setznagel gestiftet hatte, wurde dorthin gebracht. Die rote Marmorplatte trägt eine lateinische Inschrift, die in deutscher Übersetzung lautet:

HIER LIEGT
PHILIPPUS THEOPHRASTUS,
DER BERÜHMTE DOKTOR DER HEILKUNDE,
DER FÜRCHTERLICHE WUNDEN, LEPRA, PODAGRA,
WASSERSUCHT UND ANDERE UNHEILBARE KRANKHEITEN
MIT WUNDERBARER KUNST HEILTE UND SEINE GÜTER
ZUR VERTEILUNG UNTER DIE ARMEN BESTIMMTE.

IM JAHRE 1541, AM 24. SEPTEMBER,
VERTAUSCHTE ER DAS LEBEN MIT DEM TOD.
FRIEDE DEN LEBENDEN, EWIGE RUHE DEN TOTEN.

Dies ist die Stätte der Erinnerung, zu der Scharen von Menschen in den mehr als vierhundert Jahren, die seit dem Tod Hohenheims vergangen sind, pilgerten. Er selbst hat des öfteren von der magnetischen Kraft gesprochen, die den toten Körpern im Grab innewohnen kann und ihre Besucher mit geheimer Kraft an sich zu ziehen vermag. Diese Macht zieht auch uns Heutige an die Stätte, wo die Reste seines Körpers ruhen. Und doch gilt auch von Hohenheims Grab sein Wort über die Bilder der Heiligen: „Wer ihn da suchet, der findt ihn nit."

So erheben wir den Blick in der Stille der Nacht zum gestirnten Himmel, den Paracelsus gleichnishaft als Grab des siderischen Leibs, des geistigen Menschen, begriffen hat. Wie der Sterne Schein in der Nacht, so leuchtet sein Geist in dem Dunkel, durch das der forschende und heilende Arzt seinen Weg suchen muß. Paracelsus ist sein Stern. Noch heute und heute erst recht wieder geht eine gewaltige Kraft von der Gestalt Theophrasts von Hohenheim aus. Noch heute kämpft er „ohne den Leib"; noch heute sind uns die Grundsätze seiner Lehre zur Verwirklichung aufgegeben. Auch unserer Zeit gilt sein gewaltiger Ruf „Mir nach!"

1493	Ende des Jahres wird Theophrast von Hohenheim genannt Paracelsus in Einsiedeln geboren.
1501	Tod der Mutter Theophrasts
1502	Wilhelm von Hohenheim zieht mit seinem Sohn nach Villach in Kärnten, wo er Stadtarzt und Lehrer an der Bergschule der Fugger wird. Die Mönche der Klosterschule St. Paul im Lavanttal unterrichten Theophrast.
1510–15	Studium der Medizin und Promotion in Ferrara
1515–24	Wanderfahrten durch Europa; Paracelsus nimmt als Wundarzt im Dienst verschiedener Heere an Kriegen teil.
1524	August: Paracelsus versucht als praktizierender Arzt in Salzburg seßhaft zu werden.
1525	Mai: Vorübergehende Festnahme Hohenheims wegen angeblicher Beteiligung an den Bauernaufständen; überstürzt verläßt er Salzburg. Wanderung durch Süddeutschland
1526	Spätsommer: Aufenthalt in Basel, wo Paracelsus den Buchdrucker Johannes Froben behandelt. Herbst: Paracelsus erreicht Straßburg. Am 5. Dezember erwirbt er hier das Bürgerrecht.
1527	Frühjahr: Paracelsus wird als Stadtarzt und Professor nach Basel berufen. Hier gibt er das Programm seiner neuen Heilkunde bekannt und hält medizinische Vorlesungen auf deutsch. 5. Juni: Einladungsschreiben Hohenheims an die Basler Studenten

1527	24. Juni: öffentliche Verbrennung eines Lehrbuchs der scholastischen Medizin Ende Juni: Die medizinische Fakultät verbietet Paracelsus den Hörsaal. Spätsommer: Schmähgedicht auf Paracelsus Oktober: Besuch bei Christoph Clauser in Zürich Tod Frobens
1528	Februar: Die Streitigkeiten mit Kollegen, Apothekern und einflußreichen Persönlichkeiten in Basel spitzen sich zu. Paracelsus verliert einen Gerichtsprozeß und entzieht sich der drohenden Verhaftung durch Flucht.
1529	Vorbereitung und Veröffentlichung verschiedener Bücher und Schriften in Nürnberg, in denen sich Paracelsus mit der Syphilis befaßt.
1530/31	Paracelsus in St. Gallen
1532–34	Wanderungen durch Vorarlberg und Tirol
1535	Aufenthalt in Bad Pfäfers
1536	Die „Große Wundarznei“ erscheint während Paracelsus’ Aufenthalt in Augsburg.
1537	Paracelsus behandelt Erbmarschall Johann von Leipnik in Mährisch-Kromau und wandert dann nach Wien.
1538–40	Aufenthalt in Kärnten; Besuch in Villach 1540 läßt sich Paracelsus in Salzburg nieder.
1541	24. September: Theophrast von Hohenheim stirbt in Salzburg und wird auf dem Armenfriedhof beerdigt.

Die ungekürzte Ausgabe von „Elly Heuss-Knapp. 1881–1952. Die erste First Lady. Ein Porträt“ ist im Buchhandel erhältlich.